ECONOMÍA ECOLÓGICA Y POLÍTICA AMBIENTAL

JOAN MARTÍNEZ ALIER
Y JORDI ROCA JUSMET

Economía ecológica y política ambiental

FONDO DE CULTURA ECONÓMICA

Primera edición,   2000
Segunda edición corregida y aumentada,   2001
Tercera edición, revisada y aumentada,   2013

Martínez Alier, Joan y Jordi Roca Jusmet
    Economía ecológica y política ambiental / Joan Martínez Alier, Jordi Roca Jus-
met. — 3ª ed. — México : FCE, 2013
    639 p. ; 21 × 14 cm — (Colec. Economía)
    ISBN 978-607-16-1520-6

    1. Medio Ambiente — Aspectos económicos 2. Ecología — Economía 3. Ecolo-
gía — Política I. Roca Jusmet, Jordi, coaut. II. Ser. III. t.

LC HC3835   Dewey 333.95 M334e

Distribución mundial

Una primera versión de esta obra fue publicada en 1995 y reeditada en 1998
por la Red de Formación Ambiental para América Latina, Programa de las Naciones
Unidas para el Medio Ambiente, con el título *Curso de economía ecológica*
de la serie de Textos Básicos para la Formación Ambiental, núm. 1.

D. R. © 2013, Fondo de Cultura Económica
Carretera Picacho-Ajusco, 227; 14738 México, D. F.
Empresa certificada ISO 9001:2008

Comentarios: editorial@fondodeculturaeconomica.com
www.fondodeculturaeconomica.com
Tel. (55) 5227-4672; fax (55) 5227-4694

ISBN 978-607-16-1520-6

Impreso en México • *Printed in Mexico*

SUMARIO

PREFACIO A LA NUEVA EDICIÓN

Éste es un libro pensado para ser utilizado como libro de referencia en un curso sobre las relaciones entre economía y naturaleza, *desde una perspectiva de análisis económico*. El interés de esta obra es tanto la conceptualización de esas relaciones como las potencialidades y limitaciones de los diferentes instrumentos de política ambiental. No es, por tanto, un libro de ecología humana aunque habla mucho más de ecología que los libros habituales de economía.

El libro adopta un enfoque propio de la *economía ecológica*, pero dedica también mucha atención a explicar la perspectiva convencional de la economía ambiental y del análisis económico de los recursos naturales, que también ha de conocerse. No sólo por su peso académico, sino también porque los lectores han de ser capaces de juzgar por sí mismos cuál de las múltiples aproximaciones a un objeto de estudio es la más fértil. Para ello los autores han de explicar sin sectarismos, pero sin esconder sus opiniones, otras visiones del tema además de la propia.

La primera edición de este libro apareció en el año 2000. El año siguiente apareció una nueva edición corregida. Desde entonces el libro se reimprimió de nuevo dos veces. Su difusión ha sido, pues, amplia y se mantiene el interés por él. Ello evidentemente nos satisface.

Agotada la última reimpresión, llega el momento de introducir cambios significativos en el texto original. Los temas planteados por la economía ecológica son más actuales ahora que hace 10 años tanto para la opinión pública como en el mundo académico. Ha habido desarrollos conceptuales y metodológicos. Los problemas de agotamiento de recursos y de degradación ambiental en general se han agravado a pesar de todas las retóricas a favor del desarrollo sostenible: el crecimiento económico ha seguido siendo la prioridad de los gobiernos y organismos internacionales.

9

Esta nueva edición no es un libro nuevo sino una amplia revisión y actualización de la anterior edición. Hemos decidido mantener prácticamente intacta la estructura del libro sólo reescribiendo algunos párrafos, actualizando algunos apartados y añadiendo otros nuevos, notas y recuadros. Seguidamente damos cuenta de los principales cambios de la nueva edición.

El libro está dividido en 10 capítulos, manteniendo los nueve de la anterior edición y transformando el epílogo en un nuevo capítulo. En el capítulo I —"La economía como sistema abierto"— hemos incluido una discusión explícita sobre los agrocombustibles (es decir, destinar cultivos no a alimentar personas sino automóviles) y hemos ampliado el tratamiento del llamado análisis de flujo de materiales, una potente metodología que a finales de la década de 1990 prácticamente estaba en sus inicios y que después ha dado lugar a un importante número de trabajos. También extendemos los apartados sobre la aplicación del enfoque input-output al análisis ambiental para dar cuenta de los trabajos orientados a distinguir entre las emisiones de un territorio desde la óptica de la "responsabilidad del productor" y desde la óptica de la "responsabilidad del consumidor".

En la edición anterior ya decidimos dedicar todo el capítulo II —"La contabilidad macroeconómica y el medio ambiente"— a los límites y deficiencias de la forma en que desde hace muchas décadas se mide el éxito económico. La relevancia teórica, social y política del tema no ha dejado de aumentar y adquirir nuevas dimensiones; así, la crisis económica desencadenada en 2008 sirvió para recordar que incluso en términos estrictamente económicos el crecimiento del producto interior bruto (PIB) podía esconder desequilibrios que llevaban al colapso económico. Algunos de los países poco antes envidiados por su aparente éxito económico (se hablaba del "tigre celta" para referirse a Irlanda, del "milagro islandés" y del rápido acercamiento de España a los niveles de países europeos más ricos) fueron de los más golpeados por la crisis. El capítulo se ha ampliado ligeramente añadiendo un apartado para referirse a las relaciones entre "felicidad" y renta o ingreso per cápita.

El capítulo III —"Impactos ambientales e instrumentos de política ambiental"— se ha actualizado en algunos puntos y se han añadido nuevos apartados, entre otros los que se refieren a las propuestas de "pagos por servicios ambientales" (un término que no adquirió protagonismo hasta hace pocos años), a la fiscalidad sobre la energía y la emisión de gases invernadero y la experiencia de los mercados de permisos de emisión de CO_2 en la Unión Europea y los incentivos de promoción de la energía eólica y fotovoltaica en España.

En el capítulo IV —"Problemas de valoración y criterios de decisión"— hemos añadido la discusión de algunos casos conocidos y polémicos de aplicación de las técnicas de valoración monetaria ambiental. Así, se explica la posición favorable al uso de la valoración contingente del informe elaborado en 1993 para la administración estadunidense firmado por economistas como los premios Nobel Arrow y Solow; se da cuenta también de la polémica sobre el uso de la tasa de descuento en la economía del cambio climático que generó el informe Stern. El tono del capítulo sigue siendo, sin embargo, el mismo. Las decisiones racionales no han de basarse siempre en comparar valores monetarios sino que pensamos que han de tener en cuenta directamente diferentes criterios e intereses. El debate es, pues, mucho más amplio que el de cuál es la mejor técnica para calcular valores monetarios.

El capítulo V —"Consumo, empresa y medio ambiente"— se ha ampliado considerablemente. El cambio más importante es una nueva sección sobre el concepto de los pasivos ambientales incluyendo diferentes casos de estudio. Entre dichos casos está el de las demandas judiciales contra Chevron (antes Texaco) por los daños ocasionados por la explotación petrolera; estas demandas prosperaron en Ecuador dando lugar a una sentencia histórica que condena a un pago de miles de millones de dólares por responsabilidad en los daños causados durante dos décadas de explotación hasta 1990.

Los capítulos VI y VII están dedicados respectivamente a la explotación de recursos no renovables y de recursos renovables potencialmente agotables como es la pesca. Ambos se han conservado con pocos cambios. En el capítulo VI ya en la primera edición incluimos una discusión sobre el modelo del *peak oil* (que en aquel momento, antes del aumento de precios del petróleo posterior al 2000, estaba prácticamente ausente en el debate público); esta discusión se ha ampliado en la presente edición. En el capítulo VII hemos desarrollado algo las consideraciones sobre un recurso de características muy específicas: el agua.

En esta nueva edición, el capítulo VIII —"El debate sobre la sustentabilidad"— incorpora junto a otros cambios menores un nuevo apartado sobre las perspectivas demográficas de la población humana a nivel mundial y una visión general de las extremas diferencias en los grandes regímenes "sociometabólicos" que han caracterizado las relaciones entre los humanos y la naturaleza: lo que podemos denominar los grandes cambios en la ecología humana. Algún otro apartado —como el de la discusión sobre la curva de Kuznets ambiental— también se ha modificado de forma importante.

El capítulo IX —"Conflictos ecológicos distributivos"— se ha cambiado bastante. Se ha profundizado el análisis de los conflictos ecológicos que proliferan a lo largo del mundo a medida que el metabolismo de la economía mundial requiere más y más flujos de recursos, produce más residuos y ocupa mayor espacio ambiental alterando más y más ecosistemas. Los conflictos movilizan muchas veces a poblaciones pobres que soportan los costos de actividades que mantienen los consumos de los ricos del mundo. En este contexto aparece el concepto de deuda ecológica que se extiende con nuevos ejemplos. Se recogen también nuevas propuestas de conservación ambiental como la iniciativa Yasuní ITT en Ecuador. El protocolo de Kioto, que hacía muy poco se había firmado, ya fue analizado en la anterior edición destacando su timidez y sus trampas; aquí se analiza la evolución posterior y el hasta ahora fracaso total en llegar a acuerdos internacionales pos-Kioto.

En el nuevo capítulo X damos cuenta de debates ya viejos —de la década de 1970— que no sólo planteaban los límites al crecimiento sino también, en países ricos, escenarios deseables sin crecimiento. Estos debates en el norte se han visto enriquecidos recientemente con contribuciones de una nueva macroeconomía ecológica sin crecimiento como las de Peter Victor y Tim Jackson. Su posición es muy distinta a la de los defensores de la austeridad basada en recortes sociales y de salarios y, por otro lado, a la de los keynesianos partidarios de estimular la demanda efectiva para volver a una senda de crecimiento.

En el Sur crecen al mismo tiempo los movimientos por la justicia ambiental. Esperamos que de estas nuevas ideas y movimientos surja la fuerza suficiente para revertir las tendencias ecológicas actuales que llevan al desastre.

En resumen, esta edición conserva la estructura y casi todo el contenido del libro anterior y, por tanto, refleja el momento en que se escribió. Pero se ha actualizado y ampliado de forma muy significativa tal como hemos descrito. Estamos convencidos que la nueva edición podrá leerse y utilizarse en cursos de economía ecológica durante bastantes años.

Agradecemos la ayuda de Talía Waldrón y el apoyo del proyecto ENGOV en la preparación de esta edición.

Barcelona, junio de 2013

I. LA ECONOMÍA COMO SISTEMA ABIERTO

Dos visiones de la economía:
la economía neoclásica y la economía ecológica

Los libros de economía suelen introducir el funcionamiento básico del sistema económico a partir del concepto "flujo circular de la renta". El esquema más simple consistiría en un conjunto de interrelaciones entre, por un lado, las empresas y, por el otro, las familias o unidades domésticas. Las empresas venden bienes y servicios a las unidades domésticas, y con ello remuneran a los que proporcionan los factores de producción, es decir, la tierra (cuando ésta no se olvida), el trabajo y el capital (figura I.1).

El análisis se limita a las relaciones entre agentes económicos y, además, el punto central de atención de la economía convencional son los intercambios mercantiles, a pesar de que el papel de los mercados en las diferentes sociedades es muy diferente e incluso en las llamadas "economías de mercado" las relaciones mercantiles son sólo una parte de las relaciones económicas. De hecho, en el propio esquema del flujo circular no aparecen individuos sino instituciones como son las empresas y las unidades domésticas en el seno de las cuales no funcionan los intercambios mercantiles. Coase planteó en 1937 que las empresas pueden verse como "islas de planificación" dentro de una economía de mercado;[1] mucho antes Marx planteó la distinción entre fuerza de trabajo y trabajo: lo que en los mercados laborales se vende no es el trabajo sino la fuerza o capacidad de trabajo[2] que se convertirá en más o menos trabajo efectivo según cómo funcionen un conjunto de mecanismos de control e incentivos. Y, por supuesto, las com-

---

[1] R. H. Coase (1937), "La naturaleza de la empresa", en R. H. Coase, *La empresa, el mercado y la ley,* Alianza, 1994.

[2] K. Marx (1867), *El Capital. Libro primero,* vol. 1, trad. de Manuel Sacristán, Grijalbo, 1976.

FIGURA I.1. *El flujo circular de la renta*

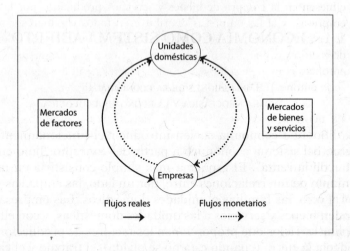

plejas relaciones dentro de las familias no se pueden ver como intercambios mercantiles por mucho que algunos economistas utilicen conceptos como "mercados matrimoniales".

En los libros de introducción a la economía, el esquema básico del "flujo circular de la renta" por supuesto se complica añadiendo, por ejemplo, las interrelaciones entre empresas, el papel del gobierno, que se apropia de parte de los ingresos para redistribuirlos y que también contrata trabajadores y ofrece servicios, el sistema financiero, que interrelaciona ahorro y necesidades de inversión, y las interrelaciones entre diferentes economías "abiertas" a las exportaciones e importaciones de bienes y servicios. Pero todo ello no altera el hecho básico: la economía se considera un sistema cerrado y autosuficiente. Lo que pasa "fuera de la economía" no afecta básicamente al objeto de estudio, que podría analizarse sin tener en cuenta el sistema global —la naturaleza— en el que se desarrolla. La idea de sistema cerrado se hace a veces completamente explícita como refleja la siguiente cita de un antiguo manual:

Hemos recorrido un círculo completo. Estos intercambios implican a empresas y economías domésticas en interacción recíproca [...] Si la economía consistiese únicamente en economías domésticas y empresas, si las economías gastasen toda la renta que recibiesen en la compra de bienes y servicios producidos por las empresas, y si las empresas distribuyesen todos sus ingresos a las economías domésticas, ya fuese por adquisiciones de servicios de factores o por distribución de beneficios a sus propietarios, entonces el flujo circular sería muy sencillo [...] El flujo circular sería entonces un sistema completamente cerrado.[3]

La economía convencional —o neoclásica— analiza, por tanto, sobre todo los precios (es, pues, fundamentalmente "crematística") y tiene una concepción metafísica de la realidad económica que funcionaría como un *perpetuum mobile* lubricado por el dinero.

En contraste, la economía ecológica (figura I.2), considera al sistema económico como un subsistema de un sistema más amplio, la Tierra o biosfera. El planeta Tierra es un sistema abierto a la entrada de energía solar pero básicamente cerrado respecto a la entrada de materiales.[4] La economía necesita entradas de energía y materiales, y produce dos tipos de residuos: el calor disipado o energía degradada (segunda ley de la termodinámica) y los residuos materiales, que mediante la reutilización o reciclaje pueden volver a ser parcialmente utilizados. Parte del reciclaje es resultado de dedicar esfuerzos a ello, de la intervención humana (es, diríamos, una "actividad económica"): por ejemplo, para reaprovechar el papel o cartón o el aluminio; otra parte, más voluminosa, se recicla naturalmente, sin intervención humana, mediante los ciclos naturales que convierten "residuos" en "recursos": así, el CO_2 que los animales emiten como residuo de la respiración es absorbido por las plantas para formar materia orgánica, o el estiércol es transformado por microorganismos y se convierte en alimento de las plantas, en un reciclaje que en algunos casos puede ser prácticamente total. En cambio, en las economías modernas los residuos —debido a su cantidad y composición y "a estar

[3] R. G. Lipsey (1989), *Introducción a la Economía Positiva*, 12ª ed., Vicens-Vives, 1991, pp. 63-65.
[4] En termodinámica diríamos que la Tierra es un sistema "cerrado" (entra energía pero no materiales) aunque no "aislado" (no entra ni energía ni materiales).

FIGURA I.2. *La economía como sistema reproductivo abierto*

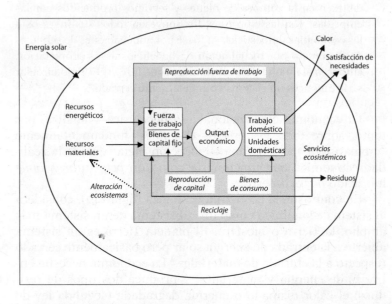

fuera de lugar"— en gran parte se acumulan y sólo a veces se convierten en nuevos recursos a través de procesos que no permiten una recuperación a 100%. Algunos residuos (metales pesados o residuos radiactivos) serán tóxicos durante muchísimo tiempo, sin posible reciclaje o reutilización satisfactoria. El reciclaje de materiales requiere siempre un gasto de energía con la diferencia de que el reciclaje "natural" se activa mediante la energía solar a través de los complejos ecosistemas.

Una sociedad no puede mantenerse y subsistir a lo largo del tiempo simplemente reproduciendo los bienes de capital producidos y la fuerza de trabajo (gracias a los bienes de consumo y a los servicios de las empresas pero también gracias a multitud de trabajos que sobre todo asumen las mujeres e incorrectamente se suelen considerar como "no económicos") sino que también necesita mantener un flujo de recursos que no son producidos por el sistema económico, que son extraídos de la naturaleza. Algunos de estos recursos sirven para obtener energía y otros se utilizan para diferentes usos. Desde otro punto de vista, muy relevante para la gestión económica, podemos clasificar los recursos en tres tipos. En primer lugar, hay los recursos que son inagotables a escala humana como es la energía solar y sus derivados más directos (como la energía del viento) cuya cantidad disponible en el futuro no depende de que hoy los aprovechemos más o menos. Son recursos "renovables" pero para distinguirlos se denominan a veces recursos continuos o recursos flujo. En segundo lugar, existen los recursos renovables potencialmente agotables que sí plantean problemas intergeneracionales ya que un uso demasiado intensivo o la degradación de los ecosistemas puede llevar a su agotamiento, como veremos en un capítulo posterior. Por último existen los recursos no renovables a escala humana que a su vez se pueden clasificar en reciclables o no reciclables, lo que depende no sólo de las características físicas del recurso sino de cómo es utilizado: así, la madera que se quema no puede reciclarse pero la madera utilizada para la construcción sí podría reciclarse como también la parte del petróleo que se utiliza no para obtener energía sino para obtener plásticos.

Todo sistema económico, sea más complejo o más simple, es un sistema abierto. Lo que ha cambiado radicalmente y lo que diferencia unas sociedades de otras es la cantidad y tipología de recursos extraídos de la naturaleza. Antes de la industrialización, las fuentes de energía eran energía solar directa aprovechada por la fotosíntesis, o energía solar transformada en viento (que mueve molinos) o caídas de agua (usada en molinos) previamente evaporada por la energía solar o energía obtenida a partir de la biomasa. Con la industrialización se añadió una fuente de energía nueva: el carbón, y más tarde (desde finales del siglo XIX) el petróleo y el gas. Éstos también proceden de la energía solar, pero de épocas geológicamente remotas, y lo que ahora hacemos es extraer esos combustibles fósiles y quemarlos a un ritmo mucho más rápido que el de su producción geológica. En efecto, no hay que confundir *extracción* con *verdadera producción* sostenible. Es por tanto erróneo, o al menos confuso, hablar de "producción de petróleo" como habitualmente lo hacen los economistas al referirse, por ejemplo, a la extracción anual en Venezuela, Ecuador o México. Es erróneo emplear la misma palabra, "producción", para procesos tan distintos como la extracción de petróleo y la producción de biomasa en la agricultura mediante el flujo *actual* de energía solar y la fotosíntesis. Las relaciones entre el tiempo biogeoquímico y el tiempo económico son muy distintas en ambos tipos de "producción", por ello es tan importante distinguir en términos prácticos entre recursos renovables y no renovables (o renovables a un ritmo tan lento que, desde el punto de vista económico, pueden considerarse como no renovables). La naturaleza proporciona ciclos biogeoquímicos de reciclaje de elementos químicos, como el ciclo del carbono o los ciclos del fósforo, y lo que hacemos en la economía actual es *acelerarlos,* de manera que ponemos en la atmósfera más dióxido de carbono del que la fotosíntesis aprovecha o los océanos absorben, con lo que aumenta el efecto invernadero; o ponemos (en algunos lugares del mundo) demasiado fósforo en el mar (por los fertilizantes y detergentes), a un ritmo mayor al reciclable naturalmente, con lo que provocamos contaminación. Además, la economía mundial extrae anualmente miles de millones de toneladas de minerales, remueve aún más materiales y ha introducido muchos productos sintéticos que, en algunos casos, han tenido fuertes impactos negativos sólo advertidos después de años de utilización (pensemos en el DDT o en los CFC). Excepto lo reciclado, toda la materia utilizada por el sistema económico se deposita en la naturaleza (más pronto o más tarde, porque en parte puede permanecer muchos años contenida en edificios, máquinas o bienes de consumo duradero) una vez que ya no tiene utilidad, una vez que es un residuo. Por ello, la terminología de los economistas, también en este aspecto, es cuestionable. Como Ayres y Kneese señalaron hace ya más de 40 años:

> Todavía persistimos en referirnos al "consumo final" de bienes como si los objetos materiales, tales como los combustibles y bienes terminados, desapareciesen de alguna forma en el vacío, práctica que en épocas pasadas comparativamente no tenía efectos perjudiciales en la medida en que el aire y el agua eran bienes libres casi literalmente. Desde luego, los residuos procedentes tanto de los procesos de producción como de los de consumo permanecen y normalmente proporcionan, más que servicios, desutilidades.[5]

[5] R. U. Ayres y A. V. Knees, "Production, consumption and externalities",

El petróleo (o el carbón, o el gas) no se produce, porque ya se produjo; se extrae y se destruye. La primera ley o postulado de la termodinámica (ciencia de la energía y de sus transformaciones), que fue enunciada hacia 1840, dice que la energía se conserva; por tanto, la energía del petróleo (o del carbón, o del gas) quemado no se pierde sino que se transforma en calor disipado. Éste es incapaz ya de proporcionar energía de movimiento (por la segunda ley de la termodinámica, enunciada hacia 1850). Estas leyes tienen relevancia para la economía humana y nos podemos preguntar si un economista puede ser competente como tal e ignorar la primera y segunda leyes de la termodinámica. ¿Puede verse la economía simplemente como un circuito cerrado entre productores de mercancías y consumidores, coordinados por los mercados donde se forman los precios que guían sus decisiones, o más bien debemos entender la economía humana como un sistema abierto a la entrada de energía y de materiales, y abierto también a la salida de residuos sólo en parte reciclables?

En definitiva, la naturaleza juega el doble papel de suministradora de recursos y receptora de residuos. Además, proporciona directamente servicios que van desde el disfrute de determinados paisajes hasta otros esenciales para la protección de la vida como la preservación de la capa de ozono absorbiendo los rayos ultravioleta. Todos estos servicios que la naturaleza presta a la economía humana (o que podría prestar con el tiempo si, por ejemplo, se conserva la biodiversidad) no están bien valorados en el sistema de contabilidad crematística propio de la economía neoclásica (tal y como veremos posteriormente).

La economía ecológica estudia el metabolismo social y por lo tanto contabiliza los flujos de energía y los ciclos de materiales en la economía humana, analiza las discrepancias entre el tiempo económico y el tiempo biogeoquímico, y estudia también la coevolución de las especies (y de las variedades agrícolas) con los seres humanos. El objeto básico de estudio

American Economic Review, vol. 59 (1969) ["Producción, consumo y externalidades", en J. A. Gallego Gredilla (ed.), *Economía del medio ambiente*, Instituto de Estudios Fiscales, Madrid, 1974].

es la (in)sustentabilidad ecológica de la economía, sin recurrir a un solo tipo de valor expresado en un único numerario.

El debate entre esas dos visiones de la economía ha cobrado gran ímpetu en años recientes, pero sus orígenes se remontan a más de 100 años, cosa fácilmente comprensible si recordamos que la química, la física y la biología necesarias para entender cómo la economía humana está inmersa en ecosistemas mucho más amplios, estaban ya disponibles desde hace más de 150 años. Así, la escuela de los fisiócratas, en la Francia del siglo xviii, o Adam Smith (quien publicó *La riqueza de las naciones* en 1776) o David Ricardo o Thomas Robert Malthus (autor del *Ensayo sobre el principio de la población*, 1798), escribieron antes de que se establecieran los postulados de la termodinámica, pero no Marx ni los economistas neoclásicos como León Walras o Jevons, todos ellos autores de la segunda mitad del siglo xix. Es sorprendente esa ceguera y ensimismamiento persistentes de los economistas, hasta la reciente eclosión de la nueva escuela de la *economía ecológica*.

NECESIDADES HUMANAS, PREFERENCIAS Y CONSUMO

Si uno consulta cualquier libro de microeconomía convencional en sus capítulos dedicados a la teoría del consumo, se encontrará con un concepto básico: la función de utilidad (o su equivalente más refinado: la relación de preferencias), y con una hipótesis básica, la de la sustituibilidad entre diferentes bienes.

El aumento en el consumo de cualquier bien cumpliría un mismo y único objetivo: aportar utilidad (o, lo que es lo mismo, permitir situarse en un lugar más avanzado dentro del orden de preferencias). Las combinaciones de bienes que proporcionan mayor o menor utilidad serían una cuestión subjetiva —y totalmente abierta, puesto que "sobre gustos no hay nada escrito"— que los economistas no tendrían por qué intentar explicar. El supuesto básico de sustituibilidad entre bienes implicaría que, dada cualquier combinación inicial, digamos a unidades del bien x y b unidades del bien y, un consumidor casi siempre estaría dispuesto a renunciar a una pequeña can-

tidad del bien x, si se le ofrece como compensación una cantidad adicional del bien y que sea lo suficientemente grande
(cantidad variable en función del punto de partida y de las
preferencias de cada cual). Así, si hablamos de dos mercancías, existiría una "relación subjetiva de intercambio" (lo que
en microeconomía se llama *relación marginal de sustitución*),
que habría de compararse con la relación objetiva de intercambio dada por el precio relativo de mercado entre los dos bienes;
sólo cuando ambas coincidiesen el consumidor estaría en el
óptimo. Dado el supuesto de sustituibilidad, los cambios en el precio relativo entre dos bienes provocarían cambios en la combinación óptima de bienes; sólo en casos extremos la demanda
de un bien sería invariable frente a los cambios de precios.

Nótese que la palabra "necesidades" es ajena al planteamiento anterior. Necesidades, deseos, caprichos... están en el
mismo nivel,[6] de manera que incluso se hace imposible explicar
—más allá de la explicación tautológica de que las preferencias o la función de utilidad así lo determinan— la regularidad
empírica del consumo más universalmente constatada, y que
se conoce como "ley de Engel", según la cual los pobres gastan en
alimentos un mayor porcentaje de su renta que los ricos.

Aunque la discusión sobre las necesidades humanas es
muy resbaladiza, parece más pertinente —como primera aproximación— pensar en términos de diferentes necesidades humanas ordenadas jerárquicamente, desde las materiales más
básicas (en primer lugar, la alimentación y, en segundo lugar,
la necesidad de protección o abrigo, de ropa y vivienda) hasta
las no materiales (cuya clasificación es más discutible y variable entre individuos, pero que incluiría las necesidades de afec-
to, comunicación, ocio, conocimiento...).[7] La alimentación es
condición básica de todas las demás y sólo cuando se ha cumplido es posible pensar en cubrir necesidades "superiores"
(aunque hay excepciones, ya que puede darse prioridad por
encima de comer a otras necesidades, como en casos de fuerte

---

[6] A. Barceló, *Filosofía de la economía*, Fuhem/Icaria, Barcelona, 1992,
pp. 210-212.

[7] Un muy interesante planteamiento en este sentido se encuentra en el
capítulo 2 de M. Lavoie, *Foundations of Postkeynesian Economic Analysis*, Edward Elgar, 1992.

adicción y en comportamientos autodestructivos en que se renuncia a la alimentación). Aquí el punto de atención principal es el nivel de ingreso (más que los precios relativos), que determina el tipo de necesidades que se abastecen. Podría hablarse de que el consumo se orienta según un orden "lexicográfico", como hace décadas planteó Georgescu-Roegen, aunque la economía neoclásica se ha interesado por las preferencias lexicográficas sólo como una curiosidad que sirve para explicar una excepción al caso general en el que las preferencias se representan por una función de utilidad continua.[8] Ni los precios relativos ni las preferencias subjetivas explican la "ley de Engel", sino las necesidades básicas comunes a todos los humanos.

Por otro lado, es importante distinguir entre una necesidad y los bienes que se orientan a satisfacerla; en palabras de Manfred Max-Neef, una cosa son las "necesidades" y otra los "satisfactores".[9] La subsistencia implica, como en seguida veremos, cierta ingestión de calorías (energía endosomática), pero la comida puede venir de muy diversas formas. Aunque la cultura y las costumbres son importantes, no nos equivocaremos mucho si pensamos que los muy pobres maximizan las calorías que compran con un determinado presupuesto para alimentación (siempre que obtengan además las proteínas necesarias). Así, entendemos la posibilidad de lo que se conoce como "paradoja de Giffen", según la cual si un bien básico se encarece, es posible que el consumo del alimento aumente en vez de disminuir, violando la "ley de la demanda": si uno siempre come arroz y lentejas (o maíz y frijoles), y muy esporádicamente consume carne, se verá obligado a consumir aún menos carne si el arroz y las lentejas se encarecen. El lenguaje de las necesidades básicas y de las formas más o menos caras de satisfacerlas permite explicar mejor la paradoja de Giffen que el lenguaje economicista habitual, según el cual "el efecto *ingreso* puede dominar al efecto *sustitución*, dependiendo de las preferencias de los consumidores".

---

[8] Véase, por ejemplo, H. R. Varian, *Análisis microeconómico*, Antoni Bosch editor, Barcelona, 1980, pp. 93-97.

[9] M. Max-Neef, *Desarrollo a escala humana*, Icaria, Barcelona, 1994.

Si se clasifican los bienes en grupos, según la necesidad que atienden, cabe hacer previsiones concretas sobre los posibles efectos de cambios en los precios relativos de los bienes. Si se encarecen en general los alimentos respecto al resto de bienes, es improbable que la reacción sea comprar menos alimentos y gastar más en vivienda o en ocio; ya que las necesidades de ocio, vivienda y alimentos son "irreducibles" entre ellas, no son interpretables en términos de una utilidad homogénea.[10] En cambio, si se encarece un determinado tipo de pescado, es mucho más probable que la cantidad demandada caiga apreciablemente para orientarse hacia otros bienes que satisfacen la misma necesidad.

Aun así, el asunto es más complejo, ya que un bien satisface diferentes necesidades, según sus características. Hay quien gasta su dinero en determinados bienes como forma de identificación con un grupo social o por motivos de ostentación, como enfatizó Thorstein Veblen, o para suplir carencias afectivas. Una de las paradojas que encontramos al analizar, por ejemplo, la tesis de la supuesta "desmaterialización" de la economía, que abordaremos más adelante, es que precisamente en las sociedades ricas se ha producido una tendencia creciente a satisfacer las necesidades no materiales a través del consumo material (o mejor, a *intentar* satisfacerlas, porque los satisfactores pueden ser "falsos satisfactores" que producen frustración).[11]

Las necesidades humanas generan las demandas de consumo, y son éstas (junto a las tecnologías) las que en último término explican los flujos de materiales y energía. El medio ambiente proporciona directamente "servicios" de muy diferentes tipos, que cubren ciertas necesidades humanas. Algunos son *básicos* para la vida. Las necesidades elementales de la especie humana no se reducen a la alimentación (que sólo es posible por los ciclos de la materia de los ecosistemas), también implican el mantenimiento de determinadas condiciones

[10] D. I. Stern, "Limits to substitution and irreversibility in production and consumption: A neoclassical interpretation of ecological economics", *Ecological Economics*, vol. 21, núm. 3 (junio de 1997), pp. 197-215.

[11] Véase T. Jackson y N. Marks, "Consumo, bienestar sostenible y necesidades", *Ecología política*, núm. 12 (1996).

ambientales —de temperatura, lluvia, composición atmosférica, etc.—. La destrucción de estas condiciones no puede "sustituirse", en general, con el consumo de otros bienes o servicios. Atendidas las necesidades básicas de alimentación y abrigo, el mantenimiento de tales condiciones debería considerarse como de un "valor infinito", en el sentido de que ningún aumento del consumo justifica su destrucción, a menos que creamos que los lujos del presente son más importantes que la supervivencia futura. Otros "servicios", asociados generalmente con el aspecto "recreativo" del medio ambiente, parecen menos básicos, pero atienden necesidades humanas específicas que, una vez satisfecho un nivel mínimo de consumo material, tienen para algunos —ya ahora, y quizá más en el futuro— una prioridad sobre el propio consumo material. Si pensamos en términos de preferencias lexicográficas, argumentaríamos que la destrucción irreversible de dichos servicios para disponer de más bienes materiales puede llevar a situaciones peores, ya que tales pérdidas ambientales no son compensables con bienes materiales.[12]

Las preocupaciones ecologistas no son ajenas a la vida cotidiana ni a las necesidades básicas de la especie humana. Generalmente se ha visto al ecologismo o ambientalismo como un lujo de los ricos más que como una necesidad de los pobres. Cuando ya se tiene de todo, uno se preocupa por las especies en extinción. Cuando la familia tiene ya uno o dos automóviles, se le ocurre a sus miembros pasearse en bicicleta los domingos. Ése es el lugar común: los pobres son demasiado pobres para ser "verdes".[13] Suele creerse que la riqueza proporciona los medios para corregir los daños ambientales y que la gente rica es, ambientalmente hablando, más consciente porque puede afrontar la preocupación por la calidad de vida.

[12] Esta discusión tiene una relación directa con la discusión sobre el "descuento del futuro" del cuarto capítulo.

[13] Véase una lista de autores que sostienen tal opinión y una crítica de la tesis "posmaterialista" del origen del ecologismo en Joan Martínez Alier, *De la economía ecológica al ecologismo popular*, Icaria/Nordan, Barcelona/Montevideo, 1995; y con mayor extensión en Ramachandra Guha y Joan Martínez Alier, *Varieties of Environmentalism: Essays North and South*, Earthscan, Londres, 1997.

En contra de esta opinión, citaremos unas frases de Hugo Blanco, antiguo dirigente campesino en el Perú, quien las escribiera cuando fue senador en 1991, frases que sintetizan en un lenguaje coloquial nuestra tesis de que existe un "ecologismo de los pobres":

> A primera vista los ecologistas o conservacionistas son unos tipos un poco locos que luchan porque los ositos panda o las ballenas azules no desaparezcan. Por muy simpáticos que le parezcan a la gente común, ésta considera que hay cosas más importantes por las cuales preocuparse, por ejemplo, cómo conseguir el pan de cada día. Algunos no los toman como tan locos sino como vivos que con el cuento de velar por la supervivencia de algunas especies han formado "organizaciones no gubernamentales" para recibir jugosas cantidades de dólares del exterior [...] Pueden ser verdaderas hasta cierto punto esas opiniones; sin embargo, en el Perú existen grandes masas populares que son ecologistas activas (por supuesto, si a esa gente le digo "eres ecologista", pueden contestarme "ecologista será tu m..." o algo por el estilo). Veamos: ¿no es acaso ecologista muy antiguo el pueblo de Bambamarca que más de una vez luchó valientemente contra la contaminación de sus aguas producida por una mina? ¿No son acaso ecologistas los pueblos de Ilo y de otros valles que están siendo afectados por la Southern? ¿No es ecologista el pueblo de Tambo Grande que en Piura se levanta como un solo puño y está dispuesto a morir para impedir la apertura de una mina en su pueblo, en su valle? También es ecologista la gente del Valle del Mantaro que ha visto morir las ovejitas, las chacras, el suelo, envenenados por los relaves de las minas y el humo de la fundición de La Oroya. Son completamente ecologistas las poblaciones que habitan la selva amazónica y que mueren defendiéndola contra sus depredadores. Es ecologista la población pobre de Lima que protesta por estar obligada a bañarse en las playas contaminadas.[14]

Lo que los economistas llaman "externalidades", es decir los impactos negativos no recogidos por los precios del merca-

[14] *La República*, Lima, 6 de abril de 1991.

do, a veces dan lugar a movimientos de resistencia que utilizan distintos lenguajes sociales.[15] Son movimientos que pocas veces se describen a sí mismos como ecologistas, pero que en la realidad lo son. Pueden ser movimientos sociales espontáneos como los que en algunas ciudades de la India quemaron automóviles o autobuses que habían atropellado a trabajadores ciclistas, tan pobres que acudían al trabajo en bicicleta para ahorrarse el pasaje del transporte público. Un ejemplo más conocido es el de Chico Mendes, quien fuera durante 10 años el dirigente sindical de los recolectores de caucho en el Acre, rincón occidental de la Amazonia de Brasil, cerca de la frontera con Bolivia. Chico Mendes tenía vinculación con el PT (Partido del Trabajo), nacido del movimiento obrero en São Paulo durante la dictadura militar, y también con el movimiento de la "teología de la liberación". Había aprendido a leer en la selva con la ayuda de un refugiado del Partido Comunista, y sólo supo que era ecologista un par de años antes de ser asesinado en diciembre de 1988, aunque lo había sido toda su vida al oponerse a la privatización y depredación de la Amazonia que llevaban a cabo empresas madereras y ganaderas. No muy lejos del Acre, en los territorios bolivianos del Beni y Santa Cruz, hay en estos últimos tiempos indignadas protestas de comunidades originarias indígenas (como los guarayos, chiquitanos y ayoreos) contra las concesiones forestales a empresas madereras, protestas que usan un vocabulario de derechos territoriales indígenas y no necesariamente un vocabulario explícitamente ecologista.[16] Volveremos a discutir este tema de la relación pobreza-degradación ambiental en el capítulo VIII, donde debatimos el concepto de sustentabilidad.

---

[15] E. Leff, *Ecología y capital*, Siglo XXI Editores, México, 1986; 2ª ed., 1994, cap. 10: "Del análisis marginalista de las externalidades a la acción de los grupos ambientalistas marginados".

[16] *Los Tiempos*, Cochabamba, 1º de agosto de 1997, p. A12.

EL FLUJO DE ENERGÍA EN LA ECONOMÍA

Consumo endosomático y uso exosomático de la energía por los humanos

Como hemos visto, la economía humana está abierta a la entrada de energía. En los sistemas económicos preindustriales la fuente más importante de energía es la solar convertida por la fotosíntesis en productos para la alimentación, el vestido, la vivienda. Gracias a la fotosíntesis, la energía solar que llega a la Tierra actúa sobre el dióxido de carbono y el agua, formando los carbohidratos de las plantas, fuente directa o indirecta (si somos carnívoros o si comemos peces que, a su vez, dependen del plancton del mar) de nuestra alimentación. El aporte de energía de la alimentación se suele medir en kilocalorías (kcal), y se sabe que la ingesta diaria de un adulto equivale a 2 000 o 3 000 kcal (una kcal es igual a la cantidad de calor necesaria para elevar un grado centígrado la temperatura de un litro de agua al nivel del mar), dependiendo del tamaño de la persona y del esfuerzo que haga al trabajar o moverse. Una quinta parte de ese *consumo endosomático* (interno) de energía se puede convertir en trabajo, es decir, el trabajo humano de un día equivale como máximo a 400 o 600 kcal. El resto de la energía alimenticia se gasta en mantener la temperatura del cuerpo y en el metabolismo, de manera que incluso una persona que apenas se mueva necesita un suministro diario de energía endosomática superior a las 1000 kilocalorías.

Es importante destacar que el consumo endosomático de energía obedece a instrucciones genéticas. Así, si el consumo de alimentos está por debajo de ese mínimo de calorías, se muere lentamente de inanición, mientras que los ricos, por ricos que sean, no pueden consumir directamente muchas más calorías que las que necesitan. De hecho, en los países ricos a menudo los paquetes de alimentos informan de su contenido calórico, no para facilitar el cálculo de una dieta con suficientes calorías al mínimo costo, sino al revés, para facilitar la extravagancia de gastar bastante dinero comprando pocas calorías, para no engordar. El tipo de alimentación, la *cuisine*, es por supuesto un producto de cada cultura humana y estrato social, siempre que suministre las calorías, proteínas y otros elementos necesarios; así, observamos con frecuencia, tanto histórica como actualmente, combinaciones de un cereal y una leguminosa (arroz y frijoles; arroz y soja; maíz y frijoles), o de tubérculos (yuca, papas) junto con algún alimento rico en proteínas, como base de la alimentación popular, mientras los ricos consumen, por lo general, mayores cantidades de carne y, por tanto, indirectamente, mayores cantidades de productos vegetales que sirven para alimentar a los animales (que a veces, incluso, se alimentan de harina de pescado).

La cultura, la economía y la política influyen en la alimentación; es el caso, por ejemplo, de las políticas neoliberales que favorecen la importación de alimentos como harina de trigo en países tropicales, poniendo en peligro la seguridad alimentaria. Sin embargo, el hecho básico es que la energía endosomática de la alimentación (las 2 000 o 3 000 kcal diarias) viene determinada por los requerimientos biológicos. Podemos elegir (si tenemos dinero) entre ir a trabajar en bicicleta, en transporte público o en automóvil (que gasta unas 20 000 kcal de petróleo al día para un viaje de ida y vuelta de 15 km hasta el trabajo), pero no podemos, por ricos que seamos, preferir 6 000 kcal al día de consumo directo de alimentos a 2 000 kilocalorías.

En cambio, en la situación actual de la humanidad, el *uso exosomático* de energía no tiene nada que ver con instrucciones genéticas, como lo ilustra el ejemplo del transporte. Es sumamente distinto entre grupos humanos, oscilando entre menos de 5 000 kcal diarias para quienes son pobres y viven en climas cálidos y sólo gastan un poco de energía para cocinar los alimentos y para fabricar sus vestidos y viviendas, y más de 100 000 kcal diarias para los ricos del mundo. El uso exosomático de energía (directamente en los hogares y el transporte, e indirectamente a través de la energía gastada en la producción) no se explica por la biología humana sino que depende de la economía, la cultura, la política y las diferencias sociales. La humanidad es una especie animal que carece de instrucciones genéticas que determinen su uso exosomático de energía. Éste es un punto de partida para analizar la historia económica de la humanidad hasta el presente.

Las ciencias naturales han descubierto nuevas fuentes de energía. El hallazgo de la energía interna de los átomos tuvo enorme importancia, pero la tecnología de la fisión atómica para la producción de electricidad ha resultado ser peligrosa y controvertida, por lo que la energía usada exosomáticamente en las sociedades industriales proviene sobre todo de los combustibles fósiles. La época de expansión de la energía nuclear abarcó las décadas de 1970 y 1980 para después crecer con lentitud y prácticamente estancarse. En el año 2011 había menos reactores (435 en total) en funcionamiento en el mundo que 10 años antes, aunque la potencia instalada era un poco superior. A la crisis de la energía nuclear contribuyeron algunos importantes accidentes como el de la central de Three Miles Island en los Estados Unidos en 1979, y el de Chernobyl en la ex Unión Soviética en 1986. Cuando algunos auguraban un resurgimiento de la energía nuclear sobre todo por los proyectos en Asia, se produjo en 2011 el accidente de Fukushima en el Japón el cual plantea más dudas aún sobre dicho resurgimiento. Además, los hechos están dando la razón a los ecologistas que habían advertido sobre la estrecha conexión entre uso militar y uso civil de la energía de fisión nuclear. Por tanto, aunque la energía nuclear sea muy importante en algunos países para la generación de electricidad (en el conjunto de la OCDE aporta casi la cuarta parte de la electricidad), las fuentes principales de energía en las sociedades industriales son el carbón, el petróleo y el gas. Por lo que respecta al consumo endosomático de energía, la fotosíntesis continúa siendo, por supuesto, la única fuente. De las consecuencias ambientales o "externalidades" (es decir, efectos no medidos por los precios del mercado) que tiene el empleo de formas de energía como los combustibles fósiles o la energía nuclear (aumento del efecto invernadero, residuos radiactivos, etc.) nos ocuparemos en otros apartados.

La influencia de la riqueza se hace notar en las pautas de consumo exosomático de energía. En general, a más riqueza, más dispendio de energía, aunque sobre este tema hay mucha discusión. Frecuentemente se utiliza la *intensidad energética* (es decir, la utilización de energía por unidad de PIB) como un indicador de la eficiencia en el uso de la energía, y se afirma que en una economía puede crecer la producción y el ingreso

I.I. *La distinción entre consumo endosomático (interno)*
y consumo exosomático (externo) de energía

Consumo endosomático de energía por los humanos

Aproximadamente 2 500 kcal por día
1 cal = 4.18 joules
2 500 kcal ≈ 10.5 MJ (megajoules)
10.5 MJ por 365 días ≈ 3.8 GJ (gigajoules)

Uso exosomático de energía. Un ejemplo

En situaciones de urbanismo disperso *(urban sprawl)*, tipo Los
Ángeles, el gasto individual de energía para transporte en automóvil es de 40 GJ por año. Pero en ciudades compactas, con viajes en
metro o autobús, el gasto de energía en transporte por persona/año
es de unos 4 GJ. Y si la gente viaja a pie o en bicicleta, ¡ya hemos
hecho la cuenta arriba!

(tal como se miden convencionalmente) sin que aumente la
demanda de energía, siempre que disminuya la intensidad
energética. En las averiguaciones sobre la "intensidad energética" de la economía, a menudo se calcula la *elasticidad-ingreso*
del consumo de energía, es decir, la relación entre el aumento
porcentual del consumo de energía y el aumento porcentual
del ingreso. Así, expresaríamos lo dicho hasta ahora con estas
palabras: la elasticidad-ingreso del consumo endosomático de
energía es muy baja y pronto se torna cero, mientras que la
elasticidad-ingreso del uso exosomático de energía es claramente mayor que cero (y en algunas sociedades y momentos
históricos mayor que la unidad).

Gran parte de la energía se utiliza para obtener energía, y
en algunos casos, como cuando se utilizan cocinas eléctricas o
calentadores eléctricos de agua, la riqueza implica (si con la
riqueza aumenta la "electrificación" del consumo doméstico)
que, en total, se pierda eficiencia en el uso de la energía. Pero
en otros casos es a la inversa: por ejemplo, el uso de energía para
cocinar por parte de familias pobres de lugares pobres (donde

no hay gas licuado de petróleo o queroseno disponibles o son productos demasiado caros) es superior al uso de las familias que cocinan con gas o queroseno, ya que las familias pobres (que usan leña o carbón de leña o bosta) habitualmente queman combustibles en fuegos de hogar muy ineficientes energéticamente; ello explica la situación excepcional, y hasta paradójica, de que al aumentar el ingreso a veces disminuya el uso exosomático de energía para cocinar.

Es posible afirmar también que países diferentes tienen distinta intensidad energética; así, en Japón se consume menos de la mitad de energía por persona que en los Estados Unidos, a pesar de que el ingreso es muy similar; en cambio, la ex Unión Soviética consumía más energía per cápita que Japón, aun cuando sus niveles de ingreso eran muy inferiores.

Energía primaria y energía final

Para analizar la demanda de energía es útil distinguir entre "energía primaria" y "consumo (o demanda) final de energía", diferencia relevante sobre todo para el caso de la electricidad. Si para obtener electricidad se quema carbón o *fuel-oil* con una eficiencia de, por ejemplo, 33%, entonces, por cada kcal de uso final en forma de electricidad necesitaríamos al menos 3 kcal de energía primaria. El proceso de transformación energética es, pues, un factor importante y todo el gasto energético necesario para disponer de energía forma parte del uso de energía primaria pero no se incluye en las estadísticas de uso final de energía, que nos informan de la cantidad de energía que se distribuye entre los usuarios (hogares, empresas, administraciones públicas).

Para discutir sobre la evolución histórica y comparativa en el uso global de la energía, es necesario agregar la energía en sus diferentes formas y medirlo en una misma unidad energética que pueden ser las kcal o los joules o los kwh pero en las estadísticas económicas se acostumbra a utilizar lo que se conoce como "tonelada de equivalente petróleo". Para hacer el cálculo en la misma unidad existen métodos estándares a partir de los cuales se elaboran las estadísticas energéticas internacionales. Tales métodos son bien aceptados en el caso de los combustibles fósiles y hay acuerdo por ejemplo en que una tonelada de carbón equivale energéticamente a menos de una tonelada de petróleo (y una tonelada de leña aún a mucho menos), ya que al quemarlo da lugar a menos calor. Cuando consideramos otros casos, como la electricidad de origen hidráulico, la cuestión es menos clara; se ha hablado de que los diferentes tipos de energía tienen distinta "calidad" pero, aunque ha habido intentos de sumar diferentes energías ponderadas por su "calidad", hay poco consenso sobre cómo hacerlo. En la práctica se ha procedido normalmente a medir la hidroelectricidad o la nuclear según su equivalente calórico ya sea en términos físicos (el calor efectivamente generado en las nucleares o el equivalente calórico de la hidroelectricidad o la energía eólica o fotovoltaica),[17] como es actualmente lo más habitual (es lo que hace la Agencia Internacional de la Energía y lo que se hace en los cuadros de este apartado), o en términos de "coste de oportunidad" (el equivalente calórico del combustible fósil que, en condiciones medias de eficiencia, sería necesario para generar la electricidad),[18] como era habitual hasta hace pocos años.

Por otro lado, se ha de advertir que el contenido energético de los alimentos no aparece en las estadísticas convencionales de energía (que son de energía exosomática). En el caso de los países ricos es lógico, porque al contabilizar ya la energía comercial gastada en la agricultura —que, como veremos en otro apartado, a veces es mayor que la propia de los alimentos—, incurriríamos en una doble contabilidad (además, en los países ricos el consumo endosomático de energía es una muy pequeña parte del consumo total de energía). Sin embargo, en el caso de los países pobres, dejar de lado el consumo de energía en forma de alimentos supone ignorar un componente cuantitativamente importante del total del consumo energéti-

[17] Adviértase que una consecuencia es que la misma electricidad generada en una central nuclear equivale a mucha mayor energía primaria —del orden de tres veces— que la misma cantidad de electricidad generada en una central hidroeléctrica o eólica).

[18] Se acostumbraba a suponer una eficiencia de conversión de 33% en la práctica.

co. También se ha de ser consciente de que en las estadísticas internacionales los datos sobre el consumo de leña o de estiércol como combustible son —cuando se incluyen— mucho menos fiables que las de los combustibles "comerciales".

En el mundo el uso total de energía primaria ha crecido desde hace siglos de forma prácticamente ininterrumpida (con sólo algunas excepciones como son algunos años de estancamiento o ligera disminución en la década de 1970 y los primeros años de la década de 1980 o debido a la crisis financiera que estalló en 2008). En el cuadro i.1 vemos cómo en conjunto la energía primaria captada de la naturaleza entre 1973 y 2009 se multiplicó aproximadamente por dos.

Por lo que se refiere a su composición destaca que tanto en 1973 como en 2009 más de 85% del total provenía de fuentes no renovables (cuadro i.1). El petróleo perdió peso relativo principalmente frente al gas natural y la energía nuclear y ¡también frente al carbón! Pero hasta el momento la cantidad absoluta de uso de las diferentes fuentes de energía aumentó en todos los casos de forma que la sustitución sólo ha sido hasta el momento en términos relativos. Las "nuevas energías renovables" (como la eólica y la solar) fueron las que más crecieron: multiplicando por ocho su porcentaje pero su peso en el total aún es marginal a pesar de los avances muy importantes en algunos países. Un dato inquietante es que en la primera década del siglo XIX la energía que —con diferencia— más aportó en términos absolutos al aumento de disponibilidad de energía a nivel mundial fue el carbón —por lo que se ha dicho que "hemos entrado en el siglo XXI con una energía del siglo XIX"[19]— seguida del gas natural y —¡aún!— del petróleo.[20] El carbón es a nivel mundial la principal fuente para obtener electricidad seguida del gas natural (40.6 y 21.4% del total respectivamente en 2009),[21] mientras

[19] A. Mañé, "Repensando la política energética en un momento de crisis. Reflexiones a partir de unas lecturas veraniegas", *Revista de Economía Crítica*, núm. 12 (2011), p. 227.

[20] IEA, *World Energy Outlook*, 2011 http://www.iea.org/weo/docs/weo2011/key_graphs.pdf

[21] IEA, *Key World Energy* Statistics *2011*, p. 6. http://www.iea.org/textbase/nppdf/free/2011/key_world_energy_stats.pdf

CUADRO I.1. *Oferta total de energía primaria en el mundo y su composición, 1973 y 2009*

	1973	2009
Total energía primaria (millones de toneladas de equivalente petróleo)	6.111	12.150
Fuente de energía (% del total)		
Petróleo	46.0	32.8
Carbón (y turba)	24.6	27.2
Gas natural	16.0	20.9
Energía nuclear	0.9	5.8
Hidroelectricidad	1.8	2.3
Biomasa (incluye residuos)	10.6	10.2
Solar, eólica, geotérmica...	0.1	0.8
TOTAL	100	100

FUENTE: Elaboración propia a partir de Agencia Internacional de la Energía, *Key World Energy Statistics 2011*, p. 6. http://www.iea.org/textbase/nppdf/free/2011/key world energy stats.pdf.

que los derivados del petróleo dominan absolutamente en el transporte.

En conjunto, las diferencias en el uso exosomático de energía en países ricos y pobres continúan siendo abismales —a pesar de algunas mejoras localizadas en el uso de la energía en los países ricos—. Por ejemplo, en un viaje en avión entre Buenos Aires y París el consumo de combustible per cápita puede representar dos veces más que el consumo endosomático de energía en todo un año de una persona, y una cantidad igual al uso exosomático anual de energía de muchos habitantes de los países pobres. En el cuadro I.2 se muestran los usos de energía primaria per cápita de algunas regiones y países que van desde más de siete toneladas de petróleo equivalente anuales para el habitante medio de los Estados Unidos a menos de una tonelada para el promedio africano (en donde existen, además, enormes diferencias internas). El caso de China es destacable ya que —como novedad de los últimos años— su uso de energía es cercano al promedio mundial mientras que en el segundo país más poblado del mundo (y pronto el primero), la

CUADRO I.2. *Uso de energía primaria per cápita en algunos países y regiones del mundo seleccionados, toneladas de equivalente de petróleo por año, 2009*

Estados Unidos	7.03
España	2.75
China	1.70
India	0.58
América Latina	1.20
África	0.67
Mundo	1.80

FUENTE: Elaboración propia a partir de datos de Agencia Internacional de la Energía *Key World Energy Statistics 2011*, http://www.iea.org/textbase/nppdf/free/2011/key world energy stats.pdf.

India, el uso per cápita es, a pesar de haber aumentado también mucho, poco más de la tercera parte del chino.

Diferente conceptualmente es, como hemos dicho, el *consumo final de energía* o energía distribuida. Es importante distinguir como mínimo tres tipos de demandas: la de los "sectores económicos" (y particularmente de la industria), la de los "hogares" y la del transporte. La tendencia general en los países ricos ha sido que ha aumentado mucho la demanda de energía en el sector doméstico y, sobre todo, en el transporte de personas y mercancías, de manera que es frecuente que se utilice más energía para transporte que en todo el sector industrial que era tradicionalmente el que mayor demanda de energía tenía.

Cuando se habla de los automóviles eléctricos o de hidrógeno como posibles sustitutos de los derivados de petróleo se comete a veces una confusión. La electricidad y el hidrógeno *no son* fuentes de energía primaria sino energías secundarias o derivadas que se han de obtener a partir de otras energías. Si, por ejemplo, obtenemos hidrógeno a partir de la electrólisis mediante electricidad proveniente de una central de carbón en realidad la fuente de energía primaria que alimenta los automóviles es el carbón que después de sucesivas transformaciones —con sus inevitables pérdidas— produce el hidrógeno que será una energía "limpia" únicamente en su proceso final. Diferente sería, claro, si fuésemos capaces de generar cantidades masivas de energía fotovoltaica.

Si profundizamos algo más, podemos incluso decir que lo que los usuarios quieren obtener no es la energía distribuida que aparece en las estadísticas sino acceder a servicios energéticos como son cocinar, desplazarse (y aún en este caso el objetivo no es desplazarse sino acceder a determinados lugares para llevar a cabo diferentes actividades), tener iluminación suficiente, disfrutar de una determinada temperatura ambiente ni demasiado fría ni demasiado caliente... La conversión de energía adquirida en servicios efectivos dependerá de muchos factores como que los dispositivos utilizados (los automóviles, las bombillas...) sean más eficientes en convertir la energía en energía útil (mecánica, lumínica...) o como que las casas estén mejor o peor aisladas o aprovechen más o menos la energía solar. Los servicios realmente obtenidos no aparecen en las estadísticas y requieren análisis específicos pero es un concepto que permite ver que entre la cadena que va de la captación de energía primaria al servicio energético, que es lo que se relaciona con el bienestar, hay multitud de puntos sobre los que se puede incidir.

Balances energéticos en la agricultura

Hemos recordado anteriormente la historia de las fuentes de energía principales antes y después de la industrialización. Ahora expondremos los fundamentos de la economía energética de la humanidad, tal como fueron expuestos hacia 1880 por S. A. Podolinsky y orientados a explicar ante todo las condiciones mínimas de subsistencia, es decir, de satisfacer la primera de las necesidades humanas: la alimentación.

Las ideas pioneras de Podolinsky (un autor brillante que murió joven)[22] son conocidas sobre todo por los comentarios que merecieron de Engels (el compañero intelectual y político de Marx) y de Vladimir Vernadsky, el gran ecólogo ruso. Engels

---

[22] Véase los textos recogidos en J. Martínez Alier (ed.), *Los principios de la economía ecológica*, Fundación Argentaria/Visor, Madrid, 1995.

leyó el trabajo de Podolinsky en 1882, y aunque apreció su esfuerzo, se pronunció contra la "mezcla" de la economía con la física, cortando así el desarrollo de un marxismo ecológico (aunque desde hace poco existen algunos intentos de "marxismo ecológico"; véase el recuadro I.2). Vernadsky, en 1925, resumió acertadamente la contribución de Podolinsky, quien "estudió la energética de la vida y aplicó esos resultados al estudio de los fenómenos económicos".

En efecto, Podolinsky, que tenía un doctorado en medicina y conocía bien la reciente investigación en fisiología humana, quiso estudiar la economía como un sistema de conversión de energía. Para ello, comparó la productividad energética de diversos ecosistemas rurales: por un lado, bosques y prados naturales; por otro, prados "artificiales" y campos agrícolas. La producción de biomasa útil para los humanos era mayor cuando intervenía el trabajo humano y de animales. Los cálculos indicaban que una caloría de este tipo de trabajo contribuía a producir entre 20 y 40 calorías extra. ¿De dónde venía la capacidad del ser humano para trabajar? Si considerábamos el cuerpo humano como un tipo de "máquina térmica", por decirlo así, sabíamos que la capacidad de trabajar venía del consumo de alimentos (lo que hemos llamado "energía endosomática", con la denominación de Alfred Lotka introducida hacia 1920). La conversión o "coeficiente económico" (como lo llamó Podolinsky, con terminología de los ingenieros de las máquinas de vapor) era en el cuerpo humano de una quinta parte. Naturalmente, la humanidad no comía sólo para trabajar; no todos los humanos se dedicaban a la agricultura, y existían otras necesidades aparte de la alimentación; además, las clases sociales ricas usaban mucha más energía en sus lujos que las clases pobres. Por tanto, según el tipo de economía y de sociedad, ese "coeficiente económico" (es decir, la relación entre consumo de energía y trabajo efectuado) sería distinto.

En la sociedad más simple y más trabajadora imaginable estaría cerca de ser 5:1. En este caso la productividad energética del trabajo, es decir, su contribución a una mayor disponibilidad de energía, debía ser como mínimo de 1:5 para que la sociedad en cuestión fuera sostenible. En sociedades con mayores necesidades y con mayor diferenciación social, la produc-

1.2. El marxismo ecológico

La tradición marxista ha sido en general bastante insensible a los problemas ecológicos aunque ha habido excepciones. Una de ellas es la del importante filósofo español Manuel Sacristán que ya a finales de la década de 1970, cuando se fundaron las revistas *Materiales* y su sucesora *mientras tanto*, asumió la problemática ecológica como una preocupación central. Sacristán, un pensador marxista abierto, no cayó en el error (como luego han hecho otros autores) de presentar al pensamiento de Marx como un predecesor del ecologismo sino que consideraba que lo que podía encontrarse en el autor eran simplemente algunas muy interesantes intuiciones, unos "atisbos político ecológicos" dentro de lo que era un pensamiento muy anclado en una visión progresiva de la historia aunque pensase que el avance se produjese frecuentemente por el "lado malo" de la historia.[a]

En 1998 el conocido economista marxista estadunidense James O'Connor fundó la revista *Capitalism, Nature, Socialism. A Journal of Socialist Ecology* que intentó unir marxismo y ecologismo dando un papel central a la idea de la "segunda contradicción" del capitalismo. En el lenguaje del autor, la primera contradicción es la que existe entre la acumulación de capital, es decir, el gran aumento de la capacidad productiva y el escaso poder de compra de los asalariados (ya que a los capitalistas, individualmente, les conviene pagar lo menos posible). Aún menos poder de compra tienen las masas empobrecidas de los países explotados por el capitalismo. Ésa es una idea bien conocida del marxismo. James O'Connor añade lo siguiente: al crecer el capitalismo, estropea sus propias condiciones de producción, ya que contamina el agua y el aire, hace desaparecer la biodiversidad, agota los recursos naturales. Eso, a veces, implica directamente costos crecientes para restaurar las condiciones de producción. Otras, tiene una traducción en movimientos sociales de protesta que tal vez logran imponer otras prácticas de producción, aumentando con ello los costos. El movimiento obrero fue una respuesta a la primera contradicción (una respuesta a la explotación de los trabajadores). Las diversas manifestaciones del movimiento ecologista son una expresión de la "segunda contradicción".

[a] M. Sacristán, "Algunos atisbos político-ecológicos de Marx", *mientras tanto*, núm. 21 (diciembre de 1984).

Se trata de una idea fértil pero muy discutible. Por ejemplo, hay quien señala que a veces, en el capitalismo, el conflicto ha venido de la propia fuerza del movimiento obrero, exigiendo altos salarios en épocas de pleno empleo. Una presión sobre las ganancias. Eso se parece más a la segunda contradicción que a la primera, es decir, costos crecientes más que falta de demanda efectiva. Puede pensarse también que la presión social abre nuevos campos a una tecnología más ecológica que a veces puede abrir oportunidades de inversión y de crecimiento del capital.

Por otro lado, es de hecho demasiado optimista pensar que la degradación ambiental tendrá por así decirlo su propio mecanismo de compensación mediante aumento de costos de producción dificultando así la acumulación de capital: puede ser así o no, y ello depende en gran parte de la movilización social. Aunque en algunos terrenos —como el del agotamiento de recursos que en algún momento han de aumentar su precio— la insostenibilidad ambiental puede comportar problemas para los beneficios, en general no debe infravalorarse la capacidad del capital de ganar dinero en muchos lugares y durante mucho tiempo en medio de la degradación ambiental o incluso de convertirla en oportunidad para crear nuevos negocios (por ejemplo, gestión de residuos o actividades de reconstrucción).

Esta crítica al marxismo ecológico de O'Connor se ha planteado entre otros por John Bellamy Foster. Es de celebrar esta otra línea de marxismo ecológico que Foster y otros autores están manteniendo desde las páginas de la *Monthly Review,* la importante revista marxista no dogmática de los Estados Unidos, fundada por Paul Sweezy en 1949.

tividad energética mínima debía ser mucho mayor. Por supuesto, en actividades como la extracción de carbón comprobaríamos que la productividad energética del trabajo humano (es decir, la relación entre energía obtenida y energía gastada) era muy alta, pero eso era engañoso porque el carbón era un recurso agotable.

En resumen, mediante la agricultura la especie humana lograba ser como una "máquina termodinámicamente perfecta" (por usar una metáfora que remite a los trabajos de Sadi Carnot de 1824), es decir, con la energía obtenida mediante el propio trabajo humano conseguía alimentar la propia "caldera".

Obviamente, el secreto estaba no sólo en el ingenio para seleccionar las plantas cultivadas y en el trabajo físico humano, sino en la fotosíntesis: el flujo principal de energía, procedente del sol, no entra en nuestros cálculos "económicos".

Ese "principio de Podolinsky" ha sido enunciado con posterioridad en numerosas ocasiones por muchos investigadores que no sabían que ya había sido descubierto.[23] Entre las investigaciones más relevantes para la economía ecológica están las de algunos antropólogos ecológicos que a continuación veremos.

Los antropólogos estudian con gran esfuerzo el funcionamiento de sociedades que llamamos "primitivas", e intentan hacerlo en todos sus aspectos: no sólo la economía, o las relaciones familiares, o la religión y el simbolismo, sino todo a la vez. Los antropólogos han de ser, a un mismo tiempo, científicos de la naturaleza (es decir, han de entender las relaciones entre las sociedades humanas y la naturaleza, tanto en términos de la ciencia como en los propios términos empleados por las sociedades estudiadas) y científicos sociales, con competencia particular en relaciones de parentesco, tan importantes en sociedades "primitivas". En principio parece que los antropólogos no han de ser economistas competentes, pues las sociedades que estudian carecen de instituciones económicas complicadas, no tienen mercados o, si los tienen, son periféricos para sus decisiones de producción.

Si el objeto de la ciencia económica es estudiar —como dicen muchos manuales— la asignación de recursos escasos a finalidades alternativas, actuales y futuras, asignación que se realiza mediante el sistema de precios (o, lo que es lo mismo,

[23] Los cálculos de Podolinsky son cálculos del EROI de la agricultura. El acrónimo EROI fue introducido por Charles Hall en 1986. En castellano se usa a veces TRE (Tasa de Rendimiento Energético). EROI significa "Energy Return On (energy) Input". Por ejemplo, ¿cuánto cuesta en unidades de energía conseguir la energía del petróleo de los yacimientos pre-sal en Brasil? En los últimos años, la Vía Campesina (una confederación mundial de pequeños agricultores y campesinos sin tierras), ha destacado que la agricultura industrial ya no produce energía sino que consume energía, añadiendo que (con respecto al cambio climático) la agricultura campesina tradicional enfría la Tierra. J. Martínez Alier, "The EROI of agriculture and the Via Campesina", *Journal of Peasant Studies*, vol. 38, núm. 1 (enero 2011), pp. 145-160.

mediante la "vara de medir del dinero", como dijo el economista Pigou), entonces, ¿en qué sentido *tienen* "economía" las sociedades primitivas? ¿Es su economía lo mismo que su ecología? Aristóteles había distinguido, en la *Política*, dos sentidos de la palabra *oikonomia:* el estudio del aprovisionamiento material del *oikos* o de la polis, y el estudio de la formación de los precios con el deseo de ganar dinero, lo que propiamente no era "oikonomia" sino *crematística*. ¿Hay, sin embargo, "precios" en economías que carecen de mercados y de dinero?

El antropólogo Roy Rappaport estudió en la década de 1960 un pequeño grupo humano, los tsembaga-maring de Nueva Guinea, y publicó después una famosa monografía sobre su economía ecológica y su religión: *Cerdos para los antepasados*. Los tsembaga cultivaban dos tipos de campo con un sistema de cultivo itinerante o de roza-tumba-quema; en uno predominaban taros y ñames, en el otro camote y caña de azúcar, pero en ambos había la feliz promiscuidad de plantas típica de esa agricultura. Tras un par de años de cultivo, los campos revertían a barbecho forestal o bosque secundario, sin que se apreciara erosión o disminución de fertilidad de la tierra. Además, los tsembaga se dedicaban a la crianza de cerdos; cada grupo familiar disponía de algunos de estos animales, que alcanzaban hasta 80 kg de peso, antes de ser sacrificados, casi todos a la vez, en una matanza ritual del cerdo conocida como *kaiko*, institución social y religiosa fundamental en la vida de ese pueblo, pues restablecía, mediante regalos, las alianzas con grupos vecinos de cultura similar, frecuentemente rotas por guerras.

Rappaport revisó cuidadosamente el trabajo de mujeres y hombres en el establecimiento, desyerbe y cosecha de los huertos, y tradujo ese trabajo a kcal. Estudió también el rendimiento o productividad energética de ese trabajo, al pesar los distintos productos cosechados y atribuirles su valor calórico. Así consiguió determinar el rendimiento calórico de las aportaciones de trabajo medido también en calorías, siendo en ambos tipos de campo alrededor de 20:1. Enunció después (sin conocer a ese autor) lo que hemos llamado el "principio de Podolinsky", es decir, hizo notar que esa productividad energética superaba satisfactoriamente el consumo energético endosomático que hacía posible el trabajo físico en los huertos.

Entre los tsembaga, todos los hombres y mujeres trabajaban, no había una capa social ociosa que mantener ni exportación mal pagada de productos; se trataba de una economía de subsistencia igualitaria. La productividad energética agrícola era lo suficientemente alta (como en tantos otros ejemplos que se han estudiado de cultivo itinerante tropical) como para mantener a las personas y también a los cerdos que, cuando eran chicos, se alimentaban de los residuos domésticos, pero que al crecer requerían de un trabajo especialmente dedicado a su alimentación, es decir, que se les dedicara huertos especiales.

Al hacer el balance energético de esa economía porcina se presentaba la aparente paradoja de que el rendimiento en calorías era tan bajo que parecía absurdo dedicarse a criar cerdos. Así, había que trabajar en la agricultura, cosechar y alimentar a los cerdos (que no estaban inmovilizados en una suerte de campos de concentración, como en los países de alta civilización, sino que corrían sueltos, gastando mucha energía de manera innecesaria), y el balance energético era muy pobre, pues, aproximadamente, se gastaba tanta energía como la que se obtenía. ¿Mostraban pues los tsembaga una irracionalidad económico-ecológica al dedicarse a criar cerdos? La respuesta era negativa, por varias razones. Por un lado, la carne de cerdo se consumía por las proteínas y no por las calorías (aunque los propios tsembaga no sabían hablar de proteínas, sí sabían que la carne de cerdo era particularmente necesaria para niños y mujeres embarazadas). También se consumía por su buen gusto. Y la matanza ritual de los cerdos era la propia religión de los tsembaga.

¿Cuándo se iniciaba el "kaiko", esa matanza colectiva ritual? Ciertamente, cuando los especialistas religiosos apreciaban ciertas señales propicias, pero asimismo cuando el número y el peso de los cerdos que había que alimentar excedía cierta cantidad. Rappaport, antropólogo ecológico y de la religión, escribe literalmente en su magnífica monografía: "demasiados cerdos son *caros*". ¿Cómo pueden serlo si no hay mercado ni precios?

Vemos aquí los dos sentidos de la palabra *economía:* aprovisionamiento material y energético del *oikos;* y estudio de la asignación de recursos escasos a fines alternativos si no mediante los precios de mercado, sí mediante la comparabilidad de valores. Las proteínas de los cerdos resultan baratas, aunque sus calorías resulten caras, siempre que el número y el peso de los cerdos no sea excesivo. La monografía de Rappaport es realmente un estudio de *economía* ecológica.

Agudamente se ha señalado (por David McGrath, ecólogo que trabaja en la Amazonia brasileña) que el cálculo energético de la agricultura itinerante sería muy distinto si, entre los insumos o inputs, contáramos no sólo la energía del trabajo humano, sino también la del bosque primario o secundario quemado. Desde luego, la agricultura itinerante aparecería como la más energéticamente despilfarradora de todas las agriculturas (incluso más que la moderna muy intensiva en el uso de combustibles fósiles), si pensamos en la enorme biomasa que se quema. El argumento en contra es que si la densidad de población no es alta y no hay presión de la producción para exportar, el sistema es sostenible sin grave degradación ecológica, ya que el bosque secundario se renueva. El empleo de la expresión "barbecho forestal" indica esa visión, tal vez demasiado optimista, ya que el barbecho consiste en dar descanso a la tierra para recuperar su fertilidad, de manera que el sistema de cultivo sea sostenible.

Otro ejemplo es el de la *economía vertical andina* o la simbiosis interzonal andina. Hacia 1965 John Murra, vinculado con la escuela de antropología económica de Karl Polanyi, llegó al concepto de "economía vertical" a partir de una pregunta. Puesto que antes de la conquista europea no había mercados en los Andes, y una vez consciente de que en economías de montaña no cabe la autarquía porque las producciones de distintos pisos ecológicos son complementarias, ¿cómo circulaban esos productos? La respuesta prehispánica es el tributo; una respuesta posterior es el trueque y los mercados periféricos (que son compatibles con economías mayormente de subsistencia, es decir, cuyas decisiones de producción no vienen guiadas únicamente por costes y precios: hay papas para comer y papas para vender).

El estudio que hiciera Brooke Thomas de un grupo de familias de pastores (un grupo de *wakchilleros*) en Puno, Perú, en la década de 1970, traduce la noción de "economía vertical" de Murra en términos del estudio del flujo de energía. Brooke Thomas estableció que la productividad del trabajo humano empleado en el cultivo de papa era únicamente de 1:10. Esa productividad energética del cultivo de papa, a casi 4 000 m de altura, es de las más bajas que se ha observado en la agricultura. En efecto, un grupo humano, por pobre, igualitario e independiente que fuera, no subsistiría si cada caloría de trabajo humano reportara únicamente 10 calorías de producción, ya que el trabajo humano exige cinco veces más energía de la alimentación que la que se transforma en trabajo. ¿De qué vivirían niños y viejos? Además, el grupo humano en cuestión estaba sometido a la extracción de un excedente en trabajo por la hacienda vecina. El secreto de la existencia de los wakchilleros era, por supuesto, el pastoreo, mediante el cual, en forma de lana y carne del ganado (y también de bosta, imprescindible para la fertilización de los campos y como combustible), y a pesar de la pobreza de los pastos, se producía un excedente suficiente para darle su renta al hacendado y para que esos pastores intercambiaran carne y lana por productos agrícolas de pisos ecológicos inferiores. Con el poco ganado disponible por familia (ya que la hacienda tenía la mayor extensión, y trataba de reducir la disponibilidad de pastos para los wakchilleros), y con la escasa productividad energética del cultivo de papas, era necesario recurrir a la "economía vertical".

Hasta aquí hemos resumido algunos estudios de antropología ecológico-económica, de los muchos disponibles que analizaron el flujo de energía en agriculturas muy simples. En 1973 y 1974 varios estudiosos, siguiendo una sugerencia del ecólogo Howard Odum que había escrito que la agricultura moderna consiste en "cultivar con petróleo", presentaron balances energéticos de diversos tipos de agricultura, con lo que se iniciaba una nueva perspectiva sobre *la productividad de la agricultura moderna*. El estudio más conocido es el de David Pimentel, de la Universidad de Cornell (de gran reputación en estudios agrarios y forestales, cuyo fundador, el señor Cornell, consiguió grandes ganancias crematísticas arrasando bosques). Pimentel mostró la *decreciente* eficiencia energética del cultivo del maíz en los Estados Unidos, a causa del enorme y creciente uso de petróleo o sus derivados (como fertilizantes y pesticidas) y la comparó con la mayor eficiencia energética conseguida en la agricultura de la *milpa* en México. La eficiencia o productividad energética, medida como relación entre contenido energético de la producción y gasto energético total, ha pasado en algunos casos a ser incluso inferior a la unidad (excluyendo de los cálculos la energía solar transformada por las plantas; si no se excluye, es evidente que siempre es muy inferior a la unidad). En el cuadro I.3 resumimos los resultados de estimaciones sobre el cambio en los inputs y outputs del sector agrícola-ganadero español, medidos siempre en energía, en un periodo de casi medio siglo. El cambio entre principios de la década de 1950 y finales de la década de 1970 corresponde a una etapa histórica especialmente interesante porque durante ella se produjo una transformación acelerada de los métodos de producción, transformación similar a la que ya se había producido antes en otros países y similar a la que ahora, tal vez, se está produciendo en otros lugares del mundo. La pérdida de "eficiencia" o productividad energética en este periodo fue debido a la mecanización del campo y en alguna medida seguramente también al mayor peso de los productos ganaderos (que requieren mayores transformaciones energéticas) respecto al total del sector. Entre 1977-1978 y 1993-1994 sí parece darse un pequeño aumento de la "eficiencia energética", probablemente gracias al aumento de rendimientos debido a la expansión del regadío.

La conclusión de que la "productividad energética" disminuye con la modernización de la agricultura contrasta con la respuesta positiva que, sin duda, obtendríamos de la mayoría de los economistas si les preguntásemos ¿qué tipo de agricultura es más productiva, la "tradicional" o la "moderna"? En realidad, la pregunta no tiene una respuesta inequívoca. El concepto *productividad* tiene una definición relativamente clara si nos referimos a la productividad de uno de los inputs que intervienen en una actividad económica; así hablaremos de la productividad del trabajo como la cantidad de producción agrícola (medida en kilogramos de un determinado producto o en kilocalorías) que obtenemos por hora de trabajo. La definición es clara, aunque las horas de trabajo no son homogéneas y se corre el riesgo de comparar horas de diferente "calidad". Además,

CUADRO I.3. *Valor energético de los inputs y de la producción agrícola-ganadera neta de la agricultura española, diversos años (10¹² kilocalorías)*

	Media 1950-1951	Media 1977-1978	Media 1993-1994
Inputs externos (1)	4 961 946	82 549 104	89 271 231
Output final (agrícola y ganadero) (2)	30 308 437	101 473 583	124 428 479
"Eficiencia energética" (2)/(1)	6.10	1.22	1.39

NOTA: el valor energético de los piensos importados excluye la energía de fabricación en el país de origen; incluye el contenido energético más la energía gastada en las fábricas españolas. El output de productos vegetales, no incluye la semilla, la paja y los pastos. Los productos animales (carne, leche, huevos, etc.) no incluyen el trabajo animal ni el estiércol.

FUENTE: O. Carpintero, *El metabolismo de la economía española. Recursos naturales y huella ecológica (1955-2000)*, Fundación César Manrique, Lanzarote, 2005. Los datos de las dos primeras columnas (revisados) provienen del trabajo pionero en España de J. M. Naredo y P. Campos, "Los balances energéticos de la agricultura española", *Agricultura y sociedad*, núm. 15 (1980), pp. 196, 198 y 214.

es preciso destacar que una buena medida de productividad total del trabajo debe tener en cuenta no sólo el trabajo directo sino también el indirectamente necesario para la producción agrícola (por ejemplo, el dedicado a obtener fertilizantes o maquinaria). También podemos hablar de la productividad por hectárea de tierra. No hay duda de que en la agricultura ha aumentado la productividad por hectárea o, aún mucho más, por hora de trabajo, incluso teniendo en cuenta el mayor peso relativo del trabajo indirecto a medida que la agricultura se vuelve una actividad más dependiente del resto de los sectores económicos.

Ahora bien, es mucho más difícil definir si la "productividad total" ha aumentado o disminuido; de hecho, es cuestionable que la pregunta tenga sentido, porque exige agregar en una misma unidad todos los inputs. Una posibilidad es, precisamente, medir todos los inputs en términos de gasto o contenido energético y con ello tendremos una perspectiva nueva e interesante, aunque el resultado no ha de ser la única guía para la valoración de las diferentes técnicas agrícolas, especialmente si tenemos en cuenta que en los países desarrollados la agricultura es muy intensiva en energía, pero no es ni mucho menos el principal demandante de energía. No sólo nos interesa la cantidad total de energía utilizada, sino qué parte corresponde a energía humana, qué parte procede de fuentes renovables y qué parte de fuentes no renovables... nos interesa también la utilización de sustancias que generan residuos contaminantes, la utilización de agua, la conservación y la coevolución de la biodiversidad... y, por supuesto, los rendimientos por hectárea.

La contabilidad energética da, por tanto, una medida, no la única importante, que permite comparar diferentes técnicas agrícolas con una perspectiva diferente a la de la "rentabilidad económica", la cual depende de los precios relativos de los diferentes inputs y del producto. Para sumar y restar producciones e inputs heterogéneos necesitamos hacerlos conmensurables, y eso se suele hacer por sus precios. Pero, del valor de la producción, ¿no deberíamos deducir las varias contaminaciones que son producto de la agricultura moderna, y también el valor de la erosión del suelo y de la pérdida de biodiversidad? Es decir, ¿están las "externalidades" negativas deducidas del valor de la producción? Y el valor de los inputs, ¿realmente asume la falta de disponibilidad futura del petróleo al usarlo ahora en tan grandes cantidades?

Por tanto, al dudar de si la agricultura moderna realmente supone un aumento de la productividad; al señalar el conflicto entre la valoración económica convencional y los resultados obtenidos al estudiar el flujo de energía en la agricultura; al preguntarnos, pues, sobre la valoración adecuada de recursos y servicios ambientales menoscabados por la modernización de la agricultura, nos situamos en el tema principal de estudio de la economía ecológica.

¿Cultivar para alimentar los automóviles?: los agrocarburantes

Ante el incierto futuro del abastecimiento del petróleo y los problemas del cambio climático, una de las propuestas que han surgido —y que han estado promovidas con exenciones fiscales y diferentes tipos de subsidios— es la de sustituir derivados del petróleo por "biocarburantes" para hacer funcionar vehículos. El transporte por carretera y por avión es la actividad que más hace aumentar la demanda energética en muchos lugares y depende casi exclusivamente del petróleo y la sustitución por otras energías no es fácil. De ahí la propuesta.

Parte de la oferta de estos biocarburantes podría venir de aprovechar residuos como reciclar aceites ya utilizados o aprovechar determinados gases residuales y ello es una buena idea. Pero un programa a gran escala exige destinar cultivos específicamente para obtención de carburantes. La idea y la práctica no son en absoluto nuevas y en Brasil hace muchas décadas que se utiliza la caña de azúcar con esta finalidad. Lo que es más nuevo es que en los Estados Unidos y la Unión Europea se quiere dar impulso a esta alternativa incentivando el cultivo y la importación de "agrocarburantes".

La propuesta despierta importantes objeciones. Una de ellas tiene que ver precisamente con los balances energéticos de la agricultura. La energía neta que puede obtenerse a partir de los cultivos energéticos debería descontar todos los costes energéticos necesarios para disponer del carburante para los automóviles empezando por los gastos energéticos en los procesos agrarios (además de los de procesamiento, transporte...): si los cultivos son muy intensivos en energía podría incluso darse el absurdo (que quizás podría salir rentable si existen subsidios) de que la energía gastada en todo el proceso fuese mayor que la obtenida y, por tanto, no habría energía neta. La agricultura "moderna" puede verse como "comer petróleo" y hay estudios en los que a veces la energía gastada —básicamente petróleo— es mayor que la que contienen los alimentos: es carísimo energéticamente y contaminante pero no absurdo porque no podemos comer directamente el petróleo; lo que sí lo sería es gastar más petróleo que el equivalente obtenido en forma de carburante para los automóviles. Lo que sí es seguro es que la energía adicional será mucho menor de lo aparente. Esta perspectiva para los agrocarburantes es una concreción de una problemática mucho más amplia. En la década de 1970 Charles Hall utilizó el acrónimo EROI, que significa Energy Return On (energy) Input, para estudiar si existe o no una tendencia hacia un aumento del costo energético de obtener energía.[24]

La investigación sobre el tema no tiene que ir asociada necesariamente con la adopción de una "teoría del valor energía" o con la obsesión de que la energía es el "principal" factor en la historia económica (más importante, por ejemplo que la disponibilidad de materiales), o con la visión de que las fuentes de energía son más problemáticas para la sustentabilidad que los sumideros de residuos. El análisis de los flujos de energía —que ha sido una constante de la economía ecológica desde sus inicios, hace más de 100 años—, no implica los "dogmas energéticos" denunciados por Nicholas Georgescu-Roegen. Es cierto que en la década de 1970 se pensó que las recomendaciones de política económica y social podrían basarse en el estudio de la eficiencia del uso de energía,[25] muy cerca de un renacimiento de la "energética social" de hace 100 años, pero el EROI y otros indicadores energéticos son indicadores que complementan pero no eliminan otros indicadores. Es por ejemplo extremadamente relevante saber cuánto disminuye la relación entre energía invertida y energía obtenida cuando la "frontera del petróleo" se extiende a lugares donde es mucho más difícil su extracción o es también importante analizar —una cuestión polémica— cuál es la relación (y cómo disminuye a medida que se dan avances técnicos) entre gasto energético invertido en producir y mantener las placas fotovoltaicas y la energía obtenida.

[24] C. J. Cleveland, "Natural resource scarcity and economic growth revised: economic and biophysical perspectives", en R. Costanza (ed.), *Ecological Economics*, Columbia University Press, Nueva York, 1991; C. Hall, C. J. Cleveland y R. Kaufman, *Energy and resources quality: the ecology of the economic process*, Wiley, Nueva York, 1986.

[25] H. T. Odum, *Environment, Power and Society*, Wiley, Nueva York, 1971; M. Slesser, *Energy in the economy*, Macmillan, Londres, 1979.

Otra objeción a los agrocarburantes es que la producción de alimentos para los automóviles compite con la producción de alimento para las personas lo que plantea dilemas éticos. El análisis energético desvela que una persona que habitualmente se mueve en automóvil gasta mucha más energía en transporte que la que gasta en comer. Un corolario es que por cada cantidad de tierra que se deja de cultivar para alimentar a un automóvil se podrían alimentar a muchas personas. Esta objeción es especialmente relevante cuando —como sería inevitable si los países ricos sustituyesen una parte importante de su gasolina o gasoil por cultivos agrarios— la oferta procede de importaciones de países pobres. Como también son muy relevantes los impactos ambientales que se podrían producir en dichos países si los cultivos sustituyesen no a otros cultivos sino a otro tipo de ecosistemas.

EL FLUJO DE MATERIALES EN LAS ECONOMÍAS

En los apartados anteriores analizamos el uso de energía por parte de las sociedades humanas. Pero las fuentes de energía son sólo una parte del flujo de recursos naturales utilizados por la economía. Si queremos analizar dicho flujo —y, en particular, si nos preguntamos si las economías ricas utilizan o no cada vez mayores recursos—, hemos de tener en cuenta también otros recursos.

Aunque existen otros precedentes de lo que ahora se conoce como *contabilidad* o *análisis del flujo de materiales* (MFA por sus siglas en inglés) a nivel agregado tanto para los Estados Unidos como para la ex Unión Soviética,[26] el más claro proviene de la contribución de Robert U. Ayres y Allen V. Kneese, quienes definieron el concepto de balance de materiales y lo aplicaron a los Estados Unidos para el año 1965.[27] El primer

---

[26] Véase M. Fischer Kowalski, "Society's Metabolism. The Intellectual History of Materials Flow Analysis, Part I, 1860-1970", *Journal of Industrial Ecology*, vol. 2, núm. 1 (1998), pp. 66-69.

[27] R. U. Ayres y A. V. Kneese, "Production, Consumption and Externalities", *American Economic Review* (junio de 1969), pp. 282-297.

estudio que elaboró una serie histórica para diversos países ricos fue el llevado a cabo para varios países por un proyecto entre el Wuppertal Institute de Alemania, el World Resources Institute de Washington, y otras instituciones de Holanda y Japón.[28]

El significativo título del trabajo fue *Resource Flows: The Material Basis of Industrial Economies* y el objetivo era cuantificar el conjunto de materiales procedentes de la naturaleza (y así no se incluyen los materiales reciclados) que los humanos extraen o remueven, que mantienen el llamado *metabolismo social* o económico. El indicador agregado que se estima es el peso total de los materiales (materiales en sentido amplio ya que se incluyen los combustibles fósiles)[29] requeridos por la actividad económica; quedan fuera el uso de agua y de aire. El punto de partida es la idea de que todo uso de materiales causa potencialmente importantes impactos ambientales aunque obviamente no sean proporcionales al peso y dependan de los materiales que se utilicen, de cómo se transforman, y de cómo se viertan los residuos. Por tanto, como el propio estudio señala, uno de los pasos siguientes es clasificar los materiales según su potencial daño ambiental. Uno de los aspectos interesantes del estudio es que no sólo se consideran los flujos de materiales "directos" que se intercambian como mercancías (por ejemplo, carbón, hierro o alimentos), sino también los flujos "ocultos" o indirectos de materiales (por ejemplo, la materia removida

[28] A. Adriaanse, S. Bringezu, A. Hammond, Y. Moriguchi, E. Rodenburg, D. Rogich, H. Schütz. World Resources Institute, Wuppertal Institute, Netherlands Ministry of Housing, Spatial Planning, and Environment, and National Institute for Environmental Studies, *Resource Flows: The Material Basis of Industrial Economies*, Washington, 1997.

[29] Adviértase, sin embargo, que energías como la hidroeléctrica o la eólica no se contabilizan. La forma de agregar las fuentes energéticas es, además, diferente. Una tonelada de carbón se cuenta igual que una tonelada de petróleo, aunque ésta da lugar a mucha más energía. Por tanto, no se trata sólo de que el indicador de uso material sea más global porque incorpore no sólo fuentes de energía (aunque no todas) y muchas otras cosas, sino de que las agrega de forma diferente. Como ya insistiremos en otros apartados de este libro, no se trata de decidir qué indicador es el bueno, sino de utilizar diferentes indicadores que nos muestren aspectos diversos de la realidad en un enfoque multicriterial.

en la extracción de carbón u otros minerales, en fabricar infraestructuras o los residuos de los cultivos no utilizados).[30] Por otro lado, se incorporan los recursos naturales adquiridos en otros países y también las estimaciones de los flujos "ocultos" provocados en dichos países; una cuestión obviamente relevante, dado que ha aumentado la proporción de flujos de materiales provocados por el consumo de los países ricos pero originados en el exterior (y con ello la proporción de impactos ambientales "exportados"), aunque las estimaciones se hacen más difíciles cuando se originan en otros países y en muchos estudios se renuncia de momento a llevarlas a cabo por las dificultades metodológicas que conllevan (y las importaciones de bienes acabados se contabilizan sólo por su peso directo).

En el cuadro I.4 se presentan los resultados para tres de los países considerados (los Estados Unidos, Japón y Alemania), para el requerimiento total de materiales.[31] Son datos empíricos que nos permiten valorar la hipótesis de una parte de lo que se ha llamado "ecología industrial", según la cual, en las economías ricas, se produciría una *desmaterialización* de la economía, en el sentido de que la actividad económica se desvincula del uso de materiales gracias a los aumentos de eficiencia y a los cambios de la estructura de la demanda. Esta hipótesis tiene dos versiones: la "débil" afirmaría únicamente que el uso de recursos por unidad de PIB "real" (o cualquier otro indicador macroeconómico de nivel de actividad) —o intensidad en el uso de materiales— disminuye; la segunda versión, la "fuerte", iría más lejos y afirmaría que el uso de materiales efectivamente disminuye.[32] La conclusión del estudio fue que no existe en absoluto evidencia de una "desmaterialización" en sentido fuerte; al contrario, el flujo de materiales a mediados de la dé-

---

[30] La mayor parte de trabajos posteriores no consideran la erosión de forma que este elemento no forma parte de la actual metodología "estándar" del análisis de flujo materiales.

[31] En este trabajo se estimó incluso la erosión originada en la producción agraria.

[32] S. M. de Bruyn y J. B. Opschoor, "Developments in the throughput-income relationship: Theoretical and empirical observations", *Ecological Economics*, vol. 20, núm. 3 (marzo de 1997), pp. 255-268.

CUADRO I.4. *Indicadores de uso directo e indirecto de materiales para algunos países ricos, 1975-1994*

Flujo per cápita en toneladas por habitante y año e intensidad en el uso de materiales (cantidad de materiales/PIB real) en número índice (1975 = 100)

Año	Estados Unidos		Japón		Alemania*	
	Uso per cápita	Intensidad material	Uso per cápita	Intensidad material	Uso per cápita	Intensidad material
1975	99	100	38	100	64	100
1980	97	88	38	85	69	92
1985	86	72	37	70	61	76
1990	89	68	46	72	67	74
1994	84	62	45	69	76	78

* 1975, 1980, 1985 y 1990, República Federal de Alemania. 1994, Alemania unificada. Los datos no son, por tanto, comparables.
FUENTE: A. Adriaanse S. Bringezu, A. Hammond, Y. Moriguchi, E. Rodenburg, D. Rogich, H. Schütz. World Resources Institute, Wuppertal Institute, Netherlands Ministry of Housing, Saptial Planning, and Environment, and National Institute for Environmental Studies, *Resource Flows: The Material Basis of Industrial Economies*, Washington, 1997.

cada de 1990 en los países ricos era superior al de mediados de la de 1970. El uso de materiales per cápita sólo disminuyó algo en los Estados Unidos —y ello es explicable por la reducción de la erosión, un item que no suele incluirse en los estudios más recientes— e incluso en este caso el flujo *total* de materiales era, en 1994, ligeramente superior al de 1975 (es decir, el moderado aumento de la población contrarrestó la disminución en el flujo de materiales per cápita).

"Desmaterialización" se relaciona con "desvinculación" o "desconexión" *(delinking)* entre crecimiento económico e impacto ambiental. En este sentido es importante destacar que "lo ecológicamente significativo es el volumen material absoluto de materias primas consumidas, y no el volumen en relación con el PNB".[33] Pero la relación entre los conceptos de "desmaterialización" en sentido absoluto y el de "desvinculación" respecto al nivel de impacto ambiental es, además, complicada. No existe una proporcionalidad clara entre peso de materiales removidos e impactos ambientales. Un caso evidente es el del uranio, cuyo peso dentro del total de materiales es despreciable, aunque su impacto potencial sea importantísimo. Si lo que nos interesa es el aspecto de agotamiento de recursos, también es obvio que el peso de materiales utilizados es un indicador interesante, pero muy burdo, ya que es un agregado que suma materiales renovables y no renovables, renovables utilizados de forma sostenible e insostenible, no renovables abundantes y escasos.

Al trabajo citado siguieron (y siguen) multitud de estudios para diversos ámbitos territoriales y los términos y metodologías han tendido a homogeneizarse aunque aún hay diferencias según los autores. El interés del tema incluso llevó a Eurostat —la oficina estadística de la Unión Europea— a publicar en el año 2001 una guía metodológica de donde procede la figura I.3. En la figura no se incluyen los flujos de agua ni el uso de aire (ni tampoco la erosión de tierra), que normalmente se analizan de forma separada (la cuantía de los usos de agua suele representar un orden de magnitud superior al del resto

---

[33] S. Bunker, "Materias primas y la economía global: olvidos y distorsiones de la ecología industrial", *Ecología Política*, núm. 12 (1997), pp. 81-89.

de materiales). Además de las extracciones directas de materiales y de las importaciones aparece lo que se llama "extracción interior no utilizada" *(unused flows)* (materiales movilizados pero que no adquieren valor económico) y los flujos indirectos asociados a las importaciones que juntamente se habían llamado "flujos ocultos". Los asociados a las importaciones que, utilizando un término popularizado por el Wuppertal Institute podemos llamar la "mochila ecológica" *(ecological rucksack)* de las importaciones, tienen dos componentes, el primero es el de los flujos que son directos para el país exportador (lo que la guía de Eurostat llama equivalente en materias primas, *raw material equivalent*) y el segundo, aún más difícil de estimar, es el de los indirectos ("no utilizados") para dicho país. La suma de todos estos flujos corresponde al concepto ya citado de "requerimiento total de materiales" aunque dada la dificultad de cálculo muchos trabajos se limitan a calcular los flujos directos (interiores más importados) lo que normalmente se conoce como "input directo de materiales". Otro problema es que si se consideran los flujos importados se cae en una doble contabilización a menos que se resten las exportaciones lo que lleva al concepto "consumo (directo) interior o doméstico de materiales" que equivale a la extracción directa de materiales más la diferencia entre importaciones y exportaciones que podemos llamar "balanza comercial física" (medida en toneladas, no en dinero).

Por lo que se refiere a las "salidas" del sistema económico que aparecen en la figura I.3, la suma de exportaciones y "vertidos a la naturaleza" (que incluyen los que van a vertederos controlados) ha de coincidir contablemente con la suma de la extracción interior más las importaciones menos la "acumulación neta de materiales": todos los recursos han de convertirse en residuos antes o después pero en cada periodo el *stock* de materiales acumulados en la economía (en edificios, máquinas, bienes de consumo duraderos...) puede aumentar (o disminuir). El reciclaje no se considera, obviamente, como una entrada de nuevos materiales sino que su efecto es que —a igualdad de circunstancias— en el futuro se deberán extraer —o importar— menos materiales. Por otro lado, igual que se estiman los flujos indirectos asociados a las importaciones

FIGURA I.3. *Balance de materiales del conjunto de la economía (excluidos los flujos de aire y agua)*

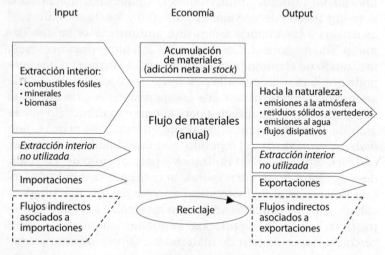

FUENTE: European Commission-Eurostat, *Economy-wide material flow accounts and derived indicators. A methodological guide,* Eurostat Theme 2 Economy and Finance, 2001, fig. 5, p. 16.

también cabe, si se trata de distribuir responsabilidades sobre flujos materiales entre los países, estimar los asociados a las exportaciones.

Los ámbitos de estudio del análisis de flujo de materiales han sido diversos y a los trabajos sobre países ricos se han añadido estudios sobre países menos ricos e incluso estimaciones sobre el conjunto de materiales movilizados en el conjunto del mundo como los de Naredo y Valero para el año 1995 que obtenían como media mundial una estimación de siete toneladas per cápita en el caso de los requerimientos directos de materiales y de 18 toneladas para los requerimientos totales.[34] Un trabajo más reciente estimó incluso una serie histórica del "consumo (directo) de materiales" desde 1900

[34] J. M. Naredo y A. Valero (dirs.), *Desarrollo económico y deterioro ecológico,* Fundación Argentaria/Visor, Madrid, 1999. Véase también J. M. Naredo, "Cuantificando el capital natural. Más allá del valor económico", *Ecología Política,* núm. 16 (1998), pp. 31-58.

hasta 2005.[35] El uso total de materiales se habría multiplicado por ocho siendo el aumento más espectacular el que se dio después de la segunda Guerra Mundial y hasta la primera crisis del petróleo con una tasa anual de crecimiento de 3.3% entre 1945 y 1973. Si lo separamos por grandes componentes, todos ellos aumentaron pero en diferentes proporciones. La biomasa fue el componente que menos aumentó (¡aunque se multiplicó por 3.6 veces!) pasando de representar aproximadamente tres cuartas partes del total a sólo una tercera parte. El mayor aumento vino de los otros componentes: minerales, combustibles fósiles y sobre todo materiales de construcción. En términos per cápita el uso de materiales en 2005 representaría a nivel mundial una media de más de 10 toneladas anuales.

Por lo que se refiere a España, Óscar Carpintero llevó a cabo una excelente investigación sobre los cambios en la cantidad y tipología de movilización de materiales que estuvieron detrás de los espectaculares cambios económicos y sociales que se produjeron desde 1955 hasta el año 2000. En la gráfica i.1 aparecen sus resultados hasta el año 2000 que incluyen no solo estimaciones de los inputs materiales directos —interiores e importados— sino también los que denomina —siguiendo la terminología de los primeros trabajos— flujos "ocultos".

Posteriormente, el mismo autor ha continuado su estudio hasta el año 2009 (aunque sólo para los flujos directos) y se puede ver cómo el uso de materiales (gráfica i.2) en los primeros años del siglo xxi no sólo siguió creciendo sino que se aceleró. No es extraño. Hasta 2007, España experimentó un fuerte (y falso) crecimiento económico basado en actividades de construcción privada y pública, resultando en una extracción desmedida de minerales de construcción. Este modelo de crecimiento tuvo un gran coste ambiental en términos de pavimentación de grandes extensiones de suelo. En 2007, España encabezaba la lista de países europeos en consumo de materiales por habitante con más de 20 toneladas frente a las 16.5

---

[35] F. Krausmann *et al.*, "Growth in global material use, GDP and population during the 20th century", *Ecological Economics*, vol. 68, núm. 10 (agosto de 2009), pp. 2696-2705.

GRÁFICA I.1. *Evolución del requerimiento total de materiales en España, 1955-2000 (miles de toneladas)*

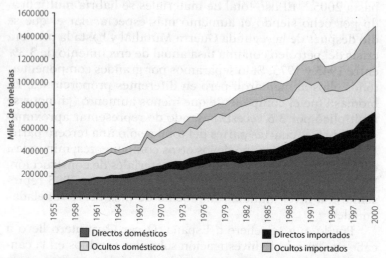

FUENTE: O. Carpintero, *El metabolismo de la economía española. Recursos naturales y huella ecológica (1955-200)*, Fundación César Manrique, Lanzarote, 2005.

GRÁFICA I.2. *Evolución del "consumo directo de materiales" per cápita en España, 1955-2009 (toneladas/habitante)*

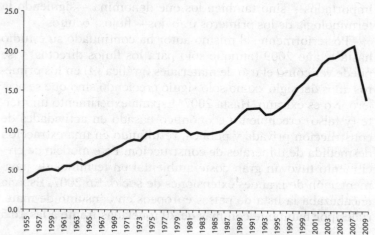

NOTA: Consumo Material Directo = Input directo de materiales − Exportaciones = Extracción interior + Importaciones − Exportaciones.

FUENTE: O. Carpintero, *El metabolismo de la economía española. Recursos naturales y huella ecológica (1955-200)*, Fundación César Manrique, Lanzarote, 2005; O. Carpintero, "La sostenibilidad ambiental de la economía española: una visión a largo plazo", *Sistema*, núm. 225-226 (2010), pp. 123-161.

toneladas de la media de la Unión Europea de 27 miembros.[36] En España se construyeron en 2006 tantas viviendas como en Francia y Alemania juntas. En ese año se aprobaron 911 568 nuevas viviendas[37] mientras en 2010 el número cayó a unas 90 000. Hubo también una excesiva inversión en obras públicas. Con el estallido de la burbuja inmobiliaria, el consumo de materiales cayó abruptamente. El consumo de materiales per cápita ya se puso por debajo de la media europea en 2010 lo que se interpreta como un signo de "normalización" del nivel de uso de recursos.

El cuadro I.5 resume algunos de los indicadores de uso de materiales en España. Además de los indicadores per cápita es importante destacar el gran cambio en la composición de los materiales. Mientras que en 1955 los materiales "bióticos" (o renovables) representaban más de 62% del total de los inputs directos, su peso relativo no dejó de disminuir hasta el 2007, año para el cual los materiales "abióticos" (con un peso muy destacado de los destinados a la construcción) representaron más de 83%; con la crisis disminuyó este porcentaje debido al desplome de los productos de cantera. Por último destacar el comportamiento de la "balanza comercial" en términos físicos (es decir, en toneladas). En el periodo estudiado se dio el cambio histórico de una economía con un relativo equilibrio (físico) entre importaciones y exportaciones a una economía en la que ambos flujos crecieron mucho pero en la que —como es propio de la mayoría de países muy ricos— el peso de las importaciones es mucho mayor que el de las exportaciones: en 2007 era más de 2.6 veces superior.

En la gráfica I.3 podemos ver el indicador relativo entre uso de materiales y nivel de actividad económica (PIB a precios constantes). A diferencia de otros países, en el caso de la economía española no existe durante la segunda mitad del siglo XX ningún síntoma claro de "desmaterialización relativa", es decir, el uso de materiales casi creció en promedio al mismo ritmo que el PIB y a principios del siglo XXI incluso se observa una

---

[36] Eurostat, 2011. *Material Flow Accounts,* http://appsso.eurostat.ec.europa.eu/nui/setupModifyTableLayout.do

[37] Instituto Nacional de Estadística (INE), 2011, *Estadísticas de la construcción,* http://www.ine.es/jaxi/tabla.do [Consultado 24/6/2011].

cierta "rematerialización". No es hasta la crisis económica que estalla en el 2008 que el uso de materiales cae en términos absolutos y también en términos relativos, es decir, que la caída es muy superior a la moderada reducción del PIB.

CUADRO I.5. *Indicadores derivados de la contabilidad de flujo de materiales para España. 1955-2009*

Año	1955	2000	2007	2009
	Magnitudes absolutas per cápita (toneladas por persona)			
Requerimiento total de materiales	9.2	37.3	...	...
Input directo de materiales	4.2	19.0	23.1	16.7
Consumo de materiales directo (*)	3.9	16.6	20.8	14.2
	Composición de los inputs directos de materiales (% del total)			
Bióticos	62.4	20.5	16.8	20.4
Abióticos	37.6	79.5	83.2	79.6
	Importaciones y exportaciones en términos físicos (miles de toneladas anuales)			
Importaciones	7561	221968	279005	235021
Exportaciones	8584	94451	106455	117948
"Balanza comercial" en términos físicos	+1023	–127517	–172550	–117073

(*) Input directo de materiales – Exportaciones = Extracción interior + Importaciones – Exportaciones

FUENTE: O. Carpintero, *El metabolismo de la economía española. Recursos naturales y huella ecológica (1955-2000)*, Fundación César Manrique, Lanzarote, 2005; O. Carpintero, "La sostenibilidad ambiental de la economía española: una visión a largo plazo", *Sistema*, núms. 225-226 (2012), pp. 123-161.

GRÁFICA I.3. *Evolución de la intensidad material de la economía española, "consumo directo de materiales" por unidad de PIB, 1955-2009 (toneladas / millón €)*

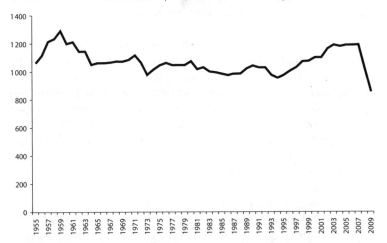

NOTA: Relación entre Consumo Material Directo (toneladas) y PIB en euros constantes de 2000.

FUENTE: O. Carpintero, *El metabolismo de la economía española. Recursos naturales y huella ecológica (1955-200)*, Fundación César Manrique, Lanzarote, 2005; O. Carpintero, "La sostenibilidad ambiental de la economía española: una visión a largo plazo", *Sistema*, núms. 225-226 (2012), pp. 123-161.

Perfiles metabólicos de Argentina, Colombia, México y Perú

En este apartado comparamos los flujos de materiales en cuatro grandes economías latinoamericanas. En el cuadro I.6 se refleja la Extracción doméstica o interna de materiales, el Consumo Doméstico y el Balance Físico del comercio exterior.

La Extracción Doméstica o interna de materiales, ED., está clasificada en: Biomasa, Materiales industriales y de construcción (como arena, grava...), Minerales para metales, Combustibles fósiles. También aparece la cantidad de importaciones y de exportaciones medidas en toneladas.

El Consumo Doméstico de Materiales, CMD, es decir, la ED más las Importaciones menos las Exportaciones.

El Balance Físico del Comercio Exterior (las toneladas importadas menos las toneladas exportadas). Si, por ejemplo, Colombia exporta 97 millones de toneladas al año e importa 21 millones, decimos que tiene un gran Desequilibrio Físico de Comercio Exterior.

La Extracción Doméstica (ED) considera los materiales extraídos del medio ambiente para su inserción en la economía, dando una idea de la intensidad de la extracción de los recursos naturales. En términos per cápita, Argentina presenta los valores más altos comparados con otras economías de la región, su ED pasó de 16.1 en 1970 a 16.5 tons/cap en 2009. Puede compararse con niveles más bajos en Colombia, de 1970 a 2007, cuando pasó de seis tons/cap a 8.5 tons/cap.[38] México muestra cambios importantes entre 1970 y 2003, debido al aumento en la cantidad de minerales y combustibles fósiles que se extrae en el país a partir de 1970, lo cual se refleja en un aumento de 7.5 tons/cap en 1970 a 11.2 tons/cap en 2003.

Perú al igual que México muestra grandes cambios durante las tres últimas décadas. La característica más notoria es el considerable aumento en la cantidad de minerales y materiales industriales y de construcción. Dichas categorías se multiplican por un factor de nueve y cinco, respectivamente. En términos per cápita, su ED pasó de ocho tons/cap en 1970 a 15.1 tons/cap en 2007. Debe notarse que en las exportaciones de Perú, o de cualquier otro país, no se cuenta todo el material extraído para obtener los concentrados de metales, que sí aparece en la ED.

Debido a la dinámica propia de cada país la Extracción Doméstica ha variado por diferentes patrones de uso y extracción de sus recursos, aquí mencionaremos algunas de sus características.

Argentina presenta un perfil de país agroexportador. La extracción doméstica de materiales pasó de 386 Mt en 1997 a 660 Mt en el 2009. La biomasa representa 70% de los materiales extraídos, mayormente pastos para ganado y cultivos (particularmente de soja). Desde los años 1990, la minería metalí-

[38] M. C. Vallejo, M. A. Pérez Rincón y J. Martínez Alier, "Metabolic Profile of the Colombian Economy from 1970 to 2007", *Journal of Industrial Ecology*, vol. 15, núm. 2 (2011), pp. 245-267.

fera (oro, cobre, plata, litio) y de materiales de construcción también se ha incrementado. Argentina alcanzó un *peak oil* a mediados de la década de 1990, declinando levemente su extracción desde entonces. Desde un punto de vista ambiental, la introducción en el año 1996 de cultivos de soja transgénica para exportación ha impulsado la expansión de la frontera agropecuaria hacia el norte del país disparando la tasa de deforestación y generando conflictos territoriales con comunidades indígenas. De hecho el incremento en el uso de productos químicos en este cultivo y las crecientes protestas por los problemas de salud vinculados han motivado la prohibición en diversos municipios y provincias de la fumigación aérea. El aumento en la extracción de minerales también ha causado conflictos con comunidades de todo el país que desde el 2003 han logrado prohibir la minería a cielo abierto en siete de las 23 provincias del país.

En Colombia, la extracción doméstica de biomasa aumentó de forma constante hasta casi el triple en 2007 (22 Mt a 62 Mt). Aquí los cultivos permanentes destinados a la exportación han desplazado a los cultivos temporales destinados al consumo interno. La caña de azúcar (al igual que la palma de aceite) está cada vez más destinada a la producción de agrocombustibles. Al igual que en Argentina, existen problemas socio-ambientales relacionados con estos cultivos permanentes, tales como el acaparamiento de tierras, el uso intensivo de agua[39] y agroquímicos, que afectan la salud y la seguridad alimentaria de la población de los alrededores y el bienestar de la vida silvestre. Mucha tierra se ha convertido en pastos, tanto en la Costa Atlántica como en los Llanos Orientales, y también en territorio amazónico. La proporción de combustibles fósiles en la ED se incrementó de 13 a 29% entre 1970 y 2007, con grandes exportaciones de carbón.

México presenta un patrón distinto al de otras economías latinoamericanas: está entre una "economía extractiva" y una

---

[39] Debido a la llamada "huella hídrica". Véase A. Chapagain y A. Hoekstra, *Water footprints of nations. Main report, Value of water*, Delft, the Netherlands: UNESCO, vol. 16 (2004). M. Pérez-Rincón, *Comercio internacional y medio ambiente en Colombia: Mirada desde la economía ecológica*, Universidad del Valle, Cali, Colombia, 2008.

Cuadro i.6. *Flujo de materiales de Argentina (1970-2009), Colombia (millones de toneladas)*

Argentina	Extracción Doméstica (toneladas)				
	Biomasa (Mt)	Materiales industriales y de construcción (Mt)	Minerales para metales (Mt)	Combustibles fósiles (Mt)	Extracción Doméstica Total (Mt)
1970	282.3	75.2	2.5	26.9	386.8
2009	382.1	139.5	68.8	70.2	660.6

Colombia	Extracción Doméstica (toneladas)				
	Biomasa (Mt)	Materiales industriales y de construcción (Mt)	Minerales para metales (Mt)	Combustibles fósiles (Mt)	Extracción Doméstica Total (Mt)
1970	82.51	30.65	7.21	15.85	136.22
2007	152.89	117.31	19.04	103.19	392.43

México	Extracción Doméstica (toneladas)				
	Biomasa (Mt)	Materiales industriales y de construcción (Mt)	Minerales para metales (Mt)	Combustibles fósiles (Mt)	Extracción Doméstica Total (Mt)
1970	204.26	100.99	30.36	40.74	376.36
2003	295.67	521.59	100.52	230.46	1148.23

Perú	Extracción Doméstica (toneladas)				
	Biomasa (Mt)	Materiales industriales y de construcción (Mt)	Minerales para metales (Mt)	Combustibles fósiles (Mt)	Extracción Doméstica Total (Mt)
1970	57.57	13.32	30.26	4.7	105.85
2007	69.88	62.99	280.79	9.22	422.88

NOTA: La información que aquí aparece ha sido proporcionada por los autores de los siguientes artículos sobre Argentina, Colombia, México y Perú, respectivamente: P. Pérez-Manrique, J. Brun, A. C. González-Martínez, M. Walter y J. Martínez Alier, "The Biophysical Performance of Argentina (1970-2009)", *Industrial Ecology*, 2013.

A. C. González-Martínez y H. Schandl, "The biophysical perspective of a middle income economy: Material flows in Mexico", *Ecological Economics*, vol. 68, núms. 1-2 (diciembre de 2008), pp. 317-327.

Importaciones (Mt)	Exportaciones (Mt)	Consumo Doméstico de Materiales (Mt)	Balance Físico del Comercio (Mt) (E-I)	Población (millones)
10.9	15.2	382.4	4.4	24.0
22.1	82.1	600.6	60.0	40.1

Importaciones (Mt)	Exportaciones (Mt)	Consumo Doméstico de Materiales (Mt)	Balance Físico del Comercio (Mt) (E-I)	Población (millones)
1.75	7.16	130.81	5.41	22.5
21.15	96.97	316.61	75.82	46.12

Importaciones (Mt)	Exportaciones (Mt)	Consumo Doméstico de Materiales (Mt)	Balance Físico del Comercio (Mt) (E-I)	Población (millones)
8.52	14.18	370.69	5.66	50.1
185.12	234.77	1089.58	49.65	102.3

Importaciones (Mt)	Exportaciones (Mt)	Consumo Doméstico de Materiales (Mt)	Balance Físico del Comercio (Mt) (E-I)	Población (millones)
2.13	14.35	93.63	12.22	13.19
17.56	24.34	416.10	6.78	27.89

M. C. Vallejo, M. A. Pérez Rincón y J. Martínez Alier, "Metabolic Profile of the Colombian Economy from 1970 to 2007", *Journal of Industrial Ecology*, vol. 15, núm. 2 (2011), pp. 245-267.
M. C. Vallejo, "Perfiles metabólicos de tres economías andinas", Flacso, Quito, 2012, en prensa.

"economía productiva". Hay un gran aumento en la cantidad de minerales industriales y de construcción y de combustibles fósiles que se extrae en el país a partir de 1970. Como consecuencia, la importancia relativa de la extracción de biomasa cae de 54 a 26%, señalando un cambio importante en la base de recursos de México, lejos de lo tradicional, mostrando cómo México pasa a ser un país exportador no sólo de petróleo, sino también de productos manufacturados. La industria maquiladora ha desempeñado un papel crucial en este proceso. Mientras el *boom* del petróleo se basó en la explotación de un recurso natural, el nuevo *boom* exportador se basa en la industria maquiladora.

Perú,[40] al igual que Chile,[41] tiene una economía caracterizada por una tradicional y fuerte industria minera, de ahí su alto valor per cápita de ED (15.1 tons/cap en 2007).

El Balance Físico del Comercio Exterior en los cuatro países, nos muestra que las exportaciones son mucho mayores que las importaciones, y lo sería aún más si se contaran las "mochilas" ecológicas de los productos exportados.

EL ANÁLISIS INPUT-OUTPUT: LA DESAGREGACIÓN
DE LA ECONOMÍA COMO SISTEMA ABIERTO

Emisiones contaminantes

En las economías modernas existen fuertes interrelaciones entre los diferentes sectores económicos. En general, gran parte de la producción de un sector no va a parar a la "demanda final" de los consumidores, sino a cubrir las necesidades de inputs o insumos del resto de los sectores; visto a la inversa, un sector económico se abastece de otros, de manera que la demanda de los bienes que produce supone también demanda

[40] J. C. Silva-Macher, *El peso de la economía peruana. Contabilidad de flujos de materiales en Perú 1980-2004*, tesis de maestría, Universidad Autónoma de Barcelona, 2007.
[41] S. Giljum, "Trade, Materials Flows, and Economic Development in the South: The Example of Chile", *Journal of Industrial Ecology*, vol. 8, núms. 1-2 (2004), pp. 241-261.

indirecta para otros sectores. El sector agrícola, por ejemplo, se abastece del sector químico para obtener fertilizantes y del sector energético para obtener carburantes.

Para poner de manifiesto las interrelaciones sectoriales, valoradas en flujos de dinero, un método muy potente, conocido como *análisis input-output,* es el desarrollado por Wassily Leontief en la década de 1930. Actualmente la elaboración periódica de tablas input-output es una práctica habitual en muchos países.

La idea consiste en desagregar la economía en diferentes sectores y contabilizar los flujos monetarios periódicos —por ejemplo, anuales— entre dichos sectores (de hecho, si se desagregase la economía, de manera que tuviésemos tantos sectores como bienes, trabajaríamos, como se hace en el modelo input-output teórico, en unidades físicas y no monetarias). Parte del output de un sector i será input de otro (o del mismo) sector j de forma que cubrirá lo que los economistas llaman la demanda intermedia y no la demanda "final".[42] Veamos un ejemplo muy sencillo en el que sólo consideramos tres sectores (por ejemplo, agricultura, industria y servicios) y que la economía es autárquica, cerrada respecto a otras economías, de modo que la demanda se abastece de la producción interior (véase el cuadro I.7).

El sector I produce en total 5000 unidades monetarias que se destinan en parte a proporcionar inputs a los diferentes sectores (500, 1020 y 440, en total 1960) y el resto se destina a la demanda final. Si lo miramos por columnas, el valor de la producción del sector I sirve para adquirir los inputs procedentes de los diferentes sectores (en total 2000 unidades monetarias) y el resto es el valor añadido.[43] La suma de los valores añadidos

[42] La demanda "final" la identificaremos en nuestros sencillos ejemplos con el consumo, aunque en realidad las tablas input-output consideran como demanda final también la inversión o formación bruta de capital, ya que parte de las compras de un sector a otro no sirven tanto para posibilitar la producción del periodo como para acumular o sustituir capital. Además, parte de la producción, como las exportaciones, va destinada a otro tipo de demanda, la exterior (y parte de las compras de inputs son importaciones).

[43] Que se suele identificar, confusamente a nuestro entender, con remuneración de los inputs *primarios,* trabajo y capital. El trabajo es, ciertamente, un input, pero el capital que se renueva es una suma de dinero que permite ad-

CUADRO I.7. *Ejemplo de análisis input-output: una economía con tres sectores (unidades monetarias. Por ejemplo, miles de euros)*

Sector	I	II	III	Demanda final	Producción total
I	500	1020	440	3040	5000
II	1000	1530	880	1690	5100
III	500	1020	1320	1560	4400
Valor añadido	3000	1530	1760	6290	
Producción TOTAL	5000	5100	4400		14500

(6290) coincide con la suma del valor de las demandas finales: es el Ingreso o Producto Nacional[44] (en cambio la suma 14500 incurre en dobles contabilidades).

Si observamos las relaciones intersectoriales y las expresamos como compras por unidad de producto, deduciremos la matriz del cuadro I.8, que generalmente se denomina matriz de coeficientes técnicos intersectoriales. Ella nos indica que, por ejemplo, el sector II necesita, por cada euro de producción, adquirir inputs que en total cuestan 0.7 euros (suma de la segunda columna).

La aportación más importante del análisis input-output es que permite ver las consecuencias complejas del aumento en la demanda "final". ¿Qué pasa si los consumidores demandan un euro más de bienes del sector I? Evidentemente se tendrá que producir dicha unidad, pero también los inputs necesarios para obtenerla y para producir dichos inputs, y también los inputs de los inputs y... Para obtener las producciones di-

quirir inputs (pagar la propia fuerza de trabajo, las materias primas, la maquinaria...) y que da derecho a percibir parte de la renta. Los únicos inputs que se merecen el calificativo de *primarios* son los recursos naturales; y, en todo caso, el trabajo (aunque éste también es, en realidad, un input derivado, ya que precisa, para renovarse, de los alimentos y de todos los cuidados que se le proporcionan desde fuera de la economía).

[44] Nacional o interior. En una economía sin relación con otras economías y otros bienes no existe diferencia entre ambos conceptos.

CUADRO I.8. *Matriz de coeficientes técnicos intersectoriales de la economía del ejemplo*

Sector	I	II	III
I	0.1	0.2	0.1
II	0.2	0.3	0.2
III	0.1	0.2	0.3

recta e indirectamente necesarias para abastecer la demanda final hace falta una pequeña formalización.

Sea A la matriz de coeficientes técnicos intersectoriales de orden nxn (en donde n es el número de sectores considerados). Sea X el vector (columna) de producciones totales y D el vector (columna) de demandas finales.

AX equivale a los inputs necesarios para producir X, de forma que

$$D = X - AX = (I - A) X,$$

donde I es la matriz diagonal unitaria

$$X = (I - A)^{-1} D.$$

$(I - A)^{-1}$ se conoce como la *inversa de Leontief* y nos expresa la cantidad de producciones totales directa e indirectamente necesarias para disponer de una unidad de demanda final de cada sector. En nuestro ejemplo tendríamos que

$$(I - A)^{-1} = \begin{pmatrix} 1.243 & 0.442 & 0.304 \\ 0.442 & 1.713 & 0.552 \\ 0.304 & 0.552 & 1.630 \end{pmatrix}.$$

El valor 0.44, por ejemplo, indica que para disponer de una unidad anual del sector I hace falta producir 0.44 unidades del sector II. En la fila *i* columna *j* encontraremos las cantidades del sector *i* necesarias para disponer de una unidad del sector *j* destinada al consumo (o en general a la demanda "final"). Las tablas input-output desvelan, pues, efectos no directamente observables de las pautas de consumo.

Las relaciones input-output se han utilizado también —el mismo Leontief hizo contribuciones en este sentido— para intentar desvelar los *impactos ambientales* de las actividades económicas.[45] Pensemos, por ejemplo, en la emisión de un determinado contaminante a la atmósfera (el caso para el cual ha habido más aplicaciones). Para analizar los impactos tendríamos que incluir datos, antes olvidados, en forma de cantidad de contaminante generado por cada sector económico. Si el vector de cantidades del contaminante correspondiente a los tres sectores es (50, 540, 110), tendríamos los siguientes coeficientes por unidad de producción (p. ej., en toneladas de contaminante por miles de euros de producción):

Sector

I 0.01
II 0.106
III 0.025

De la misma manera como hemos calculado la producción directa e indirectamente asociada a un vector de demanda final, podemos calcular la contaminación directa e indirectamente generada por un vector de demanda final.

Si E' expresa los coeficientes de impacto expresados como un vector (fila) y X es el vector (columna) de producciones totales, la contaminación final será:

$$C = E' X = E' (I - A)^{-1} D = B' D = 700.$$

B' expresa la contaminación directa e indirectamente generada para asegurar una unidad de demanda final de cada

---

[45] D. E. James, H. M. A. Jansen y J. B. Opschoor, *Economic Approaches to Environmental Problems*, Elsevier North Holland, 1978.

sector (si consideramos varios contaminantes, tanto E como B serían matrices y no vectores).

En el ejemplo

$$E = (0.01, 0.106, 0.025)$$

$$B = (0.067, 0.200, 0.102).$$

Por ejemplo, el tercer elemento de B representa la contaminación directa e indirecta generada por una unidad de consumo de bienes del sector III; mientras que la contaminación directa era de 0.03, la total es mucho mayor (0.10) debido a que, para abastecer dicha demanda, hay que producir también bienes de los otros sectores al tiempo que la propia producción del sector III ha de ser superior a la unidad. De hecho, en este caso sucede, incluso, que la mayor parte de la contaminación generada por la demanda dirigida al sector III no se produce en el propio sector sino en el sector II.[46] Ello ilustra un hecho general: el impacto ambiental directo de la producción de un bien puede ser pequeño, pero el impacto total muy grande, si el sector se abastece de importantes cantidades de inputs cuya producción es problemática desde el punto de vista ambiental.

Si hacemos el restrictivo supuesto de que los "coeficientes técnicos" y los de impacto ambiental se mantienen *invariables*, veremos el impacto contaminante de las variaciones de la demanda "final" (p. ej., de cambios en el consumo).

Si la demanda dirigida a los diferentes sectores crece en la misma proporción, evidentemente las producciones totales y

---

[46] En el caso de un contaminante podríamos haber utilizado, en vez del vector E, una matriz diagonal para obtener el vector de contaminaciones directas e indirectas desagregado según el sector en que se generan. Ahora B no sería un vector sino también una matriz. En este caso:

$$B = \begin{pmatrix} 0.012 & 0.004 & 0.003 \\ 0.047 & 0.181 & 0.058 \\ 0.008 & 0.014 & 0.041 \end{pmatrix}$$

El valor 0.06 de la segunda fila y tercera columna indica que si la demanda final al sector III (supongamos, "servicios") aumenta en una unidad, entonces la contaminación del sector II (supongamos, el industrial) aumentará en 0.06 unidades.

la contaminación de todos ellos lo harán (estamos suponiendo que no hay cambio técnico) en la misma proporción. Si el aumento es de 10%, tendremos:

	Demanda final	Producción total	Contaminación
I	3 344	5 500	55
II	1 859	5 610	594
III	1 716	4 840	121
Total	6 919		770
	(aumento 10%)		(aumento 10%)

Lo habitual, sin embargo, es que cuando las economías crecen, también cambia la composición de la demanda (y con ella la de la producción), lo que afecta, desde luego, a los impactos ambientales. Veamos tres casos extremos. ¿Qué pasaría si el crecimiento de 10% de la demanda final total se concentrase únicamente en cada uno de los tres sectores?

Crecimiento concentrado en el sector I

Sector	Demanda final	Producción total	Contaminación
I	3 669	5 781.9	57.8
II	1 690	5 378.0	569.4
III	1 560	4 591.1	114.8
Total	6 919		742.0
	(aumento 10%)		(aumento 6%)

Crecimiento concentrado en el sector II

Sector	Demanda final	Producción total	Contaminación
I	3 040	5 278.0	52.7
II	2 319	6 177.3	654.1
III	1 560	4 747.5	118.7
Total	6 919		825.5
	(aumento 10%)		(aumento 18%)

Crecimiento concentrado en el sector III

Sector	Demanda final	Producción total	Contaminación
I	3 040	5 191.1	51.9
II	1 690	5 447.5	576.8
III	2 189	5 425.2	135.6
Total	6 919		764.3
	(aumento 10%)		(aumento 9.2%)

El ejemplo permite destacar que un mismo "crecimiento económico" (tal como se mide convencionalmente) implica impactos muy diferentes según la estructura de la demanda, ya que el impacto contaminante es diferente para cada sector. También permite ver que los efectos finales de los cambios en la demanda no siempre son fácilmente predecibles. En particular, un sector podría tener un pequeño impacto contaminante directo pero el análisis input-output podría desvelar que ello es sólo aparente si tenemos en cuenta todos los efectos indirectos. Obviamente, cuanto mayor sea el nivel de desagregación, más relevante será el análisis (hablar, por ejemplo, de servicios sin distinguir entre transporte, turismo o enseñanza tiene poco sentido).

Como ejemplo de aplicación del análisis input-output, el cuadro I.9 da los resultados de estimaciones para la economía española de las emisiones de gases de efecto invernadero generadas por unidad de producto para diferentes sectores económicos en el año 2007. La columna sobre emisiones totales proviene de calcular todas las emisiones medias "arrastradas" para posibilitar disponer de una unidad monetaria de demanda final de cada tipo de bienes y servicios. Los sectores que más contaminación generan son —como era esperable— los energéticos y algunos sectores industriales muy intensivos en energía como es la producción de cemento. Los sectores de la agricultura y ganadería y el de la pesca también aparecen como considerablemente contaminantes. Como casos extremos podemos ver cómo el sector eléctrico tiene un coeficiente total de contaminación más de 40 veces superior al coeficiente de la educación pública. Estos datos son importantes no sólo para conocer

CUADRO I.9. *Intensidad contaminante de gases de efecto invernadero de algunos sectores seleccionados en España, 2007. Unidades Kg CO_2-equivalente/€*

	Directa	Total
Producción y distribución de energía eléctrica	1.86	2.96
Producción y distribución de gas	1.87	2.13
Fabricación de otros productos minerales	1.33	2.13
Antracita, hulla, lignito y turba	1.44	2.05
Fabricación de cemento, cal y yeso	1.35	1.98
Agricultura, ganadería y caza	0.98	1.40
Pesca y acuicultura	0.99	1.28
Sanidad y servicios sociales de no mercado	0.02	0.20
Administración pública	0.01	0.18
Educación de mercado	0.00	0.11
Educación de no mercado	0.00	0.07

NOTA: Se considera seis gases de efecto invernadero (los regulados por el protocolo de Kioto —CO_2, CH_4, N_2O, SF_6, HFC y PFC— agregados en toneladas de CO_2-equivalente). El coeficiente directo son las emisiones medias del sector por cada unidad monetaria producida. Los coeficientes totales —derivados del análisis input-output— son las emisiones totales "arrastradas" por una unidad monetaria de demanda final.

METODOLOGÍA: Los supuestos para el cálculo (que incluyen una estimación de las emisiones asociadas a los bienes importados) se explican en: I. Arto, J. Roca y M. Serrano, "Emisiones territoriales y fuga de emisiones. Análisis del caso español", *Revista Iberoamericana de Economía Ecológica*, vol. 18 (2012), pp. 73-87.

los efectos ambientales de diferentes estructuras de la demanda, sino también para prever los efectos de diversas propuestas de impuestos ecológicos (véase el capítulo III) sobre los precios de los diferentes tipos de bienes y, en consecuencia, sobre los niveles de vida de los diferentes grupos sociales.

Si lo que queremos explicar es el cambio en las emisiones entre dos años determinados (o queremos planificar una política que permita disminuirlas), el resultado final dependerá de tres variables:

1. El nivel de "crecimiento económico".

2. El cambio en la estructura productiva derivado del cambio en la demanda (y, en una economía interrelacionada con otras economías, derivado también del patrón de especialización).

3. El cambio en las relaciones entre contaminación y unidad de producción de los diversos sectores (medidas en precios constantes). Es un factor básicamente *tecnológico* que puede verse influido por la política ambiental.

Por poner un ejemplo de aplicación de la metodología de "descomposición factorial", en un estudio sobre las emisiones atmosféricas para España durante 1995-2000 concluimos que las emisiones de CO_2 generadas por los diferentes sectores económicos (no están incluidas las emisiones "del consumo" como las de los automóviles privados) crecieron aproximadamente 25% mientras que las emisiones de SO_2 disminuyeron 7%. Las diferencias en este comportamiento se explicarían por el factor tecnológico: para ambos gases este factor actuó en el sentido de reducir las emisiones, pero de una forma mucho mayor en el caso de los óxidos de azufre que en el del dióxido de carbono.[47]

Dos observaciones finales en lo que se refiere a la relación entre sectores económicos e impactos ambientales. La primera es que, cuando hay diversos tipos de contaminantes, determinados cambios en la demanda reducen determinados impactos, pero tal vez a costa de aumentar otros. La propia actividad para reducir la contaminación genera otros tipos de contaminantes (normalmente de menor impacto), como cuando la depuración de las aguas o los filtros de gases generan residuos sólidos que también han de tratarse. La segunda es que, en una economía abierta respecto a otras economías, el análisis se hace mucho más difícil y hay que destacar qué parte de los inputs se importan, con lo que diríamos que se "exporta" la contaminación asociada; y, a la inversa, en la medida en que se exporta parte de la producción, se está "importando" contaminación asociada a la demanda exterior (véase posteriormente).

Hasta aquí hemos analizado los impactos contaminantes de las actividades empresariales, pero es importante destacar

[47] Para metodología y más resultados véase J. Roca y M. Serrano, "Income growth and atmospheric pollution in Spain: an input-output approach", *Ecological Economics*, vol. 63, núm. 1 (junio de 2007), pp. 230-242. Los resultados son similares a los de otros trabajos como M. A. De Haan, "Structural Decomposition Analysis of Pollution in the Netherlands". *Economic Systems Research*, vol. 13, núm. 2 (2001), pp. 181-196, para Holanda 1987-1998.

1.3. *Desarrollo y crecimiento*

Herman Daly distingue entre crecimiento económico y desarrollo y usa la siguiente comparación. Una persona crece físicamente hasta los 18 o 20 años, pero después sigue desarrollándose aunque no crezca, porque aprende muchísimas cosas más sobre la vida, se enamora, aprende música, idiomas, economía ecológica. Así, en economía distinguiremos entre crecimiento y desarrollo. Es una observación constructiva y bienintencionada para salvar la expresión "desarrollo sostenible", cuya vida empezó como sinónimo de "crecimiento económico que sea ecológicamente sostenible". Si desarrollo sostenible es crecimiento económico habitual, y se pretende que sea ecológicamente sostenible, se está engañando a la población, porque es imposible que las economías europeas, que ocupan ya espacios ambientales mucho mayores que su territorio, crezcan más aún, y que eso sea ecológicamente sostenible, lo mismo en Japón y en los Estados Unidos. Obsérvese tan sólo el flujo de energía y de materias primas hacia esas economías. Sólo cabría más crecimiento económico si éste fuera "desmaterializado", un crecimiento "angelical", como dice Daly, ya que, al parecer, los ángeles son inmateriales. De momento, los aumentos de PIB (que es como se mide el crecimiento económico) implican crecimientos de uso de energía y de materiales, aunque en las economías maduras la relación es menos que proporcional. Éste es el gran tema actual de la economía ecológica: ¿cuál es la relación entre crecimiento económico y gasto de materiales y energías? Y también: ¿qué sorpresas nos deparan los intentos de mejorar la eficiencia energética y del uso de materiales? ¿Nos inclinamos por el optimismo tecnológico o más bien por el principio de precaución?

En muchas economías del mundo hay, sin duda, espacio para un crecimiento económico que sea al mismo tiempo ecológico, siempre que se acuda a tecnologías distintas a las exportadas desde el Norte y a otras pautas de consumo y de urbanismo donde no predomine el automóvil. En América Latina, entre bastantes ecólogos y economistas (Morello, Gallopin, Leff, Toledo, Gligo), predomina un sentimiento de admiración hacia la creatividad de la naturaleza y hacia la sabiduría de algunos pueblos indígenas en su manejo de sistemas agroforestales. Así como Europa está llena, superpoblada, sin apenas resquicios de naturaleza silvestre (en Cataluña no caben ni unos pocos osos en estado silvestre en el Pirineo), en América Latina hay muchísimo espacio. Hay un inmenso bosque tropical húmedo en la Amazonia que todavía se mantiene (a pesar de la deforestación), con potencialidades aún no estudiadas. Hay también en todo el Sur un campo inmenso para las energías fotovoltaicas. Hay muchas especies que podrían convertirse en alimentos. Ojalá la diversidad cultural se mantenga y dé lugar a una gran diversidad tecnológica en el mundo, en lugar del camino de la uniformidad actual.

Un desarrollo sin crecimiento requiere poner límites al mercado y a la globalización. El mercado (aunque se amplíe mediante un cálculo arbitrario de los costos de las externalidades), excluye a las generaciones futuras y a las otras especies. Las externalidades no son tanto "fallos de mercado", como se suele decir en economía ortodoxa, sino deplorables éxitos en la transferencia de costos y efectos negativos a otras personas, a los no nacidos, o a otras especies. Por tanto, manteniendo algunos aspectos del mercado, hay que revalorizar formas de intercambio basadas en la *reciprocidad*.

Es alentador ver el movimiento actual del Comercio Justo y Ecológico, por pequeño que sea; su existencia es una señal de que mucha gente advierte que los precios actuales están mal puestos, no son una buena guía para las decisiones. Hay que buscar acuerdos entre productores y consumidores, a escala local sobre todo y, en algunos casos, a escala internacional.

---

que gran parte de la contaminación se genera en el propio *consumo*. Para el caso de la contaminación atmosférica, por ejemplo, la mayor parte de óxidos de nitrógeno se generan por el tráfico de vehículos privados, lo cual no aparece en el esquema anterior. Así, un análisis más general del impacto contaminante de un vector determinado de demanda D sería:

$$C_{total} = B'\, D + F'\, D$$

donde F es el vector de emisiones del contaminante en cuestión, generadas en el propio consumo por unidad de demanda final de cada sector. (Si consideramos varios contaminantes, tanto B como F serán matrices y C_{total} será un vector y no un escalar.)

Requerimientos de recursos naturales.
El caso de la energía

Hasta ahora hemos visto la posibilidad de ampliar el análisis input-output en el sentido de contemplar los impactos ambientales de la contaminación. Otra posible ampliación tiene que ver con la relación entre la demanda final y los *requerimientos de recursos naturales*. Las tablas input-output no están en principio diseñadas para tal análisis, ya que de hecho sólo se contabilizan, medidos en unidades monetarias, los inputs que tienen valor económico y que son resultado de una actividad económica: no se contabiliza como tal, por ejemplo, el carbón o el mineral de hierro que hay en la mina, sino el carbón o hierro una vez extraído.[48]

El único input "externo" que recibe un papel privilegiado en el modelo input-output, tal como fue planteado inicialmente por Leontief, es el trabajo. Si conocemos los coeficientes de trabajo (medidos en horas o personas-año) de cada sector económico, deduciremos fácilmente la cantidad de trabajo directa e indirectamente necesaria para obtener una unidad de producción de cada sector, lo que corresponde al concepto *valor-trabajo* que ocupa un lugar tan central en las teorías clásicas del valor de Ricardo y Marx.

Si L' es un vector (fila) que nos expresa la cantidad de trabajo por unidad de producto de cada uno de los sectores, tendríamos que la cantidad de trabajo necesaria para cubrir la demanda D es:

$$T = L' X = L' (I - A)^{-1} D.$$

Haciendo $D' = (1, 0, 0... 0)$ obtendríamos el valor-trabajo de una unidad del primer sector económico, y así sucesivamente.

---

[48] "Habitualmente cuando un sector cualquiera usa un recurso natural procedente directamente de la tierra como un input, este input es ignorado [...] Por ejemplo, en la minería se asume que el trabajo, las máquinas, el combustible... se combinan para producir mineral de hierro, aunque ninguna combinación concebible de dichos inputs podría producir hierro sin un adecuado input de recursos procedente de la tierra." S. Casler y S. Wilbur, "Energy input-output analysis. A simple guide", *Resources and Energy*, vol. 6 núm. 2 (junio de 1984), p. 189.

Nada se opone en principio, si dejamos de lado el problema de disponibilidad de datos, a utilizar el mismo método para determinar las necesidades directas e indirectas de otros in-puts primarios. Por ejemplo, si tuviésemos buena información sobre la cantidad de agua directamente utilizada por cada uno de los sectores, calcularíamos los *valores-agua* (el "coste en agua") correspondientes a los diferentes sectores económicos;[49] para ello, en vez del vector L' de coeficientes de trabajo, debe-ríamos utilizar un vector de coeficientes de agua. Dichos valo-res nos dirían, por cada unidad producida (en la práctica, dado que no se trabaja con unidades físicas, por cada unidad monetaria producida) de cada sector, cuáles son las necesida-des totales de agua: una información claramente relevante a la hora de plantearse una política del agua que no sólo consista en intentar adaptar la oferta a las demandas económicas sino en "gestionar la demanda". Lo mismo podría hacerse para de-terminar los "valores" en términos de diversos recursos mate-riales primarios. Naturalmente no hay que confundir estas metodologías con teorías sobre el *valor* de los productos.

Un caso particularmente interesante es la adaptación del análisis input-output para determinar *las necesidades energéti-cas* correspondientes a diversos tipos de consumo.[50] Saber el total de energía necesario para disponer de una unidad de demanda de los diferentes sectores es importante desde el pun-to de vista de la economía ecológica, aunque ello no implique en absoluto que uno tenga que adherirse a ninguna teoría del "valor-energía"; desde el punto de vista ecológico, no sólo es im-portante cuánta energía total se gasta para obtener los diferen-tes bienes, sino qué tipo de energía (por ejemplo, el uso total de energía podría estar disminuyendo, pero aumentando el de energía no renovable o a la inversa) y qué cantidades de otros recursos naturales.

Para el análisis energético se ha planteado una adaptación

---

[49] Esto es lo que se plantea en el trabajo de J. Sánchez Chóliz, J. Bielsa Callau y P. Arrojo Agudo, "Valores agua para Aragón" en F. La Roca y A. Sánchez (ed.), *Economía crítica. Trabajo y medio ambiente*, Feis/Universitat de València, 1996. En dicho trabajo se analiza la metodología y se aplica al análisis de una región.

[50] Como es habitual, no consideramos aquí la energía solar a partir de la cual se realiza la fotosíntesis, ni tampoco la energía humana.

de las tablas input-output tradicionales monetarias, en el sentido de medir en *unidades físicas* los flujos entre los sectores energéticos y de éstos hacia los otros sectores y hacia la demanda final.[51]

La matriz de coeficientes input-output tendría ahora la forma siguiente:

$$A = \begin{pmatrix} A_{11} & A_{12} \\ A_{21} & A_{22} \end{pmatrix}.$$

A es una matriz mixta que incluye flujos en unidades energéticas (p. ej., Toneladas Equivalente Petróleo [TEP] o calorías o kwh) y en unidades monetarias (p. ej., dólares o euros).

La submatriz A_{11} se expresaría en términos de TEP/TEP y recogería las interrelaciones entre los sectores energéticos expresando las entradas de energía que no quedan disponibles para la demanda final o de otros sectores. Imaginemos que tenemos dos sectores energéticos: el carbón y sus derivados, y la electricidad (generada exclusivamente a partir de carbón). Como "inputs" del sector carbón, aparecerían el carbón utilizado en la extracción de carbón y las pérdidas en los procesos de transformación, así como la electricidad utilizada, pero no el valor energético del carbón y sus derivados que va a parar a la demanda final; los "inputs" energéticos no deben, pues, en este caso, entenderse como las entradas totales, puesto que la entrada total de energía es la energía finalmente disponible más la utilizada en el propio sector: no puede salir más energía de la que entra. Como inputs del sector electricidad tendríamos el carbón utilizado, más la electricidad utilizada por el propio sector eléctrico (incluyendo la pérdida en la distribución); el coeficiente se expresaría por unidad de electricidad obtenida medida en términos energéticos. En realidad, tendremos más de dos sectores energéticos, por ejemplo, carbón (o varios tipos de carbón, dependiendo del nivel de desagregación), petróleo, productos refinados del petróleo, gas natural, etc. Pero la idea es exactamente la misma.[52]

---

[51] S. Casler y S. Wilbur, *op. cit.*, 1984, pp. 187-201.
[52] Vale la pena recordar dos casos especiales: el de la electricidad de

Las otras submatrices son las siguientes: A_{12} expresa las entradas de energía (TEP) por unidad de producción (por ejemplo, por 1 000 euros) de cada sector económico; A_{21}, las compras de los sectores energéticos a otros sectores, expresado en unidades monetarias por unidad de energía (p. ej., 1 000 euros/TEP); A_{22} es la matriz convencional de coeficientes entre los sectores no energéticos. Es decir, las unidades serían:

$$A = \begin{pmatrix} TEP/TEP & TEP/1\,000\ euros \\ 1\,000\ euros/TEP & 1\,000\ euros/1\,000\ euros \end{pmatrix}.$$

La matriz inversa tendría exactamente las mismas unidades.

Un ejemplo con números ficticios y en el que sólo existiesen dos fuentes energéticas, una primaria (el carbón) y otra secundaria (la electricidad), y en el que sólo tuviésemos una desagregación en dos sectores no energéticos, sería el siguiente:

Partimos de una matriz de relaciones sectoriales
(en unidades mixtas)

	Carbón	Electricidad	I	II
Carbón	0.1	3	0	0.1
Electricidad	0	0.1	0.3	0.4
I	0.01	0	0.1	0.2
II	0	0.02	0.2	0.3

origen nuclear y el de la hidroelectricidad; en dichos casos la mejor solución es añadir dos nuevos sectores y proceder como sigue. La electricidad de origen nuclear aparecería en el cruce nuclear/electricidad con un input igual al calor generado en las centrales nucleares (en la práctica se estima una "eficiencia de transformación" de 33%, de forma que por cada unidad de electricidad se calcula un calor de 1/0.33) que, para obtener los coeficientes de la matriz, aparecería luego dividido por el total (y no sólo nuclear) de electricidad obtenida. En el caso de la energía hidroeléctrica, en el cruce hidroelectricidad/electricidad aparecería una entrada que se valora teniendo en cuenta el equivalente calorífico de la electricidad de origen hidráulico.

La matriz inversa que obtenemos a partir de dicha matriz es

	Carbón	Electricidad	I	II
Carbón	1.13	3.84	1.93	2.91
Electricidad	0.01	1.15	0.57	0.82
I	0.01	0.05	1.21	0.38
II	0.00	0.05	0.36	1.56

La interpretación más interesante es la de las filas correspondientes al sector carbón que, en este ejemplo, representa la cantidad total de energía primaria directa e indirectamente necesaria para disponer de una unidad de energía en forma de, por ejemplo, carbón o electricidad (para las primeras columnas) o una unidad de un determinado sector no energético (p. ej., 1 000 euros en bienes siderúrgicos).

En general, si sumamos las cantidades de energía de los diversos tipos (dejando de lado las energías "secundarias", como la electricidad o los derivados del petróleo, para evitar doble contabilidad), obtendremos la *cantidad total de energía primaria* (carbón más petróleo más nuclear más hidroelectricidad más gas natural...) *directa e indirectamente necesaria* para disponer de:

1) Una unidad de energía, si se trata de un sector energético, y entonces nos informa de la *energía requerida para disponer de energía*. Si, por ejemplo, para la electricidad el valor fuese 3.77, como se deducía en un estudio para los Estados Unidos referido al año 1972, indicaría que por cada unidad de electricidad "se pierden" 2.77 en los procesos de transformación (no sólo como calor no aprovechado en las centrales térmicas, sino también en la distribución y para obtener y transportar los inputs industriales utilizados por el sector eléctrico); en el caso de los productos refinados del petróleo, el valor sería 1.15, lo que indicaría 15% de "pérdidas".[53]

[53] Véase B. Hannon *et al.*, "A comparison of energy intensities, 1963, 1967 and 1972", *Resources and Energy*, vol. 5, núm. 1 (marzo de 1983), pp. 83-102. La metodología empleada para valorar las electricidades nuclear e hidroeléctrica aplicada en este estudio no es la misma que la explicada en el texto; en él se

2) El coste energético total (el *"contenido energético"*) de disponer de una unidad de un determinado sector no energético. Recordemos que, dado que el nivel de desagregación no permite utilizar unidades físicas, la unidad es monetaria, aunque evidentemente, para comparaciones temporales, hace falta considerar el output a "precios constantes".

A pesar de las posibilidades de las tablas input-output energéticas "híbridas" (que combinan unidades de energía y unidades monetarias), lo cierto es que en este terreno se ha avanzado mucho menos que en el del análisis a partir de tablas input-output ampliadas con informaciones sobre emisiones contaminantes (visto en el apartado anterior). Ello se explica en buena parte por la falta de interés durante los últimos años por parte de las estadísticas oficiales en elaborar este tipo de tablas. Por ejemplo, para España sólo se elaboraron para los años 1980 y 1985. Por ello, para aproximar la "energía requerida para disponer de energía" se ha adoptado a veces un enfoque más simple. El enfoque consiste en fijarse únicamente en las interrelaciones en unidades físicas de los sectores energéticos, es decir que se limita a considerar la matriz A_{11}, lo que claramente sesga las estimaciones a la baja, pero permite una primera aproximación a partir de la información de los balances energéticos fácilmente disponible para todos los países de la OCDE.[54] Por ejemplo, partiendo de esta metodología, se estimaron para España los requerimientos (promedio) de energía primaria para disponer de una unidad de electricidad que aparecen en el cuadro I.10.

Dicho tipo de estimaciones, aunque son aproximativas y no posibilitan un análisis tan completo como la metodología input-output, permiten obtener algunos resultados interesantes. Así, si uno compara los años 1975 y 1990 en España, la energía primaria requerida para disponer de un kwh de elec-

---

valoraban ambas, como hace años era habitual en las estadísticas internacionales, según su coste de oportunidad en términos del combustible fósil necesario para obtener la misma electricidad en centrales térmicas.

[54] V. Alcántara y J. Roca, "Energy and CO_2 emissions in Spain. Methodology of analysis and some results for 1980-1990", *Energy Economics*, vol. 17, núm. 3 (julio de 1995), pp. 221-230.

CUADRO I.10. *Energía primaria total usada (en promedio) para obtener una unidad energética de electricidad desglosada por fuentes de energía primaria. España, 1975-1990*

	1975	1990
Carbón	0.8	1.4
Petróleo	1.4	0.2
Hidroelectricidad	0.4	0.2
Nuclear	0.3	1.3
TOTAL	3.0	3.1

NOTA: el resto de fuentes energéticas, incluyendo el gas natural, tenía en 1990 un papel aún prácticamente insignificante en el conjunto del sector eléctrico.

FUENTE: V. Alcántara y J. Roca, "Tendencias en el uso de energía en España (1975-1990). Un análisis a partir de los balances energéticos", *Economía industrial*, núm. 311 (1996).

tricidad no varió significativamente, pero sí varió el tipo de energía utilizada: el papel principal a mediados de la década de 1970 lo tenía el petróleo, pero su peso disminuyó radicalmente a favor del carbón y la fisión nuclear.

El análisis energético es importante en sí mismo porque es un indicador de la presión de las actividades económicas sobre recursos escasos. Es también importante porque gran parte de los impactos ambientales están ligados al uso de la energía. Es más, la relación entre contaminación y uso de combustibles fósiles es directa en el caso de uno de los contaminantes que hoy más preocupación genera, el CO_2. En dicho caso, analizar los factores que determinan las emisiones (y las posibles políticas para alterar las tendencias) equivale, en la práctica, a analizar los factores que determinan el uso de carbón, petróleo y gas natural ya que cada unidad energética de uso de dichos combustibles fósiles puede traducirse —aplicando conocidos factores de conversión— a unidades de CO_2 generadas. Sabemos que si quemamos carbón, la cantidad de emisiones de este gas es casi el doble que las que se producen si obtenemos la misma energía a partir del gas natural, mientras que en el caso del petróleo, el valor se sitúa entre ambos.

El comercio internacional y la responsabilidad en las emisiones

Volvamos a las emisiones contaminantes. El modelo input-output que hemos utilizado para explicar las relaciones entre sistema económico y emisiones contaminantes era un modelo para una economía aislada, autárquica. Como ya se había señalado en el apartado sobre análisis de flujo de materiales, en realidad las economías intercambian bienes con el exterior y ello plantea una nueva perspectiva, diferente a la habitual, sobre las responsabilidades en la contaminación (o del uso de recursos como energía o agua) de los países o regiones.

Según esta nueva perspectiva un país sería responsable de todas las emisiones directa e indirectamente asociadas a la producción de los bienes que demanda internamente. El término que desde hace años se utiliza para referirse a este enfoque es el de la "responsabilidad del consumidor" (aunque mejor término sería "responsabilidad de la demanda interna o doméstica") que se diferencia de la tradicional "responsabilidad del productor".[55] Para el cálculo de las emisiones según el principio del consumidor a las emisiones generadas dentro de un país se añaden las emisiones asociadas a las importaciones y se restan las asociadas a las exportaciones.

La comparación entre la "responsabilidad del consumidor" y la "responsabilidad del productor" de un país se relaciona directamente con lo que podemos llamar la "balanza comercial de emisiones".[56] Si las emisiones incorporadas en las importaciones son mayores que las incorporadas en las expor-

---

[55] Véase, por ejemplo: J. Munksgaard y K. A. Pedersen, "CO$_2$ accounts for open economies: producer or consumer responsibility?", *Energy Policy*, vol. 29, núm. 4 (2001), pp. 327-334. P. Muñoz y K. Steininger, "Austria's CO$_2$ responsibility and the carbon content of its international trade", *Ecological Economics*, vol. 69, núm. 10 (agosto de 2010), pp. 2003-2019. G. P. Peters, "From production-based to consumption-based national emission inventories", *Ecological Economics*, vol. 65, núm. 1 (marzo de 2008), pp. 13-23.

[56] G. P. Peters y E. G. Hertwich, "CO$_2$ embodied in international trade with implications for global climate policy" *Environmental Science and Technology*, vol. 42, núm. 5 (2008), pp. 1401-1407. M. Serrano y E. Dietzenbacher, "Responsibility and trade emission balances: An evaluation of approaches", *Ecological Economics*, vol. 69, núm. 11 (septiembre de 2010), pp. 2224-2232.

taciones, la responsabilidad del país como "consumidor" será más alta que como "productor" y se puede decir que es un "exportador neto" de emisiones,[57] es decir, parte de las emisiones que generan sus patrones de consumo quedan "ocultas" porque se producen en otros países.

El cálculo de las emisiones asociadas a importaciones y exportaciones de un país no es fácil por varias razones. En primer lugar, no es suficiente conocer cuál es la balanza comercial entre el país y el resto de países sino que se requiere tener en cuenta la composición sectorial del comercio exterior. En segundo lugar, no se deben tener en cuenta sólo las emisiones directas asociadas a la producción de los bienes intercambiados sino las generadas a lo largo de toda la cadena productiva (para producir los inputs utilizados y los inputs de los inputs...). Son precisamente los modelos input-output económico-ambientales los que permiten calcular las emisiones asociados al comercio internacional teniendo en cuenta tanto el tipo de bienes objeto del comercio como las relaciones intersectoriales de la economía. Es por esto que este tipo de modelos han sido ampliamente utilizados para el análisis de las consecuencias ambientales del comercio internacional.

Para pasar de los modelos a buenas estimaciones empíricas haría falta disponer de tablas input-output económico-ambientales "multiregionales" que nos diesen información suficientemente desagregada sobre los flujos comerciales entre los diferentes países. Las bases de datos internacionales en este terreno están mejorando rápidamente pero la mayoría de los cálculos existentes deben tomarse con cautela ya que parten de supuestos bastante restrictivos que aquí no podemos detallar. Presentamos seguidamente los resultados de dos estudios.

El cuadro I.11 presenta los resultados de un estudio internacional en el que se comparan las emisiones de CO_2 desde las perspectivas del consumidor (lo que a veces se conoce como la "huella de carbono" de un país) y del productor para los países

---

[57] El lenguaje no está unificado y algunos autores utilizan el término "importador neto de emisiones" para referirse a lo que aquí preferimos llamar "exportador neto de emisiones".

CUADRO I.11. *Emisiones totales de CO_2 desde la perspectiva del productor y desde la perspectiva del consumidor de los países con mayores emisiones, 2001*

	Responsabilidad del productor MTn CO_2 (1)	Responsabilidad del consumidor MTn CO_2 (2)	Diferencia en % ((2)-(1))/(1)
Estados Unidos	6 006.9	6 445.8	+7.3
China	3 289.2	2 703.7	−17.8
Federación Rusa	1 502.8	1 178.0	−21.6
Japón	1 291.0	1 488.8	+15.3
India	1 024.8	953.9	−6.9
Alemania	892.2	1 032.1	+15.7
Reino Unido	618.6	721.3	+16.6
Canadá	547.7	532.2	−2.8
Francia	509.9	591.9	+16.1
Italia	475.1	547.6	+15.3
Corea	397.7	443.1	+11.4
México	389.9	407.5	+4.5
Australia	351.6	293.7	−16.5
Sudáfrica	323.7	200.2	−38.2
Brasil	321.0	318.5	−0.8
Polonia	309.8	280.6	−9.4
España	305.7	336.7	+10.1
Indonesia	305.4	247.3	−19.0

NOTA: la diferencia entre ambas perspectivas es debida a la "balanza comercial de emisiones". Un valor positivo indica que las emisiones asociadas a las importaciones son mayores que las asociadas a las exportaciones y lo contrario cuando el valor es negativo. Las estimaciones están basadas en datos del año 2001.
FUENTE: Elaboración a partir de G. P. Peters y E. G. Hertwich, "CO_2 embodied in international trade with implications for global climate policy", *Environmental Science and Technology*, vol. 42, núm. 5 (2008), pp. 1401-1407.

con mayores emisiones. Aunque hay excepciones (como Canadá o Australia), la tónica general es que los países más ricos importaron bienes cuyas emisiones asociadas a su producción o "contenidas" en los productos importados fueron mucho mayores que las asociadas a la producción de los bienes destinados a la exportación; en términos absolutos el caso más relevante es el de los Estados Unidos mientras que en términos relativos destacan el Reino Unido y Francia en donde las emisiones que incorporan el comercio internacional superan en más de 16% las oficiales. En sentido contrario, el país que más jugó el papel de "importador neto" de emisiones fue China que en las reuniones internacionales sobre cambio climático a veces ha argumentado, comprensiblemente, que no sólo sus emisiones per cápita son muy inferiores a las de los países ricos sino que parte importante de estas emisiones son para abastecer las demandas de los países más ricos.

En la gráfica I.4 podemos ver una estimación sobre la evolución de la diferencia entre las emisiones según la "responsabilidad del productor" (que son las que dan las estadísticas oficiales) y según la "responsabilidad del consumidor" para Es-

GRÁFICA I.4. *Evolución de las emisiones de gases de efecto invernadero desde la "perspectiva del productor" y desde la "perspectiva del consumidor". España. 1995-2007. Base 1995 = 100*

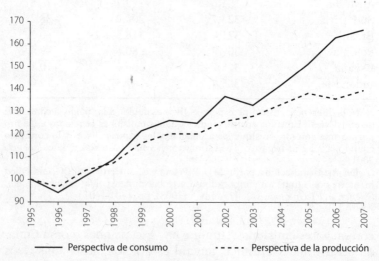

FUENTE Y METODOLOGÍA: véase I. Arto, J. Roca y M. Serrano, "Emisiones territoriales y fuga de emisiones. Análisis del caso español", *Revista Iberoamericana de Economía Ecológica*, vol. 18 (2012), pp. 73-87.

paña para un conjunto de seis gases de efecto invernadero (los regulados por el protocolo de Kioto) medidos en toneladas de CO_2-equivalente durante el periodo 1990-2007. Dado que las emisiones desde la segunda perspectiva no solo fueron siempre superiores a las oficiales sino también que la diferencia aumentó, el fuerte crecimiento en las emisiones que caracterizó a España (antes de la crisis que estalló en el 2008) aún fue significativamente mayor si tenemos en cuenta sus "exportaciones netas" de emisiones.

Los desequilibrios "ecológicos" asociados a importaciones y a exportaciones de un país pueden estimarse para emisiones contaminantes —como en los ejemplos anteriores— pero también hay trabajos que se refieren a usos de recursos. En el apartado del análisis del flujo de materiales vimos el concepto de balanza comercial física que nos da una primera idea de los flujos entre países; sin embargo, como se comentó allí, un concepto relevante es el de los flujos asociados a las importaciones y exportaciones. Precisamente las tablas input-output combinadas con datos de flujos de materiales y de comercio internacional permiten estimar lo que podemos llamar "balanza comercial física en términos de equivalente de materias primas" que considera no sólo cuánto se importa y se exporta, sino cuántos materiales "arrastra" la obtención de los bienes importados y exportados y que a veces puede dar resultados muy diferentes; por ejemplo, la balanza comercial física de Chile en 2003 estaba prácticamente equilibrada pero si se considera "en términos de equivalente de materias primas" el desequilibrio sería de más de 600 millones de toneladas dada la enorme extracción de materiales —sobre todo en la minería del cobre— que se ha de llevar a cabo para posibilitar las exportaciones finales.[58] Otro terreno de gran interés relacionado con el análisis input-output es el de los cálculos de la "huella hídrica" de un país que requiere calcular lo que se ha conocido como "agua virtual" contenida en importaciones y exportaciones.

[58] P. Muñoz, S. Giljum y J. Roca, "The Raw Material Equivalents of International Trade: Empirical Evidence for Latin America", *Journal of Industrial Ecology*, vol. 13, núm 6 (diciembre de 2009), pp. 881-897.

II. LA CONTABILIDAD MACROECONÓMICA Y EL MEDIO AMBIENTE

El producto interior bruto: Algunas críticas ya conocidas

¿Cómo se consideran los recursos naturales y los servicios ambientales dentro de la contabilidad macroeconómica, habitualmente llamada Contabilidad Nacional? La cuestión excede con mucho una preocupación de especialistas, ya que los resultados de la Contabilidad Nacional proporcionan desde 1945 y a raíz de la implantación general del marco macroeconómico keynesiano —de la mano de las instituciones de Bretton Woods, es decir, el Banco Mundial y el Fondo Monetario Internacional, y de las Naciones Unidas— la argumentación indispensable, tal vez la más importante, del debate político. Si el PIB aumenta y en qué porcentaje anual, es tema esencial no sólo de la política económica sino de la política en general. Pocas veces se discute la relevancia de ese lenguaje económico, aunque hace ya 30 años los Verdes alemanes presentaron interpelaciones en el Parlamento alemán en contra de la Contabilidad Nacional. Incluso el presidente francés Nicolás Sarkozy en el 2009 formó una comisión para medir el rendimiento económico y el progreso social, dirigida por los premios Nobel Joseph Stiglitz y Amartya Sen y el economista francés Jean-Paul Fitoussi.[1] La iniciativa se presentó propagandísticamente como un esfuerzo para ir más lejos del objetivo del PIB y el informe resultante ciertamente recogió la variedad de críticas al PIB. Más allá de la propaganda, no se sabe que las conclusiones del informe influyesen en la política del presidente francés.

Primero, algunas definiciones, sólo para hacer memoria. Se llama producto interior bruto, y se mide por lo general re-

---

[1] J. E. Stiglitz, A. Sen y J.-P. Fitoussi, *Report by the commission on the measurement of economic performance and social progress*, septiembre de 2009.

ferido a un año y al territorio de un Estado, a la suma de todas las "producciones" —término, sin embargo, discutible— de las empresas y actividades (restando las compras intermedias, para evitar la doble o triple contabilidad), es decir, la suma de todos los valores añadidos; el mismo total se debe obtener sumando los ingresos generados por dichas producciones (salarios, ganancias de las empresas, rentas de la tierra, alquileres...); y una tercera manera de llegar a ese total es sumando los gastos en compras de bienes de consumo y de bienes de inversión (tanto los que sirven para reponer inversiones evitando la pérdida de capital, como los que representan una inversión neta incluyendo la acumulación voluntaria o involuntaria de existencias).[2] Si al PIB le restamos la depreciación o pérdida de capital, obtenemos el producto interior neto. La producción total, bruta o neta, coincide necesariamente con la renta (o ingreso) total; por ello PIB o PIN son sinónimos de "ingreso" (o "renta")[3] Interior Bruto o Neto. Cuando se habla desde el punto de vista de los ingresos, es más habitual hablar de ingreso (o renta) nacional (RN), el cual se diferencia del ingreso (o renta) interior en pequeños detalles técnicos.[4] Pero estas diferencias técnicas no nos interesan aquí y las críticas "ecológicas" al producto interior son, desde luego, las mismas que las que se hacen al producto nacional.

Surge también la duda de si el PIB (o la RN) y sus incrementos son un buen indicador de bienestar social, puesto que se

[2] Los gastos en bienes de consumo y de inversión incluyen tanto los gastos privados como los públicos. Por otro lado, aparece un tercer componente de la demanda, las exportaciones netas (es decir, la diferencia entre exportaciones e importaciones): una economía que exporta —en dinero— más de lo que importa, tiene un PIB mayor que la suma de su consumo e inversión y lo contrario sucede si las exportaciones son inferiores a las importaciones.

[3] En América Latina se dice "ingreso"; en España se suele decir "renta".

[4] "Interior" se refiere a los ingresos generados en un marco territorial, mientras que "nacional" alude a los ingresos que los residentes de un país se apropian: así, los dividendos de empresas extranjeras situadas en España que fluyen al exterior forman parte del ingreso interior español y no de su ingreso nacional, y los ingresos obtenidos por agricultores que van a trabajar temporalmente de España a Francia forman parte del ingreso nacional español pero no del interior.

usan no solamente de forma descriptiva —para indicar el nivel de actividad económica—, sino también "normativa" —para valorar cómo va la economía—. La discusión es antigua. Por ejemplo, un mismo PIB se puede obtener con una distribución bastante igualitaria del ingreso o con una desigualdad enorme; y seguramente el contenido de ese PIB será también, entonces, necesariamente distinto; quizá con un peso mayor de producciones y servicios placenteros en un caso y mayor "producción" de cárceles y servicios de guardias y policías en el otro. Entre el PIB y el placer o el bienestar no hay siempre mucha relación.

Un mismo PIB puede implicar un nivel de consumo muy inferior, si la inversión es muy grande, y entonces deberíamos comparar los PIB a lo largo de muchos años para ver cuál es el efecto posterior de esa gran inversión sobre el consumo. Es cierto, sin embargo, que en los países con un elevado PIB per cápita se vive en general mejor. Pero, si el PIB es un indicador de bienestar, ¿ocurrirá entonces que un mismo PIB, obtenido con jornadas laborales mucho más largas, indica el mismo grado de bienestar de los ciudadanos? ¿O querrá decir que allí donde el movimiento obrero dé más prioridad a las reivindicaciones de reducción de jornada laboral que a las de aumento salarial, los trabajadores obtendrán menos bienestar? Dicho de otro modo, en el PIB no está incluido el ocio no remunerado.

El PIB incluye no sólo los bienes y servicios vendidos en el mercado sino que también imputa un valor —su coste monetario— a los bienes y servicios ofrecidos por las administraciones públicas. Pero todo aquello que no tiene relación directa con el dinero queda en principio excluido (con alguna excepción como es el servicio que las viviendas proporcionan a sus dueños, es decir, incluye unos ficticios "alquileres" autopagados).

También vale la pena señalar la limitación de unos indicadores flujo que nada nos dicen sobre qué está pasando con los activos, lo que no sólo es relevante para el debate sobre el patrimonio natural sino también para las preocupaciones económicas más convencionales. Una economía puede tener un gran crecimiento del PIB pero estar endeudándose respecto al exterior de forma insostenible o estar creciendo gracias a un ficticio aumento de los precios de los activos financieros y/o inmobiliarios. Así, es incapaz de avisarnos si el crecimiento es o no sostenible incluso a corto plazo y desde un punto de vista estrictamente económico. Antes de estallar la crisis económica en 2008, algunos países ricos considerados de más éxito —atendiendo al crecimiento del PIB— fueron los que después resultaron más golpeados por la crisis: se hablaba del "tigre celta" para referirse a Irlanda (resultó un "tigre de papel"); del milagro islandés (para preguntarse cuál era el secreto de su éxito económico); y del "España va bien" (porque crecía de forma más rápida que el promedio de la Unión Europea y aparentemente tendía a converger con países de mayor nivel de vida).

Probablemente es injusto ensañarse con las convenciones, dudas y manías de los contables, pues lo más importante es que sus criterios sean explícitos y coherentes de un año al siguiente. Sin embargo, el movimiento feminista ha hecho notar en los últimos 30 años que los trabajos domésticos y de cuidados no remunerados monetariamente, realizados por ahora predominantemente por mujeres, no por gusto o por determinación biológica sino a causa de instituciones sociales que así lo establecen, no están incluidos en el PIB y que, si lo estuvieran, éste aumentaría, pues contribuirían en una parte importantísima.

En los antiguos libros de economía a veces se contaba el chiste, por llamarle de algún modo, de que el PIB disminuiría si un señor se casaba con su cocinera. Es decir, lo nuevo no ha sido percatarse de ese "olvido" sino la politización del tema a cargo del movimiento feminista.

Si quisiésemos medir la contribución del trabajo doméstico no remunerado al PIB se plantearía, por supuesto, la cuestión de qué salario se imputaría a esos trabajos: ¿el promedio de la economía, el promedio de las mujeres asalariadas o el promedio del que se percibe por trabajos similares?; de ello dependería que la contribución fuese tal vez de 20, 30 o 50% del nuevo PIB. Se plantea también la cuestión de si la inclusión en el PIB, que haría socialmente más visibles esos trabajos "ocultos", realmente solucionaría la desigual distribución del trabajo doméstico. En cualquier caso, no es de extrañar que hayan sido autoras ecofeministas (como Marilyn Waring)[5] quienes han insistido en el paralelo entre trabajo femenino doméstico no remunerado (y no incluido en el PIB) y servicios de la naturaleza no remunerados (y no incluidos en el PIB). (Véase el recuadro II.1.)

La cuestión del salario que se imputaría a ese trabajo doméstico no remunerado tiene que ver con la contabilización de muchos otros servicios que sí se suman al PIB, pero con valores monetarios que pueden parecer de origen extraño a la economía, en el sentido mercantil. Así, la contribución de las administraciones públicas al PIB (bienes y servicios que no se venden, como la Defensa Nacional o la Enseñanza Pública gratuita) se cuenta según el coste de esas "producciones", es decir, se computa según los salarios que se pagan, lo que de hecho es una medida muy arbitraria de la cantidad o calidad de los servicios que se ofrecen.

El problema de la valoración relativa de los diferentes bienes y servicios es más general: el criterio contable es que el peso relativo depende del precio relativo (o más precisamente del precio relativo en el año base que se utiliza para "deflactar" las series macroeconómicas). Hemos de estar atentos, pues, a cómo se forman los precios: la macroeconomía descansa sobre la microeconomía. El problema no es sólo que el PIB olvide lo que no se mercantiliza, y por tanto no tiene precio, sino que también lo mercantilizado y con precio puede tener precios muy discutibles.

La ausencia o dudosa contabilización de los recursos naturales y servicios ambientales aparece ahora en primer plano en la discusión sobre la Contabilidad Nacional y viene a añadirse a las críticas ya conocidas.

---

[5] M. Waring, *Counting for Nothing*, Unwin, Sidney, 1989 [*Si las mujeres contaran: una nueva economía feminista*, Vindicación feminista, Madrid, 1994]. Véase también H. Pietilä, "El triángulo de la economía humana", *Ecología Política*, núm. 16 (1998).

Una crítica ecológica a la contabilidad nacional: el tratamiento del "patrimonio natural"

Hay una asimetría en la forma de tratar la depreciación del capital y el desgaste o pérdida de recursos naturales. Es distinto el tratamiento que se da al capital "fabricado" (es decir, medios de producción producidos, como máquinas de una fábrica o tractores de una granja) y el que se da a los recursos naturales, ya que en el primer caso se aplica la amortización y en el segundo, no. Es decir, para pasar del cálculo del producto interior *bruto* al producto interior *neto* se resta del PIB el valor de la depreciación del capital. Así tenemos una medida del Ingreso (o Renta) neto del conjunto de habitantes de un país (dejemos de lado las pequeñas diferencias técnicas entre "Interior" y "Nacional"). Según Hicks, "el objeto de los cálculos de ingresos es dar a la gente una indicación de la cantidad que puede consumir sin empobrecerse".[6] Otra cosa es que dediquemos el Ingreso íntegramente al consumo o que, más bien, dediquemos una parte a la inversión neta para aumentar posteriormente al consumo. Pero podríamos consumir íntegramente el Ingreso sin que la economía pierda "sustancia", sin que se descapitalice: ésa es la definición de Ingreso.

En cambio, cuando perdemos una parte de los recursos naturales o del patrimonio natural, sea por uso de un recurso no renovable o por un uso no sostenible de un recurso renovable, no se aplica una depreciación (una amortización que la compense), sino que una disminución de patrimonio aparece, por el contrario, como si fuese un ingreso neto. La convención contable está basada en una curiosa visión de la naturaleza como fuente inagotable, como si el gasto de recursos naturales no tuviese "coste de oportunidad"; se supone implícitamente que será compensado con el descubrimiento de nuevas reservas (esos aumentos de inventarios, cuando se dan, tampoco son sumados al PIB).

Por eso, al usar el término *capital natural* en vez de recursos naturales o de patrimonio natural se ha querido llamar la

---

[6] J. R. Hicks, *Valor y capital*, FCE, México, 1952 (ed. orig., 1939), p. 205.

Los antropólogos Enrique Mayer y César Fonseca narran que, en una ocasión, en la sierra del Perú, en la comunidad de Tápuc, las mujeres sostenían intransigentemente en quechua que los eucaliptos trasplantados en las parcelas del Mañay debían ser retirados de inmediato. Mañay es la zona agrícola de barbecho sectorial destinada al cultivo de tubérculos por "turnos" y con varios años de descanso. Sobre esta zona ejercen control en forma paralela tanto los comuneros como los individuos de la comunidad. Por esto las mujeres insistían, en nombre de la comunidad, que dichas parcelas las habían heredado de sus abuelos para abastecerse de tubérculos, pues ellas no iban a alimentar a sus hijos con las hojas del eucalipto, ya que el suelo se empobrece y no sirve ni para "sembrar cebollas".

Sin negar ni por un momento la contribución del eucalipto a la disponibilidad de leña, al control de la erosión y también como material de construcción en los Andes desde el siglo XIX, cabe preguntarse si esas mujeres que se expresaban en quechua no tenían más razón que los ingenieros forestales que en castellano propugnaban la plantación de eucaliptos. Cuando los recursos naturales se degradan, y son amenazados por la expansión del mercado o por el control estatal, es frecuente hallar a grupos de mujeres en la vanguardia del ecologismo. Así, en la costa de Esmeraldas en el Ecuador, en el conflicto que enfrenta a la población pobre y negra que vive de los recursos del manglar (recolección de conchas, pesca artesanal) con los intereses industriales de cría de camarón en piscinas sobre terrenos de manglar que son arrasados, es muy obvia la presencia de líderes espontáneas, madres y abuelas, en esas comunidades. Y en el panorama mundial, es conocida la lucha que, desde 1971, desarrollaron grupos de campesinas y campesinos del Himalaya, contra empresas forestales que querían privarles del acceso a los bosques. A eso se le llamó el Chipko Andolan (el movimiento Chipko), palabra que significa "abrazarse", pues la táctica de lucha fue una resistencia pasiva de tipo gandhiano, abrazándose mujeres, niños y hombres a los árboles que iban a ser derribados por las empresas forestales. Ha habido en la India un debate (entre Ramachandra Guha y Vandana Shiva) acerca del contenido feminista de esa lucha. La interpretación de Guha es que se trata de un conflicto con antiguas raíces, que viene desde los enfrentamientos de las comunidades rurales con la administración colonial inglesa que estatizó los bosques. No se trata, pues, de un nuevo movimiento social sino de un movimiento campesino con contenido ecologista y feminista (en el sentido de que las mujeres están muy presentes). Shiva, por el contrario, en su conocido libro *Staying Alive* (*Abrazar la vida*, en la versión en español) postuló una empatía especial de las mujeres con la naturaleza, un *ecofeminismo* esencialista.

También en otras latitudes observamos esa presencia femenina en los conflictos sociales con contenido ecológico, una presencia muy superior a la presencia femenina en luchas sindicales. En los Estados Unidos son bien conocidas las actuaciones de Lois Gibbs en el conflicto de la década de 1970 contra residuos tóxicos en Love Canal. Más tarde surgió el actual movimiento por la Justicia Ambiental en ese país, movimiento directamente dirigido contra la discriminación racial que lleva a colocar residuos tóxicos en territorios donde predomina la población afroamericana, hispanoamericana o nativoamericana. Y en los Estados Unidos destaca como pionera del ecologismo actual la figura de Rachel Carson, autora en 1962 de *La primavera silenciosa*, una denuncia sincera y bien informada contra los pesticidas agrícolas a cargo de esa funcionaria bióloga del Servicio de Vida Silvestre del gobierno de los Estados Unidos. Podríamos recorrer el mundo de sur a norte y del oriente al occidente haciendo un inventario de conflictos ecológicos con determinante presencia femenina. Medha Patkar ha sido la líder del movimiento contra las represas del río Narmada en la India, que están desplazando a decenas de miles de personas pobres.

La cuestión no es sólo de líderes. ¿Por qué hay tanta participación de mujeres en el ecologismo popular? No es éste el ecologismo "posmaterialista" de quienes, teniendo ya de todo (dos automóviles por familia, dos residencias, viajes abundantes), se preocupan por las plantas y animales en peligro de extinción, sino el ecologismo de quienes dependen directamente de los recursos naturales y de un ambiente sano para poder vivir, y cuya "disposición a pagar" por bienes ambientales es escasa, porque son pobres. El papel de las mujeres en ese ecologismo de los pobres es grande, y lo es (según el análisis de Bina Agarwal) porque:

- Las mujeres están particularmente preocupadas por el aprovisionamiento material y energético del *oikos*, no porque les guste particularmente esa tarea ni por predisposición genética, sino por su papel social que así lo determina. Si el agua escasea o está contaminada, si no hay combustible para cocinar, eso son preocupaciones de las mujeres.

- Las mujeres tienen, en algunas culturas más que en otras, una parte más pequeña de la propiedad privada tanto rural como urbana; dependen más, por tanto, de los recursos de propiedad y de gestión comunal o comunitaria, y los suelen defender.
- Las mujeres tienen con frecuencia un conocimiento particular, en la agricultura (sobre variedades de plantas) y en la medicina popular, que queda devaluado con la irrupción del mercado (o, a veces, del Estado).

La actual crítica ecológica de la economía señala que la economía de mercado (incluso cuando recurre a las valoraciones en mercados ficticios o simulados) es incapaz de valorar convincentemente la degradación de recursos naturales y los impactos ambientales (como el aumento del efecto invernadero, los residuos radiactivos, la pérdida de biodiversidad, el adelgazamiento de la capa de ozono). El PIB y el Ingreso Nacional están mal calculados, sin que sepamos exactamente cómo corregirlos ecológicamente. Y una crítica parecida se ha venido haciendo a la contabilidad macroeconómica desde el movimiento feminista, pues esa contabilidad no cuenta la aportación gratuita, pero tan importante para el bienestar humano del trabajo doméstico no remunerado. La vinculación entre ambos temas, el que proviene del ecologismo y el que proviene del feminismo, ha dado lugar a la economía ecofeminista.

La *economía ecofeminista* (Ariel Salleh, Mary Mellor, Hilkka Pietilä) tiene mucha importancia analítica y política porque muestra que muchos trabajos totalmente necesarios para la vida se dan fuera del mercado y no salen en la contabilidad del PIB. Lo mismo ocurre con los servicios más importantes de la naturaleza, como el ciclo de evaporación y de lluvia del agua, la propia energía que llega del sol, la absorción de dióxido de carbono por las plantas, la evolución y coevolución con los humanos de toda la diversidad biológica, el conocimiento de las semillas y de las plantas medicinales. Todo eso ha sido gratuito, como el cuidado de las madres. ¿Hay que mercantilizarlo todo? ¿O más bien debemos ver la economía de mercado como una pequeña isla de egoístas en un gran mar benéfico de servicios gratuitos? ¿No debería haber un plan de ajuste de todo el montaje financiero a la economía productiva y ésta, a su vez, no debería ajustarse a lo sosteniblemente productivo?

atención sobre el distinto tratamiento contable de la pérdida de ambas formas de recursos, los naturales y los producidos por los humanos. Ahora bien, ese salto terminológico de "recursos naturales" a "capital natural" puede también responder a un deseo de mercadeo generalizado de la naturaleza y, en este sentido, la nueva terminología ("capital natural") no es tan benévola; puede reflejar también una visión de la naturaleza como algo cuyo único valor es la posibilidad de ser explotado como recurso productivo (de la misma forma que cuando se habla de "capital humano" se tiende a considerar a las personas y a su formación cultural y profesional como algo que sólo tiene valor en la medida en que se rentabiliza como recurso productivo). Aquí, a la vieja usanza, utilizaremos los términos recursos naturales o patrimonio natural.

Veamos un sencillo ejemplo de lo que significa depreciación y amortización. Consideremos una economía que disponga de un capital en forma de medios de producción o instrumentos de trabajo de 1 000 unidades monetarias, hechos de madera, y que el bosque de donde se saca la madera está en un régimen de explotación sostenible. Supongamos que esos instrumentos tengan una vida media de 10 años. Supongamos que, al trabajar con esos instrumentos, cada año se obtiene en esa economía un total de bienes por valor de 1 200 unidades monetarias, que es el PIB. Si nos "comiéramos" las 1 200 unidades monetarias, es decir, si todo fuera al consumo y por tanto la inversión "bruta" (suma de amortización y de inversión neta) fuera cero, entonces esta economía se estaría descapitalizando y no aguantaría de forma indefinida el nivel de consumo por no disponer de suficientes instrumentos de trabajo. Teniendo esto en cuenta, el Ingreso Nacional o producto interior neto se calcula restando del PIB la depreciación del capital. En este caso la amortización que compensa esa depreciación es de 100 unidades monetarias, y por tanto el PIN será de 1 100 unidades monetarias, pudiendo la economía mantener indefinidamente ese nivel de consumo, aunque también, como quedó indicado, puede sacrificar parte de ese consumo para hacer una inversión neta (aumentando el *stock* de medios de producción producidos) y crecer en el futuro.

En la práctica, como los precios de los medios de producción varían, hay que decidir si se amortiza según lo que costó adquirirlos o según el coste de reposición. Pero, además, a menudo no encontramos ya los mismos medios de producción en el mercado cuando llega la hora de reponerlos y, por tanto, no siempre es fácil saber qué parte exacta del fondo de amortización es pura sustitución y qué parte es inversión neta (ya que, por ejemplo, los nuevos modelos de maquinaria son más eficientes). Tampoco la amortización tiene por qué hacerse según una elemental fórmula lineal como en ese ejemplo, de 100 unidades monetarias por año para acumular un fondo de amortización de 1000 unidades en 10 años. En cualquier caso, el principio teórico es que para obtener el Ingreso Neto, es decir, la auténtica *nueva* producción, se ha de prever la sustitución del capital desgastado.

Supongamos ahora otra economía, no basada en instrumentos de madera que proceden de un bosque que se usa sosteniblemente (es decir, que provienen de la fotosíntesis actual), sino una economía basada en petróleo, un recurso no renovable cuya producción se remonta a épocas geológicas remotas. Cada año se extrae una cantidad determinada de ese recurso de forma que disminuyen las reservas. (En la práctica, las reservas no son un número definido y plenamente conocido; las reservas estimadas se dividen en varias categorías, según se conozca mejor o peor su existencia. Pero, desde luego, las reservas potenciales no son ilimitadas. Véase el capítulo vi.)

El ingreso generado por esa economía que depende totalmente de la extracción de petróleo es, supongamos, de 1100 unidades monetarias al año una vez restada la amortización de los medios de producción reproducibles según la metodología habitual. La Contabilidad Nacional nos informará que el PIN o Ingreso Nacional es de 1100 unidades monetarias, pero si la economía mantiene ese consumo (o, aparentemente, si mantiene cualquier consumo), se encamina al colapso final, a menos que se prepare la transición hacia otra nueva fuente de recursos (proceso sobre el que no informa la Contabilidad Nacional).

No extraña que se haya querido remediar (como veremos después con detalle) esa asimetría entre la amortización del capital y la falta de "amortización" de los recursos naturales que se agotan, pero la solución simple de rebautizar los recursos naturales o patrimonio natural como "capital natural", y aplicarle una amortización, no es convincente. Podemos cuestionarnos no sólo que la extracción de petróleo o carbón sea producción en términos "netos" sino que lo sea en cualquier sentido; en principio se puede decir que se producen máquinas que han de sustituirse (aunque incluso en este caso el término producción podría cuestionarse, si se usan recursos no renovables) pero no que se produce petróleo. La amortización sirve para reconstituir el capital depreciado, es decir, gastado físicamente u obsoleto económicamente. Esa idea de la reconstitución no es aplicable a los recursos no renovables (cuyos ritmos de producción natural son lentísimos en comparación con nuestros ritmos de destrucción). Como ha escrito Naredo:

> El problema estriba·en que muchos de los recursos patrimoniales que [ya] los fisiócratas [del siglo XVIII] incluían bajo la denominación de bienes fondo no son renovables o producibles, no pudiendo por tanto reponerse. En el caso particular de una empresa, este problema se resuelve asegurando en su contabilidad privada que la venta de sus productos le permita amortizar el valor monetario de los bienes fondo adquiridos. Una vez consumidos esos bienes fondo no reproducibles, la empresa podrá trasladar así su actividad a otros recursos, sin quebranto de su patrimonio medido en términos monetarios. Sin embargo, si se amplía la escala de razonamiento al nivel estatal o incluso planetario, los límites objetivos que comportan las dotaciones de bienes fondo disponibles hacen inadecuados los principios que inspiraban el razonamiento y el registro contable propios de la empresa privada. La noción de amortización pierde su sentido para atajar procesos de degradación patrimonial globalmente irreversibles.[7]

La pérdida de patrimonio natural, el carácter no sostenible de parte de lo que aparece como ingreso, no sólo existe cuando se utilizan recursos no renovables sino también cuando se degradan recursos renovables.

[7] J. M. Naredo, "Fundamentos de la economía ecológica", en F. Aguilera y V. Alcántara, *De la economía ambiental a la economía ecológica*, Fuhem/Icaria, Barcelona, 1994, p. 383. Naredo es autor del importante libro *La economía en evolución*, Siglo XXI Editores, Madrid, 1987 (nueva edición, 1996).

OTRA CRÍTICA ECOLÓGICA A LA CONTABILIDAD NACIONAL:
LOS IMPACTOS AMBIENTALES Y EL CONCEPTO
GASTOS DEFENSIVOS O COMPENSATORIOS

La crítica ecológica más conocida a la Contabilidad Nacional es que se incluyen los "bienes" pero no los "males" asociados a la obtención y consumo de los primeros (que tienen un valor negativo y no positivo). Si los "males" sólo fuesen catástrofes naturales independientes de las actividades económicas, el olvido por los economistas estaría quizá justificado argumentando que aunque saben que el bienestar social depende de muchas más cosas que de la disponibilidad de bienes y servicios, ellos se concentran en la contribución de las actividades económicas al bienestar. Sin embargo, el hecho es que las propias actividades económicas no sólo contribuyen a generar bienes sino también males.

Pero la crítica ecológica va más allá. Los males se están contando a veces como si fuesen bienes. Gran parte de los gastos de los consumidores y de las administraciones públicas de las economías "avanzadas" se dedican no tanto a obtener bienes como a corregir o evitar los "males" causados por la propia economía. Pero esos gastos *defensivos o mitigadores o compensatorios* de consumidores o administraciones públicas se contabilizan como producción y renta final. (En el caso de las empresas, en cambio, en teoría los gastos adicionales para cumplir normativas ambientales tendrían que aumentar los costes pero no la "producción real" que aparece en la Contabilidad Nacional; sin embargo, en la práctica, los gastos de protección ambiental de las empresas aparecen muchas veces como nuevas inversiones que se añaden a dicha producción.)

K. W. Kapp señaló: "nuestras medidas tradicionales de producción y crecimiento en términos de PNB son probablemente cada vez más inadecuadas como indicadores de crecimiento y desarrollo, ya que cada vez mayores cantidades y proporciones del gasto se destinan a proteger y mantener intacta la sustancia de nuestro entorno";[8] otro autor que utilizó el concepto

---

[8] K. W. Kapp, *Social Costs, Economic Development and Environment Disrup-*

de gastos defensivos —aunque en un contexto diferente al que aquí nos interesa— fue Fred Hirsch en su libro *Los límites sociales del crecimiento*.[9] Una influyente investigación fue la de Christian Leipert en Alemania.[10] Aunque el propio autor no lo expresó así, apuntó —en la línea de Kapp— una "ley de Leipert" según la cual los gastos defensivos aumentarían (de acuerdo con las cifras alemanas) más rápido que el PIB, es decir que a la larga se llegaría a la situación absurda de que la economía debe crecer más y más para proteger a la ciudadanía y al medio ambiente de los daños colaterales causados por el crecimiento de la economía. El crecimiento económico está sobrevalorado o incluso lo llamamos crecimiento cuando en realidad deberíamos llamarlo decrecimiento. Naturalmente, qué es lo que se incluye o no como "gastos defensivos" es motivo de discusión, y podría parecer totalmente arbitrario, pero lo interesante del trabajo de Leipert es que él aplica los mismos criterios de inclusión para varios periodos sucesivos y su trabajo adquiere un valor comparativo.

Veamos algunos ejemplos de "gastos defensivos". Si alguien tiene suficiente dinero para insonorizar su casa y evitar los ruidos de los vecinos o de una nueva autopista o aeropuerto, no puede decirse que adquiera nuevos bienes o servicios finales, sino que realiza un gasto protector para mantenerse donde estaba. Es decir, ese gasto es un coste. Lo mismo se aplica al gasto de la administración pública para instalar pantallas acústicas en nuevas autopistas, o el gasto para eliminar manchas de petróleo en las costas, o el gasto para evitar o curar el asma infantil provocada por contaminación de automóviles o para remediar la intoxicación con pesticidas en las plantaciones de bananos. Los ejemplos se multiplican, de tal manera que fácilmente el ejercicio se reduce al absurdo; los gastos de dentista, maquillaje y peluquería, e incluso los gas-

---

tion, University Press of America, Lanham, Londres, 1983 (edición original, 1970).

[9] F. Hirsch, *Los límites sociales del crecimiento*, FCE, México, 1984 (edición original, 1976).

[10] C. Leipert, "Los costes sociales del crecimiento económico", en F. Aguilera y V. Alcántara, *De la economía ambiental a la economía ecológica*, Fuhem/Icaria, 1994.

tos de comida son un coste de la restauración (nunca mejor dicho) del cuerpo humano, no serían un producto final. La justificación teórica del concepto es que "defensivo" significa una defensa en contra de los indeseados efectos colaterales de otras producciones, no una defensa en contra de los procesos vitales normales o las condiciones ambientales normales de la lluvia, el frío, etc. No es cierto que "nuestro producto de bienestar neto sea tautológicamente igual a cero". Los gastos defensivos son sólo aquellos que se hicieron "lamentablemente necesarios" por otros actos de producción o de consumo, de modo que debieran contarse como costos de esa otra producción; es decir, deberían contarse como bienes intermedios y no finales.[11] La distinción entre bienes finales e intermedios es una vieja preocupación ya presente en alguno de los impulsores de la moderna Contabilidad Nacional, como Simon Kuznets, quien dudaba de que, por ejemplo, los gastos en policía se incluyesen en las cuentas.[12]

¿Deben esos gastos defensivos restarse o sumarse al PIB? En principio, no deben sumarse sino restarse, ya que los consideramos costes, pero también podría argumentarse que, si el daño ya está hecho o se está produciendo (la autopista ya está construida), y si ahora se remedia o reduce, eso implica un aumento de bienestar. Por tanto, la aparente claridad de la recomendación —réstense los gastos defensivos— no sólo se enfrenta al problema práctico de cómo separar lo que es defensivo de lo que no lo es, sino también al problema de que aproximar el PIB o el PIN a una medida de cambio de bienestar sólo tiene sentido (como Leipert mismo destacó) una vez fijado un periodo de referencia inicial en el que no existe el mal ambiental al cual se pretende hacer frente.

[11] H. E. Daly y J. B. Cobb Jr. (eds.), *Para el bien común*, FCE, México, 1993 (ed. orig., 1989), p. 79.

[12] J. Lintott, "Environmental accounting: useful to whom and for what?", *Ecological Economics*, vol. 16, núm. 3 (marzo de 1996), pp. 179-190.

Diferentes propuestas frente
a las críticas anteriores

Hemos visto las críticas principales a la Contabilidad Nacional desde el punto de vista ecológico. Estas críticas (la ausencia de "amortización" del patrimonio natural, la no inclusión de los daños ambientales y la inclusión de los gastos defensivos) están muy lejos de proporcionar valoraciones monetarias consensuadas. Pensemos, por ejemplo, la información que haría falta y qué estimaciones serían necesarias para incluir en el producto interior la pérdida de funciones o servicios ambientales como la depuración de residuos (que, si no se hace de forma natural, resulta costosa), la disponibilidad de agua en zonas más o menos áridas gracias a la evaporación por energía solar, la absorción de dióxido de carbono por plantas y océanos o las pérdidas actuales (desconocidas) de biodiversidad. La economía sería como un pequeño planeta en una galaxia de externalidades positivas y negativas, difícilmente valorables crematísticamente. Volveremos a estos temas en el capítulo IV. Por tanto, no extraña que la contabilización crematística de los recursos naturales y de los servicios ambientales en una Contabilidad Nacional corregida no haya avanzado apenas. A pesar de los muchos años de debate, no existe un producto interior "verde" (o sostenible) ni hay avances sustanciales en esa dirección. Desde luego, sería agradable y políticamente llamativo calcular tal magnitud. En el crecimiento económico actual existe una mezcla difícilmente separable de crecimiento auténtico y de destrucción. Sería, pues, excelente, llegar al consenso sobre cómo medir o contabilizar el Ingreso Nacional genuino. Creemos que esta tarea está condenada al fracaso pero ello no quiere decir que no se hayan hecho intentos en este sentido que han jugado un papel muy importante en el debate. Como de estos intentos (y de sus limitaciones) se puede aprender, a continuación, veremos algunas de las que fueron más importantes para estimular el debate incluyendo la famosa propuesta de Herman Daly que incluso va más allá de la corrección ambiental para proponer una medida del "bienestar económico sostenible".

Antes de pasar a estas propuestas, señalemos que el escepticismo respecto a la "corrección" del producto interior o la Renta Nacional no debe llevar a la parálisis a los investigadores e institutos de estadística preocupados por contabilizar las relaciones entre economía y medio natural. Por un lado, obviamente se puede avanzar en conocer detalladamente los gastos monetarios ligados a la protección ambiental y, aún más importante, se puede establecer cuentas en términos físicos que, a veces, reciben el nombre de "cuentas satélites", aunque, como dijo una vez Naredo en una reunión internacional, ¿no serán mayores esos satélites que los planetas?

En muchos países se ha avanzado no sólo por parte de investigadores individuales sino por parte de los institutos nacionales de estadística (como en Noruega, Francia o Canadá para citar a algunos de los primeros en avanzar en este sentido) y existen muchas propuestas de organismos internacionales (como las Naciones Unidas, la OCDE, Eurostat...) en la elaboración de cuentas en términos físicos de los *stocks* de recursos y sus variaciones (*stock* de metros cúbicos de maderas de distintas clases, minerales, etc.) y ello se puede extender también a cuentas más complejas que incluyan no sólo aspectos de cantidad como también de calidad (tan importantes para los suelos o el agua de acuíferos y de superficie...) y, si está inventariada, también puede incluirse la biodiversidad de distintos tipos. Por el lado de la generación de residuos donde seguramente más se ha avanzado —al menos en Europa— es en las cuentas de emisiones atmosféricas (CO_2, NO_x, SO_2, metano, etc.). La perspectiva del análisis del flujo de materiales —analizada en el capítulo I— representa uno de los avances más importantes en la contabilidad del metabolismo social en términos de flujos físicos; y, por supuesto, existe la larga tradición de los balances de energía. Otro de los instrumentos para avanzar en el análisis de la relación entre economía y presión ambiental (relacionando unidades físicas y unidades monetarias) son las tablas *input-output* ampliadas ambientalmente (como vimos en el capítulo I) en lo que se conoce como sistema NAMEA (National Accounting Matrix including Environmental Matrix) que ha avanzado mucho en Europa. Y se están llevando a cabo varios proyectos internacionales para avanzar en tablas input-output internacionales que incluyan de forma sectorialmente homogeneizada, por un lado, los flujos comerciales entre países y, por otro lado, los flujos físicos.[13]

De los esfuerzos anteriores pueden salir multitud de indicadores de diferentes tipos. Hay una diferencia importante entre indicadores de "presión ambiental" y de "estado ambiental": una cosa son las emisiones de contaminantes atmosféricos como pueden ser los óxidos de nitrógeno y otros en las ciudades, y otra es la concentración de gases primarios o secundarios (como el ozono) que depende de las emisiones pero también de otros factores (como los climatológicos)... ¡y otra cosa son los impactos que ello genere en la salud de las personas o en los ecosistemas![14] También podemos distinguir entre indicadores desagregados y agregados; algunas agregaciones son menos problemáticas y hay un relativo consenso para alguno de los temas (como es el caso del cambio climático; de este modo, estamos familiarizados con estadísticas sobre emisiones de gases con efecto invernadero en cantidades de "CO_2-equivalentes"), pero en otros casos, como el de la pérdida de biodiversidad o el de agotamiento de recursos, la cuestión es mucho más controvertida y se puede dudar de la utilidad de llegar a algún índice agregado.

En general, no se trata de llegar a un nuevo indicador sintético y único que tenga en cuenta los aspectos ecológicos, sino de analizar una rica variedad de estadísticas físicas, que se su-

[13] Para ver cuáles son algunas de las áreas en donde se espera avanzar de forma coordinada en la Unión Europea y algunos otros países europeos, véase: *European Statistical System, Sponsorship Group on Measuring Progress, Well-being and Sustainable Development,* Final Report adopted by the European Statistical System Committee, noviembre de 2011.

[14] Estos términos concuerdan con los utilizados en el conocido sistema de indicadores DPSIR de la OCDE y de la EEA (European Environmental Agency): Drivers-Pressures-State-Impacts-Responses (fuerzas motrices-presiones-estado-impacto-respuesta). Las tablas input-output ampliadas serían una forma de profundizar sobre las fuerzas motrices que hay detrás de las presiones ambientales. Las respuestas corresponden a las reacciones de gobiernos y ciudadanos frente a los problemas ambientales (por ejemplo, compras verdes, gastos de protección ambiental o impuestos ecológicos). Véase: OECD, *OECD Core Set of Indicators for Environmental Performance Reviews,* OECD Environment Monographs, núm. 83 (1993, OECD, París).

pone complementan o suplementan la contabilidad macroeconómica habitual, aunque están expresadas en unidades de medida distintas. Éste es el enfoque realista, que equivale en la esfera macroeconómica a lo que la evaluación multicriterio (véase capítulo IV) supone en la evaluación de proyectos, alejándose del espejismo de que todo puede caber dentro de la conmensurabilidad crematística.

LAS CORRECCIONES ECOLÓGICAS DE LOS AGREGADOS MACROECONÓMICOS

Los recursos no renovables: "sembrando el petróleo"

Hay en principio dos tratamientos posibles para afrontar monetariamente el problema de la sobrevaloración de la "producción" que resulta de no considerar la pérdida de patrimonio que representa el agotamiento de recursos naturales.

El primer planteamiento, ya apuntado y criticado, consiste en equiparar los dos tipos de "capitales": natural y fabricado, y descontar también la depreciación del primero al pasar del PIB al PIN o, en general, al pasar de las macromagnitudes "brutas" a las "netas". Además de la objeción práctica de que la política económica se guía mucho más por el PIB que por el PIN (debido a las dificultades de estimar adecuadamente la "depreciación" de máquinas y edificios), la pregunta es cómo valorar los recursos naturales. Podríamos guiarnos por el precio del recurso, y al PIB de un país extractor de recursos no renovables le restaríamos todo su valor, con lo que un país que sólo viviese de este tipo de extracción tendría un PIN igual a cero. O podríamos restar, como generalmente se propone, sólo la parte del precio que se queda el propietario de la mina de carbón o del pozo de petróleo. O incluso podríamos contar la variación de recursos no renovables estimados (¡con el resultado de que los años en que se descubren nuevos yacimientos o se producen innovaciones técnicas importantes tendríamos que *sumar* y no restar por dicho concepto!). Cualquiera de los criterios depende en sus resultados de los fluctuantes precios de los recursos: la pérdida de "capital natural" correspondiente a la extracción de cada barril de petróleo sería más grande o más pequeña en función, por ejemplo, de que la OPEP consiguiese o no tener éxito en mantener una determinada política de precios, con lo cual, si los recursos naturales valen cremátisticamente poco, habrá quien piense que las cantidades monetarias que hay que separar para constituir unos fondos de "amortización" adecuados serán cantidades pequeñas.

Un primer estudio conocido en este sentido fue el de Repetto sobre Indonesia.[15] En este estudio, que tiene el mérito de su carácter pionero, el autor se planteó un objetivo simple. Atendiendo a los valores de mercado, calculó la pérdida de patrimonio ligada a las tres principales actividades exportadoras del país: los bienes agrícolas, la madera y el petróleo, y la utilizó para reducir las cifras oficiales de crecimiento económico. En el estudio se valoran disminuciones estadísticas de reservas de petróleo, pérdidas de tierra fértil y de superficie forestal para el periodo 1971 y 1984 (los bosques se valoran, como el mismo autor destaca, no por todas sus funciones ambientales, sino únicamente como proveedoras de madera comercializable, de manera que la pérdida de biodiversidad que suponen, por ejemplo, los enormes incendios que se han producido recientemente, quedaría oculta). La conclusión fue que, al excluir dichos valores, la tasa anual media de crecimiento pasaría de una cifra oficial superior a 7% anual a la más modesta de cuatro por ciento.

Un planteamiento más sofisticado es el de El Serafy[16] (que fue economista del Banco Mundial durante años y ahora trabaja como consultor), presentado por primera vez a mediados de la década de 1970, después del primer *boom* de precios petroleros, pero que no se difundió con generalidad hasta finales de la década de 1980 (con su participación en los congresos de Economía Ecológica, y al haber sido muy citado por Herman Daly, colega suyo en el Banco Mundial entre 1988 y 1994).

[15] R. Repetto, *Wasting Assets: Natural Resources in the National Accounts*, World Resources Institute, Washington, 1989.

[16] Salah el Serafy, "The Proper Calculation of Income from Depletable Natural Resources", en Yusuf Ahmad, Salah el Serafy y Ernest Lutz (eds.), *Environmental Accounting for Sustainable Development*, World Bank, Washington, 1989, pp. 10-18.

El Serafy plantea la idea de entender el medio ambiente como un "capital natural" que necesita ser amortizado, y cuyo uso implica un coste por su "desgaste". El Serafy admite que la naturaleza tiene propiedades específicas, pero, por razones más bien prácticas, asimila a la naturaleza como parte del factor capital y construye una propuesta de corrección de la contabilidad nacional habitual. Este planteamiento incorpora la necesidad de amortizar el capital ambiental si éste es renovable, como lo haría un empresario con sus maquinarias, pero lo original de la propuesta es en lo concerniente a los recursos no renovables. Su explotación ni siquiera debería ser contabilizada (totalmente) en el PIB, pues la venta o agotamiento de un activo es como la venta de una heredad, es una descapitalización que no debe ser reconocida como una "producción".

La explotación de recursos agotables genera fondos líquidos que se usan de distintas maneras (consumo o inversión), pero no son propiamente un nuevo ingreso en los términos reconocidos por la contabilidad nacional. Considerar como ingresos todo lo obtenido por la venta del recurso explotado plantea una falsa ilusión que sobredimensiona el auge y que, a mediano plazo, será contraproducente, pues al despilfarrarse estos llamados ingresos y al agotarse el recurso habrá una contracción irremediable, como en cualquier otro caso de un activo agotado que no ha sido amortizado. Lo que se puede contabilizar como ingreso es el rendimiento del activo. Pero el activo no renovable no genera *per se* un rendimiento; es necesario un cambio de forma a otro activo renovable. Es decir, se trataría de convertir el activo agotable explotado en un flujo de ingresos perpetuo, para asegurar los ingresos en el futuro. Es decir, se trata de *sustituir* el "capital natural" por capital hecho por los humanos.[17]

¿Qué parte de los ingresos de un país por la venta de recursos no renovables se considera verdaderamente ingreso y

[17] Esta idea se identifica con el concepto de "sustentabilidad débil" que identifica al medio ambiente con lo que los neoclásicos denominan "capital natural" y suponen sustituible por el "capital fabricado" por los humanos. Volveremos a este concepto en el capítulo VIII, donde debatimos las teorías sobre sustentabilidad identificando posturas de "sustentabilidad fuerte" que destacan las funciones ambientales como insustituibles en su mayoría.

qué parte debe considerarse descapitalización o pérdida de patrimonio? Para responder la pregunta, El Serafy toma como dato el tipo de interés. Supongamos que un país tiene reservas tales que el ritmo de extracción se mantiene 30 años más y el tipo de interés real es de 5% anual. ¿Cómo distribuir los ingresos de la venta (netos de coste de extracción y transporte), R, entre una parte, X, que podría gastarse íntegramente en consumo y considerarse ingreso, y otra parte, $R - X$, que debe invertirse, capitalizarse, para mantener el ingreso una vez agotado el recurso renovable?

Si suponemos, en ese ejemplo de 30 años más de extracción y tipo de interés de 5%, que los ingresos anuales por la venta son 100 unidades monetarias; entonces, X es aproximadamente 78, y $R - X$ es 22, con lo cual vemos que la situación es bastante halagüeña; cuanto mayor el tipo de interés, más fácil resulta asegurar el ingreso futuro.

La aritmética del capital acumulado a interés compuesto es (con números aproximados) la siguiente:

año 0   22 unidades monetarias
año 1 $22 \times 1.05 + 22 = 45.1$
año 2 $22 \times (1.05)^2 + 22 \times 1.05 + 22 = 69.4$
....

año 30 $\displaystyle\sum_{t=0}^{t=30} 22 \times (1.05)^t = 1557$

Ese capital acumulado en el año 30, invertido a 5%, hace posible mantener (aproximadamente) a perpetuidad el ingreso de 78, una vez agotado el recurso. En términos más generales, la fórmula que nos permitiría deducir la parte X que es verdadero ingreso sería:

$$\frac{X}{R} = 1 - \frac{1}{(1 + r)^{n+1}}$$

donde: X = ingreso real (sostenible).
       R = ingreso total por ventas menos los costos de extracción.

r = tasa de interés.

n = número de periodos hasta que se agote el recurso.

Es decir, la *parte de ingreso total que no es verdadero ingreso* sino descapitalización depende, por un lado, de la *razón entre reservas y extracción* (es decir, de la duración prevista de las reservas) y, por otro lado, de la *tasa de interés,* como se observa en el cuadro II.1.

$R - X$, en realidad, sería el costo del usuario *(user cost)* que se debería dejar aparte como una inversión de capital y totalmente excluido del PIB. El agotamiento de recursos representa una desinversión que debería invertirse en otros activos. La contabilidad nacional convencional implícitamente está asumiendo una tasa de interés altísima (o supone que las reservas son prácticamente infinitas), tanto que la fracción

$$\frac{1}{(1 + r)^{n+1}}$$

CUADRO II.1. *Contenido de capital (o "costo del usuario")*
de las ventas del capital natural (%), según el método
de El Serafy

Expectativa de vida de los recursos (años)	Tasa de interés (%)		
	0	5	10
1	100	91	83
10	100	58	35
20	100	36	14
30	100	22	5
40	100	14	2
60	100	5	0
80	100	2	0
100	100	1	0

FUENTE: Salah el Serafy, *op. cit.*

tienda a cero, con lo que X/R sería igual a 1. Ello implica una altísima preferencia temporal por el presente: es olvidarse del futuro. En el capítulo IV discutimos el tema de "descuento del futuro".

Desde luego, el que los ingresos procedentes de recursos naturales deban ser reinvertidos es una idea antigua y muy sensata para dar recomendaciones de política económica a un país; en América Latina hay, por lo menos desde mediados del siglo XIX, textos conocidos y angustiados en este sentido, como los de Mariano de Rivero (el químico nacido en Arequipa y formado en París) sobre las rentas del guano peruano. Arturo Uslar Pietri acuñó en Venezuela, en 1936, la expresión "sembrar el petróleo", que es precisamente la misma idea que aquí presentamos (véase el recuadro II.2). Lo novedoso de El Serafy es el *criterio operativo* que presenta y su aportación a la discusión sobre las correcciones ecológicas de la Contabilidad Nacional. Pero la aplicación de su criterio da como resultado que la parte de las existencias de un recurso mundial que se considera venta de patrimonio, y no generación de renta, es diferente para cada país, según su relación entre explotación y reservas, de forma que los mismos flujos de extracción darían resultados contables diferentes, según cambiasen las fronteras entre los estados.

Para los cálculos hemos de tomar un tipo de interés como dato, y así queda fuera de discusión ese "milagro" de una economía que remunera las inversiones con un alto tipo de interés, a pesar de que los recursos agotables se van consumiendo: la perspectiva de El Serafy no es planetaria, sino referida a un solo país. Queda también la cuestión de que, si los gobiernos crean efectivamente fondos de reservas para invertir parte de los ingresos derivados de la venta de recursos no renovables, las inversiones pueden ser fallidas y dar menos rentabilidad de la esperada o incluso pérdidas, como a veces ha ocurrido con inversiones de por ejemplo KIO, es decir, el Fondo Kuwaití para las Generaciones Futuras, o el Fondo de Petróleo Noruego (ahora llamado Fondo de Pensiones Noruego). Además, hemos de conocer las reservas (y la futura evolución de la tecnología, que puede quitar usos a los recursos naturales antes de agotarse las reservas).

II.2. *Sembrar el petróleo*

Cuando se considera con algún detenimiento el panorama económico y financiero de Venezuela, se hace angustiosa la noción de la gran parte de la economía destructiva que hay en la producción de nuestra riqueza, es decir, de aquella que consume sin preocuparse de mantener ni de reconstruir las cantidades existentes de materia y energía. En otras palabras, la economía destructiva es aquella que sacrifica el futuro al presente, la que llevando las cosas a los términos del fabulista se asemeja a la cigarra y no a la hormiga.

En efecto, en un presupuesto de efectivos ingresos rentísticos de 180 millones, las minas figuran con 58 millones, es decir, casi la tercera parte del ingreso total, sin hacer estimación de otras numerosas formas indirectas e importantes de contribución que pueden imputarse igualmente a las minas. La riqueza pública venezolana reposa en la actualidad, en más de un tercio, sobre el aprovechamiento destructor de los yacimientos del subsuelo, cuya vida no solamente es limitada por razones naturales, sino cuya productividad depende por entero de factores y voluntades ajenos a la economía nacional. Esa gran proporción de riqueza de origen destructivo crecerá sin duda alguna el día en que los impuestos mineros se hagan más justos y remunerativos, hasta acercarse al sueño suicida de algunos ingenuos que ven como el ideal de la hacienda venezolana llegar a pagar la totalidad del presupuesto con la sola renta de minas, lo que habría que traducir más simplemente así: llegar a hacer de Venezuela un país improductivo y ocioso, un inmenso parásito del petróleo, nadando en una abundancia momentánea y corruptora y abocado a una catástrofe inminente e inevitable.

Pero no sólo llega a esta grave proporción el carácter destructivo de nuestra economía, sino que va aún más lejos alcanzando magnitud trágica. La riqueza del suelo entre nosotros no sólo no aumenta, sino que tiende a desaparecer. Nuestra producción agrícola decae en cantidad y calidad de modo alarmante. Nuestros escasos frutos de exportación se han visto arrebatar el sitio en los mercados internacionales por competidores más activos y hábiles. Nuestra ganadería degenera y empobrece con las epizootias, la garrapata y la falta de cruce adecuado. Se esterilizan las tierras sin abonos, se cultiva con los métodos más anticuados, se destruyen bosques enormes sin replantarlos para ser convertidos en leña y carbón vegetal. De un libro recién publicado tomamos este dato ejemplar: "en la región de Cuyuni trabajaban más o menos 3 000 hombres que tumbaban por término medio 9 000 árboles por día, que totalizan en el mes 270 000, y en siete meses, inclusive los Nortes, 1 890 000 árboles. Multiplicando esta última suma por el número de años que se trabajó el balatá, se obtendrá una cantidad exorbitante de árboles derribados". Estas frases son el brutal epitafio del balatá, que bajo otros procedimientos hubiera podido ser una de las mayores riquezas venezolanas.

La lección de este cuadro amenazador es simple: urge crear sólidamente en Venezuela una economía reproductiva y progresiva. Urge aprovechar la riqueza transitoria de la actual economía destructiva para crear las bases sanas y amplias coordinadas de esa futura economía progresiva que será nuestra verdadera acta de independencia. Es menester sacar la mayor renta de las minas para invertirla totalmente en ayudas, facilidades y estímulos a la agricultura, la cría y las industrias nacionales. Que en lugar de ser el petróleo una maldición que haya de convertirnos en un pueblo parásito e inútil, sea la afortunada coyuntura que permita con su súbita riqueza acelerar y fortificar la evolución productiva del pueblo venezolano en condiciones excepcionales.

La parte que en nuestros presupuestos actuales se dedica a este verdadero fomento y creación de riquezas es todavía pequeña y acaso no pase de la séptima parte del monto total de gastos. Es necesario que estos egresos destinados a crear y garantizar el desarrollo inicial de una economía progresiva alcance por lo menos hasta concurrencia de la renta minera.

La única política económica sabia y salvadora que debemos practicar es la de transformar la renta minera en crédito agrícola, estimular la agricultura científica y moderna, importar sementales y pastos, repoblar los bosques, construir todas las represas y canalizaciones necesarias para regularizar la irrigación y el defectuoso régimen de las aguas, mecanizar e industrializar el campo, crear cooperativas para ciertos cultivos y pequeños propietarios para otros.

Ésta sería la verdadera acción de construcción nacional, el verdadero aprovechamiento de la riqueza patria, y tal debe ser el empeño de todos los venezolanos conscientes.

Si hubiéramos de proponer una divisa para nuestra política económica lanzaríamos la siguiente, que nos parece resumir dramáticamente esa necesidad de invertir la riqueza producida por el sistema destructivo de la mina, en crear riqueza agrícola reproductiva y progresiva: sembrar el petróleo.

ARTURO USLAR PIETRI,
Ahora, año 1, núm. 183, 14 de julio de 1936

En definitiva, la propuesta de El Serafy, es decir considerar el costo del usuario o la desinversión que la explotación del recurso agotable implica, es una recomendación muy pertinente (en México, Venezuela, Ecuador) para orientar cuál es el consumo prudente de los ingresos de la explotación petrolera, pero su planteamiento se basa en gran medida en categorías y conceptos económicos habituales. La corrección propuesta implica cambios del sistema de contabilidad nacional en el nivel del PIB, pero, de hecho, no representa ninguna solución "técnica" a la corrección de las Cuentas Nacionales, porque el valor de esa corrección dependerá de la estimación de las reservas (sujetas a dudas) y de expectativas acerca de las futuras tecnologías, así como de la tasa de interés o de descuento que se decida aplicar. Corregir la Contabilidad Nacional, según el criterio de El Serafy, aplicando una alta tasa de interés, que sólo existe a costa del despilfarro de recursos naturales en sacrificio de las generaciones futuras, sería muy incoherente.

La corrección de El Serafy, como la de Repetto, puede dar, además, la falsa la impresión de que las únicas economías no sostenibles son las de los países exportadores de recursos y no las de los países que los importan, ya que el valor añadido de un país que importase todos sus recursos naturales permanecería inalterado; y es que, en realidad, es cierto que, desde el punto de vista puramente mercantil, la economía importadora no tiene que preocuparse demasiado por el agotamiento de recursos en el país específico del cual está importando, porque de producirse, siempre puede acudir a otro proveedor. O, para ser más precisos, sólo tiene que preocuparse en la medida en que el agotamiento afecte significativamente a los precios mundiales. Ello no quiere decir que los países ricos dependan menos de los recursos naturales que los pobres: en realidad dependen más, porque utilizan más, pero no dependen de recursos locales sino que pueden acceder a los recursos de todo el planeta; no son "economías de ecosistema" sino "economías de biosfera". En el capítulo IX analizaremos más detenidamente el intercambio desigual entre países y la "deuda ecológica" que los países ricos han contraído con otros países a causa de emisiones excesivas (de CO_2, por ejemplo) o por el saqueo de recursos naturales.

La propuesta de descontar los gastos defensivos

Dado que los gastos defensivos son gastos monetarios, que tienen, pues, las mismas unidades que los agregados macroeconómicos, una propuesta sugerente parece la de restar los gastos defensivos. Aunque no todo esté incluido, parece que, como mínimo, así nos aproximaremos a una mejor medida del auténtico producto. Sin embargo, la cuestión es más difícil de lo que parece. Y no sólo por el problema ya señalado de establecer la línea divisoria entre lo que es defensivo y lo que no lo es, sino porque el nuevo PIB corregido no necesariamente será un mejor indicador de cómo evoluciona la situación ambiental.

Veamos dos sencillos ejemplos, en los cuales supondremos, para ponernos en el caso más favorable, que los gastos defensivos permiten, si se llevan a cabo, volver a una situación ambiental idéntica a la anterior.

El primer ejemplo se refiere a un país a lo largo del tiempo.

Periodo	Producción	Gastos defensivos	Producción menos gastos defensivos	Situación ambiental
1	100	0	100	Buena
2	110	0	110	Deteriorada
3	121	6	115	Buena

La macroeconomía convencional nos diría que el crecimiento económico ha sido cada año de 10%. El PIB "corregido" nos indicaría que en el primer año el crecimiento ha sido de 10% y en el segundo de cerca de 5%. Pero, en realidad, si las situaciones ambientales en 1 y 3 fuesen idénticas, lo único que podríamos decir es que la economía entre los periodos 1 y 3 ha crecido *en total* 15%. Asignar mayor crecimiento al periodo 2 que al 3 supondría "premiar" a los periodos en que no se producen gastos defensivos y se permite la degradación ambiental. Lo contrario de lo que desearíamos si nos planteamos que la medida de "éxito económico" sea sensible al deterioro ambiental.

El segundo ejemplo compara dos países diferentes para dos años determinados.

Periodo	Producción	Gastos defensivos	Producción menos gastos defensivos	Situación ambiental
País A				
1	100	0	100	Buena
2	110	0	110	Deteriorada
País B				
1	100	0	100	Buena
2	110	6	104	Buena

De nuevo vemos que es "injusto" que la corrección del PIB lleve a la conclusión de que el país A, que podría hacer frente a su deterioro ambiental con un gasto de 6 pero que no lo hace, crece más que el país B: 10% el primero y 4% el segundo. Lo único que los distingue es que el segundo dedica una mayor parte de la producción a hacer frente a problemas ambientales.

Saber si los gastos defensivos son grandes o no y cuál es su tendencia en términos de peso sobre el PIB es, desde luego, muy interesante. Ahora bien, si uno quiere tener una medida del PIB o PIN corregida de los "costes ambientales", tendríamos que restar no sólo los gastos defensivos, sino también los "costes ambientales" que se producen y no son compensados. Un problema de difícil solución ya que, al no existir mercados, los precios tienen que "inventarse".

En el capítulo IV de este libro se habla con extensión de los métodos de valoración monetaria. Aquí sólo señalamos que existen muy diferentes posibles enfoques para la corrección, es decir, para valorar la reducción de "capital natural" (con los problemas asociados a este concepto ya apuntados) que supone un medio ambiente deteriorado. ¿Cómo enfocar esta contabilización? ¿Qué sentido dar al concepto?

Hay al menos tres posibles enfoques. El primero, valorar la pérdida de capital como la pérdida de bienestar que comporta. Se trataría de convertir en un equivalente monetario el mal que se provoca a los ciudadanos. Ya discutiremos los problemas técnicos y morales de este enfoque. El segundo, valorarlo como "coste de reparación", es decir, como el coste monetario que supondría reparar el impacto una vez producido (en términos de gastos compensatorios que deberían llevarse a cabo: 6 unidades monetarias en los ejemplos utilizados). El tercero, como el "coste de evitarlo".

Por ejemplo, si una empresa contamina un río, podemos intentar calcular tres valores: el daño que ello supone para la sociedad; el coste que supone reparar el mal (por ejemplo, instalando una depuradora pagada por el municipio) o el coste que para la actividad de la empresa supondría evitar el mal (sea instalando una depuradora, cambiando sus métodos de producción o, incluso, dejando de producir).[18] El primer método es el defendido por la teoría económica tradicional pero lleva al problemático cálculo monetario de la pérdida de bienestar, ya apuntado. El segundo método ni siquiera es siempre aplicable: cuando se produce un daño irreversible, entonces el "coste de reparación" sería infinito. El tercer método es más general y, en teoría, siempre aplicable, pero comparte un importante problema con el anterior si de lo que se trata es de corregir el PIB para que sea sensible a la magnitud del impacto ambiental generado: el coste que supondría evitar un impacto puede ser muy pequeño (incluso, en casos extremos, "negativo": podría ser que un uso más eficiente de los recursos ahorrase dinero al tiempo que evitase determinados impactos), pero sus consecuencias enormes. Es más, podría ser que, debido a un mayor conocimiento técnico, se redujese el coste que *tendría* evitar un impacto de manera que el producto interior "Verde" aumentaría (al reducirse la partida que se resta) sin que se hubiese dado ningún paso efectivo para que la economía redujese su impacto. Adviértase lo que se está afirmando: corregir el producto interior según los costes de evitar determinados impactos no nos da siempre señales adecuadas de la magnitud y evolución de los impactos; ello no quiere decir que no sea fundamental para la política económica estimar dichos costes.

<hr />

[18] A. Aaheim y K. Nyborg, "On the interpretation and applicability of a Green National Product", *Review of Income and Wealth*, series 41, núm. 1 (1995).

La propuesta de Roefie Hueting

Hueting es autor de un interesante texto de economía ecológica publicado en 1980 en inglés,[19] y años antes en holandés; funcionario del servicio de estadística del Estado holandés y encargado de estadísticas ambientales por recomendación de Jan Tinbergen y pianista de *jazz* en un conocido grupo de Ámsterdam. Tras muchos años de batallar en el campo de las correcciones ambientales de la Contabilidad Nacional, pensó que la idea de "sustentabilidad" del Informe Brundtland proporcionaba un criterio operativo para corregir la Contabilidad Nacional. Su propuesta parte del convencimiento de que es imposible determinar el precio sombra, es decir, un precio contable que refleje el beneficio que proporcionan las funciones ambientales, y es un intento de salvar los problemas planteados en el apartado anterior, aunque algunos de dichos problemas permanecen y aparecen otros nuevos.

La idea de Hueting es la siguiente. El consenso sobre la "sustentabilidad" o el "desarrollo sostenible o sustentable" parecía proporcionar (o le parecía a Hueting que podría proporcionar) metas u objetivos concretos, en términos físicos, unos estándares ambientales y de conservación. El primer paso sería fijar dichos estándares y el segundo calcular los costes para llegar a ellos, ya sea mediante gastos defensivos hipotéticos o mediante reducciones de actividades. La diferencia entre el Ingreso Nacional convencional (descontados los costes defensivos efectivamente realizados) y el total de los costes así obtenidos nos daría una primera aproximación al Ingreso Nacional "sostenible". Primera aproximación, porque puede argumentarse que los recursos liberados, al reducir determinadas actividades, podrían destinarse a otras actividades menos dañinas ambientalmente, aunque si éstos tienen algún impacto debería de nuevo calcularse los costes ambientales adicionales y sólo esta aproximación dinámica hacia un Ingreso Nacional sostenible mediante la reconversión de actividades nos daría una medida adecuada del nivel sostenible. Hueting se conforma,

---

[19] R. Hueting, *New Scarcity and Economic Growth*, North Holland, Ámsterdam, 1980.

como primer objetivo, con intentar el primer cálculo estático de simple sustracción de los costes antes definidos.

Aparecen al menos tres tipos de dificultades. La primera, planteada claramente por él mismo, es que cuando tratamos de impactos irreversibles ya ocurridos (por ejemplo, pérdida de biodiversidad) no existe un coste —ni de medidas técnicas ni de reducción de actividades— que permita volver a la situación anterior (no se puede resucitar a las especies que desaparecen), con lo cual se tiene que asignar un "valor arbitrario" sobre el que "sólo una cosa se puede afirmar con certeza: el valor es mayor que cero".[20] La segunda dificultad es que, como se ha señalado, el coste mayor o menor de asumir un estándar ambiental tiene una relación lejana con el daño ambiental que provoca y, además, el cambio técnico puede alterarlo sin que se hagan pasos efectivos hacia una mayor sostenibilidad.

La tercera dificultad es concretar qué significa exactamente estándares "sostenibles". Pensemos, por ejemplo, en los nitritos en la capa freática en Holanda: ¿cuáles son los estándares de contaminación científicamente recomendables y políticamente tolerables? O, aún más problemático, ¿qué estándares de emisiones de dióxido de carbono son "sostenibles"? El objetivo de "sustentabilidad" parte de un dato de reducción de las emisiones (por ejemplo, reducirlas en 20%), pero dicho objetivo es en realidad un producto de un complejo proceso social de negociación cuyo estudio compete a la economía ecológica. Pero, además, ¿tiene sentido plantearlo en un marco nacional? ¿Es sostenible que Holanda rebaje sus emisiones en 20%? ¿O debería fijar el objetivo de 20% por debajo del valor actual de las emisiones medias mundiales per cápita? La noción de "sustentabilidad" o de "desarrollo sostenible" no proporciona directamente metas o límites al deterioro de las funciones o servicios ambientales a nivel nacional, y las normas ambientales se determinan a través de un proceso de diálogo científico-político marcado por la incertidumbre, la urgencia y los intereses opuestos.[21]

[20] R. Hueting, "Correcting National Income for Environmental Losses", en R. Costanza (ed.), *Ecological Economics*, Columbia University Press, Nueva York, 1991, p. 207.

[21] S. Funtowicz y J. Ravetz, *Epistemología política. Ciencia con la gente*, Centro Editor de América Latina, Buenos Aires, 1994.

El índice de bienestar económico sostenible
de Daly y Cobb

En su libro *For the Common Good*, inicialmente publicado en 1989,[22] Daly y Cobb propusieron —y calcularon para los Estados Unidos— un índice con el ambicioso objetivo de obtener una nueva magnitud macroeconómica que no sólo corrigiese los efectos ecológicos no considerados del consumo, sino que reflejase de forma más adecuada el bienestar social. El punto de partida del índice fue el consumo privado per cápita, corregido por un índice de desigualdad, al que se le sumaron una serie de partidas (como una estimación del valor del trabajo doméstico no remunerado o de los servicios reportados por los bienes de consumo duraderos) y se les resta otros (compras de bienes de consumo duradero, gastos defensivos, perjuicios de la degradación ambiental...).

El índice (conocido como ISEW, Index of Sustainable Economic Welfare) ha adquirido bastante popularidad entre economistas críticos y ha dado lugar, muchas veces con algunos cambios metodológicos, a estimaciones cuantitativas para otros países: Alemania, Gran Bretaña, Austria, Holanda, Suecia y también para Chile (véase el recuadro II.3). La conclusión general de los estudios llevados a cabo en momentos de crecimiento económico es que en todos los países ricos estudiados se habría llegado a una disociación entre aumento del PIB per cápita y aumento del ISEW per cápita. Mientras el primero tenía una tendencia creciente, el segundo había dejado de crecer a partir de determinado momento. El momento en que el ISEW ya no crece, según estos estudios, es diferente: en el caso de los Estados Unidos se situaría ya en los primeros años de la década de 1970 y en otros países a principios de la década de 1980; la intensidad del cambio de tendencia también sería muy diferente: en algunos casos, como Austria, sólo podría hablarse de estancamiento, mientras que en otros se produciría una caída clara del bienestar, siendo Gran Bretaña en la

---

[22] H. E. Daly y J. B. Cobb Jr., *op. cit.* Véase también C. Cobb y J. Cobb, *The Green National Product (A Proposed Index of Sustainable Economic Welafare)*, University Press of America, Nueva York, 1994.

II.3. *Un primer cálculo del índice de bienestar
económico sostenible para Chile*

Beatriz Castañeda calculó el ISEW para Chile. Después de la fuerte
crisis económica de 1982, el PIB chileno creció de forma espectacular multiplicándose por dos en sólo 12 años. La economía chilena
fue considerada un ejemplo de gran éxito económico. Sin embargo, las magnitudes convencionales esconden una serie de problemas. No sólo la desigualdad del ingreso no mejoró, sino que Chile
enfrentó problemas ambientales y de disminución de patrimonio
natural ligados especialmente al sector exportador. En 1994 la mitad de las exportaciones procedían de la explotación de recursos
naturales (forestal, minería y pesca). Los cálculos de esta autora
dan como resultado el siguiente contraste entre la evolución del
PIB per cápita y del ISEW per cápita:

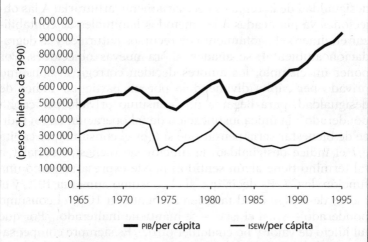

FUENTE: Beatriz E. Castañeda, *An Index of Sustainable Economic Welfare
(ISEW) for Chile*, University of Maryland, Institute for Ecological Economics,
1997.

década de 1980 el caso más dramático. El resultado, atractivo
para los críticos de la identificación entre progreso e incremento del PIB per cápita, ha llevado a hablar de la "hipótesis
del umbral" según la cual: "para toda sociedad parece existir
un periodo para el cual el crecimiento económico (tal como

convencionalmente se mide) lleva consigo una mejora en la calidad de vida, pero sólo hasta un momento —el momento del umbral— más allá del cual, si se da más crecimiento económico, la calidad de vida podría empezar a deteriorarse".[23] Hace mucho Daly acuñó el término "crecimiento antieconómico" *(uneconomic growth)* para referirse a esta situación y defender que existía una "escala óptima" de actividad económica frente a la idea dominante de "cuanto más, mejor".

Por sugerentes que resulten las conclusiones anteriores, el hecho es que un índice como el comentado (a veces llamado Índice de Progreso Genuino) tal vez tiene más desventajas que ventajas. Frente a la defensa pragmática de que el índice es sensible a cosas importantes para el bienestar actual y futuro, pero olvidadas por las magnitudes habituales, cabe responder que la forma de agregar consumo, degradación ambiental o desigualdad de la renta es necesariamente arbitraria. A las objeciones ya planteadas a los métodos habituales de contabilizar en dinero el agotamiento de recursos naturales y la degradación ambiental, se añaden ahora nuevas objeciones. Por poner un ejemplo, los autores deciden corregir el consumo privado per cápita dividiéndolo por un particular índice de desigualdad, para llegar a un "consumo privado per cápita ponderado"; la única justificación de tal operación en un índice de bienestar sería pensar que si C es el consumo per cápita e I el índice desigualdad, la función de bienestar social (¡si tal término tiene algún sentido!) puede expresarse como una función de C/I. Es decir, que si el consumo aumenta 10%, y el índice de desigualdad también aumentó en 10%, el consumo ponderado —y así el ISEW— se mantiene inalterado. ¿Por qué tal juicio de valor y no cualquier otro? ¿Es siempre compensable el aumento de desigualdad con un aumento del consumo per cápita suficientemente elevado? Intuimos que la respuesta de los autores sería negativa, pero el hecho es que el ISEW permite dichas compensaciones. Podría argumentarse a favor del ISEW que la discusión de las distintas correcciones al PIB se abre así a escrutinio público, huyendo del tecnocratismo del cálculo

---

[23] M. Max-Neef, "Economic Growth and Quality of Life: Threshold Hypotheses", *Ecological Economics*, vol. 15, núm. 2 (noviembre de 1995), pp. 115-118.

habitual del PIB, pero el problema de fondo es que algo tan complejo como el bienestar no puede, ni siquiera aproximadamente, medirse con un solo número. Puede pensarse que Daly y Cobb cayeron en "la falacia de la concreción injustificada" que ellos mismos convincentemente denunciaron en su libro.

CONSUMO PER CÁPITA Y BIENESTAR

Los intentos de medir en un único número algo tan subjetivo como el bienestar están, en nuestra opinión, destinados al fracaso. Pero en cualquier caso, lo que es un hecho cada vez más patente, y es una de las razones del desprestigio del PIB per cápita como aproximación al bienestar económico, es que el aumento del consumo de bienes y servicios, una vez superados ciertos niveles de renta, tiene muy poca relación con una mayor felicidad. Incluso la economía convencional habla cada vez más del concepto felicidad *(happiness)*[24] como algo claramente diferente del nivel de consumo. No es ningún descubrimiento porque muchos autores —pensemos en Mishan o Kapp o Hirsch... por no remitirse a clásicos como Stuart Mill— ya habían reflexionado sobre ello muchas décadas antes mientras la economía convencional elaboraba —y básicamente sigue elaborando— sus modelos haciendo depender la función de "utilidad" del nivel de consumo. Incluso Keynes en su artículo "Las posibilidades económicas de nuestros nietos" —publicado a raíz de una conferencia realizada en Madrid en 1930— pronosticaba (equivocándose estrepitosamente) que en el futuro de abundancia económica el consumo perdería cada vez más importancia a favor del cultivo de otras necesidades superiores a las que se dedicaría la mayor parte del tiempo (¡con jornadas de trabajo de tres horas o semanas de 15 horas!):

> Cuando la acumulación de riqueza ya no sea de gran importancia social, habrá grandes cambios en los códigos morales [...] El amor al dinero como posesión —a diferencia del amor al dinero

[24] R. Layard, *La felicidad. Lecciones de una nueva ciencia*, Taurus, Madrid, 2005.

como un medio para gozar de los placeres y realidades de la vida— será reconocido por lo que es, una morbosidad algo repugnante, una de esas propensiones semidelictivas, semipatológicas, que se ponen, encogiendo los hombros, en manos de los especialistas en enfermedades mentales.[25]

Las encuestas sobre el grado de felicidad que se realizan desde hace muchas décadas en muchos países ricos dieron lugar a un resultado que parece paradójico y que se ha conocido a veces como la paradoja de Easterlin: en un país determinado en un momento determinado del tiempo se encuentra generalmente una correlación positiva entre ingreso y felicidad pero en cambio cuando consideramos un país individual rico que está experimentando un aumento del ingreso per cápita generalmente no se encuentra un aumento del porcentaje de las personas que se consideran a sí mismas felices. A pesar de la prudencia con la que se han de tomar los resultados de encuestas cualitativas, el contraste entre la búsqueda del crecimiento de los niveles de consumo que se considera como algo claramente deseable y la falta de evidencia sobre los resultados efectivos en términos de mayor felicidad es patente. Sin duda las personas que no tienen acceso a un nivel básico de bienes y servicios necesarios para una subsistencia digna mejorarán radicalmente accediendo a más alimentos o a agua potable o a servicios médicos... pero una vez cubiertas las necesidades básicas no sólo puede ser que para el bienestar el mayor consumo sea algo secundario sino que la pulsión al aumento del consumo (para promover la cual se gastan cantidades inmensas de dinero en la industria publicitaria) refleje una angustia e insatisfacción permanentes. Un hecho es que, como ya se ha señalado, en las sociedades consumistas hay una tendencia a "satisfacer las necesidades no materiales con consumo material": cuando alguien compra un nuevo modelo de automóvil no sólo está comprando un instrumento para moverse sino que busca estatus y reconocimiento social.

Un fenómeno importante que debe destacarse es que en

---

[25] J. M. Keynes, "Las posibilidades económicas de nuestros nietos", en *Ensayos de persuasión*, Crítica, Barcelona,1988, pp. 330-331.

las sociedades ricas el consumo *relativo* respecto a los demás —o respecto a determinados grupos de referencia— es, superados determinados niveles de renta, aún más importante que el absoluto en la determinación del nivel subjetivo de satisfacción lo que podría explicar la paradoja de Easterlin y lo que se relacionaría con el concepto de Hirsch de consumo *posicional*.[26] En el lenguaje convencional diríamos que las utilidades son interdependientes ya que la utilidad individual tendría como variable no sólo el propio consumo sino el consumo de otros de forma que el aumento del consumo de unos genera "externalidades negativas" sobre los demás. Si tenemos en cuenta que las presiones consumistas —y la insatisfacción que genera no poderlas llevar a cabo— vienen de la comparación con los que tienen mayores niveles de consumo, podemos pensar que una sociedad con una distribución de la renta más *igualitaria* generaría probablemente menos presiones consumistas (tanto si pensamos en la distribución dentro de un país como entre diferentes países). Es lo contrario de lo que ha estado pasando en la mayoría de países; así ya hace años se pudo afirmar con razón que: "en los Estados Unidos la creciente desigualdad de la renta y riqueza de los últimos 20 años (y, añadamos, aún más en los que han seguido) ha provocado que la inmensa mayoría de americanos perdiese posicionalmente, incluso aunque su consumo continuase aumentando".[27]

Si dejamos el campo tan subjetivo de las sensaciones de mayor o menor felicidad y vamos a indicadores cuantificables tan importantes como la esperanza de vida media de un país, podemos observar algunos resultados remarcables. En primer lugar, *sí* se da una concentración clara de menores esperanzas

---

[26] De hecho el concepto de consumo posicional es utilizado por Hirsch para incluir no sólo este efecto directo del consumo de los otros en el bienestar individual sino otros efectos como el de congestión material (si pocos tienen automóvil el bien reporta mucha más satisfacción que si muchos van en automóvil y el tráfico se congestiona) o el hecho de que algunas cosas sólo se pueden comprar cuando uno es rico respecto a los otros (por ejemplo, bienes imposibles de reproducir o tener sirvientes a tiempo completo) o pierden valor cuando se generalizan (como el tener un título universitario para obtener un buen empleo).

[27] J. B. Schor, "What's wrong with consumer capitalism?: The joyless economy after twenty years", *Critical Review*, vol. 10, núm. 4 (1996), p. 503.

de vida en países con bajo ingreso per cápita[28] y mayores esperanzas de vida en países con ingresos medios y altos aunque para cualquier nivel de ingreso per cápita existen importantes diferencias entre países lo que apunta a que tan importante como el nivel de ingreso son otros factores (como el grado de desigualdad y la calidad y los criterios de acceso a servicios públicos básicos). En segundo lugar, lo que es especialmente relevante para nuestra discusión, se observa que a partir de un nivel de ingreso per cápita mucho más bajo que el actual de los países más ricos —que Jackson recientemente ha situado en unos 15 000 dólares (de 2005) per cápita—[29] la correlación entre esperanza de vida y nivel de ingreso ya no existe.

[28] En este tipo de análisis la renta o PIB per cápita debe medirse —para que sea comparable— en términos de "paridad de poder adquisitivo", es decir, los precios no deben traducirse a una misma moneda aplicando simplemente los tipos de cambio sino teniendo en cuenta los precios medios en los diferentes países.

[29] T. Jackson, *Prosperidad sin crecimiento. Economía para un planeta finito*, Icaria, Barcelona, 2011. Véase el capítulo x.

III. IMPACTOS AMBIENTALES
E INSTRUMENTOS DE POLÍTICA AMBIENTAL

Costes privados y costes sociales

Hace ya más de dos siglos, Adam Smith se refirió a las fuerzas de mercado como una "mano invisible" que regulaba las actividades económicas, de manera que la búsqueda del propio interés por parte de empresarios, trabajadores, consumidores... llevaría a un resultado social deseable. Gran parte de la teoría económica moderna consiste en una formalización de esta idea; así, los modelos de equilibrio general demuestran cómo, en determinadas condiciones, los mercados llevan a un resultado "eficiente".

No es éste el lugar para sistematizar las críticas a dichos modelos, pero sí nos interesa destacar uno de sus supuestos básicos: las decisiones de los agentes individuales sólo les afectan a ellos mismos. En otras palabras, costes y beneficios privados coinciden con costes y beneficios sociales. Cuando terceras personas, que no intervienen para nada en una transacción económica, resultan afectadas por las decisiones económicas individuales, podríamos referirnos al "codo invisible", para utilizar la comparación de Jacobs en su libro *The Green Economy:*[1] cuando uno se mueve para buscar sus intereses, da golpes a los otros en un movimiento del que, a veces, se puede ser muy consciente (como cuando una empresa es un claro foco de contaminación local), pero del que muchas veces se es inconsciente (como cuando la decisión de un individuo contribuye de forma mínima, casi imperceptible, a agravar un problema ecológico global).

La economía convencional hace tiempo que ha reconocido el problema de los efectos sociales de las decisiones económicas individuales. Un problema del cual los impactos ambien-

---

[1] M. Jacobs, *La economía verde*, Icaria, Barcelona, 1997 (ed. orig., 1991).

tales son un claro ejemplo, pero en absoluto el único. Alfred Marshall, a finales del siglo XIX, planteó el concepto de "economías externas" en referencia, sobre todo, a las posibles ventajas que una empresa obtiene de la actividad de otras empresas. Así, por ejemplo, la concentración de empresas dedicadas a una determinada rama de producción en un determinado espacio, resultaría en un abaratamiento de los costes de producción de las empresas individuales dado que se difundirían más las innovaciones técnicas, se localizarían más empresas proveedoras de servicios especializados... Lo anterior sería un ejemplo de "externalidad" positiva, mientras que los impactos ambientales negativos serían casos de externalidades negativas o de "deseconomías externas" (como podríamos citar muchos otros; así, si el consumo presuntuoso de un individuo produce envidia a otros individuos, estaríamos ante otro ejemplo de externalidad negativa).

El hecho de que costes privados y costes sociales no siempre coinciden está ya, pues, plenamente aceptado por la teoría económica. Las diferencias entre distintos enfoques son, sin embargo, importantes. La teoría económica se refiere generalmente a las externalidades como un fallo del mercado con lo que, implícitamente, y a veces explícitamente, se sugiere que el mercado por lo general funciona conduciendo a un resultado eficiente, aunque existen algunas excepciones. Por el contrario, en los capítulos anteriores hemos planteado que casi todas las decisiones económicas tienen implicaciones ambientales; no se trata, por tanto, de que en ciertos casos existan externalidades, sino que, más bien, las "externalidades" (si considerásemos tal término como el más apropiado) impregnan todo el sistema económico. Kapp indicó que las externalidades no son fallos del mercado sino más bien deplorables éxitos en transferir costes a otros.

En uno de los libros convencionales más rigurosos sobre el tema, se dice que para hablar de externalidades deben cumplirse dos condiciones. La primera, "que las relaciones de *utilidad* o *producción* de algún individuo (digamos del individuo A) incluyan variables reales (es decir, no monetarias), cuyos valores son elegidos por otros (personas, empresas, gobiernos), sin atención particular a los efectos sobre el bienestar de A"; la segunda, que "el agente decisor, cuya actividad afecta los niveles de utilidad de otros o entra en sus funciones de producción, no recibe (paga) en compensación por su actividad una cantidad igual en valor a los beneficios o costes (marginales) ocasionados a los otros".[2]

Fijémonos que, de manera muy sensata, al especificar que se refieren a variables no monetarias, los autores se centran sólo en influencias directas, no a través del sistema de precios, entre agentes económicos. Si mucha gente quiere comprar una vivienda en un determinado lugar, los precios subirán de forma que los comportamientos de unos agentes influirán sobre los otros sin que medie ninguna compensación; pero tales influencias no las consideraremos externalidades, sino interrelaciones que se manifiestan a través de los precios de mercado. (Los autores recuerdan, sin embargo, que la terminología de Jacob Viner consideraba a estas "seudoexternalidades" como un tipo de externalidades que llamaba *pecuniarias*.)

Advirtamos que la propia definición de "externalidad" de la teoría económica que acabamos de recordar está basada en un discutible subjetivismo en el caso de las externalidades que afectan directamente a los ciudadanos. Si tomamos en serio tal definición, tendríamos que concluir que la externalidad —es decir, la ineficiencia— se produce no cuando existe algún impacto ambiental, sino sólo cuando éste afecta a la función de beneficios de una empresa o cuando es *percibido* por las personas afectadas. Los impactos —o riesgos— ambientales que no importan a nadie, quizá porque los propios afectados no tienen conciencia de ellos, dejarían de considerarse como costes sociales. Así, deberíamos concluir que los costes presentes y futuros provocados por los CFC sólo existieron una vez que los científicos probaron sus efectos sobre la capa de ozono y cuando esta información llegó a la opinión pública. Mucho más acertado sería decir que el impacto ambiental y los costes sociales provocados por el uso de los CFC existían desde que empezaron a utilizarse, décadas antes de cualquier informa-

[2] W. J. Baumol y W. E. Oates, *The Theory of Environmental Policy*, Prentice-Hall, Nueva Jersey, 1975, pp. 17-18 [ed. en español: *La teoría de la política económica del medio ambiente*, Antoni Bosch editor, Barcelona, 1982].

ción sobre su relación con la capa de ozono, aunque dicho impacto no era aún percibido. En general, la introducción masiva de nuevas sustancias químicas sintéticas tiene un coste social claro, aunque su magnitud no sea claramente conocida o incluso totalmente ignorada. Pero para reconocerlo hemos de dejar el terreno de las preferencias y la utilidad para adentrarnos en conceptos como la necesidad de vivir en un entorno que no comporte un elevado riesgo para la salud.

Para finalizar este breve apartado sobre las externalidades, señalar dos aspectos. El primero es que la clasificación de una externalidad como positiva o como negativa depende del punto de partida. Podemos decir que un propietario que conserva un patrimonio natural en determinadas condiciones está proporcionando unos servicios ambientales o externalidades positivas a la sociedad (aunque una matización esencial es que los servicios no los proporciona el propietario sino los ecosistemas sobre los cuales tiene un derecho de propiedad) pero también podemos decir que si decide introducir determinados cambios o permite que el espacio se degrade está provocando una externalidad negativa. El mismo comportamiento podría inducir a pensar que se ha de premiar por hacer algo o que se ha de penalizar por no hacerlo.

El segundo aspecto es que los conceptos de externalidad y de bienes públicos (o colectivos) en el sentido de la teoría económica (sobre los que no hay "rivalidad en el consumo", es decir, que se pueden consumir al mismo tiempo por parte de todo un colectivo) están muy interrelacionados. Si alguien de forma individual y voluntariamente decide adquirir un bien público —por ejemplo, pagar por la limpieza de las calles o sacrificarse para preservar la calidad ambiental— lo que provoca son externalidades positivas sobre todos los beneficiarios y la lógica de las decisiones individuales lleva frecuentemente —aunque afortunadamente no siempre— a comparar costos y beneficios individuales ("privados") y a olvidarse de los "externos".

La negociación "coasiana": ¿es el propio mercado la solución?

Como hemos visto, se admite generalmente, incluso por los economistas que más admiran al mercado como mecanismo de asignación de recursos, que cuando existen impactos ambientales está justificada, en principio, la intervención estatal. En apartados siguientes veremos diferentes instrumentos de intervención, pero antes analizaremos con detalle otra posición, la de aquellos que han razonado en los siguientes términos: si —dicen— el problema ambiental es que no existe un mercado de "bienes ambientales", la solución será crear un mercado allá donde no existe. Esta posición tiene como punto de referencia básico el artículo *The Problem of Social Cost*, publicado en 1960 por R. H. Coase,[3] autor que ha escrito unos pocos artículos que han sido considerados lo suficientemente importantes como para merecer el Nobel de Economía que se le otorgó en 1991. En las páginas que siguen introducimos conceptos como "derechos de propiedad" sobre el medio ambiente y "costes de transacción", que son imprescindibles en un curso de economía ecológica.

Coase plantea diversos ejemplos de conflicto de intereses entre dos agentes económicos (algunos de ellos casos reales que provocaron demandas judiciales). Uno de ellos es el de un confitero que usa un instrumento de trabajo que produce ruidos y vibraciones que molestan al médico que tiene la consulta contigua a su taller. El argumento de Coase es que es inadecuado pensar en el confitero como el culpable que o bien ha de cesar de provocar molestias, o bien ha de compensar necesariamente al médico. Según él, el problema es recíproco, ya que las dos actividades —la del médico y la del confitero— son igualmente legítimas y, de la misma forma que obligar al médico a trasladar su consulta, o a insonorizarla, o a los pacientes a soportar los ruidos, o acudir a otro médico, comporta unos

---

[3] R. H. Coase, "El problema del coste social", en F. Aguilera y V. Alcántara (eds.), *De la economía ambiental a la economía ecológica*, 1994 (edición original del artículo, 1960).

costes, también tiene un coste —"coste de oportunidad" o beneficio que deja de percibirse por el confitero o por sus clientes— impedir al confitero utilizar una tecnología que reduce los costes de su actividad.

Preocupado por la "eficiencia económica" (en un sentido que en el capítulo siguiente definiremos con más precisión), Coase dice que para el economista lo importante es comparar el valor que se pierde al dejar de utilizar una tecnología con el que se pierde por las molestias que provoca. Su argumento es que si existiese un mercado en el que se pudiese intercambiar sin problemas, entonces el propio mercado —sin necesidad de intervenciones externas— llevaría al resultado eficiente. Si el coste para el médico (de trasladarse o soportar los ruidos) es de 30 y el coste adicional para el confitero de no utilizar el instrumento de trabajo es 50, entonces el mercado llevaría al resultado de que el confitero seguiría haciendo los ruidos en cuestión, y ello independientemente de cómo distribuyésemos los derechos iniciales sobre el medio ambiente, siempre que éstos estén definidos y que pueda negociarse con ellos. Si la ley fija que inicialmente el médico tiene derecho a no soportar los ruidos, el resultado del mercado sería que el confitero le pagaría una cantidad superior a 30 e inferior a 50 para que le permitiese utilizar la tecnología; ambos ganarían (sería, en el lenguaje de los economistas, una "mejora paretiana") y el médico se trasladaría, soportaría las molestias o insonorizaría sus paredes. Si inicialmente la ley da derecho al confitero a hacer lo que quiera, entonces el resultado sería similar, porque ni el médico tendría un incentivo suficiente para pagar más de 30 y evitar los ruidos, ni el confitero para aceptar menos de 50; resultado igual por lo que se refiere a la *asignación de recursos* (las técnicas utilizadas, nivel de ruidos y la localización de la consulta del médico serían las mismas), aunque por supuesto la primera situación sería, desde el punto de vista distributivo, más favorable al médico y la segunda al confitero.

Veamos un ejemplo más detallado —que no es de Coase— del argumento. Sea la empresa A que produce un bien a, cuyo precio estable es 80 unidades monetarias y cuyos costes monetarios están definidos por la función $C(a) = a^2$.

La situación es la siguiente:

Producción (unidades físicas)	Costes totales ($)	Costes marginales ($)	Ingresos totales ($)	Ingresos marginales ($)
0	0		0	
1	1	1	80	80
2	4	3	160	80
3	9	5	240	80
—	—	—	—	—
39	1521	77	3120	80
40	1600	79	3200	80
41	1681	81	3280	80

El coste marginal (o incremental o adicional) es el aumento del coste total al producir una unidad más.[4] Ingreso marginal es el aumento del ingreso total al producir y vender una unidad más; en este caso el ingreso marginal es igual al precio, ya que éste es estable. Si al vender más, la empresa se viera forzada a bajar el precio de venta, entonces el ingreso marginal estaría por debajo del precio. Aquí, para simplificar el ejemplo, suponemos un precio estable: un supuesto que se aproximará más a la realidad cuanto más pequeña sea la empresa respecto al tamaño del mercado y menos diferenciado sea el producto que vende, es decir, cuanto más nos aproximemos a las condiciones de lo que los manuales de economía llaman "competencia perfecta". Suponemos también que los costes marginales son crecientes, un supuesto habitual pero que es de hecho muy discutible: ahora no nos interesa, sin embargo, entrar en este tema.

Esa empresa A fabrica, por ejemplo, pasta de papel, y con ello contamina el agua. Pero esta "externalidad" no está incluida en sus costes. La empresa A tiene un derecho implícito o se

---

[4] Ésta es una aproximación. En realidad, por ejemplo, 79 no es el coste marginal para una producción ni igual a 40 ni igual a 39, sino para el cambio desde 39 a 40 unidades. Si el producto es totalmente divisible (como luego suponemos), matemáticamente se define el coste marginal como el valor de la derivada del coste respecto a la cantidad producida.

arroga el derecho a contaminar. Los costes de la empresa no incluyen, por tanto, todos los costes sociales.

Aguas abajo existe la empresa B, cuyo proceso de producción del producto b requiere agua limpia. Podría ser, por ejemplo, una empresa agrícola que usa agua para regar. El grado de "limpieza" que el agua debe tener depende mucho del uso al que se dedique. Supongamos que la empresa B necesita un agua algo más limpia que la que le llega de la empresa A, y que es la empresa B la que corre con los costes de descontaminación del agua. Así, una parte de los costes de la empresa B es resultado de la fabricación del producto a por la empresa A.

Supongamos que el producto b tiene un precio, también estable, de 100 unidades monetarias, y que la función de costes de la empresa B es $C(b) = b^2 + 30a$, con lo que indicamos que los costes de la empresa B dependen de su propia producción, pero también (ya que debe depurar el agua) de la producción de la empresa A.[5]

Aquí estamos midiendo el valor monetario de una externalidad por el coste de restauración o depuración o descontaminación. Suponemos que existe una tecnología aplicada por la empresa B que hace que el agua vuelva a su estado anterior al paso por la empresa A o, por lo menos, que la hace utilizable por la empresa B. Supongamos que la empresa A fuera una empresa maderera en la costa chilena, que exporta celulosa, contamina el agua y, simultáneamente, produce pérdidas de biodiversidad. Obviamente no existe tecnología que permita restaurar la pérdida de biodiversidad. La valoración monetaria de externalidades según el coste de restauración es aplicable solamente en el caso de externalidades *reversibles*. Hay distintos métodos para intentar dar valores crematísticos a las externalidades que el mercado no valora. Uno de ellos es, precisamente, averiguar el coste de restauración del perjuicio causado o el coste del reemplazo del recurso natural agotado. Pero ese método no es aplicable si el mal es irreversible. En el ejemplo del agua contaminada por la empresa A suponemos

---

[5] Para muchas situaciones es más realista suponer que los costes externos que la empresa A provoca sobre la empresa B dependen no sólo del nivel de actividad de la empresa A sino también del nivel de actividad de la empresa B. Ello complicaría ligeramente el ejemplo, pero sin variar el argumento.

que el agua puede volver a un estado de calidad suficiente para los propósitos de la empresa *B*, y *no* valoramos la contaminación del agua que aún permanezca.

El razonamiento de Coase, y éste es precisamente uno de los atractivos que tiene para muchos economistas, se aplica, sin embargo, a situaciones en las que no hace falta que nadie decida "políticamente" el valor del impacto ambiental (o "técnicamente", si se piensa que ello es posible). Es el propio afectado, empresa o consumidor, el que da valor al impacto al aceptar uno u otro precio. En el ejemplo que aquí consideramos, la empresa *B* tiene un coste monetario de descontaminación que es objetivamente igual a 30*a*. No se preocupa de si el agua tiene aún algún residuo nocivo después de esta descontaminación, que sólo alcanza el grado necesario para los propósitos de *B*. Consideremos ahora cuáles son las cantidades producidas por ambas empresas, por separado, que maximizan sus ganancias o beneficios. Sabemos que estas cantidades son aquellas para las que se igualan los ingresos marginales (aquí, iguales a los respectivos precios) y los costes marginales *privados* (sin contar, en la empresa *A*, el perjuicio que causa). Así,

la empresa *A*
maximiza $80a - a^2$,
es decir, $80 - 2a = 0$;
por tanto, $a = 40$.

la empresa *B*
maximiza $100b - (b^2 + 30a)$,
es decir, $100 - 2b = 0$;
por tanto, $b = 50$.

Así, si $a = 40$, y si $b = 50$, entonces

Empresa	Costes	Ingresos	Ganancias
Empresa *A*	1 600	3 200	1 600
Empresa *B*	3 700	5 000	1 300
TOTAL	5 300	8 200	2 900

Los costes de descontaminación no son tenidos en cuenta por la empresa *A* y para *B* son costes inevitables. Ahora bien, si ambas empresas se fusionaran, la despreocupación ecológica de la cual la empresa A hacía gala en lo que concierne a la contaminación del agua, no tendría sentido, ya que descontaminar el agua implica ahora costes (iguales a $30a$) para la nueva empresa que realiza una producción conjunta de a y b. La nueva empresa internaliza las externalidades dentro de sus costes, y su programa de maximización de ganancias es:

$$\text{maximizar } 80a - a^2 + 100b - b^2 - 30a.$$

La producción de a bajaría ahora hasta $a = 25$, ya que ahí los costes marginales sociales o totales (los propios de la fábrica A más el coste de descontaminación del agua para la fábrica B, es decir, $2a + 30$) son iguales a 80 y coinciden con el precio de a. El nivel de contaminación sería menor (al bajar la producción de a) y las ganancias totales *serían mayores*.

Producto	Producción	Costes totales	Ingresos totales	Ganancias
a	25		2 000	
b	50		5 000	
TOTAL	75	3 875	7 000	3 125

Así pues, al fusionarse ambas empresas, aumenta la eficiencia de la situación.[6] Ahora bien, supongamos que *no* se fusionan, pero los derechos de propiedad o títulos jurídicos sobre el ambiente (en este ejemplo, sobre el agua) están claramente establecidos. Supongamos que está establecido que "el contaminador ha de compensar", es decir, no se contamina impunemente o, dicho de otro modo, supongamos que la empresa A no tiene un derecho implícito a contaminar sin más. Enton-

---

[6] Precisamente como ya se había indicado en el capítulo I, Coase es también conocido por su artículo "The Nature of the Firm" (*Econometrica*, 1937), en el que considera a las empresas como islas de planificación dentro de las economías de mercado y en el que discute en qué condiciones la organización planificada implica menos costes que los de transacción ligados al intercambio mercantil.

ces, la empresa B aceptará que el agua esté contaminada en la medida que la empresa A le pague la descontaminación. Si la producción de a es inferior a 25 unidades, A puede fácilmente compensar a B. Por ejemplo, al pasar de a = 20 a a = 21, la ganancia marginal de A es de 39 unidades monetarias y el coste marginal para B es solamente de 30 unidades monetarias, y ello es verdad mientras la producción sea inferior a 25. Así, *la negociación llevaría a una internalización de la externalidad*. El mismo resultado se conseguiría con otra atribución de títulos jurídicos sobre el ambiente. Supongamos que la empresa A tuviera derecho a contaminar por ser propietaria del curso de agua. Si la producción de a es, por ejemplo, de 30 unidades, la empresa B pagará para que se reduzca la producción de a y, por tanto, la contaminación, hasta el nivel a = 25.

Examinemos gráficamente la producción de a. Las dos gráficas (gráficas III.1 y III.2) nos proporcionan la misma información, comparando en un caso costes e ingresos marginales y viendo, directamente, en el otro, los beneficios o ganancias marginales.

Supongamos que la situación inicial es a = 40. Al reducir la producción de a = 40 a a = 25, la empresa A pierde una ganancia medible por el área C pero la empresa B se ahorra un coste igual a $D \oplus C$. Es decir, la empresa B puede compensar a la empresa A por su menor ganancia, y salir aún ganando, si bien no podemos determinar con precisión cuál será la compensación (aunque ha de ser un valor comprendido entre C y $C \oplus D$). Si se negociase cualquier producción diferente a 25, podría hacerse una nueva negociación que llevase a un mejor resultado para ambas empresas. Si partiésemos de una situación inicial de a = 0 (no contaminación, lo que en este ejemplo equivale a no producción de a), entonces la empresa A debería pagar a la empresa B para que le dejase producir, con lo que los mejores beneficios totales se darían de nuevo cuando a = 25 y el pago sería ahora un valor indeterminado, pero comprendido entre B y $A \oplus B$. Los cuadros III.1 y III.2 resumen los diferentes casos.

El resultado al que hemos llegado es que, en cualquier caso, se realiza la misma producción (en el ejemplo a = 25) y contaminación. La empresa A tiene en cuenta todos los costes

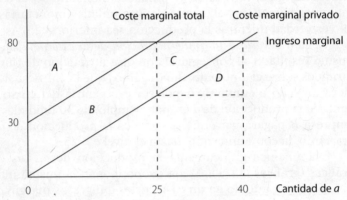

GRÁFICA III.1. *Costes e ingresos marginales en la negociación coasiana*

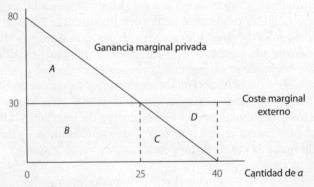

GRÁFICA III.2. *Ganancias marginales en la negociación coasiana*

CUADRO III.1. *Las ventajas de la negociación coasiana cuando la empresa* A *tiene derecho inicial a contaminar*

a) Situación inicial

Empresa	Costes	Ingresos	Compensaciones entre empresas	Beneficios
A	−1 600	+3 200	—	1 600
B	−3 700	+5 000	—	1 300

b) Situación final si se negocia eficientemente

Empresa	Costes	Ingresos	Compensaciones entre empresas	Beneficios
A	− 625	+2 000	$+X$	$1\,375 + X$
B	−3 250	+5 000	$−X$	$1\,750 − X$

en donde $225 < X < 450$.

CUADRO III.2. *Las ventajas de la negociación coasiana cuando la empresa* A *no tiene derecho inicial a contaminar*

a) Situación inicial

Empresa	Costes	Ingresos	Compensaciones entre empresas	Beneficios
A	0	0	—	0
B	−2 500	+5 000	—	2 500

b) Situación final si se negocia eficientemente

Empresa	Costes	Ingresos	Compensaciones entre empresas	Beneficios
A	− 625	+2 000	$−Y$	$1\,375 − Y$
B	−3 250	+5 000	$+Y$	$1\,750 + Y$

en donde $750 < Y < 1\,375$.

de su decisión. Este resultado se glorifica a veces con el nombre de "teorema de Coase", nombre que no se inventó Coase sino el economista George Joseph Stigler, y se acostumbra a formular más o menos así: "en ausencia de costes de transacción, el resultado económico, por lo que se refiere a la asignación de recursos, es siempre el mismo (y eficiente), con independencia de cómo se distribuyan los derechos iniciales, siempre que éstos estén claramente definidos".

Es importante advertir varias cosas. En primer lugar, que todo acuerdo conlleva costes de negociar, redactar un contrato, asegurar su cumplimiento... que a veces son muy altos, de manera que la situación inicial se mantiene, por muchas posibilidades teóricas de negociación mutuamente beneficiosas que existan. Coase mismo —más que algunos de sus seguidores— lo advertía enfáticamente refiriéndose a los *costes de transacción*, y él mismo ha recordado que su argumentación

> no implica que cuando los costes de transacción son positivos, las actividades gubernamentales (tales como intervenciones gubernamentales, la regulación o los impuestos, incluidos los subsidios) no produzcan mejores resultados que el basarse en negociaciones entre individuos a través del mercado. Mi conclusión: estudiemos el mundo de costes de transacción positivos.[7]

Antes de demostrar la falsedad del teorema —al menos en su formulación anterior—, es importante darse cuenta de las implicaciones de apuntarse a la solución de mercado. En el mercado sólo cuentan las demandas solventes. El precio que alguien está dispuesto a pagar —y también a recibir— depende siempre de cuál es su poder adquisitivo. Así, el mercado llevaría (como ya lleva allí donde existe) a que los pobres padeciesen mayores impactos ambientales que los ricos. El hecho no es, desde luego, nuevo; los trabajadores asalariados, a diferencia de los esclavos, tienen "derecho de propiedad" sobre su cuerpo y son formalmente libres de no trabajar en un ambiente insalubre pero, desde siempre, las empresas mineras han "produ-

---

[7] R. H. Coase, "La estructura institucional de la producción", en R. H. Coase, *La empresa, el mercado y la ley*, Alianza, 1994, p. 213.

cido" no sólo mineral, sino también silicosis que afecta a los trabajadores, lo que éstos han "aceptado" porque se ven forzados a vender barata su salud.

Pero, además, se puede demostrar que la anterior formulación del teorema de Coase es falsa. Al menos por dos motivos. El primero es que cuando una persona se ve afectada por las acciones de otra, la "disposición a pagar" (o, en términos técnicos, la *variación equivalente* del ingreso) para evitar la molestia, no coincide con la "disposición a aceptar una compensación" (la *variación compensadora* del ingreso) para soportarla. Si a una persona se le pregunta cuánto dinero pagaría para evitar que se construya una presa hidroeléctrica que inundará su casa, o se le pregunta, en cambio, cuánto aceptaría para dar su aprobación al proyecto, es posible que la persona no acepte la primera pregunta y responda que tiene un "derecho" por el que no tiene que pagar; suponiendo que acepte las preguntas y responda con cantidades concretas, es obvio que la primera, limitada por el nivel de riqueza de la persona, tenderá a ser más pequeña —y, en casos como el del ejemplo, mucho más pequeña. En términos formales, y expresándolo en lenguaje neoclásico, si un individuo soporta un impacto I (por ejemplo, ruidos) y dispone de un nivel de ingreso r, su utilidad es función de ambas variables. Si nos preguntamos por la cantidad que como máximo pagaría para evitar el impacto y pasar a una situación sin impacto N, nos estamos preguntando por la variación equivalente VE, tal que:

$$U(r, I) = U(r - VE, N).$$

Si, en cambio, la situación inicial es N y se trata de pagar una cantidad mínima compensatoria, nos estamos preguntando por la VC tal que:

$$U(r, N) = U(r + VC, I).$$

Según la teoría neoclásica, es normal que VE sea algo menor a VC, dado que hay un "efecto ingreso" o "efecto renta", debido a que en la situación segunda el individuo parte de una peor posición.[8] Vale la pena advertir que las diferencias entre

[8] El único caso teórico en que el efecto ingreso no afectaría, según la teoría

ambas magnitudes se han mostrado en experimentos económicos mucho más grandes de lo esperado. La previsión no
cumplida sería que los valores estarían muy próximos, excepto cuando I representase una pérdida muy grande de bienestar
para el individuo. Lo que falla es el supuesto habitual de racionalidad, según el cuál los individuos darán siempre las mismas valoraciones a las mismas combinaciones de bienes sin
importar cual sea el punto de partida de referencia.[9]

La conclusión es que la delimitación de derechos iniciales
sí importa para la asignación final de recursos. Si una empresa valora en C provocar un impacto y $VE < C < VC$, entonces
siempre se mantendrá el *statu quo* inicial: según la perspectiva
neoclásica, en este supuesto cualquiera de las dos situaciones
iniciales sería eficiente, puesto que no se puede mejorar a gusto de todos. Por tanto, no es sólo la existencia de costes de
transacción lo que conduciría a la conclusión de que con mucha probabilidad se mantendrá dicho *statu quo*.[10] Si en vez de
ciudadanos hablamos de empresas afectadas, la distribución
inicial de derechos también es crucial: si la empresa maderera
paga por contaminar, quizá se instalará en otro sitio o venderá
más caro, reduciendo su nivel de actividad (o incluso tendrá
que cerrar), pero si incluso recibe dinero para reducir su contaminación, quizá se instalarán aún más empresas.

Hay una objeción adicional al teorema de Coase aún más
relevante. En su artículo, Coase tiene la precaución de referir-

neoclásica, sería cuando las preferencias respecto al bien fueran "cuasilinea-
les", es decir, cuando la cantidad a pagar por el bien fuera la misma con independencia del nivel de ingreso. Algunos autores neoclásicos concientes del
problema han formulado una versión "débil" del teorema de Coase según la
cual lo único que puede asegurarse es que el resultado sería eficiente (pero no
necesariamente el mismo cuando varían los derechos de propiedad) en ausencia de costes de transacción.

[9] Véase D. Kahneman y A. Tversky, "Prospect Theory: An Analysis of Deci-
sions Under Risk", *Econometrica*, vol. 47, núm. 2 (1979), pp. 263-291.

[10] En el ejemplo nos hemos referido a un impacto "indivisible": se da o no
se da. Si pensamos en cantidad de impacto (por ejemplo, de ruido) como algo
divisible sobre lo que se puede negociar, el resultado es que el nivel de impacto (incluso con negociación eficiente) depende de cuál es la distribución inicial de derechos. Véase E. J. Mishan, "The Postwar Literature on Externalities: An
Interpretative Essay", *Journal of Economic Literature*, vol. XI, núm. 1 (1971).

se sobre todo a casos en que únicamente hay dos agentes económicos afectados (por ejemplo, uno que hace ruidos y otro que los soporta) y en los cuales la negociación es, en principio, viable. Incluso en estos casos la viabilidad no supone que efectivamente se produzca la negociación. Se trata de una situación que los economistas califican de "monopolio bilateral", en la cual, como es bien sabido, la negociación puede bloquearse si los dos agentes no se ponen acuerdo en los términos precisos del contrato: hay muchas posibles compensaciones que benefician a los dos, pero según su cuantía más se beneficiará uno u otro. No sólo existe el interés común de negociar, sino también un conflicto de intereses sobre los términos de la negociación. En el mundo real, en el que la información es asimétrica, las negociaciones son aún más complicadas: así, a la empresa A del ejemplo le podría ser muy fácil reducir la contaminación, pero simular que sólo si se le paga una compensación muy grande le interesa reducir la contaminación. (¡Incluso una empresa podría contaminar con el solo propósito de chantajear a los afectados!)

Pero cuando los afectados son una colectividad, cuando el ruido es un "mal público" (o la tranquilidad un "bien público"), no es que quizá el mercado no funcione, sino que simplemente *no puede funcionar* adecuadamente, de la misma forma que no puede esperarse que el mercado, sin que nadie intervenga para recaudar impuestos y financiar los gastos, y sin que exista ningún proceso político de coordinación y decisión, lleve a un nivel óptimo de limpieza de las calles de una ciudad. Esto es fácil de entender: si una empresa tiene que renunciar a 10 000 de beneficios para evitar una contaminación que afecta a 1 000 personas, por unos daños que cada una valora en 1 000, no es de esperar que ninguna persona individualmente pague a la empresa para que no contamine, aunque los daños totales (1 000 000) son mucho mayores que los beneficios adicionales que la empresa obtiene por contaminar.[11]

[11] Para "salvar" el teorema de Coase de algunas de sus críticas, diríamos que cualquier obstáculo a la negociación, sean los del monopolio bilateral o los del bien público, están incluidos en el término "existencia de costes de transacción". No compartimos esta interpretación, pero vale la pena señalar: *1)* en cualquier caso dicha interpretación no afectaría a lo que realmente nos intere-

En los casos en que puede imaginarse una negociación viable, es probable que la negociación se lleve a cabo teniendo en cuenta intereses muy parciales y a expensas de los intereses de los no representados en la negociación. Baumol y Oates dan un ejemplo relevante:

> En las cercanías de Göteborg, en Suecia, se construyó una planta de automóviles cerca de una refinería de petróleo. El fabricante de automóviles se encontró con que, cuando se refinaba petróleo de inferior calidad y el viento soplaba en dirección a la planta de automóviles, se producía un considerable aumento de la corrosión en sus existencias de metal y en la pintura de los vehículos recientemente terminados. La negociación entre estas dos partes *se produjo*. Se llegó al acuerdo de realizar las actividades corrosivas solamente cuando el viento soplase en dirección contraria, *hacia el gran número de habitantes de las inmediaciones que, naturalmente, no tomaron parte en la negociación* [subrayado en el original].[12]

Si pensamos en la mayor parte de los problemas ambientales relevantes, veremos que afectan a una colectividad e incluso, a veces, a toda la humanidad y a las generaciones futuras (y, además, ¿tendríamos que tener en cuenta no sólo a las personas sino también las necesidades de otras especies?). La conclusión de este apartado es, por tanto, que en general el mercado *no da solución por sí solo* a los problemas ambientales, por muy bien delimitados que estén los derechos de propiedad. Este concepto de "derechos de propiedad" sobre el ambiente (derechos que pueden existir *de facto*) es de gran importancia. La insuficiencia del mercado es una conclusión destacable —y que justifica la extensión con que hemos analizado el planteamiento "coasiano" o lo que normalmente se entiende como tal—, sobre todo dado que la creciente preocupación por los pro-

sa, es decir, la relevancia práctica de la solución de mercado; *2)* el teorema, tal como normalmente se formula, aún sería falso, porque el resultado eficiente dependería de la distribución inicial de derechos en presencia de efectos "ingreso" o "renta".

[12] W. J. Baumol y W. E. Oates, *op. cit.*, p. 11 nota 10.

blemas ecológicos a partir de la década de 1970 coincidió contradictoriamente con el ascenso de la ideología económica neoliberal.

PAGOS POR SERVICIOS AMBIENTALES

Un término que se ha popularizado en los últimos años es el de los *pagos por servicios ambientales*.[13] Con este término pueden designarse diferentes instrumentos económicos muy diferentes bajo la idea general de que una forma de promover la conservación ambiental es pagar una remuneración a aquellos que gestionan los recursos de los que son propietarios (o a los que tradicionalmente los han gestionado sin que exista una propiedad formal) de manera que proporcionen determinados servicios ambientales. Adviértase que la idea de pagar por proporcionar servicios ambientales implica una determinada fijación de derechos de propiedad y una alternativa sería considerar los recursos como propiedad pública o permitir la propiedad o gestión privada (o comunal) con determinadas restricciones fijadas públicamente.

Algunos tipos de pagos por servicios ambientales podrían venir directamente de las administraciones públicas y serían muy similares a las subvenciones o subsidios condicionados a cumplir determinadas condiciones de gestión. Otras veces podrían provenir de fundaciones o incluso empresas preocupadas por mantener su imagen corporativa. A veces los pagos se han planteado en el terreno internacional como en el caso del Yasuní (véase posteriormente el capítulo IX) en el que el gobierno ecuatoriano planteó una iniciativa de conservación condicionada a que se cree un fondo internacional que compensase parte del coste de oportunidad monetario sacrificado por el país al renunciar a una explotación de reservas petroleras.

Pero en algunos casos el planteamiento de los pagos ambientales *se parece* a una solución como la planteada por Coase y es a estos casos a los que nos referiremos seguidamente. Su-

---

[13] R. Muradian *et al.*, "Reconciling theory and practice: An alternative conceptual framework for understanding payments for environmental services", *Ecological Economics*, vol. 69, núm 6 (abril de 2010), pp. 1202-1208.

pongamos unos *usuarios* externos de servicios ambientales proporcionados por unos recursos naturales cuyos gestores tienen alternativas de usos más rentables, es decir, *asumen un coste* cuando mantienen dichos servicios (el coste sería la diferencia entre los beneficios de la alternativa más rentable —es decir, el coste de oportunidad— y los beneficios privados, positivos o negativos, de mantener los servicios). La idea teórica es que cuando los beneficios que obtienen los *usuarios* externos de los servicios ambientales es superior al coste asumido por los gestores puede haber una solución que mejore a ambos lados: si los gestores se comprometen contractualmente a conservar los servicios ambientales a cambio de un pago por parte de los usuarios ambas partes mejorarán siempre que el pago sea un valor intermedio entre el beneficios de los usuarios y el coste asumido por los gestores. En el lenguaje económico podríamos decir que se daría una mejora paretiana. La figura III.1 plantea la situación para el caso en que se plantee la disyuntiva entre conservación forestal y conversión a superficie de pasto.

La negociación puede funcionar en principio cuando tanto los proveedores como los usuarios de los servicios son "pequeños números" porque sino la negociación sería inviable. Si los beneficios de la conservación son el mantenimiento de la biodiversidad o los servicios de regulación climática que benefician a toda la humanidad, no se puede esperar que los beneficiados negocien o sólo se puede esperar que una parte muy pequeña de los intereses sociales quede recogida en la negociación (por ejemplo, una empresa que quiera obtener patentes de la conservación de la biodiversidad pero ello es una parte muy parcial de los beneficios y, además, comporta "mercantilizar" los beneficios ambientales) o que alguien pague en nombre de los intereses públicos pero esto último ya tiene poco que ver con la idea de la negociación coasiana.

Ahora bien, como decíamos, algunos casos sí tienen mucho que ver con la idea de Coase. Por ejemplo, en el municipio de Pimanpiro (Ecuador) en el año 2000 empezó una experiencia de pago por servicios hídricos según el cual los usuarios de agua "cuenca abajo" pagan a propietarios forestales una cantidad por hectárea bajo el compromiso de que se lleve a cabo

FIGURA III.1. *La lógica de los pagos por servicios ambientales*

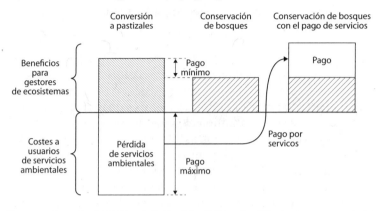

FUENTE: adaptado de S. Engel, S. Pagiola, S. Wunder, "Designing payments for environmental services in theory and practice: An overview of the issues", *Ecological Economics*, vol. 65, núm. 4 (mayo de 2008), p. 665.

una determinada gestión de su propiedad que se supone (por lo que se paga en realidad no es por los servicios ambientales sino por los servicios que, de forma justificada o no, se espera obtener de un determinado contrato de gestión) se obtendrán en forma de mayor cantidad y cualidad de agua disponible.[14] Los usuarios de agua —unas 1 350 familias— pagan un extra en su factura de agua para asegurar los pagos a un "fondo de protección de recursos hídricos". Este caso se asemeja a la negociación coasiana en la medida en que las familias lo acepten voluntariamente pero incluso aquí "el mercado" no surge de forma espontánea, sino que para el acuerdo y la aplicación del programa se necesitó lógicamente la intervención de instituciones como una organización no gubernamental que hizo de intermediaria y el ayuntamiento que asegura el pago obligatorio de la cuota extra en la tarifa del agua evitando así los conocidos problemas de la financiación de bienes que son públicos, es decir, que benefician a quien paga y a quien no paga. En otros lugares también ha habido experiencias de pagos por parte de

[14] S. Wunder y M. Albán, "Decentralized payments for environmental services: The cases of Pimampiro and PROFAFOR in Ecuador", *Ecological Economics*, vol. 65, núm. 4 (mayo de 2008), pp. 685-698.

una compañía de aguas a propietarios de tierras en la cuenca hidrográfica de la que se abastecen para asegurarse mayor cantidad y/o calidad de las aguas.

LOS IMPUESTOS SOBRE LA CONTAMINACIÓN

En un apartado anterior vimos un ejemplo de impacto ambiental: una empresa A contamina el agua que otra empresa, aguas abajo —y quizás muchas otras personas—, necesita. En los supuestos restrictivos del ejemplo la negociación coasiana, si funcionase, conduciría a que la producción de A —y con ella la contaminación— se redujese desde $a = 40$ hasta $a = 25$. Una solución alternativa para reducir la contaminación es aprobar un impuesto sobre la contaminación. Es decir, aplicar el principio "el contaminador paga". Es lo que a veces se conoce como "impuesto pigouviano" (del nombre de Pigou, economista de Cambridge que sugirió esta solución en la década de 1920).[15]

Es importante entender que un impuesto sobre la contaminación —o sobre cualquier otro impacto ambiental— se puede plantear desde visiones del mundo muy diferentes. Se puede pensar que la función del impuesto es que la empresa tenga en cuenta el valor monetario exacto de sus impactos ambientales, y ésta era de hecho la filosofía de Pigou y la de los manuales de economía ambiental, como el de Pearce y Turner,[16] que dedica un capítulo a definir "el nivel óptimo de contaminación"; aunque incluso los defensores del concepto aceptan, generalmente, que en la práctica no se dispone de suficiente información como para determinar dicho nivel y que hay que contentarse con fijar objetivos que parezcan razonables. Por otra parte, se puede pensar que el propio concepto "contaminación óptima" es normalmente engañoso porque no hay forma satisfactoria (ni siquiera en el plano teórico) de definir el valor monetario de muchos impactos ambientales; como señala Azar, "nuestro

[15] En *The Economics of Welfare*, 1920. Puede verse la selección de páginas incluida en F. Aguilera y V. Alcántara (eds.), *De la economía ambiental a la economía ecológica*, Fuhem/Icaria, Barcelona, 1994.

[16] D. W. Pearce y R. Kerry Turner, *Economía de los recursos naturales y del medio ambiente*, Celeste, Madrid, 1995 (edición original, 1990).

vocabulario económico, por ejemplo el concepto de optimalidad, evoca una visión del mundo inspirada en Platón, según la cual *existe* —en un sentido ontológico— la mejor elección a adoptar, y una mayor investigación revelará cuál es esta elección. Esto tiende a fomentar la percepción de neutralidad de valores".[17]

Si no se acepta la idea de optimalidad, los impuestos no son más que un posible instrumento —que en algunos casos presenta ventajas— para conseguir objetivos ambientales fijados "políticamente". Así, las normas ambientales se fijan desde fuera de la economía, y lo que discutimos son los instrumentos para ajustar la economía a tales normas. Dentro de este enfoque cabe hablar de "costo-eficiencia", es decir, ¿cuál es la manera más barata de conseguir que la norma ambiental se cumpla?

Empecemos por este segundo —y, en general, más razonable— enfoque. Si la empresa *A* del ejemplo del apartado anterior se ve obligada a pagar un impuesto *t* por unidad producida, el impuesto actuará como un coste más, de forma que los costes totales de la empresa serán:

$$a^2 + ta \text{ y sus nuevos costes marginales: } 2a + t$$

Si seguimos suponiendo que el precio es 80, y que la empresa maximiza beneficios, decidirá producir una cantidad tal que

$$80 = 2a + t, \text{ es decir, } a = (80 - t)/2$$

Según el nivel de *t* tendremos una u otra solución. Si *t* es 30, la solución es precisamente $a = 25$. Si el impuesto es mayor y $t = 40$, tendremos $a = 20$; si es $t = 20$, $a = 30$, y si $t = 80$, el impuesto es prohibitivo para la empresa y ha de cesar su actividad. Diferentes impuestos conducen a distintos niveles de producción de *a* y, por tanto, de contaminación, como queda reflejado en la gráfica III.3, en la que el coste marginal incluye el impuesto por unidad de contaminación.

---

[17] C. Azar, "Are Optimal CO_2 Emissions Really Optimal?", *Environmental and Resource Economics*, vol. 11 (1998), p. 301.

GRÁFICA III.3. *Coste marginal con impuesto*
por unidad de contaminación

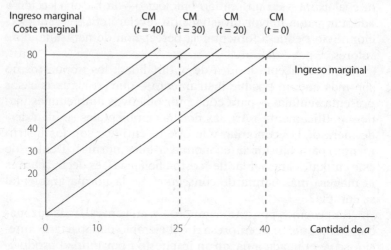

Desde el planteamiento de la "contaminación óptima", se diría que *si sabemos* que la contaminación ligada a la producción de cada unidad de la empresa *A* tiene un efecto ambiental reversible que se puede reparar y volver a una situación *exactamente igual* a la anterior con un coste de 30 por unidad producida, sería negativo hacer pagar a la empresa una cantidad superior a 30. La objeción es en principio sensata y, desde luego, lo razonable es que exista alguna relación entre la cantidad que se ha de pagar por un determinado impacto y la magnitud del daño que genera, pero en la mayoría de las situaciones somos incapaces de dar valores monetarios a *todos* los efectos ambientales, muchas veces futuros, irreversibles e inciertos (pensemos, por ejemplo, que nos planteásemos valorar monetariamente los perjuicios derivados de generar un kilogramo de plutonio como residuo de una central nuclear).

Ahora bien, si tuviésemos una medida monetaria exacta de los costes externos, la regla de la economía ambiental neoclásica sería la siguiente: sumar a la función de costes marginales privados la función de costes marginales "externos" en forma de impuesto, a fin de obtener la curva de costes marginales totales que se espera que la empresa igualará al ingreso marginal percibido al vender su producto. Los costes externos se convertirían, así, en privados, se internalizarían y, con ello, desaparecería la ineficiencia. En nuestro ejemplo, el coste marginal "externo" es constante e igual a 30, es decir, cada unidad más de *a* implica un coste extra de descontaminación (para la empresa *B*) de 30 unidades, de manera que el impuesto "óptimo" sería 30. Nótense, sin embargo, los *efectos distributivos* distintos de una internalización de la externalidad lograda mediante soluciones coasianas (según los títulos jurídicos sobre el ambiente —el agua, en este caso— sean de la empresa *A* o de la empresa *B*) o mediante esta solución fiscal.

No hay razón para suponer, en general, costes externos marginales constantes. Tal vez, al producir la empresa *A* más y más pasta de papel, hay un efecto acumulativo sobre la contaminación del agua y el coste marginal de descontaminación crece. O, por el contrario, resulta relativamente fácil descontaminar una gran cantidad de agua y, en cambio, resulta muy caro eliminar la contaminación inicial porque exige una inversión importante, lo que nos daría un coste marginal de descontaminación decreciente. En el caso I, el impuesto óptimo, de cuantía *AB*, es inferior al coste marginal inicial de la externalidad (*CD*); en el caso II pasa lo contrario (gráfica III.4). Para determinar el impuesto "óptimo" no sólo se tendría que superar la difícil —y cuestionable— tarea de poner precio a los impactos ambientales, sino que también se tendría que conocer cuál es en su conjunto la curva de costes marginales de la externalidad (y no sólo los costes marginales de la situación inicial).

Vale la pena destacar los límites del análisis anterior centrado en la *empresa individual*. El análisis "marginalista" ha tendido a centrar su atención en los ajustes que se producen ante pequeños cambios cuando todo lo demás se mantiene constante. Uno puede preguntarse cómo una empresa individual que vende en un mercado competitivo[18] se adapta a un impuesto "pigouviano", haciendo abstracción de que dicha empresa for-

---

[18] Si el mercado no es de competencia perfecta, la conclusión convencional es que un impuesto igual al coste de la externalidad *podría* incluso empeorar la situación. Así, si un monopolio está produciendo "demasiado poco" para mantener elevados los precios, el impuesto podría inducirle a producir menos y *quizás* alejarse más de la situación "óptima".

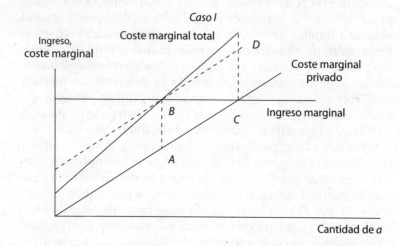

GRÁFICA III.4. *Impuesto óptimo de cuantía diferente*
al coste marginal inicial de la externalidad

Caso I

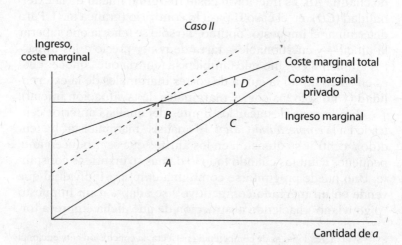

Caso II

ma parte de una realidad más amplia y de que el propio impuesto podría hacerla desaparecer;[19] sin embargo, o bien el impuesto afecta a una única empresa (o a unas pocas empresas) del sector, en cuyo caso el análisis convencional llevaría a prever su desaparición, o bien afecta al conjunto (o a la mayoría) de ellas, en cuyo caso la rentabilidad del sector disminuirá, saldrán empresas del sector y el precio se incrementará. Pasamos, por tanto, del plano de la empresa individual al del sector: del "equilibrio" de la empresa al del mercado, que aún es un análisis de equilibrio sólo "parcial" porque cuando uno cambia los datos de un mercado en realidad afecta también a lo que pasa a otros mercados, de manera que los efectos últimos de un impuesto requerirían un análisis de "equilibrio general". Añadiremos, aunque no es el lugar para profundizar en esta importante cuestión, que si uno abandona (en general) el artificial supuesto de costes marginales privados de producción crecientes, la producción de equilibrio de la empresa individual competitiva es indeterminado, y es aún más claro que lo importante es cómo se grava al sector económico, ya que ello afecta al precio tendencial de "equilibrio" (en el sentido de los economistas "clásicos").

LAS MEDIDAS CONTRA LA CONTAMINACIÓN
Y LOS COSTES DE REDUCIR LOS IMPACTOS AMBIENTALES

Supongamos una central térmica que produce energía eléctrica y, a la vez, dióxido de azufre (SO_2). Si no existieran posibili-

---

[19] Pero aun en este caso las complicaciones llegan a ser muy grandes cuando se complican las funciones relevantes. Pensemos en el caso de una función de coste de la contaminación discontinua; por ejemplo, que cuando la contaminación que produce una empresa aumenta mucho, entonces la principal familia o empresa afectada decide trasladarse a otro lugar, de manera que el daño de la contaminación adicional será nulo o disminuirá abruptamente. En casos como éste, que en teoría económica se conocen bajo el término de situaciones de "no convexidad", la igualdad entre precio y coste marginal total no asegura que estemos en la mejor solución posible, ya que sólo podemos asegurar que se trata de un "óptimo local". Véase, por ejemplo, P. Burrows, "Nonconvexities and the Theory of External Costs", en D. W. Bromley (ed.), *The Handbook of Environmental Economics*, Basil Blackwell, Oxford, 1995.

dades técnicas de producir electricidad con menos emisiones de SO_2, sólo se reduciría la producción de dicho gas disminuyendo la generación de electricidad. Pero tal vez esa central térmica pueda reducir un tanto (o incluso totalmente) la producción de SO_2 instalando filtros o *scrubbers*,[20] utilizando el combustible más eficientemente o cambiándolo (pasando de lignito a antracita o a gas). En general, la alternativa no es, afortunadamente, tan drástica como suponíamos en el ejemplo de los apartados anteriores, en el cual sólo cabía reducir la contaminación dejando de producir una cierta cantidad de producto.

Las empresas tienen una gama de opciones técnicas que permiten reducir o incluso eliminar las emisiones de un determinado contaminante (aunque a veces reducir un tipo de contaminación aumenta la de otro tipo y, por tanto, la política ambiental se ha de plantear de forma global para evitar efectos contraproducentes). En este sentido pensamos en dos tipos de posibles efectos de un impuesto sobre la contaminación (o, en general, de cualquier política anticontaminación): cambiar los *niveles de producción* (reducir la producción eléctrica en este caso) y con ella la contaminación asociada, o cambiar las *técnicas productivas* estimulando tecnologías más "limpias", y así reducir la cantidad de emisión por unidad producida (por kwh de electricidad en este caso). Para ello es necesario que se grave directamente la contaminación (o algo directamente ligado a la contaminación) y no la producción. Si se quieren penalizar las emisiones de SO_2, y se grava la electricidad sin distinguir cómo se ha obtenido, el mecanismo no será eficiente; ni siquiera lo será gravar indiscriminadamente el uso de carbón, porque hay posibilidades importantes de reducir las emisiones. Si se quieren gravar, en cambio, las emisiones de CO_2, tampoco sería adecuado, por supuesto, gravar según los kwh producidos, pero sí será adecuado gravar el uso de carbón, petróleo y

---

[20] Un ejemplo fue el de la central térmica de carbón de Andorra, en la provincia española de Teruel. Los efectos de sus emisiones de azufre sobre los bosques de la zona provocaron un proceso judicial por delito ecológico. Como resultado final la empresa se comprometió a una inversión en desulfuración unos 150 millones de euros que reducirán las emisiones en 95% (*Cinco días*, 15 de octubre de 1998).

gas natural en proporción a su contenido en carbono, ya que en este caso sí existe una relación directa entre cantidades utilizadas y emisiones de CO_2. Por tanto, aunque no siempre es viable —o es muy costoso— medir directamente las emisiones, en general ha de existir el máximo vínculo posible entre la base imponible y la contaminación efectiva.

Ahora introduciremos un concepto frecuentemente utilizado en economía ambiental: el coste de reducir o mitigar *(abatement cost)* la contaminación o, en general, un determinado impacto ambiental. El concepto es más complicado de lo que parece.

Si, como supondremos en un ejemplo de un apartado posterior, las empresas se limitasen simplemente a producir exactamente lo mismo y de la misma forma, pero introduciendo medidas "de final de tubería" para reducir la emisión de un determinado contaminante, el concepto tiene un significado claro en principio: el coste monetario (dadas las posibilidades tecnológicas) de implantar dichas medidas. Sin embargo, la complejidad del concepto es evidente cuando salimos de un ejemplo tan sencillo y, además, queremos referirnos no al coste monetario que a la empresa le supone adoptar dichas medidas, sino al coste social (eligiendo, se supone, la mejor opción posible) que representará reducir la contaminación.[21]

En primer lugar, y como insistiremos en otro momento (capítulo v de este volumen), no es descartable que si la forma de reducir la contaminación consiste en medidas de uso más eficiente de los recursos o de reaprovechamiento o comercialización de residuos, la reducción de la contaminación no sea costosa sino que incluso reporte un beneficio monetario, situación hipotética en la cual es obvio que dicha reducción es socialmente conveniente, por lo que se trataría de crear las condiciones para que se aprovecharan las oportunidades de reducción. O, al menos, podría ser que lo que a corto plazo aumente los costes empresariales, a la larga los reduzca; en este sentido se ha pensado a veces que invertir en soluciones a los problemas de

[21] Véase C. L. Spash, "Environmental management without environmental valuation?", en J. Foster (ed.), *Valuing Nature?*, Routledge, Londres/Nueva York, 1997.

contaminación sería una fuente de mejora tecnológica aplicable también a otros campos.

En segundo lugar, si para reducir la contaminación hay que aminorar la producción o determinadas actividades, será muy difícil determinar el coste monetario social de dicha reducción. Si se trata de que determinada empresa reduzca la producción o incluso desaparezca, y existen otras empresas que venden un producto igual al mismo precio (sin generar los mismos problemas de contaminación), no está claro si la medida tendrá para la sociedad, finalmente, un coste positivo a *largo plazo*, aunque los costes temporales para determinados grupos (los propietarios de la empresa o los trabajadores o incluso los habitantes de una determinada localidad o región) pueden ser muy importantes. El impacto social será, por supuesto, muy diferente si los trabajadores desplazados encuentran más o menos rápido otro empleo o si permanecen desempleados.

En tercer lugar, si efectivamente se reduce la producción global de un bien, los costes sociales de dicha reducción tampoco son fáciles de medir: los economistas aludirían al concepto *excedente del consumidor* para referirse a la pérdida producida para los consumidores. De esta manera, si debido a la política ambiental el cambio de precio de un bien es de P_1 a P_2, la pérdida para los consumidores sería la suma del aumento de costes (equivalente al área B) más el área A de la gráfica III.5. Por tanto, solamente podríamos valorar la pérdida introduciendo análisis referentes a la elasticidad de la demanda.[22] Sin embargo, además, cuando introducimos medidas de pérdida de bienestar, las complejidades aumentan, porque toda medida monetaria de excedente del consumidor está mediatizada por la distribución de la renta, de manera que lo único que cuenta son las demandas solventes. Por otro lado, si consideramos las preferencias como algo dinámico, los interrogantes aumentan: si para reducir un determinado impacto, por ejemplo, se requiere cambiar el hábito mayoritario de desplazamiento del hogar al trabajo promoviendo el transporte público en detrimento del privado, ¿podemos me-

---

[22] Véase B. C. Field, *Economía ambiental*, McGraw Hill, 1995, pp. 201-202.

GRÁFICA III.5. *Pérdida para los consumidores debido*
a un aumento de precios

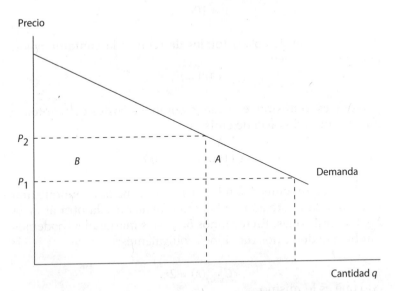

dir en dinero el supuesto sacrificio que ello finalmente supondrá para los ciudadanos? ¿No es posible que el bienestar acabe aumentando y que lo que se percibía (quizás ayudado por la campaña de los intereses económicos perjudicados por el cambio) como un sacrificio se acabe experimentando como un beneficio?

A pesar de todas las complicaciones, nos referiremos a las funciones que relacionan niveles de emisión o de reducción de las emisiones con el coste que comporta alcanzar dichos niveles. La forma de estas funciones de costes dependerá de cada caso concreto. El supuesto simplificador habitual, sin embargo, es que son continuas y cuanto más se reducen las emisiones de un determinado contaminante, el coste aumenta más que proporcionalmente: disminuir un poco la contaminación no resulta muy caro, pero disminuirla mucho es relativamente más caro. Veamos un ejemplo: supongamos un contaminante cuya emisión en determinada área sea e unidades y su nivel inicial sea 100.

Si la reducción de la contaminación es r, entonces

$$r = 100 - e.$$

La función de costes totales de reducir la contaminación puede ser, por ejemplo,

$$C(r) = r^2,$$

o lo que es lo mismo, expresado como los costes de mantener un determinado nivel de emisiones,

$$F(e) = C(100 - e) = (100 - e)^2.$$

Las dos funciones dan la misma información, aunque una referida a la reducción de la contaminación y la otra al nivel final de emisiones. En términos de costes marginales, podemos también deducir dos funciones equivalentes:

$$C_{marg}(r) = 2r,$$

o lo que es lo mismo,

$$F_{marg}(e) = C_{marg}(100 - e) = -2(100 - e) = -200 + 2e.$$

Los costes marginales son crecientes (en el segundo caso en valor absoluto) a medida que disminuye la contaminación. No siempre será éste el caso, pero corresponde a la idea de una dificultad cada vez mayor para reducir la contaminación. En la gráfica III.6 se representan estas funciones. La cuarta representa la función marginal en valores absolutos porque el coste marginal positivo corresponde a tener menores —y no mayores— niveles de contaminación.

IMPUESTOS ECOLÓGICOS O AMBIENTALES: PRECISIONES CONCEPTUALES Y EJEMPLOS PRÁCTICOS

Con el término impuestos "ecológicos, ambientales o verdes" nos referimos a los que generan un *incentivo* para un cambio

GRÁFICA III.6. *Diferentes representaciones del coste total y marginal de reducir la contaminación*

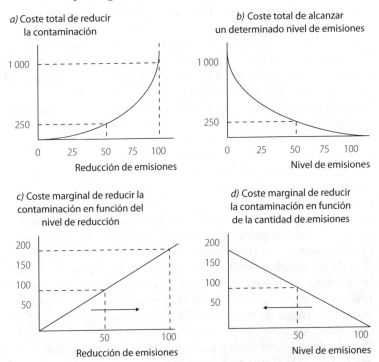

a) Coste total de reducir la contaminación

b) Coste total de alcanzar un determinado nivel de emisiones

c) Coste marginal de reducir la contaminación en función del nivel de reducción

d) Coste marginal de reducir la contaminación en función de la cantidad de emisiones

NOTA: las gráficas representan la misma hipótesis sobre la función de costes de descontaminar y son, pues, equivalentes. La función será creciente o decreciente dependiendo de las unidades medidas en el eje de abscisas: unidades de reducción de la contaminación o bien unidades de contaminación. En el caso de la gráfica *d)* el coste marginal sería, en realidad, negativo: hemos considerado su valor absoluto.

de comportamiento en un sentido determinado por la política ambiental. Por supuesto, también es posible que el gasto gubernamental tenga efectos positivos desde el punto de vista ambiental (aunque muchas veces sucede lo contrario: el dinero público se destina a infraestructuras y políticas que acrecientan y fomentan la degradación ambiental). Si las administraciones públicas gastan dinero en depurar las aguas o en subvencionar energías "limpias" o en informar a la población sobre cómo realizar una separación selectiva de los residuos;

todo ello requiere dinero y puede venir de tasas o cánones específicos sobre las empresas o ciudadanos (aunque también de impuestos municipales o estatales generales). Es importante, sin embargo, distinguir entre los tributos que por su diseño concreto tienen un carácter incentivador (para los cuales reservamos en este libro el término "ecológicos o ambientales") y aquellos que sólo tienen (se les dé el nombre que se les dé) efectos recaudadores. La frontera no es, sin embargo, clara. Además, desde el punto de vista ambiental lo importante no es la finalidad con la que un impuesto se creó sino sus efectos objetivos. Así, los importantes impuestos especiales europeos sobre los carburantes de automoción se crearon básicamente con la finalidad de recaudar dinero pero es indudable que su efecto objetivo es desincentivar el uso del automóvil (si, como pasa en los Estados Unidos no existiesen estos impuestos especiales el uso del transporte privado aún sería mucho mayor).

Es frecuente que las autoridades municipales cobren a las familias impuestos directamente destinados a financiar la gestión de los residuos municipales. Si tales gastos no existiesen, la situación ambiental sería peor; sin embargo, cuando la base imponible no se relaciona con el comportamiento contaminador o generador de más o menos residuos —o con las facilidades para reciclar—, entonces no existe el efecto incentivador. Por poner un ejemplo, en el área metropolitana de Barcelona existe una "tasa ambiental metropolitana de gestión de residuos municipales" que se cobra por el peculiar sistema de fijar una cantidad por metro cúbico de agua consumida; la razón que se alega es que existe "una relación, comprobada estadísticamente, entre el consumo de agua y la cantidad de residuos que se generan". Es interesante analizar este argumento. Sin duda, debe existir dicha relación estadística (sobre todo porque ambos factores dependen mucho del número de personas que habitan la vivienda, del tiempo que permanecen en casa y, seguramente, también de la renta per cápita), pero que exista o no es irrelevante si de lo que se trata es de incentivar la reducción de los residuos porque el precio del agua se ve incrementado en idéntica cuantía se generen más o menos residuos (otra cosa, que obviamente no es el objetivo de esta tasa, es que así se incentiva indirectamente la reducción en el consumo de agua).

Los impuestos ecológicos tienen, en principio, una finalidad no recaudatoria; es más, establecido un tipo impositivo, diremos que cuanto mejor funcionen darán lugar a una reducción de la base imponible porque más se reducirá el comportamiento gravado. Para cumplir su finalidad específica se requiere una relación importante entre contaminar más o menos y pagar más o menos. Lo que luego se haga con el dinero es secundario para la discusión que aquí nos interesa. Pueden pasar a formar parte de los presupuestos públicos generales y gastarse en cualquier política pública o pueden gastarse en política ambiental. En el plano abstracto la mejor alternativa parecería la primera (¿por qué ligar el gasto ambiental a determinados tributos y no dejarlo "libre"?), aunque en términos prácticos se ha de reconocer que, por un lado, algunos tributos finalistas[23] pueden verse más legitimados socialmente y, por otro, que determinados gastos ambientales a veces serán políticamente difíciles de garantizar sin partidas de ingresos directamente destinadas a ellos.

La relación importante entre el factor de presión ambiental que queremos desincentivar y el pago realizado no siempre requiere, sin embargo, que la base imponible sea directamente la cantidad de sustancias emitidas a la atmósfera o vertidas a las aguas o los residuos sólidos generados. A veces es suficiente gravar un bien determinado cuyo uso por las empresas o consumidores sabemos que contribuirá a generar problemas ambientales. Así, se puede gravar diferencialmente la gasolina con plomo (en caso de estar permitido) o sin plomo, sin necesidad de medir las emisiones de plomo de los tubos de escape de los vehículos, o se pueden poner impuestos sobre el uso de combustibles fósiles si queremos gravar las emisiones de CO_2 porque sabemos que existe una relación inevitable entre quemar un determinado combustible y las emisiones de carbono generadas (la propuesta de un impuesto ecológico —ecotax— sobre los combustibles fósiles para reducir las emisiones de carbono es una de las más conocidas y volveremos a ella). Muchos otros productos pueden gravarse por motivos ambienta-

---

[23] Aquí utilizamos impuestos en sentido amplio (identificándolos con tributos). Sin embargo, cuando los tributos son finalistas es frecuente utilizar otros términos, como tasas o cánones.

les de forma razonable: determinados fertilizantes químicos, envases de un solo uso, bolsas de plástico desechables...

Aunque la implantación de impuestos ecológicos es muy lenta y la aplicación práctica va muy por detrás de la discusión teórica, existen algunos casos de aplicación exitosa. A continuación explicaremos tres ejemplos de experiencias que ya a mitad de la década de 1990 se consideraban particularmente exitosas.[24] Se refieren a impuestos sobre emisiones o vertidos (y no sobre mercancías, que son mucho más fáciles de aplicar). El origen y características de los tres son suficientemente diferentes como para que valga la pena detenerse en ellos. Los ejemplos son, a pesar de su importancia, tributos que representan poca magnitud total (incluso nula en el segundo caso) en relación con el conjunto de ingresos públicos; ello no es una crítica, en la medida en que, como se ha insistido antes, el objetivo de los impuestos ecológicos no es recaudar dinero sino cambiar comportamientos.

El impuesto sobre emisiones de SO_2 en Suecia:
un impuesto incentivador que genera ingresos no finalistas

En Suecia existe, desde 1991, un impuesto que tiene por objetivo gravar las emisiones de SO_2, uno de los causantes de los problemas de lluvia ácida y cuyas emisiones importantes tienen la particularidad de estar muy focalizadas (especialmente en centrales térmicas de carbón). En realidad, el impuesto grava indirectamente las emisiones a través del contenido de azufre de los combustibles utilizados; dada la posibilidad de deducciones en función de las medidas adoptadas para reducir las emisiones, el impuesto es efectivo no sólo estimulando cambios entre fuentes de energía sino también fomentando

---

[24] Revisiones de experiencias de tributación ecológica se encuentran en European Environment Agency, *Environmental Taxes*, EEA, Copenhague, 1996 (ed. en español: Agencia Europea de Medio Ambiente, *La aplicación y la efectividad de los impuestos ambientales*, Instituto Catalán de Tecnología, Barcelona, 1997), y R. Gale, S. Barg y A. Gilles (eds.), *Green Budget Reform*, Earthscan, 1995. Para el caso específico de la contaminación atmosférica, véase D. Cansier y R. Krumm, "Air pollutant taxation: an empirical survey", *Ecological Economics*, vol. 23, núm. 1 (octubre de 1997), pp. 59-70.

gastos para reducir las emisiones de azufre a la atmósfera generadas en la combustión.

Los pequeños consumidores de combustible pagan el impuesto cuando adquieren el combustible (carbón o derivados del petróleo) y la carga fiscal depende del contenido en azufre del combustible. Los grandes consumidores han de pagar el impuesto directamente; en este caso han de declarar las cantidades de los diferentes combustibles que han utilizado y, en función de ello, pagar el impuesto, aunque pueden beneficiarse de deducciones según las medidas de reducción de emisiones que hayan adoptado y que serán comprobadas por los inspectores.

Así, una empresa i que utiliza los combustibles $(b_{1i} \dots b_{ni})$ cuyo contenido de azufre es $(s_1 \dots s_n)$ tendrá que pagar una cantidad igual a

$$T_i = t(s_1 b_{1i} + \dots + s_n b_{ni}) - q_i$$

donde t es la tasa por unidad (por ejemplo, por kilogramo) de azufre; s_j es el contenido de azufre de cada tipo de combustible; b_{ji} la cantidad utilizada de cada uno por la empresa i y q_i la cantidad de reducción de emisión que declara. La mayoría de las grandes empresas tiene sistemas de reducción de emisiones que les hacen bajar mucho la carga fiscal.

Los ingresos, en el caso de Suecia, no están condicionados, no son finalistas, sino que van a formar parte de los ingresos generales del Estado (de hecho, éste y otros impuestos ecológicos se implantaron en el contexto de una reforma fiscal que disminuyó los impuestos sobre la renta).

El "impuesto retornable" sobre las emisiones de NO_x en Suecia: un sistema de bonificación-penalización[25]

A diferencia de las emisiones de dióxido de azufre, en general bastante focalizadas en pocos puntos principales de emisión,

---

[25] Este caso es especialmente interesante. Utilizamos el término "impuesto" aunque a menudo se ha utilizado el término "carga" para referirse a él. En realidad es un impuesto que prácticamente no recauda dinero y más bien puede describirse como sistema de bonificación-penalización (algunas empresas reciben dinero mientras que otras lo pagan) dependiendo de las emi-

las de óxidos de nitrógeno son principalmente atribuidas al transporte rodado y, por tanto, la responsabilidad es mucho más difusa. En Suecia este impuesto (uno de los pocos países que lo tiene) funciona desde 1992 y se aplica solamente a los grandes centros de emisión. Inicialmente afectó a unas 180 plantas de producción en las que se obtiene energía a partir de la combustión; centrales térmicas sobre todo, pero también centros de otros sectores, como plantas químicas, papeleras e incineradoras de residuos. El sistema fue anunciado en 1990 para que las empresas adoptasen medidas antes de su introducción, lo que ya resultó en una disminución de casi 35% de las emisiones entre 1990 y 1992. Posteriormente el impuesto se extendió hasta afectar a unas 400 plantas. Este impuesto tiene una particularidad destacable: su neutralidad fiscal, no ya en el sentido de que con él se reducen otros impuestos sino en el de que todo el dinero recaudado vuelve a las propias empresas afectadas, de manera que en conjunto no pagan nada, aunque se produce una redistribución entre ellas. Hay "neutralidad fiscal" global, pero la contribución neta de las más contaminantes es positiva y la de las menos, negativa (reciben dinero). Veámoslo con más detalle.

Sean n empresas afectadas por el sistema que producen x_i unidades de energía. El pago inicial de impuesto por parte de la empresa i será:

$$te_i$$

donde t es la tasa impositiva en, por ejemplo, euros por tonelada de NO_x, y e_i las emisiones de la empresa. ¿Cómo se estima e_i? En el caso de los óxidos de nitrógeno la relación entre combustible utilizado y emisiones es más compleja que en el caso del SO_2, ya que depende de múltiples factores, como la temperatura de combustión. Se ofrecen dos posibilidades: instalar sistemas directos de medida o, en caso contrario, pagar suponiendo que las emisiones por unidad de energía son una cantidad fijada a un nivel muy superior a las emisiones unitarias promedio. Así se incentiva la instalación de sistemas de medida.

siones de cada empresa. Véase T. Sterner y L. Höglund Isaksson, "Refunded emission payments theory, distribution of costs, and Swedish experience of NO_x abatement", *Ecological Economics*, vol. 57, núm. 1 (abril de 2006), pp. 93-106.

El conjunto de los ingresos se redistribuye entre las empresas, según la participación de cada una en la energía total producida, es decir,

$$a_i = \frac{x_i}{x_i + \dots + x_n} = \frac{x_i}{X}$$

En consecuencia, el "impuesto neto" será

$$T_i = te_i - a_i(t(e_1 + \dots + e_n)) = t(e_i - a_i(e_1 + \dots + e_n)) = t(e_i - x_i(E/X)),$$

donde E y X son las emisiones totales y la energía total obtenida, respectivamente.

Fijémonos en que T_i será positivo, nulo o negativo, dependiendo únicamente de que las emisiones unitarias gravadas, e_i/x_i, sean superiores, iguales o inferiores a las emisiones unitarias medias E/X. Existe, por tanto, el incentivo individual para reducir las emisiones (con la condición, desde luego, de que las empresas no se coliguen para no reducir la contaminación).

Puede argumentarse que desde el punto de vista de reducir la contaminación el efecto es algo inferior al impuesto convencional dado que con el impuesto convencional los precios de los sectores contaminadores suben más. Pero también es cierto que sin los retornos a las empresas el elevado nivel de la penalización por unidad de contaminación quizás hubiese sido políticamente inviable.

La tasa sobre vertidos industriales contaminantes a las aguas de Holanda: un tributo incentivador creado con finalidades recaudadoras

En la mayoría de los países europeos las empresas y los consumidores de agua pagan desde hace décadas tributos finalistas (normalmente llamados "tasas"), destinados a recaudar dinero para financiar gastos públicos relacionados con el ciclo del agua y, en particular, los sistemas de depuración de las aguas.

Aunque, tal como hemos insistido, la finalidad de recaudación no es suficiente para hablar con propiedad de impuesto ecológico, el diseño y cuantía del tributo pueden convertirlo en tal y en muchos lugares se ha optado por aplicar el principio "quien más contamina, más paga".

Un ejemplo en este sentido es el de Holanda, cuyo gravamen sobre la contaminación de las aguas fue introducido en 1970. La finalidad era esencialmente recaudadora. En palabras de dos expertos, "la característica distintiva del sistema holandés es que su uso como instrumento regulador ha sido *accidental*",[26] pero lo importante es que en la práctica tuvo efectos importantísimos sobre la contaminación.

Inicialmente el tributo afectaba a las sustancias orgánicas según su demanda de oxígeno; la unidad sobre la que se basaba el impuesto era el "habitante equivalente" (HE), es decir, la cantidad de vertidos promedio per cápita de las unidades domésticas. Las familias y las empresas muy pequeñas (las que no superan los 5 HE) pagan una cuota fija según las unidades HE supuestas; las compañías intermedias (de menos de 1 000 HE) pagan una cuota según coeficientes establecidos en función de diversas variables (producción, materias primas utilizadas, número de trabajadores...), pero pueden optar por invertir en sistemas de medición que les permitan pagar según los vertidos efectivos. Esta última opción, la medida directa de los vertidos, es la que forzosamente han de adoptar las empresas mayores (de más de 1 000 HE). En 1986, en la mayoría de las áreas la tasa se extendió también a las emisiones de metales pesados. Según un informe, las emisiones de sustancias consumidoras de oxígeno de la industria manufacturera se redujeron, entre 1975 y 1990, a casi la tercera parte de la cantidad inicial; las reducciones de los vertidos de metales pesados (como cadmio, cinc o cromo) habrían experimentado disminuciones aún mayores.[27]

---

[26] H. T. A. Bressers y J. Schuddeboom, "A Survey of Effluent Charges and Other Economic Instruments in Dutch Environmental Policy en OECD", *Applying Economic Environmental Policies in OECD and Dynamic Non-Member Economies*, OECD/OCDE, París, 1994, p. 158.

[27] M. H. Hötte, J. van der Vlies y W. A. Hafkamp, "Levy on Surface Water Pollution in the Netherlands", en R. Gale, S. Barg y A. Gilles (eds.), *Green Budget Reform, op. cit.*, cuadros 15.2 y 15.3, pp. 226-227.

El debate sobre la reforma fiscal ecológica

Un interesante término que ha parecido en el debate sobre la imposición ambiental es el de *reforma fiscal ecológica* (RFE). El término en sentido amplio evoca cualquier propuesta que plantee que, a diferencia de lo que pasa actualmente en casi todos los países, los impuestos ecológicos tengan un papel significativo en el conjunto de ingresos públicos (se piensa, especial pero no únicamente, en impuestos sobre las energías no renovables y las emisiones de carbono). Coincidimos totalmente con dicho objetivo ya que creemos que el sistema fiscal, además de sus tradicionales papeles de financiar bienes públicos y de redistribuir la renta y la riqueza, debe servir para penalizar actividades socialmente indeseables.

Sin embargo, el término RFE se asocia principalmente a propuestas que comparten dos características específicas. La primera es que se asume no sólo que los impuestos ecológicos tienen un efecto incentivador positivo, sino que se destaca el efecto desincentivador, y negativo, del resto de los tributos. Así, en uno de los libros que más ha popularizado el término, *Ecological Tax Reform* de Weizsäcker y Jesinghaus[28] se lee lo siguiente:

> Con los impuestos sobre la renta, el del valor añadido o los impuestos sobre las empresas, nadie soñaría siquiera que son una penalización por algo indeseable. Más bien, el trabajo humano, la creación de valor añadido y la actividad empresarial son vistas como cosas altamente deseables para nuestra economía. Así, los impuestos sobre la renta o las empresas, al igual que el IVA que funciona en la Comunidad Europea, son vistos por los economistas como negativos para la economía, aunque en general son aceptados en nombre de la incuestionable necesidad de gasto público.

---

[28] E. U. von Weizsäcker y J. Jesinghaus, *Ecological Tax Reform,* Zed Books, Londres, 1992, p. 18.

En el mismo sentido, es significativo el título del primer capítulo de un estudio del World Resource Institute también de principios de la década de 1990: "Las ganancias potenciales de cambiar la carga fiscal de los 'bienes' económicos a los 'males' ambientales".[29] Nuestra opinión es que la insistencia en los efectos económicos negativos de los impuestos que son la base de los actuales ingresos públicos es exagerada. Pareciera como si el punto de referencia fueran unos mercados perfectamente competitivos que, si no fuese por los ingresos públicos (y, por supuesto, por los daños ambientales que se mitigarán con los impuestos ecológicos), llevarían a unos precios eficientes. En realidad, los precios relativos dependen de multitud de factores, como el mayor o menor grado de competencia en cada sector o el mayor o menor poder de negociación de cada grupo de trabajadores, factores que "distorsionan" los precios, por lo que concentrarse en el papel del Estado como único "distorsionador" de los precios, es tendencioso. Por otro lado, impuestos progresivos, como el impuesto sobre la renta, tienen una función económica, perfectamente legítima, de reducir las desigualdades que produce el mercado. No compartimos, pues, la idea de que gravar mucho a los que tienen salarios elevados es negativo porque desincentiva el trabajo, o que gravar las rentas de capital es negativo porque desincentiva el ahorro y la inversión; y no lo compartimos por dos razones: porque pensamos que se exageran estos efectos y, sobre todo, porque consideramos que para obtener el beneficio de la redistribución han de aceptarse (en caso de existir) ciertos costes económicos.

Según el argumento comentado, los beneficios de gravar "males" y los beneficios de dejar de gravar bienes se sumarían, y así se habla del "doble dividendo" que produciría una reforma fiscal ecológica.[30] Durante algún tiempo, a raíz de la alusión que sobre el tema hizo el famoso "libro blanco" sobre *Crecimiento, competitividad y empleo,* de la Unión Europea,[31] conocido como Informe Delors, el término "doble dividendo" se

[29] R. Repetto *et al.*, *Green Fees*, World Resources Institute, Washington, 1992.

[30] D. W. Pearce, "The Role of Carbon Taxes in adjusting to Global Warming", *Economic Journal*, vol. 101 (1991), pp. 938-948.

[31] Comisión Europea, *Growth, Competitiveness and Unemployment*, libro blanco, diciembre 1993.

asoció principalmente con la posibilidad específica de sustituir parte de las cotizaciones sociales por impuestos ecológicos. La idea es que si se encarece el precio de las energías contaminantes (o, en general, del uso de recursos naturales o de las emisiones contaminantes) y se abarata el precio del trabajo, se conseguirán dos objetivos socialmente deseables: una mejora ambiental y un aumento del empleo. La idea es sugerente y muy digna de consideración aunque en los países en que la financiación de prestaciones sociales depende básicamente de las cotizaciones sociales las reformas en el peso de éstas deben hacerse con mucha cautela si se quiere evitar el riesgo de recortes en las prestaciones con el argumento de la dificultad de financiación.

La segunda característica que se suele asociar al término RFE, muy relacionada con la anterior, es la idea de que, como una cuestión casi de principios, se debería respetar la "neutralidad fiscal" en el sentido de que cualquier aumento en la imposición ecológica debería ir acompañado de una reducción equivalente de otros ingresos públicos. El hecho es que muchos avances en la introducción de impuestos ambientales en Europa han ido acompañados de reducciones en otros impuestos. En nuestra opinión, y aunque es claro que el objetivo principal de los impuestos ecológicos ha de ser "extrafiscal", no recaudar dinero sino cambiar comportamientos, la recaudación de dinero puede ser a veces una ventaja adicional de este instrumento de política ambiental. Si, como ha pasado tras la crisis de 2008 en la Unión Europea, los gobiernos tienen dificultades para cuadrar sus cuentas precisamente cuando más necesarios son los gastos de protección social, ¿qué mejor que recaudar dinero penalizando actividades socialmente dañinas como la contaminación (o, otro caso muy diferente, la especulación financiera que tanta inestabilidad crea)? Además, los propios impuestos ecológicos justifican muchas veces gastos adicionales por dos motivaciones muy interrelacionadas: para aumentar y acelerar los efectos de la política impositiva y para reducir sus efectos sociales negativos. Así, por ejemplo, los efectos de un aumento de los precios de los combustibles fósiles se verán acrecentados si el gobierno difunde información sobre posibilidades de ahorro de energía, invierte en sistemas de transporte público o subvenciona determinados programas de investigación y ahorro o directamente subsidia la comercialización de energías alternativas. Por tanto, nuevos ingresos ambientales justificarían y harían más necesarios determinados gastos en política ambiental sin que ello signifique que compartamos la idea de que los tributos ecológicos hayan de ser necesariamente "finalistas". Lo que ante todo se ha de evitar es que un paquete de RFE utilice el aumento de la imposición ecológica como argumento para disminuir impuestos progresivos.

LOS IMPUESTOS SOBRE EL CO_2 Y LA ENERGÍA EN LA UNIÓN EUROPEA

Aunque su aplicación a nivel global se enfrenta a muchas dificultades políticas (veáse capítulo IX), la fiscalidad puede ser un magnífico instrumento para la política nacional, o de regiones como la Unión Europea, respecto al cambio climático, para que determinados países o áreas consigan los objetivos que han asumido. Dado que existe una relación conocida entre el uso de los distintos combustibles fósiles y la cantidad de CO_2 generado, entonces se puede aplicar el impuesto sin necesidad de medir las emisiones, aplicándolo sobre las ventas de combustibles según su contenido en carbono (mayores emisiones por unidad de energía cuando se quema carbón que cuando se queman derivados del petróleo, y menores cuando se quema gas natural); como el problema es, además, global y no localizado, es lógico que las emisiones se graven igual, independientemente del punto en que se generen. Los problemas de puesta en práctica del impuesto serían, así, relativamente menores. (En un impuesto basado únicamente en el uso de la energía sí quedarían fuera las emisiones de CO_2 ligadas a procesos industriales como la producción de cemento y el resto de emisiones de gases de efecto invernadero).

En la Unión Europea se planteó con fuerza, desde principios de la década de 1990, la posibilidad de implantar un impuesto sobre los combustibles fósiles que los gravase diferencialmente, según las emisiones de carbono asociadas a su uso (en general se contemplaba también que gravase la energía nuclear para impedir que se favoreciese demasiado esta fuente de energía que directamente no genera emisiones de carbono), hasta el punto en que el término "ecotasa" se identifica, en general, con dicha propuesta concreta (a pesar de que el concepto impuesto ecológico o ambiental es mucho más amplio).[32]

El debate en la Unión Europea pasó por muchas vicisitudes. El entonces comisario europeo para el Medio Ambiente, Ripa di Meana, propuso llevar a la Cumbre de la Tierra de Río (1992) la decisión europea de imponer un impuesto sobre el CO_2 que en el caso del petróleo supondría unos 10 dólares para un barril. Ya antes los Verdes europeos habían propuesto un "ecoimpuesto" que equivaldría a unos 20 dólares para un barril de petróleo. A causa de los conflictos entre los gobiernos europeos, y de los procedimientos de decisión dentro de la Comunidad Europea que en cuestiones fiscales requieren la unanimidad, no se pudo llevar a Río una decisión unilateral sobre el ecoimpuesto; Ripa di Meana se enfadó tanto que se negó a asistir a la conferencia de Rio. Su idea era confrontar a los Estados Unidos y Japón con una decisión europea para que se vieran presionados, por la opinión pública internacional, a seguirla. Fracasó su aprobación antes de la Cumbre de Río de Janeiro de 1992, pero la propuesta volvió a cobrar fuerza los años siguientes y, en mayo de 1995, se llegó a un nuevo borrador de directiva, según el cual se gravaría a todas las energías no renovables con un impuesto mixto basado 50% en el contenido energético del combustible y 50% en su contenido en carbono; el tipo impositivo iría aumentando a lo largo de diversos años. Un valor de referencia frecuente era, de nuevo, un impuesto de 10 dólares por barril de petróleo (mayor para el carbón por energía equivalente, pero menor para el gas natural), que además establecería excepciones para algunos sectores industriales, lo que da idea de lo moderado de la propuesta. Finalmente, como ya había pasado antes, la oposición de algunos gobiernos, entre ellos (de nuevo) la del gobierno español, abortaron la iniciativa. En todos estos casos la propuesta no era de un

[32] En España se suele traducir *ecotax* como "ecotasa" aunque sería más correcto "ecoimpuesto" dado que los tributos legalmente considerados "tasas" corresponden a la percepción de determinados servicios por parte de la administración o a la ocupación privativa de espacios públicos.

impuesto recaudado por la Unión Europea sino de un impuesto mínimo *armonizado* que debería aplicarse obligatoriamente por parte de todos los países miembros; menos se ha discutido sobre la posibilidad de establecer un impuesto recaudado a nivel europeo aunque a veces ha salido en el debate y puede argumentarse que los incentivos para llevar a cabo políticas nacionales de reducción de las emisiones serían mucho más fuertes.[33]

Algunos países europeos sí introdujeron impuestos explícitos sobre el CO_2 como Finlandia (1990), Suecia (1991) o Dinamarca (1992) (y, fuera de la Unión Europea, Noruega en 1991) pero en general con tipos impositivos bastante moderados (aunque en algunos casos crecientes) y en todos estos casos se establecieron importantes reducciones para el sector industrial para evitar pérdida de competitividad:[34] un argumento especialmente potente, dado que la Unión Europea no avanzaba de forma conjunta, pero que reduce mucho su efectividad ambiental. Un caso posterior relevante es el de Gran Bretaña que en 2001 introdujo el *climate change levy* que no es un impuesto puro sobre el CO_2; sin embargo sí grava diferencialmente el carbón, el petróleo y el gas natural según sus emisiones: no obstante en este caso solamente afecta a las empresas pero no a los consumos domésticos dada la preocupación por sus potenciales efectos distributivos regresivos y la reacción social que ello podría provocar.

Lo que sí existe en la Unión Europea son impuestos especiales muy elevados para los carburantes de automoción (gasolina, gas oil) que hacen que el precio final después de impuestos frecuentemente doble o más el precio antes de impuestos. El

---

[33] E. Padilla Rosa y J. Roca Jusmet, "Efectos distributivos interterritoriales de las políticas ambientales: el caso de las propuestas de impuesto europeo sobre la energía y el CO_2", *Cuadernos Económicos del ICE*, núm. 71 (junio de 2006), pp. 221-249.

[34] En este sentido, es relevante la experiencia de Suecia, país en el que en 1991 se implantó un importante impuesto sobre el carbono, en un momento en el que se tenía la expectativa de que pronto saldría adelante el proyecto europeo de un impuesto armonizado. El fracaso de la propuesta europea acrecentó la oposición de las empresas industriales que llevó a que en 1993 se redujese el impuesto a las industrias de forma radical hasta representar sólo 25% del que gravaba a los consumidores.

objetivo inicial de estos impuestos (que desde hace tiempo sí tienen niveles mínimos armonizados en la Unión Europea) no era ambiental sino recaudador y, además, en diversos países existen importantes desgravaciones ambientalmente injustificadas para algunos sectores (agrario, pesca, transporte de mercancías...). Pero en cualquier caso la existencia de fuertes impuestos sobre el transporte por carretera obviamente tiene importantes efectos sobre la demanda y las emisiones (a pesar de que la demanda es bastante inelástica sobre todo a corto plazo) y la política ambiental están muy presentes en las discusiones europeas sobre aumentos de los mínimos. Algunos países aumentaron de forma considerable los impuestos sobre los carburantes dentro de su política sobre cambio climático: es el caso de Gran Bretaña que introdujo el llamado *fuel price escalator*, un aumento impositivo anual durante los años 1993-2000 que llevó a que los precios de los carburantes fuesen los más elevados de la Unión Europea.

Vale la pena citar la situación específica del queroseno para aviación que está exento de impuestos debido a convenios internacionales que no permiten gravarlo para vuelos internacionales excepto si hay un acuerdo bilateral entre el país de origen y el de destino. Noruega intentó gravarlo de forma general pero hubo de restringirlo a los vuelos interiores como hizo también Holanda.

Para otros productos energéticos diferentes a los carburantes de automoción existen también mínimos armonizados en la Unión Europea pero son muy pequeños... y a veces existen subvenciones o "impuestos negativos" para las fuentes energéticas más problemáticas (como en el caso del carbón en algunos países).

REGULACIÓN E INCENTIVOS ECONÓMICOS: LOS ARGUMENTOS DE LOS ECONOMISTAS A FAVOR DE LOS INCENTIVOS ECONÓMICOS

En el análisis económico de la política ambiental se acostumbra distinguir entre la regulación normativa y los incentivos económicos (aunque, obviamente, en sentido amplio cualquier política es una forma de regulación) generalmente para pronunciarse a favor de los segundos, con los argumentos que revisaremos a continuación.

Con el término "regulación" se designan aquellos instrumentos que actúan fijando lo que se puede hacer o no, y penalizando (con multas, por ejemplo) los comportamientos que no cumplen con lo estipulado (un término frecuentemente utilizado es el de *command and control*). Ésta es la forma más común de intervención pública —y con toda probabilidad seguirá siéndolo— e incluye muchos tipos de normativas. El ejemplo más obvio de regulación es la prohibición de determinados comportamientos, sea la producción de bienes (como los CFC o determinados pesticidas), el uso de técnicas (por ejemplo, la energía nuclear), la estipulación de normas de fabricación que afecten a las tecnologías y dispositivos anticontaminación exigidos (así puede especificarse que determinadas empresas utilicen sistemas de filtración de gases o aguas residuales) o a las características de los productos vendidos (puede exigirse que los automóviles lleven determinados catalizadores o que los electrodomésticos especifiquen sus consumos eléctricos). Estos tipos de control pueden ser, a veces, mucho más efectivos y fáciles de aplicar que el control de las emisiones de contaminantes. Es obvia la dificultad, por ejemplo, de medir las emisiones de ruido o gases de todos los vehículos privados, y fácil, en cambio, imponer determinados requisitos técnicos en su producción; o, quizás, incentivarlos gravando diferencialmente los vehículos.

Un tipo especial de regulación —de larga tradición en los Estados Unidos a través de la Environmental Protection Agency (EPA)— son los límites a las concentraciones de contaminantes para las empresas, tanto en las emisiones de humos como en las aguas residuales. Un ejemplo muy utilizado en los libros de economía ambiental —y del que aquí también haremos uso— es el de los límites basados en un total de emisión, es decir, se ponen límites al conjunto de empresas que emiten sus gases en determinada zona o que vierten sus aguas residuales en determinada cuenca, de manera que, en total, no superen la cantidad estipulada por la política ambiental. Sin embargo, en los Estados Unidos no ha sido ésta la forma tradicional de fijar los estándares ambientales para las empresas; más bien han estado "basados en la tecnología".[35] El sistema habitual ha sido establecer comisiones de estudio para diferentes actividades productivas con el fin de llegar, después del análisis de las tecnologías disponibles, sus costes monetarios, emisiones asociadas y la consulta a los grupos de interés afectados, a determinar las emisiones máximas permitidas por unidad de producto (o de materia prima utilizada). El concepto clave utilizado en tal política es el de la *mejor tecnología disponible*, pero siempre con algún calificativo similar al de "económicamente accesible o alcanzable". La idea es que los límites de emisión no se han de fijar teniendo en cuenta sólo las posibilidades técnicas, sino también que sus costes monetarios no sean desmesurados; pero, si existe una relación positiva entre exigencias ambientales y costes monetarios por unidad de producto, escoger la combinación de calidad ambiental / costes monetarios será una cuestión claramente conflictiva. Además, los estándares basados en la tecnología no suponen por sí mismos ninguna garantía de respeto de un límite al impacto ambiental agregado en una zona: si sólo controlamos —con base en criterios técnico-económicos— el nivel de emisiones por unidad de producción de los diferentes sectores, nada nos asegura que globalmente no superen un nivel determinado. El mismo estándar técnico supondrá mayores o menores emisiones según la coyuntura económica y las decisiones de localización de las empresas.

Cuando se trata de limitar y no de prohibir totalmente determinadas actividades, los economistas en general se han pronunciado a favor de los incentivos económicos frente a otras formas de política ambiental. Por incentivos económicos se entienden aquellas políticas que no se limitan a decir lo que está y lo que no está permitido hacer, sino que cambian los datos del mercado —precios y costes— que afectan las decisiones de los agentes económicos. El tipo de incentivo económico (a veces el término utilizado es "instrumento económico" o, incluso, "instrumento de mercado") más discutido —y al que aquí nos referimos— es precisamente el de los impuestos ambientales. No es, sin embargo, el único. Otros ejemplos son

[35] B. C. Field, *op. cit.*

los mercados de derechos de contaminación y los sistemas de depósito o consigna. (Incluso un instrumento jurídico como la responsabilidad civil por daños ambientales puede, de hecho, considerarse un incentivo económico, en la medida en que intenta llevar a cabo la idea de "quien contamina, paga".)

En seguida veremos dos argumentos económicos a favor de los impuestos frente a la regulación. Sin embargo, *mutatis mutandi*, el mismo tipo de razonamientos podría aplicarse a favor de otros incentivos económicos y a otras áreas de política ambiental; por ejemplo, puede discutirse si el acceso a los parques naturales se debe regular por medio de un precio o por otros sistemas de racionamiento. Asimismo, en el área de gestión de recursos naturales uno puede confiar en políticas de incentivos económicos (p. ej., poner impuestos sobre la extracción de minerales o sobre la pesca o establecer cuotas de pesca comercializables) o en las regulaciones (cuotas de pesca o talas de madera máximas, estipulación de las artes de pesca permitidas o no). Tanto en el caso de la contaminación como en otros casos, los dos argumentos que veremos son importantes, pero no los únicos a la hora de decidir entre instrumentos alternativos (p. ej., los aspectos distributivos, a los que nos referiremos en el recuadro III.1, son importantes).

Antes de pasar al apartado siguiente queremos destacar que los efectos de las regulaciones (como los de los impuestos y de otras políticas ambientales) no sólo dependen de lo que digan las normativas legales sino que tanto o más importante es el *grado de cumplimiento* que básicamente depende de dos factores: la capacidad de control y la penalización cuando se detecta el no cumplimiento. Aun formalmente, en términos económicos, podríamos decir que el *coste esperado de no cumplir una norma* sería igual a la probabilidad de que se detecte el no cumplimiento multiplicada por la penalización. Si el coste esperado de no cumplir es inferior al coste económico de cumplir la normativa debido a que los controles son escasos o las multas pequeñas, entonces será probable el incumplimiento aunque podemos señalar que la relación entre ambos costes no es el único factor relevante sino que también intervienen factores como las actitudes delante del riesgo y la mayor o menor predisposición social a cumplir (sin un cálculo estricto de costes y beneficios) las normativas que depende mucho de factores culturales y de la legitimidad social que tengan las normas.

Comparación de un impuesto sobre la contaminación y de un límite cuantitativo de emisión a las empresas: el concepto de coste-eficiencia

Se trata aquí de discutir acerca de los instrumentos de política económica ambiental, partiendo de la pregunta ¿de qué manera resulta más barato conseguir un objetivo? Es lo que se llama coste-eficiencia. No discutimos los objetivos físicos de emisiones (fijados desde fuera de la economía), sino el coste de alcanzar dichos objetivos.

El concepto "coste marginal de reducir la contaminación", ya explicado, nos servirá para entender por qué los economistas acostumbran ver con mejores ojos los "instrumentos económicos" de reducción de la contaminación que las normas administrativas que fijan un determinado límite cuantitativo para todas las empresas. Para ello hay que partir de que lo realista es suponer que los costes de reducir la contaminación son diferentes —sobre todo a corto plazo— para las empresas (y que éstas no tienen el menor interés en revelarlos a la administración, por lo que la información es asimétrica).

La autoridad competente podría adoptar una política muy ecológica y exigir, por ejemplo, que la contaminación por SO_2 se reduzca a 0. Si la única manera de no producir SO_2 fuera dejar de generar electricidad, sería una solicitud absurda, pero dejaría de serlo al haber otras formas de generarla. Supongamos, sin embargo, que la autoridad competente cede a los ruegos de las empresas (o de los trabajadores de la minería del carbón), que no quieren cargar con los altos costes de dejar de emitir totalmente SO_2, o que considera que por debajo de cierto umbral de emisiones los daños ambientales son muy pequeños o incluso inexistentes, y marca un objetivo más moderado: reducir las emisiones en determinada cantidad. ¿Cómo conseguir el objetivo de reducción?

Una posibilidad es establecer una *norma cuantitativa* para que todas las empresas de la región disminuyan las emisiones en la misma cantidad (o en el mismo porcentaje). La carga de reducir la contaminación puede repartirse de muchas formas, a condición —para que pueda calificarse de política ambiental— de que la suma total de emisiones permitidas sea menor que la existente (o, al menos, menor que la prevista en ausencia de restricciones). Así, las empresas adquieren un derecho implícito a contaminar (gratuitamente) una determinada cantidad; si se pasan, habrá multa, cierre de la empresa o cárcel.

Supongamos que en la región sólo hay dos empresas que generan un mismo contaminante —por ejemplo SO_2— y que sus costes de reducir la contaminación son:

$$C(x) = 2x^2 \qquad C_{marg}(x) = 4x$$

$$C(y) = y^2 \qquad C_{marg}(y) = 2y$$

donde x y y representan la reducción en unidades de contaminación totales de la empresa 1 y 2, respectivamente.

(Para entender el argumento, la forma más sencilla es suponer que las dos empresas seguirán produciendo lo mismo, pero con menores niveles de contaminación, de manera que los costes representan costes monetarios adicionales para controlar la contaminación.)

Si, por ejemplo, las emisiones iniciales son igual a 30 para cada una de las empresas y queremos que las emisiones *totales* se reduzcan a la mitad, una posibilidad de conseguirlo es obligar a cada empresa a reducirlas en 15 unidades. El coste total para las empresas es, entonces, de 675 unidades monetarias (450 + 225). Sin embargo, existen también otras formas para reducir la contaminación con *el mismo objetivo físico* y menor coste.

Si ponemos un impuesto t por unidad de contaminación intuitivamente se verá que a la empresa 1, cuyos costes de descontaminación son mayores, le conviene reducir menos la emisión de SO_2 que a la empresa 2, que preferirá reducir más la contaminación —aunque le suponga costes adicionales— y pagar menos impuestos. Formalmente diremos que a las dos empresas les interesa reducir la contaminación mientras el coste marginal de descontaminar sea inferior al impuesto, es decir, mientras lo que les cuesta reducir la contaminación quede más que compensado por lo que se ahorran pagando menos impuestos.[36] En nuestro ejemplo, hasta el momento en que:

$$4x = t \text{ y } 2y = t.$$

Si el nivel de impuesto es $t = 40$, entonces $x = 10$, $y = 20$, de manera que tenemos el mismo resultado conjunto que con la norma común antes planteada, pero con un coste total menor: en este caso de $200 + 400 = 600$. Desde el punto de vista social el instrumento del impuesto aparece como más *coste-eficiente*, y se han ahorrado 75 en costes. El impuesto funciona como una especie de permiso para contaminar, pero ¡no gratuito! La empresa contaminadora decide cuánto contaminar, pero sabe que contaminar tiene un precio.

Gráficamente la situación de la norma común obliga a la empresa 1 a situarse en el punto B y a la empresa 2 en el punto D, cuando es más económico que la empresa 1 se sitúe en el punto A y la empresa 2 en el punto E; el ahorro de costes de descontaminación viene dado por la diferencia entre las áreas $ABFG$ y $DEHF$ (véase la gráfica III.7).

Desde el punto de vista *distributivo*, las empresas (o al menos la mayoría) se ven más perjudicadas por el impuesto, que las obliga a pagar por todas las unidades de contaminación, más que por la norma común que les permitía un cierto nivel de contaminación gratuito: ¡no es extraña la oposición generalizada de las empresas a pagar impuestos ecológicos! En el cuadro III.3 comparamos los dos instrumentos desde el punto de vista distributivo (aunque no tenemos en cuenta que las empresas

---

[36] Una posibilidad extrema es que para una empresa la alternativa sea evitar totalmente la contaminación en cuestión o continuar exactamente igual. En este caso, la reducción de la contaminación no sería una función continua del nivel de impuesto: existiría un valor crítico del impuesto por debajo del cual nada cambiaría y a partir del cual la emisión del contaminante pasaría a ser cero. En general, si el coste marginal de reducir la contaminación no es creciente, entonces la igualdad entre impuesto y coste marginal no es condición necesaria ni suficiente para la minimización de costes de la empresa.

GRÁFICA III.7. *Norma cuantitativa de reducciones de emisiones* versus *impuesto por unidad de contaminación*

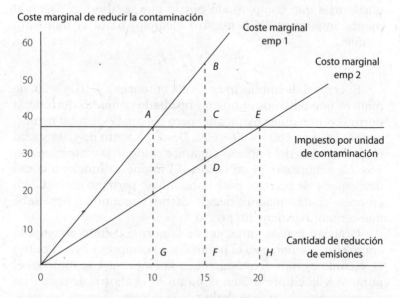

tenderán a repercutir el impuesto —o los costes de descontaminación— en el precio del kwh y que, por tanto, los consumidores se verán afectados. Dejamos por ahora esta cuestión).

En este ejemplo las empresas salen perjudicadas con el impuesto porque, aunque el coste total que han de asumir para reducir la contaminación es 600, hay una redistribución de 1 200 unidades monetarias de las empresas contaminadoras al Estado (que, desde luego, podría provocar cambios "no marginales" en el nivel de producción, como el cierre de alguna de las empresas, y cambios en el nivel de precios que repercutirían en los consumidores, como veremos más adelante). En general, las empresas prefieren la regulación directa a los impuestos (en otros ejemplos podría resultar que alguna o algunas de las empresas saliesen beneficiadas con el impuesto en relación con la norma común, aunque como mínimo una parte del ahorro de costes pasa al Estado —digamos, con ingenuidad, a la sociedad— en forma de impuestos) y, por supuesto, aún prefieren más las subvenciones que, como veremos,

CUADRO III.3. *Comparación de los efectos de distintos instrumentos de política ambiental para las empresas*

| | Norma común de reducción (15 unidades) | | | |
	Reducción de contaminación	Nivel final de contaminación	Coste	Impuesto	Reducción de beneficios
Empresa 1	15	15	450	—	450
Empresa 2	15	15	225	—	225
TOTAL	30	30	675	—	675

| | Impuesto de cuantía $t = 40$ | | | |
	Reducción de contaminación	Nivel final de contaminación	Coste	Impuesto	Reducción de beneficios
Empresa 1	10	20	200	800	1 000
Empresa 2	20	10	400	400	800
TOTAL	30	30	600	1 200	1 800

revierten el principio "quien contamina, paga" por "quien contamina menos, cobra".

Un punto clave es que el pago de impuestos por valor de 1 200 unidades monetarias es un coste monetario para las empresas, pero no puede considerarse un coste social cuando se comparan políticas alternativas; a diferencia de los recursos que se destinan a reducir la contaminación, y que se dejan de utilizar para otros usos, los ingresos impositivos están disponibles para, por poner dos ejemplos, construir escuelas o contratar médicos. Pero hay también la alternativa que ya vimos de que los impuestos sean *devueltos* a las empresas en vez de gastados por el Estado.

El incentivo para reducir la contaminación y el estímulo a la innovación

Otra ventaja del sistema de impuestos, quizá la más importante, frente a las limitaciones cuantitativas, es que el primero incentiva la reducción de la contaminación, sea cual fuere el nivel de ésta. En cambio, el límite cuantitativo incentiva dicha reducción *sólo hasta el nivel* que marca la ley. Ante una norma, sólo cabe cumplirla o no cumplirla. Cuando contaminar tiene un precio, en cambio, reducir la contaminación siempre supone un ahorro (que deberá compararse con el coste de reducirla).

Si la ley fija que las emisiones de una empresa no deben superar el nivel 15, nada se gana reduciéndolas por debajo de dicha cifra. Desde luego, las regulaciones pueden hacerse cada vez más estrictas (y las empresas adelantarse a ellas para tener la "ventaja de mover primero", estando ya adaptadas a nuevas regulaciones cuando éstas aparezcan). Sin embargo, el incentivo para ir más allá de la norma está siempre ligado a futuros cambios normativos. Con los impuestos no se requiere de aquéllos (ni siquiera de la expectativa de dichos cambios) para que exista el incentivo de reducir más la contaminación.

Imaginemos una situación en la que aparece una innovación que permite reducir la emisión de un determinado contaminante con un menor coste, como en la gráfica III.8. Si existe un límite máximo de emisión, la innovación no tendría efecto

GRÁFICA III.8. *Efectos del abaratamiento de reducir las emisiones con impuestos y con normas cuantitativas*

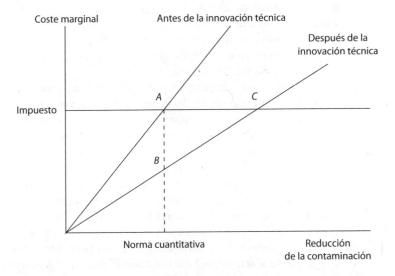

sobre el nivel de contaminación: se pasaría del punto *A* al punto *B*, sin otro efecto que reducir los costes para la empresa que se adaptara a la normativa; ésta podría hacerse más estricta, pero posiblemente establecer un nuevo estándar ambiental sería un proceso lento y conflictivo. Con el impuesto se llegaría al punto *C*, de menor impacto ambiental. Es más, cuando la introducción de la innovación comparta una inversión inicial es posible que sólo sea rentable introducirla si existe el impuesto.

Límites de los argumentos anteriores

Los argumentos anteriores llevan a afirmar que los impuestos representan una forma "eficiente" de reducir la contaminación. Al primero de ellos nos podemos referir como "eficiencia estática", pero también se le conoce como "teorema de Baumol-Oates". (Vale la pena advertir que el teorema implicaría la misma tasa impositiva por unidad de contaminación, sólo si el daño ambiental dependiese únicamente de las emisiones tota-

les, sin importar la distribución entre diferentes focos contaminadores. Si, como es frecuente, nos importa no sólo el total
de contaminante sino su distribución espacial, entonces la eficiencia exigiría tasas diferenciales acordes con el daño marginal de cada emisión, lo que comportaría obviamente más dificultades "administrativas"). Para el segundo argumento se
puede utilizar el término "eficiencia dinámica".

Una de las objeciones importantes es que estos argumentos
suponen, como la mayor parte de la teoría microeconómica,
que las empresas están en una situación estricta de minimización de costes; es decir, que optan por aquella alternativa que
les supone los menores. Aunque en situaciones muy competitivas éste puede ser el caso (al menos a la larga), la situación
habitual es que las empresas se comporten siguiendo determinadas rutinas y, según las presiones a que se vean sometidas,
aprovecharán más o menos las oportunidades de reducir costes. (Herbert Simon se refirió hace décadas a dicho comportamiento como de "racionalidad limitada" o como caracterizado
por la búsqueda de soluciones "satisfactorias" más que por in-
viables soluciones "maximizadoras"). No es descartable que
una empresa que ha de soportar un nuevo impuesto sobre la
contaminación simplemente lo repercuta sobre el precio, aun
cuando hubiera podido reducir su contaminación de forma
muy fácil, con un ahorro neto. Puede ser que la reducción de
impuestos ambientales no esté entre las prioridades de la empresa y que por tanto tienda a comportarse igual que antes, lo
que es especialmente probable si los impuestos ambientales
representan una parte pequeña de los costes totales y si la empresa actúa en un mercado poco competitivo. La regulación
normativa, en cambio, que exige un determinado comportamiento a riesgo de multas o de otras sanciones administrativas o incluso penas de cárcel, supondrá una presión externa
mucho más directa para cambiar de conducta.

Eficiencia y efectividad

Cuando se habla de política ambiental se suele distinguir entre
"efectividad" y "eficiencia". Por efectividad se entiende que, una

vez fijado un objetivo, se tiene la garantía de que el instrumento lo *conseguirá*. Eficiencia, en cambio, es lograr el objetivo al *menor coste*. En nuestro caso hemos desarrollado el ejemplo suponiendo que el tipo de regulación consistía en repartir el objetivo físico de emisiones entre los diferentes focos de emisión; si así fuese, la efectividad sólo dependería de la capacidad de control del comportamiento de dichos focos emisores. Los impuestos actúan, en cambio, de forma mucho más indirecta, ya que lo máximo que pueden hacer las autoridades son previsiones sobre cómo reaccionarán las emisiones ante diferentes tasas impositivas. Como no conocen los costes de reducción de las empresas ni hasta qué punto se comportarán "racionalmente" (ni por tanto las elasticidades-precio de las demandas, que son muy relevantes, como veremos), sólo podrían conseguir el objetivo ambiental tras un difícil proceso de prueba y error. Los impuestos son modificables, pero no es políticamente fácil hacerlo, y un elevado grado de incertidumbre sobre los impuestos futuros puede ser muy negativo para las empresas, que han de planificar sus inversiones.

Por tanto, así como en términos de eficiencia hay argumentos a favor de los impuestos, en términos de efectividad la ventaja juega a favor de la regulación directa. Sin embargo, como ya hemos dicho, el tipo de regulación que en la práctica ha dominado (normas basadas en consideraciones tecnológicas) tiene resultados agregados mucho más impredecibles que el tipo de regulación considerada en nuestro ejemplo.

PERMISOS DE CONTAMINACIÓN COMERCIALIZABLES

Los permisos (licencias o derechos) de contaminación comercializables son otro instrumento de política económica ambiental alternativo a los estándares o normas cuantitativas obligatorias que dan lugar a multas u otras penas, si no se respetan. Los permisos de contaminación comercializables permiten, como los impuestos, alcanzar una determinada reducción de emisiones (decidida desde fuera de la economía) de una manera menos costosa, es decir, más "coste-eficiente", que las normas cuantitativas.

Veamos cómo funcionaría un mercado generalizado de derechos de contaminación de, por ejemplo, dióxido de azufre, como en realidad ya existe en los Estados Unidos. La situación es la siguiente: existe un nivel de emisiones (medidas, por ejemplo, en toneladas anuales) que se considera excesivo, y la autoridad competente en la materia anuncia que para reducirlas no se establecerá una norma obligatoria para los contaminadores (en realidad, la política se centra normalmente sólo en el control de los más importantes), ni tampoco un impuesto, sino un nuevo sistema, a primera vista muy escandaloso, como es el de los permisos o licencias que se pueden vender o comprar.

Obviamente, el primer paso es saber cuántas licencias se van a permitir o, lo que es lo mismo, qué cantidad de emisiones de SO_2 en toneladas/año se permitirán. Desde fuera de la economía, a través de un proceso científico-político de evaluación social, se decide que el total de contaminación será, por ejemplo, 50% menor a la existente. ¿Cómo poner en circulación los derechos?

Podrían subastarse entre las empresas de la región, pero generalmente se plantea una distribución gratuita entre los diferentes contaminadores, digamos las diferentes empresas, según algún criterio, como el de las cuotas históricas de contaminación; por ejemplo, todas las empresas contaminarán 50% menos. Este tipo de distribución, sin embargo, puede cuestionarse alegando que "premia" a las empresas que en el pasado se han preocupado menos por disminuir la contaminación, ya que ahora tienen más permisos iniciales. Por otro lado, esas empresas ya tenían una especie de derechos *de facto*, de los que serían "expropiados" si se les obliga a comprar permisos. Podrían aplicarse otros criterios: a las empresas que tienen la misma actividad —como generar electricidad— se les darían permisos según la potencia instalada (o según los kwh producidos el año anterior o el promedio de años anteriores), diferenciando o no según el tipo de combustible utilizado por la central térmica. En definitiva, una importante fuente de conflicto *entre las empresas* es cómo distribuir los derechos iniciales. Pero, se distribuyan como se distribuyan, si existe un mercado de derechos, contaminar tiene siempre un precio para las empre-

III.1. *Los efectos distributivos de la fiscalidad ambiental*

En primer lugar, cabe decir que los efectos distributivos de los impuestos ecológicos (y de cualquier política ambiental) atañen tanto a los beneficios (¿quién se beneficia principalmente de la política?) como a los costes (¿quién asume los costes de la política? La repartición de los beneficios es, en general, aún más difícil de establecer que la de los costes y, en muchos casos, los beneficiados son en gran parte las generaciones futuras y los habitantes de lugares del mundo diferentes del lugar donde se asumen los costes de la política ambiental (éste es claramente el caso de las políticas para reducir el efecto invernadero).[a]

Por lo que se refiere a cómo se reparten los costes de los impuestos ecológicos, deberíamos distinguir dos casos, a pesar de que la frontera no es perfectamente clara. El primero es un contexto en que se introducen nuevos impuestos (o se reforman algunos tributos para darles un carácter incentivador) que afectan a bienes o actividades muy específicos. El punto de partida es que cualquier impuesto indirecto, como es el caso, normalmente repercutirá sobre los consumidores: ello no es en absoluto negativo porque así los precios relativos "informan" sobre los efectos ambientales y afectan más a los que consumen más bienes contaminantes. Los efectos distributivos dependen obviamente del bien o actividad afectados, del diseño específico del impuesto y de si se establecen o no medidas compensadoras.

Si lo que gravamos es un bien básico, como el consumo de agua, es de esperar que el efecto será en principio regresivo, es decir, que proporcionalmente afectará más a los más pobres porque seguramente la elasticidad-renta es positiva, pero muy inferior a la unidad. Ahora bien, si establecemos una tarifa cero o muy baja para los consumos más básicos, y luego establecemos una tarifa marginal creciente según crece el consumo, el efecto puede ser no sólo castigar a los derrochadores sino que, proporcionalmente, paguen más los más ricos. Por otro lado, si al mismo tiempo subvencionamos sistemas de ahorro de agua para los más pobres, también estaremos reduciendo los efectos sociales regresivos. Podrían multiplicarse los ejemplos. Si gravamos el uso del transporte privado, los efectos previsibles son más bien progresivos, especialmente si al mismo tiempo se dedican más recursos a subvencionar el transporte público.

[a] M Jacobs, *La economía verde*, 2ª ed., Icaria, Barcelona, 1997.

El segundo caso es el que se asocia con el término, ya analizado, de reforma fiscal ecológica, que normalmente plantea como componente principal una elevada fiscalidad sobre el uso de energías no renovables / emisiones de carbono. Las diferencias respecto al caso anterior son dos. La primera: la magnitud de los tributos, que ya no puede considerarse que afecten a unos pocos bienes o actividades. La segunda: que en el centro de la discusión de los efectos distributivos se ha de situar también cuál es el uso de los nuevos ingresos tributarios.

Respecto a la primera cuestión, existen estudios que han intentado evaluar en algunos países el efecto que tendría sobre los diferentes grupos sociales (por decilas de renta) un impuesto sobre las emisiones de carbono. Los estudios iniciales referidos sólo tenían en cuenta los efectos directos basados en las compras de energía por las diferentes familias (un dato que normalmente se obtiene a partir de encuestas de presupuestos familiares), pero no los efectos directos e indirectos de un encarecimiento de la energía que afectaría a todos los sectores económicos. En el caso de Gran Bretaña se concluía que los efectos serían regresivos, porque el aumento de precios que soportarían los grupos de menor renta sería muy superior al de los grupos de mayor renta. Sin embargo, el resultado no podía generalizarse para todos los países europeos y, según un estudio comparativo, los efectos regresivos serían apreciables en Irlanda y el Reino Unido, mientras que los pagos fiscales adicionales serían prácticamente proporcionales al gasto total en Francia, Alemania, Italia, España y Holanda.[b]

Sin embargo, es necesario tener en cuenta otros efectos indirectos. Un sector puede ser relativamente poco contaminante pero "arrastrar" mucha contaminación como puede evidenciar un análisis mediante una perspectiva basada en las tablas input-output (como vimos en el capítulo I). Con este tipo de información, y conociendo las estructuras medias de gasto de las familias según niveles de renta, se puede evaluar con razonable aproximación cómo se verá afectado el precio de su "cesta de la compra". Por ejemplo un estudio de mediados de la década de 1990 para Gran Bretaña adoptaba ya esta perspectiva y parecía confirmar el carácter regresivo del impuesto sobre el carbono en este país (si no se adoptaban

[b] European Environment Agency, *Environmental Taxes*, EEA, Copenhague, 1996 (versión en español de la Agencia Europea de Medio Ambiente, *La aplicación y la efectividad de los impuestos ambientales*, Instituto Catalán de Tecnología, Barcelona, 1997), p. 36.

medidas compensatorias).[c] En un trabajo referido al caso español, estimamos que las emisiones de gases invernadero asociadas a los consumos de las diferentes familias crecían casi proporcionalmente al gasto familiar o, en términos técnicos, la elasticidad de las emisiones respecto al gasto familiar sería algo inferior a la unidad; un hipotético impuesto que gravase las emisiones de gases invernadero (en euros por tonelada de CO_2 equivalente) tendría previsiblemente un efecto muy ligeramente regresivo: afectaría proporcionalmente a su gasto un poco menos a los que más gastasen.[d]

La segunda cuestión importante es que los efectos redistributivos de la introducción de impuestos ecológicos (que son un tipo de impuestos indirectos) que representen entradas importantes de recursos para las administraciones públicas, deben dar una importancia fundamental al análisis del destino de dichos recursos. Hay varias posibilidades (y todas las posibles combinaciones de ellas). Una posibilidad, ya apuntada (y en general no contemplada por los que insisten en la "neutralidad fiscal"), es la de gastar el dinero adicional, lo que podría beneficiar especialmente a los sectores de menor nivel de renta, tanto si se trata de compensaciones específicas a los sectores de menor renta directamente afectados por el aumento de impuestos (p. ej., subvenciones para sistemas de calefacción más eficientes), como si se trata de gastos generales de carácter redistributivo.

La otra posibilidad es la de reducir otras partidas de ingresos. Como es sabido, los ingresos públicos de los países europeos dependen de tres grandes fuentes de recursos: los impuestos directos, los impuestos indirectos y las contribuciones o cotizaciones sociales. Se abren, pues, tres grandes vías de reformas si se decide que el gasto público no aumente o aumente en una cantidad menor que la correspondiente a la recaudación de los impuestos verdes.

[c] Véase E. Symons, J. Proops y P. Gay, "Carbon Taxes, Consumer Demand and Carbon Dioxide Emissions: A Simulation Analysis for the UK", *Fiscal Studies*, vol. 15, núm. 2 (mayo de 1994), pp. 19-43.

[d] J. Roca y M. Serrano, "Income growth and atmospheric pollution in Spain: an input-output approach", *Ecological Economics*, vol. 63, núm. 1 (junio de 2007), pp. 230-242. Además, hemos de tener en cuenta que los cambios en los precios relativos provocarán efectos de sustitución en el consumo (la propia estructura de consumo de los diferentes grupos sociales se alterará como consecuencia de los cambios de precios) e inducirán cambios técnicos (quizá si la energía se encarece se reducirá la cantidad de energía utilizada para producir un determinado bien). Estos efectos ya no son captados por la metodología input-output aplicada.

La primera es la de reducir los impuestos directos y, en particular, el impuesto sobre la renta, como efectivamente se hizo en Suecia (y en algún otro país), dentro del paquete de reforma de principio de la década de 1990, en el que se introdujeron diversos impuestos ecológicos. En la medida en que son los impuestos directos los que permiten diferenciar según niveles de renta, y es sobre todo en ellos en los que descansa la capacidad redistributiva del sistema, dicha vía de reforma puede tener importantes efectos regresivos. Las otras dos alternativas son, en cambio, más interesantes. Una es la de reestructurar los impuestos indirectos de modo que ganen peso los impuestos ecológicos basados en la cantidad y tipo de residuos emitidos y de recursos utilizados, y pierdan peso otros impuestos indirectos, como el Impuesto sobre el Valor Añadido. Para decirlo gráficamente, siguiendo la expresión de Jacobs,[e] podríamos pensar en pasar de un impuesto sobre el valor añadido a un impuesto sobre la "contaminación añadida", aunque debemos tener en cuenta que un impuesto de este tipo tendría bastantes costes de gestión y control y que, en realidad, no es tan fácil ni indiscutible (ni siquiera en términos teóricos) comparar los impactos ambientales, que son diversos e inconmensurables entre sí, que generan los diferentes bienes y servicios en todo su ciclo de vida. (El contenido energético o la intensidad en carbono son, en cambio, conceptos más definidos y fáciles de establecer, pero no abarcan ni mucho menos todos los impactos ambientales.) ¿Cuáles serían los efectos distributivos de tal restructuración? Es difícil de responder sin un estudio específico sobre el diseño del cambio. Hemos visto, por ejemplo, que los impuestos sobre el carbono tal vez sean en algún país algo regresivos respecto al nivel del gasto, pero no parece que pueda generalizarse este resultado, mientras que el IVA sería, en principio, neutral respecto al gasto, si existiese un único tipo que afectase a todos los bienes y servicios por igual, pero cuando existen tipos diferentes, la cuestión es más compleja.

Queda, por último, la debatida propuesta de sustituir parte de las cotizaciones sociales (normalmente se plantean las que recaen sobre la empresa) por impuestos ecológicos. La idea de disminuir las cotizaciones que actúan como "impuestos sobre el empleo" por impuestos sobre la contaminación ha sido planteada desde hace tiempo y, por ejemplo, a finales de la década de 1990 la hizo suya el gobierno alemán de coalición entre socialdemócratas y "verdes" e hizo algún muy pequeño paso en esta dirección. La propuesta,

[e] M. Jacobs, *op. cit.*

especialmente en situaciones de desempleo masivo, merece tomarse en serio. Por lo que se refiere al aspecto distributivo, que aquí nos ocupa, se plantean dos interrogantes. El primero es —como en el caso de la disminución de impuestos como el IVA— cómo afectaría al conjunto de los precios relativos y en consecuencia a los diferentes grupos de consumidores. El segundo tiene que ver con el hecho de que en algunos países —como es el caso de la mayoría de países europeos— gran parte de los gastos del llamado "Estado del bienestar" (tales como pensiones públicas o subsidios de desempleo) se financian no mediante impuestos generales sino mediante contribuciones o cotizaciones sociales. Un cambio importante desde contribuciones sociales a impuestos ecológicos requeriría aceptar un cambio en el sistema de financiación de los gastos sociales si se quiere evitar un recorte importante en dichos gastos.

sas, precio efectivo cuando una empresa ha de pagar para contaminar más, o un precio en términos de coste de oportunidad, de ingresos que dejan de percibirse, cuando una empresa decide no reducir la contaminación. Por tanto, es un sistema que crea incentivos individuales para reducir la contaminación, *sea cual sea el nivel de contaminación de la empresa.*

Para entenderlo, y para comparar con el sistema de impuestos, pensemos en la demanda de permisos de contaminación (gráfica III.9), la cual corresponde a los costos marginales sociales de descontaminación. Al precio 0, derechos o permisos gratuitos, las empresas tienen una demanda que corresponde a la contaminación que existiría sin *ninguna* política ambiental; cuando el "precio" aumenta (sea en forma de impuestos o porque hay un mercado de derechos), la demanda disminuye; si el precio es p, es de esperar que las empresas reduzcan la contaminación mientras su coste marginal de reducirla sea inferior a p; esto determinará la demanda. Si el precio es tan elevado como OA, entonces ninguna empresa contaminará. La política de impuestos consiste en fijar el precio; la política de derechos de contaminación, por el contrario, fija la cantidad, de manera que tenemos una oferta rígida y derivada de ésta, el precio.

Volviendo al ejemplo utilizado en la comparación del sistema de impuestos y del estándar para todas las empresas, describiremos con más detalle el sistema del mercado de permisos.

GRÁFICA III.9. *El mercado de derechos de contaminación*

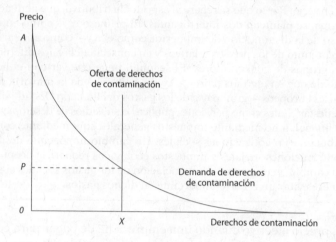

Supongamos de nuevo dos empresas, o mejor —para que el mercado se aproxime a la situación de competencia perfecta— un gran número de empresas que corresponden a alguno de los dos tipos, en lo que se refiere a los costes de disminuir un determinado contaminante:

$$C(x) = 2x^2 \qquad C_{marg}(x) = 4x$$

$$C(y) = y^2 \qquad C_{marg}(y) = 2y,$$

donde x y y representan la reducción en unidades de contaminación totales de las empresas tipo 1 y 2, respectivamente.

Suponemos también que la contaminación inicial de cada empresa es de 30, y que hay igual número n de empresas de cada tipo.

Imaginemos que inicialmente se distribuyen derechos a_x y a_y para los dos tipos de empresas, de forma que

$$a_x + a_y = 30,$$

(lo que implica reducir la contaminación a la mitad). Las empresas reducirán sus emisiones en una cantidad:

$$x = 30 - a_x + z_x$$
$$y = 30 - a_y + z_y,$$

donde z_x y z_y representan las cantidades compradas (si es negativo) o vendidas (si es positivo) de derechos.[37]

Si el precio del derecho es p, las empresas reducirán sus costes si minimizan el total de costes que les supone la política ambiental, los de reducir la contaminación más los de comprar derechos (si los venden es un beneficio que se resta a los costes).

Se trata de minimizar:

$$2x^2 - p(x - 30 + a_x) \text{ o bien } y^2 - p(y - 30 + a_y).$$

Resulta que lo óptimo, como en el caso de los impuestos, es igualar el coste marginal de reducir la contaminación al "precio" de no hacerlo (efectivo, si se compran derechos; y de oportunidad por ingresos no percibidos, si se venden derechos):

$$4x = p; \qquad x = p/4$$
$$2y = p; \qquad y = p/2.$$

Así, se ha afirmado que el mercado de derechos permite hacer compatibles dos propiedades deseables: la eficiencia (como los impuestos) y la efectividad (como la regulación directa o estándares cuantitativos).

¿Cuál será el precio de equilibrio entre oferta y demanda de derechos? Aquel para el cual la suma de las z (positivas o negativas) sea 0:

$$n(p/4 - 30 + a_x) + n(p/2 - 30 + a_y) = 0,$$

---

[37] La restricción no es, en realidad, que la reducción de emisiones sea igual a los derechos iniciales más (menos) los adquiridos (vendidos) sino que, *como mínimo*, sea igual a dicho valor. Si los derechos no caducan, sino que pueden utilizarse en otros periodos (véase posteriormente), las empresas pueden estar interesadas en no utilizar todos sus derechos. Cuando los derechos no son acumulables para el futuro, un precio positivo sí implica, en condiciones de competencia perfecta, que las empresas estarán interesadas en usarlos o venderlos todos.

que da por resultado

$$p = 80 - \frac{4\,(a_x + a_y)}{3},$$

que, si suponemos que $n(a_x + a_y) = 30n$ es el total de derechos iniciales (cuando la contaminación sin política ambiental era $60n$), dará un precio $p = 40$, lo que comporta contaminaciones finales de $x = 10$ y $y = 20$. En caso de que los derechos iniciales se distribuyesen igualitariamente $a_x = a_y = 30$, tendríamos que

$$z_x = -5 \text{ (compra de permisos)}$$

$$z_y = +5 \text{ (venta de permisos)}.$$

La reducción de beneficios para las empresas sería de 400 (200 de costes de reducción y 200 por compra de permisos) para las empresas tipo 1, y de 200 para las empresas tipo 2 (400 de reducción de la contaminación *menos* 200 de ingresos por venta de permisos). El sistema es para las empresas mejor que el del estándar (en general, no es peor, ya que siempre cabe no vender), y mejor que el sistema de impuestos como se ve si comparamos estos números con los del cuadro III.3.

A veces se insiste en que no importa cómo se distribuya inicialmente la cantidad global de permisos, subastándolos u obsequiándolos según cualquier criterio. No sólo desde el punto de vista de la contaminación global —lo cual es evidente—, sino respecto a cómo finalmente se distribuirá la contaminación entre las empresas. Del ejemplo parece deducirse esto, pero hay que ir con cuidado. No es lo mismo que los derechos se "subasten" o que se regalen; no es lo mismo, desde luego, desde el punto de vista de los intereses de las empresas, pero tampoco el resultado será exactamente el mismo en términos de cantidad de contaminación de cada empresa, porque la propia curva de "demanda de contaminación" se verá afectada, ya que en el primer caso los costes de todas las empresas aumentan, mientras que en el otro algunas empresas tienen costes adicionales y otras, incluso, hacen negocio vendiendo derechos. Se supone, en el análisis marginal a corto plazo, que el número y tamaño de las empresas está dado, pero para saber cuánta contaminación habrá, lo que finalmente sería decisivo será el tamaño de los sectores de actividad más contaminantes, y éste obviamente no es independiente de que a las empresas se les aplique o no de forma estricta el principio "quien contamina, paga", o que, en cambio, tengan algunos derechos gratuitos iniciales. Proporcionarlos gratuitamente a las empresas es concederles unas rentas de escasez que pueden interpretarse como un obstáculo a la entrada de competidores.

Por otro lado, en el ejemplo se sobrevaloran las propiedades de "coste-eficiencia" del sistema de permisos negociables, al menos por tres razones. La primera, que también afecta a los impuestos, y que ya se señaló, porque las empresas pueden actuar de forma "subóptima", sin minimizar costes. La segunda, porque no se puede olvidar que, aunque en teoría económica se acostumbra suponer que las empresas dan la misma importancia a un precio efectivo que a un coste oportunidad, la realidad parece desmentirlo muchas veces y, normalmente, tiene más efecto hacer pagar por contaminar que dar posibilidades de ahorrar reduciendo la contaminación.

La tercera razón por la que hay que relativizar las ventajas del mercado de permisos es porque dicho mercado, como cualquier otro, no opera sin "costes de transacción".[38] Por ejemplo, supongamos que para realizar una transacción, una operación de venta de un derecho, se ha de pagar una comisión a un intermediario, una cantidad fija m que es pagada por el vendedor.[39] El ingreso efectivo para el vendedor será $p - m$, inferior al pagado por el comprador, y el vendedor sólo decidirá disminuir la contaminación más allá de lo que le permiten sus permisos si el precio de éste le compensa el coste marginal de la reducción *más* el coste de transacción.

En el ejemplo antes utilizado, el precio de equilibrio sería

---

[38] R. Stavins, "Transaction costs and tradeable permits", *Journal of Environmental Economics and Management*, vol. 29 (1995), pp. 133-148.

[39] Los costes marginales de transacción podrían ser variables, decrecientes (si hay "economías de escala" en los costes de venta de permisos) o crecientes. Estos casos son discutidos en el artículo citado de Stavins, donde se muestra cómo la contaminación final se hace, entonces, muy dependiente de la forma en que se distribuyen inicialmente los permisos.

mayor, de manera que se harían menos transacciones de las que de otra forma se producirían, y los costes del mercado absorberían parte de los beneficios del sistema de permisos, aunque obviamente las transacciones beneficiarían, en principio, a las empresas implicadas respecto a la situación inicial.

Las nuevas condiciones de minimización de costes son:

$$x = p/4$$
$$y = (p - m)/2.$$

Puede demostrarse que el nuevo precio de equilibrio que corresponde a nuestro ejemplo es:

$$p = 40 + 2m/3.$$

Si, por ejemplo, la distribución inicial de permisos es de 15 unidades de contaminación para cualquier empresa, podemos ver las transacciones y reducción de contaminación que corresponden a diversos costes de transacción:

m	p	$p - m$	compra o venta	x	y
3	42	39	4.5	10.5	19.5
12	48	36	3	12	18
24	56	32	1	14	16
30	—	—	0	15	15

En la gráfica III.10 comparamos el resultado sin costes de transacción con el que se produciría con unos costes de transacción de 12 unidades; en ambos casos los puntos A y B representan las reducciones que se han de producir si no se compran ni venden permisos, y que suponemos iguales a 15; C y D representan las reducciones finales, una vez comprados y vendidos los permisos.

Uno de los problemas prácticos, planteados en el debate sobre estos mercados, se refiere a que si son pocas las empresas que intervienen, pueden darse prácticas oligopólicas de es-

GRÁFICA III.10. *Resultado de un mercado de permisos de contaminación con y sin costes de transacción*

a) Sin costes de transacción

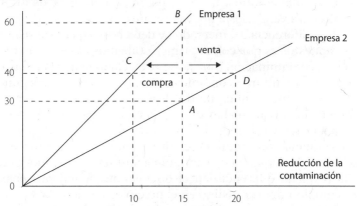

b) Con costes de transacción

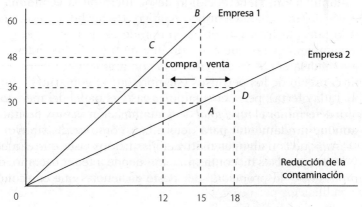

trategias de precios o de acumulación de derechos (lo cual no tendría por qué ser negativo desde el punto de vista de la política ambiental, pero sí lo es desde otros puntos de vista), o para perjudicar a empresas ya existentes o para utilizarlos como barreras de entrada para nuevas empresas (lo que podría solucionarse si la administración se guardase una parte de los derechos para venderlos a nuevas empresas).

Una diferencia del mercado de derechos respecto al sistema de impuestos es que con el primero sabemos cuál será el nivel final de contaminación (que no se ve afectado ni por la inflación ni por la coyuntura económica), mientras que con el segundo no. Ello es una ventaja desde el punto de vista de la política ambiental, aunque no hay que olvidar que no sólo es importante saber cuánto se reducirá la contaminación en un periodo determinado, sino también cuánto costará a las empresas; si la "curva de demanda de contaminación" fuese muy inelástica, una pequeña diferencia en el objetivo ambiental provocaría un cambio importantísimo en el precio de los derechos.

El instrumento de los mercados de derechos de contaminación, tal como lo hemos explicado, y tal como se ha implementado en la práctica, otorga un papel importante al mercado, pero no se ha de confundir en absoluto con la negociación coasiana explicada anteriormente. Aquí la oferta, el nivel de contaminación, viene decidido desde fuera de la economía a través de un debate científico-político. De hecho, en ese mercado podrían irrumpir otros compradores, por ejemplo grupos ambientalistas que compraran e inutilizaran derechos, lo que tendría el efecto de reducir la contaminación y hacer subir el precio de los permisos (siempre que el gobierno no ampliara la oferta); pero, en cualquier caso, el papel del mercado para determinar el *nivel total* de contaminación es muy limitado (aunque fundamental para determinar cómo se distribuye).[40]

Aunque con algunas matizaciones hemos visto que el mercado de permisos de contaminación tiende a tener —como los impuestos— la propiedad de "coste eficiencia" que es econó-

---

[40] Cuando los permisos son acumulables para otros años *(banking)* puede haber una elevada incertidumbre sobre las emisiones que se darán cada año particular en función de las expectativas de los agentes del mercado.

micamente deseable. A esta propiedad se le denomina a veces "eficiencia estática" para distinguirla de la "eficiencia dinámica" que se asocia con el incentivo permanente a reducir la contaminación que era otra propiedad de los impuestos. En este aspecto sí hay una diferencia importante entre ambos instrumentos.[41] Supongamos que aparecen formas más baratas de reducir la contaminación (lo que podemos analizar como un desplazamiento de la "demanda de contaminación" que se reduce). El efecto cuando existe un impuesto es que la contaminación total se reducirá; en cambio, en el caso de los mercados de derechos de contaminación, la menor "demanda de contaminación" provocará una disminución del precio de los derechos de forma que aunque sea verdad que cada empresa individual tendrá incentivo a reducir la contaminación el incentivo se reducirá automáticamente puesto que el coste marginal de contaminar (efectivo o de oportunidad) será menor. Igualmente si la "demanda de contaminación" se reduce debido a una situación de crisis económica, el precio de los permisos se ajustará a la baja siendo menos costoso contaminar lo que —al menos en parte— puede contrarrestar la disminución de la contaminación debida a la menor actividad económica. Todo ello es consecuencia de que si lo que se ajusta es el precio (impuesto) los ajustes ante los cambios de circunstancias tienden a ser vía cantidades mientras que si lo que se regula es la cantidad máxima de contaminación los ajustes tienden a ser vía precios.

Aunque hay otras experiencias prácticas, las dos experiencias más relevantes hasta el momento son la del mercado de permisos de emisiones de óxidos de azufre en los Estados Unidos y el mercado de permisos de emisión de CO_2 de la Unión Europea. En los apartados que siguen revisamos brevemente estas dos experiencias en las que los agentes que intercambian permisos son las empresas. En el capítulo IX, veremos cómo el protocolo de Kioto también contempla la posibilidad de intercambiar permisos entre diferentes países como una vía de "flexibilización" de los compromisos adquiridos.

---

[41] Véase D. M. Driesen, *The economic dynamics of environmental law*, MIT Press, 2003. P. del Río y C. Peñasco, "La eficiencia dinámica de los sistemas de comercio de emisiones", *Principios*, núm. 19 (2011), pp. 129-146.

Tanto el programa de los Estados Unidos como las propuestas de este estilo para enfrentar el efecto invernadero han generado muchas reacciones ideológicas negativas ante la idea de mercantilizar el derecho a contaminar. Aunque puede argumentarse que técnicamente los impuestos también ponen precio a la contaminación, y que los límites cuantitativos ponen implícitamente un precio nulo hasta el nivel de contaminación tolerado, la cuestión no es puramente técnica y, quizá, tienen parte de razón los que argumentan que ampliar la esfera del mercado a los problemas ambientales crea una cultura precisamente opuesta a la necesaria para reorientar la economía en un sentido más ecológico. Incluso el lenguaje debe considerarse importante. En inglés se utiliza normalmente el término *pollution allowances* mientras en español el más habitual es el de "derechos de contaminación" cuando sería mejor hablar de "licencias" o "permisos", términos que tienen una diferente connotación: no es lo mismo tener derecho a hacer algo que obtener una licencia temporal para hacerlo.

Mercado de permisos de emisiones de óxidos de azufre en los Estados Unidos

El origen práctico de dichos permisos está en la flexibilización de las normas de control de la contaminación atmosférica —y, en especial, de emisiones de SO_2— por parte de la EPA en los Estados Unidos. El sistema tradicional de control era el de las restricciones cuantitativas, de manera que para reducir las emisiones la política consistía en establecer normas cada vez más estrictas que debían cumplir todas las plantas productivas. Como hemos visto, este sistema es criticable, con buenas razones, por ser muy costoso. En algunos casos se aceptó que una empresa con dos fuentes de emisión en una misma región (lo que se ha llamado *bubble* o "burbuja") cumpliese los objetivos de forma global y no en cada punto concreto: si en una planta es más fácil reducir la contaminación que en la otra, ¿por qué no permitir que la reducción sea mayor en la primera, siempre que no se ponga en peligro el objetivo global de reducción? Más tarde se permitieron también algunas negociaciones bilaterales —que debían tener la aprobación de la EPA— entre diferentes empresas: si una empresa ha de contaminar como máximo una cantidad x y otra empresa una cantidad y, ¿por qué no permitir una negociación entre las dos empresas, según la cual la empresa 1 acepta contaminar $x - c$ a cambio de que la empresa 2 le compense monetariamente para contaminar $y + c$? Podemos decir que la empresa 2 le ha comprado a la 1 el derecho a contaminar c unidades adicionales. Si se han puesto de acuerdo, ambas han mejorado sin que la política ambiental, que se preocupa por las emisiones totales en la región, se vea perjudicada (estamos suponiendo que los efectos son totalmente independientes de cómo se distribuya geográficamente el total de emisiones, lo cual no es exacto): se ha dado lo que los economistas llaman una mejora paretiana.

La nueva ley de calidad del aire, de 1990, decidió crear un mercado para el conjunto del territorio de los Estados Unidos que afectaba a las emisiones de azufre de las centrales térmicas.[42] El programa tenía varias fases: en la primera (1995-2000) se vieron afectadas 263 unidades de generación de electricidad, las que más contribuían a las emisiones de azufre a la atmósfera con sus efectos sobre la "lluvia ácida". Después de la primera fase, a partir del año 2000, las instalaciones afectadas fueron más de 2 000.[43] El objetivo consistía en reducir las emisiones de forma considerable. En el momento de aprobarse la ley las emisiones del conjunto de instalaciones afectadas por el programa en el año 2000 eran próximas a los 16 millones de

[42] Véase R. Rico, "The US Allowance Trading System for Sulfur Dioxide: An Update on Market Experience", *Environmental and Resource Economics*, vol. 5 (1995), pp. 115-129; G. Klaassen y A. Nentjes, "Creating Markets for Air Pollution Control in Europe and the USA", *Environmental and Resource Economics*, vol. 10, núm. 2 (1997), pp. 125-146; R. Schmalensee *et al.*, "An Interim Evaluation of Sulfur Dioxide Emissions Trading", *Journal of Economic Perspectives*, vol. 12, núm. 3 (1998), pp. 53-68.

[43] Las centrales térmicas no afectadas en cada fase y otras empresas, de otros sectores, podían adherirse voluntariamente al programa y, en caso de demostrar que reducían sus emisiones por debajo de lo que correspondería según las regulaciones correspondientes, podían "vender" a otras empresas este "esfuerzo" adicional, lo que sin duda puede plantear un problema de "selección adversa", ya que tenderán a adherirse las empresas que de todas formas hubiesen reducido sus emisiones.

toneladas cuando los permisos distribuidos para dicho año fueron de 10 millones.[44]

Las empresas reciben gratuitamente una cantidad de permisos o derechos (1 permiso = 1 tonelada de SO_2) en función básicamente de sus usos de energía históricos. Cada permiso se refiere a un año específico y da derecho a emitir una tonelada durante ese año o posteriormente (esto se llama *banking*: los derechos no caducan, de manera que los no utilizados ni vendidos durante el año se acumulan y se pueden utilizar en el futuro). La EPA recibe en cada momento información de los permisos que tiene cada empresa y controla las emisiones efectivas; las empresas están obligadas a instalar sistemas continuos de medida de emisiones y, si exceden los límites, han de pagar una multa importante ($2 000/tonelada) y las emisiones excedentes se descuentan del año siguiente.

Un tema importante es el del alcance geográfico del mercado: un tamaño más grande hará, en principio, que el mercado sea más competitivo, pero también puede provocar excesivas concentraciones de la contaminación. El actual programa de reducción dio lugar, cuando era un proyecto, a muchas discusiones sobre este problema. La solución adoptada fue la de crear un mercado para los Estados Unidos; al parecer, el temor de una excesiva concentración en determinadas áreas no se ha producido, aunque la reducción no se ha concentrado allí donde hubiera sido más prioritario. Dos factores que han favorecido que en ninguna área aumentasen significativamente las emisiones son, por un lado, lo ambicioso del objetivo global de reducción y, por otro, el hecho de que a pesar de la creación del mercado, las empresas individuales siguen sometidas a ciertos máximos regulados. Además, es importante señalar que los permisos no se consideran legalmente como derechos absolutos de emisión, sino que las autoridades locales pueden, si lo creen necesario por la evolución de los niveles de calidad ambiental, poner restricciones temporales al uso de dichos derechos.

Las empresas pueden obtener permisos de tres fuentes. La primera, por la distribución inicial. La segunda, por compras

---

[44] http://www.epa.gov/airmarkets/progress/ARP09_1.html

directas a la EPA, ya que ésta se reserva cerca de 3% de permisos para ser vendidos directamente en una subasta anual[45] o en venta directa a un precio prefijado cuando se cumplen determinadas condiciones, con lo cual se dificultan comportamientos de restricción a la competencia (por ejemplo, que una nueva empresa no pueda instalarse porque no se le venden derechos). La tercera es, evidentemente, el mercado secundario: unas empresas compran y otras venden al precio de mercado del momento. Debe señalarse también que las transacciones no sólo afectan a permisos para el año en curso sino también a los utilizables en años futuros.

¿Cuál ha sido la experiencia práctica? Los primeros intercambios aislados se dieron ya en 1992 e inicialmente hubo una gran dispersión de precios. Sin embargo, el mercado se volvió mucho más activo y pronto se caracterizó por tener un precio prácticamente único. Otro hecho que parece claro es que, al principio, se sobrevaloró mucho el coste económico de reducir las emisiones. Dos hechos lo avalan. El primero es que, inicialmente, las empresas acumularon para el futuro una gran parte de derechos, lo que sólo se justifica en teoría si se espera que su precio crecerá —al menos a la tasa de interés—, pero la realidad es que los precios no tuvieron ninguna tendencia clara al crecimiento. En los debates previos del Congreso se hablaba de posibles precios de los permisos de $500 o incluso $1 000 pero, en realidad, excepto en algunos momentos muy particulares de tensión en el mercado, los precios se han situado en niveles mucho más bajos, frecuentemente por debajo de los $200. El segundo hecho es que la aprobación de la ley llevó a costosas inversiones de desulfuración y también a contratos a largo plazo de provisión de carbón bajo en azufre que, según un estudio,[46] podrían verse como excesivas a posteriori dados los precios de los derechos.[47]

---

[45] Los que quieren comprar fijan su precio de demanda y la EPA vende al mejor postor, de modo que se "vacía" el mercado y maximizan los ingresos (cada uno paga el precio máximo que decía estar dispuesto a pagar).

[46] Véase R. Schmalensee *et al., op. cit.,* pp. 53-68.

[47] Además de las expectativas equivocadas, ello podría explicarse quizás también porque muchas compañías eléctricas son "empresas más minimizadoras del riesgo que del coste".

Después del primer periodo en general ya no se dio una acumulación de permisos sino más bien una desacumulación hasta el estallido de la crisis de 2007-2008 en que vuelven a acumularse permisos y, además, tienden a caer los precios.

Mercado de permisos de emisión de CO_2 de la Unión Europea

La Unión Europea aprobó el año 2003 una directiva sobre comercio de derechos de emisión. En síntesis, la directiva establecía que un número muy importante de instalaciones de sectores claves (generación de electricidad, refinerías de petróleo, siderurgia, cemento, papel, vidrio y cerámica) tendrían un número de derechos de emisión limitados y para superarlos deberían comprar derechos a otras instalaciones que emitiesen más de lo requerido por sus derechos o, en caso contrario, pagar una importante multa (de 40€/tonelada de CO_2 para 2005-2007 y de 100€/tonelada para 2008-2012).[48] En concreto, en la primera fase de introducción del mercado (2005-2007) se vieron afectadas unas 11 500 instalaciones industriales a las que se distribuyeron varios miles de millones de derechos (un derecho equivale a una tonelada CO_2) para ser utilizados por las instalaciones. Como en el programa anterior de los Estados Unidos de dióxido de azufre el sistema de distribución fue básicamente gratuito y basado en gran parte en las emisiones históricas. A diferencia de lo establecido en el caso anterior, en la primera fase los derechos caducaban al final del periodo.

Por primera vez verter gases de efecto invernadero tenía un precio de referencia en la Unión Europea (coste efectivo o de oportunidad), lo que es muy importante y ciertamente muchas empresas vieron con gran preocupación esta novedad. Sin embargo, la experiencia de la primera fase fue decepcio-

[48] Poco después de aprobada la directiva, la Unión Europea aprobó también una directiva que permite otra vía de cumplir con las obligaciones que es mediante la adquisición de "créditos" a través de inversiones acogidas a los mecanismos de Kioto (que veremos en el capítulo IX): "implementación conjunta" y "mecanismos de desarrollo limpio" (en lugares como China, la India o América Latina).

nante ya que se mostró que el conjunto de derechos distribuidos por los países (que se establecieron en planes de asignación nacionales que habían de ser aprobados por la Unión Europea con la condición teórica de que estuviesen en la línea de cumplir con los compromisos derivados del protocolo de Kioto) había sido muy excesivo. Como es lógico en un mercado nuevo sobre el cual no existía experiencia previa se produjeron desde el primer momento importantes oscilaciones del precio, pero durante meses se situó en una franja entre los 25 y 30 € por tonelada de CO_2.[49] Las expectativas de los que intervenían en el mercado eran, sin embargo, claramente equivocadas como se evidenció cuando —ante informaciones que confirmaban el exceso de oferta de derechos— los precios cayeron bruscamente en abril de 2006 y no dejaron de tener una tendencia decreciente que incluso llevó a que a finales de 2007 los precios se hundiesen hasta unos pocos céntimos: el activo perdía todo su valor dada su caducidad a finales de año.

La segunda fase (véase gráfica III.11) fue muy similar en sus características pero cambió un elemento importante: los derechos se podían acumular para el futuro, lo que ha evitado que el valor —incluso con exceso de oferta— se hunda a cero. Los derechos distribuidos se redujeron y ello llevó a que a principios de 2008 los precios viesen de nuevo valores superiores a los 20 e incluso 25 € por tonelada pero el factor que pronto provocó una nueva bajada de considerable magnitud fue la crisis económica que disminuyó la actividad industrial y la demanda de electricidad, factores claves para reducir las necesidades de emisión. Las oscilaciones que siguieron dependieron no sólo de las expectativas económicas sino también de los cambios en las perspectivas sobre los compromisos de la Unión Europea en un —fracasado— acuerdo internacional global sucesor del protocolo de Kioto. Una novedad importante es que recientemente se ha intentado incorporar al sistema el sector aéreo: las compañías con vuelos en origen y destino en países de la Unión Europea están obligadas a declarar sus emisiones y dada la limitación de permisos tendrán que comprar permisos para compensar su exceso de emisiones. Esta decisión ha cau-

[49] http://www.sendeco2. Véase gráfica III.11.

GRÁFICA III.11. *El mercado de permisos de emisión*
de CO$_2$ en la Unión Europea. Evolución de los precios
en diferentes periodos

Precio del permiso de emisión de CO$_2$ (€/TnCO$_2$),
febrero 2006-enero 2007

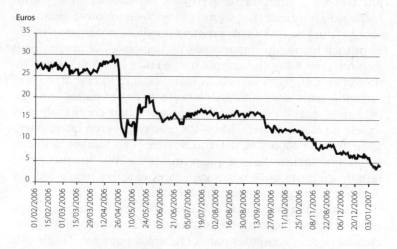

Precio del permiso de emisión de CO$_2$ (€/TnCO$_2$),
enero 2007-noviembre 2007

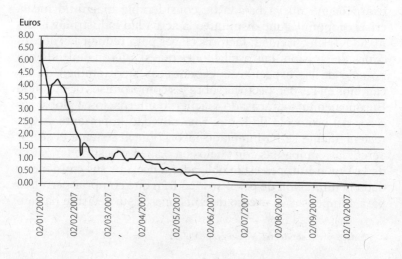

Precio del permiso de emisión de CO_2 ($€/TnCO_2$),
enero 2008-julio 2012

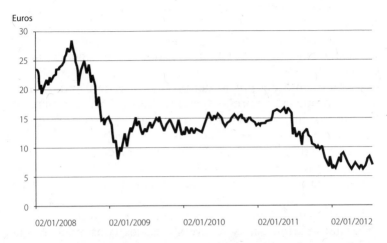

FUENTE: Datos de SENDECO$_2$, precio de CO_2 (http://www.sendeco2.com/).

sado una airada respuesta —incluso con sanciones comerciales— por parte de muchos países (China, India, los Estados Unidos) que consideran que la medida se aplica fuera de las fronteras jurisdiccionales de la Unión Europea. El conflicto está abierto.

A partir de 2013 está previsto que una parte considerable —y creciente— de los permisos sean subastados, lo que es una aplicación más coherente del principio "quien contamina, paga". Pero existe una enorme cantidad de permisos acumulados que presiona fuertemente los precios a la baja disminuyendo radicalmente el potencial incentivador del instrumento.

IMPUESTOS ECOLÓGICOS, PRECIOS RELATIVOS
Y ELASTICIDAD DE LA DEMANDA

Hasta aquí hemos supuesto, siguiendo la tradición de muchos libros convencionales sobre economía ambiental, que los precios del producto estaban dados y las empresas individuales ajustaban su producción y sus técnicas productivas partiendo de dichos precios como un dato. El supuesto, aunque nos ha permitido avanzar mucho en el análisis, impide tener en cuenta la que es en realidad una de las principales vías a través de las cuales la política ambiental puede tener impacto: alterar los *precios relativos* y con ellos las cantidades demandadas de los diferentes bienes.

El aumento del precio del producto se dará tanto en un sector en que las empresas tienen poder de mercado para repercutir los mayores costes en los precios, como en los mercados más competitivos, en donde los precios dependen (al menos a largo plazo) de los costes medios de producción. Ello es particularmente claro en el caso de los impuestos ambientales que analizamos en este apartado, pero también es verdad en el caso de cualquier política ambiental que suponga aumentar los costes para las empresas. En definitiva, el coste de reducir la contaminación acaba recayendo en los consumidores que utilizan los productos cuyo coste ha aumentado. Mayores precios comportarán, en igualdad de circunstancias, menores cantidades vendidas en una magnitud que depende de la *elasticidad-precio de la demanda* (que es la relación entre el cambio porcentual de la cantidad demandada y el cambio porcentual del precio).

Sea un impuesto sobre una mercancía (cuyo uso se supone tiene una relación importante con un determinado impacto ambiental) o sobre las emisiones asociadas a su producción. Si el impuesto supone un encarecimiento de su precio de x, expresado en tanto por uno, entonces provocará una disminución relativa $x E$ del uso del bien, donde E representa la elasticidad precio de la demanda.

En principio, cuanto mayores posibilidades de sustitución del bien existan, mayor será la elasticidad. Si hay un sustituto casi idéntico al bien que estamos gravando y de precio similar, pequeños aumentos del precio supondrían cambios radicales de la demanda (aunque en tales casos nos preguntaríamos si no sería justificado simplemente prohibir la variedad más problemática del producto).

Es importante señalar que la elasticidad-precio de la demanda no tiene por qué ser invariable. Lo razonable es pensar que los efectos de un aumento de los precios sobre la demanda probablemente no serán importantes hasta pasado un tiempo. En otras palabras, la elasticidad-precio de la demanda es mayor a largo que a corto plazo. Von Weizsäcker y Jesinghaus[50] discutieron el tema, en relación sobre todo con el encarecimiento de la energía y, especialmente, de algunas fuentes de energía (preguntándose, por tanto, por la elasticidad-precio de la demanda de energía, pero también por las elasticidades-cruzadas de la demanda entre las diferentes fuentes de energía).

La mayor elasticidad a largo plazo es patente en el caso de la energía, en el que los cambios en la demanda pueden requerir inversiones a largo plazo. De particular importancia es que se mantengan expectativas de aumento de los precios futuros, ya que éstas afectan las decisiones de inversión a largo plazo. Podemos distinguir cinco estadios de ajuste de los consumidores, con fronteras no claramente definidas, pero que en general requieren de menos a más tiempo para actuar. Primero, simplemente los consumidores se ajustan para consumir menos energía (por ejemplo, dejan correr menos el agua caliente o se preocupan más de apagar la luz); segundo, el criterio de la eficiencia energética se vuelve más relevante al comprar bienes que consumen energía (automóviles, electrodomésticos...); tercero, los oferentes desarrollan bienes más eficientes energéticamente para responder a la demanda (automóviles, sistemas de calefacción, casas mejor aisladas...); cuarto, se impulsa la investigación y desarrollo de sistemas energéticos basados en energías renovables que permitan prescindir de los combustibles fósiles; por último, la localización de actividades, las infraestructuras y el modo de vida cambian para adaptarse a la situación de energía cara (sistemas de transporte público, menor distancia entre vivienda y trabajo, más producción local frente a importación de largas distancias, mayor descentralización de las actividades de ocio...). Por otro lado, es importante subrayar que el efecto sobre la demanda no se refiere tanto a disminuciones de ésta en términos absolutos, como a disminuciones respecto a la tendencia previsible.

[50] E. U. von Weizsäcker y J. Jesinghaus, *op. cit.*

Por otro lado, cuando la elasticidad a corto plazo es baja, los impuestos darán lugar a mayores ingresos, precisamente por su escaso éxito en reducir el comportamiento contaminador. Entonces, los ingresos pueden destinarse precisamente a medidas para aumentar dicha elasticidad. Por ejemplo, elevados impuestos sobre el uso del automóvil pueden conllevar mayores fondos para el transporte público, lo que aumentará el efecto del impuesto y, al mismo tiempo, reducirá el posible impacto social negativo del encarecimiento del transporte privado.

Ahora nos referiremos a impuestos que afectan a las empresas gravando directamente sus emisiones contaminantes. Un sencillo ejemplo —que, como todos los que aparecen en el libro, es una caricatura reveladora de algún aspecto importante de la realidad— permite ver la importancia de dos factores: las posibilidades técnicas de control de la contaminación y las características de la demanda.

Supongamos seis empresas (o, mejor, seis tipos de empresa) que inicialmente producen cada una de ellas 100 unidades de una mercancía diferente y 1 000 unidades de un *mismo* contaminante. El coeficiente de emisión *por unidad de producto* es, pues, para todas ellas de $e = 10$.

Las empresas se diferencian en dos aspectos: la mayor o menor facilidad para disminuir la contaminación y la diferente elasticidad-precio del producto que venden. Suponemos tres posibilidades respecto a la contaminación: reducción "fácil", "difícil" e "imposible". En concreto, supondremos que las empresas que lo tienen más fácil para reducir la contaminación asumen, si reducen el coeficiente e, un coste adicional por unidad producida igual a

$$C(e) = (10 - e)^2/6.$$

Adviértase que si el coeficiente no se reduce ($e = 10$), el coste es 0 y que cuanto más pequeño sea e mayor será el coste.

Las que lo tienen más difícil tienen la función de costes

$$C(e) = (10 - e)^2/2.$$

Si lo expresamos en costes marginales, tendremos que las funciones respectivas serán

$$C_{marg}(e) = (e - 10)/3 \quad y \quad C_{marg}(e) = e - 10.$$

Como e siempre es igual o inferior a 10, las funciones tienen valor negativo porque representan no el coste de aumentar sino de *disminuir e*. En la gráfica III.12 se representan ambas funciones en valor absoluto.

Por lo que se refiere a la demanda, consideraremos dos casos: demanda "elástica" y demanda "inelástica", que concretaremos con valores de la elasticidad-precio de la demanda (en valor absoluto) de 2 (es decir, la cantidad demandada disminuye en porcentaje el doble de lo que aumenta el precio) y 0.5 (disminuye en la mitad), respectivamente. Cruzando ambas características tendremos seis (tipos de) empresas, como se ve en el cuadro III.4.

Partiremos de un precio igual de 100 para todas las empresas y de que se impone un impuesto por unidad de contaminación de 3: ¿qué efecto tendrá si los costes adicionales

GRÁFICA III.12. *Costes marginales de reducir la contaminación por unidad de producción para dos tipos de empresas*

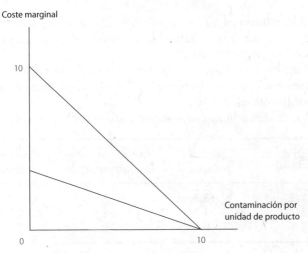

CUADRO III.4. *Tipos de empresas según sus costes para reducir las emisiones y su función de demanda*

Tipo de empresa	Disminución contaminación por unidad de producto	Demanda
1	"fácil"	elástica
2	"fácil"	inelástica
3	"difícil"	elástica
4	"difícil"	inelástica
5	imposible	elástica
6	imposible	inelástica

—sea en forma de gastos para controlar la contaminación o de pagos impositivos— repercuten, como es de esperar sobre todo a largo plazo, totalmente en el precio? Para ello se ha de calcular previamente el nivel óptimo de control de la contaminación o, dicho a la inversa, el nivel de emisiones óptimo.

Para las empresas 1 y 2 se trata de determinar e, de modo que se minimice el coste total de adaptarse a la política ambiental (suma de los costes de reducir e, más los impuestos pagados), que por unidad de producto es

$$C(e) = (10 - e)^2/6 + 3e.$$

El resultado es que el nivel e óptimo para las empresas 1 y 2 es $e = 1$ (para él se iguala el impuesto y el coste marginal de reducir la contaminación).

Para las empresas 3 y 4, el problema es similar y resulta un nivel $e = 7$. Para las empresas 5 y 6 obviamente se mantiene, por hipótesis, $e = 10$.

Los costes adicionales por unidad de producto son:

Tipo de empresa	Coste de reducción	Impuestos sobre la contaminación	Total costes adicionales
1/2	13.5	3	16.5
3/4	4.5	21	25.5
5/6	0	30	30

El resultado final, teniendo en cuenta la elasticidad de la demanda, es el que se resume en seguida:

Tipo de empresa	Precio final	Cantidad vendida	Contaminación
1	116.5	67	67.00
2	116.5	91.75	91.75
3	125.5	49	343.00
4	125.5	87.25	610.75
5	130	40	400.00
6	130	85	850.00
TOTAL			2 362.50

La contaminación inicial de 6 000 unidades se reduciría globalmente en más de 60%. La reducción se concentra donde es más fácil reducirla y donde la demanda es más sensible al cambio de precio, sea porque el bien es menos necesario o porque existe menos "adicción" hacia él. Los casos extremos son las empresas del tipo 1 que reducen la contaminación en más de 90%, y las de tipo 6, para las que es imposible reducir la contaminación sin reducir la producción y que ofrecen un bien con demanda poco sensible a los cambios del precio, que la reducen en 15% solamente.

EL PRINCIPIO "QUIEN CONTAMINA, PAGA".
IMPUESTOS FRENTE A SUBSIDIOS

Los impuestos son el instrumento que más se ajusta a la idea de que el que contamina debe pagar (aunque en absoluto se ha de entender como que paga exactamente por el daño ocasionado), un principio que desde hace décadas fue aceptado por la OCDE y que también hace años figura como criterio teórico básico en las declaraciones sobre política ambiental de la Unión Europea. Los sistemas de regulación directa y de permisos comercializables distribuidos gratuitamente responden al mismo principio de manera mucho más débil: son los que causan la contaminación los que deben asumir los costes de reducirla, según los límites marcados por la política ambiental; por debajo de dichos límites, en cambio, es como si se otorgaran derechos gratuitos de contaminación.

Los subsidios para disminuir los impactos ambientales representan, por su parte, el principio contrario: es la sociedad, a través de sus impuestos, la que financia que los contaminadores reduzcan la contaminación. Los principios latentes sobre lo que es o no justo, ligados a cada uno de estos incentivos son, pues, totalmente diferentes. Pero ¿son al menos totalmente simétricos sus efectos sobre la contaminación? Tampoco, como veremos en seguida.

Imaginemos el mismo ejemplo del apartado anterior, pero con una diferencia: las empresas que reducen sus niveles de emisión por unidad producida por debajo de $e = 10$ reciben, por cada unidad producida, una cantidad monetaria igual a 3 veces las unidades de contaminación evitadas. (Pensemos en los enormes problemas prácticos que ello supondría: inicialmente las empresas más contaminantes recibirían más dinero sólo por reducir su contaminación de forma que el incentivo perverso sería aumentar la contaminación al máximo antes de que la política de subvenciones se instaurase.)

El "precio" —no efectivo, sino en términos de coste de oportunidad— de cada unidad de contaminación sería igual al subsidio $s = 3$. Las empresas 1 y 2 desearían maximizar la cantidad

$$s(10 - e) - (10 - e)^2/6.$$

El resultado es que para un subsidio 3, lo mejor es igualarlo al coste marginal de reducir la contaminación, con lo que se llega al mismo resultado $e = 1$. Para las empresas 3 y 4 el resultado es también el mismo: $e = 7$.

Las *reducciones* de costes por unidad de producto son:

Tipo de empresa	Subvenciones	Coste de reducción	Total reducción costes
1/2	27	13.5	13.5
3/4	9	4.5	4.5
5/6	0	0	0

El resultado final, teniendo en cuenta la elasticidad de la demanda, es el que se resume en el cuadro siguiente:

Tipo de empresa	Precio final	Cantidad vendida	Contaminación
1	86.5	127	127
2	86.5	106.75	106.75
3	95.5	109	763
4	95.5	102.25	715.75
5	100	100	1 000
6	100	100	1 000
TOTAL			4 081.5

El mismo "precio" por contaminar tiene mucho más efecto en forma de impuesto que de subsidio. En nuestro ejemplo, una reducción de más de 60% en el primer caso y de aproximadamente 32% en el segundo. ¿A qué se debe la diferencia? En el primer caso hay dos efectos que actúan en la misma dirección: las empresas están incentivadas a utilizar técnicas menos contaminantes y, además, el aumento de sus costes se traduce en menores ventas, lo que refuerza el primer efecto: los precios relativos de los sectores que generan el contaminante se incrementan. En el caso de las subvenciones, en cambio, existen dos efectos que actúan en dirección opuesta: las empresas están incentivadas a utilizar técnicas menos contaminantes, pero reciben dinero que reduce sus costes y expanden las actividades contaminantes. (En casos extremos no se podría descartar que el efecto no previsto del subsidio fuese el de aumentar la contaminación total, incluso reduciendo la contaminación por unidad de producto.) Las diferencias entre los efectos de los dos instrumentos económicos son más acusadas cuanto más elástica es la demanda respecto al precio.

Hay formas muy diferentes de subsidios. Una cosa es una política ambiental basada sólo en comportamientos voluntarios derivados del incentivo de los subsidios, cuestionable en términos de justicia y con posibles efectos contraproducentes, y otra cosa muy distinta —y más razonable— es que, al mismo tiempo que se introduce —o se anuncia— una política reguladora o de impuestos que aumenta los costes de las empresas, se establezcan ayudas transitorias para adaptarse a dicha política, es decir, que la administración pública decida compartir parte del coste de la adaptación. Tales subsidios transitorios —que adoptan la forma directa o la indirecta de desgravaciones fiscales o créditos preferentes— pueden, en muchos casos, ser justificados para reducir el impacto social de las nuevas medidas. A veces la política ambiental —como ha sucedido con éxito en algunos países europeos— adopta la forma de *convenios voluntarios* entre la administración y los empresarios de determinado sector, en los que las ayudas públicas pueden tener también un papel.

Es importante recordar que, aunque la teoría económica convencional ha hablado generalmente de sistemas de subsidios e impuestos para enfrentar las externalidades, la idea subyacente no es que las externalidades negativas se encaren igualmente con un instrumento u otro. Los subsidios estarían destinados sólo a los casos en que una actividad genere "externalidades positivas", beneficios y no costes externos: no se trata de subsidiar a los que contaminan para recompensarles porque no contaminan más, sino de recompensar a aquellos que llevan a cabo actividades que reportan beneficios al resto de la sociedad (como a los propietarios de bosques que mantienen unos "servicios ecosistémicos"). La distinción parece clara. Sin embargo, no puede negarse que todo es cuestión de grado: muchos estaríamos de acuerdo en que, en numerosas ocasiones, es justificado subsidiar las "energías limpias", aunque el beneficio que producen es, sobre todo, que generan menos impacto que otros tipos de energía, y permiten reducir el uso de estos últimos. Por último, al hablar de subsidios e impactos ambientales, debe recordarse que subsidios establecidos por razones que nada tienen que ver con la política ambiental (como los asignados a la minería de carbón, a la agricultura intensiva o a la circulación de automóviles mediante la construcción de carreteras gratuitas para sus usuarios...) tienen efectos ambientales negativos. Se ha dicho que la mejor política económico-ambiental de subsidios sería retirar aquellos que incentivan actividades con fuerte impacto ambiental.

LOS PRECIOS GARANTIZADOS (*FEED-IN TARIFF*)
A LAS ENERGÍAS RENOVABLES

En algunos países como en España en los últimos tiempos ha aumentado considerablemente el uso de energías renovables para producir electricidad.[51] Entre 1999 y 2007 la electricidad generada mediante aerogeneradores se multiplicó casi 10 veces, mientras que la energía solar eléctrica fotovoltaica casi inexistente a finales de la década de 1990 aún tuvo un aumento más espectacular. Actualmente la mayor parte de la electricidad procede de energías fósiles (sobre todo gas natural y carbón) y de la fisión nuclear pero la energía eólica tiene ya un peso considerable, de 14.6% en 2011, mientras que la solar representaba aún sólo 3%. Este desarrollo se debe sobre todo a la existencia, desde finales de la década de 1990, de un *instrumento económico* (también utilizado en Alemania) que garantiza que los generadores de determinadas formas de energía que van a parar a la red de distribución recibirán como pago un precio superior que los que generan energía de forma "convencional".

De forma resumida el mercado eléctrico español funciona de la siguiente forma. Los generadores de electricidad de las diferentes tecnologías expresan sus ofertas a diferentes precios en una especie de subasta en la que una entidad intermediaria compra según las previsiones de demanda de cada día y a cada hora. La energía adquirida hasta cubrir la demanda prevista se compra al precio marginal que iguala cantidades ofrecidas y cantidades demandadas. Las empresas comercializadoras de energía la venden a los usuarios finales a un precio que aún está regulado públicamente ya que existe una "tarifa de último recurso" fijada cada año a la que pueden acogerse los usuarios. Las tarifas que pagan los usuarios han de servir para cubrir los costes de distribución además de remunerar a los generadores al precio de mercado de cada momento.[52]

---

[51] P. del Río González, "Ten years of renewable electricity policies in Spain: An analysis of successive feed-in tariff reforms", *Energy Policy*, vol. 36 (2008), pp. 2917-2929.

[52] El sistema es bien peculiar puesto que en realidad no hay un cálculo de

Dentro de este sistema general, existe lo que se conoce como el "régimen especial eléctrico" al que pueden acogerse las empresas que generan electricidad con fuentes renovables (con la excepción de las centrales hidroeléctricas de más de 50 Mw de potencia) y también las empresas que aprovechen el calor residual para producir electricidad (cogeneración). La energía procedente de estas fuentes tiene garantizado un precio superior al de mercado sea por el sistema de primas (precio que se añade al de mercado de cada momento) o directamente mediante una tarifa regulada que es significativamente superior al precio de mercado previsto. Las primas y tarifas reguladas se fijan por el gobierno cada año y dependiendo de los casos las instalaciones están afectadas por un sistema o el otro y los precios finales dependen del tipo de tecnología: por ejemplo, son mucho más elevados para las instalaciones fotovoltaicas que para la energía eólica.

Más allá de los detalles lo que interesa señalar es que se trata de un sistema de incentivo económico: nadie está obligado a nada pero la intervención pública asegura que los precios de venta de los productores de determinadas formas de obtener electricidad serán superiores a los que existirían sin este incentivo: mayores precios harán más rentables las inversiones y por tanto aumentará la cantidad ofertada. No se trata de un subsidio público porque el sistema está en principio diseñado para que sean los consumidores de electricidad los que financien el sistema: los perjudicados indirectamente son los productores "convencionales" que relativamente cobran menos.[53]

costes de producción que establezca cuánto han de cobrar los generadores: existen unos derechos de cobro basados en que toda la electricidad se cobra al precio marginal. Por esto cuando aumenta el precio marginal debido, por ejemplo, a un aumento del coste del gas natural los productores de energía nuclear o hidroeléctrica se ven beneficiados por el aumento sin que sus costes hayan aumentado (y a pesar de que sus inversiones pueden estar ya amortizadas) obteniendo lo que se ha llamado "beneficios caídos del cielo" (windfall profits).

[53] Decimos "en principio" porque en el caso español se ha creado una situación muy particular. Dado que las tarifas de los consumidores durante los últimos años no han sido suficientes para cubrir los costes del sistema y los precios a los que los generadores venden su electricidad, se ha creado lo que se

¿Cuál es la justificación de remunerar más a determinados productores del mismo bien (la electricidad)? La primera justificación es obviamente la ambiental: no se trata, sin embargo, de premiar a energías que provocan beneficios ambientales, sino que se trata de premiar a energías que políticamente se considera que se deben promover porque su impacto ambiental en comparación a las hoy dominantes (y que se benefician de no pagar por los costes externos que provocan) se considera menor; hay que aceptar, sin embargo, que el tema es a veces polémico ya que a veces algunas instalaciones de energías renovables pueden provocar impactos ambientales significativos. Hay, además, una segunda línea de argumentación para el apoyo económico a tecnologías relativamente nuevas. Es habitual que las tecnologías ya implantadas gocen de una ventaja respecto a tecnologías alternativas por el hecho precisamente de que ya están implantadas: si se favorece el desarrollo de las nuevas tecnologías es muy posible que su coste monetario disminuya en el futuro a medida que se aprovechen economías de escala, que se dé aprendizaje con la práctica... La disminución del coste unitario con la producción acumulada se conoce a veces como la "curva de aprendizaje" y se ha comprobado empíricamente que para tecnologías como la fotovoltaica ha sido —y aún es— muy decreciente. Ahora bien, como el futuro tecnológico —y sus caminos— es incierto, se puede polemizar sobre cuál es la mejor opción para destinar socialmente dinero para apoyar tecnologías como la solar: si poner más el énfasis en facilitar la proliferación de instalaciones o más en la investigación directa en la tecnología.

Lamentablemente el contexto legal español ha cambiado radicalmente en los últimos años. El importante desarrollo de las energías renovables con el coste monetario asociado, la crisis económica que ha disminuido —¡afortunadamente!— la demanda eléctrica y ha perjudicado a las empresas eléctricas que habían invertido en nuevas instalaciones (especialmente centrales de gas natural) equivocándose en la previsión de la

ha llamado "déficit tarifario" de miles de millones de euros: los consumidores "deben" a las empresas eléctricas una enorme cantidad de dinero que en principio deben pagar con las tarifas futuras pero que es una deuda avalada por el Estado.

demanda y las peculiaridades del sistema de fijación de precios español,[54] llevaron a fuertes presiones para revisar el sistema del régimen especial eléctrico. Ello llevó a la decisión política, en 2008, no sólo de reducir los precios garantizados (lo que podía ser razonable en algunos casos) sino también de limitar drásticamente la aprobación de nuevas instalaciones dentro del sistema de "régimen especial eléctrico" (lo que especialmente afectó a la energía fotovoltaica); finalmente, en el año 2012 se suprimió indefinidamente la aprobación de la entrada en el sistema de nuevas instalaciones.

GESTIÓN DE RESIDUOS URBANOS.
LAS TASAS DE RESIDUOS

La generación de residuos urbanos genera importantes costes tanto económicos para las administraciones públicas que los han de gestionar como en forma de costes ambientales (contaminación de acuíferos, emisiones de gases, olores…). Es frecuente también que una gestión que reduce los costes ambientales implique costes monetarios superiores aunque, desde luego, la mejor política ambiental —la de reducir los residuos generados— reduce tanto costes monetarios como ambientales.

Para financiar la gestión de residuos municipales los ayuntamientos frecuentemente han implantado tasas de residuos. El objetivo de estas tasas es pues cubrir los costes de un servicio. Desde este punto de vista el diseño de dichas tasas puede ser indiferente con tal de que cumplan su objetivo recaudatorio. Pero el diseño sí es importante desde el punto de vista de la política ambiental.

Los sistemas actuales de tasas municipales casi siempre hacen pagar una cantidad monetaria que es independiente de la cantidad de basura generada, sea una cantidad periódica igual para todos o sea diferenciada según el tipo de vivienda. En términos económicos ello significa que el coste marginal privado —para la familia— de generar una unidad adicional de residuos es nulo (o despreciable) aunque obviamente el coste marginal

---

[54] Véanse notas anteriores.

social no es nulo ya que una unidad más de residuos significa un mayor coste de gestión municipal y una mayor presión ambiental. El coste se "externaliza" porque se reparte entre todos los ciudadanos. Este tipo de tasas municipales no son, por tanto, incentivadoras de la reducción de la cantidad de residuos.

No es extraño, pues, que miles de municipios del mundo hayan implantado tasas de residuos proporcionales a la cantidad, sistemas basados en la idea *pay as you throw*. Hay muchas buenas experiencias en este sentido[55] aunque desde luego pueden presentar problemas prácticos de implantación y control especialmente en ciudades densas. La cuestión es ¿cómo controlar las basuras generadas?; a diferencia del agua o de la electricidad no existe un "contador de residuos" y se han de adoptar formas indirectas de medida. Una consiste en hacer pagar según el tamaño de los cubos de residuos y frecuencia de recogida contratados. Otra es obligando a utilizar bolsas estandarizadas cuyo precio de venta incluya la tasa de residuos o bolsas que hayan de tener adherido un distintivo que certifique el pago de la tasa. Un peligro de estos sistemas estaría en que, clandestinamente, las familias se desprendiesen de gran parte de la basura mediante vertidos ilegales o en que se produzca lo que se ha llamado "turismo de residuos". Sin embargo, por poca legitimidad que tengan las políticas adoptadas entre la población, la propia motivación individual a la colaboración, la presión social y las penalizaciones cuando los malos comportamientos son detectados pueden minimizar estos problemas especialmente después de un primer periodo de habituación al nuevo sistema.

Por supuesto que en una política de gestión de residuos no es importante sólo la cantidad que se genera sino que en muchos lados se han hecho importantes esfuerzos para introducir sistemas de recogida selectiva de diferentes fracciones de residuos (materia orgánica, papel, vidrio...) para permitir la recuperación de materiales. Sin duda la concienciación de la población es el elemento clave para el éxito de estas políticas pero también pueden existir incentivos económicos que

---

[55] Para una revisión de experiencias existosas en los Estados Unidos ya a principios de la década de 1990, veáse R. Repetto *et al.*, *Green Fees*, World Resources Institute, Washington, 1992.

ayuden en la misma dirección. Así, en los sistemas de *pay as you throw* se puede hacer pagar únicamente (o una cantidad superior) por la recogida de basura no seleccionada y, en cambio, recoger gratuitamente (o a menor precio) la materia orgánica seleccionada u otras fracciones de residuos: con ello se establecerían lo que podemos denominar "subvenciones cruzadas" de forma que los que "peor" se comportan pagarían el (o parte del) servicio de recogida a los que "mejor" se comportan separando selectivamente los residuos y minimizando así los residuos que no entran en los sistemas de recogida selectiva.

LOS DEPÓSITOS RETORNABLES O SISTEMAS DE CONSIGNA. LAS FIANZAS AMBIENTALES.

Vamos a ver ahora un sistema extremadamente sencillo pero muy potente para incentivar la recuperación de residuos. Aunque el sistema es aplicable a muchos otros restos de productos, el ejemplo que utilizaremos —y en el que más se ha aplicado— es el de los envases de bebidas. Aprovechemos también para indicar que, aunque es usual utilizar el término genérico reciclaje para cualquier recuperación de materiales para que se conviertan en nuevos recursos, en algunos casos es relevante distinguir entre *reutilizar* y *reciclar*: una cosa es volver a utilizar un envase de vidrio y otra es triturar los envases de vidrio para luego obtener vidrio. Reciclar y reutilizar no es gratis ambientalmente porque se requiere organizar el transporte, utilizar energía, agua, otros materiales... de forma que una comparación rigurosa requeriría un *análisis de ciclo de vida* para cada caso concreto (véase el capítulo v) pero en general parece justificado —como defiende la consigna ecologista— presuponer que la prioridad debe tener en cuenta la jerarquía de las 3Rs: Reducir, Reutilizar, Reciclar.

Veamos, pues, el caso de los envases. En el pasado —y actualmente en muchos lugares— las mismas empresas privadas tenían interés en recuperar los envases (mayoritariamente de vidrio) de forma que vuelvan del comprador a la empresa, y así volverlos a utilizar. Para ello se requiere que el coste de la reutilización (recogida, transporte y tratamiento) sea inferior al coste de adquirir un nuevo material. Es importante destacar este punto: si el envase reutilizado es más caro que comprar un nuevo envase de vidrio o de otros materiales que son "buenos" sustitutos, no existirá ningún incentivo económico para la reutilización. En dichos cálculos sólo entran por supuesto los costes privados: si una empresa organiza la recogida de sus envases, los costes monetarios asociados son internos; si, en cambio, los envases van a incineradoras o vertederos, no sólo se externalizan los mayores costes ambientales, sino también los costes monetarios de la recolección y el tratamiento de los residuos. La asimetría puede verse también en otro sentido complementario: en el primer caso se asumen los costes de reposición de los materiales, mientras que en el segundo no se asume la reposición ya que los materiales vírgenes no incorporan en su precio de mercado el coste de reposición sino, como máximo, una pequeña renta de escasez.

Supongamos que las empresas sí desean recuperar los envases porque así ahorran dinero. Hace falta que el consumidor devuelva el envase. Una forma sencilla para que se cree dicho incentivo es lo que se conoce como sistema de consigna o de *depósito, devolución, retorno*. El consumidor paga, por ejemplo, 105, de los cuales cinco le serán devueltos al retornar el envase. La bebida tiene un precio diferente según el comportamiento del consumidor: si no devuelve el envase el precio final es 105; si lo devuelve es 100. En otras palabras, el coste marginal *privado* de decidir lanzar el envase a la basura es cinco. El retorno de envases también tiene un pequeño "coste" de tiempo y organización (señalemos una cuestión interesante: lo que es "coste" para un consumidor puede ser "beneficio" para otro, derivado de la satisfacción de colaborar en algo que disminuye los problemas ambientales) pero, incluso cuando el depósito es bajo, la mayoría de personas no deciden tirar dinero a la basura y es por ello que este sencillo sistema lleva fácilmente a porcentajes de recuperación superiores a 90%, donde está implantado.

Lo que desde hace muchas décadas pasó en los países ricos es que la mayoría de empresas prefirió comercializar envases de un solo uso debido a una combinación de dos hechos: la cultura de la comodidad del "usar y tirar" y a que los costes monetarios de la reutilización se volvieron menos competitivos respecto a los del uso de materiales vírgenes debido al deterioro del precio de las materias primas. La práctica desaparición en muchos países de los sistemas tradicionales de depósitos de envases de bebidas en favor de los envases no retornables se debió a una *decisión de las empresas* de no ofrecer dicha opción y no a una opción de los consumidores.

Un cambio en los precios relativos entre materiales vírgenes y fuerza de trabajo podría alterar las cosas, por lo que una posible actuación sería gravar el uso de materiales vírgenes. Otra posible política —que funciona en algunos países europeos— es la imposición de sistemas obligatorios de depósito sobre algunos productos, que obligue a las empresas a hacerse cargo de los envases. Analizado desde el punto de vista de sus efectos sobre los consumidores, este tipo de regulación no es una obligación (¿cómo obligar por ley a que las botellas no se tiren a la basura?), sino la creación de un incentivo económico: quien no devuelve el envase no recupera el depósito y es penalizado económicamente.

El precio neto de depósito aumentará si para las empresas es más caro gestionar la reutilización que adquirir nuevos materiales (en caso contrario quizá ya existiría, pero no necesariamente, un sistema de depósito por propia iniciativa de las empresas), pero el encarecimiento del bien para los consumidores no es más que el resultado de incluir efectos externos, antes olvidados, en el precio. Desde luego, si se ponen depósitos obligatorios sobre algún tipo de envases sin regular los otros, la política puede tener efectos contraproducentes; establecer depósitos obligatorios sobre los envases de vidrio sin prohibir (o también introducir un sistema similar) otro tipo de envases puede desplazar al vidrio en favor de otros materiales más problemáticos. Una regulación que facilitaría la reutilización de envases sería su estandarización, como intentó hacerlo por ley Dinamarca a principios de la década de 1980, aunque luego tuvo que renunciar, porque el Tribunal Europeo de Justicia consideró que suponía una barrera no aceptable a la competencia dentro de la Unión Europea.[56]

---

[56] T. Lang y C. Hines, *El nuevo proteccionismo*, Ariel, Barcelona, 1996, pp. 126-127.

El sistema de *depósito, devolución y retorno* es, pues, un instrumento económico fácil de aplicar y que podría disminuir un problema que se ha hecho más y más grande: ¿qué hacer con los residuos urbanos? Los depósitos son especialmente adecuados para hacer frente, por un lado, a residuos especialmente tóxicos (por ejemplo, depósitos sobre las baterías o pilas que se recuperan) y, por otro, para recuperación de envases, que cuantitativamente suponen en los países ricos un componente muy importante del total de residuos domésticos y uno de los que más han crecido en las últimas décadas.

En el caso de los envases, la Unión Europea hizo una directiva en 1994 obligando a que los países miembros aprobasen leyes para incentivar su recuperación. Aunque en algunos países europeos se ha dado prioridad al sistema de depósito, con un éxito muy grande, en la mayoría ha predominado, como máximo, el estímulo al reciclaje. Éste es el caso, por ejemplo, de la ley española "de envases y residuos de envases", aprobada en 1997, trasponiendo la directiva europea tras varios años en los que se sucedieron diversos proyectos revisados ante las presiones de los sectores económicos afectados. Aunque la ley contemple y dé en teoría un papel prioritario al sistema de "depósito, devolución y retorno", las empresas que comercializa productos envasados podrán liberarse de la obligación siempre que se incorporen a un "sistema integrado de gestión" (SIG), que significa que por cada envase puesto en circulación pagan una pequeña cantidad monetaria. Con dicho pago, las entidades gestoras del sistema financian la diferencia de coste (es decir, sólo una parte del coste monetario generado) entre el sistema de recolección selectiva y el que comportaría la recolección ordinaria. La excepción se ha convertido en la regla de forma que prácticamente todas las empresas han optado por la opción SIG que es un sistema económico para financiar la recogida selectiva pero que tiene la gran diferencia respecto al sistema de depósito que no crea ningún incentivo individual a participar en el reciclaje por lo que el resultado de recuperación es mucho menor (además, en el caso del vidrio en la práctica no permite la "reutilización" del envase sino únicamente el reciclaje del material).

Una variante del sistema de depósito, planteado por Costanza no para residuos sino para grandes proyectos empresariales,[57] es el depósito en concepto de *fianza ambiental (environmental flexible assurance bonding system)*, que intenta incorporar no sólo los costes ambientales conocidos (quien contamina, paga) sino también los inciertos bajo el *"principio de precaución"* (véase el capítulo IV), por lo que la propuesta se conoce a veces como "4P" *(the precautionary polluter pays principle)*. La idea es la siguiente: una empresa embarcada en actividades potencialmente perjudiciales, por ejemplo una empresa que introdujese una nueva sustancia química o una nueva tecnología, debería depositar una cantidad de dinero equivalente al mayor daño potencial futuro que, dado el conocimiento actual, se considera que podría darse. De ser necesario, dicho fondo se utilizaría para hacer frente a los potenciales daños ocasionados (medidas de reparación, compensación a los afectados) y podría recuperarse total o parcialmente cuando la empresa demostrase que los daños estimados serían menores que los calculados o que no se producirían en absoluto. Mientras tanto, la empresa recibiría los intereses del fondo depositado. A pesar de las objeciones evidentes que pueden hacerse a la propuesta (¿quién y cómo valoraría en dinero los inciertos daños potenciales?), lo atrayente es que sería un mecanismo (distinto a un sistema de seguros) que obligaría a asumir hoy la responsabilidad por los daños futuros y potenciales (aunque la valoración monetaria sea siempre impugnable); el beneficio de la duda estaría ahora del lado de la naturaleza y de los posibles perjudicados y no de la empresa, y ciertos proyectos (en minería o cultivos transgénicos, por ejemplo) que podrían ser financieramente factibles, podrían dejar de serlo con este sistema.

[57] R. Costanza, "Three general policies to achieve sustainability", en A. M. Jansson *et al.* (eds.), *Investing in Natural Capital*, Island Press, 1994. (Véase el capítulo v para una discusión de los "pasivos ambientales" de las empresas.)

IV. PROBLEMAS DE VALORACIÓN
Y CRITERIOS DE DECISIÓN

VALORACIÓN MONETARIA AMBIENTAL:
DIFERENTES CONTEXTOS

En este capítulo estudiaremos los métodos que los economistas han utilizado para valorar monetariamente los impactos ambientales o, lo que es lo mismo visto a la inversa, los beneficios monetarios de la conservación ambiental. El tema es muy polémico y aparece en diversos contextos. Uno de ellos, es en la valoración de proyectos o políticas. Como es sabido, los economistas suelen aplicar la perspectiva del análisis coste-beneficio (ACB) que exige cuantificar todos los aspectos relevantes en dinero; dedicamos gran parte de este capítulo a explicar muy críticamente dicha perspectiva, empezando no directamente por los problemas de cuantificación monetaria sino por otros dos problemas clave que aparecen en dicho análisis, cómo comparar costes y beneficios presentes y futuros y cómo tratar las situaciones de incertidumbre. Un ejemplo de ACB es el concepto de *contaminación óptima* y el de los impuestos "pigouvianos" para conseguirla: ya vimos en el capítulo anterior que ésta es sólo una de las perspectivas (que no compartimos) de análisis económico de las políticas ambientales. En este capítulo también apuntamos perspectivas alternativas a la del ACB. Otro contexto, afortunadamente cada vez más relevante, es el de la exigencia de responsabilidades por daños ambientales. En este capítulo hacemos alguna referencia a este terreno que tratamos más extensamente en el siguiente capítulo, analizando casos legales de reclamación de "pasivos ambientales". Por último, como vimos en el capítulo II, el problema de la valoración monetaria ambiental también aparece cuando, como respuesta a los problemas de la contabilidad nacional, se plantea el mejor procedimiento para "corregir" las magnitudes macroeconómicas.

Nuestra opinión es que algunas valoraciones monetarias parciales son razonables y es útil utilizarlas especialmente en procesos de reclamación de compensación por daños en los cuales finalmente las penalizaciones se han de concretar necesariamente en dinero. Sin embargo, somos totalmente contrarios a lo que podríamos llamar "fetichismo monetario" según el cual todo debe traducirse necesariamente a valores monetarios y rechazamos la pretensión de que esta tarea pueda hacerse de forma técnica sin introducir juicios de valores.

La evolución del debate sobre la valoración monetaria es compleja. Por un lado, el debate académico desde la economía ecológica ha debilitado los fundamentos de la economía neoclásica ambiental que siempre había dado por supuesto que todo se puede medir en unidades monetarias, y aún lo sigue manteniendo aunque los autores más serios no pueden ignorar los problemas asociados a las técnicas de valoración. Por otro lado, ha habido una sorprendente evolución por parte de muchos ecólogos y biólogos de simpatía hacia la valoración monetaria ambiental. Esta evolución tiene sobre todo una justificación pragmática. En términos simplificadores podríamos decir que muchas personas convencidas de la necesidad de dedicar muchos más esfuerzos a la conservación ambiental pensaron que esto sólo tendría eco social si se demostraba que los ecosistemas generan (lo que es muy verdad) servicios que benefician a los seres humanos y, luego, en un nuevo paso, pensaron que el tema sólo pasaría a un primer plano político si dichos servicios se medían en valor monetario. El lenguaje —que puede ser muy interesante aunque es controvertido— de los servicios ecosistémicos fue el del *Millennium Ecosystem Assessment* mientras el paso siguiente queda evidenciado por el famoso proyecto internacional *The Economics of Ecosystems and Biodiversity* liderado por Pavan Sukhdev.[1] A veces uno tiene la sensación de que lo que guía el esfuerzo por poner a toda costa valores monetarios a los servicios ecosistémicos es sobre todo un pragmatismo mal entendido: lo importante es que salgan valores elevados, poco importa cuáles sean siempre que sean lo suficientemente grandes para despertar la conciencia pública.

---

[1] http://www.teebweb.org/

Como propaganda, se ha de reconocer, puede ser a veces efectiva pero la perspectiva es, desde luego, muy poco satisfactoria desde el punto de vista científico y puede ser además contraproducente.

EL CONCEPTO DE "EFICIENCIA"
Y EL ANÁLISIS COSTE-BENEFICIO

Muchos economistas evaden definirse sobre cuestiones distributivas y, sin embargo, se consideran expertos en asesorar sobre decisiones de política económica, las cuales tienen prácticamente siempre efectos sobre la distribución del ingreso. ¿Cómo se supera esta contradicción? La teoría económica ha intentado separar dos aspectos de las decisiones de política económica: su impacto sobre la "eficiencia" y su impacto sobre la "distribución". Los economistas deberían aconsejar según el primer criterio y, en principio, permanecer neutrales —al menos como expertos en economía— respecto al segundo, que pertenecería al ámbito de la política.

Un punto de partida básico de la teoría económica es el criterio de Pareto, según el cual una situación A es socialmente mejor que una situación B, si algún individuo prefiere la situación A a la B sin que nadie prefiera la situación B a la A. Pasar de B a A sería una mejora paretiana y sólo si hubiésemos agotado todos los cambios de este tipo podríamos hablar de una situación "óptima de Pareto" (obsérvese que normalmente hay muchísimas situaciones "óptimas" desde este punto de vista). Preferir A a B en dicho caso parece, desde luego, un criterio razonable. El problema es que con un criterio paretiano estricto no iremos muy lejos: dado que las decisiones de política económica, en general, implican ganadores y perdedores, el economista se vería casi imposibilitado de opinar acerca de tales decisiones si quiere —como muchas veces se pretende— evitar juicios de valor. Por ello se ha planteado un criterio menos estricto, el de mejora potencial de Pareto, mejor conocido como *criterio de compensación de Kaldor-Hicks*.[2] Así, una deci-

---

[2] Aunque es frecuente referirse al criterio Hicks-Kaldor en realidad ambos autores plantearon la cuestión de diferente forma: para que el paso de una si-

sión es eficiente si lo que se gana es mayor que lo que se pierde, de manera que los ganadores están en una posición en la que, potencialmente, pueden compensar a los perdedores y estar aún algo mejor que antes; una propuesta es eficiente si la suma de beneficios es mayor que la de costes, sean quienes sean los ganadores y los perdedores. Estos criterios de eficiencia con compensación potencial no consideran los impactos sobre la distribución: un beneficio o un coste valorado en un euro pesa lo mismo recaiga sobre quien recaiga[3] (hay una va-

tuación *A* a una situación *B* fuese aceptable económicamente sería necesario —según el test de Kaldor— que los perjudicados pudiesen ser compensados por los beneficiados mientras que —según el test de Hicks— se debería cumplir que los perjudicados no pudiesen compensar a los beneficiados para que aceptasen que no se diese el paso a la situación *B*. Ambos criterios pueden dar diferentes resultados como destacó Tibor Scitovsky (como ya vimos cuando hablamos de la distinción, sobre la que volveremos en este capítulo, entre la disposición a pagar y la disposición a aceptar compensaciones). Así, podría darse el caso de que el resultado fuese ambiguo dependiendo de cómo se plantease la compensación. A veces se habla del test Kaldor-Hicks-Scitovsky para referirse al hecho de que dos posiciones *A* y *B* sólo son comparables de forma no ambigua si cumplen ambos tests. Sobre el tema, véase R. Perman, Y. Ma, J. M. McGilvray y M. Common, *Resource and Environmental Economics*, 3ª ed., Pearson/Addison Wesley, 2003, pp. 113-116.

[3] Cuando se acepta la posibilidad de establecer comparaciones interpersonales (es decir, de evaluar si una situación es o no mejor a otra cuando alguien sale beneficiado y alguien perjudicado) la teoría económica neoclásica suele plantear la cuestión en términos de "funciones de bienestar social" dependientes de las utilidades individuales: $W = f(U_1,...,U_n)$. Estas funciones podrían en principio tener cualquier forma siempre que —en coherencia con los principios paretianos— sus derivadas parciales respecto a la utilidad sean positivas. Una variedad que se utiliza frecuentemente es la función de bienestar utilitarista según la cual la función de utilidad social se puede expresar como suma de las funciones de utilidad individuales $W = \Sigma U_i$. Adviértase que dicha función de utilidad admite el discutible principio de que es socialmente conveniente perjudicar a algunos siempre que el beneficio que obtengan otros sea lo suficientemente grande como para superar dicho perjuicio. Las cuestiones distributivas quedan, además, fuera de consideración, ya que los perjudicados (a los que se podría potencialmente compensar sin que se exija la compensación) pueden ser los más pobres de la sociedad; en particular, va contra el principio de justicia de Rawls, de fuerte tradición en economía, según el cual lo que debe primar en cualquier juicio social es ver qué pasa a los más desfavorecidos. El análisis coste-beneficio es aún más simplificador que la anterior función utilitarista porque lo que considera es que una mejora o pérdida equivalente a una unidad monetaria pesa lo mismo recaiga

riedad del análisis coste-beneficio que incorpora una dimensión distributiva dando pesos diferentes a los costes y beneficios que afectan a diversos grupos sociales según su nivel de renta, pero entonces nos alejamos de lo que es la supuesta ventaja de este análisis: ofrecer conclusiones independientes de los juicios de valor del analista.)

Veamos una vez más el concepto "contaminación óptima", tan habitual en el análisis de la economía ambiental neoclásica: la contaminación es buena mientras los beneficios que proporciona —a las empresas contaminadoras y a los consumidores que han de pagar menos por el producto— son superiores a los costes para aquellos que sufren sus consecuencias. El economista puede argumentar que si a uno le preocupan los "perdedores", organice un sistema de compensaciones; lo que no es del todo convincente ya que el criterio de eficiencia de la compensación potencial se ha planteado, precisamente, para situaciones en las que la compensación *no* se produce, porque, de ser así, con el criterio de Pareto tendríamos bastante. Además, cuando la compensación efectiva pone en peligro —o parece ponerlo— el criterio de eficiencia, el economista acostumbrado a razonar sólo en términos de eficiencia tenderá a oponerse a la compensación. Así, incluso autores como Baumol y Oates, nada insensibles a los problemas distributivos, han argumentado que muchas veces sería ineficiente compensar a las víctimas de la contaminación:

> si todos los vecinos de las fábricas recibiesen cantidades suficientes para compensarlos plenamente, no sólo por las molestias sino por el aumento en sus gastos de lavandería, daño a su salud,

sobre quien recaiga. En el lenguaje de las funciones de bienestar social, el supuesto implícito del ACB es no sólo que la función de bienestar social relevante es utilitarista sino que las utilidades marginales son constantes e iguales para todos los individuos: $U_i = a_i + bC_i$ en donde C_i es el "consumo" de la persona i y en donde b es una constante igual para todas las personas. El supuesto va contra la vieja tradición de la economía convencional según la cual la utilidad marginal es decreciente al aumentar el nivel de consumo lo que puede dar pie a propuestas igualitaristas ya que lo que "se pierde" perjudicando a una persona rica restándole una unidad monetaria de consumo sería menor a lo que "se gana" añadiendo una unidad monetaria a una persona pobre.

etc., obviamente nadie tendría ninguna motivación para vivir alejado de la fábrica. De esta manera, demasiadas personas elegirían vivir en condiciones afectadas por el humo, porque, de hecho, se les habría ofrecido un incentivo económico para aceptar sus efectos negativos sin que nadie reciba beneficios por ello. La ineficiencia resultante sería clara.[4]

Es obvio que para sumar y restar beneficios y costes (aunque no necesariamente para comparar) todo se ha de reducir a una misma unidad: el dinero. Ello es claro cuando se plantea —como hemos visto— el modelo de la contaminación óptima, y lo es más cuando se habla explícitamente de *análisis coste-beneficio* como técnica para la toma de decisiones.

La idea de dicha técnica es de lo más sencilla: cuando alguien ha de decidir entre uno o varios proyectos, sea un municipio o el Banco Mundial, se han de determinar, por un lado, los costes y, por el otro, los beneficios del proyecto. Se trata de sumar costes y beneficios *(actualizados)*, y de comparar ambos, lo que nos permitirá saber si el proyecto implica o no una mejora, si el beneficio neto total es o no positivo.

Aunque la idea es sencilla, los problemas teóricos y prácticos que se plantean son enormes y, en nuestra opinión, insalvables sin una fuerte dosis de arbitrariedad. Como acabamos de señalar, un problema es olvidarse de las cuestiones distributivas. Otro por supuesto es llegar a valores monetarios que reflejen los diferentes costes y beneficios. Algunos de los valores que se necesitan parten de los datos de mercado y, por tanto, ya aparecen en unidades monetarias; por ejemplo, el coste de construcción de una represa o la pérdida de producción agrícola que implica pueden estimarse sin más problemas a partir de los valores de mercado. El punto más problemático es valorar los bienes para los cuales no existe un mercado.[5] Es el

[4] W. J. Baumol y W. E. Oates, *The Theory of Environmental Policy*, Prentice-Hall, Nueva Jersey, 1975, pp. 17-18 (ed. en español: *La teoría de la política económica del medio ambiente*, Barcelona, Antoni Bosch editor, 1982).

[5] No hay que olvidar, sin embargo, que puesto que hablamos de una técnica que se utiliza con fines normativos (decidir si un proyecto es o no socialmente beneficioso o decidir entre proyectos alternativos), ni siquiera es evidente que tengamos que dar por buenos los precios de mercado ya que dependen de la distri-

caso, por ejemplo, del tiempo y de la vida humana (variables típicas a las que se tiene que asignar un valor cuando se estudia, por ejemplo, un proyecto de carretera); y es el caso de los "bienes ambientales", como el aire limpio, la conservación de un determinado paisaje o la protección de una especie. Existen técnicas para monetizar el valor de dichos bienes, pero antes de ver en qué consisten y cuáles son sus fuertes limitaciones, nos referiremos a dos problemas fundamentales. Las decisiones de política ambiental se caracterizan frecuentemente porque, tomándose en el presente, tienen impacto futuro (en algunos casos, incluso, suponen efectos irreversibles) y también por el elevado grado de incertidumbre respecto a sus consecuencias. Los dos problemas están fuertemente ligados —la incertidumbre siempre es, obviamente, sobre el futuro, y es mayor cuanto más lejano—, pero los trataremos por separado.

EL CONCEPTO "DESCUENTO DEL FUTURO"

Descontar (o infravalorar) el futuro significa valorar menos los costes y beneficios futuros que los actuales. En el análisis coste-beneficio se adopta, casi universalmente, el criterio de descontar el futuro, de manera que si llamamos B_t y C_t a los beneficios y costes de un proyecto determinado en el periodo t, el *valor neto actualizado* del proyecto será:

$$B_0 - C_0 + \frac{B_1 - C_1}{1 + r} + \frac{B_2 + C_2}{(1 + r)^2} + \dots$$

o, en tiempo continuo, $\int_0^\infty (B_t - C_t)\, e^{-rt}\, dt,$

donde r es la *tasa de descuento*.

Cuando hablamos de proyectos públicos, la tasa de descuento puede elegirse socialmente y no ser, por fuerza, igual al

bución del ingreso, de que los mercados sean más o menos competitivos y, además, no incorporan "externalidades". Puede pensarse, por ejemplo, que si existe desempleo, el coste social de emplear a un trabajador será inferior a su salario.

tipo de interés de mercado. Aunque lo habitual es identificar ambas tasas, existe una abundante discusión sobre las razones por las que la tasa de descuento social debería ser diferente a la de mercado. Sin embargo, el acuerdo sobre la necesidad de aplicar una tasa de descuento positiva es aplastantemente mayoritario entre los economistas —aunque muy cuestionable desde la perspectiva de la economía ecológica—.

Aplicar una tasa de descuento hace que beneficios y costes pierdan importancia a medida que son más lejanos. Por ejemplo, un coste valorable en 1 000 euros, y que se producirá de aquí a 10 años, equivale a un coste actual de 614 euros, si la tasa de descuento aplicada es de 5% anual; el mismo coste, de aquí a 50 años, se convertiría al actualizarlo en sólo 87 euros. El futuro lejano casi no influye en las decisiones actuales.[6] Veamos también cómo la valoración del futuro es muy sensible a la tasa de descuento que decidamos aplicar: las 614 euros del ejemplo anterior se convertirían en sólo 386 si, en vez de aplicar una tasa de descuento de 5%, aplicásemos una de 10%. Mayor tasa de descuento implica mayor infravaloración del futuro, mayor preocupación por el corto plazo y menor por el largo plazo (véase el cuadro IV.1). Los "conservacionistas" han denunciado el sesgo de los economistas preocupados mucho más por el corto que por el largo plazo. El que se "descuente" el futuro les da la razón, aunque es necesario analizar más profundamente los argumentos de los economistas.

Para entender mejor lo que significa descontar el futuro, basta con ver lo que las empresas e individuos efectivamente hacen cuando realizan cálculos financieros. Imaginemos una empresa que estudia la conveniencia de una inversión que implica un desembolso de 1 000 000 de euros para obtener un ingreso seguro de 1 000 000 de euros al cabo de 20 años. A alguien le podría parecer que la empresa habría de ser indiferente (en ausencia de inflación) entre invertir o no, pero es evidente que

---

[6] Para evitar este resultado tan extremo, algunos autores moderan el descuento del futuro lejano mediante la solución *ad hoc* de aplicar tasas de descuento decrecientes a medida que nos alejamos del presente. Se conocen a veces como tasas de descuento hiperbólicas o gamma. Véase M. Weitzman, "Gamma Discounting", *American Economic Review*, vol. 91, núm. 1 (2001), pp. 261-271.

CUADRO IV.1. *Valor actual descontado de un coste o beneficio futuro de 1 000 unidades monetarias*

Años que tarda en producirse el coste o el beneficio	Tasa de descuento		
	3%	5%	10%
10 años	744.1	613.9	385.5
50 años	228.1	87.2	8.5
100 años	52.0	7.6	0.1

la inversión es totalmente desaconsejable porque el dinero tiene un precio (el tipo de interés). Si la empresa se endeuda para financiar la inversión, al cabo de los años ha de devolver mucho más que la cantidad tomada en préstamo, y si le dedica el capital propio, éste tiene un "coste de oportunidad", ya que se inmoviliza en un proyecto y se dejan de percibir ingresos de otras alternativas de inversión (adquiriendo, por ejemplo, deuda pública o cualquier otro activo financiero).

Si el ingreso al cabo de 20 años es de 2 000 000 euros, ¿sería conveniente el proyecto? Depende del precio del dinero en los mercados monetarios. Si es, por ejemplo, de 5% el proyecto no será conveniente, lo que puede verse descontando los ingresos:

$$2\,000\,000/1.05^{20} = 753\,779, \text{ que es inferior}$$

a 1 000 000 de euros actuales.

Adviértase que la operación de descontar el futuro es la inversa de la de "capitalizar" el dinero actual: 753 779 euros se convertirían, a 5% de interés, en $753\,779 \times 1.05^{20} = 2\,000\,000$.

La justificación del descuento, desde el punto de vista de la rentabilidad financiera privada, es obvia: el dinero tiene un precio y no se puede tratar como un recurso gratuito.[7] Sin em-

---

[7] Las cosas son más complicadas porque el concepto *tipo de interés* es mucho más claro en la teoría que en la práctica: los tipos de interés a los que se obtiene préstamos y los que se pagan por los depósitos no son los mismos; además, diferentes préstamos y depósitos tienen tipos diferentes. En cualquier caso, sin embargo, el dinero tiene un precio o coste de oportunidad.

bargo, los argumentos para aplicar una tasa de descuento *social* en las decisiones públicas (sea para aprobar o decidir un proyecto de inversión o para la evaluación de una política ambiental) o en el cálculo de daños ambientales, sí son muy discutibles.

LA IMPORTANCIA DE LA TASA DE DESCUENTO:
EL EJEMPLO DE LOS CONTAMINANTES ACUMULATIVOS

Una de las aplicaciones que ya hemos visto, sin decirlo explícitamente, del análisis coste-beneficio, es el de la "contaminación óptima". La idea es que, para decidir cuánta contaminación se ha de aceptar, es necesario comparar los costes de contaminar con sus beneficios. Existe el problema de la valoración monetaria y también la cuestión de los efectos distributivos de la política. Si olvidamos esto, el criterio de eficiencia parece claro. Si, por ejemplo, la sociedad quiere menor contaminación acústica, ha de soportar los costes de reducirla. Cada generación puede decidir el nivel de ruido que desea, teniendo en cuenta los costes de reducirlo. En el caso del ruido se trata de un impacto ambiental reversible: si hoy se admite un nivel x de ruido y mañana se quiere reducirlo, no hay en principio ningún problema.

Sin embargo, otros problemas ambientales tienen efectos a muy largo plazo e, incluso, irreversibles. Hay sustancias, como los metales pesados o los residuos radiactivos, para las cuales la naturaleza no tiene capacidad de asimilación —o cuya capacidad es insuficiente, dado el nivel de residuos— y se acumulan generando daños —o generándolos a partir de un determinado nivel de acumulación de la sustancia— que, en cada periodo, no dependen sólo del *flujo* de contaminación sino también del *stock* de sustancia acumulada. Pearce introdujo el término *externalidades dinámicas* para dichos casos, y concluía: "el análisis coste-beneficio llega a ser un mecanismo para trasladar los costes de la contaminación en el tiempo hacia las generaciones futuras".[8]

[8] D. W. Pearce, "Los límites del análisis coste-beneficio como guía para la política del medio ambiente", en F. Aguilera y V. Alcántara (eds.), *De la econo-*

Los impactos de los diferentes tipos de contaminación se mueven entre dos extremos. Uno es el caso, como el ruido, en que el daño provocado sólo se produce en el periodo en que se genera. El otro caso extremo es aquel en que el daño (o riesgo) ambiental en cada periodo es sólo función del *stock* acumulado de contaminante con independencia total del momento en que se generó: en términos prácticos consideramos que éste es el caso de los residuos radiactivos de larga vida cuya decadencia es muy lenta. La mayor parte de casos son intermedios y los efectos se prolongan durante años o décadas (como, por ejemplo, el caso de los CFC), aunque con efectos decrecientes. El CO_2, cuya concentración en la atmósfera ha estado aumentando, quizá se aproxime al nivel anterior en unos cientos de años, si las emisiones humanas se reducen considerablemente.

En términos formales, si definimos F_i como el flujo de contaminación en el periodo i, y los costes de la contaminación en el periodo como C_i, tendríamos que: $C_i(F_i, F_{i-1}, F_{i-2}, F_{i-3} \dots F_1)$ donde 1 es el periodo en que se empieza a generar el contaminante analizado. Los casos extremos aludidos son los que se expresan como, por un lado, $C_i(F_i)$, y, por el otro, $C_i(S_i)$, donde

$$S_i = \sum_{n=1}^{n=i} F_n.$$

En el primer caso puede aplicarse el análisis convencional referido a un periodo. Aquí desarrollamos un ejemplo basado en el segundo caso extremo para destacar la importancia de la tasa de descuento.[9]

Supongamos que los daños de la contaminación que se producen en un periodo i se pueden medir monetariamente y expresar según la siguiente función:

---

mía ambiental a la economía ecológica, Icaria/Fuhem, 1994, p. 170 (edición original, 1976).

[9] Una posible formulación más general del problema sería que el contaminante se degrada (o deja de tener efectos negativos) a una tasa anual d de manera que el daño en el momento i es función de la variable $S_i = F_i + (1-d) F_{i-1} + (1-d)^2 F_{i-2} + \dots + (1-d)^{i-1} \cdot F_i$. Formulado en estos términos, los casos extremos a los que nos hemos referido son $d = 1$ (contaminante-flujo) y $d = 0$ (contaminante estrictamente acumulativo).

$$C_i(S_i) = 10\, S_i = 10\, (S_{i-1} + F_i),$$

función según la cual el coste marginal

$$C_{\mathrm{marg}\, i}(S_i) = C_{\mathrm{marg}\, i}(F_i) = 10.$$

Supongamos, por otro lado, que los costes de control de la contaminación o beneficios derivados de contaminar responden a la siguiente expresión:

$$B_i(F_i) = 280\, F_i - \frac{3\, F_i^2}{2},$$

función según la cual el beneficio marginal de la contaminación es

$$B_{\mathrm{marg}\, i}(F_i) = 280 - 3\, F_i.$$

Obsérvese que, por simplicidad, hemos supuesto que el daño de la contaminación aumenta al mismo ritmo que la contaminación (ello no afecta al argumento). Por lo que se refiere a los beneficios marginales de la contaminación, los suponemos decrecientes, lo que significa que los costes marginales de reducir la contaminación son mayores cuanto más pequeña es la emisión del contaminante.

El criterio habitual de optimalidad, aplicado incorrectamente periodo a periodo, como si el futuro no se viese influido por las decisiones presentes, llevaría al siguiente resultado:

$$280 - 3\, F_i = 10;\ F_i = 90.$$

Desde la perspectiva miope de cada periodo, vale la pena aumentar la contaminación en 90 unidades.[10] El problema es que esta contaminación se acumula y representa un legado perjudicial para el futuro.

La gráfica IV.1 representa, para los dos primeros periodos, la "contaminación óptima" cuando se ignora el futuro. Fijémonos que en el segundo periodo se parte del *stock* de contaminación

[10] Hemos supuesto que los costes marginales de la contaminación son constantes. Si, como es habitual, supusiésemos que son crecientes, entonces el flujo de contaminación se reduciría a lo largo del tiempo.

GRÁFICA IV.1. *Efectos del daño ambiental acumulado*

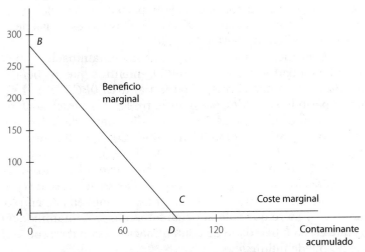

a) Periodo 1

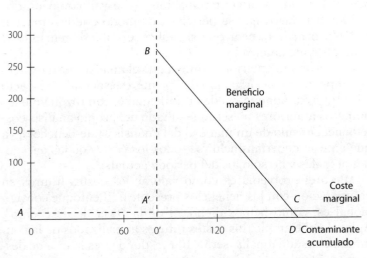

b) Periodo 2

generado por las decisiones del periodo anterior y lo único que cabe decidir es si se quieren asumir o no los costes *adicionales* de aumentar la contaminación, pero es imposible volver atrás y revisar las decisiones anteriores (los costes de las decisiones anteriores son costes "hundidos").

En el primer periodo los costes de la contaminación generada vienen dados por el área $0ACD$, mientras que los beneficios de contaminar corresponderían al área $0BCD$. En el segundo periodo se ha de distinguir entre los costes del *stock* de contaminante (el área $0ACD$) y los adicionales de haber aumentado la contaminación (el área $0'A'CD$). A medida que nos desplacemos en el tiempo, el área $0ACD$ se hará cada vez mayor y llegará un momento en que los beneficios obtenidos de la contaminación serán ya inferiores a los costes del *stock* de contaminante; aun en este caso puede pasar, como en el ejemplo, que se considere que vale la pena aumentar la contaminación porque el *stock* heredado de contaminación es un dato sobre el que no puede influirse.

El cuadro IV.2 expresa los resultados del ejemplo, cuando se decide sin tener en cuenta en absoluto el futuro. Costes y beneficios están siempre expresados desde el punto de vista de cada periodo. A partir del periodo 14 los costes *totales* que se padecen debido a la contaminación no se ven compensados por los beneficios que se perciben, de modo que la situación será, en principio, peor que si nunca se hubiese generado el contaminante analizado.

El resultado anterior apunta a que el análisis coste-beneficio implica una priorización de los intereses actuales respecto a los futuros. Aunque puede argumentarse, con razón, que los números anteriores no serán resultado del propio análisis coste-beneficio sino de un mal uso del análisis coste-beneficio, ya que en éste deberían incluirse todos los costes de las decisiones actuales y no sólo los del periodo actual.

Pero el problema es cómo valorar los costes futuros en comparación con los beneficios presentes. El enfoque convencional es, como hemos dicho, el de la "tasa de descuento". Aplicado al ejemplo, los costes futuros actualizados de la contaminación adicional F_i serán $10\,F_i/r$, donde r es la tasa de descuento. El valor total de los costes será, pues:

CUADRO IV.2. *Costes y beneficios que la contaminación provoca en cada periodo.*
Supuesto: criterio convencional de contaminación óptima sin considerar el futuro

Periodo	F_i	S_i	(1)	(2)	(3)	(1) – (2)	(1) – (3)
1	90	90	13050	900	900	12150	12150
2	90	180	13050	900	1800	12150	11250
3	90	270	13050	900	2700	12150	10350
4	90	360	13050	900	3600	12150	9450
5	90	450	13050	900	4500	12150	8550
—	—	—	—	—	—	—	—
15	90	1350	13050	900	13500	12150	–450
—	—	—	—	—	—	—	—
100	90	9000	13050	900	90000	12150	–76950

F_i: Flujo contaminante.
S_i: *Stock* contaminante.
(1) Beneficio por contaminar.
(2) Coste adicional de la contaminación generada en el periodo.
(3) Coste total del *stock* de contaminante para el periodo.

Costes actuales + Costes futuros = $10F_i + 10F_i/r = 10F_i(1 + 1/r)$

de modo que la nueva igualdad marginal será:

$$280 - 3F_i = 10(1 + 1/r); F_i = 90 - 10/3r.$$

El resultado "óptimo" dependiente de la tasa de descuento será:[11]

r	F_i
0.1	56.7
0.07	42.4
0.05	23.3
0.04	6.7
0.03	0.0

Los costes futuros sí cuentan, pero se valoran menos cuanto más lejos se producen en el tiempo y cuanto mayor sea el tipo de descuento. Una tasa de descuento nula llevaría a la recomendación taxativa de no generar ningún contaminante acumulativo. En términos más generales, la recomendación sería no provocar ningún impacto negativo irreversible (como son ejemplos claros la destrucción de un paisaje único o la pérdida de biodiversidad), una recomendación que, desde luego, no apoyaría el análisis coste-beneficio tradicional —que "descuenta" el futuro— y que ciertamente lleva a conclusiones radicales. En el ejemplo, basta considerar una tasa de descuento de 3% para que la generación del contaminante no se considere justificada.

Si la tasa de descuento es suficientemente grande para que la decisión sea de flujo positivo de contaminación, entonces a partir de determinado periodo los costes *totales* de la contami-

[11] Si los costes marginales de la contaminación fuesen variables (véase nota anterior), el flujo de contaminación sería, en general, también variable a lo largo del tiempo y, para calcularlo, se tendría que resolver un problema más complejo de programación dinámica.

nación serán superiores a los beneficios que proporciona. Si la tasa de descuento es, por ejemplo, de 5%, tendremos los resultados del cuadro IV.3.

¿Cómo justificar la infravaloración de los daños futuros? Los apartados siguientes revisan los argumentos planteados.

ARGUMENTOS EN DEFENSA DE UNA TASA SOCIAL DE DESCUENTO Y CRÍTICAS

Los economistas han utilizado diversos argumentos para justificar el descuento del futuro, práctica que parece discriminar —y de hecho lo hace— a las generaciones futuras. Los tres argumentos principales han sido los siguientes: las preferencias temporales puras, la creciente riqueza y la productividad del capital. Los dos primeros representan, según los términos de algunos autores, el enfoque "prescriptivo" del problema: se parte de una función de utilidad social que agrega las utilidades a lo largo del tiempo y se discute cómo maximizarla.[12] El tercero es calificado por estos autores de "descriptivo", ya que parte, sobre todo, de un dato de mercado: el coste de financiar proyectos de inversión. Pero veamos cada uno.

El primer argumento, el de la *preferencia temporal pura*, apela a las preferencias de los individuos. Los individuos prefieren, se dice, los consumos ahora y no tanto en el futuro: son impacientes. La agregación de preferencias en el análisis coste-beneficio debe reflejar esa preferencia temporal. Este argumento se enfrenta a dos tipos de objeciones. La primera tiene que ver con la propia afirmación sobre la racionalidad de las preferencias temporales individuales; la segunda, más definitiva, tiene que ver con el paso de las preferencias personales a las interpersonales.

Se afirma que los consumidores prefieren el presente al futuro, aplicando el siguiente argumento. Supongamos que el tipo de interés al que pueden endeudarse o colocar sus aho-

---

[12] K. J. Arrow *et al.*, "Intertemporal Equity and Discounting", en M. Munashinghe (ed.), *Global Climate Change: Economic and Policy Issues*, World Bank Environment Paper, núm. 12 (Washington, 1995).

CUADRO IV.3. *Costes y beneficios que la contaminación provoca en cada periodo.*
Supuesto: criterio convencional de contaminación óptima aplicando una tasa de descuento de 5%

Periodo	F_i	S_i	(1)	(2)	(3)	(1) − (2)	(1) − (3)
1	23.3	23.3	5716	233	233	5483	5483
2	23.3	46.7	5716	233	467	5483	5249
3	23.3	70.0	5716	233	700	5483	5016
4	23.3	93.3	5716	233	933	5483	4783
5	23.3	116.7	5716	233	1167	5483	4549
—	—	—	—	—	—	—	—
15	23.3	350.0	5716	233	3500	5483	2216
—	—	—	—	—	—	—	—
100	23.3	2333.3	5716	233	23333	5483	−17617

F_i: Flujo contaminante.
S_i: Stock contaminante.
(1) Beneficio por contaminar.
(2) Coste adicional de la contaminación generada en el periodo.
(3) Coste total del stock de contaminante para el periodo.

rros es positivo e igual a 5%. Entonces, gastar hoy un euro equivale a renunciar a un gasto de 1.05 euros en el futuro: es el coste de oportunidad del consumo actual en términos de consumo futuro. Si hacemos las típicas abstracciones y simplificaciones de los modelos microeconómicos, y consideramos que no hay restricciones para endeudarse a cuenta de ingresos futuros y que el tipo de interés activo y pasivo es el mismo, la afirmación es incontestable, aunque es más discutible que las decisiones de los consumidores sobre el ahorro sean tan planificadas y sensibles al tipo de interés como en general se supone.[13] En cualquier caso el argumento sólo funciona para los consumos "marginales" y no tiene demasiado sentido apelar a una ley psicológica según la cual los individuos prefieren siempre el presente al futuro, como resulta evidente si uno traduce el razonamiento abstracto a consumos concretos. ¿Cómo se comportaría un individuo indiferente entre consumir hoy o consumir en el futuro? Si el tipo de interés fuese nulo, ¿sería indiferente entre consumir hoy 300 kg de carne o consumirlos de aquí a 20 años o repartir el consumo a lo largo de su vida?

Los individuos tienen distintas actitudes frente al ahorro y, aunque los tipos de interés afectan algo sus decisiones respecto a este punto, el comportamiento mayoritario consiste más bien en intentar mantener, o incluso mejorar, el nivel de consumo. Cuando uno es poco precavido, y luego lo pasa mal, es probable que se arrepienta en el futuro, por lo que sus decisiones reflejarían una racionalidad limitada, incapaz de dar el peso adecuado al futuro. Además, muchas veces se acumula dinero más allá de las necesidades futuras de consumo, y no sólo por precaución, sino también para dejar una herencia a los/as hijos/as —con la idea de que vivan mejor que los padres, mostrando así una "preferencia por el futuro"— o incluso siguiendo un impulso "irracional" por acumular dinero.

[13] "Observamos algunas personas endeudarse con tarjetas de crédito a 15-25% e invertir simultáneamente con tasas de rentabilidad después de impuestos en el rango de 1-3%. ¿Cuál de estas tasas refleja las tasas individuales de preferencia temporal?" (R. C. Lind, 1995, citado en C. Azar, "Are Optimal CO_2 Emissions Really Optimal?", *Environmental and Resource Economics*, vol. 11 (1998), p. 307).

Visto así, la búsqueda de un consumo sostenible (cuando no creciente) de uno mismo y de sus hijos/as quizá definiría mejor las aspiraciones de la mayoría de individuos que la afirmación general de que el presente importa más que el futuro.

La objeción más importante es, sin embargo, otra. Si un individuo tiene una preferencia temporal por el consumo actual de bienes sobre el consumo futuro, esa preferencia afecta a su propia satisfacción futura. Y aunque cada uno es libre para decidir lo que le afecta a él mismo, cuando consideramos una tasa social de descuento, el caso es distinto. Así pues, la cuestión no es nuestra satisfacción futura sino la de otros. Es distinto decir que estoy dispuesto a pagar ahora solamente 8.72 euros por un árbol que recibiré dentro de 50 años (y por el cual estaría dispuesto a pagar 100 euros si se me entrega ahora), que decir que el valor que ese árbol tendrá para una persona que viva dentro de 50 años será sólo de 8.72% del que ahora tiene para mí. Pero eso es lo que ocurre con las tasas de descuento. Admitamos, incluso, que hay unanimidad dentro de la generación actual respecto a la preferencia temporal; sin embargo, los bienes y daños sobre los cuales se tomarán decisiones van a satisfacer o a perjudicar las preferencias de una población diferente. El análisis coste-beneficio no agrega, entonces, las preferencias de todos los afectados por dicha decisión. No hay manera de defender ese paso de las preferencias intrapersonales a las preferencias interpersonales. En este sentido, Azar y Sterner establecen una comparación reveladora.[14] Los individuos muestran generalmente mayor interés por lo que pasa cerca de ellos que por lo que pasa más lejos: les preocupa más, por ejemplo, un desastre que ocurre a 100 km que otro similar que ocurra a miles de kilómetros. Podríamos decir que "descuentan según la distancia". Si, cuando se decide sobre un problema que afecta a toda la humanidad, se tiene sólo en cuenta la opinión de una parte de la población que "descuenta" (aunque le importa) lo que pasa lejos, la discriminación resulta clara. Pero esto es lo que puede pasar en la relación

---

[14] C. Azar y T. Sterner, "Discouting and distributional considerations in the context of global warming", *Ecological Economics*, núm. 19, núm. 2 (noviembre de 1996), pp. 169-184.

entre generaciones, si se acepta que es éticamente correcto pensar en problemas de consecuencias de largo plazo en términos de descuento del futuro.

Erhun Kula, que acepta la idea de la preferencia subjetiva por el presente, ha argumentado que cuando se trata de proyectos que afectan no sólo a la generación actual sino también a personas aún no nacidas, se debería aplicar una "tasa de descuento modificada". Veamos un ejemplo.[15]

Sea una sociedad en la que viven sólo tres individuos que mueren al cabo de tres periodos de vida y que tienen edades diferentes, de modo que tenemos "generaciones superpuestas". (Obviamente los números se han escogido por simplicidad, no con realismo, y tienen como único objetivo que se capte el razonamiento.) En el primer periodo convivirían las personas A, B y C; en el segundo periodo, fallecida la persona A, convivirían B, C y D; y así sucesivamente.

		Periodo		
1	*2*	*3*	*4*	*5*
A				
B	B			
C	C	C		
	D	D	D	
		E	E	E
			F	F
				G

Se trata de valorar un proyecto público cuyo coste durante el primer periodo es de 990 unidades monetarias y que da beneficios de 300 en cada uno de los cuatro periodos siguientes (suponemos que costes y beneficios se producen siempre al final del periodo). Prescindimos de la importante cuestión de la distribución intrageneracional y suponemos que costes y beneficios se reparten por igual entre todos los que viven en el

---

[15] Adaptado de Erhun Kula, *Economics of Natural Resources and the Environment,* capítulo 7, Chapman and Hall, Londres, 1992.

momento. Aceptemos que la tasa de descuento que corresponde a la preferencia temporal individual por el presente es de 10% por periodo.

El descuento ordinario daría lugar a un valor neto actualizado de:

$$-990/1.1 + 300/1.1^2 + 300/1.1^3 + 300/1.1^4 + 300/1.1^5 = -35.5.$$

El descuento "modificado" sumaría los costes y beneficios actualizados de cada individuo tratándolos igualitariamente:

A: $-330/1.1$ = -300
B: $-330/1.1$ + $100/1.1^2$ = -217.4
C: $-330/1.1$ + $100/1.1^2$ + $100/1.1^3$ = -142.2
D: $100/1.1$ + $100/1.1^2$ + $100/1.1^3$ = 248.6
E: $100/1.1$ + $100/1.1^2$ + $100/1.1^3$ = 248.6
F: $100/1.1$ + $100/1.1^2$ = 173.5
G: $100/1.1$ = 90.9

con lo que el valor neto total actualizado sería positivo e igual a 102.

Teniendo en cuenta la esperanza de vida media de la población, Kula elaboró cuadros de descuento "modificado" para Gran Bretaña; si consideramos una tasa anual de descuento de 5%, por ejemplo, el factor de descuento a aplicar a los beneficios o costes de aquí a 50 periodos sería, con el método ordinario, de 0.0872, mientras que con el método modificado sería de 0.2776.

Descontar la "utilidad" futura con base en argumentos de preferencia individual temporal es, por tanto, cuestionable, sobre todo si las decisiones actuales afectan a las generaciones futuras. Ésta era de hecho la posición de Frank Ramsey cuando, en 1928, escribía "no descontamos los disfrutes que se producen más tarde en comparación con los que se dan antes, una práctica que es éticamente indefendible y que procede meramente de la debilidad de la imaginación";[16] o la de Ha-

---

[16] F. Ramsey, "A mathematical theory of saving", *Economic Journal,* vol. XXXVIII, núm. 152 (1928), p. 543.

rrod, que en 1948 escribía que el descuento "es una expresión educada para indicar rapacidad y la conquista de la razón por la pasión";[17] y también la de Solow, al escribir que "en la toma social de decisiones no hay razón para tratar a las generaciones de forma desigual, y el horizonte de tiempo es, o debería ser, muy amplio. Reunidos en cónclave solemne, por decirlo así, debemos actuar como si la tasa de preferencia temporal social fuese igual a cero".[18] Sin embargo, para estos autores existía otra razón para descontar costes y beneficios futuros: el argumento de *la creciente riqueza* debida a la inversión actual. Si suponemos que la riqueza aumenta con el tiempo, la utilidad marginal (es decir, la satisfacción adicional) de los beneficios futuros será menor que la de los beneficios actuales. De ahí que se dé un menor peso a los beneficios futuros, de la misma manera que los beneficios para quienes ya son ricos podrían valorarse menos que los beneficios a los pobres (aunque muchos economistas serían reacios a este tipo de comparaciones interpersonales e intrageneracionales que pueden servir para defender el igualitarismo).

Sin embargo, desde la economía ecológica ponemos en duda el supuesto habitual de la teoría económica del crecimiento de que la inversión actual lleva a que las generaciones futuras serán más ricas. Esto no está justificado. Puede ser que su creciente riqueza esté mal medida al basarse en la destrucción de recursos y servicios ambientales. Según la economía ecológica, la riqueza media de las generaciones futuras tal vez será inferior a la de la generación actual, dado el agotamiento de recursos naturales, los cambios climáticos globales y los límites a la sustituibilidad de materiales; hemos de ser escépticos sobre la extrapolación hacia el futuro de un "crecimiento económico" que se ha dado en la historia reciente, pero que no ha sido ininterrumpido ni se ha dado en todas las áreas del mundo (algunas cada vez más empobrecidas dada la creciente desigualdad mundial). El "principio de precaución", al que

---

[17] R. Harrod, *Towards a Dynamic Economics*, London, 1948, p. 40.
[18] R. M. Solow, "La economía de los recursos o los recursos de la economía", en F. Aguilera Klink y V. Alcántara (eds.), *De la economía ambiental a la economía ecológica*, Icaria/Fuhem, Barcelona, 1994, p. 150 (Colección Economía Crítica).

luego nos referiremos, exige tener presente la posibilidad de que las generaciones futuras no serán más ricas sino más pobres. Además, lo importante no es la disponibilidad de dinero per cápita sino el bienestar. Hay ciertamente algo paradójico al aplicar una tasa de descuento. El descuento del futuro menoscaba su propia justificación, pues si el futuro se descuenta, hay que preferir el consumo actual al consumo futuro; pero si los recursos y servicios ambientales se agotan, se pone en peligro el propio nivel de vida futuro, cuyo supuesto aumento constituía la justificación (por la utilidad marginal decreciente) de la tasa de descuento.

El argumento convencional es el siguiente. Supongamos que el consumo per cápita aumenta 3% y que la "felicidad" (utilidad) marginal o aumento de utilidad asociado con el aumento del consumo disminuye con una elasticidad igual a 1 (en valor absoluto),[19] lo que quiere decir que si el consumo aumenta 1%, la utilidad marginal disminuye 1%; en consecuencia, la unidad marginal futura daría, con los números anteriores, una utilidad marginal inferior en 3% a la de la unidad monetaria actual. Por tanto, un euro de hoy gastado en consumo equivale (si no hay inflación) aproximadamente a 1.03 euros de mañana. Pero si uno desconfía del crecimiento exponencial, esta justificación del descuento ya no es pertinente. Veamos las consecuencias, para el descuento del futuro, de cambiar el supuesto del

[19] La elasticidad de la utilidad marginal de -1 corresponde a la función de utilidad $U(c) = \ln c$. Un caso más general de utilidad marginal decreciente y elasticidad constante es $U(c) = c^{1-e}$ (donde se supone $0 < e < 1$), cuya elasticidad en valor absoluto es igual a e. En el caso general, la elasticidad es variable. Adviértase la siguiente contradicción. Como hemos visto anteriormente (véase nota 3 en este capítulo), el ACB simplifica radicalmente las cosas y para los cálculos intrageneracionales considera implícitamente que las utilidades marginales son independientes del nivel de renta e iguales para todos los individuos. En cambio para el análisis intergeneracional el supuesto sí es que las utilidades marginales decrecen con el nivel de renta. Por tanto, por un lado, se cierra la puerta a argumentos para dar la prioridad a la protección de los individuos o territorios más pobres y al mismo tiempo se dan argumentos para restar importancia a los efectos negativos de nuestras decisiones sobre las generaciones futuras. ¿Qué coherencia hay en estos planteamientos? Difícil ver más coherencia que la protección de los estilos de vida de los ricos de las generaciones actuales aunque sea a costa de provocar daños a los más pobres y a las generaciones futuras.

crecimiento exponencial por uno de crecimiento logístico.[20] Según el primero, la economía mundial crece de manera indefinida a una tasa de 3% anual y, según el segundo —en la línea del informe Brundtland—,[21] el crecimiento inicial es de 3% y disminuye de forma logística hasta que el ingreso mundial anual alcanza la formidable cifra de 10 veces el nivel de 1987. Las consecuencias para el descuento del futuro lejano son, incluso manteniendo tal optimismo, visibles aunque no espectaculares: mientras que el primer supuesto llevaría a actualizar los costes y beneficios previstos para de aquí a 100 años multiplicando por un factor de 0.052, el segundo llevaría a multiplicar por 0.147; en otras palabras, en un caso, a los costes y beneficios que se tienen de aquí a 100 años se les da sólo 5% de importancia en comparación con los actuales y, en el otro, se les da casi 15% (los números corresponden a un caso en que la elasticidad de la utilidad marginal es unitaria y en el que no existe ninguna preferencia temporal "pura" por el presente).

Planteados conjuntamente, los dos argumentos anteriores dan lugar a una tasa de descuento igual a

$$p + eg,$$

donde p es la tasa de preferencia temporal pura (para algunos nula), e la elasticidad (en valor absoluto) de la utilidad marginal respecto al nivel de consumo, y g el crecimiento del consumo per cápita.[22] Esta expresión se suele conocer como la ecuación de Ramsey a pesar de la comentada oposición de Ramsey a aplicar una tasa de preferencia temporal pura.

Queda el argumento del coste social de oportunidad de los fondos de inversión o de la *productividad del capital*, según el cual los beneficios futuros de un proyecto o política deben compararse con los beneficios futuros potenciales que se obtendrían si esos recursos se hubieran invertido al tipo de inte-

---

[20] T. Sterner, "Discounting in a World of Limited Growth", *Environmental and Resource Economics*, vol. 4 (1994).

[21] G. H. Brundtland, *Our Common Future*, Oxford University Press, Oxford, 1987 (ed. en español: *Nuestro futuro común*, Alianza, Madrid, 1988).

[22] La demostración de la igualdad puede verse en R. Perman, Y. Ma, J. M. McGilvray y M. Common, *op. cit.*, apéndice 11.1.

rés actual. Es decir, los beneficios y costes futuros deben ser descontados según el tipo de interés. A diferencia de las justificaciones de una tasa social de descuento como las consideradas hasta ahora, la que apela a los costes sociales de oportunidad no debe entenderse como una infravaloración de los bienes o daños de las generaciones futuras (sea porque consideramos menos su bienestar o porque las suponemos más ricas). Supongamos cualquier proyecto: el capital invertido en él podría haberse destinado a otra inversión, donde rendiría el tipo de interés actual. Si el rendimiento del proyecto en el año *t* es menor que el que obtendríamos a la tasa de interés actual, entonces ese proyecto no da el mejor resultado para las generaciones futuras. Así, por ejemplo, si el proyecto consiste en plantar árboles, y suponemos que los árboles valdrán *x* euros en el año *t*, mientras que el rendimiento de la misma inversión colocada a interés compuesto sería mayor que *x*, entonces esa inversión en dinero compensa la renuncia al proyecto y la no disponibilidad de los árboles potenciales en el futuro. Igualmente descontamos los daños futuros ambientales de, por ejemplo, la acumulación de residuos tóxicos; la idea es que si un proyecto que hoy da beneficios de 1 000 a cambio de unos costes de 2 500 de aquí a 20 años, y el rendimiento del capital es de 5% anual, entonces el proyecto vale la pena porque el beneficio de 1 000 podría invertirse a un tipo de interés de 5%, lo que daría lugar a un ingreso futuro de más de 2 500, y así *podría* compensarse a los perjudicados. El argumento, en principio razonable y correcto en contextos muy específicos, tiene dos problemas.

El primero es que se plantea en el terreno de la *compensación potencial*. Si los beneficios actuales se destinan al consumo, los perjudicados en el futuro no se ven compensados, como tampoco se verán si la inversión no revierte en mejoras para las personas concretas que resultarán perjudicadas. Usar el tipo de interés como tasa de descuento para comparar proyectos es un argumento que supone, además, que todos los bienes son conmensurables, que sea cual sea la pérdida de cualquier bien, los perdedores estarán siempre dispuestos a aceptar un cierto nivel de compensación, y eso no es cierto en un momento dado, y resulta aún menos cierto intertemporalmente. Ese argumento de la compensación depende de la existencia de bienes alternativos que uno pueda adquirir para sustituir a los perdidos. El dinero en sí mismo no sirve. Dada la pérdida actual de recursos ambientales vitales, como el suelo agrícola, el aire limpio, el agua limpia, una atmósfera que filtre los rayos dañinos, un clima estable, etc., no se ve claro cuáles serán los bienes sustitutivos. Es una tontería señalar que habrá una suma nominal disponible para compensación sin decir si realmente habrá bienes sustitutivos.

El segundo problema es que los tipos de interés se consideran como algo dado, como si los bancos fueran unas instituciones que generan dinero por sí solas, independientemente de lo que ocurra en la economía. Pareciera como si, mediante el tipo de interés, pudiéramos generar dinero para compensar a las generaciones futuras de sus pérdidas. Pero los tipos de interés no son eso, sino que miden el coste de tomar préstamos en la economía en un momento dado. Cada inversor que toma un crédito espera conseguir un rendimiento mayor que el tipo de interés. En otras palabras, al usar el tipo de interés como medida de descuento del futuro, comparamos el rendimiento del proyecto en consideración con el posible rendimiento de otros proyectos que compiten por la inversión de capital. Ahora bien, los rendimientos de la inversión de capital en proyectos alternativos pueden nacer de un verdadero crecimiento sostenible de la economía o de la destrucción de recursos y servicios ambientales. Ahora consumimos energía y materiales no renovables al hacer inversiones. Al considerar los efectos de distintos proyectos sobre generaciones futuras, lo relevante no son las tasas de ganancia sino sus repercusiones ambientales y las consecuencias directas de esos proyectos para el bienestar de esas generaciones. Podría ser que cortar un bosque primario y vender la madera diera más ganancia por unidad de inversión que emplear el mismo capital en reponer árboles en un bosque secundario, o en inventariar la biodiversidad del bosque primario. Así, en el mercado podría ser racional pedir un crédito a cierto tipo de interés para el primer proyecto, y no pedirlo para el segundo o tercero. Sin embargo, respecto a la sustentabilidad de la economía para las generaciones futuras, el segundo o tercer proyectos seguramente serían preferibles.

Los tipos de interés no miden adecuadamente la "productividad real" de las inversiones: si en una economía agrícola tradicional el consumo se restringe para aumentar el grano plantado, entonces aumenta la producción futura, pero cuando la inversión consiste, como es a menudo el caso, no en un incremento genuino de capacidad productiva sino en una mezcla de producción y destrucción, entonces la justificación del descuento basada en la productividad del capital es dudosa, por mucho que las inversiones sólo se realicen si los que las deciden esperan que para ellos sean rentables desde el punto de vista monetario.

Una planificación racional del futuro no puede basarse en la aplicación de tasas de descuento que gobiernen todas las actividades, proyectos y recursos. Hacen falta comparaciones más concretas. Hasta cierto punto, ya es así en la práctica y, por ejemplo, se suele aplicar una tasa de descuento particularmente baja a los proyectos forestales. Esos ajustes *ad hoc* no son irracionales; son, al contrario, una variante racional dentro de un procedimiento irracional. La mejor alternativa, desde el punto de vista ambiental, tampoco es una disminución generalizada de las tasas de interés de mercado. Tal disminución no necesariamente reduciría los problemas ambientales: desde el punto de vista macroeconómico, y a corto plazo, una menor tasa de interés estimulará, dada una tasa media de beneficio determinada, la actividad económica y con ello la demanda de recursos naturales y la generación de residuos, de manera que haría falta un segundo filtro explícitamente ambiental para las inversiones. Desde el punto de vista microeconómico, la evaluación coste-beneficio a bajos tipos de descuento dará más importancia a los efectos a muy largo plazo, pero también lo hará respecto a los resultados de aquí a unos años en comparación a los costes actuales de inversión, con lo que a veces podría resultar que "pasasen" el *test* de rentabilidad proyectos con impactos ambientales futuros negativos que, a lo mejor, no lo hubiesen pasado con tasas de descuento mayores.[23]

---

[23] El resultado del análisis coste-beneficio de un proyecto no tiene por qué ser monótono respecto al tipo de descuento. Un proyecto puede no ser rentable a elevadas tasas de descuento, ser rentable a tipos de descuento más pequeños y resultar de nuevo no rentable a tipos de descuento aún menores como veremos en un ejemplo en la siguiente sección.

El criterio de Krutilla

Curiosamente los bienes ambientales cuya valoración ha dado lugar a más discusión son los que no tienen un valor vital sino recreativo, lo que se ha llamado en los Estados Unidos *amenities* (que algunos traducen bárbaramente por "amenidades"). Dependiendo de los textos que se lean, pareciera que la economía ambiental tuviera por objeto, principalmente, el estudio del valor de las *amenities*. Eso revela una relegación del valor de la naturaleza como base de la vida. El medio ambiente no es visto como suministrador de recursos y servicios naturales insustituibles, condición para la producción y para la vida misma, sino como fuente de valores recreativos. En este contexto ideológico se sitúa la interesante contribución de John Krutilla, en las décadas 1960 y 1970, a la valoración de bellos paisajes amenazados por proyectos hidroeléctricos. Su contribución —y por ello la planteamos en este momento— tiene que ver con si los "servicios" futuros de tales paisajes deben o no descontarse, pues para Krutilla dichos servicios serían cada vez relativamente *más* valiosos.

Krutilla modificó el análisis coste-beneficio para dar más peso al valor recreativo de la naturaleza. En un famoso caso, sobre el Hells Canyon en el oeste de los Estados Unidos, Krutilla dio un informe favorable a los conservacionistas con el siguiente argumento: la producción de electricidad sería relativamente cada vez más barata, mientras que el valor recreativo de una belleza natural como Hells Canyon aumentaría con el tiempo. Barnett y Morse habían mostrado en su estudio de 1963[24] que los precios de los recursos naturales extraídos no aumentaban en relación con los precios de los productos manufacturados industrialmente, más bien al contrario, y debíamos tener en cuenta que la electricidad de centrales térmicas era una industria basada en la extracción. Además, las posibilidades de sustituir fuentes de energía primaria para fabricar electricidad eran muy grandes, se presentaba (antes de Three

---

[24] H. J. Barnett y C. Morse, *Scarcity and Growth*, Resources for the Future, Baltimore, 1963.

Mile Island en 1979 y de Chernobyl en 1986) la nueva posibilidad de la energía nuclear, fuente barata de electricidad, además del petróleo, el gas, etc. A la gente le daba lo mismo (según Krutilla) que la electricidad viniera del carbón, o de las caídas de agua, o de los materiales radiactivos; le preocupaba únicamente disponer del producto final. Por tanto, cualquier mejora o sustitución técnica podía pasarse inmediatamente a los consumidores en la forma de un precio más bajo. Por el contrario, no había ningún cambio tecnológico posible respecto a la satisfacción recreativa directa que Hells Canyon proporcionaba a sus visitantes. Y, además, al aumentar los ingresos, la demanda de las bellezas de la naturaleza aumentaría en comparación con bienes más materiales. Krutilla fue, así, un temprano ideólogo del ambiente como bien de lujo y de la tesis del ecologismo como "posmaterialismo" (que Inglehart iba a proponer algo más tarde). Textualmente Krutilla escribió:

> [...] mientras podemos esperar que la producción de bienes y servicios aumente sin interrupción, el nivel de vida no por eso aumentará necesariamente. Más específicamente, Barnett y Morse concluyeron que la calidad del ambiente físico —el paisaje y la calidad del aire y del agua— se estaba deteriorando. Estas conclusiones indican que, por un lado, la preocupación tradicional de la economía de la conservación, esto es, la administración de los *stocks* de recursos naturales para el uso de las generaciones futuras, puede haber pasado de moda por los avances en la tecnología. Por otro lado, ahora la cuestión central parece ser la de hacer disponibles los valores recreativos actuales y futuros que nacen de los ambientes naturales aún no estropeados y que el mercado no proporciona.[25]

Había, pues, una asimetría en el progreso tecnológico porque la tecnología no podía avanzar hasta el punto en que las grandes maravillas geomorfológicas fueran copiadas (o las especies desaparecidas fueran resucitadas), de manera que su desaparición debía considerarse como una pérdida *irreversi-*

---

[25] J. V. Krutilla, "Conservation Reconsidered", *American Economic Review*, vol. LVII, núm. 4 (1967), p. 778.

ble; en cambio, la oferta de bienes fabricados y de servicios comerciales podía aumentar indefinidamente por los progresos científicos y tecnológicos. De ahí el *criterio de Krutilla* (también conocido como de Krutilla-Fischer), según el cual en el cálculo coste-beneficio, la corriente de beneficios (kwh) y los costes de oportunidad (pérdida de valores recreativos) no podían considerarse de la misma manera.

El argumento lo ejemplificamos de la siguiente forma. Si el valor recreativo de un espacio natural se estima hoy en P y se produce una pérdida irreversible, la creciente importancia dada a dicho tipo de valor se expresaría formalmente como un aumento de P a lo largo del tiempo según una fórmula del tipo $P_t = Pe^{ct}$. Aun aceptando una tasa de descuento positiva r para la valoración de proyectos, eso conduciría a la conclusión de que el valor P debe descontarse a una tasa inferior o, incluso, que no debe descontarse en absoluto. Veámoslo.

Si la tasa es r, el coste actualizado de destruir el paisaje de manera irreversible si los "servicios recreativos" no tuviesen un valor relativo creciente (es decir, si $c = 0$) sería:

$$\int_0^\infty Pe^{-rt}dt = P / r.$$

Si $c > 0$ podrían ocurrir dos cosas: *a)* que c sea superior o igual a r, en cuyo caso el valor actualizado sería infinito, de forma que el proyecto sería rechazado con seguridad; *b)* que c sea menor que r, en cuyo caso el valor actualizado sería $P/(r-c)$, que es como descontar P a una tasa inferior a r.

Una actitud más conservacionista valorará más el cuidado de los bienes ambientales, aunque ya habíamos comentado que una tasa de descuento más reducida no siempre lleva a este tipo de resultado. Un ejemplo permitirá demostrarlo.[26] Supóngase un proyecto hidroeléctrico que transformará irreversiblemente un espacio natural único. Los costes de construcción de la central son de 120 unidades monetarias anuales durante los 10 primeros años; los beneficios esperados son de

---

[26] El ejemplo es similar a uno utilizado por M. Common, *Environmental and Resource Economics. An Introduction*, 2ª ed., Longman, 1996. En los cálculos hemos utilizado la tasa de interés continua correspondiente.

200 anuales durante los siguientes 50 años de vida de la central (beneficios que en la valoración social del proyecto incluyen evitar costes ambientales, como la contaminación derivada de la quema de carbón en centrales térmicas cuya electricidad se sustituye). Desde que se inicia el proyecto, existen también costes irreversibles de 50 unidades monetarias anuales por usos recreativos perdidos que hemos valorado aplicando el método del coste del viaje o de la valoración contingente (véase más adelante). En el cuadro IV.4 se resumen los resultados según diferentes tasas de descuento.[27] Si se aplica un descuento de 5% el proyecto resulta eficiente, dado que su valor neto actual es positivo. Si la tasa se reduce a 3%, el valor neto aumenta considerablemente: los costes irreversibles adquieren mayor importancia, pero el cambio más relevante es que el valor actualizado de los beneficios de la explotación de la central eléctrica (que sólo empiezan a producirse de aquí a 10 años) aumenta mucho más que el de los costes de construcción, que son mucho más próximos (aunque existen tasas de descuento suficientemente bajas que, aplicadas generalmente, llevan a rechazar el proyecto). El proyecto se rechazará, en cambio, si sólo adquiere mayor importancia la contabilización de la pérdida de valor que comporta la pérdida del activo ambiental.

CUADRO IV.4. *Resultado del análisis coste-beneficio según diferentes tasas de descuento*

Tasa de descuento (%)	Costes de construcción actualizados (1)	Beneficios de la electricidad actualizados (2)	Costes pérdida irreversible del espacio natural actualizados (3)	Valor neto actual total (2)-(1)-(3)
5	944.3	2 227.0	1 000	282.6
3	1 036.7	3 836.8	1 666.7	1 133.4
5 para (1) y (2) 3% para (3)	944.3	2 227.0	1 666.7	−384.1

[27] Los cálculos se han hecho mediante cálculo integral aplicando los diferentes tipos de descuento "continuo" del 0.05 y 0.03 desde el momento 0.

Dejando de lado este ejemplo, un análisis gráfico ayudará también a entender la situación sugerida por Krutilla. Podemos representar la *frontera de posibilidades* de una sociedad como el conjunto de combinaciones entre bienes y servicios reproducibles, por un lado, y "servicios ambientales" proporcionados por la naturaleza, por el otro. Si consideramos que en determinadas situaciones existe un "intercambio" entre las opciones de desarrollo y de conservación, las opciones podrían representarse como las que figuran en la gráfica IV.2. Si las alternativas iniciales se sitúan a lo largo de la curva *XY,* la opción óptima desde un punto de vista estático podría ser *A,* renunciando a unos "servicios ambientales" iguales a *WX.* En el futuro, la frontera se desplaza hacia la curva *XZ,* lo que indica el aumento de la productividad debido al cambio tecnológico; quizás ahora lo ideal sería situarse en el punto *C* —que es un punto que indica un aumento del "consumo", tanto de bienes y servicios producidos como de "servicios ambientales"—. El problema es que la decisión anterior no es reversible y no po-

GRÁFICA IV.2. *Conjunto de combinaciones posibles entre bienes y servicios producibles y "servicios ambientales" proporcionados por la naturaleza*

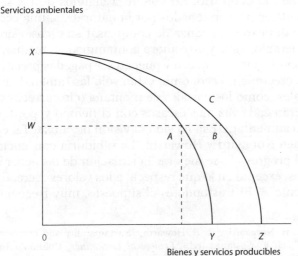

demos situarnos por encima del punto *B*. El argumento se reforzaría si, además, se contempla la posibilidad de que, con el tiempo, la demanda se desplace más hacia los "servicios ambientales", lo que se daría si se comportasen no sólo como un bien "normal" de elasticidad-renta positiva sino como un bien "de lujo" con elasticidad-renta superior a la unidad o si las preferencias cambiasen y se orientasen más hacia dichos *servicios*.

En la tradición de Barnett y Morse, que es también la de Krutilla y la de la economía ambiental estadunidense dominante (hasta el reciente desafío de la escuela de Economía Ecológica), no hay problemas ambientales insuperables en la oferta creciente de energía y materiales, a causa de las posibilidades de sustitución y avances tecnológicos. Puede mostrarse, como indicador, que hay una tendencia secular al deterioro de la relación de intercambio de los bienes primarios extraídos (tema que veremos de nuevo al hablar del comercio ecológicamente desigual).

Si se considera que los precios son un buen indicador de escasez, y se olvida que no incluyen "efectos externos" (como el cambio climático), entonces habrá que concluir que no hay —al menos hasta el momento— una creciente escasez de recursos naturales de los que sacamos materiales y energía, sino más bien lo contrario. En cuanto a algunos de los servicios ambientales proporcionados por la naturaleza, una economía que se desarrolla es capaz de compensar su escasez creciente (por ejemplo, agua y aire ahora contaminados) mediante nuevas tecnologías, que nacen y pueden ser pagadas precisamente por el crecimiento económico. Tan sólo las "amenidades" ambientales, como los paisajes de montaña o los arrecifes de coral, serán cada vez más escasos con el tiempo y, por tanto, su precio aumentará. Ésa ha sido la visión ortodoxa. Tal como la resumen Norgaard y Howarth: "La sabiduría convencional es que el progreso hace mejorar la situación de las generaciones futuras, excepto en lo que respecta a los valores recreativos del ambiente".[28] El trasfondo es el supuesto, muy frecuente pero

---

[28] R. B. Norgaard y R. B. Howarth, "Sustainability and Discounting the Future", en R. Costanza (ed.), *Ecological Economics*, Columbia University Press, Nueva York, 1991, p. 91.

muy dudoso, de que el crecimiento económico favorece la disponibilidad de energía y materiales, al mismo tiempo que corrige los perjuicios causados al ambiente. Se piensa (de manera errónea) que los países ricos son ambientalmente más avanzados. Lo son solamente en algunos aspectos, como emisiones de dióxido de azufre y limpieza del agua. El medio ambiente diario se supone que no tiene problemas, solamente el medio ambiente de domingos y vacaciones es problemático. El ambiente es visto como bien de lujo cuyo valor crece por razones "posmaterialistas".

Así pues, reconociendo a Krutilla el mérito que merece por su modificación del análisis coste-beneficio en proyectos hidroeléctricos (en un sentido favorable a la conservación, pues su criterio considera que, mirando al futuro, los paisajes se desvalorizan a ritmo más lento que los kwh), modificación aplicable a casos parecidos (por ejemplo, ganancia por la explotación camaronera y pérdida de los manglares o incremento de tráfico en el Paraguay-Paraná y pérdida de humedales en el Pantanal brasileño), deben hacerse, sin embargo, objeciones a la visión de Krutilla. En efecto, ¿realmente se logra abaratar las mercancías corrientes con el tiempo (si incluimos los costes ambientales) en comparación con los bienes ambientales recreativos? ¿Por qué las condiciones de vida y de producción, que no son precisamente bienes recreativos y que tampoco son —¿todavía?— mercancías, no fueron incluidas en tales análisis? En realidad, el análisis que hace Krutilla, con su énfasis en la irreversibilidad, bien podría extenderse a la creciente importancia que adquirirá la conservación de otros activos que no son "amenidades" recreativas sino necesidades vitales, bienes culturales y fuentes de nuevas materias primas.

EL "DESCUENTO" EN LA ECONOMÍA DEL CAMBIO CLIMÁTICO

Uno de los casos de aplicación del descuento que más polémicas ha despertado lo encontramos en la economía del cambio climático. Es éste un terreno que no ha escapado al planteamiento convencional que en general lo ha enfocado desde la perspectiva del análisis coste-beneficio (ACB).

Uno de los autores de los primeros trabajos fue William Nordhaus de la Universidad de Yale.[29] Según la perspectiva de este autor —y la que ha sido más habitual entre los economistas— los esfuerzos para restringir decididamente las emisiones de gases de efecto invernadero, con elevados gastos en el presente, no deberían adoptarse básicamente porque los costes del cambio climático se darán sobre todo en el futuro. La recomendación es que se actúe pero de forma muy tímida.

Esta conclusión fue puesta en cuestión por Nicholas Stern quien, en su famoso informe encargado por el gobierno británico y presentado en 2006, contradice esos trabajos al concluir que mientras los costes de actuar decididamente para evitar las peores consecuencias del cambio climático podrían equivaler a 1% del PIB mundial de cada año, los daños estimados de la no actuación equivaldrían como mínimo a una pérdida anual permanente de un 5% del PIB global y podrían elevarse hasta 20% o más.[30] Las conclusiones de ambos economistas son diametralmente opuestas y el informe Stern fue celebrado por la mayoría de gente preocupada seriamente por el cambio climático y la inacción de los países ricos. Sin embargo, Stern aplica también el análisis coste-beneficio,[31] contradictoriamente puesto que su informe está plagado de consideraciones éticas y de advertencias sobre la incapacidad de medir adecuadamente en dinero muchos de los riesgos del cambio climático. Por lo que Stern fue rápidamente criticado por destacados economistas es por su uso del tipo de descuento.[32]

---

[29] W. D. Nordhaus, "Reflections on the economics of climate change", *Journal of Economic Perspectives*, vol. 7, núm. 4 (1993), pp. 11-25.

[30] N. Stern, *El informe Stern. La verdad sobre el cambio climático*, Paidós, 2007. No fue Stern el primero en obtener resultados mucho más favorables a la intervención. Unos 15 años antes que Stern, Cline llegó a resultados similares, aunque su trabajo fue mucho menos publicitado: William R. Cline, *The Economics of Global Warming*, 1992.

[31] C. L. Spash, "The economics of climate change impacts à la Stern: Novel and nuanced or rhetorically restricted?", *Ecological Economics*, vol. 63, núm. 4 (septiembre de 2007), pp. 706-713.

[32] Entre otros: W. D. Nordhaus, "A Review of the Stern Review on the Economics of Climate", *Journal of Economic Literature*, vol. 45, núm. 3 (2007), pp. 686-702. P. Dasgupta, "Comments on the Stern Review's Economics of Climate Change", diciembre de 2006, Website of Sir Partha Dasgupta.

Veamos el razonamiento de un economista muy antiecologista y muy reconocido como teórico del crecimiento económico como es Xavier Sala i Martin que suele escribir diáfanos artículos en el diario *La Vanguardia* de Barcelona. El que citamos es del 10 de abril de 2007 y forma parte de una serie dedicada a criticar las conclusiones del informe Stern que se diferencian de las de estudios anteriores: "¿Cómo se explica la diferencia? Respuesta: ¡otra vez los tipos de interés! [...] cuando se usa 0% (el caso de Stern) se concluye que vale la pena gastar mucho hoy para evitar los daños futuros y cuando se utiliza 6% (Nordhaus), no. Así de simple".

Tras esta introducción, Sala i Martin se pregunta temerariamente qué tasa de interés deberíamos utilizar para tomar decisiones racionales sobre el cambio climático. Su respuesta es ésta:

> Los ecologistas usan un argumento de tipo ético para defender la aplicación de 0%: descontar el futuro, dicen los ecologistas, es dar menos peso o menos valor, a generaciones futuras y eso es una injusticia. Este argumento es atractivo... aunque muy debatible. Por ejemplo, el principio de justicia de Rawls requiere dar más importancia a las personas más desfavorecidas. Stern acepta este criterio cuando compara regiones del mundo ya que da mayor peso a África porque es pobre. En una incomprensible pirueta intelectual, sin embargo, Stern no aplica la misma regla cuando compara generaciones. *Al fin y al cabo, nuestros hijos no sólo van a heredar un planeta más caliente. También heredarán una tecnología y unas instituciones que les van a permitir ser mucho más ricos que nosotros* [...] Si es de justicia Rawlsiana dar más peso a los africanos porque son pobres, entonces uno tiene que dar más importancia a las generaciones presentes porque también son pobres en relación con las futuras. Es decir, es de justicia aplicar un tipo de interés a la hora de evaluar costes intergeneracionales por lo que las conclusiones de Stern están equivocadas.

Hemos subrayado las palabras que revelan una suerte de religión, una creencia. Sala i Martin cree que nuestros descendientes serán más ricos, autoengañado por los supuestos de los modelos que él construye. Habrá mejoras tecnológicas inducidas por el propio crecimiento que llevarán a más crecimiento. Los supuestos sustituyen a la investigación de los límites a los sumideros de residuos y a la disponibilidad de energía y materiales. La fe en el crecimiento económico lleva a infravalorar el futuro y lleva por tanto al *carpe diem*. Gocemos ahora aunque dejemos en herencia un mundo con menos biodiversidad, con servicios ambientales degradados, con residuos nucleares, con cambio climático; no importa, nuestros descendientes serán por hipótesis más ricos que nosotros y sabrán hacer frente a esos daños y los compensarán de alguna manera. Los economistas infravaloran el futuro porque suponen que nuestros descendientes van a ser más ricos, y por tanto en los hechos les vamos a dejar un mundo empobrecido y contaminado. Es lo que se ha llamado la *paradoja del optimista*.[33]

Pero las líneas citadas merecen más comentarios porque es difícil —y sorprendente tratándose de un economista inteligente y en general muy bien informado— encontrar tantas equivocaciones en tan poco espacio. En primer lugar, decir, así sin más, que "los ecologistas", un colectivo heterogéneo y de límites poco definidos, defienden utilizar una tasa de descuento de 0% puede llevar a confusión. Si se quiere apuntar que los ecologistas en general mantienen que todas las generaciones tienen los mismos derechos, la afirmación se puede considerar correcta. Pero, si se quiere indicar —como entenderá un economista— que se debe aplicar el ACB con una tasa de descuento nula, la idea está fuera de lugar porque los ecologistas en general serán reacios a utilizar el ACB para solucionar conflictos intergeneracionales; por ejemplo, la definición habitual de sostenibilidad, según la cual la satisfacción de nuestras necesidades no debería hipotecar la satisfacción de las necesidades de las generaciones futuras, implica que no es éticamente aceptable provocar determinados daños futuros incluso si con ello obtenemos muchos beneficios actuales (una cuestión que es relevante incluso si no se descuenta el futuro).

En segundo lugar, no es en absoluto cierto que el informe

---

[33] E. Padilla, "Intergenerational equity and sustainability", *Ecological Economics*, vol. 41, núm. 1 (abril de 2002), pp. 69-83.

Stern no descuente el futuro. De hecho, en sus cálculos aplica una tasa de descuento próxima a 2% precisamente porque supone *un escenario de crecimiento* del PIB mundial de 1.8%.[34] Con este crecimiento —y suponiendo una elasticidad de la utilidad marginal del dinero igual (en valor absoluto) a la unidad— deduce una tasa de 1.8% a la que añade un 0.1% para introducir la posibilidad de que la especie se extinga en los próximos 100 años (¡). Por tanto, Stern descuenta el futuro por la misma razón —¡tan criticable!— que da Sala i Martín en el artículo comentado. Lo que distingue a Stern es que la tasa de descuento es mucho menor a la habitual ya que muchos economistas suponen —como ya hemos visto en otro apartado— que se debe añadir un porcentaje significativo debido a la llamada "preferencia por el presente".[35] Sala i Martín, como teórico del crecimiento, bien sabe que en los modelos utilitaristas lo habitual es agregar las *utilidades* obtenidas en diferentes momentos descontando las utilidades futuras.

Pero sigamos aún. Si al autor le preocupa la desigualdad, y siguiendo el hilo de su propio argumento, no debería tratar a las generaciones como una unidad. Pongámonos en la hipótesis optimista del autor. Quizás pueda ser verdad que los hijos de los que viven en los países ricos vivan mejor que sus padres; admitamos también que los hijos de los habitantes de los países más pobres vivan mejor que sus padres. Si de lo que estamos hablando es de si es de justicia sacrificarse hoy para mejorar la suerte de los habitantes futuros, la respuesta dependerá de quién haga los sacrificios y de su situación relativa respecto a los beneficiarios. Si —como mucha gente defiende— los sacrificios se han de concentrar en los países más ricos, y admitimos que los más perjudicados por el cambio climático serán gente pobre, para justificar la actuación bastaría con que nosotros seamos más ricos que los hijos de los pobres del mundo: ¿llega el optimismo a suponer que toda la humanidad ten-

---

[34] Para introducir mayor complicación, adviértase que lo relevante no es qué pase con el PIB y el consumo sino con el bienestar.

[35] Otra forma de justificar una mayor tasa de descuento sería suponer un crecimiento del bienestar a una tasa aún mayor o bien una mayor (en valor absoluto) elasticidad de la utilidad marginal del dinero (una magnitud no observable).

drá unos estándares de consumo y de bienestar superiores a los que hoy tiene una pequeña parte de la humanidad?

RIESGO E INCERTIDUMBRE

Una cuestión destacable es que si se quiere aplicar un análisis coste-beneficio cuando costes y beneficios no son conocidos, la conveniencia de un proyecto dependerá de la actitud que se tenga frente a esta situación de ignorancia.

Imaginemos, por ejemplo, que hemos de decidir entre dos proyectos con las siguientes características:

Proyecto A: existe una probabilidad de 50% de que comporte un beneficio neto actualizado de 3 500 unidades monetarias; pero puede llevar también, con la misma probabilidad, a una situación en la que no se produzca ni beneficio ni pérdida en términos netos.

Proyecto B: existe una probabilidad de 70% de que comporte un beneficio neto actualizado de 10 000 unidades monetarias, y una probabilidad de 30% de que comporte una pérdida neta de 17 500 unidades monetarias.

Los posibles resultados podrían sintetizarse en la siguiente matriz, en la que la variable "estado del mundo" indicaría si se cumplen las hipótesis de los pesimistas o las de los optimistas:

	Estado del mundo	
	Favorable	*Desfavorable*
Proyecto A	+ 3 500	0
Proyecto B	+10 000	–17 500

Un posible criterio de decisión es maximizar el valor esperado. En este caso, ambos proyectos tienen el mismo valor esperado o esperanza matemática:

$$VE\ (A) = 0.5 \times \quad 3\,500 + 0.5 \times 0 = 1\,750$$
$$VE\ (B) = 0.7 \times 10\,000 + 0.3 \times (-17\,500) = 1\,750$$

Por tanto, la maximización del valor esperado llevaría a concluir que los dos proyectos son indiferentes a pesar de que uno de ellos puede llevar a pérdidas. Más aún, la combinación del descuento del futuro y el cálculo de los "valores esperados" en el análisis coste-beneficio llevaría a la postura de casi despreocuparse de la posibilidad de catástrofes ambientales cuando éstas se consideran muy poco probables y que, en todo caso, se producirían en un futuro muy lejano. Por ejemplo, si pensásemos en un desastre radiactivo, cuyo coste valoramos (¿cómo valoramos la vida humana?) en 500\,000 millones de unidades monetarias y que puede producirse dentro de 100 años con una probabilidad de 1/10\,000, entonces, si descontamos el futuro con una tasa de 5%, el coste actualizado se convertiría en poco más de 380\,000 unidades monetarias.

En realidad, personas diferentes —y también la misma persona ante diferentes circunstancias— se comportan de distinta manera ante el riesgo. La propia teoría convencional de la decisión en situación de riesgo nos diría que cualquier decisión es racional dependiendo de la actitud frente al riesgo. Según dicho lenguaje, si uno se inclinase por A se estaría mostrando adverso al riesgo; si, en cambio, decidiese B, evidenciaría un comportamiento propenso al riesgo.[36]

---

[36] La teoría económica suele tratar el tema de la decisión en situaciones de incertidumbre (que siempre asocia, de forma equivocada, con situaciones de riesgo probabilístico: véase posteriormente) utilizando la función de utilidad esperada conocida como función de von Neumann-Morgenstern. Si hay dos posibles resultados a y b con probabilidades respectivas $p(a)$ y $p(b)$, entonces la utilidad esperada sería: Utilidad Esperada = $p(a)U(a) + p(b)U(b)$. La economía experimental ha demostrado desde los años 1950 (con la llamada paradoja de Maurice Allais) que el comportamiento de las personas muchas veces no se ajusta a lo previsto por la función de utilidad esperada. De especial interés para nosotros es el hecho de que ante posibles situaciones catastróficas parece que los comportamientos son mucho más adversos al riesgo de lo que cualquier función de utilidad esperada podría prever (véanse los experimentos referidos en O. Chanel y G. Chichilnisky, "Valuing life: Experimental evidence using sensivity to rare events", *Ecological Economics*, vol. 85 (enero de 2013), pp. 198-205, lo que da argumentos a favor del principio de precaución.

Siguiendo con el mismo ejemplo, podríamos definir muchos otros criterios de actuación. Lo que se ha llamado "la estrategia del maximax" consistiría en ponerse en la mejor de las hipótesis y actuar en consecuencia. Es decir, max (+3 500, + 10 000) y, por tanto, se escogería B. En cambio, la estrategia del minimax consistiría en la actitud contraria, la de minimizar las posibles pérdidas: min (0, 17 500), es decir, se escogería A.

Una estrategia similar a la anterior, pero no idéntica, es la que se conoce como la de "minimización del posible arrepentimiento". Para definirla matemáticamente podemos construir la matriz de arrepentimiento que, para cada alternativa de decisión, presenta cuanto menos ganamos o más perdemos al no haber adoptado la mejor decisión.

	Estado del mundo	
	Favorable	Desfavorable
Proyecto A	6 500	0
Proyecto B	0	17 500

Se trataría así de min (6 500, 17 500), es decir, se escogería A.

Lo anterior sirve para evidenciar cómo el análisis costebeneficio no resuelve la cuestión de la ignorancia del futuro, ni siquiera ante alternativas tan bien definidas como las anteriores. En realidad las situaciones en las que tenemos perfectamente descritos los posibles resultados y sus probabilidades son casi inexistentes cuando nos referimos a la problemática ambiental. Es diferente la situación cuando uno tira un dado y sabe que la probabilidad de cada resultado es 1/6, que cuando alguien juega en la bolsa de valores, en las carreras de caballos o en las quinielas de futbol sobre la base de "probabilidades subjetivas" y, a la vez, es distinta para quien debe opinar, por ejemplo, sobre si se debe asumir o no el "riesgo" de introducir un nuevo producto químico cuyos efectos sobre la salud son desconocidos; en el lenguaje del economista Frank Hyneman Knight ya no hablaríamos de riesgo probabilístico sino de *incertidumbre*. Cuando se trata de la problemática ambiental —sea de las tendencias actuales o de los efectos de posibles políticas de intervención—, nos enfrentamos a situaciones que, en general, se caracterizan (especialmente cuando se trata de un futuro lejano) no sólo porque no se sabe exactamente cuál será el impacto de una determinada política, sino porque se desconoce la probabilidad de que se produzcan los diferentes resultados e, incluso, cuáles son estos posibles resultados. Ello corresponde a la clásica distinción entre *riesgo e incertidumbre*, distinción plenamente relevante aunque oscurecida hoy por la mayoría de los economistas neoclásicos, para los cuales lo único relevante serían las expectativas subjetivas (del tipo apuestas hípicas) que, supuestamente, siempre se traducirían en una distribución de probabilidades de un conjunto de posibles "estados del mundo".

Cuando nos enfrentamos a situaciones sin precedentes históricos, encontraremos siempre situaciones de incertidumbre, y ésta sólo desaparecerá o disminuirá con la experiencia. Muchos cambios ambientales pueden considerarse como experimentos únicos. Pensemos en los efectos de los CFC sobre la capa de ozono o en las consecuencias de la utilización del DDT, que sólo se empezaron a percibir muchos años después de su utilización. O pensemos en las polémicas sobre los efectos futuros, y sobre los costes de dichos efectos, que puede suponer el aumento de las concentraciones de CO_2 en la atmósfera; o de la generación de residuos nucleares como el plutonio, con una vida media de decenas de miles de años; o en los riesgos de las nuevas biotecnologías o nuevas geoingenierías. Los ejemplos podrían multiplicarse. Entre los factores de incertidumbre sobre el futuro está también nuestra ignorancia respecto a cuáles serán las preferencias de las próximas generaciones (o incluso las nuestras en el futuro). Es más, cuando los sistemas son *complejos*, sucede a veces que la investigación revela que las incertidumbres son mayores de lo que parecía. El conocido libro de Ulrich Beck, *La sociedad del riesgo*, debería llamarse pues, técnicamente, "la sociedad de la incertidumbre", dado su contenido, lo que facilitaría la integración de la actual sociología ambiental con la economía ecológica.

La economía ecológica ha planteado el *principio de precaución* como guía de decisión ante la incertidumbre. Tanto la estrategia *minimax* como la del *arrepentimiento mínimo* pueden verse como concreciones de dicha actitud: ponerse en la peor de las hipótesis para evitar riesgos elevados. Es interesante ver cómo un autor como Weitzman, que acepta que en condiciones normales es aplicable la perspectiva habitual de la comparación de costes y beneficios y el descuento del futuro, ha llegado a la conclusión de que ante problemáticas como el cambio climático los habituales cálculos del análisis costebeneficio pierden relevancia y la pregunta clave es cuánto está la sociedad dispuesta a pagar para asegurarse frente a una posible catástrofe cuya probabilidad no puede cuantificarse pero que es una posibilidad existente.[37] Es importante darse cuenta de que el principio de precaución no implica ser especialmente pesimista, sino únicamente creer en la posibilidad de la peor de las hipótesis. Uno puede considerar muy poco probable el resultado *desastroso,* pero actuar para evitarlo a toda costa. El principio contrario sería considerar en cada alternativa el mejor de los resultados y decidir aquélla para la cual su valor es superior: en el ejemplo sería la actitud de no actuar mientras no se demuestre la peor de las posibilidades; la combinación de una actitud optimista, que casi niega la posibilidad de las hipótesis pesimistas, y de una actitud ética basada en "después de mí el diluvio", llevan a un comportamiento opuesto al "principio de precaución".

El "principio de precaución" es una buena guía de actuación, aunque no resuelve todos los dilemas. Es obvio que siempre se ha de aceptar algún nivel de riesgo por pequeño que sea, pues no hacerlo llevaría a la inacción. La historia demuestra que han existido muchos casos de advertencias sobre problemas ambientales o de salud pública que fueron ignoradas por los poderes públicos (de lo que podemos llamar "falsos negativos") mientras que es difícil documentar ejemplos en sentido contrario, es decir, de actuaciones costosas que después resultaron inútiles al demostrarse que respondían a una alarma injustificada ("falsos positivos"). Hace ya años, la Agencia Euro-

---

[37] M. L. Weitzman, "A Review of the Stern Review on the Economics of Climate Change", *Journal of Economic Literature,* vol. 45, núm. 3 (2007), pp. 703-724.

pea del Medio Ambiente seleccionó 14 casos entre muchos otros candidatos de "falsos negativos" en su informe *Late Lessons from Early Warnings*[38] —como el del amianto del que habían advertencias desde más de 100 años antes de su prohibición en la Unión Europea— mientras que en su prólogo explica que tuvo que renunciar a la intención inicial de incluir casos de "falsos positivos" por no encontrar ejemplos suficientemente documentados. El riesgo cero no existe y "un exceso de cautela puede significar oportunidades perdidas" pero "en los últimos decenios las sociedades industrializadas se han equivocado tanto por el lado de la imprudencia que no sería demasiado grave algún error por el lado del exceso de precaución".[39] El tipo de riesgos que se aceptarán es un tema de debate social en el que científicos y técnicos deben aportar sus conocimientos, pero no son ellos quienes han de decir la última palabra.

Funtowicz y Ravetz destacan la gran incertidumbre (y la urgencia e importancia) de lo que está en juego en las decisiones ambientales, para explicar por qué existen legítimamente "comunidades extendidas de evaluadores" (por ejemplo, grupos ecologistas) que intervienen en tales decisiones (véase el recuadro IV.2),[40] aunque, incluso en el caso de que las probabilidades de los posibles resultados de las diferentes opciones estuviesen bien establecidas, ello no implicaría que fueran los científicos los que habrían de decidir respecto a lo que afecta al conjunto de los ciudadanos.

[38] European Environment Agency, *Late Lessons from Early Warnings: the precautionary principle 1896-2000*, Environmental Issue Report, núm. 22, Copenhague, 2001. En 2013 la EEA publicó un nuevo informe, *Late Lessons from Early Warnings: Science, Precaution, Innovation*, EEA Report 1/2013.

[39] J. Riechmann, "Introducción: un principio para reorientar las relaciones de la humanidad con la biosfera", en J. Riechmann y J. Tickner (coords.), *El principio de precaución*, Icaria, Barcelona, 2002, p. 37.

[40] S. O. Funtowicz y J. R. Ravetz, "A New Scientific Methodology for Global Environmental Issues", en R. Costanza (ed.), *Ecological Economics*, Columbia University Press, Nueva York, 1991.

IV.1. *Tecnologías y sorpresas*

Ha habido desastres ecológicos provocados por antiguas civilizaciones. Por ejemplo, los sistemas de regadío han llevado a salinizar la tierra, como ocurrió en Mesopotamia. El desastre ecológico de América tras la Conquista, especialmente la despoblación humana causada por nuevas enfermedades, pero también la expansión exagerada y dañina de especies como las ovejas se dio antes de la industrialización y fue repetido después en Australia. Lo que ocurre ahora es que la población humana es mayor, el consumo de energía y materiales ha crecido mucho, y los impactos son globales (por ejemplo, el aumento del efecto invernadero o la desaparición global de biodiversidad debido al impacto humano). Además de estas tendencias conocidas, hay también grandes sorpresas, como la alarma por los efectos de las nuevas tecnologías, dado que el ritmo de cambio tecnológico es mayor que nunca. No se trata solamente del fracaso nuclear o del susto ante nuevas biotecnologías y organismos genéticamente modificados. Se trata también, por ejemplo, de la evaluación retrospectiva negativa que podemos hacer de una tecnología tan exitosa y aceptada como el automóvil, que resultó ser un desastre en cuanto a sus efectos en la pauta de urbanización, y también en sus efectos globales. Así se explica que ahora apreciemos las virtudes de tecnologías que parecían atrasadas, entre ellas la agricultura tradicional que, efectivamente, muestra una mayor eficiencia energética que la agricultura moderna, consistente en convertir petróleo en alimentos o piensos. En cambio, la agricultura tradicional funciona casi únicamente con trabajo y energía solar. Además, conserva la biodiversidad; de hecho, la ha promovido, de ahí los cientos y miles de variedades de plantas cultivadas que ahora están en trance de desaparición.

El valor económico total
de los "bienes" ambientales

La economía del medio ambiente pretende, como hemos visto, valorar los impactos ambientales en unidades monetarias, y para ello ha planteado varias técnicas. Las principales las comentaremos en los siguientes apartados. En la discusión sobre el valor económico de los bienes ambientales han surgido

IV.2. *Las estrategias de resolución de problemas*
según Funtowicz y Ravetz

Estos autores defienden la idea de que los problemas ambientales complejos requieren una nueva forma de toma de decisiones a la que se han referido con el nombre de *ciencia posnormal*. Según ellos, dos son las características de dichos problemas que exigen que el mecanismo de toma de decisiones sea diferente al de la ciencia "normal" o al de la "consultoría profesional". Se trata de la importancia de lo que se pone en juego y de la elevada incertidumbre de los sistemas implicados. Según la figura, el aumento de la importancia del problema y de su incertidumbre lo alejarían de la zona de decisión de la "ciencia normal", que busca una solución única a los problemas, para situarlo primero en la zona de la "consultoría profesional", donde se reconoce que puede haber diversas soluciones para un mismo problema y una cierta negociación con el cliente, para finalmente situarnos en la zona de la "ciencia posnormal", en la que los científicos y profesionales tienen algo que decir, pero en la que la decisión requiere incorporar a muchos otros actores sociales.

FUENTE: S. Funtowicz y J. Ravetz, *Epistemología política. Ciencia con la gente,* Centro Editor de América Latina, Buenos Aires, 1994.

conceptos, reconocidos por la mayoría de autores, que apuntan a que dicho valor es —al menos en muchos casos— más complejo que su *valor de uso directo* que, en el caso de bienes gratuitos, los economistas suelen aproximar mediante el cálculo del "excedente del consumidor", que obtienen los que lo utilizan —es decir, cuánto pagarían por su mantenimiento, aunque no lo paguen—. Para señalar tal complejidad se habla frecuentemente de *valor económico total*.[41] Se sigue manteniendo la posibilidad de convertir en unidades monetarias el valor de los activos ambientales, pero éste se considera compuesto por diversos elementos. La terminología que utilizan los autores para referirse a ellos no está del todo unificada en la bibliografía especializada; sin embargo, lo importante no son los términos sino los conceptos.

Un concepto interesante es el de *valor de opción,* planteado sobre todo en relación con aquellos bienes ambientales cuya pérdida comporta una irreversibilidad y, en especial, cuando el bien tiene características únicas. En esos casos, los individuos pueden mostrar un interés por la conservación derivado no sólo del uso que actualmente hacen de dicho bien y del que esperan hacer en el futuro, sino del hecho de mantener abierta la posibilidad de utilizarlo en el futuro. (Cuando el valor de opción va ligado a la posible nueva información que se adquiera en el futuro, a veces se habla de *valor de cuasi-opción,* por ejemplo, para indicar el interés en evitar la desaparición de una determinada especie que podría tener gran utilidad, que hoy desconocemos, para la investigación científica.)

La introducción del valor de opción es importante, pero el concepto nos parece muy limitado si tenemos en cuenta cómo se concreta habitualmente. Así, Pearce y Turner definen el valor de opción, para un individuo, de la conservación de un hábitat de vida silvestre como:

Valor de opción =
Precio de opción – Excedente del consumidor esperado,

---

[41] D. W. Pearce y R. Herry Turner, *Economía de los recursos naturales y del medio ambiente,* Celeste, Madrid, 1995 (edición original 1990).

donde el precio de opción corresponde a la disposición a pagar para conservar el hábitat por parte de un individuo.

Fijémonos en que el valor de uso futuro no forma parte del valor de opción, ya que se tendría que incluir directamente en el análisis coste-beneficio como parte del valor (descontado cuando se produce en el futuro). Que este valor de uso futuro no sea conocido es lo que, dado que normalmente los individuos son adversos al riesgo, da valor adicional a la conservación. El valor de opción se explica generalmente en referencia al trabajo ya citado de Krutilla, pero no olvidemos que este autor apuntaba al posible crecimiento del valor de uso futuro (que en principio se tendría que reflejar en el excedente del consumidor esperado y no en el valor de opción) y que, ante decisiones irreversibles, que son las que él discutía, quienes también verán canceladas posibilidades futuras son personas que aún no han nacido y que, por tanto, no pueden expresar cuál es su precio de opción.

Los individuos también se preocupan a veces por el uso del bien ambiental que hacen otros individuos en la actualidad (lo que a veces se llama *valor altruístico*) o las generaciones futuras, y en este último caso se habla frecuentemente de *valor de legado (bequest value)*. Sin embargo, la introducción de dichos valores no deja de ser contradictoria con la metodología general del análisis coste-beneficio, y podría argumentarse que *en el contexto* de tal metodología representan una "doble contabilidad".[42] En realidad, el análisis coste-beneficio debe incorporar directamente los beneficios que obtienen los afectados y una estimación de los beneficios futuros (por ejemplo, de los beneficios recreativos de visitar un espacio natural) que se obtendrán. La base para considerar, por ejemplo, los beneficios de las futuras generaciones no es que los que hoy viven se preocupen por su bienestar, sino el hecho de que las generaciones futuras obtendrán un beneficio y que éste debe tenerse directamente en cuenta (aunque muchos lo "descontarían").

---

[42] J. K. Lazo, G. H. McClelland y W. D. Schulze, "Economic Theory and Psychology of Non-Use Values", *Land Economics*, vol. 73, núm. 3 (1997), pp. 358-371.

Es decir, si se admite que los beneficios futuros de los bienes ambientales se pueden reflejar mediante una suma monetaria perfectamente sustituible por otra equivalente, y si se acepta que el descuento del futuro no discrimina a las generaciones futuras, entonces incorporar el valor de legado es, en principio, redundante. Sólo se justifica para mitigar el resultado obtenido del descuento del beneficio monetario futuro, ya sea porque se piensa que los bienes ambientales se han de conservar prioritariamente por encima del valor monetario que le den los afectados en el futuro (lo que se ha calificado de altruismo "paternalista"), o porque se piensa que se "revalorizarán" y no se han tenido suficientemente en cuenta, o porque se duda de la aplicación del descuento. Entonces lo que está en cuestión es básicamente el propio análisis coste-beneficio.

Otro componente interesante del valor deriva de que los individuos simplemente se preocupen, por los motivos que sean, por la existencia de un determinado bien ambiental —por ejemplo, un ecosistema o una especie—, independientemente de que se piense que tiene alguna utilidad actual o futura para los humanos; en todos estos casos se acostumbra a hablar de *valor de existencia*.

En cualquier caso, la economía neoclásica del medio ambiente mide el valor económico a partir de las preferencias de los individuos: algo tiene valor para ellos, cuando afecta a sus "funciones de utilidad"; algunos métodos (como el del coste del viaje y de los precios hedónicos) pueden como máximo medir el valor de uso actual de los bienes ambientales, mientras que otros (como el de la valoración contingente) pretenden (aunque hay objeciones técnicas y de principio al método) medir el "valor económico total", tal como lo hemos definido: las generaciones futuras y las necesidades de otras especies animales pueden estar representadas, pero siempre a través de las preferencias de los individuos hoy presentes.

Determinadas corrientes de pensamiento —que algunos calificarían de "ecología profunda"— pueden pensar que hay ciertos bienes naturales —como la preservación de la biodiversidad o la conservación de determinados ecosistemas— que tienen un "valor intrínseco", independientemente de que los humanos lo reconozcan o no o se vean afectados o no por su conservación. Evidentemente ese hipotético valor queda en general fuera del análisis económico. Nosotros no participamos de dicha corriente. Somos escépticos frente a la monetización "total" de los bienes ambientales, pero pensamos que los valores de la naturaleza le son atribuidos por los humanos. De hecho, la perspectiva de la mayor parte de la humanidad es considerar la conservación de la naturaleza en estrecha relación con las necesidades humanas. Esto no es privativo de la economía neoclásica. También lo hacen aquellos que se han indignado porque la preocupación por limitar el espacio de la actividad humana y preservar la vida silvestre ha llevado a algunos ecologistas, procedentes de los países ricos, a dar consejos de conservación a costa de las poblaciones pobres locales de países densamente poblados. Esta exportación de la tradición preservacionista procedente de los Estados Unidos, basada en la idea de preservar "santuarios de la naturaleza" sin gente como valores supremos, ha sido duramente criticada por Ramachandra Guha:

> En toda la India, los administradores de los parques han contrapuesto los intereses de los pobres tribales que han vivido allí, a los de los amantes de la vida silvestre y a los placeres de los habitantes humanos que quieren conservar los parques "sin interferencia humana" —es decir, sin interferencia de *otros* humanos...—
> En realidad, la contribución más importante de la ecología profunda ha sido privilegiar la protección de los hábitat y de las especies silvestres por encima de todas las demás variedades y preocupaciones del ecologismo, y atribuirse, además, una dudosa superioridad moral para justificar sus fines. Al considerar la "igualdad biocéntrica" como un absoluto moral, los tigres, los elefantes y las ballenas necesitarán más espacio para crecer y reproducirse, mientras los humanos —los humanos pobres— deberán cederles espacio.[43]

Probablemente valga la pena enfriar aquí los ánimos de todos los bandos e incluir la preservación de la naturaleza sil-

---

[43] R. Guha, "El ambientalismo estadunidense y la preservación de la naturaleza: una crítica tercermundista", *Ecología política*, núm. 14 (1997), pp. 45-46.

IV.3. *Inconmensurabilidad de valores: los u'wa*

Gracias, señores ministros, por venir a nuestro territorio. Esta reunión no es para consultar ni para negociar. Queríamos que el alto gobierno viniera hasta aquí para que conociera nuestra ley. Que la conocieran de boca de todo el pueblo u'wa, todo el pueblo entero... Ésta es la palabra de las mayorías, de los *werjayas*. No vamos a decir cosas muy nuevas, porque el mundo sigue siendo el mundo, y por eso la ley sigue siendo la misma.

Queríamos que vinieran porque vemos que el gobierno no ha comprendido, porque antepone sus intereses sobre nuestros principios y no siente que la Madre Tierra está viva. No comprenden que nosotros vivimos de acuerdo con la ley de nuestros ancestros; nos miran como atrasados salvajes y opuestos al desarrollo. Nosotros insistimos: con lo sagrado no se negocia; el petróleo es parte de algo muy sagrado que los u'wa llamamos *Ruiria*, los fluidos de la tierra. Ruiria es la sangre de la Madre Tierra; gracias a ella se mantiene la vida de los animales, hombres, plantas y espíritus.

Si se saca Ruiria del mundo, se contamina el mundo; pero si se saca Ruiria del corazón del mundo, éste no podrá sostenerse; los werjayas no podrán mantener la vida ni el orden, y así la vida no tiene sentido. Los u'wa seremos recogidos por el padre eterno, por Sira. Si se explota lo sagrado se derrumban las bases del pensamiento tradicional, se pierde el respeto por los hermanos, por los padres y por los ancestros.

Lo único que mantiene en equilibrio al pueblo u'wa y nuestro territorio son el pensamiento y las prácticas tradicionales; si esto se vulnera, los werjayas ya no cantarán ni rezarán. Ni el pueblo u'wa hará los bailes y prácticas tradicionales. Si se da la explotación de Ruiria, las razones por las cuales hay pueblo u'wa se acabarán, así moriremos todos los u'wa... Pero si eso ocurre, también morirá el mundo, porque entonces nadie mantiene el equilibrio. Pero no es sólo la ley de la Madre Tierra lo que nos obliga a defenderla. También la ley de ustedes. Algunos dicen que los intereses de la nación son más importantes que el pueblo u'wa. Pero lo que nosotros decimos, y lo dice también la Constitución, es que los intereses de la nación no se refieren sólo a la explotación del petróleo: también son intereses de la nación la riqueza cultural, el valor ecológico del territorio; y si un proyecto petrolero afecta la diversidad étnica y la identidad cultural de un pueblo, este proyecto no debe realizarse en su territorio.

Eso significa que el territorio u'wa debe quedar excluido totalmente del llamado Bloque Samore. Nadie más habla por nuestra voz tradicional, sólo estamos armados de la palabra y la razón que nos entregó Sira. Para los u'wa la violencia física, el uso de armas de fuego, son parte de la cultura del blanco. No estamos de acuerdo con esas políticas y tanto ante la guerrilla como ante el ejército mantenemos una posición autónoma.

Si no se detiene la explotación petrolera en nuestro territorio, se destruiría el entorno, se dará la muerte física y espiritual del pueblo, se derrumbará la cultura, se nos llevará a la desaparición forzada. Se producirá un etnocidio. Se romperá la armonía y el equilibrio de estas montañas, donde vivimos los u'wa y también ustedes. Los u'wa no somos niños, tenemos una sola palabra: preferimos una muerte digna y entregar nuestros espíritus al padre antes de morir a manos de quien nos explota.

ROBERTO AFANADOR COBARÍA
Presidente del Cabildo Mayor U'wa Colombia, julio de 1997

vestre (disminuyendo la apropiación humana de la producción primaria neta de biomasa) como uno de los objetivos de la gestión ambiental, desde una perspectiva no "biocéntrica" ni economicista sino multicriterial (que incluya la reducción de las desigualdades entre los humanos y el "derecho" a existir de otras especies).

MÉTODOS "OBJETIVOS" DE VALORACIÓN MONETARIA VERSUS MÉTODOS "SUBJETIVOS"

Aunque la valoración monetaria neoclásica parte de las preferencias (deducidas directa o indirectamente), existe otra posible aproximación a los impactos ambientales que consiste en intentar estimar la relación objetiva entre el impacto y sus efectos, y valorar estos últimos posteriormente con independencia de que las funciones de utilidad (un concepto puramente subjetivo) se vean o no alteradas: ¡si los trabajadores y los habitantes próximos a una fábrica de amianto o asbesto que afecta a su salud no han sido conscientes de ello, la metodología de las preferencias concluye que el valor o beneficio de evitar dicha contaminación ha sido nulo!

El método es totalmente pertinente en su primera parte (estimar los efectos objetivos de determinados impactos), pero en la segunda (valorar monetariamente dichos efectos) es razonable en ocasiones, y en otras, totalmente arbitrario. Entre los efectos objetivos que suelen plantearse se incluyen, por un lado, las "actividades económicas" afectadas y, por otro, la calidad de vida de las personas.

Por lo que se refiere a bienes y actividades económicas, el punto de referencia es en general el precio de los propios bienes y servicios afectados: si la pérdida de superficie forestal aumenta la probabilidad de inundaciones, uno intentará valorar sus efectos en términos de pérdidas agrícolas o de infraestructuras; o si el deterioro ambiental de un área disminuye los ingresos turísticos, se pueden valorar las pérdidas que ello supone. Se trata de calcular los *costes inducidos* por los impactos ambientales. Veamos un ejemplo. Las emisiones de flúor influyen en la calidad de los pastos y provocan en el ganado vacuno la enfermedad conocida como "fluorosis", que disminuye su rendimiento. En una investigación sobre los efectos de las emisiones industriales de flúor en Asturias (en particular de la industria del aluminio) se calcularon tales pérdidas en unos 50 millones de pesetas anuales, teniendo en cuenta la cantidad de emisiones y las estimaciones de su impacto sobre el ganado.[44] Una de las limitaciones de dicho método es que no tiene en cuenta los "costes de adaptación"; para poner un ejemplo extremo: los costes de la contaminación sobre los cultivos de un área tan contaminada, que no permite ya la producción agrícola, serían nulos si partimos de las actividades existentes.

Por lo que se refiere a los efectos sobre el bienestar de la población, a veces se calcula el *coste inducido* en términos del gasto que supondría, hipotéticamente, volver a la situación inicial a través de medidas *defensivas*. Por ejemplo, la contaminación urbana puede comportar que, para mantener las casas en el mismo estado en que lo hubiesen hecho sin contaminación,

---

[44] Véase D. Azqueta, *Valoración económica de la calidad ambiental,* McGraw Hill, 1994.

se tenga que pintar o limpiar las fachadas más a menudo. El ruido puede suponer, para mantener las casas en el mismo estado, equiparlas con doble vidrio... Dos problemas obvios del método (a los que ya nos hemos referido en el contexto macroeconómico de cómo corregir la contabilidad nacional) son los siguientes. Primero, los costes hipotéticos de resolver determinados problemas no tienen relación directa con la importancia de éstos. En segundo lugar, no siempre es posible conseguir, con gastos monetarios, una situación igual a la anterior desde el punto de vista del bienestar; alguien encerrado en un *bunker* no oirá ningún ruido, pero su situación no es, desde luego, la misma que si deja circular la luz y el aire sin tener que soportar ruidos molestos.

Además, una de las consecuencias fundamentales de muchos cambios en el ambiente es que afectan a la salud humana (morbilidad y mortalidad). ¿Cómo estimar dichos efectos? Una primera dificultad es determinar, mediante estudios epidemiológicos, relaciones causa-efecto entre una variable ambiental y la salud humana que permitan llegar a afirmaciones del tipo: un aumento de $x\%$ de tal contaminante provocará tantas muertes y tantas enfermedades adicionales.[45] Ello es difícil por varias razones. Los factores que aumentan el riesgo de enfermedades son múltiples y no es fácil separar la contribución de un contaminante específico; además, los efectos se muestran a largo y no a corto plazo. A pesar de las dificultades, es obvio que estudios de este tipo son un elemento imprescindible para cualquier política ambiental. Ahora bien, traducir la información a cifras monetarias se convierte aquí en una tarea totalmente objetable.

¿Cómo valorar la vida y la salud humana? En el caso de la morbilidad se acostumbra aproximar los costes mediante los gastos sanitarios que generan, lo cual es obviamente una infravaloración del coste total: ¿cómo olvidar el sufrimiento de las personas? Se estiman también, a veces, los días de trabajo perdidos a causa del aumento de enfermedades (y a veces, lo que aún es más difícil, la pérdida de productividad debido al bajo rendimiento cuando no se está de baja) y se valoran de

---

[45] Véase la discusión en el libro de Azqueta citado en la nota anterior.

acuerdo con el salario de la persona, lo que implica verlas únicamente como "máquinas productoras" (acto que se ve favorecido por el término "capital humano") y que las enfermedades se consideren menos costosas cuando afectan a grupos de menores salarios. ¿Qué pasa cuando la persona no pertenece a la "población activa"?

Por lo que respecta a la vida humana, el método más habitual para calcular lo que se conoce como el *valor de la vida estadística* es el método de los "salarios hedónicos".[46] Consiste en intentar definir la cantidad de dinero que los trabajadores están dispuestos a recibir como compensación por un mayor riesgo laboral. Se supone que los salarios dependen de una serie de variables (como sexo, edad, nivel de educación, experiencia en el trabajo o grado de sindicalización del sector económico) y, además, del riesgo laboral (medido, por ejemplo, mediante la tasa de mortalidad por accidentes de trabajo en el tipo de puesto de trabajo según ocupación y sector económico). Ello permite estimar una función de salarios y, en concreto, el coeficiente que corresponde al riesgo laboral. Si el coeficiente es positivo, implica que a mayor riesgo laboral mayor salario, y podría formularse en términos de qué porcentaje aumenta el salario si aumenta la probabilidad de muerte en una determinada cuantía. Si resultase, por ejemplo, que un aumento de la probabilidad de morir de $1 \times 1\,000$ durante un año comporta un aumento de salario de $1\,000$ euros anuales, ello significaría un valor de la vida humana implícito (se dice a veces de la "vida estadística") es de un millón de euros. Señalemos algunos de los aspectos más inadecuados del razonamiento: se supone que los trabajadores tienen información sobre las probabilidades de riesgo de cada profesión, y que dadas unas características iguales de edad y cualificación, los trabajadores deciden libremente entre diferentes puestos de trabajo, de manera que todos han de ser igualmente deseables (la teoría llamada de las "ventajas compensadoras"). En realidad, aunque sí existen primas por riesgo en algunos puestos, en general los empleados con peores posibilidades de trabajar (los que están al final

---

[46] Este método podría incluirse en el apartado posterior, como método subjetivo. Es, de hecho, un caso particular del método de los precios hedónicos.

de la "cola laboral") han de aceptar, al mismo tiempo, mayores riesgos laborales y menores salarios a falta de otras oportunidades. Otro método a veces empleado se basa en estudios sobre predisposición a aceptar riesgos a cambio de dinero en contextos diferentes al laboral.

Los estudios más conocidos para los Estados Unidos sobre el valor de la vida estadística son los de Viscusi.[47] Los valores se usan para decidir si se imponen o no determinadas regulaciones: por ejemplo, costosas mejoras en la seguridad de los automóviles u otras regulaciones ambientales. ¿Cuántas vidas humanas se salvan y cuánto cuestan estas medidas preventivas? Los resultados son muy sensibles a qué valores se establecen. Un reciente artículo en *The New York Times*[48] señalaba cómo no existe un valor único utilizado por todas las administraciones y cómo el color político de los gobiernos —más o menos favorable a las regulaciones o a los intereses empresariales— influía en los valores de cada momento. Así, durante los años de la administración de George W. Bush los valores no se habían revisado durante muchos años (para hacer frente a la inflación) y eran considerados demasiado bajos por la mayoría de expertos. Después, sucesivos organismos habían revisado al alza los valores pero sin que, destacaba el artículo, se hubiesen unificado: mientras la *Environment Protection Agency* había puesto un valor de 9.1 millones de dólares, la *Food and Drug Administration* lo situaba en 7.9 millones y el Departamento de Transportes utilizaba un valor de 6 millones.

Además de en el terreno de las regulaciones, otro terreno en donde se fijan valores para la pérdida de vidas humanas es el legal, de exigencia de compensaciones. Aquí los criterios de los jueces pueden diferir mucho y es interesante reflexionar en casos de "externalidades" internacionales, como el accidente de la planta de Unión Carbide en Bhopal, India, sobre el muy distinto valor crematístico de la vida humana según el lugar donde residan los muertos o se juzguen los hechos.

Un caso particularmente polémico —para muchos escan-

---

[47] W. Kip Viscusi, "The value of risks to life and health", *Journal of Economic Literature*, vol. XXXI (diciembre de 1993), pp. 1912-1946.
[48] 16 de febrero de 2011.

> ### IV.4. *El informe del panel de cambio climático*
> ### *y el valor de la vida humana*
>
> Merece atención el hecho de que los cálculos de valor de la vida humana "estadística", contenidos en el volumen III del Informe del Panel de Cambio Climático (IPCC) 1995, son aceptables desde el punto de vista estrictamente crematístico. Si las decisiones sobre el efecto invernadero se toman con base en un análisis costo-beneficio, no hay otro remedio que considerar como valor relevante de la vida humana su valor monetizado. La objeción a Pearce y compañía no es que la vida humana "estadística" en Bangladesh valga tanto (en la escala monetaria) como en los Estados Unidos (basta consultar cualquier compañía de seguros para saber que no es así), sino que la vida humana puede y debe valorarse también en otras escalas, además de la crematística.
>
> El volumen III del informe del IPCC de 1995, que dio lugar a ese escándalo, coloca el análisis multicriterial como un caso particular de análisis costo-beneficio, pertinente cuando resulta imposible dar valores monetarios a algunos ítems. Nosotros vemos, lógicamente, la cuestión al revés: el análisis multicriterial es más amplio y solamente en escasas y contadas ocasiones deben tomarse decisiones basadas en ese análisis monocriterial que llaman coste-beneficio. La economía ecológica adopta el paradigma multicriterial, pero además, incluso dentro de una valoración estrictamente económica, cuando se intenta dar valores económicos actualizados a daños futuros (como ocurre con el aumento del efecto invernadero), sabemos que los resultados dependerán de un tipo de descuento elegido arbitrariamente.

daloso— de valoración de la vida humana fue el utilizado en los trabajos para el Panel Intergubernamental para el Cambio Climático, encaminados a estimar los costes monetarios de dicho fenómeno (véase el recuadro IV.4). En las conclusiones de tales trabajos (dirigidos por economistas como Pearce, Frankhauser y Tol) se partía, por ejemplo, de un valor de la vida humana 15 veces inferior para los habitantes de los países pobres respecto al asignado a los de los países ricos. Ello despertó la airada reacción de los gobiernos de países como Cuba, Brasil, China e India.[49]

---

[49] Véase *Down To Earth*, 15 de septiembre de 1995, Delhi, p. 14.

VALORACIÓN AMBIENTAL: EL MÉTODO DEL COSTE DEL VIAJE

Una distinción habitual referente a los métodos de valoración ambiental es la que se establece entre métodos "indirectos" y "directos". Su objetivo común es descubrir las preferencias de los individuos y traducirlas a valores monetarios. La diferencia estriba en que los primeros intentan descubrir dichos valores de forma indirecta; la idea común es que, aunque en general no existen mercados de bienes ambientales, podemos a veces deducir *indirectamente* del comportamiento de los consumidores su disponibilidad a pagar por disfrutar de dichos bienes. Los métodos que discutimos en este apartado y en el siguiente son las dos propuestas más relevantes de métodos indirectos. Cada uno se aplica en contextos de valoración muy específicos, pero ambos tienen la limitación de que sólo permiten captar, como máximo, el *valor de uso* (o una parte de él) de algunos activos o bienes ambientales.

El llamado "método del coste del viaje" *(travel cost method)* se aplica para averiguar el valor monetario de espacios naturales utilizados con fines recreativos. La conservación implica costes monetarios a cargo de las autoridades y costes de oportunidad (es decir, lo que se deja de ganar en una explotación maderera, petrolífera o turística), al dejar esos espacios como reservas. En efecto, es posible que la autoridad política y los intereses empresariales se lamenten de que un espacio natural implique costes y no dé beneficios.

El origen del método reside, precisamente, en una de las respuestas a una consulta del Servicio Nacional de Parques Nacionales de los Estados Unidos cuando este organismo se dirigió a 10 expertos, en 1947, para que propusiesen medidas del valor patrimonial de los activos que gestionaba. Uno de los consultados, Harold Hotelling, planteó la idea de lo que dio lugar a este método. Lo que el método intenta averiguar es puramente la disposición a pagar de los visitantes del espacio natural (por ejemplo, las islas Galápagos en el territorio ecuatoriano, o el parque natural del Manu, en Perú), como medida de su valor de uso recreativo. Incluso en caso de que la entrada en el espacio o parque natural sea gratuita, en el sentido de que no hay que pagar boleto de entrada, existe una disposición a pagar reflejada en el tiempo y recursos dedicados a la visita. Se trata, pues, de mostrar que sí existen beneficios sociales asociados a la conservación que no se reflejan directamente en un mercado. El método del coste del viaje intenta valorar una parte de dichos beneficios: no sirve para valorar las ganancias comerciales hipotéticas que puedan sacarse del espacio natural en cuestión, en la forma, por ejemplo, de venta de muestras de material genético (que es una parte del "valor de uso"), ni tampoco sirve para estimar los valores de opción y de existencia que puede tener.

A un parque nacional llegan visitantes desde distancias muy diversas. Los costes del viaje son la gasolina que compran y la amortización del vehículo, según la distancia recorrida o, si usan transporte público, el precio del viaje. Además, el tiempo gastado en el viaje también implica un coste, elemento de muy difícil valoración que se suele cuantificar según los ingresos (o un porcentaje de ellos) que se dejan de ganar en ese periodo. Si la entrada al parque no es gratuita debemos añadir, además, el boleto a los costes anteriores.

La idea general es partir de los datos del coste o precio total de la visita para los diferentes visitantes (que varía según la distancia hasta el parque desde donde viven) y del número de visitas, a fin de deducir una función de demanda. El método tiene dos variantes: la primera, según zonas, sigue la sugerencia de Hotelling, conocido también como el modelo Clawson-Knetsch, tomado del nombre de dos de los autores que hicieron operativo el método en la década de 1950. Según esta variante, se establecen funciones de demanda agregada en términos de número de visitas per cápita de diferentes poblaciones, con diferentes costes medios de visita según la distancia.

La segunda versión estima funciones de demanda individual con base en el coste y otras variables individuales relevantes. El método permite introducir tantas variables como queramos, con la única limitación de la información disponible. Entre dichas variables podríamos incluir el nivel de renta, la existencia o no de espacios naturales similares próximos al lugar de residencia, edad, pertenencia o no a asociaciones de protección de la naturaleza...

Aquí veremos un ejemplo de la primera variante, la más tradicional. Aunque la variante de los datos individuales tiene ventajas evidentes al permitir introducir muchas variables que pueden ser relevantes, su aplicación es mucho más costosa, ya que requiere de una gran cantidad de información. Mientras que el punto de partida del método zonal es la información sobre los visitantes del parque, en el método individual lo ideal sería tener información sobre una muestra suficientemente amplia del conjunto de la población potencialmente visitante.

Veamos el ejemplo concreto.[50] Supongamos que llegan visitantes a un parque natural, en el que no se paga boleto de entrada, desde distancias diversas y que clasificamos a éstas en (por ejemplo) cinco zonas concéntricas, cada una con distinta población; y supongamos también que obtenemos información sobre el número de visitantes por año de cada zona y sobre el coste del viaje.

Zona	Población	Número de visitas anuales	Tasa de visitas v (por 1 000 habitantes)	Coste de la visita c
1	10 000	12 500	1.25	0.16
2	30 000	30 000	1.00	1.00
3	10 000	7 500	0.75	1.83
4	5 000	2 500	0.50	2.66
5	10 000	2 500	0.25	3.50

Estos datos (inventados) son plausibles, en el sentido de que el número de visitas por 1 000 habitantes es mayor cuanto más cerca está el parque natural. De hecho, los datos están puestos de tal manera que podemos establecer una sencilla función lineal que relaciona la demanda, número de visitas por 1 000 habitantes (v), con el coste del viaje (c), de esta manera:

$$v = 1.3 - 0.3c$$

[50] El ejemplo está tomado de G. Edward-Jones, B. Davies y A. Hussain, *Ecological Economics. An Introduction*, Blackwell Science, 2000, pp. 92-93.

Podemos calcular cuánto están pagando los visitantes como coste del viaje (la suma del número de visitas por el coste de cada visita), pero la pregunta relevante es: ¿cuánto pagarían como máximo?, ¿qué mejora les supone realmente ese espacio natural? Hemos supuesto que no hay que pagar boleto de acceso. Lo que nos preguntamos es: ¿qué precio del boleto máximo estarían dispuestos a pagar? De esta manera, los beneficios de la conservación de ese espacio natural vendrían medidos por la recaudación de los boletos de ingreso que, potencialmente, estarían dispuestos a pagar esos visitantes. Nótese que aquí no se averigua mediante encuestas cuál es la disposición de los visitantes a pagar por la preservación de ese espacio natural. No se pregunta nada sobre preferencias; se observa cuánto pagan efectivamente por el viaje y, a partir de ahí, se infiere una relación entre la demanda de visitas y su precio. El supuesto implícito del ejemplo (para no complicar las cosas) es que la propensión a visitar el lugar sólo depende de los diferentes costes (es decir, de la distancia), o que las poblaciones de las diversas zonas son idénticas en lo que se refiere a la distribución entre la población de otras variables relevantes (como nivel de renta o preferencias).

En la gráfica IV.3 representamos la función de demanda desde una de las zonas (la 2) en función del coste de la visita. El coste de desplazamiento es 1 y el número de visitantes es 30 000. El "pago" total que realizan es el área del rectángulo de base 30 000 y altura 1 mientras que en total estarían dispuestos a pagar una cantidad correspondiente al área total señalada en el gráfico. La diferencia entre las dos áreas nos da una medida monetaria —lo que los economistas llaman el *excedente de los consumidores*— del beneficio neto obtenido por los visitantes de la zona 2 por la posibilidad de visitar el área (la diferencia entre lo que pagan y lo máximo que estarían dispuestos a pagar). En concreto:

$$(4.33\text{-}1)*30\,000 / 2 = 50\,000$$

Si hiciésemos el mismo cálculo para el resto de zonas obtendríamos los valores: 26 000 (zona 1), 9 400 (zona 3), 2 100 (zona 4) y 1 000 (zona 5). Si sumamos todos los excedentes

GRÁFICA IV.3. *Curva estimada de demanda de visitas al parque desde la zona 2 en función del coste de desplazamiento*

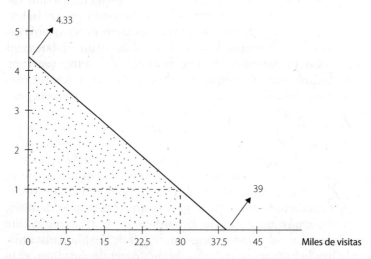

NOTA: La función representada corresponde a:

$$V = 30\,000\,(1.3 - 0.3c) = 39\,000 - 9\,000c$$

obtendremos el valor 88 500 y podemos considerar que tenemos una medida monetaria de los beneficios anuales para la sociedad por la *utilización recreativa* del espacio natural: de lo que perderían si no pudiesen —o ya no valiese la pena— visitarlo.

Aunque el método del coste del viaje para valorar espacios naturales presenta ventajas (por ejemplo, tiene un carácter más objetivo que la valoración basada en encuestas sobre disposición a pagar), puede dar lugar a paradójicos resultados. Si los espacios naturales están muy bien preservados, pero en lugares remotos, no habrá visitantes. Algo así ocurre en el caso del parque del Manu en Perú. Por el contrario, en las Galápagos el valor económico crece con el número de visitantes, pero tantos visitantes pueden incidir negativamente en la conservación.

No hay que olvidar tampoco que el carácter objetivo del método lo es mucho menos si uno entra en detalles. Así, contabilizar el elemento fundamental del coste —el tiempo— es un tema muy debatido y sobre éste los investigadores dan soluciones totalmente diferentes, que condicionan enormemente los resultados. ¿Hemos de contar el tiempo de desplazamiento o todo el tiempo —incluido el de la visita—? Desde el punto de vista del coste de oportunidad del tiempo, parece que lo tendríamos que contar todo, pero pasar un tiempo visitando el espacio es precisamente el objeto del desplazamiento; además, ¿no hay también quien disfruta del tiempo de transporte? Considerar el tiempo según el coste del salario que se deja de percibir (o, como es frecuente, un porcentaje arbitrario, tal como 50% de éste), ¿no es una perspectiva errónea cuando el valor que tiene el espacio se demuestra por el hecho de decidir dedicarle tiempo de ocio en vez de decantarse por otras alternativas? Además, si un turista, por ejemplo, visita el parque nacional de Timanfaya en la isla canaria de Lanzarote, ¿qué tiempo es relevante?, ¿el de desplazamiento a la isla desde lugares quizá muy lejanos?, ¿el de desplazarse al parque una vez que se está en la isla, cuando quizá no se habría ido a visitarla de no ser por dicho parque?; en otras palabras, ¿cómo tratar los viajes multipropósito?

VALORACIÓN AMBIENTAL:
EL MÉTODO DE LOS PRECIOS HEDÓNICOS

La idea general de los "precios hedónicos" (que ya hemos visto aplicada a los salarios) es que, cuando uno compra un bien, el precio que está dispuesto a pagar depende de un conjunto de características que aquél posee. En la medida en que dichas características sean cuantificables de alguna forma, estimaremos una función de demanda que relacione cada característica con el precio, suponiendo que las demás características no varíen.

El método se aplica especialmente al precio, de alquiler o de compra, de la vivienda, y entre las características que se incluyen figuran algunas de tipo ambiental. La calidad ambiental es un bien público que, como tal, no se intercambia en el mercado; lo que sí se intercambia son bienes cuyo precio depende de dicha calidad. Fijémonos que, por tanto, la aplicación es muy diferente al coste del viaje: antes se trata del beneficio recreativo de visitar un determinado espacio; ahora, de la mayor o menor "calidad de vida" ligada al entorno en que se vive.

Por tanto, diríamos que la renta que se está dispuesto a pagar por una vivienda (o su precio, que en principio equivale a la renta capitalizada) es función de los valores que toman una serie de variables:

$$p = f(x_1, ..., x_n)$$

Si solucionamos los enormes problemas prácticos de seleccionar las variables adecuadas (propias de la vivienda y de la zona en que se encuentra) y de ajustar la mejor forma funcional, obtendríamos, para un área determinada, una relación funcional del tipo $p = g(x_i)$, donde x_i es la variable de "calidad ambiental" que suponemos creciente (más valor, menor problema ambiental; por ejemplo, menor nivel de ruido o de un determinado tipo de contaminación en la zona) y en cuya función se suponen constantes todas las otras variables. Obtendríamos así una gráfica como la IV.4a que hemos dibujado lineal suponiendo el caso muy particular en que el precio aumenta proporcionalmente a la disminución del problema, cosa que no tiene por qué ser así; por ejemplo, podría ser que el precio fuese poco sensible a pequeñas variaciones del ruido cuando el nivel de éste es muy bajo, pero mucho más sensible a niveles elevados.

La pendiente de la gráfica, $\partial p / \partial x_i$, nos daría lo que se conoce como el *precio implícito* de la variación de dicha característica. Es importante advertir que lo que obtenemos no es la curva de demanda de un individuo sino del mercado; si supusiésemos un mercado perfecto (lo que está lejos de caracterizar al mercado inmobiliario), pensaríamos que cada familia se sitúa en su punto óptimo. Así, una familia con determinadas preferencias y nivel de renta que se sitúa en el punto de calidad ambiental x_1 también podría situarse en cualquier otro nivel de calidad (manteniendo iguales las otras características de la vivienda) si así lo desease.

¿Cómo se valora la pérdida de un deterioro ambiental? Por ejemplo, supongamos que unas viviendas de nivel x_1 se ven afectadas por la construcción de un aeropuerto en las inmediaciones, de forma que el nivel pasa a ser x_2. Si nos fijamos en los precios de mercado, la disposición a pagar por cada unidad adicional de calidad ambiental sería y (pendiente de la gráfica IV.4a), y la correspondiente al cambio total sería el área por debajo de la recta 1 (recta debida al supuesto de función lineal de la gráfica IV.4a), que aparece en la gráfica IV.4b, coste que recaería sobre los propietarios si los precios reflejasen perfectamente la disminución de calidad ambiental (aunque quedarían menos afectados si ofrecieran el terreno para otros usos).

Sin embargo, puede argumentarse que con tal cálculo estamos infravalorando la auténtica pérdida de bienestar. Si los que viven en dicha zona no pueden desplazarse a otro lado, su pérdida de bienestar se mediría por la disposición a pagar por el cambio de calidad ambiental de x_1 a x_2. La función de demanda individual será probablemente como la de la curva 2 (gráfica IV.4b), pues si el individuo prefiere el nivel x_1, es de esperar que el aumento de utilidad que le supone pasar de niveles más bajos a más altos de calidad es mayor que la diferencia de precio que debe pagar según el mercado (si no sería indiferente entre situarse en x_1 o en cualquier otro punto). Entonces, la medida relevante será el área delimitada por la curva 2. A este argumento se le puede objetar que si los inquilinos de las viviendas pudiesen trasladarse a otro lado en busca de la calidad x_1 al precio p_1, finalmente volverían a la situación anterior; sin embargo, en la práctica, los desplazamientos de vivienda suponen normalmente fuertes costes, de manera que lo realista es que los habitantes de la zona sí salgan también —o sobre todo ellos— perjudicados.

De la sencilla idea que justifica el método a su concreción empírica hay, pues, muchos problemas. Dejando de lado los de tipo técnico, el método *como máximo* nos daría una estimación monetaria razonable de los efectos sobre los habitantes de una determinada área de un daño ambiental localizado, como el ruido o una contaminación atmosférica local sin efectos globales. Es importante destacar que el resultado

GRÁFICA IV.4. *Ejemplo del método de los precios hedónicos*

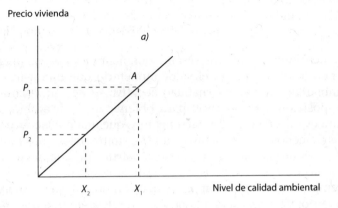

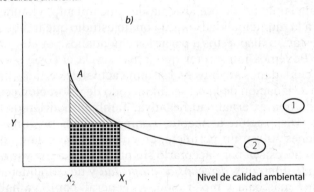

es siempre dependiente del nivel medio de renta de la zona: la predisposición a pagar para reducir las molestias del ruido no será la misma, desde luego, en un barrio rico que en uno pobre. Por otro lado, no quedarán reflejadas las preferencias de otros afectados por la calidad ambiental, como los que trabajan o estudian en la zona o los que la visitan, para los cuales el "valor de uso" del espacio es también diferente, según la calidad ambiental, pero que no participan en el mercado de la vivienda. Ni tampoco quedan incluidos posibles valores ecológicos.

La valoración contingente

En ocasiones resulta interesante obtener *directamente*, preguntando a los afectados, el valor monetario que dan a un bien ambiental o a una externalidad negativa, es decir, averiguar su Disposición a Pagar (DAP) para obtener un bien ambiental o para evitar un perjuicio. Supongamos que una población arroja sus desechos y excrementos a un río, sin tratarlos previamente, y que la municipalidad propone construir un sistema de tratamiento de esos residuos que cuesta una cierta cantidad, por ejemplo un colector de aguas para evitar que vayan directamente al río, y se pregunta a la población relevante (o a una muestra de ella) qué cantidad mensual estaría dispuesta a pagar por esa mejora ambiental. Dejando de lado la fuente concreta de financiamiento de ese sistema de saneamiento, resultaría útil para la municipalidad contar con un estudio que indique cuánto estarían dispuestos a pagar los ciudadanos por él.

Podemos interpretar que la DAP revela el coste social que los ciudadanos atribuyen al sistema actual de vertidos, es decir, la averiguación de la DAP es un método de valoración económica de una externalidad negativa. También podríamos usar la DAA (Disposición a Aceptar compensación), preguntando, a quienes sufren un perjuicio, en cuánto valoran la compensación necesaria para aceptarlo sin protestar. La DAP y la DAA parten de diferentes *derechos de propiedad* y no coinciden, siendo la DAP más baja y mostrando, en general, como ya habíamos visto,[51] diferencias enormes.

El método de la valoración contingente es el que está más en boga. Parte del reconocimiento del que goza provino del pronunciamiento a favor de su utilización por una comisión nombrada por la administración estadunidense con motivo del pleito contra la empresa Exxon por el importante vertido de petróleo en Alaska en 1989. Este método puede aplicarse a cualquier activo ambiental e incorpora la valoración monetaria que

---

[51] Véase el capítulo III, sobre la negociación coasiana.

la población atribuye a un bien, independientemente del motivo que le lleve a tal valoración, sea el propio uso de las aguas o la preocupación por la salud de los que las usan o, si las decisiones tienen impactos a largo plazo, la preocupación por las generaciones futuras. En principio, el método sería aplicable no sólo ante problemas ambientales locales sino también ante los globales, porque nada impide preguntar a una muestra de la población mundial su valoración monetaria sobre la destrucción de la capa de ozono. Pero es obvio que en tales casos las limitaciones del método se amplifican. Cuanto más localizado sea el problema, menor sea la incidencia futura y más circunscrita esté la elección entre alternativas, más plausible resulta confiar en la DAP como método de valoración monetaria de externalidades negativas o de bienes ambientales.

Para lograrlo se realizaría una encuesta a la población afectada y, como eso seguramente sería muy caro, se aplicaría solamente a una muestra. Ahí intervienen las técnicas estadísticas habituales de selección de muestras. La situación que se quiere corregir, o el bien ambiental que se quiere preservar, serían cuidadosamente descritos a los entrevistados y, a continuación, se les preguntaría, partiendo de valores mínimos (o de valores máximos, como en las subastas de pescado), cuál sería su DAP. Los encuestados expresarían a veces su DAP a través de un hipotético "vehículo" concreto de pago (por ejemplo, un aumento en la tarifa del agua o un nuevo impuesto municipal).

Un ejemplo real es el siguiente. En Barcelona, antes de los Juegos Olímpicos de 1992, se vio la necesidad de crear una autovía periférica para acomodar y facilitar el creciente tráfico de automóviles. Existía la alternativa de hacer discurrir esas autovías por la superficie en zonas urbanas muy pobladas (lo que es relativamente barato, pero ruidoso y molesto) o por nuevos túneles en el subsuelo (lo que resulta más caro, en términos crematísticos). El municipio no llevó a cabo ningún estudio coste-beneficio previo, pero planificó algunas zonas subterráneas (las de barrios ricos, como Pedralbes) y otras a cielo abierto (como en el paso por Nou Barris, una zona obrera). Fueron las protestas populares, con frecuentes manifestaciones, las que obligaron a reconsiderar el proyecto inicial y construir túneles en tramos antes no previstos. Pero, paralelamente, sí existió un estudio de valoración contingente, según el cual la disposición a pagar de los habitantes de Nou Barris para que el paso fuese subterráneo (y el proyecto incorporase otra serie de mejoras para el barrio) era, en término medio, de 44 000 pesetas (aproximadamente 265 euros) lo que daba un valor total de 3 650 millones de pesetas (considerando una población de 83 000 personas), algo superior al coste adicional de 3 000 millones de pesetas que suponía el cambio de proyecto.[52]

Existen diversos problemas técnicos en este tipo de encuestas, conocidos normalmente como "sesgos". Se habla así del sesgo de la información para referirse a que la respuesta concreta frecuentemente dependerá —y mucho— del nivel de información que se dé a los afectados, por ejemplo, si se les presentan datos concretos de enfermedades supuestamente atribuidas a un problema ambiental. Como los individuos no tienen información perfecta, la información que dé y cómo la presente el entrevistador puede ser crucial. Otro sesgo es el del "punto (precio) de partida". A la gente se le pide que ponga precio a algo a lo que no está habituada a hacerlo; la práctica habitual es, para evitar que dominen las no respuestas, empezar dando un valor orientador, del tipo ¿pagaría usted más de x euros? (o ¿aceptaría menos de y euros?); pues bien, es un hecho comprobado que las respuestas se ven influidas por el valor inicial de referencia. Las respuestas pueden ser muy sensibles también al vehículo de pago escogido. Puede haber un importante sesgo derivado de comportamientos "estratégicos" —por ejemplo, si los entrevistados saben que realmente no pagarán, pero piensan que sus respuestas influirán en la decisión, pueden manifestar una DAP mayor que la real o, al contrario, si saben que les harán pagar la cantidad que manifiestan, pueden simular no preocuparse por la cuestión para actuar como "gorrones" o "polizones" *(free riders)*.[53]

---

[52] P. Riera, "Valoración contingente del impacto ambiental de una infraestructura viaria: las Rondas de Barcelona", apéndice al capítulo 7, en D. Azqueta, *op. cit.*

[53] Existe la posibilidad de pensar preguntas y mecanismos de pago que creen incentivos para decir la verdad (como el impuesto de Clarke-Groves; véase H. R. Varian, *Microeconomía intermedia*, 3ª ed., Antoni Bosch editor,

Otro elemento es el conocido como "efecto incrustación" *(embedding effect)*, un concepto introducido por Kahneman y Knetsch a partir de los resultados empíricos de un ejercicio de valoración contingente.[54] Si queremos descubrir el valor que una muestra de personas da a la conservación de un determinado parque natural, podríamos diseñar el ejercicio de diversas formas.[55] Una sería empezar por preguntar directamente la disposición a pagar por ello (obteniendo la respuesta A_{11}). En un segundo diseño formularíamos una primera pregunta sobre la disposición a pagar por la conservación del conjunto de parques naturales del país (B_{21}), para luego concretar más y pedir un valor para el parque natural específico que estamos estudiando, valor (A_{22}) que forzosamente sería inferior al anterior, consciente el individuo de que le están preguntando por sólo una parte del total anterior. Por último, podríamos hacer la siguiente secuencia, que daría lugar a tres valoraciones decrecientes: protección de la naturaleza en general (C_{31}); pro-

Barcelona, 1994, pp. 622-627). Uno de sus problemas es que la formulación es demasiado complicada como para servir para las encuestas en la práctica.
[54] D. Kahneman y J. L. Knetsch, "Valuing public goods: The purchase of moral satisfaction", *Journal of Environmental Economics and Management*, vol. 22, núm. 1 (1992), pp. 57-70. Este artículo, uno de cuyos autores (Kahneman) recibió años después el premio Nobel de economía, fue publicado en una revista neoclásica de economía ambiental, aunque era particularmente incómodo para esta tradición como revela la significativa actitud de la revista, según explica Spash (C. L. Spash, "Social Ecological Economics: Understanding the Past to See the Future", *American Journal of Economics and Sociology*, vol. 70, núm. 2 (2011), pp. 340-375). Después del proceso de evaluación, el artículo apareció simultáneamente con una crítica encargada por el editor (V. Kerry Smith, "Arbitrary Values, Good Causes, and Premature Verdicts", *Journal of Environmental Economics and Management*, vol. 22, núm.1 (1992), pp. 71-89) junto a una réplica de los autores (D. Kahneman y J. L. Knetsch, "Contingent Valuation and the Value of Public-Goods: Reply", *Journal of Environmental Economics and Management*, vol. 22, núm.1 (1992), pp. 90-94). Cuando la revista publicó una segunda crítica, el editor (Ron Cummings) rechazó dar a los autores la oportunidad de replicar para defender su trabajo. Spash comenta: "irónicamente, el artículo pronto se convirtió en el más citado de la revista y sigue siéndolo desde hace mucho".
[55] El ejemplo está tomado de la tesis doctoral de M. Farré, *Economia Política dels espais naturals protegits. Estudi d'un cas concret: El Parc Nacional d'Aigüestortes i Estany de Sant Maurici*, Universitat de Lleida, 1998.

tección del conjunto de parques naturales (B_{32}), y protección del parque natural específico (A_{33}).

	Diseño 1	Diseño 2	Diseño 3
			C_{31}
		B_{21}	B_{32}
	A_{11}	A_{22}	A_{33}

El "efecto incrustación" consiste en que los valores de A_{11}, B_{21} y C_{31} no son muy diferentes (una interpretación es que los individuos, más que expresar sus preferencias concretas por un activo ambiental, muestran más bien su compromiso general con la conservación de la naturaleza, ya sea la pregunta más amplia o más específica). En consecuencia, se obtiene que

$$A_{11} > A_{22} > A_{33}.$$

La conclusión radical de los autores es que el resultado de un ejercicio de valoración contingente es "arbitrario" y depende del diseño concreto del ejercicio. Adviértase que ello va mucho más allá del concepto habitual de "sesgo" o de las dificultades de captar el "auténtico valor". Quizá éste no existe: se define en el propio ejercicio y difiere según su diseño.

Pero, además de los anteriores, hay problemas todavía más graves con el método, cuya filosofía es la siguiente: no existe mercado para algunas cosas (o incluso es imposible que exista), sin embargo queremos *simularlo* y actuar en consecuencia. Las críticas a este planteamiento son al menos dos. La primera: es obvio que si preguntamos por la DAP queremos saber lo que se pagaría teniendo en cuenta la restricción inicial de renta y riqueza, porque si no la pregunta simplemente no tiene sentido, ya que si uno no tuviese ninguna restricción, estaría dispuesto a pagar cualquier cantidad por grande que fuera. Dicho de otra forma, las respuestas —incluso suponiendo que descubramos que son sinceras y bien informadas— serán completamente diferentes si cambia la distribución del ingreso (o de la riqueza). Podría defenderse el método diciendo que, en definitiva, es lo que pasa con la asignación de cualquier bien en una economía de mercado: si cambia la distribución de la renta, cambia el resultado, pero la cuestión ética es si estamos dispuestos a aceptar —por ejemplo, cuando decidimos políticas ambientales públicas o cuando pensamos en indemnizaciones a afectados por impactos ambientales— que los que salgan peor parados sean —como es lo habitual— los pobres. En otras palabras, la cuestión es si pensamos que para las decisiones públicas la guía es intentar reproducir lo que pasaría en el mercado.

Como escribió Peter Victor:

> si para reducir la contaminación tenemos que escoger entre dos políticas de igual coste, una que beneficiará a los ricos de la comunidad y otra a los pobres, entonces este enfoque siempre beneficiará a los ricos, cuya disposición a pagar excederá probablemente a la de los pobres. Muchas personas, entre las cuales nos incluimos, no están de acuerdo con una evaluación técnica que sesgue una política en una dirección particular. Quienes son partidarios de una mayor igualdad en la distribución de la renta ven precisamente en la provisión de bienes públicos un medio de alcanzarla, ya que otras formas más directas de redistribuir la renta y la riqueza se enfrentan a obstáculos insuperables.[56]

Otros economistas tienen menos problemas morales y no han dudado en propugnar que lo eficiente es que la contaminación se concentre en los países más pobres, como a principios de la década de 1990 manifestaba Lawrence Summers (entonces economista principal del Banco Mundial) en un memorándum enviado a algunos colegas y que se filtró al público.[57] Este

---

[56] P. A. Victor, *Economía de la polución*, Vicens-Vives, 1974, p. 45 (edición original, 1972).

[57] "Let them eat pollution", *The Economist* (8 de febrero de 1992), p. 66. Summers da varios argumentos para estimular "más migración de las industrias contaminantes a los países en vías de desarrollo". Entre ellas que "la medida de los costes de la contaminación que afecta a la salud depende de los ingresos perdidos por la mayor morbilidad y mortalidad. Desde este punto de vista, una cantidad dada de contaminación que afecta a la salud debería ha-

"principio de Summers" lo podemos enunciar así: "los pobres venden barato".

Pero hay otra crítica de fondo. Se trata de que las decisiones públicas deben tener en cuenta los posicionamientos de los individuos, no en tanto consumidores sino como ciudadanos, que no tienen por qué ser las mismas ya que, como Sagoff argumenta,[58] los individuos revelan distintas preferencias en diferentes contextos institucionales. Sagoff insiste en que quienes son entrevistados en encuestas sobre disposición a pagar, a menudo no quieren cooperar, y rechazan poner un precio a un bien ambiental cuando se les pregunta cuánto pagarían por él, o dan un precio infinito. Es habitual que en tales encuestas más de 30% de los entrevistados, para desesperación de los encuestadores y a pesar de su insistencia en que revelen sus preferencias poniendo un precio, se nieguen a cooperar. Esas respuestas de protesta —que son consideradas como "aberrantes" en los estudios de valoración contingente y, en consecuencia, suprimidas de los resultados— indican que las preferencias que los individuos revelan en el mercado como *consumidores* son distintas de los valores que tienen como *ciudadanos*.

Quizá la disparidad entre la DAP y la DAA también se explique, en parte, por la resistencia a poner precios a los bienes ambientales, que aparece nítidamente cuando a uno se le pregunta por cuánto aceptaría un deterioro ambiental, aunque cuando a uno se le pone en la situación de pagar se impone a la fuerza —si no se niega a contestar— el "realismo" de la propia restricción de riqueza. Como ya comentamos en otro momento, la anomalía —para la economía neoclásica— no es que

cerse en el país con el coste más bajo, es decir, el que tenga los salarios más bajos. Pienso que la lógica económica que hay detrás de llevar una carga de residuos tóxicos al país de más bajos salarios es impecable y deberíamos reconocerla". También: "La demanda de un ambiente limpio tanto por razones estéticas como de salud es probable que tenga una muy elevada elasticidad-renta". En el memorándum se lamentaba también de que gran parte de la contaminación no se pudiese exportar, sea por generarse en servicios que no pueden importarse (como el transporte o la electricidad) o por los elevados costes de transporte de los residuos sólidos, lo que contribuía a que la calidad del aire en, por ejemplo, algunos países de África fuera muy ineficientemente buena comparada con la de Los Ángeles o México.

[58] M. Sagoff, *The Economy of the Earth*, Cambridge University Press, 1988.

la DAP y la DAA sean diferentes, porque la teoría de las preferencias, con su supuesto sobre la sustituibilidad entre bienes, ya prevé que exista diferencia entre las dos magnitudes —que corresponden a lo que se llama *variación equivalente* y *variación compensadora*— debido al "efecto renta";[59] la anomalía es que sean *tan* diferentes, incluso para bienes para los que se concluye que la elasticidad-renta no es muy elevada.

Además, la distinción entre la valoración de los bienes ambientales en mercados ficticios y como ciudadanos tiene importantes implicaciones distributivas. Así, una cosa es el poder de compra y otra el poder del voto o el de la acción directa que, de hecho, fue el que tuvo éxito en el citado caso de los vecinos de Nou Barris, en Barcelona. Veamos otro caso, analizado por Ramachandra Guha.[60] En Karnataka, en el sur de la India, hubo en la década de 1980 una fuerte lucha contra las plantaciones de eucaliptos hechas por la empresa Birla en tierras comunitarias, mediante una concesión estatal, cuyo propósito era proveer de materia prima a una fábrica de rayón de la propia empresa. Las familias campesinas perjudicadas perdían el acceso a pastos usados por su ganado y a matorrales y árboles usados para leña para cocinar. Si se les hubiera preguntado sobre su disposición a pagar por esos bienes ambientales o a aceptar compensación monetaria, posiblemente no hubieran querido responder (ya que esas tierras tenían un uso fuera del mercado) o, en cualquier caso, hubieran dado valores monetarios pequeños, al ser pobres. No se realizó un experimento de Valoración Contingente ni tampoco un análisis coste-beneficio (comparando los ingresos monetarios de Birla con los costes para los campesinos, con valores actualizados). Lo que ocurrió fue que campesinas y campesinos, por acción directa en ese caso más que mediante el voto, actuando como ciudadanos y no como consumidores en un mercado real o ficticio, organizaron una *satyagraha*, arrancando eucaliptos recién plantados

---

[59] En el muy citado artículo de R. D. Willig, "Consumer's Surplus Without Apology", *American Economic Review*, vol. 16, núm. 4 (1976), pp. 589-597, se intentaba demostrar que variación equivalente, variación compensadora y excedente del consumidor mostrarían normalmente pocas diferencias.

[60] Ramachandra Guha, "El ecologismo de los pobres", *Ecología Política*, núm. 8 (1994), pp. 137-151.

y sustituyéndolos por otros árboles más útiles para ellos, hasta que la empresa Birla tuvo que desistir de sus planes.

LA VALORACIÓN CONTINGENTE EN EL MARCO DE LAS RECLAMACIONES LEGALES POR DAÑOS AMBIENTALES

En algunos marcos legales se hace difícil reclamar compensaciones legales por daños estrictamente ambientales que no comporten gastos monetarios. Por ejemplo, para los accidentes en el transporte internacional de petróleo existe el convenio internacional sobre responsabilidad civil por contaminación debida a hidrocarburos que gestionan unos fondos (Fondos internacionales de indemnización de daños debidos a la contaminación por hidrocarburos FIDAC) que se nutren de aportaciones de los importadores de productos petrolíferos. Como los daños pueden ser cuantiosos y las aseguradoras de los barcos cubren una cantidad muy pequeña, los que han sufrido perjuicios económicos debido a un vertido de petróleo pueden reclamar a dicho fondo (aunque sólo para unas cantidades limitadas: la responsabilidad no es ilimitada). Los fondos sólo cubren daños estrictamente económicos tales como daños materiales o pérdidas económicas de pescadores o del sector turístico y también costes de limpieza y restauración (que normalmente recaen sobre las administraciones públicas). En este contexto no se plantea la valoración de pérdidas de valores de no-uso o existencia ya que no cabe reclamación por ellos. Sin embargo, hay contextos legales en que tales conceptos sí son relevantes.

Así, en los Estados Unidos, tras el importante vertido de petróleo frente a las costas de Alaska en 1989, conocido como el accidente del Exxon Valdez, se aprobó la Oil Pollution Act (1990) que (yendo mucho más allá del convenio internacional) determinaba explícitamente algo que ya se había contemplado en diversos casos judiciales: la posibilidad de elevar reclamaciones en concepto de pérdida de *valor de uso pasivo* (un término que en los Estados Unidos se utiliza frecuentemente para referirse a valores de no uso como es el valor de existencia). Cuestiones tales como la pérdida de biodiversidad permiten reclamar compensaciones económicas. Se plantea, claro, la cuestión de cómo valorarlas. En este contexto, una agencia federal, la NOAA (The National Oceanic and Atmospheric Administration), encargó un informe a un panel de economistas, que incluía a los Premios Nobel Arrow y Solow,[61] sobre cómo llevar a cabo tan difícil evaluación. El informe recomendó aplicar la valoración contingente; revisó sus problemas pero, a pesar de ello, consideraba que, al no existir otro tipo de metodología para captar este tipo de valores, el resultado de la valoración contingente era un punto de partida adecuado para fijar una cantidad monetaria siempre que no se considerase como un número exacto e indiscutible. El informe, además, se decantó por la modalidad de la "Disposición a Pagar" (DAP) y no por la "Disposición a Aceptar compensación" (DAA). Esto, como reconocía el propio informe, resulta extraño ya que si lo que se está planteando es que se parte de una situación ambiental que se deteriora por un accidente lo normal parecería hacer cálculos sobre cuánto teóricamente habría que pagar para una compensación y no cuánto los ciudadanos pagarían para evitar el deterioro. La argumentación —no muy convincente— a favor de la DAP frente a la DAA fue que un problema general de la valoración contingente es que al plantear valores hipotéticos y no movimientos efectivos de dinero puede haber un sesgo al alza y que es más difícil que los individuos sean realistas cuando se les habla de compensaciones hipotéticas que de pagos hipotéticos, es decir, que el sesgo sería mayor en el caso de la DAA. Por otro lado, se argumentó en el informe que para defenderse de posibles críticas es mejor dar valores conservadores.

El informe citado tuvo mucho impacto para prestigiar el método de la valoración contingente como también fue muy influyente el estudio concreto del caso del Exxon Valdez encargado por el estado de Alaska que sirvió para la demanda judicial (que acabó en un acuerdo extrajudicial que representó para la empresa un coste similar al obtenido en el estudio que estamos comentando). Dicho estudio[62] consistió en una encuesta a

[61] K. Arrow et al., "Report of the NOAA Panel on Contingent Valuation", Federal Register, vol. 58 (1993).

[62] R. T. Carson et al., "Contingent Valuation and Lost Passive Use: Damages from the Exxon Valdez Oil Spill", Environmental and Resource Economics, vol. 25, núm. 3 (2003).

una muestra representativa del conjunto de las familias de los Estados Unidos sobre cuánto estarían dispuestos a pagar —en forma de un nuevo impuesto específico— para evitar un accidente como el del Exxon Valdez. El formato era del tipo "referéndum" con dos preguntas; se preguntaba (empezando con diferentes valores), por ejemplo, ¿estaría usted dispuesto a pagar $30? Si la respuesta era positiva, se pasaba a preguntar si también se pagarían $60; de ser negativa, la segunda opción sería de $10. Como resultado del ejercicio se conocían para diversos intervalos de pagos los porcentajes de personas incluidos: por ejemplo, cuántos pagarían entre 30 y $60 o cuántos pagarían entre 120 y $250. Con estos porcentajes podía estimarse una función matemática entre número de familias y disposición a pagar como mínimo una cantidad determinada. La mediana de las respuestas resultó ser de unos $30[63] que extrapolada a más de 90 millones de familias dio un valor aproximado de 2 800 millones de dólares.

El artículo académico que resume los resultados concluye (en 2003) señalando que:

> la *Oil Pollution Control Act* de 1990 superó la ambigüedad dejando claro que se debía incluir el valor de uso pasivo en la evaluación de daños. Esa decisión política no se ha tomado decisivamente en ningún otro lugar del mundo. Así, la percibida responsabilidad ante un gran vertido de petróleo en los Estados Unidos es muy elevada y, quizás como una consecuencia, no ha habido ningún vertido extremadamente elevado desde el del Exxon Valdez [...] Esta ausencia de extremadamente elevados vertidos de petróleo en los Estados Unidos durante casi una década ha tenido un efecto interesante; implica que mientras la vc no ha sido muy utilizada para evaluar el daño a recursos naturales de grandes vertidos petroleros, su uso potencial podría estar jugando un importante papel para prevenir dichos vertidos. En los demás lugares, el patrón de grandes vertidos de petróleo se ha mantenido básicamente inalterado.[64]

[63] En principio parecería más lógico utilizar la media aritmética (que dio un valor mucho mayor) pero los autores consideraron que la estimación de la mediana resultaba más fiable estadísticamente.

[64] R. T. Carson *et al.*, *op. cit.*, p. 279.

Pero en 2012 se produjo el enorme vertido de BP en el Golfo de México. Más allá de los vertidos de petróleo, en muchos lugares existe bastante ambigüedad sobre el tema. Por ejemplo, si nos fijamos en la ley de responsabilidad medioambiental española de 2007,[65] podemos ver que el enfoque general es el de exigir gastos económicos de reparación para restaurar el medio ambiente y volver al "estado básico" (lo que en el capítulo II llamamos gastos "defensivos"), es decir, "aquél en que, de no haberse producido el daño medioambiental, se habrían hallado los recursos naturales y los servicios de recursos naturales en el momento en que sufrieron el daño". Sin embargo, ello a veces es obviamente imposible o muy lento o incluso se puede considerar —según el texto legal— que "el coste de las medidas reparadoras que deberían adoptarse para alcanzar el estado básico o un nivel similar es desproporcionado respecto a los beneficios ambientales". En tales casos se plantea la obligación de llevar a cabo "medidas compensatorias" que deberían basarse, según la ley, preferentemente en criterios de equivalencia recurso-recurso o servicio-servicio. Pero cuando esto no sea posible el reglamento de desarrollo de la ley (2008)[66] añade que los criterios pueden ser de "valor-valor" (valoración monetaria que presume que el valor social de los recursos naturales y los servicios de los recursos naturales dañados es equivalente al valor social de los beneficios ambientales de otros recursos o servicios generados a través del proyecto de reparación) o de valor-coste (valoración monetaria que presume que el valor social del daño medioambiental equivale al coste del proyecto de reparación). Estas alternativas sí exigen la compleja —y cuestionable— tarea de traducir el valor social de los beneficios ambientales a una cantidad monetaria. El mismo reglamento señala que para ello se aplicarán las técnicas que ofrece el análisis económico y más específicamente: "las técnicas de valoración alternativas pueden ser directas, como es el caso

---

[65] LEY 26/2007, de 23 de octubre, de Responsabilidad Medioambiental. BOE núm. 255, 24 octubre 2007.

[66] REAL DECRETO 2090 /2008, de 22 de diciembre, por el que se aprueba el Reglamento de desarrollo parcial de la Ley 26/2007, de 23 de octubre, de Responsabilidad Medioambiental. 23 diciembre 2008 BOE núm. 308.

de la valoración contingente, o indirectas, tales como las basadas en el coste de reposición, la función de producción, el coste de viaje y los precios hedónicos, entre otros".

En consecuencia, y no exclusivamente en los Estados Unidos, las leyes de responsabilidad medioambiental toman como referencia en muchos casos las técnicas estudiadas en este capítulo.

COMPARABILIDAD, CONMENSURABILIDAD Y VALORACIÓN MONETARIA

En el análisis coste-beneficio se ha de valorar todo en una única unidad, de manera que lo que no se valora en dinero no cuenta. Bajo esta lógica monocriterial, si un proyecto afecta la salud de las personas o de los ecosistemas, es normal pensar que más vale una estimación monetaria, por criticable que sea, que prescindir de incluir dichos efectos. Sin embargo, es la propia forma de plantear el problema la que conduce a lo que se ha llamado la *falacia de un número es mejor que ninguno*.[67]

Cuando se toman decisiones públicas, se hacen comparaciones entre cosas que son valorables por razones diferentes y en estándares distintos de valoración. La tesis de la no comparabilidad implicaría la imposibilidad de tomar decisiones o convertiría a éstas en totalmente arbitrarias. Pero aquí no nos oponemos en absoluto a la idea de la comparabilidad sino a la idea, muy diferente, de la conmensurabilidad.[68] La comparabilidad significa simplemente que uno elige racionalmente entre diversas opciones, sin ser siempre capaces de darles un único orden atendiendo a un término único de comparación que permita afirmaciones del tipo *"X vale más que Y"*. El que podamos elegir entre distintas situaciones y objetos, de forma

---

[67] P. A. Diamond y J. A. Hausman, "Contingent Valuation: Is Some Number Better than No Number?", *Journal of Economic Perspectives*, vol. 8, núm. 4, pp. 45-64.

[68] J. O'Neill, *Ecology, policy and politics*, capítulo 7, Routledge, Londres. También J. Martínez Alier, G. Munda y J. O'Neill, "Weak comparability of values as a foundation of ecological economics", *Ecological Economics*, vol. 26, núm. 3 (septiembre de 1998), pp. 277-286.

sensata y racional no implica que debamos sostener que una situación es más valiosa que otra. No es así. Podemos rechazar una proposición como "X vale más que Y" y, al mismo tiempo, elegir X en vez de Y. El rechazo no nace de un escrúpulo moral, de que no queramos aceptar públicamente que preferimos, por ejemplo, dedicar más recursos al arte que a salvar tantas vidas humanas aumentando el presupuesto de la sanidad pública, sino de la vaciedad de la comparación, dado que hay una *pluralidad de valores*. Decir que "X vale más que Y" es invitar a la respuesta "¿respecto de qué?" y, al existir una pluralidad de valores, tal vez no hay dónde anclar esa comparación, aunque estemos de acuerdo en que la elección debe realizarse sobre la base de juicios racionales acerca de los bienes o situaciones en cuestión. No hace falta apelar a la fe ni a ningún procedimiento de decisión no racional, como echar una moneda a cara o cruz.

"Todo necio confunde valor y precio", decía Antonio Machado. Marx hizo notar en *La ideología alemana* que la presunción del utilitarismo clásico de que existe un solo valor (el placer o la utilidad) al cual todos los demás son reducibles, ganaba su plausibilidad aparente de que había una sola medida monetaria para todos los bienes: "La aparente estupidez de reducir todas las relaciones entre la gente a *una* relación de utilidad, esa abstracción aparentemente metafísica, surge de que en la sociedad burguesa moderna todas las relaciones se subordinan, en la práctica, a la relación monetaria-comercial abstracta".[69]

Se supone que debe haber *medidas monetarias* de distintas situaciones, pues sin ellas no es posible una comparación racional. Ese supuesto, al parecer generalmente admitido, fue sometido a discusión crítica en los debates sobre el cálculo de los valores en una economía socialista en las décadas de 1920 y 1930. Ello se recuerda ahora como un conflicto entre los críticos austriacos del socialismo, Von Mises y Hayek, y los defensores de una forma de socialismo de mercado, Lange y Taylor, y se atribuye la victoria ya sea a unos o a otros. Ambos lados de aquel debate compartían un supuesto que estaba en la raíz

---

[69] K. Marx y F. Engels, *La ideología alemana* [1846], trad. de Wenceslao Roces, Grijalbo, Barcelona, 1970, p. 489.

de la defensa del capitalismo que Von Mises había presentado inicialmente y que había sido criticado por Otto Neurath (quien sería un destacado filósofo analítico del llamado "Círculo de Viena").

El argumento inicial de Von Mises contra la planificación socialista se basaba en un supuesto acerca de la conmensurabilidad. Su argumento central era que las decisiones económicas racionales necesitaban una única medida con la cual el valor de distintas alternativas pudiera ser calculado y comparado. Dice así en su libro posterior *Human Action:*

> El hombre práctico [...] debe saber si lo que quiere lograr será una mejora al compararlo con la situación actual y con los beneficios que podría conseguir al realizar otros proyectos técnicamente viables, que no se llevarán a cabo si el proyecto que tiene en mente absorbe todos los recursos disponibles. Tales comparaciones sólo pueden hacerse mediante el uso de precios en dinero.

Von Mises se había preguntado ya en 1919 cómo decidir en los casos en que hubiera costos y beneficios no incluidos en los mercados. Si, por ejemplo, al construir una represa hidroeléctrica se destruye un bello paisaje, entonces la disminución del tráfico turístico podría incorporarse a los costos. Von Mises anticipó así el *travel cost method.*

La posición defendida por Von Mises —es decir, la comparabilidad exige precios en dinero— había sido rechazada por Neurath, para quien una economía socialista consideraría los valores de uso y no los de cambio, sería una "economía en especie" en la que haría falta disponer de estadísticas sobre uso de energía, de materiales, etc., pero no haría falta una *única* unidad de comparación. Así, en 1919 escribió en un informe al Consejo Obrero de Múnich, al considerar proyectos alternativos: "No hay unidades que puedan ser usadas como base de una decisión, ni unidades de dinero ni horas de trabajo. Hay que juzgar directamente lo deseable de ambas posiciones". Esta comparación requiere apelar a juicios políticos y éticos, incluida la preocupación por las generaciones futuras. Si se presenta la cuestión de si gastar menos carbón o, por el contrario, hacer trabajar menos a los hombres, entonces:

La respuesta depende, por ejemplo, de si pensamos que la fuerza hidráulica estará lo suficientemente desarrollada o si el calor solar estará mejor aprovechado que ahora, etc. Si pensamos esto, entonces gastaremos más carbón y no esfuerzo humano si hay carbón disponible. Sin embargo, si uno teme que, por usar esta generación demasiado carbón, habrá miles que tendrán frío en el futuro, entonces podríamos usar ahora más energía humana y ahorrar carbón. La elección de uno de los planes técnicamente posibles estará determinada por cuestiones no técnicas como éstas... no vemos ninguna posibilidad de reducir los planes de producción a algún tipo de unidad y comparar luego los diversos planes en términos de tal unidad.[70]

Ya en 1919 Neurath afirmaba aquí, con razón, que la comparabilidad no presupone la conmensurabilidad. El juicio práctico no técnico tiene, necesariamente, un papel en la elección de políticas. En cambio, el supuesto de Von Mises acerca de la necesidad de un único estándar de valor, y el tipo de racionalidad que ese supuesto implica, son ingredientes de la teoría económica moderna, incluida la economía ambiental neoclásica.

No creemos que en general la valoración monetaria sea un paso previo que solucione los conflictos de valores. Aunque, desde luego, algunos ejercicios de valoración monetaria ayudan a la toma de decisiones. Utilizar eventualmente el método de la valoración contingente u otro de los ya comentados, no implica una adhesión incondicional al principio de la economía convencional que el valor de las cosas —en mercados reales o ficticios— debe provenir exclusivamente de las preferencias individuales de la actual generación de humanos tomando además la actual distribución del ingreso y la riqueza como dada.

Quizá los economistas se encuentran con un vacío cuando se cuestiona el análisis coste-beneficio, porque se preguntan: entonces, ¿cómo es posible decidir racionalmente? El hecho es que el análisis coste-beneficio raramente es el elemento

[70] O. Neurath, *Wirtschaftsplan und Naturalrechnung*, Laub, Berlín, 1925, en *Empiricism and Sociology*, Reidel, Dordrecht, 1973, p. 263.

central de las decisiones públicas (aunque más veces sirve para justificar decisiones previas). Vatn y Bromley afirman:

> La evidencia sugeriría que la mayor parte de las elecciones inteligentes en relación con el ambiente se han tomado sin poner precios. Los primeros esfuerzos de control de enfermedades mediante el saneamiento de las aguas en las más importantes ciudades de Europa y América vienen a la mente. De manera similar, los programas contra la contaminación atmosférica en estas mismas ciudades no esperaron a tener evidencias de que los ciudadanos estaban dispuestos a pagar una suma agregada superior a los esperados "costes" impuestos sobre aquellos que tenían que modificar su comportamiento.[71]

Que muchas veces predominan los intereses políticos a corto plazo o las presiones de grupos económicos es bien cierto, pero la alternativa no es la utópica pretensión de poner las decisiones en manos de expertos independientes que prescindan de juicios de valor propios, sino buscar procedimientos democráticos e informados para tomar decisiones en un marco multicriterial (es decir, cuando existen diversos criterios de valoración).

Nuestra previsión es que los problemas teóricos ligados a la valoración monetaria son tantos que el valor de estos ejercicios será considerado entre los propios economistas, cada vez, como más relativo. Paradójicamente, sin embargo, la política ambiental práctica necesitará, cada vez más, de valoraciones monetarias para aplicar las leyes ambientales y en particular para todo lo relacionado con la "responsabilidad civil" en materia ambiental y con el cálculo de los "pasivos ambientales" en los balances de las empresas (como veremos en el siguiente capítulo). Tales valoraciones tendrán que hacerse, como también se fijan indemnizaciones por accidentes laborales o de tráfico, pero es importante no perder de vista su carácter fuertemente convencional.

---

[71] A. Vatn y D. W. Bromley, "Choices without prices without apologies", en D. W. Bromley (ed.), *The Handbook of Environmental Economics*, Basil Blackwell, 1995.

Algunos autores no sólo entran en el terreno de las valoraciones de algunos activos ambientales, sino que incluso llevan a cabo ejercicios tan atrevidos como intentar aproximar el valor monetario total, a escala planetaria, de los servicios de los sistemas ecológicos y del capital natural. Esto es lo que Costanza y otros hacen en un desafortunado artículo aparecido en la revista científica *Nature*.[72] Los números utilizados en el artículo (algunos de elaboración propia y la mayoría extrapolaciones de otros estudios) llevan a un rango de valoración comprendido entre 90% del PNB mundial y tres veces dicho PNB, con un valor medio de 33 billones (10^{12}) de dólares.[73] Uno no deja de sorprenderse ante el ejercicio, cuando los propios autores destacan que sin tales servicios la vida y la economía no existirían, así que "en un sentido, su valor total para la economía es infinito" pero, prosiguen, "puede ser instructivo estimar el valor 'incremental' o 'marginal' de los servicios de los ecosistemas".

Se nos escapa en qué sentido es instructivo, si los propios autores plantean la contradicción de extrapolar las pérdidas de los cambios marginales a lo que pasaría con la desaparición de los servicios de los ecosistemas a partir de la gráfica IV.5, que reproducimos de su artículo. La gráfica IV.5*a* representaría las curvas de oferta y demanda de un "bien económico normal".[74] El PNB mide la suma de valores *Opbq* (precios multiplicados por cantidades) para el conjunto de bienes, mientras que lo más relevante para el bienestar es, probablemente, el excedente que el bien genera (excedente del consumidor más renta neta, si ésta existe). La gráfica IV.5*b* representaría la demanda y oferta (rígida) de un servicio ambiental esencial; lo destacable es que, a medida que disminuye la cantidad *q*, el

---

[72] R. Costanza *et al.*, "The value of the world's ecosystem services and natural capital", *Nature*, núm. 387 (1997), pp. 253-260.

[73] Los propios autores señalaron posteriormente un importante error cuantitativo en el artículo publicado. El año de base del estudio era 1994, pero el dato del PNB mundial utilizado (18 billones de dólares) era el de 1987 y no el de 1994 (25 billones) (R. Costanza *et al.*, "The value of the world's ecosystem services: putting the issues in perspective", *Ecological Economics*, vol. 25, núm. 1 (abril de 1998), p. 69, nota 2).

[74] Es discutible considerar como caso general para los bienes reproducibles que los costes marginales que determinan la curva de oferta sean crecientes. Pero éste es un tema que no abordaremos aquí.

GRÁFICA IV.5. *Curvas de oferta y demanda para "bienes normales" y para los servicios ecosistémicos esenciales*

a) Bien normal

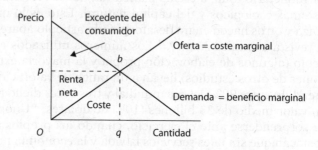

b) Servicio ecosistémico esencial

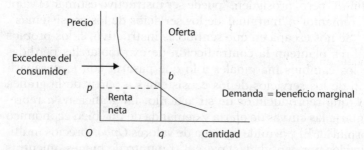

FUENTE: R. Costanza *et al.*, "The value of the world's ecosystem services and natural capital", *Nature*, núm. 387 (1997), pp. 253-60.

"excedente del consumidor" que se pierde con cada unidad de servicio es más y más grande, hasta hacerse infinito, porque es esencial para la vida. Por tanto, la propia forma que los autores consideran típica de los principales servicios ambientales invalida la idea que los autores dicen aplicar: calcular la pérdida marginal del paso de q a $q - 1$ para multiplicarlo por el número de unidades q de las que inicialmente se dispone. El valor marginal de los servicios ambientales no es constante sino creciente a medida que se reduce su disponibilidad tendiendo a infinito si se trata de un ecosistema esencial.

iv.5. *La monetarización de la naturaleza*

Ha habido intentos notorios de estimar valores monetarios de los servicios que la Naturaleza presta a la economía humana —y, por tanto, de valorar al mismo tiempo la destrucción de estos servicios en los casos en que eso acontezca (Costanza *et al.*, *Nature*, vol. 387, 1997, pp. 253-260). De hecho, observamos que los resultados dependen de la arbitraria selección de métodos para valorar los distintos servicios, la distribución de los derechos de propiedad y la presión a la que se somete a la Naturaleza, lo que aleja los *rankings* producidos por esas valoraciones monetarias de los que obtendríamos a partir de otras escalas de valor, como la valoración biológica o ecológica. Para que se entienda bien este punto presentamos las valoraciones monetarias que De Groot atribuye anualmente (por hectárea) a los servicios ambientales prestados por las Islas Galápagos y por el Mar de Wadden (un gran estuario interior en Holanda). Resulta que ese mar holandés (en medio de una región superpoblada y productora de residuos) "vale" anualmente unas 50 veces más por hectárea que las Galápagos. Como señala Roldán Muradian, si nos dieran a elegir cuál de ambas zonas conservar ante una amenaza extraterrestre, la lógica de la valoración económica nos debería llevar a sacrificar las Galápagos. Es importante este ejemplo no sólo porque De Groot es coautor e inspirador principal de las estimaciones de Costanza *et al.*, sino también porque éstas (al igual que De Groot en su libro, con datos del cual se ha preparado el cuadro adjunto) atribuyen el mayor valor al reciclaje de nutrientes y de materia orgánica (la mitad, aproximadamente, de los 33 billones (10^{12}) de dólares con que Costanza *et. al.* valoran anualmente los servicios de la Naturaleza). Vemos también el escaso valor dado a la biodiversidad (algo chocante en el caso de las Galápagos), lo que es atribuible al método de valoración. Asimismo, mientras la materia orgánica y los nutrientes se cuentan según los costos alternativos de producción o reciclaje, no se aplica la misma metodología del cálculo al costo de reposición, reproducción o reciclaje íntegro a los minerales (como han señalado Naredo y Valero, Ayres, Ruth y otros autores en el campo de la ecología industrial en los últimos años), ni menos aún a la biodiversidad (cuyo coste de "reproducción" o reposición resulta absurdo traducir —a lo Parque Jurásico— a lo monetario). Las metodologías de valoración económica usadas son, pues, incongruentes.

Resumen de las valoraciones monetarias obtenidas por De Groot (1992) en $EUA por ha y año

Valor de conservación	IG	DWS	Método de estimación
Prevención de inundaciones	NC	500	10% del valor de control de inundaciones en Massachusetts. Aumento del coste de las ayudas por desastres naturales en las áreas en las que no existe esta capacidad de protección natural.
Prevención de la erosión	0.30	NC	10% del rendimiento anual de las actividades que se benefician de esta función: producción agrícola y ganadera (basada en los niveles de producción actuales).
Almacenamiento y reciclaje de materia orgánica	58	2 000	Costes de tratamiento artificial de los residuos orgánicos (basado en las cantidades que IG y DWS son capaces de reciclar anualmente).
Almacenamiento y reciclaje de nutrientes	NC	2 500	Costes de tratamiento artificial del fósforo y el nitrógeno (basado en las cantidades que IG y DWS son capaces de remover anualmente).

Hábitat de migración y área de reproducción	0.07	120	IG: 10% del rendimiento anual de la pesca comercial; DWS: valor anual de mercado de la captura de pescado y camarones.
Mantenimiento de la diversidad biológica	4.9	NC	10% del valor de mercado de cualquier actividad que directa o indirectamente dependa de esta función (no indica qué tipo de actividades).
Protección de la naturaleza	0.55	15	IG: dos veces el presupuesto del parque; DWS: 50% de donaciones a la Sociedad Audubon para la conservación de una marisma en Florida.
Valor de uso productivo			
Alimentos	0.7	450	IG: rendimiento anual de la captura local de peces y crustáceos (excluyendo atún); DWS: 2 veces el valor total de mercado de las plantas y animales capturadas (= 10% de la productividad local de biomasa). Ambos basados en tasas actuales de explotación.
Materias primas para la construcción	5.2	25	IG: rendimiento anual actual de la extracción de madera, rocas, arena y grava; DWS: valor de mercado de la explotación de arena y conchas.

Resumen de las valoraciones monetarias obtenidas por De Groot (1992) en $EUA por ha y año (continuación)

	IG	DWS	*Método de estimación*
Recreación y turismo	45	500	Número de visitantes multiplicado por el gasto medio por visita.
Acuicultura	0.02	22.5	IG: rendimiento de una hectárea dedicada a esta actividad (asumiendo ingresos de $1 EUA/m²); DWS: ingresos corrientes del cultivo de mejillones multiplicado por el área que podría ser utilizada (10% de la zona sublitoral).
Información estética y espiritual	0.52	15	IG: actuales donaciones internacionales para su conservación; DWS: 50% de las donaciones a la Sociedad Audubon para la conservación de una marisma en Florida.
Información cultural y artística	0.2	NC	Valor monetario de películas y libros que utilizan IG como principal motivo.
Recursos ornamentales	1.53	NC	Ingresos artesanales provenientes de árboles nativos y otros recursos ornamentales que podrían ser obtenidos de forma sostenible.

Recursos energéticos	0.35	NC	Dinero ahorrado al utilizar una planta de energía solar con una superficie de 50 ha (para cubrir todo el consumo energético del área).
Información científica y educativa	2.7	16	IG: dos veces el dinero gastado en investigación, cursos de formación, ayudas, materiales educativos; DWS: dinero gastado en investigación científica (salarios, costes de equipamiento, etc.) + valor educativo (que se supone 1/3 del valor de la investigación).
TOTAL	120.04	6 163.5	

Islas Galápagos: IG; Dutch Wadden Sea: DWS.
Áreas: IG: 1 150 000 ha; DWS: 270 000 ha.
NC: No calculado.
FUENTE: resumen preparado por Roldán Muradian a partir de De Groot, *Functions of Nature*, Wolters Noordhoff, Groningen, 1992.

El análisis multicriterio: ¿método de decisión o paradigma de la economía ecológica?

La lógica "unicriterio" del análisis coste-beneficio consiste en reducirlo todo a una unidad monetaria mediante métodos "técnicos" lo más objetivos posible, a fin de decidir con un criterio maximizador. En las últimas décadas se ha prestado atención creciente a otra perspectiva, relacionada con la crítica a la conmensurabilidad y conocida como teoría de la decisión multicriterio.[75] El punto de partida de dicha teoría es que, cuando se ha de decidir entre diversas alternativas, lo más frecuente es que se pretendan maximizar o minimizar diversos criterios contradictorios entre sí, de forma que lo que se ha de establecer es un *compromiso* entre dichos objetivos. Veamos un ejemplo sencillo.[76]

Considérese una empresa pública que puede obtener papel a partir de tres técnicas. Cada una de estas técnicas se caracteriza por diferentes costes monetarios de producción y distintos niveles de residuos orgánicos que medimos en unidades de DBO (demanda bioquímica de oxígeno o cantidad de oxígeno necesario para degradar los residuos en un tiempo y condiciones de temperatura determinados), según los valores del cuadro de la página siguiente. Si la empresa fuese privada, es obvio que su criterio sería el de escoger la técnica más barata, es decir, la técnica I. Ahora bien, ¿cómo decidir cuál es la mejor opción cuando se considera también el problema de la contaminación?

Un posible enfoque sería aplicar alguna de las técnicas de valoración monetaria disponibles, como la valoración contingente. Aunque dicho ejercicio proporciona alguna información interesante, sus problemas son enormes, como acabamos de ver. El conflicto que se plantea es que nos interesa minimizar el coste de producción y, al mismo tiempo, minimizar las emisiones contaminantes. Aproximarse a uno de estos criterios implica alejarse del otro. No existe una solución única al

---

[75] G. Munda, *Multicriteria evaluation in a fuzzy environment. Theory and applications in Ecological Economics*, Physica, Heidelberg, 1995.

[76] Este ejemplo es similar a uno de los utilizados en C. Romero, *Teoría de la decisión multicriterio: conceptos, técnicas y aplicaciones*, Alianza, 1993.

*Características de diferentes técnicas disponibles
para la producción de una unidad de producto*

Técnica	Coste por unidad (unidades monetarias)	Contaminación por unidad (DBO)
I	1 000	2
II	2 000	1.75
III	3 000	1

problema; ésta depende del *peso relativo* y de la importancia que se da a cada uno de los criterios.

Un análisis gráfico nos puede ayudar a decidir. En la gráfica IV.6 se presentan las combinaciones de coste monetario y contaminación correspondientes a cada una de las tres técnicas. Si añadimos el supuesto de que podemos combinar las diferentes técnicas, entonces el segmento que une las técnicas I y III representa combinaciones factibles de coste y contaminación de manera que la técnica II es ineficiente. Éste es el primer paso: rechazar las alternativas *dominadas* por otra alternativa; es decir que ésta es mejor según alguno de los criterios y no es peor según ninguno de ellos. Sin embargo, en nuestro ejemplo existen multitud de posibles combinaciones que no son descartables de manera tan simple: todas las del segmento que va de I a III y que matemáticamente se caracterizan por unos costes de producción x y niveles de contaminación y que cumplen:

$$x = 1\,000b + 3\,000(1 - b) = 3\,000 - 2\,000b$$

$$y = 2b + 1(1 - b) = b + 1$$

donde $0 \le b \le 1$.

En otras palabras, el coste de reducir la contaminación una unidad equivale a 2 000 unidades monetarias. Una posible forma de plantear la solución sería: si por cada unidad de reducción de contaminación estamos dispuestos a pagar más de 2 000 unidades monetarias, la mejor técnica sería la III; si sólo estamos dispuestos a pagar una cantidad menor, lo mejor es

GRÁFICA IV.6. *Ejemplo de diferentes niveles de contaminación y coste monetario para producir una unidad de producto según diferentes técnicas*

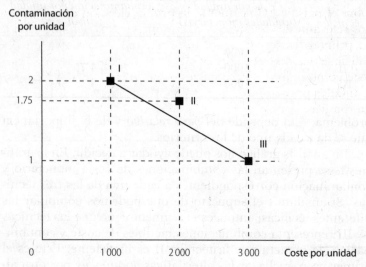

optar por I. Pero, desde luego, no tenemos por qué valorar siempre por igual la disminución de la contaminación en una unidad adicional. Por ejemplo, podríamos considerar que, dada la producción de papel prevista y las características del medio receptor de la contaminación, un nivel de contaminación de 1.25 por unidad producida se considera asumible con muy pocos costes ambientales, lo que llevaría a decidir sólo entre las alternativas que comporten una contaminación igual o superior a 1.25. O a la inversa, podríamos introducir una restricción en sentido contrario y considerar, por ejemplo, que en ningún caso la contaminación por unidad producida debería superar el nivel 1.5. Para la economía ecológica, la multiplicidad de posibles soluciones no es un defecto del método sino lo contrario: entre economía y ecología son frecuentes los conflictos y ninguna técnica sustituye al debate social sobre el tema.

El ejemplo anterior se caracterizaba por considerar sólo dos criterios relevantes y ambos eran fácilmente cuantificables. Con frecuencia los criterios relevantes son muchos y algunas variables son cualitativas. Supongamos, por ejemplo, que hay tres proyectos de carretera para conectar dos poblaciones[77] y que nos interesa tener en cuenta tres aspectos: el coste monetario, el tiempo medio previsto de desplazamiento y el impacto sobre el paisaje. (Obviamente la propia elección de los criterios relevantes es polémica y debe someterse al debate social.) Lo primero es organizar la información, y para ello puede utilizarse una matriz de orden $m \times n$ —que generalmente se conoce como matriz de evaluación— en la cual se planteen los resultados previstos de los n criterios considerados para las m alternativas.

Proyecto	Coste monetario	Tiempo medio de desplazamiento	Impacto sobre el paisaje
A	150	30	Fuerte
B	50	90	Medio
C	60	120	Pequeño

De acuerdo con dicha información tenemos la siguiente ordenación, de más a menos preferido, según los diferentes criterios.

Proyecto	Coste monetario	Tiempo medio de desplazamiento	Impacto sobre el paisaje
A	Tercero	Primero	Tercero
B	Primero	Segundo	Segundo
C	Segundo	Tercero	Primero

Se plantea de nuevo el problema de cómo agregar los diferentes criterios. Una alternativa es utilizar la matriz únicamente como una forma de organizar la información relevante para la

---

[77] Un ejemplo similar, más complejo es el que aparece en G. Munda, P. Nijkamp y P. Rietveld, "Qualitative multicriteria evaluation for environmental management", *Ecological Economics*, vol. 10, núm. 2 (julio de 1994), pp. 97-112.

toma de decisiones y a partir de la cual se tendría que decidir "directamente", aplicando —por así decirlo— el juicio práctico. Debe notarse que, tal como lo ha expresado John O'Neill,[78] apelar al juicio práctico no quiere decir apelar a una intuición desinformada. El juicio sobre el valor de distintas situaciones puede ser informado o desinformado, competente o incompetente. El buen juicio no sale de la pura intuición sino que se basa en la capacidad de percepción y de conocimiento. Por ejemplo, para comparar el valor de distintos sistemas ecológicos hay que estar informado y ser capaz de distinguir los distintos rasgos que los caracterizan.

Cuando el número de alternativas y de criterios es muy grande, podría plantearse algún algoritmo matemático para *ayudar* a procesar la información. Ahora bien, existen multitud de posibles métodos de agregación, por lo que plantear un método ideal aplicable universal y automáticamente sería caer en el mismo error que el análisis coste-beneficio.

Revisemos algunos posibles métodos. En primer lugar deberíamos distinguir entre los ordinales y los cardinales. Los primeros tendrían en cuenta únicamente la posición relativa de cada alternativa respecto a cada uno de los criterios; su ventaja es que no necesitan de información cuantitativa precisa, pero su gran limitación es que no tienen en cuenta la intensidad de las diferencias de resultados respecto a los criterios. La situación normal será intermedia: no se puede cuantificar con precisión los diferentes resultados (al menos para algunos criterios), pero se sabe algo más que una simple ordenación respecto a los criterios: por ejemplo, si la diferencia de valores como hábitat entre dos alternativas es muy grande o muy pequeña. Además, si aplicásemos el método de la mayoría simple de criterios, comparando las alternativas dos a dos, a veces llegaríamos a un resultado preciso (en este caso la alternativa *B*), pero también nos podemos encontrar con la "paradoja de Arrow", que nos impide clasificar de manera consistente las alternativas.[79]

Otros métodos de agregación requieren que todos los cri-

[78] J. O'Neill, *op. cit.*, capítulo 7.
[79] En K. J. Arrow y H. Raynaud, *Opciones sociales y toma de decisiones mediante criterios múltiples*, Alianza, 1989 (edición original, 1986) pueden verse las complejidades del tema.

terios sean cuantificados. Ello ya es un paso muy problemático, pero podríamos intentar elaborar índices cuantitativos de valoración respecto a cada criterio. Para evitar que el resultado dependa de las unidades escogidas se pueden normalizar los valores entre 0 y 1. En las alternativas consideradas para cada criterio igualamos a 1 el valor mejor (el "ideal") y a 0 el peor de ellos (el "antiideal"). En nuestro ejemplo obtendríamos un resultado como el siguiente:

Proyecto	Coste monetario	Tiempo medio de desplazamiento	Impacto sobre el paisaje
A	0	1	0
B	1	0.33	0.5(?)
C	0.9	0	1

Cuantificados los valores según los diferentes criterios, nada impide definir diferentes algoritmos matemáticos de ayuda a la decisión. Por ejemplo, cabe maximizar la suma ponderada del valor de cada criterio, es decir,

$$\text{Máx } W_1 X_1 + W_2 X_2 + \ldots + W_n X_n,$$

donde W_i representa los pesos de cada criterio y X_i su valor. En este caso, si los tres criterios tienen el mismo peso, resultaría que la mejor decisión es *C;* sin embargo, si uno da un peso de 50% al primer criterio (el coste monetario), y de 25% a los otros dos, entonces dominará el proyecto *B.*

Podría argumentarse que decidir sobre los pesos relativos de los criterios es como fijar "precios relativos" y que, por tanto, el método no es en realidad diferente al del coste-beneficio. A tal planteamiento puede replicarse, sin embargo, que el análisis multicriterio puede operar sin ponderar los criterios y en cualquier caso los pesos son explícitos y forman parte del proceso de decisión, de manera que se hace evidente que diferentes prioridades conducirán a diferentes resultados. También podríamos atribuir a algún criterio "poder de veto" —por ejemplo, la ley estadunidense de "especies amenazadas" o, por ejemplo, el carácter "sagrado" que tenga un territorio para una población.

No hay que olvidar que cuando hablamos de decisiones conflictivas éstas no sólo se refieren a valores, sino a conflictos entre intereses y perspectivas de diferentes grupos de personas. Las técnicas de análisis multicriterio ayudan a evidenciar cuáles son los conflictos, pero no solucionan quién y cómo decide. La decisión podría acabar en un referéndum, aunque este método no siempre es el más adecuado, no sólo porque —como los economistas destacan— no tiene en cuenta la intensidad de las preferencias, sino porque impone soluciones que se pueden considerar injustas. Por ejemplo, instalar plantas peligrosas de tratamiento de residuos lejos de los centros que los generan y cerca de localidades poco pobladas (en dicho caso un tema clave es el ámbito geográfico del referéndum: ¿la localidad más directamente afectada?, ¿todo el país?). Podría buscarse también explicitar y avanzar en la solución del conflicto mediante el diálogo entre un conjunto de individuos escogidos al azar, que discutiesen sobre la importancia de los diferentes criterios y que intentasen llegar a soluciones consensuadas o claramente mayoritarias; a este tipo de instituciones se refiere Jacobs cuando habla de "democracia deliberativa".[80] En trabajos prácticos recientes, Munda ha propuesto métodos de evaluación multicriterio socialmente participativa, tanto con respecto a las alternativas como a los criterios.

---

[80] M. Jacobs, "Environmental valuation, deliberative democracy and public decision-making institutions", en J. Foster (ed.), *Valuing Nature?*, Routledge, Londres/Nueva York, 1997. G. Munda, *Social Multicriterial Evaluation for a Sustainable Economy*, Springer, Nueva York, 2008.

V. CONSUMO, EMPRESA
Y MEDIO AMBIENTE

En un libro-manifiesto de defensa del movimiento por un consumo responsable, se lee: "[...] para funcionar, el sistema nos necesita en tanto que consumidores. Por esto tenemos poder. Pero el reverso de la medalla del poder es la responsabilidad".[1]

Es cierto que, en gran parte, la estructura de la demanda de los consumidores es la que determina los impactos ambientales, y que los mismos ciudadanos que pueden presionar para que se establezca una política ambiental (por ejemplo, ecoimpuestos o regulaciones), podrían actuar por sí mismos "votando" sobre cuestiones ambientales cuando realizan sus decisiones de compra. También es cierto que el movimiento a favor de un comercio justo y responsable (que se preocupa no sólo de los impactos ambientales de la producción, sino de condiciones sociales como la utilización de trabajo infantil, el respeto a los derechos sindicales o la discriminación entre hombres y mujeres) es un esfuerzo muy meritorio con resultados concretos positivos (pero modestos). Por último, tampoco debe olvidarse que en muchos terrenos el elemento fundamental de mejora ambiental sólo prospera con la colaboración voluntaria individual de los ciudadanos (por ejemplo, cualquier programa ambicioso de selección de residuos domésticos).

Sin embargo, sería ingenuo pensar que un mundo más ecológico *sólo* requiere (lo que no es poco) una mayor conciencia ecológica. Según este argumento, los consumidores, al decidir qué comprar y qué no comprar, estarían indirectamente decidiendo, "votando", en qué mundo vivir. Para expresarlo gráficamente, pensemos en dos bienes, cada uno con un precio determinado

---

[1] Centro Nuovo Modello de Sviluppo-Cric, *Rebelión en la tienda*, Icaria, Barcelona, 1997, p. 9.

por su coste de producción y con su curva de demanda. Si el bien 1 tiene —en su producción o por la generación de residuos— un impacto ambiental negativo, y el bien 2 no, los consumidores más conscientes de la problemática ambiental podrían cambiar sus demandas, de manera que se desplazarían de $D1$ y $D2$ a $D'1$ y $D'2$ (véase gráfica v.1). Si los precios relativos, determinados por los costes medios de producción, no se alteran, entonces la producción del bien 1 se contraerá y la del bien 2 se expandirá con la consiguiente mejora ambiental. No deben infravalorarse las posibilidades en este sentido, pero a este planteamiento de la "soberanía del consumidor" ampliado a la decisión sobre los problemas ambientales pueden hacérsele cuatro objeciones.

La primera es que el mecanismo que lleva de las demandas de los consumidores a las decisiones de las empresas es antidemocrático, ya que los "votos" son proporcionales al poder adquisitivo: lo único que cuentan son las demandas apoyadas en el poder de compra; si lo ambientalmente mejor es más caro, los consumidores más pobres difícilmente se apuntarán al producto más ecológico. En segundo lugar, en muchos casos la oferta no se asemeja a los modelos competitivos de los libros de texto, y los consumidores se ven forzados a escoger entre un número muy limitado de alternativas (por ejemplo, a lo mejor no pueden, aunque estarían dispuestos a pagar por ello, adquirir bebidas en botellas de vidrio reutilizables y han de escoger entre el plástico y el aluminio).

En tercer lugar, los consumidores tendrían que disponer y procesar gran cantidad de información para medir las consecuencias ambientales del consumo de las diferentes variedades de producto, información referente a todo el ciclo de vida del producto. Por ello es importante que exista algún mecanismo institucional que permita diferenciar entre "lo ecológico" y lo "no ecológico", como se pretende con las "etiquetas ecológicas" que funcionan en algunos países y en la Unidad Europea (véase apartado posterior).

Pero existe una cuarta razón, aún más importante. Se trata de lo que se ha denominado la "paradoja del aislamiento" o "la tiranía de las pequeñas decisiones", que se refiere al problema de que las decisiones individuales en el mercado sólo

GRÁFICA V.1. *Cambio hipotético en las demandas,
si los consumidores tienen en cuenta la variable ambiental*

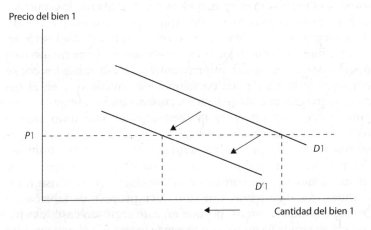

Precio del bien 1

P_1

D_1

D'_1

Cantidad del bien 1

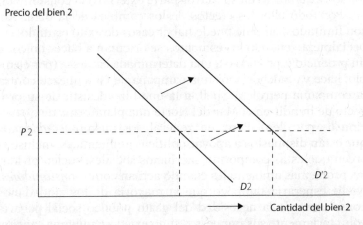

Precio del bien 2

P_2

D'_2

D_2

Cantidad del bien 2

afectan marginalmente a los resultados ambientales globales y
que, por tanto, todo el mundo estará tentado a evitar los costes individuales de reducir (en una cuantía quizás inaprecia-
ble) los problemas ambientales. Aunque los individuos no se
mueven únicamente por un cálculo egoísta de beneficios y
costes individuales (digan lo que digan los modelos del *homo
economicus*), y aunque la única posibilidad de reorientar la

economía en un sentido más "sostenible" es, precisamente, que los individuos se muevan en mayor medida por otro tipo de valores, el problema es muy real y sería totalmente falaz pensar que los problemas ambientales son los que los propios ciudadanos han decidido libremente aceptar: es falaz e incluso lo sería en un mundo en el que todos los consumidores tuviesen un poder adquisitivo igual, información perfecta sobre las consecuencias globales de sus decisiones de consumo, y en el que cada demanda encontrase su oferta adecuada. Los problemas ambientales derivados de las opciones de consumo afectan (como ya discutimos al hablar de la "negociación coasiana"), en su mayoría, a lo que los economistas llaman *bienes públicos;* así, por ejemplo, uno puede confiar mucho más en que los individuos dejarán de consumir un producto cuyo consumo se demuestra cancerígeno, que uno cuyo proceso de fabricación genera residuos tóxicos, porque en este segundo caso los efectos son *externos* (o en su mayor parte externos) al consumidor.

Por todo ello, los efectos de los cambios de la demanda son limitados, aunque puede haber casos de éxito rotundo, especialmente cuando los esfuerzos se orientan a hacer boicot a un producto específico o a una determinada empresa (por ejemplo, hace ya muchos años una campaña de Greenpeace contra la compañía petrolera Shell, a la que hizo desistir de su proyecto de hundir en el Mar del Norte una plataforma de extracción de petróleo). Pero, en general, los mismos *ciudadanos* que están dispuestos a apoyar políticas ambientales, incluso si creen que éstas comportan sacrificios sociales, suelen olvidar los problemas ambientales cuando actúan como *consumidores.* Nadie esperaría tampoco que la mayoría de los ciudadanos conscientes de la necesidad del gasto público social pagaría voluntariamente sus impuestos si no existiese ninguna sanción por no hacerlo.

EL ANÁLISIS DEL CICLO DE VIDA DEL PRODUCTO Y EL "ECOETIQUETAJE"

Como vimos, una de las condiciones necesarias para que los ciudadanos presionen, en cuanto consumidores, es que dispongan de un nivel mínimo de información, si no se verán afectados por la propaganda fraudulenta de las empresas. Uno puede encontrarse con que incluso los productos fabricados con PVC llevan el distintivo de "no daña el medio ambiente" y "reciclable", a pesar de que sus posibilidades reales de reciclaje son mínimas.

Cuando se valora el impacto ambiental global que comporta el consumo de un producto, el concepto importante es el de *análisis del ciclo de vida* (LCA: *Life Cycle Assesment*), de la "mina al vertedero" o, en términos aún más gráficos, de la "cuna a la sepultura". Lo destacable no son sólo los efectos generados en lo que convencionalmente se denomina "producción" (recordemos que este término es discutible: la perspectiva de la economía ecológica es ver los procesos económicos como procesos de transformación de materiales y energía), sino también en la extracción de materias primas y fabricación de los inputs que utiliza la empresa (lo que ya destacábamos, en una perspectiva sectorial, al hablar del análisis input-output), la distribución, utilización del bien y disposición o evacuación de residuos (lo que inadecuadamente se llama "eliminación").

Si los consumidores quieren valorar dicho impacto global, la cuestión es cómo obtener información tan compleja. Una posibilidad es confiar en instancias públicas (o reconocidas públicamente) que certifiquen si un producto es o no "ambientalmente correcto". Tal opción tiene muchas ventajas, aunque podría dudarse de que el organismo decisor tenga en cuenta los factores más relevantes o de que sea insensible a las presiones de los diferentes grupos económicos. Así, se ha criticado dicha orientación con el argumento de que "en vez de ofrecer al consumidor noticias detalladas, para que haga sus propias valoraciones, se le presentan opciones ya tomadas, indicándole, a través de las etiquetas, cuáles son los productos que puede comprar".[2]

La Unión Europea estableció en 1992 un reglamento para regular la "etiqueta ecológica" como instrumento de política ambiental (Reglamento 880/92). Este instrumento ya había sido utilizado anteriormente por diversos gobiernos; la expe-

---

[2] Centro Nuovo Modello de Sviluppo-Cric, *op. cit.*, 1997, p. 55.

riencia más antigua es la de Alemania, iniciada en 1978 con el distintivo "Ángel Azul".[3] En los sistemas de etiquetaje ecológico se delimita un "grupo de productos" que cumplen una misma función para el consumidor (por ejemplo, entre los distintos modelos de lavadoras), y se trata de certificar —por la propia administración u organismo facultado por ella— aquellos que, en relación con el grupo, provocan menos impactos ambientales. Del etiquetaje se excluyen alimentos, bebidas y productos farmacéuticos que tienen sus propias normas, y las sustancias clasificadas como peligrosas o fabricadas con procedimientos que puedan causar daños apreciables a las personas o al medio ambiente. Sin embargo, los criterios para conceder la etiqueta son, en principio, totalmente *relativos:* no se trata de si el impacto absoluto es o no importante, sino de si es menor que el de otros productos de la misma categoría. Evidentemente la determinación de dónde empieza y dónde acaba una categoría es decisiva. Cumplir la misma función para el consumidor no deja de ser un concepto ambiguo que puede tener un sentido más amplio o más estrecho. Así podemos determinar entre las categorías de automóviles cuáles son los "más ecológicos", aunque es evidente que, en sentido más amplio, podríamos decir que la función del automóvil es la misma que la del tranvía, el tren, la bicicleta o el ir a pie: la movilidad. En este sentido diríamos que hay formas de transporte que nunca se merecen una etiqueta ecológica, aunque también puede contraargumentarse que es importante que los consumidores distingan entre el nivel de emisiones de contaminantes de diferentes automóviles.

En el reglamento europeo, igual que en otras experiencias, se apela muy acertadamente a que "Los criterios ecológicos específicos aplicables a cada categoría de productos se establecerán según un planteamiento *global...*", habiendo definido "planteamiento global" como "el planteamiento que comprende el ciclo de vida de un producto desde su fabricación, incluida la elección de materias primas, la distribución, el consumo y el uso, hasta la eliminación tras su utilización". Indicativamente se plantea la siguiente matriz de evaluación (aunque en

---

[3] C. Serrano, *El etiquetado ecológico*, Ministerio de Obras Públicas, Transporte y Medio Ambiente (Serie monografías), Madrid, 1995.

la práctica es frecuente que la evaluación se reduzca a unos pocos elementos que se consideran suficientemente diferenciadores):

	Ciclo de vida del producto				
Aspectos ambientales	*Fase previa a la producción*	*Producción*	*Distribución*	*Utilización*	*Eliminación*
Importancia de los residuos					
Contaminación y degradación del suelo					
Contaminación del agua					
Contaminación atmosférica					
Ruido					
Consumo de energía					
Consumo de recursos naturales					
Repercusiones en los ecosistemas					

Seleccionar los productos con menor impacto no es una tarea, desde luego, automática, como se deriva de la propia matriz de evaluación: se trata de considerar impactos heterogéneos en fases diferentes del ciclo de vida del producto. Lejos de la idea de valoración monetaria de los impactos ambientales se adopta sensatamente la idea del análisis "multicriterio", en el cual deberá basarse el juicio del organismo(s) competente(s) designado por cada Estado.

El proceso de concesión de la etiqueta ecológica europea es el siguiente:

a) Los fabricantes o importadores solicitan la concesión al organismo competente.

b) El organismo competente evalúa el producto basándose en los criterios establecidos para el grupo de productos al que pertenece el bien y consultando a los grupos de interés afectados.

c) Si la propuesta es de concesión de la etiqueta, se comunica a la Comisión y a los demás organismos competentes.

d) Si en un plazo de 30 días no hay objeción, se firma el contrato entre el organismo competente y el solicitante. Si existe objeción, la decisión recaerá sobre un comité comunitario.

La vigencia del contrato es variable, pero en general es de tres años y válido en el ámbito de toda la Unión Europea. El cambio tecnológico y el propio esfuerzo de las empresas para cumplir los requisitos exigidos permite que éstos sean cada vez más rigurosos (por ejemplo, en Alemania, para el etiquetado inicialmente se exigía para el papel reciclado un contenido mínimo de pasta reciclada de 50%, mientras que a finales de la década de 1980 los criterios se reformaron para exigir 100% de pasta reciclada).

La etiqueta ecológica es un instrumento totalmente *voluntario* y tiene un coste, porque las empresas han de pagar los gastos de tramitación de la solicitud y un canon de utilización de la "marca" (además de un posible coste indirecto, si hacer más "ecológico" el producto para adquirir la etiqueta comporta un aumento de costes para la empresa). El beneficio que obtiene una empresa es, obviamente, el de una mejor imagen y un aumento de su *cuota de mercado,* en la medida en que una parte significativa de los consumidores adopten decisiones que tengan en cuenta la variable ambiental (lo cual será cada vez más relevante, aunque hemos de insistir de nuevo en los límites de la soberanía de los consumidores, en la medida en que los problemas ambientales son "males públicos"); además, en algunos casos la etiqueta ecológica puede atraer el interés crematístico del consumidor, como cuando los criterios clave son el ahorro de energía o de otros recursos.[4] El proceso de aprobación de los criterios para poder optar a la etiqueta para las diferentes categorías de productos ha resultado extremadamente lento y el conocimiento de la etiqueta europea por parte de los consumidores es muy bajo por lo que la experiencia no puede caracterizarse de éxito. Algunas administraciones públicas tienen en cuenta al proveerse de bienes y servicios si estos tienen o no etiquetaje ecológico y esto en principio puede ser una importante ventaja para las empresas ya que una parte considerable de la demanda proviene no de consumidores y empresas privadas sino de las administraciones públicas.

COMPRAR BIENES O COMPRAR SERVICIOS: EL CASO DEL *CARSHARING* O AUTOMÓVIL COMPARTIDO

Muchos bienes de consumo son duraderos y se adquieren para obtener servicios cuando son utilizados. Cuando no son utilizados por una persona podrían estar en principio disponibles para ser utilizados por otros usuarios. Además, algunos bienes son sólo utilizados muy esporádicamente por la mayoría de personas. Solo esta simple observación ya permite ver que podrían ahorrarse muchos recursos aumentando el grado de utilización de estos bienes: compartiéndolos por muchos usuarios.[5] Pero, además, la forma de adquisición de determinados servicios puede determinar que el uso de determinados bienes se altere de forma importante por motivos económicos.

Veamos el caso más relevante, el del automóvil. La forma más habitual para poder utilizar el automóvil es adquiriendo uno en propiedad. Una vez adquirido, una persona —o los

---

[4] Adviértase que muchas veces ahorrar recursos implica gastar hoy más dinero para recuperarlo en el futuro, por ejemplo, adquirir un modelo de lavadora que consume menos agua. Que la inversión se considere rentable o no rentable depende de la "tasa de descuento" del individuo. La primera condición es disponer de liquidez: para quien tiene tan poco dinero que no puede hacer otra cosa que vivir totalmente al día, es como si la tasa de descuento fuese infinita. Préstamos sin interés o a muy bajo interés cambiarían en muchos casos las decisiones.

[5] O. Mont, "Institutionalisation of sustainable consumption patterns based on shared use" *Ecological Economics*, vol. 50, núms. 1-2 (septiembre de 2004), pp. 135-153.

miembros de una familia— tiene a libre disposición el automóvil para cuando quiera utilizarlo. ¿Qué costes económicos representa esta opción?

Hay, por un lado, los costes fijos CF —inevitables una vez decidida la opción de compra— como son la amortización anual del automóvil (que en parte depende también del mayor o menor uso pero que responde básicamente al paso del tiempo) para recuperar el dinero gastado (incluyendo los intereses) en su compra, los seguros, el coste de la plaza de aparcamiento, los impuestos anuales, las revisiones periódicas...

Por otro lado, hay los costes variables CV que dependen del uso y que básicamente son los costes del carburante (y en su caso del pago de autopistas; y podríamos añadir algún coste asociado a un mayor desgaste del automóvil). Lo podemos considerar directamente proporcional a los kilómetros de desplazamiento: $CV(q) = z*q$.

La persona propietaria del automóvil ha de decidir si desplazarse o no en él y una de las variables importantes es el coste marginal por kilómetro (el "precio" de moverse un kilómetro) derivado de decidir utilizar el automóvil. En el ejemplo el coste marginal es igual a z.

Veamos otra opción. Hay una empresa o una asociación que agrupa clientes o socios que han decidido no tener automóvil propio sino pagar en función de uso. Es lo que se conoce como el *carsharing* (similar a alquilar un automóvil a una empresa aunque la diferencia es que las iniciativas *carsharing* están explícitamente pensadas para hacer el sistema muy ágil). La persona que opta por esta alternativa compra el derecho a utilizar un automóvil y paga en función del uso; digamos para simplificar en función del número de kilómetros.[6] Obviamente, en este sistema de pago según uso los usuarios tendrán que distribuirse los costes fijos del automóvil: la diferencia importante es que el precio por kilómetro incorporará una parte del CF.

---

[6] Como es fácil advertir, para que el sistema pueda funcionar adecuadamente el pago debe ser en función no sólo de los kilómetros sino de las horas de disponibilidad. Para simplificar el razonamiento suponemos que el pago es por kilómetros. También es frecuente que se pague una muy pequeña cuota anual o mensual pero ello altera poco el argumento y no la consideraremos.

¿Cuál sería el precio *relevante* para decidir moverse o no un kilómetro en automóvil en este sistema de *carsharing*? El coste marginal para el usuario es $CF/Q_T + z$ en donde Q_T son los kilómetros totales anuales medios de uso de los automóviles: el coste fijo se recupera repercutiéndolo a los usuarios en función del uso.[7] Obviamente la segunda cantidad es mucho más grande que la primera ya que los costes anuales fijos suelen ser mucho mayores que los variables.

¿Significa esto que el usuario del *carsharing* sale económicamente perjudicado por este sistema? En absoluto ya que para él el coste total anual es ahora $(CF/Q_T + z)*Q_i$ en donde Q_i son los kilómetros anuales del usuario individual. Para los mismos kilómetros realizados con este sistema ahorrará dinero con la única condición de que $Q_T > Q_i$, es decir, de que el grado de utilización de un vehículo sea superior al que habría en caso de automóviles individuales lo que evidentemente se dará en general.[8] Ya de ello —se han de producir menos automóviles que cuando son individuales— se derivan no sólo ventajas individuales sino ambientales. Pero lo más importante —y por ello el sistema es una contribución a un transporte más sostenible— es que el hecho de que el coste relevante del desplazamiento (el coste marginal de desplazarse un kilómetro) aumente considerablemente comporta una reducción importante de los desplazamientos.[9] No se trata sólo de que —como a veces se dice— el coste del automóvil se vuelve más transparente (lo cual también es verdad) sino de que efectivamente los datos económicos relevantes para la decisión de ir o no en automóvil cambian sustancialmente. En muchas circunstan-

---

[7] Si se trata de una empresa comercial, el CF ha de incluir los beneficios de la empresa.

[8] Los costes fijos anuales por automóvil no tienen porqué ser idénticos ya que en el sistema *carsharing* se han de hacer frente a costes de gestión del sistema (y quizás a algunos beneficios); pero, en sentido contrario, el sistema también permite economías de escala en el mantenimiento de los automóviles.

[9] También puede darse el caso de que para algunos usuarios —los que no tendrían automóvil pero sí participan en el sistema— suponga un aumento en los desplazamientos en automóvil. En cualquier caso, la importancia de los desplazamiento de estos "usuarios añadidos" seguramente es muy pequeña comparada al efecto reductor de desplazamientos de los que dejan de tener automóvil propio aquí descrito.

cias, cuando uno ya tiene automóvil (y tiene que soportar inevitablemente los costes fijos asociados) utilizarlo es más barato que utilizar el transporte público a pesar de que los costes totales sean mayores (de hecho el coste *total* por kilómetro de un propietario se reduce cuanto más utiliza el automóvil).

Los antecedentes del *carsharing* son muy anteriores pero el desarrollo en Europa se da sobre todo a partir de finales de la década de 1980 con iniciativas en Alemania y Suiza. Hay actualmente muchos cientos de miles de usuarios del *carsharing* en muchos países y la cantidad de usuarios crece.[10] Las nuevas tecnologías hacen el sistema muy ágil y cómodo siempre que exista una cantidad mínima de usuarios que permita que los automóviles estén disponibles en lugares cercanos a las residencias de los usuarios (la dificultad de "arranque" del sistema hasta que adquiere una dimensión mínima puede justificar el apoyo público inicial). Hay barreras culturales —¡el automóvil como signo de estatus!— que frenan la expansión del sistema y hay modelos de vida que impiden su uso (como vivir en un lugar alejado y mal comunicado en transporte público del lugar de trabajo habitual) pero también hay personas que asocian esta alternativa a un valor positivo en cuanto representa participar en un proyecto colectivo para cambiar el dominio del automóvil en los países ricos.

Lamentablemente las políticas públicas de los países ricos no se orientan en general a promover la alternativa de vivir sin ser propietario de un automóvil combinando el transporte a pie, en bicicleta y en transportes colectivos. Al contrario, en algunos casos incluso se han dado subvenciones a la compra de automóviles, como en algunos años recientes en Alemania y España. Dichas subvenciones se han justificado a veces con argumentos "ambientales": los nuevos vehículos sustituirían a los anteriores, menos eficientes y más contaminantes. El concepto *ciclo de vida*, que antes hemos visto, permite ver cómo el efecto global puede ser contraproducente incluso si los nuevos automóviles son más eficientes.

Un automóvil no sólo gasta energía (y genera emisiones

---

[10] K. Dennis y J. Urry, *Un mundo sin coches*, Península, 2011 (edición original 2009).

contaminantes) en su uso sino a lo largo de todo su ciclo de vida: en su producción, en la producción de sus componentes, en su trasporte, en la gestión de sus residuos, etc.[11] El uso total de energía por kilómetro de un automóvil no sólo depende de cuánto carburante utiliza sino de cuánto ha costado en términos de energía directa e indirectamente la construcción del vehículo. Si se sustituyen los automóviles por otros más eficientes cuando aún podrían tener muchos años de vida, lo que se gana en menor uso de energía para moverlos puede más que perderse en el coste energético —nada despreciable— de producir los nuevos vehículos. Veamos un sencillo ejemplo.

Supongamos que los automóviles se renuevan de media cada 10 años y que el uso total de energía durante los 10 años se puede dividir en dos partes:

Construcción del automóvil: 10
Consumo de carburante: 10 anual × 10 = 100
Total: 110

Supongamos, además, que cada 5 años aparecen nuevos modelos más eficientes, que gastan 10% menos. Suponiendo que los kilómetros recorridos no varían y que la construcción de estos modelos tiene el mismo coste energético, ¿cuál sería el uso total de energía durante los 10 años asociado a una renovación de los automóviles cada cinco años?

Construcción del automóvil: 10 + 10 = 20
Consumo de carburante: 10 anual × 5 + 9 anual × 5 = 95
Total: 115

En este ejemplo particular, la sustitución más acelerada de los automóviles es contraproducente energéticamente. Desde luego, el resultado no se puede generalizar ya que en general dependerá de dos factores: la relación entre los gastos energéticos asociados al consumo de carburante y los asociados a la producción de automóviles; y la tasa de cambio tecnológico

[11] A. Estevan, "Modelos de transporte y emisiones de CO_2 en España", *Revista de Economía Crítica*, núm. 4 (2005), pp. 67-87.

hacia una mayor eficiencia. Cuanto mayores sean estos valores más probable es que exista un ahorro energético *total* por kilómetro; de sus valores depende para así decirlo el periodo "óptimo" de sustitución desde el punto de vista energético.[12] Pero las cosas son más complicadas aún, porque si los automóviles son más eficientes es posible que se utilicen más debido a lo que se conoce como el "efecto rebote" (véase recuadro v.1). Incluso se ha estudiado que los automóviles nuevos se utilizan más precisamente por el hecho de ser nuevos.

La ecología industrial

Recientemente se ha extendido el uso de la expresión *ecología industrial* para analizar el sistema industrial desde el punto de vista de la circulación de materiales, energía e información, para evaluar las posibilidades de desarrollar nuevas estrategias ambientales para la empresa y para plantear una nueva forma de interrelación entre las diferentes empresas.[13]

Inicialmente la expresión parece una contradicción en los términos. Las economías industriales no reproducen ni mucho menos el funcionamiento habitual de los ecosistemas que analiza la ecología. Aunque en ambos se producen flujos de energía y materiales, y éste es precisamente el punto de partida de la economía ecológica, los contrastes entre la mayor parte de ecosistemas y las economías industriales son evidentes. Mientras los primeros se basan en el uso de la energía solar, y persisten en la medida en que son capaces de utilizarla de forma eficiente, las segundas utilizan cantidades ingentes de energías no renovables, y al parecer las áreas que económicamente triunfan en la competencia no son las que mejor aprovechan la energía, sino las más capaces de apropiársela y malgastarla. Mientras casi todos los ecosistemas naturales se basan en ciclos prácticamente

---

[12] A. Aranda y A. Valero, "Ahorro, eficiencia energética y ecoeficiencia", *El Ecologista*, núm. 65 (2010), pp. 18-21.

[13] Un excelente resumen es S. Erkman, "Industrial Ecology: A Historical View", *Primera Conferencia Europea de Ecología Industrial*, Barcelona, 27-28 de febrero de 1997. Se publica también desde 1997 el *Journal of Industrial Ecology*.

v.1. Las mejoras de eficiencia, el "efecto rebote" y la "paradoja de Jevons"

Con el término "paradoja de Jevons", algunos autores se han referido a la posibilidad de que un aumento en la eficiencia en la utilización de un recurso conduzca a una mayor utilización de dicho recurso.[a] El término proviene de que el famoso economista inglés en su obra *The Coal Question* de 1865 se refiere a este hecho para el caso del carbón con la siguiente contundencia: "Es completamente una confusión de ideas suponer que el uso económico del carburante equivale a un consumo disminuido. La verdad es todo lo contrario".[b] En economía de la energía se ha prestado de nuevo atención a esta misma posibilidad con el término "efecto rebote" *(rebound effect)*.[c]

Veamos un ejemplo.[d] Supongamos que la gasolina se vende a un euro por litro y que por término medio el gasto de combustible es de ocho litros por 100 km. El servicio de transporte equivalente a un desplazamiento de 100 km cuesta por tanto ocho euros. Supongamos que se produce un cambio técnico importantísimo que permite aumentar el rendimiento de los motores en 50%, de forma que el mismo servicio de transporte costará ahora la mitad: cuatro euros. Si la demanda no se alterase, el consumo de carburante se reduciría a la mitad. Sin embargo, es razonable pensar que el abaratamiento del servicio de transporte llevará a un aumento de la demanda de dicho servicio, mayor o menor, dependiendo de cuál sea la elasticidad-precio de la demanda.

Para continuar con el ejemplo, consideremos una persona que diariamente se desplaza 34 km en su automóvil. Ante la mejora de la eficiencia —y, por tanto, el abaratamiento del coste de desplazamiento en automóvil— supongamos que la movilidad aumenta y el desplazamiento diario pasa a ser de 42 km diarios de forma que el consumo diario de carburante pasará de 272 litros a 168 litros. Debido al "efecto rebote" el ahorro potencial de 50% se

---

[a] Véase M. Giampietro, "Economic growth, human disturbance to ecological systems, and sustainability", en L. R. Walker (ed.), *Ecosystems of Disturbed Ground*, Elsevier, 1999, pp. 735-736.

[b] W. S. Jevons, *El problema del carbón*, Pirámide, 2000, p. 163.

[c] La revista *Energy Policy* dedicó íntegramente un doble número, editado por L. Schipper, a la discusión del tema (vol. 28, núms. 6-7, junio de 2000).

[d] El ejemplo es similar al que aparece en International Energy Agency, *Energy Prices and Taxes, 1st Quarter 2000*, París, 2000, p. xxiii.

ha convertido en un ahorro efectivo de 38.2%. En otras palabras casi la cuarta parte del efecto de la mayor eficiencia se pierde debido a la mayor demanda.

El ejemplo requiere varias observaciones. La primera es que en este caso no se ha producido la —en general— improbable paradoja de Jevons, es decir, que el aumento de la demanda *debido al* aumento de la eficiencia sea tan grande que más que compense la disminución de uso de recurso por unidad de servicio. Sin embargo, tal resultado no es descartable cuando la demanda es muy elástica respecto al precio. En nuestro ejemplo, la demanda de servicio debería más que doblarse. Si el aumento de eficiencia se refiere al uso del recurso como *input* de un proceso productivo, tal resultado es aún más improbable: si, por ejemplo, aumenta la eficiencia en el uso del carbón en la producción de acero en 50%, el precio del acero no disminuirá a la mitad, ya que el coste del carbón es sólo una parte del coste total de producción.

Una segunda observación es que la mejora en la eficiencia comportará efectos que no pueden verse en este marco de análisis parcial que ciertamente podrían hacer más probable la "paradoja". Los consumidores beneficiados por el abaratamiento del uso del automóvil podrían no sólo conducir más kilómetros sino también utilizar el dinero ahorrado en otros bienes o servicios muy intensivos en energía, acrecentando la demanda de petróleo. (En el caso de deducir, en un análisis parcial, un mayor gasto en combustible, cabría argumentar, en cambio, que este mayor gasto supone disminuir el consumo de otros bienes y servicios que pueden ser intensivos en energía.)

Sin embargo, se ha de advertir que la coexistencia de mayor eficiencia y mayor consumo no es una prueba de que se esté dando la paradoja de Jevons. Coexistencia no implica causalidad. En los países ricos la mayor eficiencia en el uso de los carburantes para transporte no ha supuesto en absoluto un menor consumo de dichos carburantes debido al espectacular aumento en los kilómetros recorridos. Ello seguramente no se ha debido al aumento de la eficiencia sino a que los efectos benéficos de dicho aumento se han visto más que contrarrestados por otros factores ligados a cambios sociales, al aumento del ingreso y la actividad económica y a una política favorecedora del transporte rodado.

Obsérvese, por último, que todo el razonamiento se ha hecho suponiendo que los precios del carburante no se alteran. La política fiscal siempre podría hacer coincidir los aumentos de eficiencia con aumentos de fiscalidad de forma que el precio por unidad de servicio no se viese alterado. En nuestro ejemplo, un impuesto adicional de un euro por litro conllevaría que el uso del automóvil no se abaratase (y que aumentasen los ingresos estatales sin que los usuarios de automóvil viesen reducido su bienestar, ya que los 100 km de desplazamiento seguirían costando igual, es decir, ocho euros).[e]

Un interesante corolario del ejemplo parece ser el siguiente. Cuando la política fiscal es en principio menos efectiva debido a una baja elasticidad de la demanda, es cuando en principio los aumentos de eficiencia tendrán más efecto positivo porque se verán menos contrarrestados por el "efecto rebote". Y a la inversa.

---

[e] Estamos suponiendo que los automóviles más eficientes no son más caros.

---

cerrados de materiales, las economías industriales tienen un funcionamiento básicamente *lineal*, abierto: extraer materiales, utilizarlos y dispersarlos como residuos no reutilizados. En un artículo publicado a finales de la década de 1980, Ayres, utilizando un símil biológico, se refirió al *metabolismo industrial* estableciendo una analogía entre el funcionamiento de los sistemas industriales actuales y el de las formas de vida, necesariamente transitorias, que surgieron antes del "invento" de la fotosíntesis. El metabolismo industrial sería también una forma aún poco evolucionada, necesariamente transitoria, de actividad económica:

> En efecto, contrariamente al sistema biológico, el sistema industrial no constituye aún un ciclo cerrado capaz de perpetuarse utilizando exclusivamente recursos renovables, derivados del sol... El sistema industrial actual es aún comparable al estadio más primitivo, menos estable y menos duradero de la evolución biológica. Para sobrevivir a largo plazo necesita evolucionar y, para ello, son necesarias grandes "invenciones".[14]

---

[14] R. U. Ayres, "Le métabolisme industriel et les changements de l'environment planétaire", *Revue Internationel du Sciences Sociales* (agosto de 1989).

Tres suelen ser los puntos centrales de lo que se conoce como "ecología industrial". El primero consiste en analizar cómo funcionan las economías modernas[15] desde un punto de vista *sistémico*, atendiendo sobre todo a la *complejidad* de las relaciones con la biosfera (por ejemplo, el análisis no se limita, ni mucho menos, a evaluar los flujos de energía). El segundo, más normativo, apunta a una solución para atender a los problemas actuales de inviabilidad a largo plazo: "imitar" a los ecosistemas naturales. En tercer lugar, y ligando los dos aspectos anteriores, la atención se suele centrar (incluso más que en los modelos de consumo) en la *dinámica tecnológica*.

La teoría económica tradicional tiende a ver a las opciones tecnológicas como posibilidades dadas por factores *externos* al propio sistema económico (como el conocimiento científico). Isocuantas, curvas de transformación, funciones de producción... son definidas de manera básicamente estática: las restricciones varían pero sólo cuando lo hacen factores extraeconómicos externos. Sin embargo, existen otras tradiciones que ven la dinámica tecnológica de forma muy diferente, como un proceso dinámico que adopta diversas trayectorias, dependiendo de las estrategias empresariales y del marco en que éstas se sitúan. Es ésta la visión schumpeteriana o el planteamiento *evolutivo* del cambio tecnológico.

La comparación estática entre los costes relativos de diversas tecnologías tiene sentido, y en gran parte es la que justifica políticas como los impuestos ambientales: cambiar los costes relativos de diferentes técnicas para tener en cuenta los daños ambientales. Sin embargo, no hay que olvidar que los costes relativos no sólo dependen del marco legal (regulaciones, impuestos), sino que son históricamente determinados. Nuevas tecnologías serán menos rentables que otras, precisamente porque son nuevas y deben vencer el *lock-in* (el "bloqueo") tecnológico existente; dicha visión invita a pensar cómo resolver las barreras para que tecnologías recién creadas, de menor impacto ambiental, se desarrollen:

---

[15] "Economías industriales" es el término generalmente utilizado, aunque no interesa sólo lo que tradicionalmente se considera "sector industrial", sino también la agricultura moderna, los servicios, los sistemas de transporte...

Los economistas evolutivos [...] consideran que las nuevas tecnologías no pueden introducirse en el mercado, desplazando a las dominantes, como consecuencia de que éstas se han beneficiado de reducciones de costes unitarios y mejoras en la propia tecnología, derivados de efectos de aprendizaje y de escala dinámicos, consecuencia del propio proceso de difusión.[16]

Learning by doing, economías de escala, redes de empresas, economías externas... son términos que revelan cómo, desde el punto de vista de los costes, no es lo mismo el despegue de sistemas tecnológicos alternativos que sus posibilidades de competir una vez que se ha alcanzado un desarrollo mínimo. Esta visión puede dar argumentos a favor de un apoyo público decidido en las primeras fases de introducción de tecnologías que reducen el impacto ambiental: que se necesite un apoyo inicial no implica que se necesite una subvención permanente.

Un aspecto fundamental de la ecología industrial es que el énfasis no se sitúa sólo en la empresa individual, sino en la interrelación entre las empresas. "Cerrar los ciclos" no apunta sólo a procesos de producción que minimicen los residuos de la empresa y estimulen su propia reutilización, sino también a que los residuos de una empresa sean reutilizados por otra empresa. Los procesos de producción pueden ser diseñados teniendo en cuenta las posibilidades de aprovechamiento de los residuos/recursos (se ha escrito que los residuos son "recursos fuera de lugar")[17] por otras empresas: para que sea posible, es necesaria una importante comunicación entre empresas; para que sea eficiente, se han de minimizar los gastos de transporte. Por las dos razones, las posibilidades de "cerrar los ciclos" son especialmente importantes en espacios relativamente pequeños con empresas muy interrelacionadas entre sí: ello evoca la idea del *distrito industrial* marshalliano.

Ni Schumpeter ni Alfred Marshall estaban especialmente preocupados por los problemas ambientales. Ambos tenían una

---

[16] P. del Río González, "Cambio tecnológico, irreversibilidades y desarrollo sostenible: implicaciones políticas de la perspectiva evolutiva", *VI Jornadas de Economía Crítica*, Málaga, 1998, pp. 12-14. La expresión "lock-in tecnológico" se debe a Brian Arthur.

[17] E. P. Odum, *Ecología*, Vedrà, Barcelona, 1992, p. 119 (edición original, 1989).

visión optimista del progreso tecnológico: recordemos el término "destrucción creadora" del primero o el énfasis del segundo
en las "economías externas" o externalidades positivas entre
empresas. Sin embargo, la relación entre trayectorias tecnológicas y problemas ambientales puede encontrar en dichos autores elementos de reflexión muy interesantes. Seguramente
no es casualidad que ambos gustasen de las analogías entre
economía y biología más que de las analogías entre economía
y mecánica, tan propias de la mayor parte de la tradición neoclásica.

LAS ESTRATEGIAS *WIN-WIN*

¿Es inevitable que la política ambiental aumente los costes
de las empresas? ¿No será que "lo ecológico es económico" para
las propias empresas, incluso en términos puramente monetarios? En otras palabras: ¿hasta qué punto las empresas tienen
posibilidades de desarrollar estrategias *win-win*, de doble beneficio, monetario y ambiental?

Planteado por el momento de forma estática, si se quiere
reducir un impacto ambiental (o aprovechar mejor un recurso
natural escaso, como el agua o la energía), nos encontraremos
en principio con tres casos diferentes.[18] Es importante señalar
que el hecho de que estemos en uno u otro caso dependerá del
marco institucional: por ejemplo, un impuesto muy elevado
sobre el uso del agua o sobre la generación de residuos peligrosos alterará totalmente el orden de rentabilidad de diferentes alternativas. También debe notarse que el que una opción
resulte o no rentable varía cuando se modifica el coste de financiar un proyecto de inversión.

Un primer caso —que es el que más nos interesa discutir
en este apartado— es que el cambio no solamente suponga
una mejora ambiental, sino también monetaria *para las propias empresas*. Es una oportunidad de beneficio no aprovechada que ha sido destacada por algunos autores como Michael

[18] Véase P. Ekins y M. Jacobs, "Environmental sustainability and the growth
of GDP: conditions for compatibility", en V. Bhaskar y A. Glyn (eds.), *The North,
the South and the Environment*, United Nations University Press, 1995.

Porter (lo que a veces se conoce como "Hipótesis de Porter"). Un segundo caso es que el coste monetario adicional de la medida se vea compensado por la disminución de un coste *monetario* externo a la empresa. Por ejemplo, si una empresa tiene que afrontar un coste adicional de 100 para reducir residuos cuya gestión por parte del municipio supone un coste de 200, y si se obliga a la empresa a afrontar el coste adicional, destinará a ello determinados recursos, no obstante en otro lugar se liberarán recursos monetarios superiores. El último caso es aquel en el cual el cambio, positivo desde el punto de vista ambiental, supone costes monetarios adicionales, incluso teniendo en cuenta el *conjunto* de los costes *monetarios,* sin que ello implique en absoluto que la medida reduzca el bienestar social, ya que éste depende también de cuál es el estado del medio ambiente.

Sobre la importancia práctica del primer caso caben dos visiones extremas. Según la primera, totalmente optimista, las empresas con mejor comportamiento ambiental serían, en general, las más competitivas en el mercado. Si así fuese, la principal política ambiental requerida sería hacer descubrir a las empresas sus oportunidades de beneficio. No compartimos en absoluto dicha visión, pero tampoco la completamente opuesta.

Si se piensa, como hace normalmente la teoría económica, en un mundo en el que las empresas siempre contemplan todas las alternativas posibles y optan por las que maximizan sus beneficios, cualquier política orientada a reducir los impactos ambientales (ahorrar energía o disminuir los residuos o un determinado tipo de contaminación) se ha de hacer a costa de aumentar los costes de las empresas. Las estrategias *win-win* simplemente no existirían, y la única posibilidad sería poner normas o cambiar los costes de las diferentes opciones.

Sin embargo, existen posibilidades de reducir los impactos ambientales sin aumentar los costes empresariales, o incluso reduciéndolos. En el mundo real las empresas tienen inercias e información muy limitada, y no es en absoluto inimaginable que una restricción exterior o simplemente una difusión de información técnica por parte de la Administración o el fomento de una determinada institución (como un mercado de residuos para ser reutilizados por otras empresas) tengan efectos importantes sin provocar aumentos de costes a las empresas, incentivándolas a buscar oportunidades de beneficio no aprovechadas antes. Dichas posibilidades emergen cuando la forma de reducir impactos ambientales no es simplemente añadiendo dispositivos anticontaminación (lo que se conoce como tecnologías *end-of-pipe*) que aumentarán siempre los costes, sino rediseñando los procesos productivos de manera que se utilicen menos recursos y se reutilicen o comercialicen los residuos: precisamente el foco de atención de la ecología industrial.

Si a ello añadimos las consideraciones dinámicas del apartado anterior, la apelación a que las empresas desarrollen sistemas más eficientes tanto desde el punto de vista de la rentabilidad monetaria como de la mejora ambiental (que se harían más evidentes mediante auditorías ambientales del tipo descrito en el siguiente apartado) puede ser sensata, siempre que *al mismo tiempo* se instrumenten también otras políticas ambientales.

LAS AUDITORÍAS ECOLÓGICAS EN EL ÁMBITO DE LAS EMPRESAS

En la Unión Europea apareció en 1993 un reglamento por el que se regían el sistema comunitario de gestión y auditoría ambientales (Reglamento 1836/93), lo que se ha dado en llamar *sistema de ecogestión y ecoauditoría*. En el ámbito internacional existe otro sistema muy similar, pero menos exigente, dentro de las normativas ISO 14000.

El reglamento establece las condiciones para que las empresas se adhieran de forma *voluntaria* al sistema comunitario de gestión y auditoría ambientales. El carácter totalmente voluntario del sistema es la primera limitación destacable, ya que ni siquiera se establece la obligatoriedad para, por ejemplo, participar en determinados programas comunitarios o para las empresas de determinado tamaño y sector económico.

El sistema se basa en los siguientes principios:[19]

---

[19] Véase V. Sierra Ludwig, "El sistema comunitario de ecogestión y auditoría", *Boletín Económico de ICE*, núm. 2410 (1994); y L. Cordero, "Auditorías

A. La empresa que se adhiera al sistema se comprometerá a adoptar una *política ambiental,* lo que se define como un compromiso que va más allá del cumplimiento de la normativa legal, en el sentido no sólo de cumplir dicha normativa sino de reducir los impactos ambientales hasta un nivel que no sobrepase la aplicación económicamente viable de la *mejor tecnología disponible* (un concepto bastante ambiguo).

B. Se realizará una primera evaluación ambiental que exige considerar los siguientes aspectos de la actividad de un centro de trabajo:

1) Evaluación, control y prevención de las repercusiones de la actividad en cuestión sobre los diversos componentes del medio ambiente.

2) Gestión, ahorro y elección de la energía.

3) Gestión, ahorro, elección y transporte de materias primas; gestión y ahorro de agua.

4) Reducción, reciclado, reutilización, transporte y eliminación de residuos.

5) Evaluación, control y reducción del ruido dentro y fuera del centro.

6) Selección de nuevos procesos de producción y cambios en los mismos.

7) Planificación de productos (diseño, envasado, transporte, utilización y eliminación).

8) Resultados y prácticas ambientales de contratistas, subcontratistas y suministradores.

9) Prevención y reducción de los vertidos accidentales al medio ambiente.

10) Procedimientos urgentes en caso de accidentes ambientales.

11) Información y formación del personal en temas ambientales.

12) Información externa en los temas relacionados con el medio ambiente.

medioambientales", en S. M. Ruesga y G. Durán (coords.), *Empresa y medio ambiente,* Pirámide, Madrid, 1995.

C. Hecha la evaluación, la empresa ha de establecer un programa ambiental que señale *objetivos ambientales* y un *sistema de gestión* (que, entre otras cosas, especifique el personal responsable y los recursos destinados) para llevar a cabo la política ambiental.

D. La *auditoría ambiental* se define como "instrumento de gestión que comprende una evaluación sistemática, documentada, periódica (de una periodicidad no superior a los tres años) y objetiva de la eficacia de la organización, el sistema de gestión y los instrumentos destinados a la protección del medio ambiente" y que ha de ser realizado por el auditor, una persona o equipo perteneciente al personal de la empresa o exterior a ella, y avalado por un verificador acreditado por la administración independiente a la empresa que certifique la fiabilidad de los datos, que la auditoría se ajusta a las condiciones del sistema y si se han cumplido los objetivos de la política ambiental de la empresa.

E. Tras la primera evaluación ambiental y después de las auditorías periódicas, se realizará una declaración ambiental sobre el centro de trabajo destinada a la *información al público,* la cual incluirá los siguientes elementos:

1) Descripción de las actividades de la empresa en el centro en cuestión.

2) Valoración de los problemas ambientales significativos que guardan relación con las actividades de que se trate.

3) Resumen de datos cuantitativos sobre emisión de contaminantes, generación de residuos, consumo de materias primas, energía y agua, ruido y otros aspectos ambientales significativos según corresponda.

4) Otros factores relacionados con el rendimiento ambiental.

5) Presentación de la política, el programa y el sistema de gestión ambiental de la empresa aplicados en el centro de que se trate.

6) Plazo fijado para la siguiente declaración. (Aunque se establecen excepciones, con carácter general en los años comprendidos entre dos auditorías, se tendrán que hacer declaraciones ambientales simplificadas donde se recojan los datos cuantitativos correspondientes y se señalen los cambios más significativos.)

7) Nombre del verificador ambiental acreditado.

El sistema de auditorías que acabamos de describir plantea una cuestión importante: dado su carácter voluntario, ¿cuáles son los incentivos de las empresas para participar en el sistema?

El incentivo principal de las empresas es posiblemente el de la *imagen pública* (lo que se ha llamado *marketing verde* o *ecomarketing*), que puede repercutir en la actitud de los consumidores hacia la empresa; aunque limitado, el papel de los consumidores en reorientar la economía hacia una mayor sostenibilidad es potencialmente importante y requiere (como ya lo señalábamos), como primer paso, disponer de una información fiable sobre los impactos ambientales que provocan las diferentes empresas.

Es obvio que las empresas pueden tener interés en conocer de forma sistemática los impactos ambientales que provocan por razones no directamente relacionadas con su imagen pública. Una de ellas es que dicha información puede descubrir oportunidades de reducción de costes antes desconocidas. Otra es que tal conocimiento es esencial para adaptarse a la normativa actual y futura de manera que, ante la posibilidad de reglamentaciones más estrictas, las empresas que disponen de información y un sistema de gestión sobre problemas ambientales tendrán ventaja comparativa respecto a sus competidoras.

Si se supone que la administración pública hará cumplir las normas ambientales, y que éstas serán más estrictas en el futuro, entonces las empresas ambientalmente mejor preparadas se ahorrarán unos costos futuros. Eso se reflejará tal vez en la cotización actual en la Bolsa de sus acciones.

Dichas razones hacen más probable que las empresas decidan adherirse a un sistema formalizado como el establecido por la reglamentación comunitaria, sobre todo cuando, además, existe la expectativa de que las empresas voluntariamente adheridas no solamente se beneficien de una mejor imagen pública sino también de algún tipo de ventaja directa o indirecta en su relación con las administraciones públicas. Lo que parece obvio es que la generalización de las auditorías ambientales comportaría, de producirse, ventajas importantes, ya que la información acumulada serviría a consumidores, empresas y a la propia administración.

LOS PASIVOS AMBIENTALES DE LAS EMPRESAS

En cuanto a la responsabilidad ambiental de las empresas se está yendo desde el voluntarismo a la exigencia del resarcimiento por daños ambientales. Sin duda el movimiento voluntario empresarial de la Responsabilidad Social Corporativa (RSC) ha crecido. Se dice que las empresas no deben responder solamente ante sus accionistas que reclaman dividendos, sino también ante toda la sociedad, o por lo menos ante los afectados *(stakeholders)* por sus actividades. Ese movimiento es voluntario, por tanto no recoge verdaderamente las protestas a causa de las externalidades que la actividad industrial causa, muchas veces sin intención. Incluso cuando la RSC no es pura propaganda y lleva a algunas mejoras ambientales o sociales, se le ha acusado con razón de que las más de las veces se puede considerar como un "lavado de imagen verde" *(greenwashing)* que sobre todo pretende esconder y desviar la atención de los efectos negativos de la actividad empresarial. De ahí que haya nacido un movimiento para exigir una responsabilidad mayor de las empresas en el campo legal.[20] Esto se traduce en nuevas normas legales y también en numerosos casos judiciales por la vía civil, o a veces por la vía penal. En ocasiones, se llega a cuantificaciones económicas de gran interés para la economía ecológica.

En América Latina está definiéndose una discusión sobre los pasivos ambientales de empresas mineras, químicas, petroleras y de otros sectores, a partir de casos concretos. A veces el debate nace de reclamaciones por indemnización en casos judiciales, como el que veremos contra la Chevron-Texaco por

---

[20] P. Utting y J. Clapp (eds.), *Corporate Accountability and Sustainable Development*, Oxford University Press, Delhi, 2008.

los daños producidos en la selva ecuatoriana por la explotación petrolera; contra la Southern Peru Copper Corporation por la contaminación debida a la minería y fundición de cobre, o contra la Dow Chemical por los casos de esterilidad de los trabajadores bananeros que aplicaron el nematicida DBCP. En Neuquén, Argentina, algunas comunidades demandaron a Repsol-YPF, exigiendo el resarcimiento de daños y hay ya varias estimaciones realizadas de ese pasivo ambiental, la primera por Héctor Sejenovich.

En otros casos, las propias empresas, públicas o privadas, preocupadas por las deudas ocultas a la hora de su compraventa, quieren saber si deben hacer frente a los pasivos ambientales. Existen consultoras en América Latina que ofrecen sus servicios a las empresas para el cálculo de los pasivos ambientales. En 1997 el término "pasivo ambiental" fue ya aplicado en el contexto de la privatización de la industria del aluminio en Venezuela.[21] En Chile se discute activamente acerca de quién debe hacer frente a los gastos y cuáles deben ser los estándares ambientales en los cierres de las explotaciones mineras.[22] [23] Por último, los activistas que impulsan el debate sobre la deuda ecológica del Norte con el Sur, incluyen los pasivos ambientales de las empresas transnacionales como uno de los principales rubros. Los actores sociales que levantan la discusión y los contextos en qué se da son, pues, muy diversos, aunque despiertan temas de debate comunes.

[21] A tal propósito, Arnoldo Gabaldón se expresó como sigue: "Más temprano de lo previsto, tuvimos que ir al proceso de privatización de las empresas de Guayana. Llegó el triste momento entonces, de sincerar la corrupción y desastres administrativos que hoy nos afligen como venezolanos. Ahora, cuando se han evaluado los pasivos ambientales de esas empresas, encontramos que las del aluminio tienen saldos negativos por este concepto de alrededor de los 200 millones de dólares y Sidor otros 74 millones. En total cerca de 130 millardos de bolívares, que descontarán los nuevos propietarios para dedicarlos a lo que por fuerza de la Ley están obligados a invertir", *El Universal* 30/6/97, http://www.el-universal.com/1997/06/30/61948.shtml

[22] International Development Research Centre, *Normativa de cierre de Faenas Mineras en Chile*, Informe Final de Consultores, Santiago, diciembre 2000, http://www.idrc.ca/mpri/documents/cochilco.pdf

[23] Véase http://www.sonami.cl/boletin/bol1135/art8.html, http://www.gobiernodechile.cl/discurso_min_mineria.html

¿Qué es el pasivo ambiental?

El término "pasivo ambiental" tiene orígenes empresariales: en el balance de ejercicio de una empresa el pasivo es el conjunto de deudas y gravámenes que disminuyen su activo. Desgraciadamente, mientras las deudas financieras y las deudas a los proveedores comerciales están minuciosamente descritas en el balance, muchas deudas ambientales y sociales no se registran en la contabilidad de las empresas. Un primer paso para corregir este desequilibrio podría consistir en incluir obligatoriamente en el cálculo del pasivo de las empresas las deudas ambientales que, sin contrato, la empresa contrae con la comunidad y el medio ambiente. Si fuesen obligadas a considerar como costes al conjunto de daños que transfieren a la colectividad, probablemente los daños ambientales producidos se reducirían, porque las empresas son hábiles para minimizar los costes si tienen que pagarlos ellas mismas. Sin embargo, muchas veces las empresas no consideran como costes la contaminación ni los daños ambientales que producen, sino que piensan que la naturaleza concede los recursos gratuitamente y que no hay límites en cuanto a su aprovechamiento o explotación, que no sean los estrictamente económicos.

Por pasivo ambiental se entiende la suma de los daños no compensados producidos por una empresa al medio ambiente a lo largo de su historia, tanto en su actividad normal como en caso de accidente. La palabra "pasivo" es en contabilidad sinónima de "deuda".

En el balance contable de cualquier empresa hay un Activo (lo que la empresa tiene; en inglés, *Assets*) y un Pasivo (lo que la empresa debe; en inglés, *Liabilities*). Suele distinguirse en el Pasivo las deudas a corto y largo plazo, ya sea a los proveedores o a los bancos, ya sea, por ejemplo, a la seguridad social o al Estado como adeudos fiscales, además del propio capital de la empresa aportado por los accionistas. Si una empresa tiene deudas con los damnificados por daños ambientales debería también incluirlas en el Pasivo. En otras palabras, se trata de sus deudas hacia la comunidad donde opera. Los economistas hablan de los daños ambientales como "externalidades", es decir, como lesiones al medio ambiente producidas por un fallo del mercado, que hace que no sea el responsable del daño el que pague la reparación o compensación, sino la sociedad en su conjunto. En realidad, como ya indicamos en un capítulo anterior, se podría decir que dichas deudas son éxitos de traslación de los costes a la sociedad, que permiten a las empresas ser competitivas.

El derecho exige la reparación y restauración de los daños, ya desde antes que se implantara en los tratados internacionales y legislaciones nacionales el principio de que "Quien Contamina, Paga". Ese principio no es, en derecho, ninguna novedad, la legislación sobre responsabilidad y daños siempre lo ha reconocido así. Por ejemplo, el caso de Chevron-Texaco en la Corte de Sucumbíos —que luego analizamos— se ha tramitado bajo el Código Civil. El juez recoge la doctrina jurídica y sentencias anteriores de Argentina, Colombia, España y el propio Ecuador. Ninguna novedad.

Al considerar los pasivos ambientales, surgen dos temas principales de análisis: la evaluación monetaria y la responsabilidad jurídica.

En el capítulo anterior ya hemos discutido ampliamente sobre el primer tema. ¿Cómo determinar el impacto de una actividad contaminante especialmente en un contexto que muchas veces es complejo y de fuerte incertidumbre? Y, puesto que se trata en la mayoría de casos de bienes no intercambiables en el mercado, ¿cómo valorar los daños ambientales?

En primer lugar, la evaluación de los pasivos ambientales se enfrenta a problemas de inconmensurabilidad de valores, es decir, la imposibilidad de representar en un solo lenguaje, en este caso el monetario, los daños producidos en esferas diferentes de la actividad humana:[24] ¿cuál es el valor monetario de la degradación de un paisaje, de la reducción de la biodiversidad, de la erosión cultural, de la pérdida de la salud? Además, muchas veces los daños ambientales producidos y sus consecuencias a largo plazo no son fácilmente cuantificables

---

[24] J. Martínez Alier, G. Munda y J. O'Neill, 1998, "Weak comparability of values as a foundation for ecological economics", *Ecological Economics*, vol. 26, núm. 3 (septiembre de 1998), pp. 277-286.

debido a la interacción con los ecosistemas y con la sociedad humana.[25]

En segundo lugar, ¿qué incluir en la evaluación del pasivo ambiental? Se podría decir que una estimación completa tendría que incluir:

- el costo de reparación del daño;
- el valor de la producción perdida a causa de la contaminación, es decir, la riqueza no producida;
- una compensación por los daños irreversibles, que ya se han producido y que continuarán existiendo en el futuro a pesar de la reparación.

En cuanto al segundo tema de análisis: cuando una empresa causa un daño a la colectividad, la responsabilidad moral es clara, pero ¿de quién es la responsabilidad jurídica? ¿Quién tiene que hacerse cargo del coste de saneamiento de los lugares contaminados y de la compensación de los daños, cuando se puede? ¿Y quién tiene que pagar a las víctimas cuando los daños son irreversibles: la sociedad en su conjunto o el causante de la contaminación?

El grado de responsabilidad jurídica del pasivo ambiental al que las empresas están sujetas depende del sistema legislativo nacional del país donde el daño se produce. Muchas transnacionales occidentales prefieren operar en los países del sur, no sólo porque allí están las materias primas sino también porque las normas ambientales y laborales son menos estrictas, y eso permite ahorrar en los costes. Sin embargo, muchas veces el problema principal no es tanto la falta de legislación, sino de control. Por ejemplo, las cantidades permitidas de sustancias nocivas en el agua en muchos países no son muy diferentes de los límites establecidos por la EPA (Agencia de Protección del Medio Ambiente de los Estados Unidos). El problema radica en que en el Sur, más frecuentemente que en el Norte, estos límites no son respetados, debido al menor poder político

---

[25] European Environmental Agency, "Late lessons from early warnings: the precautionary principle 1896-2000", *Environmental Issue Report 22*, Copenhagen, 2001.

y económico de los afectados o preocupados por el tema y al chantaje de la pobreza. Las diferentes legislaciones y la globalización de las actividades económicas hacen cada vez más relevantes las preguntas ¿en qué instancia reclamar los pasivos ambientales y cuál es el procedimiento social y legalmente adecuado?; ¿dónde es mejor ir a juicio, en el país donde se producen los daños o en el lugar donde las empresas tienen su sede principal?, ¿debe preferirse la vía civil o la vía penal?

En una economía cada vez más globalizada, asumen también más importancia las normas internacionales de responsabilidad ambiental. Existen ya algunos convenios internacionales sobre temas específicos, por ejemplo sobre derrames marinos de petróleo. Estos convenios deberían ser extendidos y reforzados. A veces los convenios internacionales son fácilmente vulnerados como cuando se exportan residuos electrónicos de los países ricos a los pobres no como lo que son —principalmente basura tóxica— sino como si fuesen productos de segunda mano. Otro modelo interesante podría ser la Alien Tort Claims Act —ATCA—, que cede a las cortes federales estadunidenses el derecho de ocuparse de procesos de responsabilidad civil en los casos de agravios cometidos por empresas de los Estados Unidos en el extranjero, cuando hay violación de una norma correspondiente a la ley internacional consuetudinaria (ley de las naciones). Hay casos que se han querido llevar bajo la jurisdicción de la ATCA aunque desgraciadamente, con poco éxito.

A continuación analizamos dos casos de reclamo de pasivos ambientales de empresas transnacionales en América Latina. El primero trata de los daños sufridos por los habitantes de La Oroya en la sierra del Perú por los contaminantes emitidos por la empresa Doe Run. No ha existido en este caso una cuantificación económica de los daños producidos. El segundo caso trata del juicio contra la empresa Chevron-Texaco por los daños ambientales y a la salud producidos en la Amazonia de Ecuador, entre 1970 y 1990 aproximadamente. En este caso una sentencia judicial ha valorado económicamente los daños. Seguidamente comentamos brevemente otros casos.

Doe Run en La Oroya (Perú)[26]

La ciudad de La Oroya está ubicada a 3 700 metros en la sierra central peruana, donde se encuentra una fundición de plomo que perteneció primero a la Cerro de Pasco Corporation, luego a Centromin Perú S. A. y después a la empresa Doe Run Co. El complejo metalúrgico de La Oroya procesaba aproximadamente 600 000 toneladas de concentrados y producía 11 metales y ocho subproductos, principalmente plomo, cinc, cobre, plata y oro.[27]

Varios estudios demostraron un preocupante grado de contaminación en La Oroya. Un análisis de la Dirección General de Salud Ambiental[28] encontró en las cuatro estaciones de muestreo de plomo en el aire, un promedio de 10.5, 1.9, 12.7 y 14.8 $\mu g/m^3$, y una concentración máxima de 27.53 $\mu g/m^3$. Otro análisis llevado a cabo en septiembre de 2001 por el Consorcio Unión para el Desarrollo Sustentable (UNES) (asociación ubicada en La Oroya),[29] encontró valores medios de plomo en el aire de 11 y 6.61 $\mu g/m^3$ en los dos puntos de muestreo en La Oroya nueva y de 10.35 $\mu g/m^3$ en La Oroya antigua. Según los estándares nacionales de calidad del aire,[30] el límite de 1.5 $\mu g/m$ no debe ser excedido más de cuatro veces por año.

La contaminación de plomo en el aire se traduce en un nivel muy alto de plomo en la sangre de los habitantes de La Oroya. Los efectos del plomo en la salud humana pueden ser muy graves, ya que este material interfiere con el metabolismo y la función celular y puede provocar varias enfermedades, entre otras: problemas gastrointestinales, disfunciones neuro-

[26] Adaptado de D. Russi y J. Martínez Alier, "Los pasivos ambientales", *Ecología Política*, núm. 24 (2002), pp. 107-112.

[27] http://www.doerun.com.pe

[28] Dirección General de Salud Ambiental DIGESA, Dirección Ejecutiva de Ecología y Medio Ambiente, *Evaluación de la calidad del aire en el distrito de la Oroya-Junín*, Lince, Lima, 1999.

[29] Consorcio UNES, Unión por el Desarrollo Sustentable, *Evaluación de la calidad de aire, agua y suelo en la provincia de Yauli, La Oroya*, 2001.

[30] Decreto Supremo N° 074-2001-PCM, Reglamento de Estándares Nacionales de Calidad Ambiental del Aire, disponible en http://www.conam.gob.pe/Normas/DS-01074.htm

musculares, disminución de la memoria, de la atención y de la vista y depresión.

La población más afectada por la presencia de plomo en la sangre es la infantil, ya que su sistema nervioso está en desarrollo; sufren también estas consecuencias las mujeres gestantes, ya que ante los cambios que presentan en el metabolismo óseo, el plomo acumulado en el hueso puede pasar a la sangre y ser trasmitido al niño en gestación a través de la placenta y la leche maternas. El Consorcio UNES demostró que el promedio de plomo en la sangre de las gestantes y de los niños de La Oroya era de 39.49 µg/dl y 41.81 µg/dl, respectivamente (43% de los niños y niñas tiene un valor entre 45 y 69 µg/dl).[31] Los límites indicados por las autoridades sanitarias para gestantes y niños son de 30 µg/dl (OMC) y 10 µg/dl (CDC).[32] La Academia Norteamericana de Pediatría ANP ha establecido que el desajuste de la función cognitiva empieza en los niveles mayores a los 25 µg/dl.[33]

El papel de las asociaciones de defensa de las poblaciones afectadas, como la UNES y la CONACAMI, ha sido complicado en La Oroya. De hecho, alrededor de 3 000 de los 33 000 habitantes de La Oroya trabajaban en la fundición, 1 000 de los cuales con un contrato fijo.[34] La Doe Run Perú afirmaba que 70% de la actividad laboral de la ciudad de La Oroya se debía, directa o indirectamente, a los trabajos de la empresa.[35] Esto hacía que buena parte de la población de La Oroya estuviese a favor de la fundición, a pesar de los riesgos para la salud que conllevaba. En la actualidad, la situación es muy diferente al haber abandonado Doe Run hace años sus instalaciones de La Oroya sin hacer frente a sus pasivos ambientales.

[31] La población objeto de estudio estuvo constituida por 48 mujeres gestantes y 30 niños y niñas menores de tres años.

[32] Centro para el Control y Prevención de Enfermedades situado en Atlanta, Georgia, los Estados Unidos. Es una Agencia del Departamento de la Salud y de Servicios Humanos.

[33] Instituto Salud y Trabajo ISAT, *Evaluación de niveles de plomo y factores de exposición en gestantes y niños menores de 3 años de la ciudad de La Oroya*, Consorcio UNES, Lima, 2000.

[34] Informaciones recibidas en ocasión de una entrevista con personal de la UNES.

[35] http://www.doerun.com.pe

Otros elementos que cabe tener en cuenta son las actividades de "lavado de imagen" que llevó a cabo la Doe Run: financiación de la construcción de un comedor público, cursos de capacitación, un programa de reforestación y jardinería, un programa de mitigación de emisiones contaminantes, actividades, todas ellas, muy bien publicitadas. Además, la empresa se comprometió a invertir 168 millones dólares hasta el 2006 en el Programa de Adecuación y Manejo Ambiental (PAMA), que supuestamente estaba reduciendo su impacto ambiental. De todas maneras, en el contrato de transferencia se estableció que el pasivo ambiental histórico de la Centromin Perú no se traspasase a la Doe Run Perú.

Por otro lado, en Herculaneum, Misuri, en los Estados Unidos, se llegó (en 2002) a un acuerdo entre la EPA y la Doe Run Co., que posee una fundición de plomo con una capacidad productiva de 250 000 toneladas. Se establece que la empresa financiará la reubicación temporal de alrededor de 100 familias, mientras las operaciones de limpieza se lleven a cabo; con un gasto de cerca de 8.8 millones dólares.[36] En Herculaneum 24% de niños y niñas menores de seis años están intoxicados por plomo, según los estándares federales.[37] Con estos estándares, según el estudio de la UNES, en La Oroya 77% de los niños estarían intoxicados. Es interesante comparar los resultados de los conflictos que afectan a las multinacionales en distintos lugares del mundo, cuando se enfrentan a reclamaciones por sus pasivos ambientales.

Al respecto, la EPA (en 2008) dictaminó en los Estados Unidos:

Durante años las familias con niños que vivían cerca de las instalaciones de Doe Run han estado expuestas a inaceptables niveles de plomo, el cual es uno de los más peligrosos neurotóxicos en el medio ambiente. Los niños y jóvenes son los que mayor riesgo corren ante la exposición de plomo, debido a que, aún en niveles muy bajos, el plomo ocasiona problemas de comportamiento, déficit de aprendizaje y bajos niveles de CI.

[36] http://www.planetark.org/dailynewsstory.cfm/newsid/14076/newsDate/18-Jan-2002/story.htm
[37] http://www.aida2.org/english/projects/prjdoerun.php

El acuerdo vigente insta a Doe Run a tomar acciones agresivas para limpiar su actuación, y trabajar para asegurar que las familias que viven cerca de las instalaciones de la empresa estén protegidas contra el envenenamiento por plomo y cualquier otro tipo de contaminación dañina.[38]

Enseñanzas del caso

En el caso presentado se pueden reconocer muchas de las características comunes de la generación de pasivos ambientales en los países del Sur: se trata de una empresa extranjera que produce pasivos ambientales donde la legislación ambiental es menos estricta o el control menos riguroso que en su Estado de origen. Para el Norte es conveniente externalizar las producciones más contaminantes hacia el Sur. Eso no se debe a que la conciencia ambientalista sea menor en el Sur, sino a que resulta más barato contaminar en los países pobres. Sin embargo, los pasivos ambientales no son producidos sólo por empresas extranjeras: por ejemplo, la destrucción de manglares provocada por las camaroneras es normalmente producida por empresarios locales, en beneficio de consumidores extranjeros.

El aumento del flujo de recursos primarios del Sur al Norte representa un buen argumento contra la tesis de la "desmaterialización" de la economía industrializada. En los países industrializados el consumo de materia y de energía ha estado creciendo, pese a la aparición de nuevas tecnologías que supuestamente hubieran tenido que invertir esta tendencia.

Esto crea una especialización productiva de los países del Sur en industrias que presentan una alta densidad de contaminación. Las exportaciones peruanas de minerales son uno de los rubros más importantes de la economía del país: Perú es el segundo productor mundial de plata, el tercero de estaño, el cuarto de cinc y plomo, y el quinto de cobre.[39] La produc-

---

[38] C. Giles, EPA, 8 de octubre 2010, véase: http://www.epa.gov/compliance/resources/cases/civil/mm/doerun.html

[39] Ministerio de Energía y Minas, Subsector Minería, Anuario Minero 2001, http://www.mem.gob.pe/wmem/publica/dgm/public01/archivo.pdf

ción está orientada a la exportación. O, en otras palabras, la división del trabajo en el ámbito internacional hace que se produzcan más pasivos ambientales en el Sur que en el Norte.

Del análisis del caso de La Oroya parece claro que determinar y evaluar el pasivo ambiental en términos monetarios es muy difícil. ¿Cuales serán las consecuencias en la salud de la población envenenada por plomo? ¿Y qué valor monetario dar a estos daños para pedir compensaciones a la empresa? Pero esta dificultad de valoración no es un argumento para dejar de reclamar pagos monetarios.

Además, no sólo es difícil establecer el valor monetario de los daños, sino también obtener que éstos sean compensados por la empresa. En este sentido, es muy interesante analizar las diferentes compensaciones ofrecidas a los afectados a causa de una contaminación en distintos lugares del mundo. También puede verse cómo la elección de diferentes tecnologías de reducción de la contaminación en diferentes partes del mundo depende no sólo de cuestiones técnicas sino sociales y económicas.

Por último, otro elemento interesante es la constelación de actores involucrados y los valores sociales que se ponen en juego. En el caso de La Oroya parece que muchos ciudadanos están a favor de la fundición. Debería realizarse un análisis de género —¿qué piensan las mujeres de La Oroya?—.

Obviamente, muchos de los daños ambientales no son reversibles, como por ejemplo los daños a la salud, la pérdida de biodiversidad o la destrucción de un paisaje. Sin embargo, reclamar una compensación de los pasivos ambientales puede ser útil por tres razones. En primer lugar, esto vuelve más costosa y difícil la producción de nuevos pasivos ambientales. Es decir, constituye un desincentivo para las producciones muy contaminantes o, por lo menos, un incentivo para que se tomen precauciones y se adopten innovaciones tecnológicas que reduzcan el impacto ambiental. En segundo lugar, la compensación del daño en forma monetaria puede ser la única manera para que quienes se han visto directamente afectados por lo menos reciban algo. Es decir, la compensación monetaria sirve como forma de redistribución de las ganancias producidas por la actividad contaminante. Por último, la compensación monetaria, y el proceso o la negociación que la hacen posible, tienen un valor simbólico muy fuerte: se trata de una reafirmación del derecho de las poblaciones locales sobre su territorio.

Es necesaria una reflexión colectiva de las poblaciones locales y de los órganos institucionales de los países del Sur y del Norte para identificar el mecanismo legal más adecuado para inducir a las empresas a incluir en los cálculos de sus activos y pasivos, los efectos de sus actividades sobre el ambiente y la sociedad.

CHEVRON-TEXACO EN ECUADOR [40]

En las semanas previas al fallo emitido por el juez Nicolás Zambrano de la Corte Provincial de Sucumbíos en Nueva Loja del 14 de febrero del 2011, Chevron-Texaco emprendió a la desesperada un conjunto de acciones legales en los Estados Unidos para criminalizar a los demandantes y a sus abogados en Ecuador y en los Estados Unidos. Tras la sentencia la petrolera declaró que el fallo en Ecuador que la obliga a pagar 9 500 millones de dólares al Frente de Defensa de la Amazonia (o el doble, si no se disculpa públicamente), responde a la confabulación entre abogados demandantes y "jueces corruptos".

Son acusaciones terribles. Tendrán que probar las acusaciones contra el equipo de abogados, contra el juez y contra los propios demandantes. Esos insultos y esa actuación irreflexiva le puede salir muy cara, cuando los jueces en los Estados Unidos a quienes Chevron-Texaco ha tratado de convencer de que había una conspiración internacional para extorsionar a la empresa lean la excelente y bien argumentada sentencia. Ese original está disponible en varias páginas web (http://www.re dibec.org/pdf/sentencia_TEXACO.pdf).

La sentencia niega explícitamente que hubiera falsificación de firmas de demandantes como alegaba Chevron-Texaco. Pero la sentencia sí que recoge un importante argumento de Chevron-Texaco, y aparta del caso todo el contenido del in-

---

[40] Adaptado de un artículo de J. Martínez Alier, "El caso Chevron-Texaco en Ecuador: una muy buena sentencia que podría ser un poco mejor", *Agencia Latinoamericana de Información Alainet* (17/2/2011).

forme del perito Richard Cabrera (un geólogo nombrado por la Corte, bajo un juez anterior). Cabrera realizó o encargó una serie de estudios de valoración de daños y se apoyó en sus datos sobre enfermedades y muertes en el trabajo de Carlos Beristain, *Las palabras de la selva*. La objetividad de Cabrera fue puesta en duda por Chevron-Texaco, argumentando que Cabrera había trabajado con datos proporcionados por los demandantes. La sentencia recoge esta alegación, y deja pues de lado las evidencias del perito Cabrera y su propuesta de valoración de daños de 27 000 millones de dólares.

Originalmente la demanda fue presentada desde los Estados Unidos, bajo la ATCA. A la cabeza estaba el abogado Cristóbal Bonifaz, de Northampton, Massachusetts, un norteamericano de origen ecuatoriano. El se retiró del caso cuando el juicio fue a Ecuador, al decidir el juez de los Estados Unidos que debía aplicar la doctrina de *forum non conveniens*. Bonifaz trató después de iniciar otro juicio en los Estados Unidos Unidos pero salió mal parado. Quien ha apoyado el juicio desde los Estados Unidos (con dinero, con consejos, con pareceres de expertos en valoración monetaria) es Steven Donziger, protagonista del documental CRUDE, ex compañero de Barack Obama en las aulas de la escuela de derecho de Harvard y la cancha de basquet. Pero el abogado principal en Ecuador, quien ha redactado todos los escritos en los últimos años, quien acudió a todas las inspecciones judiciales oculares que tanta importancia tienen en el fallo del juez, no ha sido ni podía ser Donziger, que no domina el lenguaje ni la práctica jurídica en el Ecuador. Ha sido Pablo Fajardo. Un joven abogado local, de familia pobre, que siguió estudios de derecho por correspondencia, un hombre sencillo (hasta el momento al menos) que despierta confianza. Él es el abogado de los demandantes en esta acción popular entablada en 2003 en la corte de Nueva Loja (una pequeña ciudad que todo el mundo llama Lago Agrio, nacida con el petróleo). Otra persona que no ya desde 2003 sino 10 años antes, desde 1993, ha seguido el caso, con persistencia increíble, un hombre de pocas palabras y mucho empeño, es Luis Yanza que dirige el Frente de Defensa de la Amazonia. El Frente será el depositario y administrador del pago que debe hacer la Chevron-Texaco (no el Estado ecuatoriano, ni las provincias de

Sucumbíos y Orellana, ni los municipios, como reitera la sentencia). El Frente tendría a su cargo organizar los trabajos de remediación y pagar reparaciones. Adicionalmente varias organizaciones ambientales y de derechos humanos han acompañado el proceso, entre las que destaca Acción Ecológica fundada en 1986 (y la red internacional *Oilwatch* nacida en 1995). Uno de los autores del presente libro ya publicó un primer artículo sobre el tema en 1994.

El pago de la Chevron-Texaco debe ir pues a un fideicomiso mercantil controlado por el Frente de Defensa de la Amazonia, por valor de 9510 millones de dólares para cumplir la sentencia del juez Zambrano. La sentencia es por 8646 millones, pero a esa cantidad debe agregarse 864 millones porque el capítulo 1 de la Ley de Gestión Ambiental "condena al responsable al pago (adicional) de 10% del valor que represente la indemnización a favor del accionante". La sentencia dispone que en 60 días, contados desde la fecha en que se notificó, los demandantes constituyan un fideicomiso mercantil para administrar el monto. El fideicomiso estará constituido por el total de indemnizaciones a las cuales fue condenada Chevron y el beneficiario será el Frente de Defensa de la Amazonia o las personas que éste designe: 600 millones de dólares irán para la limpieza de aguas subterráneas, 5396 millones a remediación de suelos, 200 millones (a 10 millones anuales por 20 años) a la recuperación de flora y fauna, 150 millones a planes de agua potable, 1400 millones por daños imposibles de reparar, como la salud perdida; 100 millones de dólares por daño cultural y "restauración étnica", y 800 millones como fondo de ayuda para la salud pública. Este último punto surgió como compensación de las muertes por cáncer. No hay indemnizaciones a personas particulares sino al colectivo de damnificados representados por los demandantes en esta "acción popular".

Enriquecimiento injustificado

En la demanda original se insistía en la remediación y prevención de daños futuros al ambiente y a la salud más que en el pago de indemnizaciones por daños pasados. Eso fue seguramente un error de planteamiento. Más tarde, tanto en el informe del perito Cabrera (que el juez Zambrano deja de lado) como en los escritos y el alegato final de Pablo Fajardo, se introdujo el tema del ahorro de costos de la Texaco en su tiempo, cantidad que actualizada (teniendo en cuenta tanto la desvalorización del dólar como el interés ganado en los más de 20 años transcurridos) supondría 10 o 20 000 millones más.

Texaco no pagó en su momento los costos que hubiera debido pagar para que sus operaciones no causaran daños (echando el agua de formación en piscinas que se desbordan, quemando el gas...), usando prácticas que nunca hubieran sido aceptadas en su país de origen y que sabía que eran dañinas. Esos costos no pagados supusieron unos beneficios mayores para Texaco, un enriquecimiento adicional que le permitió repartir dividendos a accionistas y hacer otras inversiones, lo que a su vez contribuyó al crecimiento económico de la empresa.

Texaco, una vez visto lo que ocurría, continuó con sus prácticas negligentes (heredadas después por otras compañías estatales o privadas, que continúan hasta hoy y cuyo origen está en Texaco). Texaco se ahorraba costos, y además Texaco se negó a pagar indemnizaciones por daños irreversibles y se negó a pagar la remediación.

El juez, al final de su sentencia, se hace eco de esta cuestión al discutir si obliga a pagar a la Chevron-Texaco una "penalidad punitiva". La sentencia resuelve que efectivamente Chevron-Texaco debe pagar el doble de las cifras arriba señaladas (lo que lleva el total a casi 20 000 millones) si en 15 días no pide disculpas públicamente en anuncios en periódicos de Ecuador y de los Estados Unidos. Esta cláusula se establece en virtud de la conducta intencionadamente dilatoria de Chevron-Texaco hasta pocas horas antes de que se dictara sentencia, por su efecto disuasorio en otros casos, y también por "las mayores ganancias obtenidas por un menor costo de la producción petrolera". Esta frase es pertinente para insistir en la cuantía debida a los demandantes por el enriquecimiento injustificado y acumulado que tuvo Chevron-Texaco.

La sentencia fue ratificada en el pleno de la Corte Provincial de Sucumbíos, el día 3 de enero del 2012, y Chevron-Texaco presentó entonces un recurso de casación, que fue elevado a la Corte Nacional de Justicia en Quito. Dicho recurso se tramitaría a la par del pedido de ejecución de sentencia por los demandantes. Si Chevron-Texaco no se aviene a pagar, entonces la sentencia será ejecutable en Ecuador y también fuera de Ecuador. Que Chevron no tenga bienes en Ecuador no importa. Hay tratados que permiten cobrar la deuda embargando y subastando bienes (plataformas, pozos) en otros países donde sí que está Chevron, como Venezuela o Argentina. Chevron está también en Nigeria, en Brasil y en muchos otros países.

Tras 18 años de juicio y casi 50 años después del inicio de la operación de Texaco, y si las apelaciones en el Ecuador llegan a buen fin para los demandantes, verdaderamente se habrá hecho historia.

En términos económicos, con lo ya concedido por el juez en su sentencia, podemos comprobar ya lo mal negocio que fue la venta del petróleo ecuatoriano. Lo que debe pagar Chevron-Texaco (unos 9 500 millones dólares, sin contar el costo adicional si no se disculpa) equivale a unos seis dólares por barril extraído (1 500 millones de barriles). ¿Valía la pena? Eso da un apoyo adicional a quienes quieren dejar el petróleo en tierra en el Yasuní ITT (una propuesta que comentaremos en el capítulo IX) aunque no se trata de lo mismo. En el Yasuní ITT un argumento principal ha sido evitar el contacto con pueblos aislados, otro ha sido evitar emisiones de dióxido de carbono y un tercero ha sido preservar la biodiversidad. Los dos primeros están ausentes en la sentencia Chevron-Texaco y el tercero está tocado sólo de refilón.

Tecnología inapropiada

El daño que hizo la Texaco y que la sentencia analiza detalladamente vino de la tecnología que usó para disponer del agua de formación que sale de los pozos conjuntamente con el petróleo y el gas. En Ecuador, aunque el gas se quema en "mecheros" y por tanto contamina localmente, eso no ha sido un tema muy discutido a diferencia de lo que ocurre en el delta del Níger. En Ecuador el tema principal es el agua de forma-

ción, la contaminación subterránea y de los riachuelos. No es
la contaminación atmosférica local. Y el segundo tema principal es el daño a la salud de las personas. La sentencia se hace
eco también (pero no valora económicamente) de las muchas
muertes de animales domésticos (ganado vacuno, sobre todo)
que debe haber habido. Deja casi de lado los daños a la biodiversidad silvestre aunque cita a algunos indígenas que (a
través de intérpretes) se quejaron durante las inspecciones judiciales de pozos y "piscinas" de cómo había desaparecido la
caza y la pesca y establece un monto para recuperar la flora y
la fauna. No pone ninguna multa por los daños irrecuperables
a la biodiversidad. Tampoco se hace eco de la desaparición de
grupos indígenas en tiempos de la Texaco, y adjudica una cantidad francamente pequeña para restauración de las culturas
étnicas perjudicadas. Asegura que las normas del Convenio
169 de la OIT no se pueden aplicar retroactivamente a los años
1970 y 1980. El tono general de la sentencia es poco amable
hacia los indígenas y es más favorable hacia los familiares de
colonos con salud arruinada.

Un tema principal es pues el método de disposición del
agua de formación, donde el juez se siente en terreno seguro.
En primer lugar, el fallo afirma, con datos de los propios deman-
dados y no ya de los demandantes, que se dispuso de 15 834
millones de galones de agua de formación (un galón equivale a
3.8 litros) y que el sistema estaba diseñado para descargar al
ambiente esos desechos de una forma económica, para ahorrar costos. El sistema no trataba adecuadamente los riesgos
de los daños sino que los externalizaba.

La sentencia discute si hubo simplemente negligencia o si
hubo intencionalidad. Claramente Texaco quiso reducir costos
a costa de aumentar riesgos al ambiente y a la salud. No tomó
las precauciones debidas. No revistió las "piscinas", no usó tanques de acero, no reinyectó el agua de formación aunque estas
tecnologías estaban disponibles. "Resulta apropiado para esta
Corte concluir que el agua de formación es un desecho industrial producido inevitablemente al extraer petróleo y que en
atención a su peligrosidad debe ser tratado con diligencia extrema, cosa que no sucedió en la operación realizada por Texpet". Ese nombre Texpet, era el usado por la compañía Texaco

en Ecuador, y la sentencia recoge correspondencia interna que revela cómo las decisiones técnicas de Texpet las tomó la Texaco en los Estados Unidos.

¿Qué tecnologías hubiera debido usar la Texaco? ¿Cómo evitar echar el agua de formación en piscinas sin revestimiento y que se desbordan cuando llueve? El juez Zambrano hurgó en las 200000 fojas que contiene el expediente, y encontró el original inglés y la traducción castellana de un texto de 1962, *Primer of Oil and Gas Production*, una introducción al tema publicada por el Instituto Americano de Petróleo, uno de cuyos coautores fue precisamente T. C. Brink de Texaco Inc. Allí se advierte de la peligrosidad de la tecnología que poco después iba a emplear Texaco. El detalle es divertido.

En la época en que operó Texaco no había en Ecuador legislación sobre límites de hidrocarburos en las aguas o sobre concentraciones de metales pesados. El fallo repasa los resultados de cientos de muestras proporcionadas por ambas partes y recogidas también a iniciativa de la propia Corte. Cita conclusiones de los expertos de ambos lados. Usa más las conclusiones de la Chevron-Texaco que de los demandantes respecto a la medida de la contaminación en las casi 1000 piscinas (de unos 40 por 60 m) que quedaron y en sus alrededores. El fallo echa mano del Código de Salud vigente en la época y otra legislación que prohibía menoscabar la potabilidad del agua, para probar que la Texaco actuó sin la diligencia debida en una actividad riesgosa. Es cuidadoso en no aplicar normas legales ecuatorianas o pactos internacionales retroactivamente. Pero podría haber mencionado, para adornarse, algo que Chevron-Texaco conoce bien: en los Estados Unidos, la ley CERCLA de 1980 conocida como Superfondo, que impone obligaciones retroactivas de saneamiento a las empresas y que se resume más adelante. La cuestión tiene que ver con la extensión legal del concepto de responsabilidad por daños ambientales. No sólo en la CERCLA sino en otras leyes y sentencias judiciales en los Estados Unidos lo habitual ahora es adoptar un concepto "objetivo" de la responsabilidad, es decir, si se demuestra que una actividad ha provocado daños no hace falta demostrar alguna "culpa" en el sentido más estrecho de haberse saltado alguna norma legal vigente o haber actuado con negligencia. En la

Unión Europea, después de la aprobación de la Directiva de 2004 sobre "responsabilidad medioambiental en relación con la prevención y reparación de daños medioambientales", el criterio general también es el de la responsabilidad "objetiva", mucho más potente.

Los daños a la salud

La discusión de química ambiental en la sentencia ocupa varias páginas, con atención especial al cromo hexavalente y otras sustancias introducidas. Las afectaciones reales a la salud de las personas es el otro tema estrella. Aquí, la evidencia de estudios científicos aparece brevemente. Se deja de lado el libro de Carlos Beristan, psicólogo social y doctor en medicina, *La palabras de la selva* porque éste había agradecido al perito Richard Cabrera la oportunidad de realizar este trabajo, y todo lo actuado por el perito fue recusado por Chevron-Texaco. Para quien quiera saber lo ocurrido en la Amazonia en tiempos de la Texaco (incluida la sistemática violencia sexual contra mujeres por trabajadores de la empresa) el libro de Beristain es sin duda una buena fuente. Tampoco cita el juez el primer gran informe sobre el caso, *Amazon Crude*, de Judith Kimerling publicado ya en 1991 por el Natural Resources Defense Council (antes del inicio del juicio en Nueva York en 1993), traducido y publicado en Quito por Abya-Yala en varias ediciones desde 1993 con el título *Crudo Amazónico*.

El fallo admite la dificultad de tener datos fiables de morbilidad y de mortalidad en zonas sin doctor ni presencia estatal. Acepta datos del estudio de Miguel San Sebastián, médico especialista en epidemiología ambiental y autor del informe *Yana Curi* (oro negro) publicado en 2000 que estudia la influencia de la contaminación derivada de la extracción de petróleo en algunas zonas de la Amazonia ecuatoriana sobre la salud de la población. San Sebastián publicó también artículos en revistas internacionales, y el doctor Jaime Breilh (conocido epidemiólogo ecuatoriano) aparece en la sentencia explicando al juez el proceso de revisión por pares. Finalmente, la sentencia reconoce, por un lado, la dificultad por no decir imposibilidad de conseguir datos oficiales y, por otro lado, la incapacidad del juez para que ambas partes consensúen los casos de enfermedad y muerte causados por la contaminación. Los expertos de Chevron-Texaco no aceptan ni una muerte en exceso. Por tanto el juez recurre sobre todo a las evidencias presentadas en las inspecciones judiciales oculares de pozos y piscinas. Los habitantes locales en estas ocasiones se lamentaron amargamente de las muertes que han ocurrido, de su propio estado de salud y de la falta de atención estatal.

Esa evidencia local podría parecer anecdótica y fue puesta en duda por los abogados de la Chevron-Texaco. En la página 144 del fallo, se recoge el siguiente episodio de una inspección judicial cuidadosamente recogido por el amanuense. El procurador judicial de Chevron interpeló a un campesino que había usado la palabra "tóxicos". ¿Cómo sabe que son (desechos) tóxicos, qué análisis, qué estudios ha hecho usted para definir que son tóxicos? El juez escribe: "en reconocimiento a ese sagaz argumento del abogado para descalificar a un campesino, se reitera que en este tema (de daños a la salud) esta Corte apreciará tales declaraciones (de la población local) de acuerdo con la sana crítica y conjuntamente con todo el cúmulo de evidencia científica que ha sido entregada por las partes".

La sentencia no establece así un número de muertos o enfermos en exceso de lo habitual. Discute las estadísticas. Concluye que hay evidencia suficiente para determinar desde el punto de vista legal que la salud de la población local fue seriamente afectada.

Responsabilidad de Petroecuador

Chevron-Texaco ha argumentado con razón a lo largo de los años que parecía raro que no se llevara a juicio a Petroecuador. Esa empresa estatal continuó usando las tecnologías introducidas por la Texaco. El juez le da la razón a Chevron-Texaco pero deslinda el juicio actual del que eventualmente se inicie contra Petroecuador (y que no complacería nada al gobierno ecuatoriano). El fallo prácticamente invita a emprender ese juicio y queda por ver si Pablo Fajardo y el Frente de Defensa de la Amazonia tienen arrestos para hacerlo, posible-

mente con financiación en su momento del eventual fideicomiso que se constituya con el pago de la Chevron-Texaco. Porque sin duda, como reconoce muy explícitamente la sentencia,
en la contaminación de las áreas operadas por Texaco, fusio-
nada con Chevron en el 2001, también tiene responsabilidad
Petroecuador, que operó algunos bloques con la estadunidense. Ahora se ha dejado de lado en esta sentencia el daño ocasionado por Petroecuador porque nadie la demandó. Chevron
la quiso usar de tapadera, y el juez no lo permite. Pero quien
se crea perjudicado o quien tenga interés en el asunto podrá
interponer las acciones que correspondan.

La CERCLA en los Estados Unidos

Más allá del fallo del juez Zambrano, vale la pena repetir que
la compañía Texaco (cuyos activos y pasivos pasaron a la compañía Chevron) durante el tiempo de su actuación en Ecuador
conocía muy directamente los debates en los Estados Unidos
sobre las responsabilidades ambientales, puesto que como
empresa petrolera la afectaban directamente. Estos debates
de las décadas de 1960-1970 culminaron con la promulgación de
la famosa Ley de Responsabilidad, Compensación y Recuperación Ambiental (Comprehensive Environmental Response,
Compensation, and Liability Act - CERCLA), que también se conoce como el Superfondo. El fallo del juez Zambrano no menciona la CERCLA ni tampoco es seguro que nadie debiera haberlo hecho.

Esta ley establece responsabilidades retroactivas. Fue pro-
mulgada por el Congreso de los Estados Unidos el 11 de diciembre del 1980, a mitad del periodo de la Texaco en el Ecuador.
Establece que las empresas deben resarcir los daños causados
y deben limpiar la contaminación existente. Si las empresas ya
no existen, entonces se aplican los fondos recogidos mediante
un impuesto a las empresas petroleras y químicas. Ese Superfondo es un fideicomiso que compensa y restaura los daños en
los casos que las empresas hayan desaparecido. En caso contrario, si éstas existen (como la Chevron-Texaco), éstas deben
responder por los daños.

No argumentamos aquí que la CERCLA se aplique en este caso de Ecuador. La CERCLA no es como la ATCA, Alien Tort Claims Act, de 1789, ley que permite —a veces— juzgar en los Estados Unidos a personas o empresas por daños causados fuera de los Estados Unidos, como se intentó inicialmente con la Texaco desde 1993. No, la CERCLA se aplica solamente dentro de los Estados Unidos.

Pero Texaco conocía desde 1980, porque ya existía la CERCLA en los Estados Unidos, que las responsabilidades ambientales daban lugar a pagos de compensación y de restauración, retrospectivamente. En Ecuador, la legislación general de responsabilidad por daños ya existía en 1964, aunque no existiera aún legislación que específicamente tratara, como la CERCLA, de compensación y restauración de daños ambientales. Texaco debería haber actuado en Ecuador teniendo en cuenta los principios morales y económicos de la CERCLA. No debía actuar en Ecuador como si fuera un país colonial sin ley.

Además, Texaco debería haber aplicado no ya los mismos estándares técnicos que en su país, sino mejores y más cuidadosos pues no estaba actuando en Tejas o lugares parecidos sino en un ecosistema muy frágil, en la Amazonia, rodeado de biodiversidad desconocida, y en territorio habitado por pueblos originarios muy susceptibles a enfermedades nuevas. Chevron-Texaco habría pagado ya enormes multas y pagos compensatorios si hubiera hecho en los Estados Unidos solamente una parte del daño que hizo en Ecuador.

British Petroleum (BP) en el Golfo de México

Veamos otros casos comparados. El desastre del Golfo de México, que costó la vida a 11 trabajadores de la plataforma petrolera Deepwater Horizon en mayo del 2010, fue noticia en todo el mundo (como mucho antes, en 1989, fue el accidente del Exxon Valdez frente a las costas de Alaska, véase capítulo IV) porque afectó las costas de un país rico y poderoso. En cambio, en muchos países empobrecidos ocurren casos de contaminación parecidos desde hace decenios sin merecer tanta atención de los medios de difusión, por lo menos hasta que

algún juez dicta sentencia. Es notorio que a British Petroleum
se le ha obligado a depositar una fianza de 20000 millones de
dólares para hacer frente a una parte de las responsabilidades
que deberá afrontar. Nada parecido se hizo con la Texaco cuando abandonó Ecuador hacia 1990.

A medida que el petróleo escasee más, es probable que aumenten los accidentes y los derrames. Estamos ya o muy próximos al máximo en la curva de Hubbert (el pico del petróleo,
véase capítulo VI). La industria, en efecto, se esforzará por extraer petróleo aunque sea de peor calidad y en lugares cada
vez más remotos y difíciles como en la Amazonia. Los costes
de extracción aumentarán, y se tenderá a ahorrar en seguridad.

La sentencia ejemplar contra Chevron-Texaco dada en
Ecuador el 14 de febrero de 2011 puede tener efectos mundiales. No puede ser de prisión contra sus directores entre 1967 y
1990 ya que este juicio está planteado en la vía civil. Pero sí
puede ser una indemnización justa porque en Ecuador los daños a las personas y al ambiente no fueron menores sino mayores que los de BP en el Golfo de México. Lo que realmente
llama la atención de las compañías y de sus accionistas no son
las exhortaciones morales sino los quebrantos económicos
(como en el caso de BP, cuyo director Tim Hayward fue forza-
do a dimitir por las pérdidas de la empresa para enfrentar los
pagos futuros). Para resarcir y reparar los daños acumulados
de la Chevron-Texaco en Ecuador, para contribuir a mejores
prácticas de las compañías petroleras, hacía falta una sentencia ejemplar que evalúe el Pasivo Ambiental en una cantidad
razonable. Y ahora hace falta ejecutar la sentencia.

La Shell en Nigeria

Otro caso, más extremo que el de Chevron-Texaco y que el de
BP, es el del delta del Níger, en Nigeria, país que exporta anualmente cinco veces más petróleo que Ecuador. Desde 1958, fecha en que Shell empezó la explotación del subsuelo del delta
del río Níger, la contaminación de suelo, vegetación y agua no
ha cesado. Ésta es una zona poblada, de manglares y agricultura. Muchas comunidades han iniciado juicios para lograr in-

demnizaciones. En 1995, bajo el gobierno del dictador Sani Abacha, fueron ejecutados nueve miembros del Movimiento para la Supervivencia del Pueblo Ogoni, entre ellos el escritor Ken Saro-Wiwa. La masiva protesta pacífica del pueblo Ogoni contra la Shell fue reprimida por el ejército nigeriano con el resultado de más de 1 000 personas muertas. Los Ijaw y otros pueblos han protestado después. No ha habido justicia. Lo que ocurre en Ecuador es seguido de cerca en Nigeria por quienes luchan por la justicia social y ambiental.

Se estima que en el último medio siglo se derramó en Nigeria unas 30 o 40 veces el petróleo derramado en el Golfo de México. Los derrames tienen muchas causas. Los oleoductos y los depósitos están a menudo oxidados porque son viejos y no se reponen. Hay estaciones de bombeo semiabandonadas. No se ha logrado prohibir la quema del gas de extracción.

En 2010 se conoció una sentencia referente a una pequeña comunidad en el delta del Níger que condenaba a la Shell a "dejar como estaba" una zona que contaminó. La sentencia es del 5 de julio de 2010. La demanda se planteó en 2001, cuando Nigeria salió de la dictadura militar. Tras 10 años de espera, el juez Ibrahim Buba ha condenado a Shell a pagar 105 millones de dólares, a una sola pequeña comunidad, por una superficie dañada de 255 hectáreas (2.5 km^2). Este caso sienta un precedente.

Los demandantes pedían una compensación por los daños causados. El juez Ibrahim Buba dió por buenas estas peticiones, estableciendo que Shell ha afectado gravemente a la población, "que ha sido privada del derecho a la subsistencia, la educación y la vida en buenas condiciones". La petrolera tendrá que compensar con el equivalente a 105 millones de dólares a esta comunidad local del delta del Níger. "Cuarenta años después, por fin ha llegado la compensación para los habitantes de Ejama-Ebubu", dice la prensa local. El vertido de Shell se produjo a partir de 1970. Tuvieron que pasar 30 años para que un grupo de empresarios y vecinos de la zona interpusieran una demanda. El caso ha pasado por las manos de tres jueces y la petrolera ha presentado 30 recursos cautelares durante el juicio.

Los demandantes pedían una compensación por los daños causados por la pérdida de bosque, por la pérdida de ingresos por caza y pesca, por la pérdida de fuentes de abastecimiento de agua, por la exposición a enfermedades, por la pérdida del suelo, por el componente psicológico y por el retraso de la solución. El juez Ibrahim Buba aceptó estas peticiones, estableciendo que la negligencia de Shell ha afectado gravemente a la población.

La Asociación Nigeriana de Escritores por los Derechos Humanos (HURIWA) felicitó al juez por haber ordenado a Shell que limpie lo que ensució. Además, la HURIWA señala que "mientras que en los Estados Unidos, el gobierno ha tomado la decisión inmediata de reclamar a BP 20 000 millones para compensar a los afectados por su vertido del Golfo de México, en el caso del delta las multinacionales han estado operando con impunidad y sin respuesta del gobierno".[41]

Nigeria es el mayor exportador de petróleo de África y el número 11 en el mundo. El delta del Níger es la capital mundial de contaminación por hidrocarburos.

Una demanda muy importante contra la Shell en Holanda, por daños en Nigeria, fue aceptada por un tribunal holandés a finales de 2009.[42]

En mayo del 2008, cuatro pescadores y campesinos de la localidad de Oruma, en el delta del Níger, junto con las organizaciones Amigos de la Tierra de Holanda y de Nigeria, demandaron a Shell en una corte de La Haya en Holanda, donde la compañía Shell tiene sus oficinas centrales. Los demandantes alegan que Shell no ha empleado estándares internacionales en sus operaciones en Nigeria, que fue negligente en limpiar derrames de petróleo y que su salud ha sido afectada negativamente por los derrames y la quema de gas. También reclaman pago por daños en los estanques de pesca y en general por dañar su sustento. El caso concreto es un derrame el 26 de junio de 2005 en Oruma. La compañía Shell negó el 13 de mayo de 2009 que la corte de La Haya tuviera jurisdicción porque los

---

[41] "Court Orders Shell to Pay Community" N15.4bn [Nigeria] véase: http://www.business-humanrights.org/Links/Repository/1001571/jump, Davidson Iriekpen, *This Day* [Nigeria] 6 de julio de 2010.

[42] "Shell must face Friends of the Earth Nigeria claim in Netherlands", Terry Macalister, *The Guardian* [UK], 30 Dec 2009; "Farmers sue Shell over oil spills in Niger Delta", Sarah Arnott, *The Independent* [UK], 3 de diciembre de 2009.

hechos ocurrieron en Nigeria pero el 30 de diciembre de 2009 la corte de La Haya aceptó el caso, logrando algunos avances.[43]

OTROS CASOS DE PASIVOS AMBIENTALES

El caso del nematicida DBCP empleado en plantaciones bananeras ha dado lugar a reclamos retrospectivos de Pasivos Ambientales. Es un caso bien conocido en la costa de Ecuador, principalmente en El Oro. Destaca en este caso (como en el de la Texaco) la extraordinaria demora en conseguir justicia, pues las compañías responsables (Dow Chemical, Shell, Dole y otras) han conseguido retrasar las sentencias o no han pagado todavía las indemnizaciones cuando han sido sentenciadas. Con eso van acumulando intereses que deberán pagar también.

En 2007 se informaba sobre el juicio iniciado el día 19 de julio en Los Ángeles contra Dow Chemical y Amvac Chemical, fabricantes del Nemagón, y la bananera Dole. El Nemagón o Fumazone, nombres comerciales del nematicida DBCP, causó esterilidad y otros daños de salud a los demandantes centroamericanos después de haberlo usado durante los años 1960 y 1970 para combatir gusanos que afectaban a las plantaciones de banano. Según la demanda, Dow y Amvac sabían que el Nemagón era una sustancia tóxica desde comienzos de la década de 1950. Otra información en las mismas fechas informó que sólo en Costa Rica hay unos 30 000 trabajadores perjudicados por el nematicida, con problemas estomacales, hemorragias, dolores de cabeza y esterilidad. "Hay quienes dicen que es una de las peores tragedias laborales del mundo", resumía la BBC.

No se trata de reparar los daños en un sentido físico, es decir, eliminar retrospectivamente la esterilidad sufrida durante décadas por decenas de miles de trabajadores. ¿Cómo se podría hacer eso? Hay que resarcir el daño causado incluyendo los aspectos emocionales. En diversos juicios (algunos bajo la ATCA) se ha acordado indemnizaciones para trabajadores

[43] Véase "La justicia holandesa condena a Shell por contaminar el delta del Níger", *El País*, 30 de enero de 2013.

del banano. Al tropezar en los Estados Unidos con la doctrina *forum non conveniens*, y como sucedió también con el caso Chevron-Texaco a partir de 2003, se ha recurrido a la justicia local, a veces (a diferencia del caso Chevron-Texaco) al amparo de nuevas leyes. Así, en Nicaragua en el marco de la ley 364, en diciembre de 2002, la justicia nicaragüense dictó la primera sentencia. Las multinacionales Dow Chemical, Shell Oil Company y Dole Food Company, debían abonar 490 millones de dólares a cerca de 600 trabajadores de los 5 000 que presentaron demanda.

Son casos donde, retrospectivamente, se resarce por daños a la salud y por daños morales a trabajadores del banano y a sus familias. En los Estados Unidos, el DBCP estaba prohibido desde la década de 1970, pero en diversos países latinoamericanos, y en Filipinas, se continuó aplicando en las décadas de 1980 y 1990. Como explicó Raquel Hernández,[44] en un primer momento, se pensó que las indemnizaciones que se podían solicitar para los afectados tendrían que ser menores que las de los estadunidenses, teniendo en cuenta la diferencia en los niveles de vida, pero tras algunas discusiones, ganó terreno otro criterio, pues es precisamente la convicción de que las vidas y la salud de los ciudadanos de países pobres valen menos que las de los estadunidenses lo que hace posible que se produzcan tragedias como la generada por el Nemagón.

El asbestos y el tabaco son otros casos internacionalmente muy conocidos de Pasivos que son finalmente reconocidos a través de juicios. El caso notorio del asbesto (o amianto), con indemnizaciones de miles de millones de dólares (por negligencia de las empresas, que continuaron exponiendo a sus trabajadores y a los vecinos de las fábricas a riesgos de cáncer y que llevó a la condena de Stephan Schmidheiny en un caso penal en Italia en 2011); y el caso no menos notorio del tabaco en el que se ha logrado, a través de la justicia, probar las malas mañas de las empresas para provocar esa adicción dañina y para causar daños a los fumadores pasivos, prueban cómo es posible, en derecho, obligar al pago de enormes deudas a em-

---

[44] En "El Nemagón en el banquillo: acusan los bananeros", *Envío*, núm. 57 (marzo de 1995, Nicaragua).

presas que producían y comercializaban productos que no estaban expresamente prohibidos por la ley.

Esas empresas no tomaron las precauciones debidas a pesar de que las alarmas ya sonaban, además engañaron en algunos casos a las autoridades y al público. En conclusión, sin embargo, hay que reconocer que estamos muy distantes del momento en que normas nacionales e internacionales obliguen a las empresas a reconocer sus pasivos ambientales. Recurrir a juicios (civiles o penales) es una vía de acción abierta a los perjudicados pero resulta costosa, lenta y a menudo infructuosa.

VI. LA ECONOMÍA DE LOS RECURSOS NO RENOVABLES

RECURSOS RECUPERABLES Y RESERVAS ESTIMADAS

Por recursos no renovables se entiende aquellos cuya utilización económica disminuye necesariamente el *stock* de reservas. El ritmo de extracción es mucho mayor que el ritmo de producción geológica, de manera que para efectos prácticos consideraremos que la tasa de renovación es nula. En esta categoría entran tanto los combustibles fósiles (como el petróleo), que no son reciclables, como los minerales que en principio sí lo son (como el hierro).

Advirtamos de entrada que el concepto *stock de recursos* tiene en la práctica diferentes significados. Las estadísticas informan de las *reservas estimadas* que hacen referencia a la cantidad total de recursos que las compañías o los gobiernos estiman que explotarán en los depósitos conocidos antes de abandonarlos. El concepto no es, pues, puramente físico, ya que tiene relación con las técnicas disponibles y precios existentes que son los que determinan hasta qué punto será rentable explotar o no un depósito. En la práctica, no existen regulaciones comunes mundiales para establecer los criterios que definen exactamente el concepto de reservas estimadas (por ejemplo, uno consideraría como "estimado" todo lo que tiene una probabilidad mínima de explotación de 90% y otro sería menos exigente y se conformaría con 50, 25 o 10%); además, las compañías o los gobiernos pueden tener interés en inflar sus estimaciones o, simplemente, dejar pasar años sin preocuparse por revisarlas. Otra cosa son los recursos *finalmente recuperables*, que se refieren a la cantidad total que se acabará explotando: para considerarlos se necesita añadir previsiones razonables sobre los nuevos depósitos que se descubrirán y explotarán en el futuro.

La naturaleza ha concentrado los minerales en las cantidades que se encuentran en las minas. Nosotros los extraemos, los concentramos aún más, los usamos y, luego, en gran parte, los dispersamos irreversiblemente, sin pagar un "coste de reposición" o un "coste de reproducción". En cualquier caso es obvio que para explotar un recurso es necesario que se encuentre en una concentración y condiciones determinadas, de manera que reservas y recursos recuperables no se identifican con la mucho mayor —y desconocida— cantidad física total de un material en la corteza terrestre. Que la *base total* de recursos se convierta en mayor o menor medida en recursos efectivos depende de factores económicos: del coste monetario de extracción y transporte; de la demanda; de la disponibilidad de recursos sustitutivos... Hay, sin embargo, límites físicos, ya que a medida que aumenta la explotación de la base de recursos se tiene acceso a reservas de más difícil entrada o menor calidad, por lo que generalmente aumentan los costes energéticos de disponer de ellos; en el caso de los recursos energéticos existiría un momento en el cual la energía requerida sería superior a la energía obtenida: en otras palabras, ya no se obtendría energía neta. Es importante también darse cuenta de que, en general, con la explotación de "peores" depósitos también aumenta la cantidad de materiales removidos por unidad de recurso obtenido y, con ello, los impactos ambientales.

La distinción entre la base física total de recursos y las reservas estimadas, y la definición poco precisa de este último concepto, permiten entender la paradoja de que, a lo largo del tiempo, las estadísticas de reservas estimadas aún no explotadas de recursos no renovables nos informen, en muchos casos, de su aumento, algo que parecería físicamente imposible. Las perspectivas de agotamiento de recursos no renovables se expresan muchas veces en términos de la "esperanza de vida" del recurso o la relación entre las reservas mundiales estimadas y la extracción (incorrectamente se dice "producción") anual mundial efectiva. También es frecuente que tal relación crezca a lo largo del tiempo, lo que proporciona a los optimistas buenos argumentos para atacar, tachándolos de catastrofistas, a los que basándose en tales índices de esperanza de vida habían previsto el agotamiento en pocas décadas de ciertos recursos básicos (como fue el caso del Club de Roma en su famoso informe *Los límites del crecimiento*, de principios de la década de 1970).[1] La crítica es hasta cierto punto justificada, sin embargo no lo es olvidar que la base de recursos es finita, que la dotación de depósitos (conocidos o no) de determinadas características de concentración y accesibilidad necesariamente disminuye, y que la utilización masiva de un recurso (especialmente si la extracción crece de manera exponencial) llevará, en un momento u otro, a una situación en la que la exploración y descubrimiento de nuevas reservas (que en algún momento ha de experimentar "rendimientos decrecientes") y el avance técnico no serán suficientes para evitar un agotamiento de las "reservas estimadas". La cuestión práctica es cuán lejos esté dicho momento, pero lo que es obvio es que, dado que la base física de reservas es limitada, el aumento estadístico de las "reservas" no puede darse de forma indefinida y menos si la tasa de extracción del recurso crece a lo largo del tiempo (la tasa de extracción depende de la evolución del uso del recurso y, cuando el recurso es reciclable, también de la tasa de reciclaje).

En la década de 1950 M. King Hubbert planteó un sencillo modelo a partir del cual hizo la previsión de que en los Estados Unidos la extracción de petróleo alcanzaría su máximo a principios de la década de 1970, lo que efectivamente sucedió. El sencillo modelo del hipotético ciclo de vida del petróleo (potencialmente aplicable a otros recursos no renovables) se reproduce en la gráfica VI.1 y se conoce como curva de Hubbert. Según el autor, sería útil para hacer previsiones sobre el futuro de la explotación petrolífera en cualquier gran área de extracción y también en el conjunto del mundo. La hipótesis es la siguiente: en una primera fase, en los estadios iniciales de explotación del recurso, la extracción crece y también las reservas estadísticas, puesto que los nuevos descubrimientos superan las cantidades extraídas. Sin embargo, llega un momento en el que los esfuerzos de exploración experimentan, dado el carácter finito del recurso, "rendimientos decrecientes". Finalmente, la extracción ha de alcanzar también un máximo y, posteriormente, disminuirá hasta tender finalmente a cero.

---

[1] D. Meadows *et al.*, *Los límites del crecimiento*, FCE, México, 1972.

GRÁFICA VI.1. *Ciclo de vida de un recurso*
energético no renovable

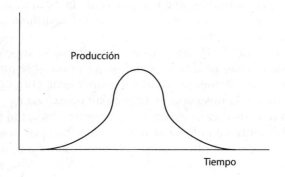

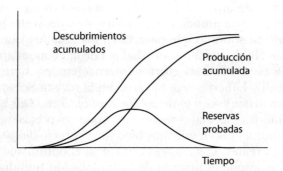

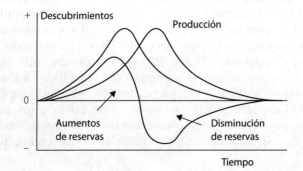

FUENTE: A. S. Mather y K. Chapman, *Environmental Resources,* Longman, 1995, p. 143 (de Hubbert, 1962).

Hubbert consideraba que el punto máximo de extracción se alcanzaría más o menos cuando se hubiese explotado la mitad de las reservas totales. Vista en conjunto, la extracción acumulada, y también las reservas descubiertas acumuladas, seguirían una curva logística.

El modelo de Hubbert es extremadamente simple y para los economistas resulta especialmente destacable que no incorpora explícitamente variables económicas como el precio del recurso o la inversión en capacidad de extracción. Pero un mérito del autor es que cambia la pregunta habitual (mal formulada) sobre cuándo se acabará el petróleo por la más relevante que es: ¿cuándo es previsible que el mundo se tenga que adaptar a una oferta decreciente de petróleo?, ¿cuándo se alcanzará la cima o pico de petróleo, el *peak oil* (o el máximo de extracción de otro recurso)? Durante muchos años de expansión de la oferta mundial de petróleo —y a pesar del acierto en la previsión sobre lo que pasaría en los Estados Unidos— las ideas de Hubbert fueron olvidadas por la economía ortodoxa pero ya en 1998, dos expertos internacionales sobre el tema, Campbell y Laherrère, publicaron en la revista *Scientific American* un artículo con el título *The End of Cheap Oil*[2] lo que tiene un mérito especial si recordamos que era precisamente uno de los momentos en que más bajo fue el precio del petróleo en términos reales. Los autores criticaron el optimismo reinante y previeron que la historia de la explotación mundial del petróleo finalmente no se alejará mucho del comportamiento previsto por Hubbert (aunque con dos significativos altibajos, en 1973 y sobre todo en 1979, debidos no al agotamiento físico del recurso sino a hechos geopolíticos y a la posición de la OPEP en el mercado). Desde entonces el debate —propiciado sobre todo por la ASPO (Association for the Study of Peak Oil and Gas)— ha crecido y la preocupación sobre el tema ha aumentado considerablemente sobre todo cuando los precios —como pasó desde principios del actual siglo hasta mediados de 2008— se han disparado. La realidad es que en muchos lu-

---

[2] C. J. Campbell y J. H. Laherrère, "The End of Cheap Oil", *Scientific American* (marzo de 1998). Véase también C. J. Campbell, *The Coming Oil Crisis*, Multi-Science Publ., Ginebra, 1997.

gares del mundo la extracción de petróleo está disminuyendo irremediablemente. Incluso organismos como la Agencia Internacional de la Energía se han hecho eco en alguno de sus últimos informes de la cuestión del *peak oil* y en un reciente número de la revista *The Economist* podemos leer en relación con el aumento de precios del crudo:

la cuestión a largo plazo es si ha pasado ya la era del "petróleo barato" y cómo el mundo puede ajustarse a ello si éste es el caso [...] La cuestión no se considera demasiado por los economistas convencionales, que están demasiado ocupados en la política monetaria, el impacto de la austeridad fiscal o la necesidad de reformas del mercado laboral. Pero de la misma forma que la revolución industrial se edificó en base al carbón, la economía posterior a la segunda guerra mundial se basó en el petróleo.[3]

La situación actual a nivel mundial recuerda la de los Estados Unidos cuando Hubbert hizo sus previsiones: hace muchas décadas que, como tendencia, los nuevos descubrimientos disminuyen (de hecho su máximo se alcanzó en los años 1950 y 1960 antes de los aumentos de precios de los años 1970) y hace también muchos años que la extracción anual supera los descubrimientos anuales. Ello hace prever que estamos ya a las puertas de —o ya hemos sobrepasado— el pico de petróleo y no muy tarde estaremos también probablemente en la senda decreciente de la extracción de gas cuyas reservas han estado menos explotadas (véase gráfica VI.2).

El debate se complica entre otras cosas porque el concepto "petróleo" engloba categorías de recurso muy diferentes, diferentes "calidades" por lo que se refiere a su facilidad de extracción y sus características físicas (siendo los petróleos más pesados los más difíciles de extraer y transportar): menores "calidades" van asociadas en general a mayor coste de extracción o menor EROI (Energy Return On (energy) Investment). Por ello a veces se distingue —sin que la frontera sea en absoluto nítida— entre petróleo "convencional" o "regular" y "petróleo no convencional" —como las arenas asfálticas abundantes en Ca-

[3] *The Economist* (21 de agosto de 2012), p. 72.

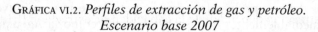

Gráfica vi.2. *Perfiles de extracción de gas y petróleo.*
Escenario base 2007

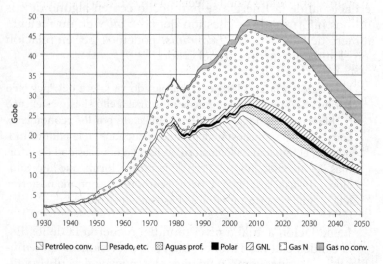

Fuente: aspo Newsletter 100, abril de 2009.

nadá y que por cada unidad de energía invertida quizás dan lugar a únicamente entre 2 y 4 unidades obtenidas—;[4] lo mismo ocurre con el gas natural en donde también se habla de "gas no convencional" para referirse por ejemplo al gas en forma de gotas dispersas que impregnan las rocas y que se quiere extraer con técnicas como el *fracking* inyectando agua a fuertes presiones. Menores calidades también contribuirán al encarecimiento económico de los recursos.

El modelo del *peak oil* es un muy interesante punto de partida para el debate aunque hay que huir de cualquier simplismo: la curva concreta histórica de extracción no viene determinada *únicamente* por la geología sino que son claves los factores económicos, políticos y legales. La geología actúa como restricción sobre dicha curva pero en cada momento los ritmos

---

[4] C. Kerschner, R. Bermejo Gómez de Segura e I. Arto Olaizola "Petróleo y carbón: del cenit del petróleo al cenit del carbón", *Ecología Política*, núm. 39 (2010), pp. 23-36.

de extracción dependen de la capacidad de extracción (fruto de inversiones pasadas) y de la decisión de explotarla en mayor o menor medida por los propietarios (lo que se relaciona con las características del mercado). Lo único que podemos afirmar con seguridad es que el área que quedará por debajo de la curva de extracción ha de coincidir con las reservas finalmente explotadas (cuyo valor exacto es desconocido y que no sólo depende de factores geológicos sino también tecnológicos, políticos y legales: ¿se dejará explotar el petróleo en cualquier zona por sensible que sea ambientalmente y con independencia de los riesgos que comporte?).

La extracción no tiene porque aproximarse mucho a una forma de "campana de Gauss" sino que podría tener (de hecho las crisis de la década de 1970 ya lo demostraron) formas mucho más complicadas como de "meseta" *(plateau)* o varios "picos" en sierra. En cualquier caso, lo probable es que el agotamiento no se producirá de forma brusca sino que a la fase histórica —de algo más de 100 años— de expansión en el uso de petróleo le seguirá una fase larga caracterizada (como tendencia y no necesariamente año a año) por una oferta decreciente de petróleo... probable y también deseable puesto que cuanto más se tarde en iniciar esta fase decreciente más aumentará la adicción al petróleo (y al gas) y más probablemente será difícil ajustarse —sin grandes traumas— a un mundo con menos petróleo.

Por último, hay que señalar que es importante darse cuenta de que los "límites" al uso de un recurso no están sólo en su agotamiento físico y las crecientes dificultades de explotación, sino también —e incluso sobre todo— en los impactos ambientales que tiene dicho uso. Con ello recordamos una vez más la interrelación entre el doble papel de la naturaleza como proveedora de recursos y como receptora de residuos. La principal objeción hoy al aumento mundial en el uso de petróleo —y aún más al uso de carbón, mucho más abundante— no es el problema de agotar las reservas rápidamente sino el del deterioro ambiental que acompaña al uso de los combustibles fósiles. La explotación masiva de formas de petróleo y gas no convencionales, que para muchos es la gran reserva futura, podría crear también nuevos problemas ambientales. Podríamos pensar que el agotamiento de los combustibles fósiles o gas es una buena noticia para el cambio climático —y en cierta forma lo es— pero no olvidemos, por un lado, que la quema total de las reservas de petróleo y gas llevaría a niveles dramáticos de emisiones y, además, que el carbón es el recurso energético fósil más abundante y con la disminución y encarecimiento de petróleo y gas aumentarán (como ya se está viviendo actualmente) aún más las presiones para usar el carbón.[5]

LA TEORÍA CONVENCIONAL DE LOS RECURSOS NO RENOVABLES

La regla de Hotelling como teoría de los precios en competencia perfecta

Veamos ahora la teoría económica pura —neoclásica— sobre el precio de un recurso no renovable. El punto de referencia actual es casi siempre un artículo de Hotelling aparecido en 1931 en el *Journal of Political Economy*. Así, en un artículo publicado a principios de la década de 1980 en el *Journal of Economic Literature* se afirmaba que la economía de los recursos naturales era una de las pocas áreas cuyos antecedentes se sitúan en un "único, seminal artículo", y en la voz "Hotelling", firmada por Arrow en la enciclopedia económica *New Palgrave*, leemos en el tema de los recursos agotables: "Toda la literatura reciente, inspirada por el creciente sentido de escasez (natural y artificial), está basada esencialmente en el artículo de Hotelling".[6]

El interesante punto de partida del artículo es que el análisis de equilibrio estático dominante en la teoría económica era inapropiado para una industria en la cual una tasa estable

[5] S. Salaet Fernández y J. Roca Jusmet, "Agotamiento de combustibles fósiles y emisiones de CO_2: algunos posibles escenarios de futuro", *Revista Galega de Economia*, vol. 19, núm. 1 (2010).

[6] S. Devarajan y A. C. Fisher, "Hotelling's Economics of Exhaustible Resources: Fifty Years Later", *Journal of Economic Literature*, vol. XIX (1981), p. 65; K. J. Arrow, "Hotelling, Harold", en J. Eatwell *et al.*, *The New Palgrave. A Dictionary of Economics*, Macmillan Press, Londres, 1987, p. 670.

de producción era una imposibilidad física. Para los recursos agotables (o, más correctamente, no renovables, puesto que muchos renovables también pueden "agotarse") es necesario plantearse cuál es la *regla de asignación óptima intertemporal*.[7]

El artículo plantea dicha regla tanto desde el punto de vista descriptivo —como explicación estilizada del comportamiento de los agentes privados que buscan obtener el máximo beneficio— como desde un punto de vista normativo, de máximo bienestar social. Consideraremos ahora el primer aspecto.

Supongamos el caso más sencillo, de competencia perfecta, en el sentido neoclásico de que los agentes individuales no tienen ningún poder de mercado, es decir, que piensan que sus decisiones no afectan en absoluto el precio. Para simplificar, *supondremos también que no hay costes de extracción*, de manera que el precio de mercado del recurso se identifica con el ingreso neto del propietario (lo que a veces se llama la *royalty*, la renta, el precio de escasez o el coste del usuario) y que en cada momento se puede colocar en el mercado la cantidad que se decida del *stock* total (como si la extracción fuese instantánea).

La sensata idea de partida de Hotelling es que si el propietario-vendedor de un recurso considera a éste como un activo financiero, ha de comparar dos tipos de ingresos: el que hoy obtiene vendiendo dicho recurso y el que obtendría esperando a venderlo el año próximo (o en cualquier momento futuro). Como ya hemos visto en el apartado sobre el "descuento del futuro", lo racional desde el punto de vista financiero es "descontar" el futuro: no considerar equivalente un dólar de hoy a un dólar de mañana. Según dicha racionalidad, lo rentable será esperar a vender en el futuro sólo si el precio del recurso se revalora a un ritmo, como mínimo, igual al del tipo de interés. Visto de otra forma, el recurso es un activo que puede revalorarse de dos formas: vendiéndolo en el futuro a un precio

---

[7] Hay que recordar que un trabajo al que generalmente se hace menos referencia, pero publicado años antes por L. C. Gray, ya destacó la importancia del tipo de descuento sobre el futuro para la asignación intertemporal de la extracción de un recurso no renovable (L. C. Gray, "Rent Under the Assumption of Exhaustibility", *Quarterly Journal of Economics*, vol. 28 (mayo de 1914), pp. 466-489).

más elevado o convirtiéndolo hoy en dinero y destinando éste a una inversión financiera al tipo de interés de mercado. El precio futuro descontado según el tipo de interés es el coste de oportunidad —o coste del usuario— de vender hoy.

En consecuencia, si nos preguntamos por las trayectorias de precios compatibles con un comportamiento maximizador de *todos* los vendedores y potenciales compradores, llegaremos a la conclusión de que dicha trayectoria es única y cumple dos condiciones:

1) El precio debe aumentar a un ritmo justamente igual al tipo de interés, que es la tasa a la cual los propietarios descuentan el futuro.

Si *r* es el tipo de interés anual, ello significa que $p_t = p_o$ $(1 + r)^t$ (o, si lo expresamos en tiempo continuo, $p_t = p_o e^{it}$, donde *i* representa el tipo de interés continuo).[8]

Si, por ejemplo, el precio creciese a una tasa mayor, se ganarían oportunidades de beneficio aplazando todas las ventas. El argumento es independiente de las necesidades de liquidez del vendedor en la medida en que, de existir éstas, se supone que alguien podría arbitrar la situación y comprar a un precio mayor al de mercado para luego vender.

2) El *stock* del recurso debe agotarse justamente en el momento en que el precio alcanza un valor para el cual la cantidad demandada es nula.[9]

Es obvio que tanto si el recurso se agota antes de que el precio sea tan elevado como para que la demanda se haga nula, como si queda recurso sin ser vendido, en ambos casos se dejan de aprovechar oportunidades de beneficio.

[8] Los valores de los tipos de interés continuo y anual no coinciden, aunque son muy similares para valores pequeños. La relación es que $i = \ln (1 + r)$. Un interés anual de 0.1 (10%) corresponde a un interés continuo de 0.0953 (9.53%); un interés continuo de 0.1 corresponde a un anual de 0.1052.

[9] Algunos autores suponen que existe un recurso perfectamente sustitutivo y del que puede disponerse a coste constante de una cantidad infinita: es lo que Nordhaus ("The Allocation of Energy Resources", *Brookings Papers*, vol. 3 (1973), pp. 529-570) llamó la tecnología *backstop* (pensando en los fracasados reactores nucleares "superrápidos"). Si tal cosa existiese, la demanda se haría cero justo en el momento en que el precio coincidiese con el precio al que pudiese adquirirse dicho recurso "infinito".

Para ejemplificar las dos condiciones utilizaremos la misma función de demanda que aparece en el artículo de Hotelling: para precios iguales o inferiores a 5 suponemos que la función de demanda de cada año (que de forma irreal se considera *invariable*) es:

$$q(p) = 5 - p$$

Los otros dos datos fundamentales para resolver el problema son la cantidad de *stock* disponible y el tipo de interés que los vendedores toman como referencia.

Si, por ejemplo, el *stock* total de recurso es 100 y el tipo de interés al cual descuentan los propietarios los ingresos futuros fuese del 0.1 continuo, puede demostrarse que la trayectoria de precios que resultaría de la regla de Hotelling sería, aproximadamente:

$$0.26 \quad 0.29 \quad 0.32 \quad 0.35...$$

hasta alcanzar un precio igual a 5 al cabo de unos 29 años y medio.

Cabe destacar que la regla de Hotelling no sólo permite deducir una senda teórica de *ritmo de aumento* de los precios, sino también un *único precio inicial* compatible con la maximización de beneficios de todos los propietarios.

En el cuadro VI.1 se dan las soluciones correspondientes al periodo de agotamiento del recurso y al precio inicial para diferentes combinaciones de *stock* disponible y tipo de interés. Los resultados corresponden a la misma demanda del ejemplo y al supuesto de ausencia de costes de extracción.

Si el tipo de interés disminuye, el precio aumentará y el agotamiento del recurso será más lento. En el límite, si el tipo de descuento fuese cero, no hallaríamos una solución definida: interesaría vender cantidades muy, muy pequeñas para mantener el precio lo más elevado posible. Si se dispone de más *stock*, los precios se tendrán que revisar a la baja, porque si no quedarían reservas sin explotar, y la vida del recurso se alargará. Los resultados del cuadro cambiarán también, por supuesto, si cambia la función de demanda; así, si ésta aumenta de forma que en vez de ser $5 - p$ sea $10 - p$, los precios aumentarán y el agotamiento se producirá antes.

CUADRO VI.1. *Solución de Hotelling para diferentes combinaciones de* stock *inicial y tipo de interés*

a) Periodo de agotamiento (años)

	Stock *inicial*		
Tipo de interés	*50*	*100*	*200*
0.03	29.6	44.6	69.1
0.05	24.0	36.8	59.0
0.1	18.4	29.5	49.9

b) Precio del año inicial

	Stock *inicial*		
Tipo de interés	*50*	*100*	*200*
0.03	2.06	1.31	0.63
0.05	1.51	0.79	0.26
0.1	0.79	0.26	0.03

La gráfica VI.3 permite visualizar la solución de Hotelling. El primer cuadrante representa la trayectoria —exponencialmente creciente— del precio. En el segundo aparece la relación —que suponemos invariable y lineal— entre precio y cantidad demandada. En el tercero aparece la cantidad extraída en función del tiempo, decreciente a medida que el precio crece. El área comprendida entre esta curva de extracción y el tiempo representa el *stock* total de recurso. (El cuarto cuadrante representa la recta de 45° que facilita la elaboración y lectura de la gráfica.) En la gráfica podemos también "jugar" muy fácilmente cambiando uno de los determinantes claves del equilibrio para ver cómo se altera la trayectoria óptima.

Los supuestos restrictivos, como el del coste de extracción nulo, pueden abandonarse desde luego sin que se altere la idea básica de Hotelling, aunque la trayectoria de precios efectivos óptimos sería más complicada que la expuesta hasta

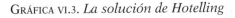

GRÁFICA VI.3. *La solución de Hotelling*

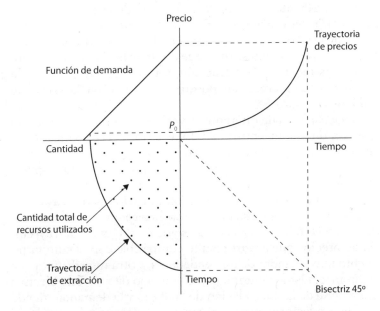

ahora.[10] Si existen costes constantes de extracción, lo que ha de aumentar al ritmo del tipo de descuento es el precio neto de dichos costes y, por tanto, el precio final crecería a un ritmo inferior al tipo de interés; es fácil demostrar que un aumento de los costes comportaría un aumento del precio de venta y un retardo en el ritmo de agotamiento. Puede ser, además, que el coste aumente al disminuir el nivel de *stock*, lo que se producirá si, como tiende a pasar (aunque de forma mucho menos nítida en la práctica que en la teoría), primero se explotan los depósitos de más calidad y más fácilmente accesibles; entonces, el precio crecería debido a dos factores: el aumento del *precio neto*, *royalty* o *renta de escasez* y el aumento del coste de extracción. Pero los costes marginales pueden, además, variar a lo largo del tiempo debido al cambio técnico, con lo que un

[10] Véase J. L. Sweeney, "Economic Theory of Depletable Resources: An Introduction", en A. V. Kneese y J. L. Sweeney (eds.), *Handbook of Natural Resource and Energy Economics*, vol. III, Elsevier Science, Ámsterdam, 1993.

coste de extracción decreciente presionaría en sentido contrario a la creciente renta de escasez en la determinación de la trayectoria del precio. Algunos autores han previsto comportamientos de los precios en forma de U con una primera etapa de precios decrecientes, en la que dominaría el efecto del cambio en las técnicas de extracción, y una segunda etapa en la que los precios crecerían porque se impondría la creciente renta de escasez.

La existencia de diferentes y variables costes de extracción obliga a distinguir entre *stock* total y *stock* "económicamente viable": éste depende de las técnicas de extracción y de la demanda que determinan el precio máximo que se está dispuesto a pagar.

Pero más que destacar las complicaciones del caso más sencillo, nos interesa discutir un problema central de la argumentación de Hotelling.[11] Una cosa es que exista una sola trayectoria de precios que *expost* resulte compatible con el comportamiento maximizador de los vendedores, y otra muy distinta que algún mecanismo determine que el precio de mercado efectivo (resultante de la interrelación de la oferta y la demanda) tienda a dicha trayectoria cuando el futuro es desconocido.

Supongamos, siguiendo el ejemplo anterior, que el *stock* inicial es 100 y que el futuro se descuenta a una tasa de 10%. La trayectoria óptima de precios resulta ser: 0.26; 0.29; 0.32, 0.35... Situémonos en el caso más favorable, en el que inicialmente el precio es efectivamente 0.26 y todo el mundo cree que crecerá según dicha trayectoria. Los vendedores son, por hipótesis, en principio indiferentes entre vender más o menos cantidad del recurso y piensan, además, que la cantidad que individualmente vendan no afectará al precio. Pero para que los precios aumenten es necesario (en el ejemplo de función de demanda estable) que a los demandantes "finales" del recurso les llegue una cantidad decreciente que corresponda exactamente a dicho aumento de precios. De otro modo no se cumplirán las expectativas. Si las ventas son mayores, por ejemplo, entonces

[11] J. Roca, "La teoría convencional sobre el precio de los recursos no renovables: un comentario crítico", *Cuadernos de Economía*, vol. 19 (1991), pp. 111-123.

los precios caerán, a menos que las expectativas sobre los precios futuros se mantengan invariables, de manera que alguien esté dispuesto a arbitrar intertemporalmente, comprando siempre que el precio se sitúe un poco por debajo de la trayectoria de precios.

En definitiva, el único mecanismo que supuestamente aseguraría el mantenimiento de la trayectoria de precios sería el arbitraje intertemporal, la demanda "especulativa" de los que se aprovecharían de cualquier desviación de esa trayectoria. A este argumento se le pueden hacer dos grandes objeciones. La primera es que se basa en el supuesto de que las expectativas sobre los precios futuros no se ven en absoluto afectadas por lo que pasa en el mercado. Si las expectativas sobre precios futuros son sensibles a lo que pasa en el mercado, entonces los especuladores pueden tanto mitigar como acrecentar las tendencias de corto plazo de los precios, como Mishan y otros autores han señalado.[12] Pensar que en un mundo incierto una evolución de los precios según la regla de Hotelling tenderá a imponerse simplemente porque de lo contrario alguien desaprovechará oportunidades de beneficio, es casi como creer que todos los activos de los mercados de valores se han de revalorar según el tipo de interés, porque si no alguien perderá oportunidades de beneficio. Aunque es de esperar que en cada momento exista una idea más o menos dominante de hasta dónde pueden bajar los precios de un determinado recurso, no es en absoluto impensable, por ejemplo, que caídas de los precios se consideren como señales de que los precios seguirán cayendo aún más en el futuro y, temporalmente, se alimenten a sí mismas.

La segunda objeción es que, suponiendo que las expectativas fueran totalmente insensibles a lo que pasa en el mercado, la conclusión sería que la trayectoria de precios creciendo a una tasa i se mantendría, independientemente de que dicha trayectoria coincidiese o no con la trayectoria óptima (es decir, de que el precio actual sea o no el "adecuado"); se mantendría simplemente porque los que actúan en el mercado piensan que se mantendrá y durará mientras lo crean así.

[12] E. J. Mishan, *Normative Economics*, 1981, pp. 487-491.

Aunque en muchos textos sobre el tema se apuntan estos problemas, nos parece sorprendente que no se les dé mayor importancia y que, en muchos casos, incluso sean olvidados del todo. A veces se intenta responder a la cuestión planteando que la trayectoria que tiende a prevalecer es la óptima para unas expectativas dadas, comunes al mercado, de *stock* y demandas futuras. Según el argumento, si cambian las expectativas y se dan, por ejemplo, imprevistos descubrimientos de nuevos depósitos, se desplazaría hacia abajo la trayectoria de las rentas de escasez. La trayectoria efectiva en presencia de nuevos descubrimientos no mostraría un comportamiento monótono creciente, sino una evolución en forma de "dientes de sierra" (véase la gráfica VI.4).[13] Sensatamente se supone que grandes cambios en estas expectativas, como pueden ser importantes descubrimientos de nuevos *stocks* o el abaratamiento súbito de un recurso sustitutivo, provocarán caídas de precios, pero lo que no se explica es cuál es el mecanismo concreto que haría que, si el *stock* esperado pasase de 100 a 200, el precio tendería a desplazarse, para seguir con el ejemplo anterior, de 0.26 a 0.03.

La importancia de las expectativas permite prever que los mercados de recursos se caracterizarán más por la inestabilidad que por un comportamiento monótono. Además, hemos de tener en cuenta que las posibilidades de atender a los cambios de demanda de forma rápida son muy limitadas: no podemos pensar (como en el modelo simple de Hotelling) como si los propietarios tuviesen almacenes con todo el *stock* disponible del recurso y sólo han de decidir cómo repartir las ventas en función del precio actual y el esperado para el futuro. En realidad, la "capacidad extractiva" de cada empresa o país, están limitadas por decisiones pasadas de inversiones (en exploración y en infraestructura de extracción) que, una vez realizadas, han de considerarse en gran medida "costes hundidos".[14]

[13] A. C. Fisher, *Resource and Environmental Economics*, Cambridge University Press, 1981.
[14] A. C. Thompson, "The Hotelling Principle, backwardation of futures prices and the values of developed petroleum reserves —the production constraint hypothesis", *Resource and Energy Economics*, vol. 23, núm 2 (abril de 2001), pp. 133-156.

GRÁFICA VI.4. *Evolución hipotética de los precios del recurso ante cambios en las expectativas sobre las reservas*

Precio del recurso

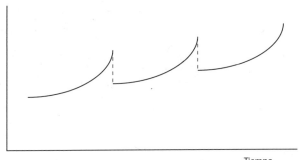

Tiempo

A corto plazo, la capacidad de extracción está limitada y —si hubiese competencia perfecta— en sectores que son muy intensivos en capital normalmente interesará extraer el máximo posible siempre que se cubran los costes variables de extracción. Los precios elevados, si se extrapolan hacia el futuro, pueden dar lugar a "sobreinversión" y caídas futuras del precio a las que pueden seguir fases de poca inversión, con lo que se generarían tendencias de carácter cíclico. Además, el papel del tipo de interés se vuelve más ambiguo: en el modelo simple hace más atractiva la extracción actual, no obstante un tipo de interés elevado también encarece los costes de inversión para extraer el recurso.

Eficiencia intertemporal, competencia perfecta y poder de monopolio

El artículo de Hotelling no tenía sólo un propósito analítico, explicativo de la dinámica de los precios. Pretendía discutir, también, si existía algo inherente en el mercado que hiciese que la explotación de recursos agotables fuese demasiado rápido, como preocupaba a los conservacionistas. Su análisis, en este sentido es muy elemental y no entra en consideraciones tan relevantes como las del grado de sustituibilidad de los

GRÁFICA VI.5. *"Valor social" para un periodo* t *de la explotación de un recurso no renovable en ausencia de externalidades*

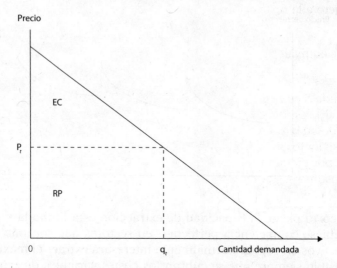

recursos, que luego han centrado la discusión y a las que volveremos en el capítulo VIII. Aunque consciente de las complicaciones distributivas inherentes a la "tasa de descuento", parte del supuesto de que el máximo valor social del recurso se obtiene (en ausencia de externalidades) cuando se maximiza el "excedente" total descontado de su utilización a lo largo del tiempo.

Así, en su ejemplo, la gráfica VI.5 representaría (para el caso de costes de extracción nulos) dicho excedente para cada periodo: equivalente a la suma del excedente del consumidor (*EC*) y de la renta del propietario *(RP)*.

Si sólo existiesen dos periodos, se trataría de maximizar la suma de los excedentes "actualizados" de ambos periodos; es decir,

excedente total, periodo 1: $p_0 q_0 + ((5 - p_0)q_0)/2 = (25 - p_0^2)/2$
excedente total, periodo 2: $(25 - p_1^2)/2$.

Según Hotelling, el máximo valor social se obtendría maximizando:

$$(25 - p_0^2)/2 + (25 - p_1^2)/(2(1 + r))$$

sujeto a la restricción:

$$q_0 + q_1 = S$$

que equivale a

$$p_0 + p_1 = 10 - S$$

donde S es el *stock* inicial de recurso.

El resultado es que los precios han de crecer según el tipo de descuento, de manera que cuanto más elevada fuese la tasa de descuento, más uso del recurso se haría en el primer periodo. Si, por ejemplo, el *stock* inicial fuese 6, los precios y ritmo de consumo serían:

	$r = 0$	$r = 0.05$	$r = 0.1$
p_0	2	1.951	1.905
q_0	3	3.049	3.095
p_1	2	2.049	2.095
q_1	3	2.951	2.905

Sin profundizar en el asunto, Hotelling concluyó, como en general ha aceptado la teoría económica con posterioridad, que dado que la condición de eficiencia y de competencia perfecta llevan al mismo resultado (los precios aumentarán según el tipo de interés), entonces la tendencia es que la competencia perfecta llevará a un resultado eficiente de explotación del recurso, ni demasiado lento ni demasiado rápido. Este marco de referencia normativo es criticable sobre todo por la debilidad de los argumentos en defensa de la aplicabilidad, de forma general, de una tasa social de descuento y, aún más, de su identificación con el tipo de interés (véase el capítulo IV); Hotelling era consciente de las complicaciones del tema, pero no profundizó en él, como tampoco se planteó la discusión en relación con lo que después ha sido muy importante en el debate: la cuestión del grado de sustituibilidad de los recursos naturales (véase el capítulo VIII).

La intervención se justificaría en presencia de fallos del mercado, como las externalidades o la ausencia de derechos de propiedad bien definidos, por ejemplo, la existencia de yacimientos de petróleo bajo tierras de varios propietarios, situación en la que tenderá a prevalecer la actitud de "capturar el primero" (este caso es el que más ha atraído la atención de la teoría económica, pero sobre todo en la discusión de la explotación de recursos renovables; véase el capítulo VII).

Con la solución ideal competitiva de referencia normativa, la teoría económica se ha concentrado en discutir cuestiones como los efectos de los impuestos sobre el ritmo de extracción.[15] Puede demostrarse que la trayectoria óptima de extracción del modelo teórico no se verá afectada por impuestos sobre las *royalties* o rentas de escasez (aunque sí disminuirán los incentivos para la exploración de nuevos depósitos). En cambio, un impuesto (subsidio) sobre los ingresos totales de extracción actuará igual que un aumento (disminución) de sus costes de extracción retardando (acelerando) el agotamiento del recurso.

Pero la "distorsión" más importante no proviene de la intervención gubernamental sino de que en los mercados reales las condiciones se encuentran muchas veces muy lejos de la competencia perfecta. Si pensamos, por ejemplo, en el mercado internacional de petróleo, para algunos países el precio se puede considerar como dado, pero para los exportadores más importantes, y aún más para la OPEP como organización, interviene otro factor: si se quiere vender más petróleo ahora, sólo se podrá hacerlo bajando los precios.

Hotelling se interesó por comparar la solución de competencia perfecta con la solución óptima para un monopolista omnisapiente que maximizase el valor presente de sus ingresos, teniendo en cuenta la función de demanda actual y futura. En este caso, lo que se ha de revalorar a un ritmo igual al tipo de interés no es el precio neto del coste marginal, sino el ingreso marginal (que ya no coincide con el precio) neto de dicho coste. Para hallar la trayectoria óptima maximizadora

---

[15] R. Perman, Y. Ma y J. M. McGilvray, *Resource and Environmental Economics*, Longman, Londres/Nueva York, 1996, pp. 159-160.

de beneficios se tiene que resolver un problema complejo de programación dinámica. En general, se trataría del siguiente problema:

$$\max \int_0^\infty (p_t(q_t)q_t - c_t(q_t,Q_t))e^{-it}dt$$

sujeto a la restricción $\int_0^\infty q_t dt = S$

donde q es el flujo de extracción, Q la cantidad total extraída desde el momento 0, y S es el *stock* inicial.

En su artículo, Hotelling enfocó el problema desarrollando un ejemplo particular a partir del que dedujo que se cumplía su hipótesis de que el monopolista sería más "conservacionista", *demasiado conservacionista* si se identifica, cosa que nosotros no haríamos, la solución de competencia perfecta con la explotación socialmente óptima. Sin embargo, análisis posteriores más rigurosos, desarrollados sobre todo en la década de 1970, llevaron a la conclusión de que el caso analizado por Hotelling no podía generalizarse y que, aunque el caso más típico es ciertamente que la solución de monopolio lleva a un agotamiento más lento del recurso,[16] no es descartable que se dé el resultado opuesto: todo depende de las características concretas de las funciones de demanda y costes, y de cómo éstas varíen a lo largo del tiempo.[17] En cualquier caso, si —como es probable— encontramos que los monopolistas u oligopolistas restringen la oferta, y así son más conservacionistas, no es porque piensen más en el futuro sino porque tienen en cuenta que el aumento actual de la oferta hace bajar los precios actuales.

[16] Cuando el horizonte temporal no es infinito, la solución puede ser, incluso, que al monopolista le interese dejar recurso sin vender. Así, en el ejemplo anterior de dos periodos, al monopolista le interesaría mantener un precio estable de 2.5, que es el precio al que la elasticidad de la demanda es unitaria, de forma que bajando el precio ya no aumentarían los ingresos; el ingreso marginal sería negativo. Las ventas totales serían de 5 y, por tanto, quedaría una unidad sin vender.

[17] A. C. Chiang, *Elements of dynamic optimization*, McGraw-Hill, 1992, pp. 150-156.

Notas sobre el comportamiento efectivo de los precios de los recursos no renovables

El modelo de Hotelling lleva a previsiones muy concretas sobre la evolución de las rentas de escasez (o, lo que es equivalente, sobre el valor de los depósitos de recurso *in situ*) y, por tanto, parece en principio que el comportamiento efectivo de los precios nos podría indicar claramente si el modelo funciona o no. Sin embargo, ello no es, en realidad, nada fácil. La primera dificultad es que tales rentas no son directamente observables ni fáciles de estimar. La variable a la que se refieren la mayor parte de las discusiones es el precio del recurso, tal como se comercializa después de ser extraído.

En el famoso trabajo de Barnett y Morse,[18] de principios de la década de 1960, se analizaba el comportamiento del coste de extracción y precio de diversos minerales a lo largo del periodo 1870-1951, concluyendo que la tendencia histórica era claramente decreciente, lo que interpretaban como evidencia de que los recursos naturales no eran escasos desde el punto de vista económico. Sin embargo, estudios posteriores parecían indicar que el comportamiento, a partir de la década de 1970, era más bien creciente, lo que daba cierto apoyo a la hipótesis del comportamiento en forma de *U*, aunque después parecía predominar más bien la volatilidad sin tendencia clara, por lo que técnicamente se cuestionaron los métodos de estimación de dichos estudios.[19]

Aún más polémico que determinar las tendencias (entre otras cosas, los resultados se ven muy afectados por el deflactor utilizado) es la interpretación de estos datos. En el modelo de Hotelling, el precio final es resultado de dos factores: la renta de escasez y el coste marginal de extracción. El primer componente siempre es creciente, excepto si el recurso es prácticamente infinito respecto a la demanda actual y futura. El segundo, en cambio, es variable. Por tanto, en principio, cual-

---

[18] H. J. Barnett y C. Morse, *Scarcity and Growth*, Baltimore, 1963.
[19] C. Withagen, "Untested Hypothesis in Non-Renewable Resource Economics", *Environmental and Resource Economics*, vol. 11 (1998), pp. 623-634.

quier tendencia de los precios sería compatible con el modelo de Hotelling. Cuando el cambio técnico es importante y disminuye mucho los costes de extracción, es normal que los precios disminuyan siempre que el recurso sea lo suficientemente abundante como para que las rentas de escasez no sean muy elevadas y el componente "costes" tenga una influencia decisiva en la tendencia del precio final.

Por tanto, una caída del coste no puede en absoluto interpretarse como que el recurso se está convirtiendo en menos escaso, si es que tal afirmación tiene algún sentido claro. Nos indicaría, en todo caso, que la relación entre dotación de recursos y demandas futuras no se percibe como lo suficientemente pequeña como para hacer subir los precios finales. Y decimos *percibir* porque, como Norgaard destacó, los estudios sobre evolución de precios nunca pueden dar más información de la que tienen los agentes económicos: si los precios cayesen porque los agentes económicos ignoraran los problemas de escasez futura, caeríamos en una falacia lógica si utilizamos la información sobre los precios como prueba de que no existen problemas de escasez.[20] Si el precio cayese no sólo debido a que los costes disminuyen, sino también —o únicamente— porque la *royalty* no aumenta, o incluso disminuye, lo único que demostraría es que los agentes económicos se equivocan en sus previsiones o que son incapaces de optimizar sus beneficios, porque la regla de Hotelling implica que en condiciones de previsión perfecta la *royalty*, pequeña o grande, siempre aumentará.

Además, si lo que está en la base de la caída de los precios es la disminución del coste de extracción, es evidente que esta tendencia no puede extrapolarse a un futuro lejano, dado que los costes están acotados —al menos los costes de extracción no pueden ser negativos— y que, además, a los efectos del avance técnico tienden a oponerse los de la explotación de "peores" depósitos.

Un aspecto importante relacionado con el modelo de Hotelling es el papel de la "demanda especulativa", que es, en de-

[20] R. Norgaard, "Economic Indicators of Resource Scarcity: A Critical Essay", *Journal of Environmental Economics and Management*, vol. 19 (1990), pp. 19-25.

finitiva, el elemento que tendría que asegurar evoluciones suaves de los precios. Pues bien, el comportamiento de los precios de los metales se ha caracterizado, en general, por una gran inestabilidad. Además, parece que el mayor papel de los mercados de metales —frente a los contratos entre oferentes y demandantes—, en los que intervienen activamente los especuladores, genera una mucho mayor inestabilidad de precios. Los precios en la década de 1980 fueron más inestables que en la década de 1970, y ello parece no sólo coincidir con el peso de los mercados (tales como el *London Metal Exchange*) frente a los contratos, sino explicarse en gran parte por este mayor peso.[21]

Es interesante estudiar la evolución del precio del petróleo, tanto por su papel clave en el sistema energético mundial como porque es una buena muestra de un caso en el que los cambios en la estructura del mercado son los que fundamentalmente explican su evolución histórica. Durante muchas décadas, el mercado estuvo controlado por un pequeño número de grandes empresas multinacionales, la mayoría de origen en los Estados Unidos, integradas verticalmente, que actuaban como un oligopsonio frente a los países exportadores de crudo (que normalmente se limitaban a cobrar una pequeña cantidad por los derechos de extracción), y como un oligopolio en la venta de los derivados del petróleo.[22] En toda esta etapa las grandes compañías llevaron a cabo una política de expansión del uso de los derivados del petróleo con unos precios bastante estables en términos reales que ya daban lugar a enormes beneficios. Ya en 1960 se creó la Organización de Países Exportadores de Petróleo (OPEP) por parte de Arabia Saudita, Irak, Irán, Kuwait y Venezuela en un intento de cambiar las reglas del juego y dar un papel más relevante a los países con mayores reservas de petróleo.[23] De momento su impacto en el

[21] M. E. Slade, "Market Structure, Marketing Method, and Price Inestability", *Quarterly Journal of Economics*, vol. 106 (1991), pp. 1309-1340.

[22] M. E. Slade *et al.*, "Buying Energy and Nonfuel Minerals", en A. V. Kneese y J. L. Sweeney (eds.), *Handbook of Natural Resource and Energy Economics*, vol. III, Elsevier Science, Ámsterdam, 1993.

[23] Actualmente son 12 los miembros de la OPEP. Además, de los fundadores: Argelia, Angola, Ecuador, Nigeria, Emiratos Árabes Unidos, Libia y Qatar.

mercado sería nulo pero años después la organización tendría un papel relevante en algunos momentos históricos en la fijación de precios de venta del crudo; en muchos casos, el papel creciente de dichos países fue ligado a la formación de compañías propias para explotar el crudo.

La gráfica VI.6 resume la evolución histórica del precio del barril de petróleo (la unidad comercial que corresponde a unos 159 litros) en dólares en el mercado internacional. Como puede verse aparecen dos líneas: una refleja la evolución de los precios de cada momento sin ninguna corrección mientras que la otra está "ajustada" a la inflación, es decir, en comparación al nivel general de precios: una disminución significa —en contextos de inflación— no que necesariamente disminuya el precio en dólares sino que puede ser simplemente que crezca menos que el nivel medio de precios.

Puede verse como, en unas muy particulares situaciones políticas (y con el contexto de fondo de un cambio en el poder de diferentes agentes en el mercado), el precio aumentó espec-

GRÁFICA VI.6. *Precios medios mensuales del petróleo crudo (1946-2011)*

Precios de mercado y precios ajustados según la inflación (en dólares de dic. 2011)

FUENTE: http://www.wtrg.com/prices.htm, http://www.ioga.com/Special/crudeoil_Hist.htm

tacularmente durante 1973-1974, se mantuvo más o menos estable y de nuevo se disparó en 1979-1980: estos momentos, que tanto influyeron en las economías occidentales, se conocen como los *shocks* del petróleo. Desde entonces, la tendencia de los precios reales fue durante muchos años (excepto en algunos momentos de tensión) claramente decreciente, llegando a precios en dólares similares a los posteriores al primer *shock* de 1973-1974 y, en términos reales, en algunos momentos incluso inferiores a los anteriores a 1973. Ello se dio en un contexto de creciente competencia (procedente en parte de la explotación del petróleo del Mar del Norte, Alaska y otros lugares) y de elevadas necesidades financieras de algunos de los países de la OPEP cuando la demanda global de petróleo ya no crecía al ritmo de décadas anteriores. La OPEP intentaba actuar como un cartel, fijando límites a la oferta para mantener objetivos de precios, pero tuvo dificultades cada vez mayores para mantener la disciplina entre sus miembros. Durante varios años, Arabia Saudita jugó —como "empresa dominante"— el papel de cargar con el peso del ajuste reduciendo su oferta mientras que gran parte del resto de los países actuaba como *free rider,* buscando sus intereses inmediatos. Cuando a mediados de la década de 1980 Arabia Saudita decidió aumentar la oferta, los precios se desplomaron en lo que se conoció como el *contrashock* del petróleo. No fue hasta 1999 que la actuación concertada de Arabia Saudita y Venezuela permitió que la OPEP volviese a jugar un papel relevante y cambió la tendencia de los precios. Desde entonces, la tendencia parecía imparable y a principios del verano de 2008 se llegó a máximos históricos, lo que despertó alarmas y puso en el centro del debate las teorías del *peak oil:* a diferencia de lo que pasó en la década de 1970 se dio importancia a las tendencias crecientes en la demanda y a la dificultad de suplir el agotamiento de los depósitos en extracción por nuevos depósitos. Fue el estallido abierto de la crisis financiera lo que llevó a una caída muy importante de los precios pero de nuevo pronto se inició una tendencia al alza.

Anexo: apuntes sobre los recursos no renovables
y la perspectiva "clásico-sraffiana"

Introducción: renta de la tierra
y recursos no renovables

El enfoque neoclásico no es, afortunadamente, el único en economía. Un competidor, minoritario pero en muchos aspectos de mayor solidez teórica, es el que proviene de la economía clásica y que tiene en la obra *Producción de mercancías por medio de mercancías,* de Piero Sraffa (1960), uno de sus puntos de referencia principales.[24]

Lamentablemente la tradición "clásico-sraffiana" se ha preocupado bastante poco por el tema específico de los recursos no renovables. En general, se ha seguido la tradición de David Ricardo de considerar indiferentemente el caso de la "tierra" y el de las "minas". Ricardo utilizaba el término "tierra" para referirse a las "fuerzas originales e indestructibles del suelo"; la escasez del recurso respecto a la demanda actual —y no su agotamiento— permitía obtener un ingreso a sus propietarios que, además, en ausencia de cambio técnico, sería creciente a medida que aumentase la demanda de tierra debido a una mayor población y actividad económica. De aquí su pesimismo respecto a la posibilidad de un crecimiento indefinido que le llevaba a prever la tendencia hacia un estado estacionario.

En el caso de la tierra, es razonable suponer que, en ausencia de situaciones monopólicas, sólo aparece una renta si el recurso es escaso respecto a la demanda actual, es decir, si se han de cultivar tierras de calidad decreciente (lo que se conoce como el "margen extensivo") o se ha de realizar un cultivo demasiado intensivo ("margen intensivo"). La lógica es que, si la tierra "buena" es suficientemente abundante, más vale ceder el uso de la tierra por un ingreso, por pequeño que éste sea, que tenerla ociosa, con lo que el precio tendería a cero; utilizar hoy la tierra no supone ningún coste de oportunidad si la alternativa es dejarla sin ningún uso actual.

[24] P. Sraffa, *Producción de mercancías por medio de mercancías,* Oikos-Tau, Barcelona, 1966 (edición original, 1960).

Desde nuestra perspectiva actual, el planteamiento ricardiano se debe criticar o, mejor, actualizar, con dos importantes consideraciones. La primera es que la propia fertilidad de la tierra es un recurso renovable, pero potencialmente agotable (como otros recursos renovables que analizamos en el capítulo siguiente). La segunda, que es la que nos interesa en este capítulo, es que no todos los recursos naturales pueden utilizarse de forma sostenible, sin "destruir" sus capacidades.

Aunque el planteamiento de Ricardo es comprensible, es más sorprendente encontrarse con planteamientos muy posteriores, como el de Abraham-Frois y Berrebi que, en su tratado sobre la renta, afirman: "Con la denominación general de 'tierra' nos referimos de hecho al conjunto de recursos naturales y de medios de producción no producidos que son utilizados en la producción y que permiten, bajo ciertas condiciones, que aparezca un ingreso particular, una 'renta'..." para, muy poco después, afirmar: "se trata de un bien [la tierra] que, por un lado, no ha sido producido y que, por el otro, se encuentra a la salida del proceso productivo exactamente en el mismo estado que a la entrada".[25] En consecuencia, o bien están excluyendo (como de hecho ocurre) el análisis de los recursos no renovables que se anunciaba incluido una página antes, o bien se cae en el contrasentido de definir los recursos no renovables por lo contrario de lo que los caracteriza, es decir, que una vez que han sido utilizados "salen" de forma que ya no podrán ser utilizados más —el caso de los combustibles fósiles— o sólo podrán ser utilizados mediante un proceso, costoso, de reciclaje.

Los propietarios de recursos no renovables obtienen ingresos por una razón diferente (o adicional) a la de los propietarios de la tierra: porque han de decidir si vender hoy su recurso o guardarlo para el futuro (como acertadamente planteaba Hotelling). Así, existirá un ingreso que proviene del coste de oportunidad de utilizar hoy el recurso en vez de utilizarlo en el futuro (ingreso al que se añadirá, en su caso, el derivado de la diferencia de calidades de las minas, del diferente coste de extracción por unidad de recurso); dicho ingreso o *royalty* es lo

---

[25] G. Abraham-Frois y E. Berrebi, *Rentes, raretés, surprofits*, 1980, pp. 25 y 26, respectivamente.

que caracteriza específicamente a los recursos no renovables. A pesar de ello, dado el descuento del futuro y la incertidumbre del futuro lejano, cuando el recurso es relativamente abundante, los precios efectivos se aproximan mucho a los costes de extracción, de manera que la *royalty* es pequeña o incluso prácticamente inexistente.

Beneficios, salarios e ingresos de los propietarios de recursos no renovables: un sencillo ejemplo

Para entender qué papel desempeñan los recursos no renovables en el conjunto de un sistema económico, imaginemos la economía más simplificada posible. Supondremos que sólo existe un bien de consumo *b*, por ejemplo trigo, para producir una unidad de la cual se dispone de dos técnicas alternativas. Ambas utilizan fuerza de trabajo y trigo. Una de ellas (la técnica II) utiliza, además, un recurso no renovable (*x*), cuyo uso permite reducir los otros *inputs*, en especial el tiempo de trabajo. Supondremos, para simplificar aún más las cosas, que no existe ningún coste de extracción.[26]

Los valores concretos para los requerimientos de *inputs* necesarios para producir una unidad de trigo de nuestro ejemplo son:

Técnica I: 0.5 unidades de *b;* 0.1 unidades de fuerza de trabajo.
Técnica II: 1/3 unidades de *b;* 1/30 unidades de recurso no renovable (*x*); 0.05 unidades de fuerza de trabajo.

Supongamos que la economía es capitalista. Las empresas invierten en comprar los *inputs* (sólo consideraremos, para no complicar el modelo, "capital circulante"; no hay "capital fijo"), que pagan por adelantado y al cabo de un periodo obtienen una tasa de beneficio *r* (expresada en tanto por unidad inverti-

---

[26] Lo que queremos destacar es el papel del precio del recurso no renovable neto de costes de extracción cuando éstos son iguales para todos. Si al mismo tiempo se explotan minas de diferente calidad, los ingresos adicionales para los propietarios de las minas de mejor calidad pueden tratarse como la renta de la tierra.

da). Si no existiese la posibilidad de utilizar el recurso no renovable, entonces tendríamos que:

$$(0.5\, p_b + 0.1\, w)\, (1 + r) = p_b$$

donde p_b es el precio del bien de consumo y w es el salario.

Si tomamos el precio del bien b como numerario (= 1), obtenemos la *frontera salarios-beneficios* que nos dará las posibles relaciones entre la tasa de beneficios (medida en tanto por unidad invertida) y el "salario real" (unidades de bien de consumo que se adquieren con la remuneración correspondiente a una unidad de trabajo). Cuanto mayor sea el salario real, menor será el tipo de beneficio, lo que refleja el conflicto entre trabajadores y empresarios. En concreto, obtendríamos la relación

$$r = \frac{200}{100 + 20\, w} - 1,$$

que indica que si el salario fuese 0, la tasa de beneficio sería 1, y que si el salario fuese 5, entonces desaparecerían todos los beneficios.

Cómo se ve afectado el resultado si introducimos el recurso no renovable x depende, obviamente, de cuál sea su precio.

Para cualquier precio del recurso inferior a 5 se puede demostrar que es más rentable utilizar la técnica II. Para cada salario real la tasa de beneficios aumenta respecto a la que existiría de utilizar la técnica I o, a la inversa, para cada tasa de beneficio corresponde un mayor salario real. La nueva tasa de beneficio viene expresada por la ecuación

$$r = \frac{300}{100 + 10 p_x + 15\, w} - 1.$$

Si, por ejemplo, $p_x = 2$, para un salario igual a 2 la tasa de beneficio será 1 cuando, utilizando la técnica I, sólo se hubiese alcanzado un beneficio del 0.43. Con este precio el máximo salario teórico —correspondiente a un beneficio nulo— sería 12.

CUADRO VI.2. *Tasas de beneficio para diferente salario "real" según diferentes hipótesis de precio y disponibilidad del recurso no renovable*

			Recurso no renovable		
w	I: sin recurso	II_0 gratuito	II_2 $p_x = 2$	II_5 $p_x = 5$	II_8 $p_x = 8$	II_{11} $p_x = 11$
0	1	2	1.5	1	0.66	0.43
1	0.66	1.61	1.22	0.82	0.54	0.33
2	0.43	1.31	1	0.66	0.43	0.25
3	0.25	1.07	0.82	0.54	0.33	0.18
4	0.11	0.87	0.66	0.43	0.25	0.11
5	0	0.71	0.54	0.33	0.18	0.05
6	N. V.	0.58	0.43	0.25	0.11	0
7	N. V.	0.46	0.33	0.17	0.05	N. V.
8	N. V.	0.36	0.25	0.11	0	N. V.
9	N. V.	0.28	0.18	0.05	N. V.	N. V.
10	N. V.	0.20	0.11	0	N. V.	N. V.
11	N. V.	0.13	0.05	N. V.	N. V.	N. V.
12	N. V.	0.07	0	N. V.	N. V.	N. V.
13	N. V.	0.02	N. V.	N. V.	N. V.	N. V.
13.33	N. V.	0	N. V.	N. V.	N. V.	N. V.
14	N. V.	N. V.	N. V.	N. V.	N. V.	N. V.

NOTA: N. V. indica salario real no viable.

El modelo, tal como está formulado, no puede "cerrarse", pero sí permite establecer límites a las posibles oscilaciones del precio del recurso no renovable. Si éste fuese mayor de 12.5, la técnica que utiliza el recurso no renovable sería siempre desechada. Podemos prever que, en situación de propiedad privada del recurso, el precio nunca será tan elevado, a menos que los propietarios estuviesen dispuestos a renunciar hoy a cualquier tipo de ingreso a la espera de unos hipotéticos ingresos futuros.

Si la situación fuese que $5 < p_x < 12.5$, la técnica que da un mayor beneficio —y que tenderá a prevalecer— no es independiente de la distribución entre salarios y beneficios. Si el salario real es bajo, interesará utilizar la técnica I (y podemos esperar que esta situación no se dará en la práctica, ya que no permitiría obtener ningún ingreso de la venta del recurso). Si el salario real es lo suficientemente elevado, entonces tenderá a utilizarse la técnica II.

En concreto, si $w < (2 p_x - 10)/3$, será más rentable la técnica I, y la frontera relevante sería la de la técnica I. Cuando el salario es más alto, la más rentable sería la técnica II, y la frontera sería (una para cada p_x): $r = (300/(100 + 10 p_x + 15 w)) - 1$.

La gráfica VI.7 representa las fronteras salario-beneficio correspondientes a la técnica I y a la técnica II para distintos precios del recurso no renovable (curvas II_0, II_2, II_5, II_8, II_{11}). La frontera se sitúa más a la derecha cuanto menor es p_x. Para precios superiores a 5 tendríamos fronteras salarios-beneficios con un tramo correspondiente a la utilización de la técnica I (la única sostenible indefinidamente sin cambio técnico) y con otro tramo correspondiente a la utilización de la técnica II.

Aunque sería aventurado generalizar el resultado,[27] en el ejemplo se plantea que, para valores elevados de los precios de los recursos no renovables, cuanto más bajos son los salarios, más probable es que se utilicen técnicas que no hagan uso de recursos no renovables, y diríamos que, al menos en algunos casos, la "explotación" de la naturaleza aparecería (o se incrementaría) como respuesta a las dificultades para "explotar" a los trabajadores.

En general, podemos afirmar que la introducción de los recursos no renovables permite (al menos a corto plazo) *aumentar el consumo* a repartir entre trabajadores y capitalistas (y aun un consumo para los propietarios del recurso), pero que ello debería concebirse no tanto como un aumento del ingreso en el sentido hicksiano (véase capítulo II sobre Contabilidad Nacional) o del excedente económico genuino, sino como la contrapartida de una disminución del patrimonio natural. El *conflicto distributivo* entre las clases sociales se suaviza a costa de disminuir las dotaciones de recursos no renovables

---

[27] Entre otras cosas, porque no se puede descartar la posibilidad de "reversión de técnicas".

GRÁFICA VI.7. *Frontera salarios-beneficios para distintos precios del recurso no renovable*

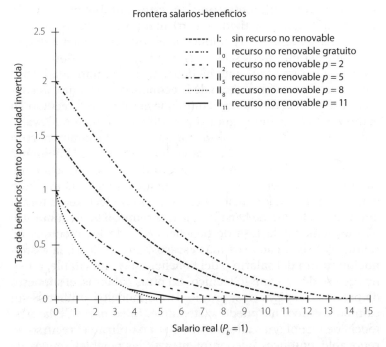

Frontera salarios-beneficios

- - - - - - I: sin recurso no renovable
·- · - ·- · II₀ recurso no renovable gratuito
· - - · II₂ recurso no renovable p = 2
·- · - ·- II₅ recurso no renovable p = 5
·········· II₈ recurso no renovable p = 8
———— II₁₁ recurso no renovable p = 11

que heredarán las generaciones futuras, aunque es cierto que no puede asegurarse que ello sea equivalente a una peor situación de éstas. Para discutirlo es necesario elaborar hipótesis sobre el cambio técnico y preguntarse qué se hace con la nueva disponibilidad de bienes, ya que no es lo mismo que se utilice para el simple consumo o que se invierta.

En definitiva, nuestro modelo no resuelve cuál es el precio del recurso no renovable, pero sí permite acotar posibles soluciones y profundizar sobre las implicaciones que tiene la existencia o no, y el encarecimiento o no, del recurso no renovable. Algunos autores "sraffianos", como Parrinello y Kurz y Salvadori, sí han señalado la importante diferencia entre *renta* de la tierra y *royalty* (lo que en apartados anteriores hemos llamado también coste del usuario o, con un término más impreciso, renta de escasez) y la necesidad de reformular los modelos reproductivos para tenerlo en cuenta. A diferencia de nuestro planteamiento, que se ha limitado a señalar las consecuencias distributivas de diferentes precios, estos autores han partido de la idea de que la actividad de mantenimiento del recurso *in situ* ha de ser igual de rentable que el resto de las actividades. Se define así un nuevo sector económico, de "posesión o conservación del recurso", que ha de tener una rentabilidad equivalente a la tasa de beneficio de la economía. Por tanto, la condición se podría formalizar como que el precio del recurso en el momento $t + 1$ fuese igual al precio en el momento t revalorado según el factor $1 + r$, de forma que llegaríamos por un camino diferente a algo muy parecido a la regla de Hotelling,[28] aunque con la interesante derivación de que, en ausencia de cambio técnico, el problema sólo tendría una solución bien definida si la revalorización del recurso no afectase de forma apreciable a la tasa de beneficio, lo que remite a la pregunta: ¿se podrá mantener la tasa de beneficio cuando los recursos no renovables sean cada vez más escasos? En realidad, la disminución futura del salario o del beneficio sería inevitable, a menos que se dé un cambio técnico. En otras palabras, el supuesto de precios estacionarios, propio de los modelos sraffianos sin cambio técnico, no puede sustentarse. Si se parte de la existencia de tecnologías alternativas que no utilizan el recurso no renovable, entonces pueden plantearse las posibles sendas de precios que finalmente convergerán en aquellos correspondientes a los de tales tecnologías (como siempre, dependiendo de cuál sea el salario real fijado o, en este caso, la senda de salarios reales y el salario final).

---

[28] S. Parrinello, "Exhaustible Natural Resources and the Classical Method of Long Period Equilibrium", en J. A. Kregel (ed.), *Distribution, Effective Demand and International Economic Relations*, Macmillan, Londres, 1983; H. D. Kurz y N. Salvadori, "Exhaustible Resources in a Dynamic Input-Output Model with 'Classical' Features", *Economic Systems Research*, vol. 9, núm. 3 (1997). Estos últimos autores destacan, sin embargo, lo siguiente: "En todos los casos en que los precios están sometidos a cambios a lo largo del tiempo y los agentes son conscientes de ello, la cuestión de las "expectativas" de los agentes y la formación de dichas expectativas no puede, en principio, ser evitada. Esto comporta formidables problemas para la teorización económica" (p. 238). Ellos adoptan el supuesto de perfecta previsión, aunque reconociendo honestamente que con ello simplemente evaden la cuestión.

Los modelos sraffianos aplicados al análisis de las relaciones entre economía y naturaleza han sido, en general, poco explorados.[29] Creemos que las posibilidades de trabajo en este sentido son muy grandes. Un campo de análisis es éste, el de las posibles sendas de precios de recursos no renovables y de sus implicaciones en precios relativos y en el conflicto distributivo. Otro es el de modelar la renta de la tierra en presencia de técnicas que degradan su fertilidad.[30] Otro, quizá aún más interesante y que conecta directamente con la parte del libro que analiza los instrumentos de política ambiental, es el de modelar las implicaciones económicas de diferentes derechos de propiedad legales o *de facto* sobre el medio ambiente. Si no se les hace pagar por descargar residuos, las empresas y los consumidores de sus productos se otorgan derechos de propiedad *de facto* sobre el medio ambiente. Si, en cambio, existe un conflicto distributivo ecológico, fruto por ejemplo de que las poblaciones afectadas reclaman "justicia ambiental" o "justicia climática", se habrá de pagar compensaciones a los afectados o gastar dinero en tratar los residuos o, simplemente, se tendrá que renunciar a determinadas actividades. Los precios relativos cambiarán, las técnicas utilizadas probablemente también, y lo mismo pasará con la frontera salarios-beneficios.

---

[29] Un intento en este sentido es M. O'Connor, "Cherising the Future, Cherising the Other: A 'Post-Classical' Theory of Value", en S. Faucheux, D. W. Pearce y J. Proops (eds.), *Models of Sustainable Development*, Edward Elgar, 1996.

[30] Véase el intento de G. Erreygers, "Sustainability and Stability in a Classical Model of Production", en S. Faucheux, D. W. Pearce y J. Proops (eds.), *op. cit.*

VII. LA EXPLOTACIÓN
DE RECURSOS RENOVABLES

RECURSOS RENOVABLES PERO AGOTABLES

Analicemos ahora aquellos recursos renovables, como la madera de los bosques o la pesca, que a diferencia del flujo de energía solar pueden agotarse según sea su explotación por los humanos y según se alteren los ecosistemas que los proporcionan. De hecho, el interés individual a veces lleva a la explotación excesiva de los recursos renovables, es decir, a un ritmo de utilización superior al de su regeneración natural, a vivir del "capital" más que de los "intereses". Es lo que sucede cuando hablamos de sobrepesca, degradación de los bosques por explotación demasiado intensiva o sobrepastoreo. Pero también es posible usar dichos recursos *de manera sostenible*. Esto significa usarlos sólo al ritmo de su renovación, y no más.

La posibilidad de una explotación que reduzca los *stocks* de recursos no es meramente teórica. De hecho, la preocupación por la explotación insostenible de recursos naturales renovables ha pasado a un primer plano en las últimas décadas, comparable a la preocupación por el agotamiento de los recursos no renovables. Abundan las evidencias de que el ritmo de explotación de la mayor parte de los caladeros importantes se sitúa en un nivel insostenible; en el ámbito global, en los últimos años, se ha producido un casi estancamiento o incluso —desde hace algunos años— disminución de las capturas mundiales, a pesar de los constantes crecimientos en la flota mundial y las innovaciones en las técnicas de captura.[1] Son muchos, también, los ejemplos históricos de colapso de pesquerías marinas. La anchoveta del Pacífico, pescada en exceso en el Perú sobre todo para la producción y exportación de harina

[1] Véase, por ejemplo, A. R. Martínez i Prat, "Esquilmando la diversidad acuática", *Ecología política*, vol. 11 (1996), pp. 91-110.

de pescado durante la década de 1960, dio lugar a un máximo anual de capturas de 12.4 millones de toneladas. Después, en la década de 1977-1987, el promedio fue de 1.2 millones de toneladas anuales; aunque el fenómeno cíclico de "el Niño" influye mucho sobre las variaciones de la biomasa, parece claro que el factor fundamental para el colapso de la pesca fue la pesca excesiva. Otro ejemplo relevante es el del atún del Atlántico occidental, cuya población se estima que se redujo entre 1970 y 1993 en 90 por ciento.[2]

Por lo que se refiere a la superficie forestal mundial, se está produciendo una alarmante disminución concentrada en los países pobres (en varios países ricos la superficie forestal aumenta en cantidad, aunque en muchos casos se da una pérdida de calidad). Las causas de la deforestación son diversas, pero la tala de madera desempeña un papel de primer orden junto con los cambios en el uso del suelo para la agricultura, el ganado y, secundariamente, para infraestructuras.

MERCADO, CONSERVACIÓN Y EXTINCIÓN DE LOS RECURSOS

La visión de gran parte de la teoría económica es que un recurso se explota de forma excesiva cuando no existen derechos de propiedad privada claramente definidos. Sin embargo, es importante darse cuenta de que la propiedad privada de un recurso renovable no garantiza que se explotará de forma sostenible —conservando el patrimonio—, ni siquiera que el recurso no acabará extinguiéndose.

Supongamos un propietario privado cuyos costes medios de explotación de un recurso renovable —por ejemplo, madera a partir de la tala de un bosque— son constantes. Sea c dicho coste y p el precio al que se vende una unidad del recurso. Si $p < c$, es decir, si el precio no compensa los costes de tala, no hay incentivo económico para la explotación forestal y, entonces, los peligros de deforestación vendrán en todo caso por otros

---

[2] Los datos de ambos ejemplos aparecen en World Resources, *La guía global del medio ambiente*, Ecoespaña, Madrid, 1996.

factores, tales como los ingresos potenciales por cambiar el uso del suelo a otras actividades.

Supongamos que $p > c$. Si X es el *stock* inicial de madera y g es la tasa de crecimiento natural anual del bosque (que de momento, y de forma poco realista, consideraremos como constante), al propietario forestal se le presentan dos alternativas. La primera es cortar todo el bosque lo más rápidamente posible y obtener una ganancia inmediata de $(p - c) X$. La segunda, la de la explotación sostenible, dará lugar a un ingreso permanente equivalente a $(p - c) gX$.

¿Cuál de los dos valores es mayor? La respuesta depende, ya lo sabemos por otros apartados de este libro, del tipo de interés i, de la tasa a la cual se descuente el futuro.

La primera alternativa, la de convertir el recurso en dinero lo más rápidamente posible, nos podría proporcionar un ingreso financiero anual de $(p - c) iX$. La comparación financiera entre cortar todo el bosque o explotarlo sosteniblemente se reduce, por tanto, a comparar el tipo de interés con la tasa de crecimiento. El bosque (o, en general, el recurso renovable pero potencialmente agotable), considerado como un activo financiero, sólo se conservará si tiene un rendimiento igual o superior al de otros activos, lo que en este sencillo ejemplo se traduce en que el recurso natural se conservará si su tasa de crecimiento natural es, como mínimo, igual al tipo de interés. Es más, si el propietario no tiene capacidad de endeudamiento y tiene necesidad inmediata de liquidez, la situación será peor y aun dominarán más los intereses a corto plazo, lo que explica en parte la situación de algunos países pobres obligados a esquilmar sus recursos, aunque malvendiéndolos, para hacer frente a las obligaciones de su deuda externa.

(Por otro lado, en el argumento hemos dejado de lado la posibilidad de que el propietario tenga la expectativa de que el precio relativo del recurso aumentará en el futuro. En este caso, la rentabilidad esperada de explotar el recurso sosteniblemente será igual a la suma del crecimiento natural del recurso más el aumento esperado del precio.)

Hemos llegado a una conclusión que también aparece en modelos más complejos: no es descartable que la "eficiencia económica" (es decir, la maximización del valor actual) conduzca a la extinción del recurso. Colin W. Clark demostró este resultado en 1976;[3] resultado al que había llegado, alarmada, la ciencia forestal alemana hace más de 100 años y que, incluso para la economía neoclásica, es inquietante. La discusión anterior se ha referido a una de las posibles causas de peligro de extinción de un recurso: a su explotación excesiva como recurso económico siguiendo la lógica del beneficio privado. Sin embargo, el principal motivo de desaparición de especies vivas no es éste, sino los impactos ambientales por cambios en los hábitat debidos a variaciones en el uso del suelo y a degradación ambiental. En vez de prestar atención única a la economía de la explotación de unas pocas especies maderables o pesqueras comercializables, debemos darnos cuenta de que la mayor parte de la naturaleza está fuera del mercado, pero sufre las consecuencias colaterales de la explotación comercial. Piénsese, por ejemplo, en los efectos de la extracción de caoba en el resto del bosque o en los de las redes de arrastre.

¿Cuáles son las causas de que la rentabilidad económica conduzca a la sobreexplotación del propio recurso? La primera es, desde luego, que las decisiones que siguen la lógica del beneficio privado no tienen en cuenta todas las relaciones ecológicas de un recurso dentro de un ecosistema para asegurar su estabilidad o *resiliencia*, sino que sólo consideran su capacidad de generar bienes comercializables; en esto la teoría económica convencional acepta la necesidad de incorporar los valores no mercantiles (por ejemplo, con impuestos a la explotación del recurso o subvenciones a la conservación del mismo). La segunda, sin embargo, tiene que ver con el descuento del futuro. Cuando hay libre acceso al recurso, nadie tiene en cuenta las consecuencias futuras de sus decisiones, sino sólo los beneficios actuales, como si la tasa de descuento fuese infinita. En el ejemplo, la condición $p > c$ sería suficiente para conducir a la extinción del recurso. Cuando hay propiedad privada, los propietarios *sí* se preocupan del futuro, pero su compromiso con el futuro es limitado: el futuro se descuenta y puede ser rentable agotar el recurso para dedicar el dinero a otras cosas.

[3] Colin W. Clark, *Mathematical Bioeconomics*, John Wiley & Sons, Nueva York, 1976.

MODELOS DE CRECIMIENTO

Una de las limitaciones del ejemplo anterior es el supuesto de crecimiento. Hemos considerado que la tasa de crecimiento natural del recurso es constante, independiente del *stock* de recurso. En realidad, esto es claramente imposible de manera general: una especie que creciese siempre a una tasa constante aumentaría, en ausencia de explotación económica, exponencialmente sin límite.

Los ecólogos han formulado diferentes modelos de crecimiento de poblaciones. Uno de los más utilizados, y que ha dominado en el análisis económico de los recursos renovables (en especial en la economía de la pesca), es el llamado crecimiento logístico o sigmoidal. Supongamos, por ejemplo, la población de anchovetas. Nos preguntamos cuál sería la población total, dados los recursos alimentarios disponibles, si la población no fuera explotada en absoluto, si se permitiera a las anchovetas morirse de viejas o por la depredación de otros peces y aves guaneras. Dejamos de lado, para simplificar, la interrelación entre especies, y nos fijamos en el comportamiento de una sola especie en su estado natural, sin que intervenga de momento la industria de la pesca. Supongamos que ha habido un periodo de sobrepesca anterior, que el *stock* en el mar es pequeño aunque suficiente para que haya reproducción y crecimiento de ese *stock*. En un periodo relativamente corto (si se trata de un periodo "normal", sin influencia de "el Niño"), el *stock* de anchoveta aumentaría hasta el límite de la capacidad de sustentación K (gráfica VII.1). ¿Cómo habría ido creciendo ese *stock* desde una cantidad mínima? Aproximadamente, según la habitual curva logística o curva de Verhulst de la dinámica de poblaciones, un rápido crecimiento inicial es seguido de un punto de inflexión, y luego se alcanza el nivel de población K, que se conoce como *capacidad de carga* o de sustentación.

En el modelo logístico, la tasa de crecimiento es dependiente de la densidad; en concreto, disminuye con la densidad de población hasta hacerse nula, pero el crecimiento en términos absolutos aumenta hasta el citado punto de inflexión. Matemáticamente el modelo corresponde a la relación

Gráfica VII.1. *Dinámica de la población en el modelo de crecimiento logístico*

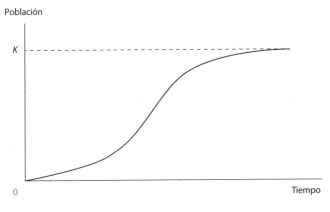

$$G(X) = gX\left(1 - \frac{X}{K}\right),$$

donde $G(X)$ es el crecimiento de la población en términos absolutos, g y K son valores que varían para cada especie y lugar y que se conocen, respectivamente, como tasa "intrínseca" de crecimiento y, como ya hemos dicho, capacidad de carga. En la gráfica VII.2 vemos la relación entre niveles de *stock* y crecimiento de la biomasa, donde el máximo crecimiento corresponde a un *stock* de población $K/2$.[4]

Este modelo también se aplica al caso de las plantaciones de árboles en el que, a veces, el nivel K se define como el "clímax", y se caracteriza porque no hay producción primaria *neta* de biomasa (es decir, la producción bruta coincide con la energía gastada en la respiración), y se ha de entender como lo que es, un modelo, y no, desde luego, como una descripción exacta de la realidad. Estas suaves curvas de crecimiento de Verhulst son una simplificación de la realidad, especialmente

[4] Para calcular el *stock* para el cual el crecimiento es máximo, se deriva la función $G(X)$ respecto a X y se iguala la derivada a 0. El resultado es que la igualdad se cumple cuando $X = K/2$. Si sustituimos dicho valor en la función $G(X)$, el resultado es un nivel de crecimiento máximo —que corresponde a la máxima captura o rendimiento sostenible— que, en esta función, es igual a $gK/4$.

GRÁFICA VII.2. *Relación entre nivel de población y variación natural de la población, en el modelo de crecimiento logístico*

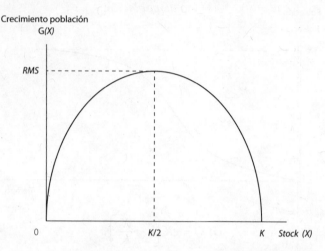

en el caso de la pesca, no sólo por la interacción entre especies sino también porque el afloramiento de nutrientes que alimentan el plancton no es un fenómeno regular. La realidad es más complicada y, a veces, caótica (en el sentido matemático de la palabra). Además, el crecimiento biológico de una especie puede verse afectado por la intervención humana negativa (por ejemplo, por fenómenos de contaminación) o positiva (con sistemas de gestión forestal) y por los cambios climáticos.

El modelo puede variarse para introducir otras complicaciones. En particular, el supuesto de que la población siempre se recupera, por pequeño que sea el nivel inicial, es en general excesivo. En la práctica, para muchas especies hay un nivel de población mínimo por debajo del cual la población disminuirá hasta extinguirse o, en términos más realistas, un mínimo de "seguridad" debajo del cual existe un elevado peligro de desaparición de una especie. Ello justificaría regulaciones del tipo *estándares mínimos de seguridad* (concepto que para Ciriacy-Wantrup debía tener un lugar importante en la política ambiental)[5] lo suficientemente elevados para tener en cuenta las

---

[5] S. V. Ciriacy-Wantrup (1952), "Un estándar mínimo de seguridad como

GRÁFICA VII.3. *Dinámica de la población en el modelo de crecimiento logístico con un tamaño mínimo crítico de población*

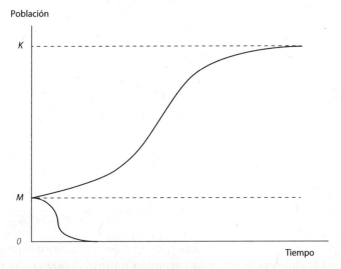

incertidumbres sobre la evolución de las poblaciones. Así, una variación del modelo logístico incorporaría esta cuestión como se indica en las gráficas VII.3 y VII.4, en las que el nivel M representa el tamaño crítico mínimo a partir del cual la población ya no puede recuperarse. En realidad el nivel de M es desconocido y puede variar debido a perturbaciones.

LA ECONOMÍA DE LA PESCA: ESFUERZO PESQUERO, CAPTURA Y POBLACIÓN

En el apartado anterior describimos modelos de población puramente biológicos. ¿Qué ocurre cuando se incorpora la actividad pesquera (de una sola especie)?

La variación de biomasa a lo largo del tiempo se expresa

objetivo de la política de conservación", en F. Aguilera (ed.), *Economía de los recursos naturales: un enfoque institucional,* textos de S. V. Ciriacy-Wantrup y K. W. Kapp, Fundación Argentaria/Visor, 1995 (Economía y Naturaleza, núm. 2).

GRÁFICA VII.4. *Relación entre nivel de población y variación natural de la población en el modelo de crecimiento logístico con un tamaño mínimo crítico de población*

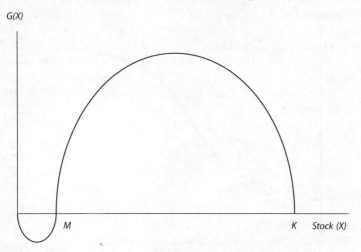

como la diferencia entre la variación natural —que como hemos visto, depende del *stock*—, y la captura o rendimiento anual de la pesca, que denominamos Y.

$$\mathrm{var}(X) = G(X) - Y.$$

Nótese que se presentan tres posibles situaciones:

$G(X) > Y$: la población aumenta
$G(X) = Y$: la población se mantiene estable
$G(X) < Y$: la población disminuye

Qué capturas son posibles y cuáles no, es una pregunta cuya respuesta varía según se adopte una perspectiva a corto o largo plazo. A corto plazo es posible, en principio (aunque otra cosa son los costes monetarios que ello comportaría), apropiarse de todo el recurso disponible X. A largo plazo, sólo es sostenible la segunda de las situaciones anteriores: capturar una cantidad de recurso equivalente al crecimiento natural. Vemos, sin embargo, que hay muchos niveles posibles de explotación sostenible. En cualquier pesquería no existe una sola cantidad de producción sostenible, sino una amplia gama de posibilidades. La gráfica de posibles *capturas sostenibles* coincide con la de variaciones naturales de la población; así, en el modelo logístico, la gráfica vii.2 puede titularse también "curva de explotaciones anuales sostenibles". Cada punto representa un nivel de poblaciones y capturas estable o estacionario. Se puede permitir que el *stock* de peces esté cerca de lo que los ecólogos llaman la "capacidad de carga", es decir, la máxima población de una especie que puede vivir permanentemente en un territorio dado sin degradar la base de recursos. O, en el otro extremo, se puede estar en una situación en la que el *stock* de peces disponible sea muy pequeño, dejando casi sólo el mínimo necesario para la reproducción y crecimiento posterior. En medio estaría el punto virtuoso del *rendimiento máximo sostenible* que, en este modelo, corresponde a un nivel de población $K/2$. A corto plazo es posible una captura superior a dicho rendimiento máximo sostenible, pero sólo a costa de disminuir la población futura.

La captura Y es una variable económica que depende de los recursos que se dedican a la actividad pesquera. En economía pesquera es tradición referirse a tales recursos con el término *esfuerzo* pesquero (podríamos hablar de capital y trabajo en vez de este agregado de los *inputs* que se utilizan y que, a veces, se identifica con número de barcos, o caballos de potencia de la flota pesquera). Ahora bien, Y no es función sólo de cuántos *inputs* se utilizan, sino también de cuántos peces hay para pescar, del *stock* de población. Un modelo sencillo de tal relación es el que se conoce como curva de Schaefer, planteada por dicho autor en la década de 1950. Se supone que la captura o rendimiento es directamente proporcional a dos variables: el nivel de esfuerzo y el *stock* de población

$$Y(E, X) = qEX$$

donde q es un factor específico de cada especie y lugar y depende de la tecnología de captura.

Fijémonos que en este modelo la eficacia del esfuerzo es extremadamente sensible a la cantidad de recurso disponible:

mitad de recurso, mitad de resultado con el mismo esfuerzo. (El caso radicalmente opuesto, que correspondería al primer modelo que vimos, de coste de captura constante, sería que el rendimiento fuese sólo proporcional al esfuerzo: $Y = qE$.)

Dado un nivel de *stock X*, la función puede interpretarse como la relación entre esfuerzo y captura a corto plazo. Sin embargo, debe advertirse que el propio valor de X depende de cuál sea la captura y, por tanto, incluso a corto plazo, un esfuerzo muy elevado tendría "rendimientos decrecientes" debido a la disminución de la población de peces, que es un *input* esencial de la industria pesquera.[6]

En general, las variaciones de población son resultado de dos factores: el crecimiento biológico y la captura, de manera que en el modelo de Schaefer:

$$\text{var}(X) = G(X) - qEX$$

Para cada nivel de esfuerzo E hallaremos el *stock* de *población de equilibrio*, que corresponde a una determinada captura sostenible, igualando la expresión anterior a cero. Para el caso logístico, la curva a largo plazo que aparece en la gráfica VII.5 representa dicha relación entre esfuerzo y captura sostenible. (Adviértase que la curva es similar a la de la gráfica VII.2, pero los movimientos hacia la derecha del eje horizontal representan mayores esfuerzos y menores *stocks*, en vez de mayores *stocks*, como en la gráfica VII.2.) A cada nivel de esfuerzo pesquero mantenido *indefinidamente* le corresponde un nivel de pesca determinado, suponiendo que las circunstancias no varíen. A largo plazo, la relación entre esfuerzo y captura no es siempre creciente. Sin esfuerzo no hay captura; con el esfuerzo

---

[6] Por otro lado, el modelo de Schaefer es extremadamente simplificado, pero sólo formalmente parece implicar el mismo supuesto de sustituibilidad neoclásica entre capital natural y capital fabricado que comentaremos en el capítulo VIII. El modelo *no* implica que si reducimos a la mitad la población de peces, pero aumentamos al doble otros *inputs*, entonces la producción futura no se verá afectada. Si la población de peces ha disminuido mucho y el nivel de explotación es superior al sostenible, entonces la compensación de un menor recurso natural con un mayor esfuerzo sólo funcionará limitadamente *a corto plazo:* a medio plazo, mayores niveles de esfuerzo (o técnicas de captura más efectivas) podrían aplazar la disminución de la captura, pero ésta será inevitable a largo plazo.

aumenta ésta hasta llegar al rendimiento máximo sostenible, que es un máximo limitado biológicamente; después decrece hasta que la población se reduce a cero. En la gráfica VII.5 se ve cómo cualquier nivel de captura inferior al rendimiento máximo sostenible puede mantenerse con dos equilibrios diferen-. tes: uno de mayor población y menor esfuerzo; el otro, de menor población y mayor esfuerzo. Lo que es *posible a corto plazo* no siempre es posible de forma *permanente,* sostenible; pero a corto plazo *sí* es cierto que mayor esfuerzo implica mayor captura (aunque el aumento no necesariamente es directamente proporcional), lo que indicamos en la misma gráfica VII.5, donde se distingue entre una curva a largo plazo (sostenible) y otra curva de corto plazo. Si la captura es superior al rendimiento sostenible, el *stock* disminuirá y la captura futura también, resultado que quizá pueda evitarse transitoriamente con mayor esfuerzo; en cualquier caso, en algún momento futuro la captura habrá de disminuir, por mucho que aumente el esfuerzo pesquero.

GRÁFICA VII.5. *Rendimiento o captura según el nivel de esfuerzo pesquero en el modelo logístico*

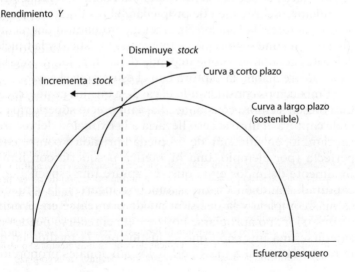

La teoría económica se ha centrado en comparar *sólo* los regímenes de explotación del propietario privado único y el de ausencia total de propiedad o libre acceso (considerando en ambos casos que el único criterio de decisión es la maximización de los beneficios monetarios). Este enfoque es muy restrictivo y ha dado lugar a la idea de la "tragedia de los bienes comunales" que discutimos en otro lugar (véase el recuadro VII.1). Lo que es particularmente cuestionable es la frecuente identificación de la explotación del propietario único con la "eficiencia económica". Sin embargo, la comparación de los resultados, en una situación de libre acceso y en una hipotética situación de propiedad privada, tiene un interés indudable desde el punto de vista analítico.

Supongamos que se empieza a explotar una especie en una zona determinada. El punto de partida es un nivel de esfuerzo nulo que corresponde a la población máxima "de equilibrio". A cada nivel de esfuerzo corresponde un gasto monetario. ¿Hasta qué punto se explotará el recurso si las decisiones se orientan únicamente por la maximización del beneficio monetario?

Además del régimen de propiedad, el resultado dependerá de dos factores: la función de crecimiento natural del recurso (que en adelante seguiremos suponiendo logística) y la función de costes económicos, que depende de la "función de producción" que relaciona la captura con el esfuerzo y el *stock*.

Empecemos considerando el caso en que los costes de captura fuesen siempre constantes. Para un precio superior al coste de captura el libre acceso llevaría a la extinción del recurso. En cambio, en situación de propiedad privada y competencia perfecta (por ejemplo, una hipotética pesquería con límites totalmente definidos en la que se captura una especie que es capturada también en otros muchos lugares), la situación es más compleja y la decisión puede plantearse en términos de inversión: no apropiarse hoy de todo el recurso puede considerarse una inversión que se justifica en la medida en que la renuncia actual a unos beneficios adicionales proporciona

VII.1. *Formas de propiedad: su influencia en la gestión de los recursos naturales*[a]

El análisis de esta cuestión sería más fácil si no se hubiera introducido una gran confusión en la terminología, a raíz del artículo de Garrett Hardin, "The Tragedy of the Commons", publicado en la revista *Science* en 1968.[b] Hardin, un biólogo de tendencia social-darwinista (es decir, propenso a aplicar la teoría de la selección natural a segmentos de la especie humana), llamó la atención en su artículo sobre un fenómeno realmente existente. En situaciones en que los recursos naturales son de *acceso abierto* a todos o de *acceso libre* (como en la pesca de ballenas en alta mar, en ausencia de tratados internacionales que la regulen), no existe ningún incentivo para preservar el recurso, no ya de cara a las generaciones futuras sino incluso ni para la generación actual. Siempre que el ingreso adicional obtenido al pescar sea mayor que el costo adicional (es decir, si pescar una ballena más es barato en comparación con el ingreso obtenido al convertirla en carne y aceite), se pescará la ballena del ejemplo. Según Hardin, esa situación de *acceso abierto* era muy frecuente, y la mejor cura era la privatización de los recursos. Al aumentar la población, esos recursos de acceso abierto (que él llamó, equivocadamente, propiedad comunitaria) serían cada vez más explotados. La ganancia individual llevaría a la miseria de todos, no ya en las próximas generaciones sino incluso en la actual.

El propio crecimiento de la población podía interpretarse en términos de la (falsamente denominada) "tragedia de los bienes comunales". En efecto, el costo adicional para los ecosistemas de un infante más no repercutía apenas sobre la familia que lo tenía, que sólo consideraría el costo privado de mantener al niño/a, costo que además pronto se convertía en beneficio en las familias pobres al ponerlo a trabajar. El ambiente no tiene dueño, de ahí viene el mal, echamos cargas sobre él sin que eso repercuta en nuestra

---

[a] Sobre el tema, véase F. Aguilera Klink, "El fin de la tragedia de los comunes", *Ecología Política*, núm. 3 (1992); también E. Ostrom, *Governing the Commons. The Evolution of Institutions for Collective Action*, Cambridge University Press, 1990; y F. Berkes y C. Folke (eds.), *Linking Social and Ecological Systems. Management Practices and Social Mechanisms for Building Resilience*, Cambridge University Press, 1998.

[b] G. Hardin, "The Tragedy of the Commons", *Science*, vol. 162 (1968), pp. 1243-1248.

economía privada. Hardin propuso (concordando con Kenneth Boulding) un sistema de cuotas o derechos comercializables de procreación, de manera que cada pareja (o cada mujer) tenga derecho a sólo una pareja de infantes y, si tiene más, deberá pagar una contribución, de la que se beneficiarían los que no utilizasen su cuota personal. El coste de tener hijos reflejaría los costos ambientales que una población creciente implica.

En el caso de la pesca, la amenaza para la existencia de los recursos naturales que surge de un sistema de libre acceso llevó hace tiempo a acuerdos internacionales mediante los cuales se trata de gestionar esos recursos como si, en el ámbito global, hubiera una propiedad comunitaria compartida. Igualmente existen acuerdos para no tratar la atmósfera como un bien de acceso libre, donde cualquiera puede evacuar sus emisiones de gases. Esos acuerdos a veces se cumplen y a veces no; en algunos casos no obligan a casi nada (como el tratado internacional sobre cambio climático firmado en Río de Janeiro en junio de 1992). Pero son una clara señal de que el acceso abierto lleva a abusos. En las zonas pesqueras costeras se ha implantado un sistema de zonas exclusivas de 200 millas (una propuesta de Perú, Chile y Ecuador ya en la década de 1940), precisamente para evitar una situación de acceso abierto. Eso no basta, desde luego, para asegurar un uso racional de los recursos pesqueros, pero es mejor que el acceso abierto a todos.

Un famoso párrafo del famoso artículo de Hardin empieza así: "picture a pasture open to all...", imaginemos un terreno de pastos abierto a todos. En ese caso, como en el de la pesca de ballenas en alta mar, cualquiera estará interesado en poner una vaca o una oveja extra en el terreno, porque el costo social y ambiental, a causa de la degradación del pasto y del suelo por el sobrepastoreo, incidirá sobre todos, mientras que el beneficio del engorde (y de la leche o la lana) de la vaca o la oveja extra, será sólo para su dueño.

Ahora bien, ¿dónde está ese famoso terreno de pastos abierto a todos? Desde luego, no está en los ejidos mexicanos o en las tierras comunitarias o comunales de los Andes, ni en las tierras comunales europeas que existían antes de las desamortizaciones y de los cercamientos privados o *enclosures*. Esos terrenos de pastos no estaban ni están en una situación de acceso abierto sino que son propiamente comunitarios o comunales, y no pueden disponer de ellos ni los individuos privados que no respeten las reglas comunitarias de su uso, ni los de otras comunidades.

Hardin, en su artículo, discute únicamente dos situaciones (que son las únicas que, como hemos visto en el texto, han atraído la atención de la teoría económica): acceso abierto o libre (que él llama falsamente "propiedad comunitaria") y propiedad privada.

Una clasificación más adecuada de las formas de propiedad sería la siguiente:

1) Acceso abierto.
2) Propiedad comunitaria o comunal.
3) Propiedad privada.
4) Propiedad pública, sea estatal o municipal (los efectos en la gestión de los recursos pueden ser muy distintos, según el tamaño del municipio, su actividad económica, etcétera).

En la propiedad comunitaria o comunal, todos las/os propietarias/os poseen el mismo derecho a usar el recurso natural; derecho que no se pierde si no se usa (pues una/o continúa siendo miembro de la comunidad), y los no propietarios están excluidos del uso. Naturalmente puede ocurrir que se abuse de los recursos también en situaciones de propiedad comunitaria al no respetarse las reglas (tal vez debido a una creciente diferenciación social en el seno de esas comunidades o, muy frecuentemente, a causa de la creciente presión demográfica, como de hecho ocurre en muchas tierras comunitarias de pastos en los Andes). Sin embargo el problema ambiental no surge de que la propiedad sea comunitaria. Tal vez nazca de que la comunidad se ve cada vez más metida en una lógica comercial a costa de la lógica de los valores de uso, y entonces surge una presión de la producción exportadora sobre los recursos naturales, que se suma a la presión de la creciente población local.

Muy frecuentemente las comunidades humanas han inventado sistemas de propiedad y gestión comunitaria de recursos, precisamente para evitar las consecuencias negativas del acceso abierto. Por ejemplo, si no se regula el acceso al agua y se sirve primero quien llega antes a ella, siguiendo una simple "regla de captura" (ya sea del agua superficial o del agua de pozos en la capa freática), entonces el recurso no sólo se distribuye sin equidad, sino que se desperdicia. Dicho de otro modo, si cada usuario piensa que lo que no extraiga él lo van a extraer los demás, se producirá una competencia individual por la apropiación del recurso que podría conducir al agotamiento del mismo.

¿Qué decir respecto a la propiedad privada en este contexto que no es el de la discusión de la equidad sino de la conservación de los recursos naturales? Por un lado, ciertamente, la propiedad privada hace que los costos de la sobreexplotación caigan sobre el propietario, que los comparará con sus ingresos privados. Pero si hay una asimetría temporal entre costos e ingresos, como suele ocurrir, es decir, si los ingresos son ahora mientras los costos son en el futuro, como ocurre, por ejemplo, con los costos de no disponibilidad futura al explotar un bosque o un banco de pesca o un pasto o un recurso minero agotable, entonces podemos preguntarnos si es mejor la propiedad privada o la propiedad comunitaria. La respuesta podría ser favorable a la propiedad comunitaria por la siguiente razón. El propietario individual seguramente tendrá un horizonte temporal más cercano y una tasa de descuento implícita más alta que los dirigentes de la propiedad comunitaria y, sobre todo si se trata de una gran empresa, no está ligada a ningún territorio concreto: esquilmar los recursos de una determinada zona no tiene por qué suponer la ruina para la empresa (aunque sí para los trabajadores pobres de la zona), ya que puede ir a buscar los recursos a otra parte o, simplemente, dedicarse a otra actividad. Una comunidad dura más que una empresa, que un propietario o, incluso, que su familia, de forma que sus representantes actuales quizá se consideren a sí mismos más como usufructuarios que como tenedores de derechos absolutos sobre el recurso. Pero la actitud será muy diferente según el contexto cultural y sería necesario analizar empíricamente muchas situaciones distintas como lo hizo Elinor Ostrom.

Por fin, respecto de la propiedad estatal, su influencia en la gestión de los recursos naturales dependerá de la lógica que se aplique. Si el Estado, siendo propietario, deja o dejaba esos recursos en manos comunitarias que aplican su propia lógica (como en el manglar de la costa ecuatoriana), no tiene por qué haber degradación del recurso. Si el Estado, ya sea directa o indirectamente (por medio de concesiones administrativas), aplica una lógica comercial de corto plazo a la gestión del recurso (por ejemplo, concediendo manglares a empresas camaroneras), entonces la propiedad estatal no favorecerá la conservación.

suficiente rentabilidad. Adviértase el papel importante de los *derechos de propiedad:* este planteamiento se basa en que el recurso natural no es de acceso abierto sino propiedad privada y, por tanto, conservar el recurso es invertir en interés propio. Desde otro punto de vista, puede argumentarse, obviamente, que no es que el propietario privado invierta cuando conserva el recurso, sino que está desinvirtiendo, apropiándose de patrimonio natural, cuando disminuye el *stock* de recurso. En la gráfica VII.6 partimos de una población inicial K que ahora es explotada. Moverse a la izquierda del punto K es aplicar mayor esfuerzo pesquero y disminuir la población: ¿hasta qué punto será rentable hacerlo? En este caso de costes constantes, al propietario le interesa disminuir la población hasta, como mínimo, el punto $K/2$, correspondiente al rendimiento máximo sostenible, porque ello no sólo le proporciona mayores ingresos actuales sino también mayores ingresos futuros. Si el futuro no se descontase, interesaría capturar el recurso justamente hasta dicho nivel, que permite el máximo rendimiento por periodo. Gráficamente el punto se caracteriza porque la pendiente de la curva es nula. Hacia la izquierda, la pendiente positiva nos indica la disminución del crecimiento anual (es decir, del ingreso adicional sostenible)[7] o el coste de oportunidad de disminuir la población al capturar más recurso. El óptimo privado sería aquel para el cual dicho coste de oportunidad coincide con el tipo de descuento: en la gráfica VII.6 iríamos disminuyendo el *stock* hasta llegar a un punto (K^* en la gráfica) en que la pendiente de la curva se igualase al tipo de descuento r. La extinción se produciría si no existe tal punto, es decir, si la tasa de descuento fuese superior a la pendiente en el origen O, pendiente que coincide con la tasa máxima de crecimiento del recurso g.

La situación de libre acceso puede considerarse un caso límite que analíticamente equivale a una situación con tasa de descuento infinita: como nadie tiene garantía de que restringir la pesca para pescar más en el futuro revertirá en provecho propio, y no en mayor pesca —actual o futura— para los de-

---

[7] Como en otros momentos anteriores, hemos supuesto que no existe la expectativa de que los precios aumenten en el futuro.

GRÁFICA VII.6. *Explotación del recurso cuando los costes medios de captura son constantes*

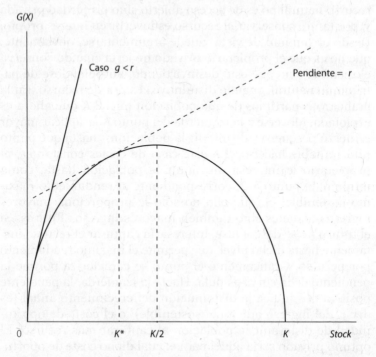

más, se actuará como si el futuro no existiese, maximizando los beneficios individuales actuales y, en este ejemplo, extinguiendo el recurso.

Afortunadamente para la conservación de los recursos pesqueros, lo habitual es que los costes unitarios de captura aumenten de forma considerable con la disminución de los *stocks* (un fenómeno mucho menos claro en el caso de la tala de bosques). Esto es lo que pasa, por ejemplo, en el modelo de Schaefer, en el que, si el coste por unidad de esfuerzo es c, el coste unitario de captura es

$$\frac{cE}{qEX} = \frac{c}{qX}$$

La gráfica VII.7 reproduce la curva de rendimientos sostenibles de la gráfica VII.5, pero con la diferencia de que la pesca no se mide en unidades físicas sino en dinero (si suponemos competencia perfecta, es decir, precio dado, los ingresos de cada vendedor individual son directamente proporcionales a la captura). Además, añadimos una recta que representa los costes monetarios de diferentes unidades de esfuerzo. Una primera pregunta es: ¿qué pasará en *situación de libre acceso* si se explota una nueva área de pesca? Mientras la curva de ingresos esté por encima de la curva de costes la pesca reportará beneficios positivos[8] y existirá un incentivo para que entren nuevos competidores. Mientras existan beneficios potenciales, alguien decidirá aumentar su captura o entrarán nuevos pescadores. El punto de "equilibrio" de libre acceso ($E3$) corresponderá a un *stock* suficientemente pequeño como para que el coste medio de captura se iguale al precio. Matemáticamente, si el coste de la unidad de esfuerzo es c, la solución será un *stock* X para el cual

$$\frac{c}{qX} = p \text{ es decir, } X = \frac{c}{pq}$$

Fijémonos en las variables clave. El "avance" de la tecnología (aquí resumida en el factor q) y la caída de los precios de los *inputs* (es decir, de c) se traducen en una mayor explotación; por ejemplo, el bajo precio del petróleo o las nuevas redes de arrastre (o, en los bosques, las motosierras). El aumento en el precio de mercado desplazaría hacia arriba la función de ingresos y conllevaría también mayor explotación del recurso.

Cuanto menor sea el coste de captura de las últimas unidades de recurso respecto al precio, mayor será la probabilidad de extinción del recurso. En el caso analizado la extinción total nunca se produciría, pero este resultado no es general sino que depende de las características específicas de dicho caso: se supone que el coste de captura de una unidad de pesca se dispara sin límite cuando la población tiende a cero y, ade-

---

[8] Como es habitual en microeconomía, estamos suponiendo que los costes incluyen un rendimiento "normal" sobre el capital invertido, de manera que un beneficio positivo indicaría un beneficio extraordinario.

GRÁFICA VII.7. *Ingresos sostenibles y costes, según distintas unidades de esfuerzo*

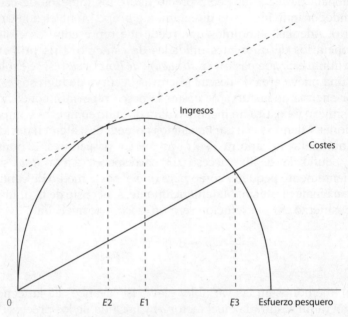

Ingresos y costes monetarios

Ingresos

Costes

0   E2   E1   E3   Esfuerzo pesquero

más, se utiliza el modelo logístico más simple sin introducir ningún tamaño "crítico" mínimo de población. Por otro lado, el supuesto implícito que hemos hecho es que el ajuste en la entrada y salida de pescadores es instantáneo cuando aparecen beneficios o pérdidas. Si una vez que se han hecho inversiones se sigue pescando (aunque no se recuperen los costes totales), o si el gobierno, como sucede frecuentemente, subvenciona la actividad, entonces aumentaría la explotación del recurso.

Un *propietario individual* maximizador de beneficios se comportaría de forma algo diferente. Supongamos de nuevo que se explota por primera vez una pesquería. Se parte de un esfuerzo nulo. A medida que aumenta el esfuerzo va aumentando la captura y también los costes económicos. El nivel de esfuerzo *E*2 de la gráfica VII.7, para el cual la pendiente de los ingresos y la de los costes coinciden, tiene una propiedad específica: el ingreso adicional o marginal del esfuerzo coincide exactamente con su coste marginal; en otras palabras, los ingresos anuales que reportará un nivel de esfuerzo superior serán inferiores. Ésta es otra razón potencial para "invertir" en la conservación del recurso. ¿Es lo suficientemente poderosa como para no capturar más recurso? Como siempre, el rendimiento de la inversión —en este caso los mayores beneficios futuros derivados del menor coste unitario de captura— debe compararse con el tipo de interés que representa el coste de oportunidad de dicha inversión. Si el futuro no se descontase, el punto óptimo *sí* sería $E2$ (inferior al esfuerzo $E1$ de la gráfica para el cual se consigue el rendimiento máximo sostenible): éste es el caso analizado por Gordon en su famoso artículo de la década de 1950, en el que demostraba la ineficiencia del libre acceso.[9] Sin embargo, si el futuro se descuenta, interesará ir más allá en la captura.

Por tanto, en el caso de un propietario individual actuarían dos consideraciones que presionarían en sentido contrario. El descuento del futuro presionaría para explotar el recurso hasta un nivel de población por debajo del que corresponde al rendimiento máximo sostenible; en cambio, el aumento de los costes medios incentivaría que un propietario individual explotase el recurso manteniendo una población superior a la correspondiente al máximo rendimiento sostenible. El *stock* óptimo podría ser superior o inferior a $K/2$, y sólo por casualidad coincidiría con dicho nivel correspondiente a la máxima captura.

El problema del propietario individual planteado en términos *dinámicos* más generales es el siguiente. Existe un *stock* inicial de recurso, ciertas condiciones de costes y precios, y un tipo de descuento. Lo que queremos saber es el resultado final, si los agentes económicos pretenden únicamente maximizar el beneficio *actualizado*. ¿Cuál será el equilibrio dinámico final que se alcanzaría si los agentes económicos maximizasen efectivamente sus beneficios actualizados? La solución al problema matemático, de programación dinámica, para el caso más ge-

---

[9] H. S. Gordon, "Economic Theory of a Common-Property Resource: the Fishery", *Journal of Political Economy*, vol. 62 (1954), pp. 124-142.

neral (la situación inicial puede ser cualquiera, lo mismo que precios y costes pueden ser variables a lo largo del tiempo) no es en absoluto elemental.[10] En los ejemplos anteriores hemos captado, sin embargo, algunos aspectos clave que influyen en la dinámica de la explotación. Una variable clave es el tipo de descuento en comparación con la tasa de crecimiento del recurso. Cuanto mayor sea el tipo de descuento —con el caso límite del libre acceso—, más intensiva será la explotación del recurso. En particular, más probable es la extinción del recurso. Otra variable clave es la relación entre el precio y el coste unitario de captura para los diferentes niveles de población. En particular, si los costes unitarios de captura son muy elevados cuando disminuye mucho el *stock*, entonces la extinción del recurso será improbable, incluso en situación de libre acceso.

¿Qué papel desempeña la dinámica de precios? Una característica de la mayoría de modelos de economía de la pesca es que se ha centrado en explicar la explotación del recurso para unos precios dados, pero no explica cuáles son los precios de mercado. Un economista puede argumentar que el agotamiento del recurso provocaría trayectorias de precios crecientes y que ello estimularía la conservación del recurso. Ahora bien, si el precio crece, se estimula precisamente el efecto contrario: mayor rentabilidad de la explotación del recurso para unos costes dados. Esto es sin duda lo que pasará en el caso de un recurso de libre acceso. Es cierto, sin embargo, que las *expectativas* de precios crecientes sí pueden jugar, en el caso de un propietario único, a favor de la conservación, ya que en dicho caso la comparación relevante es entre beneficios presentes y futuros (descontados): si se espera que el precio crecerá en el futuro, puede ser una razón a favor de la conservación. En definitiva, es muy posible que los aumentos de precio provocados por la progresiva escasez sean un factor que favorezca la sobreexplotación de las pesquerías, aunque, en algunas circunstancias podrían tener resultados conservacionistas como por ejemplo puede ocurrir en explotaciones forestales privadas.

---

[10] Para un análisis formal del problema, véase C. W. Clark, *op. cit.*, P. Dasgupta, *The Control of Resources*, Basil Blackwell, Oxford, 1982; y J. M. Conrad, "Bioeconomic models of the fishery", en D. W. Bromley (ed.), *The Handbook of Environmental Economics*, Basil Blackwell, Oxford, 1995.

UNA PREOCUPACIÓN ESPECÍFICA DE LA ECONOMÍA
FORESTAL: EL TURNO DE ROTACIÓN ÓPTIMO

En los modelos anteriores siempre hemos considerado la biomasa total sin diferenciar la población por edades. Esta diferenciación es importante no sólo porque de la pirámide de población depende el crecimiento, sino porque en la gestión de los recursos se plantea también el importante tema de la edad a la que se deben extraer los recursos. Esto es particularmente relevante en la explotación forestal. Gran parte de la economía forestal se ha dedicado a discutir el tema del *turno de rotación forestal óptimo (optimal rotating forest)* de las plantaciones de árboles.[11] El tema tiene mucha similitud con el análisis anterior, pero tiene también sus especificidades.

Consideremos una función que expresa la cantidad de madera (en, por ejemplo, metros cúbicos), según la edad t (en años) de un árbol (o conjunto de árboles en un determinado espacio):

$$q = f(t).$$

La función concreta dependerá de cada caso, pero en general tiene una forma similar a la de la función logística: un primer periodo, en el que $f'(t)$ no sólo es positiva sino creciente, y un segundo periodo en que decrece hasta alcanzar el máximo de $f(t)$, a partir del cual la cantidad de madera se estabiliza o incluso empieza a disminuir.

Si se tratase de talar el árbol y luego abandonar el espacio, la mejor solución desde el punto de vista de la mera rentabilidad monetaria es la de dejar crecer el árbol mientras el incremento relativo de la cantidad de madera compense el sacrificio de no disponer ya, ahora, del dinero, es decir, mientras sea mayor que el tipo de interés. El momento óptimo de corta sería aquel para el cual

$$i = f'(t)/f(t).$$

---

[11] Una buena explicación del tema puede encontrarse en C. Romero, *Economía de los recursos ambientales y naturales*, Alianza, Madrid, 1994. Nuestras explicaciones siguen básicamente el planteamiento que, mucho más desarrollado, se encuentra en los capítulos 7 y 8 de dicho libro.

El periodo de rotación no coincidirá, si no es por casualidad, con el que maximizaría el promedio anual de madera cortada, es decir, la "productividad media de la plantación".[12]

Sin embargo, ya a mediados del siglo XIX, Faustmann planteó que si lo que nos interesa estudiar son los turnos óptimos en *plantaciones forestales,* la solución anterior es incorrecta porque no tiene en cuenta el coste de oportunidad de mantener el espacio ocupado. El argumento es el siguiente. Sea C el coste de plantación y p el precio de la madera (o, mejor, el precio neto de costes de tala que, para no añadir complicaciones, supondremos constantes por unidad de madera). Si consideramos el momento inicial como el momento de plantar el árbol, cortarlos a una edad t y volver a plantar inmediatamente permite en realidad obtener cada t años un ingreso igual a $pf(t)$, lo que, teniendo en cuenta el coste de plantación, supone la siguiente renta actualizada:

$$V = pf(t)e^{-it} - C + pf(t)e^{-2it} - Ce^{-it} + pf(t)e^{-3it} - Ce^{-2it}$$

$$+ pf(t)e^{-4it} - Ce^{-3it} + pf(t)e^{-5it} - Ce^{-4it} + \dots$$

La suma ilimitada anterior equivale a

$$V = \frac{pf(t)e^{-it} - C}{1 - e^{-it}} = \frac{pf(t) - Ce^{it}}{e^{it} - 1}.$$

Se trata de decidir t, de manera que se maximice la expresión anterior que denominamos V y que puede identificarse con el valor del suelo (o capitalización de las rentas que pueden obtenerse). En términos matemáticos se trata de igualar a cero la derivada respecto al tiempo.

La interpretación económica es la siguiente:[13] se trata de

---

[12] La productividad media es $f(t)/t$. El máximo se daría cuando productividad marginal y media coincidan: $f'(t) = f(t)/t$.

[13] La intuición económica que hay detrás de la condición matemática la hemos expresado en años y como si i representase la tasa de interés anual y no la tasa continua. De hecho, el problema lo hemos formulado en términos continuos (lo que facilita la deducción matemática), de manera que la correspondencia entre la expresión matemática y el razonamiento en términos anuales es sólo aproximada.

$$pf'(t) = ipf(t) + i\ \frac{pf(t) - Ce^{it}}{e^{it} - 1} = ipf(t) + iV = i(pf(t) + V).$$

dejar crecer el árbol hasta el momento en que el beneficio adicional de esperar un año más a cortarlo ya no supere el coste de oportunidad que tiene renunciar a cortarlo. El beneficio adicional es el valor de mercado (neto de costes de tala) de la madera adicional. El coste de oportunidad es la *suma* de los ingresos financieros que se obtendrían durante dicho año, invirtiendo los beneficios de la corta, *más* la renta anual que generaría el espacio liberado ($V = R/i$, es decir, $R = iV$). La expresión se conoce como la *regla de Faustmann*.

El periodo de rotación será siempre más corto que si no se considerase la renta de la tierra. Además, la introducción del valor del suelo permite extender el argumento a una realidad que ya habíamos apuntado: la corta inmediata puede justificarse financieramente siempre que la renta del suelo en usos distintos a la explotación forestal sea suficientemente elevada.

La expresión de la regla de Faustmann permite ver los factores que presionan para acortar los turnos de rotación. A igualdad de circunstancias la presión será mayor cuanto mayor sea el precio neto de la madera (por aumento de su precio o disminución de los costes de tala), menores serán los costes de plantación (que a lo mejor están subvencionados) y mayor será el tipo de interés.

MAXIMIZACIÓN DE BENEFICIOS Y REGULACIÓN SOCIAL

La teoría económica convencional está de acuerdo, en general, en que la explotación pesquera tiende, en ausencia de regulación, a ser excesiva, a explotar los recursos de forma demasiado intensiva acarreando costes futuros injustificados. Este acuerdo es uno de los factores que ha facilitado que, en la práctica, el libre acceso sin ningún tipo de restricción sea infrecuente. Sistemas de gestión comunal, restricciones legales diversas a la explotación (cuotas y licencias, periodos de veda, el límite de las 200 millas...) son todas formas de regular la

VII.2. *Las plantaciones no son bosques*

La economía forestal tradicional (que es a su vez un capítulo de la economía de los recursos renovables) nació en Europa en momentos en que los bosques originales estaban siendo o iban a ser sustituidos por plantaciones de árboles. El "turno de corta" se convierte, entonces, en la cuestión teórica más importante. La economía forestal establece que la frecuencia con la cual se cortan los árboles plantados depende de su ritmo de crecimiento, de los precios actuales y esperados de la madera, del costo marginal de la corta y del transporte, del tipo de interés en el mercado financiero, de los rendimientos alternativos del suelo ocupado por los árboles... La economía forestal, a partir de la noción de "rendimiento máximo sostenible" de un cierto *stock* de árboles en pie, elabora modelos que tienen en cuenta las variables reseñadas y se preocupa por la sustentabilidad, por lo menos en un sentido económico. Ésta es la tradición de la ingeniería forestal alemana y, en los Estados Unidos, la de Gifford Pinchot, nacida hace más de 100 años contra el arrasamiento de los bosques originarios en un movimiento conservacionista descrito por Samuel Hays como "el evangelio de la eficiencia", que hoy llamaríamos (considerando también la nueva ecología industrial), el "evangelio de la ecoeficiencia". En los Estados Unidos a esa tradición se le suele oponer la de John Muir, fundador del Sierra Club en California, el defensor de los grandes parques naturales (vaciados de población indígena) donde el aprovechamiento económico está excluido. Este movimiento ha sido descrito como el "culto de la naturaleza silvestre". Así pues, la contraposición entre John Muir y Gifford Pinchot, entre el "culto de la naturaleza silvestre" y el "evangelio de la ecoeficiencia", implicaba ya hace 100 años considerar dos valores contrapuestos de los bosques: su valor cultural (recreativo, hasta sagrado), y su valor económico como productores sostenibles de madera. Pero en economía forestal se ha puesto énfasis únicamente en la tradición de Gifford Pinchot, mientras que John Muir tiene interés no para los economistas forestales sino para los biólogos de la conservación y para los "ecologistas profundos".

Hoy en día, gracias al surgimiento de la economía ecológica, el debate se plantea en términos aún más amplios. El Movimiento Mundial en Defensa de los Bosques[a] sostiene que las plantaciones

[a] www.wrm.org.uy

comerciales de árboles de una sola o de pocas especies no son realmente bosques. Los árboles son fuente de materia prima de la industria de la madera o de pasta de papel, pero las funciones no mercantiles de los bosques en la conservación y coevolución de la biodiversidad, en el ciclo del agua, como sumideros de carbono, como proporcionadores de bienes de subsistencia a las comunidades que viven de ellos —ya sea en forma de frutos o de animales o plantas medicinales—, son más importantes que su papel de productores de madera. Los bosques son vistos hoy en día como proporcionadores no sólo de madera y valores recreativos o sagrados, sino también de *servicios ambientales* de gran importancia, particularmente en el caso de los bosques que no han sido convertidos en plantaciones.

Algunos movimientos sociales de los últimos 20 años, que son parte del "ecologismo de los pobres", han ayudado mucho a ampliar esa visión de los bosques. Por ejemplo, el movimiento de las "reservas extractivistas" en la Amazonia brasileña (nacido de la resistencia de los sindicatos de "seringueiros" a la deforestación en el Acre, con la figura de Chico Mendes) se basaba en una estrategia multiusos del bosque: recolección del látex del caucho y de la castaña de Pará (o nuez de Brasil), la pesca, la agricultura de subsistencia, alguna extracción de madera... En 1988, cuando Chico Mendes fue asesinado, no se había planteado aún, en ningún lugar del mundo, el cobro por servicios de depósito de carbono o por bioprospección, pero esos rubros caben también en la noción de "reservas extractivistas". Esas reservas son nuevas propiedades comunitarias reconocidas por el Estado brasileño (que hoy abarcan al menos tres millones de hectáreas) que excluyen la deforestación.

La valoración de los bosques más allá de la producción de madera es un tema muy pertinente en América Latina, donde se conserva la mayor superficie de bosque tropical húmedo del mundo (aunque muy disminuida en Ecuador, América Central y el sur de México). Algunos Estados, como Costa Rica, han reconocido prácticamente esas funciones ecológicas de los bosques, mediante un impuesto sobre la producción de hidroelectricidad que revierte en la conservación de los bosques.

El ecologismo latinoamericano se distingue de esos ambientalismos del Norte que son "el culto de la vida silvestre" o "el evangelio de la ecoeficiencia". En América Latina, el ecologismo descansa en la conciencia del "robo" de los recursos naturales del continente (en la forma de minerales, pero también de productos forestales como la quina o el quebracho) y, por otro lado, se basa en la conciencia de la enorme potencialidad ecológico-productiva del continente todavía sin explorar a fondo y en el respeto a la sabiduría tradicional de campesinos e indígenas (no sólo en la agricultura y en la agroforestería, sino también en el uso experto y sustentable de los bosques primarios: "la selva culta", como la ha llamado el antropólogo Descola). Existen nuevos experimentos en ese sentido. Por ejemplo, algunas comunidades indígenas del Pastaza en Ecuador crían capibaras de manera semidoméstica, un proyecto que si se extendiera a toda la Amazonia aumentaría enormemente la disponibilidad de carne. Y contra los abusos de la pesca industrial, en los lagos que deja el río Amazonas en los periodos en que su caudal baja, en la zona de Santarem, hay intentos de instituir un manejo comunitario de esos grandes recursos pesqueros; intento de conservación que debe ir unido a la preservación del bosque en la ribera (en contra de la expansión de la ganadería), ya que los peces se alimentan de los frutos de los árboles.

La estrategia multiuso puede ser reforzada por una valoración del bosque que vaya mucho más allá de la producción comercial de madera. Ahora bien, ¿qué tipo de valoración? ¿Se trata de dar una valoración crematística a los servicios ambientales y a las potencialidades productivas de los bosques, o más bien de aplicar un enfoque multicriterial en distintas unidades de valor, propio de la economía ecológica? Ambas líneas resultan de utilidad. Así, Fearnside ha estimado[b] que una familia amazónica con únicamente 100 hectáreas de bosque está proporcionando anualmente servicios ambientales por valor de unos 28 000 dólares (renta que le permitiría vivir de la conservación): 18 000 por depósito de carbono, 5 000 por conservación de biodiversidad y otros 5 000 por la evapotranspiración de agua. El cálculo se basa en las siguientes estimaciones. Los nacientes mercados de "implementación conjunta" o "mecanismos de desarrollo limpio" permiten obtener cifras sobre el valor monetario de la absorción y depósito de carbono. Aquí tanto da una plantación de árboles como un verdadero bosque. De hecho, la plantación nueva, mientras crece, absorbe más carbono que el bosque maduro. El valor del servicio de reciclaje de agua es calculado mediante estimaciones de cantidad de

[b] Philip M. Fearnside, "Environmental services as a strategy for sustainable development in rural Amazonia", *Ecological Economics*, vol. 20, núm. 1 (enero de 1997), pp. 53-70.

lluvia del sur y suroeste de Brasil que viene de la Amazonia y de cómo se reduciría tal precipitación y, por tanto, las cosechas con la deforestación amazónica. Por último, el valor económico de la biodiversidad, a partir de casos aislados de contratos de "bioprospección", es una estimación muy burda ya que mantener la biodiversidad será útil en un futuro que los contratos de "bioprospección" no valoran.

Se plantean aquí dos cuestiones. En primer lugar, quién pagará los valores conseguidos al impedir la deforestación. En segundo lugar, qué garantía hay de que esos valores económicos serán suficientes para competir con el rendimiento de la deforestación, en forma de venta de madera y subsiguiente explotación ganadera. Al adoptar la racionalidad económica estricta, abandonando la racionalidad multicriterial, caeríamos fácilmente en un "fetichismo de las mercancías ficticias" que retrasa, pero no impide, la destrucción de la naturaleza y de las formas de vida menos mercantilizadas.

actividad pesquera. Como en el campo de los impactos ambientales, los economistas son frecuentemente partidarios, más que de simples cuotas de pesca, de cuotas transferibles o comercializables; en diversos países se ha ensayado este tipo de regulación, cuyo peligro es que las cuotas acaben en manos de las empresas más poderosas en detrimento de las comunidades locales de pescadores que, en general, están mucho más comprometidas con la sostenibilidad de la pesca, ya que dependen de ella para su supervivencia y la de sus hijos.

En el caso de los bosques sí es frecuente la propiedad privada única, aunque hay también muchos bosques públicos o comunales. Su multifuncionalidad es, sin embargo, en general reconocida y ello es razón suficiente para que rentabilidad privada y rentabilidad social no sean en absoluto identificables.

Ahora bien, es mucho más fácil aceptar que las explotaciones actuales de los recursos renovables se caracterizan, en general, por la ineficiencia, antes que acordar cuál sería exactamente la explotación eficiente o ponerse de acuerdo sobre si tal término tiene una definición precisa. Para muchos, la intervención, en el caso de la pesca, debería orientarse a intentar un acercamiento a lo que pasaría en situación de derechos de propiedad privada bien definidos y mercados competitivos. Sin embargo, eso es problemático por muchas razones, entre ellas el fuerte debate sobre el tipo de descuento. Si la única función que se le diese a una población de peces fuese la de proporcionar alimento, bien podría también defenderse que a largo plazo el criterio debería ser aproximarse al rendimiento máximo sostenible (cuyo valor exacto es desconocido), lo que implícitamente equivale a no descontar el futuro. Pero, además, todas las especies forman parte de complejas redes alimentarias y los cambios de población de una especie tienen efectos ecológicos globales (lo que queda mal reflejado en los modelos habituales, en los que implícitamente se supone de hecho que todos los cambios, excepto la extinción, son totalmente reversibles).

Si se trata de una explotación forestal, ¿cómo incorporar en un programa de eficiencia que el único objetivo social no es obtener más o menos madera porque los bosques tienen un conjunto de funciones ecológicas y sociales importantes, como proporcionar servicios recreativos, mantener la biodiversidad, evitar la erosión o absorber CO_2? Una forma teórica, insatisfactoria, de hacer frente a dicha complejidad es mediante la valoración monetaria de estos servicios y el cálculo de un nuevo valor actual neto *social*. Otra manera de enfocar el tema, que consideramos más satisfactoria y a la que ya nos hemos referido en otros apartados de este libro, es mediante la perspectiva multicriterio.

EL AGUA Y SU GESTIÓN

La gestión del agua para sus diversos usos (agrícola, industrial, doméstico) merece una reflexión más extendida dentro de un capítulo sobre la economía de los recursos renovables.

El agua es un recurso difícil de clasificar. Es un "fondo" que se renueva constantemente de manera natural y que nos da un flujo de productos y servicios, porque si nos fijamos en el ciclo global del agua podríamos verlo como un recurso "continuo", un recurso siempre renovable cuya disponibilidad futura no depende de que lo utilicemos más o menos (aunque la acción humana puede afectar a dicho ciclo debido a los cambios ambientales): el agua se evapora mediante la energía solar y cae otra vez en forma de lluvia en una cantidad global similar de año en año. Ahora bien, ciertas cantidades de agua son un *stock* agotable porque además del agua superficial que, ciertamente, no abunda en todas partes, existe un *stock* de agua subterránea en los acuíferos que, si se extrae rápidamente, puede agotarse. El agua extraída de un acuífero debe verse así como un recurso similar a los recursos renovables biológicos, aunque ahora la tasa de renovación no depende de la reproducción biológica sino de la infiltración de agua: pero igualmente cuando la extracción supera a la tasa de renovación "natural" entonces disminuye el *stock:* la extracción no es sostenible. Incluso en algunos acuíferos, en zonas sin apenas lluvia, la tasa de infiltración es tan pequeña que podemos hablar de "agua fósil", como un recurso en la práctica "no renovable". Igualmente el *stock* de agua contenido en un glaciar del cual provenga la provisión para las comunidades de regantes puede ir disminuyendo debido al cambio climático.

De manera parecida, un bosque es un "fondo" permanente que nos da un flujo de productos maderables y no maderables y de servicios ambientales, gracias a la fotosíntesis, pero si lo cortamos totalmente, entonces lo estamos tratando como un *stock*. Igualmente el suelo agrícola es un "fondo" que da cosechas si mantenemos su fertilidad, pero podemos tratarlo como si fuera un *stock* agotable de nutrientes.

Por supuesto, el agua tiene unas funciones de mantenimiento de los ecosistemas previas y más fundamentales que cualquier extracción humana porque sin ella la vida no sería posible. Las "demandas" de agua de cada territorio dependen de su vegetación que determina la "evotranspiración". De hecho, la existencia de desiertos o de zonas con poca vegetación en lugares de clima cálido puede entenderse como una manera de hacer frente a la escasez de agua, que sería aún mayor si esos suelos estuvieran cubiertos con vegetación, ya que entonces la evapotranspiración aumentaría y, junto con ella, el déficit de agua. Las alteraciones humanas de la vegetación influyen en los excesos o déficits de agua de un territorio.

Otra particularidad esencial del agua es el papel clave —aún más que en cualquier otro recurso— de la *calidad* del agua. En realidad, nada hay tan abundante en la Tierra como el agua: lo que sucede es que en su mayor parte se trata de agua de mar (más de 95%) y del "agua dulce", la mayor parte no es accesible porque está en los glaciares y en cubiertas permanentes de nieve. Lo que necesitamos los humanos es agua de determinada calidad (variable según sea para beber, para la agricultura o para refrigeración) disponible en determinados lugares. Siguiendo a Naredo, podemos aplicar el símil de la "entropía" al agua:[14] el "gradiente" de la calidad del agua tiende a disminuir, perdiendo cota de alzada y acumulando materiales como por ejemplo sales, desde que aparece en forma de lluvia hasta que llega al mar, donde alcanza su máximo nivel de entropía que la radiación solar invierte al devolver el agua a las nubes y al caer de nuevo en forma de lluvia de agua dulce. El proceso de pérdida de calidad del agua se acelera muchas veces por la actividad humana como se ve claramente en la contaminación de aguas superficiales o de acuíferos. Es la búsqueda de agua de buena calidad lo que ha motivado la construcción de aljibes y cisternas para recoger el agua de lluvia para uso doméstico en zonas de aguas superficiales y subterráneas salobres. Y es también la que ha motivado trasvases de agua entre zonas y costosas inversiones —en dinero y energía— para obtener agua dulce a partir de agua salada en las desalinizadoras que lo que hacen es sustituir parcialmente lo que la energía solar proporciona de forma gratuita. Esta "sustitución" sería totalmente imposible a una gran escala a nivel mundial dada la limitación de la disponibilidad de energía pero cabe pensar, sin embargo, que en algunos casos las nuevas tecnologías, como la ósmosis inversa u otras técnicas de desalación, puedan hacer accesible —con costes decrecientes— una parte del gran depósito del agua del mar. Frente al pesimismo geopolítico de quienes anuncian "guerras por el agua" más intensas que las "guerras por el petróleo" (guerras entre Israel, Palestina, Jordania, Siria, por ejemplo), vale la pena por una vez mostrar un cierto optimismo tecnológico.

[14] J. M. Naredo, "Problemática de la gestión del agua en España" en J. M. Naredo (ed.), *La economía del agua en España*, Fundación Argentaria, Madrid, 1997.

La orientación tradicional de la gestión del agua ha considerado frecuentemente sólo la cantidad en una óptica de oferta, es decir, se hace una proyección de las futuras "necesidades" de agua en base al aumento esperado de población y del ingreso y de diferentes actividades económicas (como planes agrarios, minería o atracción de turistas), y entonces se prepara un plan de abastecimiento, acudiendo a nuevas fuentes o mediante embalses. La cuestión se plantea en términos de minimizar los costes de provisión usando en cada momento las oportunidades con costo marginal inferior. Sin embargo, la Economía del Agua ha puesto en cuestión este enfoque poniendo el acento en la necesidad de gestionar la demanda ya que la demanda como concepto económico depende de los precios y viene condicionada por decisiones de planificación económica y del territorio.[15] También se habla de los problemas de calidad del agua y no sólo de la cantidad, y se pone atención no sólo en los usos en la economía sino también en los ecosistemas.

Hay sin duda una relación entre nivel de ingreso y consumo de agua que, para usos domésticos, oscila entre los 1 000 litros por persona al día entre la gente más rica en California y los 20 litros por persona al día en la gente muy pobre de zonas urbanas. Más allá de esos 1 000 litros por persona al día, o incluso antes, la elasticidad-ingreso de la demanda doméstica de agua se torna cero, pero como ocurre en otros casos de "desmaterialización" relativa, llegar al punto en que el uso de agua ya no aumenta, supone un gasto tan alto que difícilmente podrá conseguirse con generalidad si hay que mantener, además, los otros usos de agua para la industria y la agricultura. Pero hay zonas ricas del mundo —como por ejemplo el área metropolitana de Barcelona— en las que el uso de agua per cápita es bajo, cercano a los 100 litros por persona y día. El uso de agua doméstica no sólo depende del nivel de renta sino también de factores culturales (incluyendo el grado de concienciación sobre la necesidad de ahorro) y de estilos de vida (como el tipo de vivienda) y por supuesto de la estructura de las tarifas. En algu-

---

[15] F. Aguilera, "Agua, economía y medio ambiente: interdependencias físicas y la necesidad de nuevos conceptos", *Revista de Estudios Agrosociales*, núm. 167 (1994), pp. 113-130.

VII.3. *Injusticias hídricas:*
el agua corre hacia el poder

Bajo el término Justicia Hídrica se agrupan las investigaciones y acciones dirigidas a preservar al acceso al agua como un servicio público a un precio asequible a los más pobres. El contexto es urbano. La oleada neoliberal de la década de 1990 fue acompañada por una campaña de privatización de los servicios de agua y saneamiento con la idea de que las compañías privadas serían capaces de subir los precios y de hacer las inversiones requeridas. Los precios sí subieron, las familias pobres sufrieron y además las prometidas inversiones no siempre se efectuaron. De Cochabamba a Buenos Aires pero también Sudáfrica y hasta Londres se extendieron las protestas.

La mayor parte del aprovisionamiento del agua y del saneamiento continúa en manos públicas (municipales, regionales). Más allá de la privatización impulsada por la ideología neoliberal, se plantea la cuestión de cómo mejorar el suministro de agua en manos públicas, cómo conseguir una distribución justa, cómo evitar que el pago del agua tenga carácter regresivo, cómo compaginar el uso urbano con otros usos en una perspectiva regional. También, cómo fomentar los sistemas de *water harvesting* (captación de aguas pluviales) y de desalación con técnicas locales apropiadas, cómo evitar que los pobres urbanos deban pagar su escaso consumo de agua a precios superiores porque dependen de la llegada de tanques a las periferias urbanas al carecer de agua entubada, cómo lograr evitar la gran injusticia de la falta de servicios de saneamiento en algunos barrios. Todos estos son aspectos de la Justicia Hídrica urbana.

Cuando en cualquier lugar del mundo una comunidad lucha contra una plantación de eucaliptos (para pasta de papel para exportación), o contra un ingenio azucarero que se lleva el agua, contra una mina que va a destruir la calidad del agua local, contra una extracción ilegal de arenas y gravas en el río, está luchando por la Justicia Ambiental y por la Justicia Social, y concretamente por la Justicia Hídrica.

Muy frecuentemente cuando hay explotaciones mineras, o represas y trasvases de agua, quienes más sufren de los desalojos y de la desposesión de sus medios de vida son las comunidades indígenas. Así está ocurriendo en el río Xingú en Brasil con la enorme represa de Belo Monte, al parecer la tercera mayor del mundo tras Itaupú y las Tres Gargantas, más de 11 000 MW de potencia. Aunque más chico, es famoso el caso de la represa Urrá sobre el río Sinú, en la región atlántica de Colombia, que constituyó una catástrofe ambiental así como un desastre para la población local. Afectó la existencia del pueblo indígena Embera Katío y de las comunidades de pescadores del área. Durante esta lucha desigual, hubo muertes, amenazas y exilios. La zona ha estado controlada por grupos paramilitares.

La primera central Urrá es de 340 MW solamente. Formó un gran lago, desplazando a los Embera Katío. Además, la presencia de Urrá impide que el río Sinú lleve agua hacia la costa y las tierras de cultivo aguas abajo se salinizan. Eso fue aprovechado por industrias camaroneras para expulsar a agricultores, con ayuda de paramilitares. Se planeó una segunda represa pero no se llevó a cabo aunque fueron asesinados uno tras otro los líderes Alonso Domicó en 1998, Alejandro y Lucindo Domicó en 1999, Kimy Pernía Domicó en 2001.

Un grupo de la Universidad de Wageningen con Rutgerd Boelens investiga en cooperación con activistas locales sobre tales injusticias hídricas en territorios de América Latina y de otros continentes. Anuncia sus cursos y trabajos en español en http://justiciahidrica. org/ y ha publicado el excelente libro *Justicia Hídrica: Acumulación, Conflicto y Acción Social* (Instituto de Estudios Peruanos, Lima, 2011). En la introducción, los editores afirman que "el agua corre en dirección al poder". Donde el poder se acumula, allá llega el agua que se robó de otros sitios. "Muchas veces se acumula en manos de unos cuantos usuarios dominantes en sectores favorecidos. La distribución injusta del agua se manifiesta no solo en términos de pobreza, sino que también constituye una grave amenaza para la seguridad alimentaria y la sostenibilidad ambiental".

En un contexto general, que incluya lo urbano y lo rural, lo local, lo nacional y lo internacional, debemos ver la Justicia Hídrica como parte del gran movimiento global de Justicia Ambiental que lucha contra las asimetrías en el uso de recursos y en las cargas de la contaminación. Así como hay un movimiento de Justicia Climática, hay un incipiente movimiento internacional de Justicia Hídrica que nace y se sustenta de la resistencia contra tantas injusticias locales.

nos contextos es razonable subir los precios del agua al menos para consumos que superen los niveles considerados básicos; en otros contextos, la subida de precios —que puede ser consecuencia de una privatización— atenta contra lo que con razón se ha considerado un derecho humano básico: el acceso a unas cantidades de agua de calidad necesarias para una vida digna y saludable.

El mayor uso de agua en el mundo no es el doméstico sino, con mucha diferencia, el uso para la agricultura de regadío. El uso eficiente del agua en la agricultura es, pues, un tema clave que obviamente depende de los incentivos económicos. En economías ricas, como la española, parece razonable marcarse como objetivo la reducción del uso del agua en la agricultura para transferirlo a usos más rentables o simplemente para evitar problemas ambientales cuando descienden los caudales de los ríos: hay excedentes agrícolas europeos y no parece necesario dedicar un recurso tan escaso como el agua en el sur de Europa para incrementar la producción agrícola. Para estimular la eficiencia en el uso del agua se pueden aplicar instrumentos económicos como unos precios mayores (que, como mínimo, reflejen los costes de las infraestructuras que frecuentemente recaen sobre las administraciones públicas) o se hacen propuestas sobre mercados de agua que tienen mucha relación con la discusión sobre los "derechos de propiedad". La idea de transferencias mercantiles de derechos de uso del agua no nos parece mal en algunos contextos, siempre que estén regulados y sean parte de una política de gestión de la demanda de agua frente a la tradicional de aumentar los abastecimientos sin más límite que las proyecciones siempre crecientes cuyo paradigma son los grandes trasvases entre cuencas (como, por ejemplo, las propuestas de trasvase desde el Ródano hacia Barcelona o del Ebro hacia Barcelona y el sur de España) para que la oferta suba continuamente, aunque sea con costos marginales monetarios y ambientales ascendentes. Trasvases que sobre todo representan grandes negocios privados.

Las concesiones administrativas de caudales de agua para usos agrarios que existen en muchos lugares crean unos "derechos de uso" que se pueden cuestionar aunque eso sea muy difícil jurídica y/o políticamente. La idea de los intercambios mercantiles es la siguiente. Si una federación de regantes quiere "vender" el agua para otros usos como puede ser el abastecimiento urbano, quizás hay que permitirlo (especialmente cuando no implica transferencias a larga distancia). Se podría permitir sin condiciones pero para hacerlo se deberían tener en cuenta muchos factores, los ecológicos y otros posibles efectos sobre terceros, lo que requiere un análisis que va más allá de los intereses económicos de compradores y vendedores. El caso práctico más conocido es el de *bancos de agua* californianos activados a principios de la década de 1990 en momentos de escasez debido a una situación de sequía. No se trató de un simple intercambio mercantil sino de que una entidad pública compraba agua, es decir, el compromiso de no utilizar temporalmente cantidades concedidas, a un precio fijado para en parte venderla —a un precio mayor— y en parte para no utilizarla y así mantener mayores caudales (para usos ambientales). Los vendedores fueron agricultores y los compradores empresas de abastecimiento urbano de agua.

Hay, pues, en la economía del agua, una discusión entre la vieja escuela del aumento de la disponibilidad, y la nueva escuela que destaca las políticas de demanda para dirigir el agua a usos más rentables y favorecer su ahorro y reutilización. Al disminuir el uso de agua e impulsar su reutilización, se facilita mantener agua suficiente en los ríos para funciones ecológicas. La importancia de mantener las funciones ecológicas es un elemento fundamental de ruptura con los tradicionales enfoques. Los embalses han sido un procedimiento muy importante para aumentar el abastecimiento de agua, y en la segunda mitad del siglo xx han abundado como fuente de hidroelectricidad pero también de agua para regadíos agrícolas, trasvases entre cuencas y zonas urbanas. Domeñar los ríos, evitar que se "pierda" el agua, ha sido el sueño de muchos ingenieros hidráulicos, pero, desde el punto de vista ecológico, el agua de los ríos no se pierde sino que desempeña funciones ecológicas en las riberas, proporciona sedimentos en los deltas (que ayudan a compensar su subsidencia natural más el previsto aumento del nivel de mar por el efecto invernadero), se depura a sí misma al oxigenarse, y lleva nutrientes al mar, contribuyendo así a la prosperidad de las zonas pesqueras litorales. Esas ideas de gestión ecosistémica de los ríos, según las cuales el agua que no se usa para la economía tiene sin embargo importantes funciones ecológicas que el mercado olvida, están cada vez más presentes en el debate aunque no están bien asentadas todavía en la conciencia pública.[16]

La construcción de embalses, al igual que la práctica de los trasvases, imponen "derechos de propiedad" sobre el agua, frecuentemente en beneficio del Estado o de empresas concesionarias que suponen una expropiación de usos tradicionales anteriores. A veces eso acontece incluso en el ámbito internacional: al delta del Colorado en México ya no llega agua se queda toda en los Estados Unidos. Cuando el agua ha sido escasa, la propia sociedad ha creado instituciones para gestionarla. A veces ha existido una simple "regla de captura", por ejemplo, para acceder al agua subterránea mediante pozos: al abaratarse el esfuerzo de sacar agua mediante bombas de petróleo o eléctricas, se extrae una cantidad excesiva y baja la capa freática. Debe entonces instituirse una nueva regla. Por ejemplo, en Gujarat y Maharashtra, India, la agricultura capitalista de caña de azúcar "roba" agua a las familias pobres, igual que en Morelos en la época de Emiliano Zapata. En países del mundo pobre cuya agricultura es mayormente irrigada y que dependen de ella para la alimentación humana (la India, Pakistán, China, Egipto, Irán, Irak, y en parte México y Perú), el argumento de que el agua debería dedicarse a un uso más "rentable" no resulta apropiado: aunque crematísticamente podría también ser verdad no lo es socialmente.

En zonas de antigua agricultura irrigada, frente a la interpretación histórica que establece una correspondencia entre falta de agua, grandes obras de irrigación y un "despotismo

---

[16] Así, hace unos años, podíamos leer de la pluma de un periodista culto, una frase como la siguiente: "Buena parte del agua del Ródano va al mar, sin dejar provecho alguno a las regiones por las que cruza. La conciencia de que el agua es hoy un bien escaso... espolea la imaginación de los franceses que ansían vender ese bien a los catalanes..." (Francesc Arroyo, "Los franceses quieren vender el agua del Ródano a Cataluña. Los empresarios dicen por primera vez que el trasvase del río podría ser un gran negocio", *El País*, Barcelona, 2 de mayo de 1999). El agua que llega al delta del Ródano (la gran zona húmeda de la Camarga) y al mar, era vista como agua perdida.

oriental" (como argumentó Karl Wittfogel), puede argumentarse con más razón que han existido instituciones democráticas (algunas tan famosas como el Tribunal de las Aguas en Valencia), en forma de federaciones de regantes, por ejemplo, que han regulado el uso del agua. Muchas de esas instituciones fueron estudiadas por Elinor Ostrom. Las ofrendas a los Apu (grandes cerros nevados), que son fuente del agua en valles andinos como el Colca, son una manifestación de esa regulación comunitaria del uso del agua,[17] como también en el sur de la India y en Sri Lanka los templos locales han cumplido esta función. Cada templo tiene su tanque de agua (una pequeña represa de tierra) para que la comunidad riegue. A la vez el tanque ofrece otros servicios de producción (la pesca por ejemplo) o de regulación ambiental.

Si el instrumento preferido es el "mercado", hemos de tener presente que la "eficiencia" de los distintos usos está siempre en relación con una determinada estructura de dotaciones iniciales de agua de los diversos territorios y grupos sociales, y también con el poder adquisitivo de los usuarios, que puede ser muy desigual. Tal vez se aplique aquí la "regla de Lawrence Summers", es decir, "los pobres venden barato". Así, en el ejemplo anteriormente citado —extracción de agua subterránea de pozos para regar caña de azúcar de empresas en Gujarat y Maharashtra— existe actualmente un abuso unilateral de los poderosos. Supongamos que haya una reasignación de "derechos de propiedad", y que de una situación de acceso libre al agua de la capa freática se vaya a un sistema de concesiones igualitarias. Sin embargo, si se instaurara un mercado de tales concesiones, el agua irá hacia los ricos (aunque las mujeres pobres protesten), no ya por la imposición del poder sino por la libertad (desigual) del mercado. Además, en los mercados, los intereses sociales preocupados por mantener los caudales ecológicos seguramente no estarán representados.

Frente al análisis costo-beneficio del desarrollo de las cuencas fluviales (que en el capítulo IV hemos explicado, con referencia a la modificación introducida por Krutilla en las tasas

---

[17] E. Ostrom, *El gobierno de los bienes comunes. La evolución de las instituciones de acción colectiva*, UNAM/CRIM/FCE, México, 2000.

de descuento que deben aplicarse a la actualización de los valores recreativos y de la producción de kilowatios), se alza ahora un enfoque multicriterial como ayuda para la toma de decisiones que tiene en cuenta las funciones ecológicas del agua en los ríos, aunque sea difícil darles un valor monetario actualizado. Precisamente, los movimientos en contra de los embalses como el del Narmada o los del Himalaya en la India, o los movimientos de los *atingidos por barragens* (MAB) en Brasil, o el Movimiento Mexicano de Afectados por la Presas y en Defensa de los Ríos (MAPDER), plantean en la práctica otros criterios de valoración, distintos de los habitualmente admitidos por ingenieros y economistas.

VIII. EL DEBATE SOBRE
LA SUSTENTABILIDAD

EL CONCEPTO DE SUSTENTABILIDAD
(O SOSTENIBILIDAD)

La economía ecológica se preocupa por la equidad intergeneracional, por los efectos que la actividad económica tiene sobre el medio natural y por las consecuencias que ello tendrá para el futuro. La economía sería sustentable, si no degradase el medio natural en sus diversas funciones. Una definición de *sustentabilidad* en estos términos es la que hizo famosa el informe Brundtland de 1987: "satisfacer las necesidades de las generaciones presentes sin comprometer la capacidad de las generaciones futuras para satisfacer sus propias necesidades".[1] La definición parece, en principio, muy clara, pero lo es menos si profundizamos en el concepto. (Véase capítulo I, recuadro I.3.)

La idea central es la de mantener el "patrimonio natural", considerar a la naturaleza como un legado que hay que conservar, de modo que mantenga la capacidad de cumplir sus diferentes funciones. De entrada aparece una *primera objeción*. Si se tratase de mantener el patrimonio natural en todos sus elementos, cualquier uso de recursos no renovables, por pequeño que fuese, sería incompatible con la sustentabilidad. De hecho, algún autor, como Georgescu-Roegen,[2] explicó que si la actividad económica humana degrada recursos de baja entropía (combustibles fósiles o materiales), no sólo existirá un límite a la capacidad de sustentación de cada periodo, sino también a la vida humana total que la Tierra puede mantener.

Si la población de cada periodo es P_i, la degradación de

---

[1] G. H. Brundtland, *Our common Future*, Oxford University Press, Oxford (ed. en español: *Nuestro futuro común*, Alianza, Madrid, 1988).

[2] Georgescu-Roegen, "Energía y mitos económicos", *El Trimestre Económico*, vol. 42, núm. 4 (1975), pp. 779-836.

recursos per cápita a_i, y el total de recursos disponibles S, entonces la restricción sería que

$$\sum P_i a_i \leq S.$$

La argumentación de Georgescu-Roegen es que, si S es finito y a_i positivo, no sólo existe un límite a la población humana que puede sustentarse en un determinado momento —la preocupación malthusiana—, sino a la vida humana total, $\sum P_i$, que la Tierra puede sustentar, aunque el límite dependería del nivel de degradación de recursos per cápita.

Las ideas de economía estacionaria o de crecimiento cero como supuestas panaceas para mantener de forma indefinida la actividad humana serían erróneas. Esta crítica recuerda algo importante: la sustentabilidad es sobre todo una *cuestión de grado* y de *perspectiva temporal*. En sentido estricto, sólo una economía humana basada únicamente en fuentes energéticas renovables y en los ciclos cerrados de la materia puede potencialmente ser sostenible de manera indefinida (dejando de lado, por supuesto, que en un día muy lejano incluso la energía solar dejará de fluir). Dicho tipo de economía corresponde al esquema básico de funcionamiento de la humanidad durante la mayor parte de su existencia (tanto en las sociedades llamadas de cazadores-recolectores como en las economías agrícolas tradicionales), pero difícilmente puede pensarse en un retorno total a tal situación. Georgescu-Roegen destaca el uso entrópico de los combustibles fósiles y también de otros materiales. En gran parte, se utilizan materiales que acaban como residuos más dispersos que en las fuentes originales, y presenta esta realidad como prácticamente una ley que entra en contradicción con la propia idea de sustentabilidad. Contra lo que él llamaba el "dogma energético", argumentó que "la materia también está sometida a una disipación irrevocable" y que "el punto final es que la Tierra es un sistema termodinámico abierto sólo respecto a la energía".[3] Sin embargo, como se ha señalado, tampoco se debería ser demasiado pesimista ya que "la ener-

---

[3] *Ibid.;* también publicado en *Información Comercial Española* (mayo de 1975), pp. 97 y 100.

gía y la baja entropía asociada que recibimos del sol ofrecen un potencial creativo para la construcción de estructuras cada vez más complejas. La economía, como un todo, debería ser vista como un sistema abierto";[4] de hecho, el propio funcionamiento de la economía humana durante la mayor parte de su evolución es buena prueba de ello. La disipación de los materiales es inevitable, pero la energía del sol que se degrada, y que de todas formas se degradaría, permite reorganizar los materiales, y ésta es la base de los ecosistemas. Desde el punto de vista teórico, incluso en el caso de las "economías industriales", se ha argumentado que el problema último es de disponibilidad de energía, porque en el peor de los casos nos podríamos imaginar una situación de máxima entropía, de "sopa entrópica", y la energía necesaria para obtener los diferentes materiales dispersos a partir de dicho estado sería inmensa, pero no infinita.[5]

Dejemos, sin embargo, estas discusiones teóricas y las perspectivas a tan extremadamente largo plazo, y pensemos en la posibilidad de definir *criterios prácticos* de sustentabilidad, lo que tampoco es tarea fácil.

En primer lugar, podríamos fijarnos en la conservación del "patrimonio natural" como proveedor de recursos de las actividades económicas. En los *recursos renovables*, aunque potencialmente agotables, puede definirse —como hemos visto— un criterio claro de uso sostenible: usarlos sólo al ritmo de su renovación. Ello no resuelve, sin embargo, cuál ha de ser el *stock* óptimo de recurso y, además, se plantea el problema del nivel de agregación y espacial de referencia. Desde luego, no se trataría, por ejemplo, de mantener inalterado cualquier bosque (aunque alguna área determinada sí puede tener un valor especial "único" que haga prioritaria su conservación) o campo de cultivo, sino de no disminuir en conjunto la superficie forestal (no se trata sólo de "número de árboles") o el área fértil.

[4] M. Faber, R. Manstetten y J. Proops, *Ecological Economics. Concepts and Methods*, Edward Elgar, 1996, p. 133.

[5] R. U. Ayres, "Eco-thermodynamics: economics and the second law", *Ecological Economics*, vol. 26, núm. 2 (1998), pp. 189-209. Véanse los cálculos de lo que costaría disponer de las concentraciones que se hallan en las minas desde ese estado de "sopa entrópica" en el libro de José Manuel Naredo y Antonio Valero, *Desarrollo económico y deterioro ecológico*, Fundación Argentaria/Visor, Madrid, 1999.

Por lo que se refiere a los *recursos no renovables,* la ya citada imposibilidad de definir un nivel de uso sostenible de forma indefinida, por pequeño que sea, obliga a un criterio mucho menos preciso.[6] No utilizar en absoluto tales recursos no sólo puede considerarse una recomendación prácticamente inviable a partir de la situación actual sino que tampoco se derivaría del principio de equidad intergeneracional: no usar un recurso que tampoco se podrá utilizar en el futuro en nada ayuda, en principio, a las generaciones futuras.

En el caso de los combustibles fósiles se trataría, desde la perspectiva de su dotación limitada (otra perspectiva complementaria, y quizá más importante, es la de los efectos ambientales de su uso), de que el ritmo de extracción y el de introducción de fuentes renovables de energía fuesen suficientemente lento el primero y suficientemente rápido el segundo como para que se asegurase que en el futuro no se produciría una disminución de la disponibilidad de energía o, mejor, de servicios energéticos (una mejora en la eficiencia en el uso de la energía también nos acercaría a la sustentabilidad). Lo único sostenible sería, por tanto, preparar la transición hacia fuentes energéticas sostenibles.

En el caso de los minerales no energéticos, se debería minimizar el ritmo de extracción, en especial de aquellos para los que la relación entre reservas conocidas y tasa de uso es

[6] El término "recurso no renovable" puede resultar, sin embargo, ambiguo. Naredo se ha referido a "la confusión que deriva de postular que los *stocks* de recursos no renovables no podrían utilizarse en absoluto si se adopta una interpretación estricta de la sustentabilidad. El funcionamiento de la *biosfera* desmiente esta idea al mostrar que su estricta sostenibilidad se ha venido construyendo desde el principio sobre el uso del *stock* de materiales contenidos en la corteza terrestre. La clave de esta sustentabilidad estriba en que, con el apoyo de la energía solar, se han podido cerrar los ciclos de materiales reconvirtiendo los residuos en recursos, cosa que no hace la sociedad industrial. Por lo tanto, la sustentabilidad de un sistema económico debe enjuiciarse, atendiendo no tanto a la intensidad en el uso que hace de los *stocks* de recursos no renovables, como a su capacidad para cerrar los ciclos de materiales mediante la recuperación o el reciclaje, con ayuda de fuentes renovables" (J. M. Naredo, "Cuantificando el capital natural. Más allá del valor económico", *Ecología política*, núm. 16 (1998), p. 25). De hecho, en el texto los materiales que se desorganizan y vuelven a organizar gracias a la energía solar los hemos caracterizado como "recursos renovables".

más baja. Para ello existen tres vías básicas: la prioritaria es la moderación en el consumo; la segunda es la reutilización o reciclaje (con lo que se deberían evitar los usos incompatibles, en términos prácticos, con la recuperación de materiales tales como el uso de plomo en la gasolina); la tercera es la sustitución de materiales más escasos por materiales más abundantes.

Respecto al *reciclaje*, es importante darse cuenta de dos cosas. La primera es que normalmente (cuando no es resultado de los ciclos "naturales" de la biosfera) implica gasto energético[7] que en algunos casos, quizá para porcentajes de reciclaje muy elevados, podría suponer que el *coste energético* de una unidad de recurso reciclada fuese superior al coste energético de extracción y procesamiento de una unidad de recurso "virgen".

En segundo lugar, se ha de señalar que incluso en una teórica situación de reciclaje de recursos materiales a 100%, la dotación finita de dichos recursos pondría un límite al crecimiento indefinido de su uso (aunque no a la sustentabilidad de una economía estacionaria). Ello queda evidenciado por el siguiente ejemplo en el que se supone que la demanda del recurso (que puede proveerse con recurso "virgen" o reciclado) se dobla cada 25 años (lo que más o menos corresponde a un crecimiento anual de 3%):[8]

	Sin reciclaje Uso recurso			Reciclaje a 100% Uso recurso		
Año	Virgen	Reciclado	Total	Virgen	Reciclado	Total
0	100	0	100	100	0	100
25	200	0	200	100	100	200
50	400	0	400	200	200	400
75	800	0	800	400	400	800

[7] Los ciclos naturales también usan, desde luego, energía; pero la energía del sol de todas formas se degradaría.

[8] Tomado con modificaciones de P. A. Victor, "Indicators of sustainable development: some lessons from capital theory", *Ecological Economics*, vol. 4, núm. 3 (diciembre de 1991), p. 208.

En un periodo de 75 años, la tasa anual de extracción se multiplica por ocho en el primer caso, y en el segundo "sólo" por cuatro. El reciclaje total alarga la vida del recurso al doble —lo que es mucho—, pero no evita un insostenible crecimiento exponencial de la extracción del recurso.

La *absorción de residuos* es otra de las funciones ambientales básicas de la biosfera. Esta capacidad de absorción puede considerarse un recurso renovable que se ve afectado cuando la emisión de residuos es excesiva, lo que nos daría un criterio, también claro, en principio, de generación de residuos: no descargarlos a una tasa mayor a la capacidad de asimilación de la biosfera. El caso de las excesivas emisiones de CO_2 es un ejemplo. Y si bien existe un práctico consenso respecto a que el ritmo actual de emisión de este gas a escala planetaria es insostenible, es mucho más difícil establecer cuál sería el nivel de emisiones compatible con la idea de sustentabilidad. Difícil por las incertidumbres ligadas al ciclo del carbono (por ejemplo, la capacidad de absorción de los océanos o la magnitud del llamado "efecto fertilización") y porque quizá puede aceptarse un cierto cambio climático siempre que éste sea suficientemente lento. Por poner un ejemplo, en las discusiones para los acuerdos pos-Kioto parece haberse establecido el consenso de que hay que evitar un calentamiento que vaya más allá de los 2 °C, para así evitar los peores impactos del cambio climático. Desde luego hay que fijar objetivos ambientales concretos pero éste u otros valores de referencia son muy cuestionables dadas las incertidumbres y las diferencias de opinión sobre lo que se considera un cambio tolerable: las cosas se ven muy diferentes desde Europa o Bangladesh. Como es desconocido también cuáles niveles de reducción de emisiones asegurarían dicho límite: se habla de reducciones porcentuales de las emisiones de gases invernadero en 2050 de entre 50-80% respecto a 1990.

En este contexto es útil la distinción entre recursos asimilables —reciclables mediante los ciclos biogeoquímicos— y acumulativos. En sentido estricto, la sustentabilidad sería incompatible no sólo con el uso de recursos no renovables, sino con la generación de residuos acumulativos, por pequeña que ésta fuese. De nuevo, una perspectiva práctica debería relajar tal condición, dependiendo de la peligrosidad de cada residuo y la importancia de sus diferentes usos actuales. En cualquier caso, en este tema como en otros existe muchas veces un elevado grado de incertidumbre, de modo que la economía ecológica recomendaría respetar el *principio de precaución*.

Por último, la sustentabilidad requeriría, desde luego, cuidar los *servicios que directamente proporciona la naturaleza*. Se trata, en primer lugar, de no producir alteraciones en los ecosistemas que afecten a servicios esenciales para la vida (por ejemplo, el mantenimiento de la capa de ozono) o que puedan conducir a situaciones potencialmente catastróficas. Pero se trata también de tener el máximo respeto por la conservación de espacios naturales, que en el futuro pueden ser cada vez más valorados para la calidad de vida (recordemos la discusión sobre el "criterio de Krutilla", capítulo IV).

Los diferentes criterios de sustentabilidad deben aplicarse de manera coherente entre sí. Que, por ejemplo, los recursos renovables se exploten sin merma de *stock* no puede ser el criterio único de gestión. Así, una progresiva conversión de la diversidad y complejidad de los bosques en plantaciones de unas pocas especies sería poco acorde con la perspectiva global de la sustentabilidad.

La discusión también adopta necesariamente una u otra perspectiva espacial. Parece claro que una discusión global sobre la sustentabilidad debería adoptar una dimensión planetaria en un doble sentido. El primero, más obvio, de que los impactos y presiones sobre los recursos que una sociedad produce deberían considerarse independientemente de que se produzcan en el propio territorio o se "exporten" a otros lugares. El segundo, en el sentido de que si nos preguntamos por el grado de sustentabilidad de determinadas formas de vida humana, deberíamos preguntarnos por las consecuencias que éstas tendrían de extenderse al conjunto de la humanidad; como se ha señalado, "cualquier experimento de laboratorio o cualquier proyecto de ciudad puede ser sostenible a plazos muy dilatados si se ponen a su servicio todos los recursos de la Tierra; sin embargo, muy pocos lo serían si su aplicación se extendiera a escala planetaria".[9]

---

[9] J. M. Naredo, "Sobre el origen, el uso y el contenido del término 'sostenible'", *Documentación Social*, núm. 102 (1996), pp. 129-147.

La discusión sobre la sostenibilidad se conecta así claramente con la preocupación por la justicia.

Dada la complejidad del concepto "sustentabilidad", no es extraño que haya grandes debates sobre cuál —o cuáles— son sus mejores indicadores. Simplificando mucho las cosas, son dos las grandes posiciones.

La primera, que generalmente se identifica con el término "sustentabilidad débil", tiene sus raíces en la economía neoclásica y tiene dos características básicas: la complejidad de funciones que tiene el patrimonio natural tiende a diluirse en un agregado que es el capital natural, y se suponen enormes posibilidades de sustituir capital natural por "capital fabricado".

La segunda posición, identificada con el término "sustentabilidad fuerte", destaca las funciones diversas, y en muchos aspectos insustituibles, del patrimonio natural. Es a partir de esta posición desde la que generalmente se discuten los indicadores físicos de sustentabilidad.

LA PERSPECTIVA DE LA ECONOMÍA NEOCLÁSICA: LA "SUSTENTABILIDAD DÉBIL"

El capital natural como factor productivo y el supuesto de la sustituibilidad entre capital natural y capital fabricado

Autores como David Ricardo o Malthus se habían preocupado mucho por las consecuencias de la limitación del recurso "tierra", que para ellos acabaría llevando a una situación de estancamiento económico. Tales preocupaciones se dejaron más tarde totalmente de lado, en apariencia refutadas por los hechos, dado el enorme aumento de la producción agraria que se dio más adelante.

La teoría del crecimiento de las décadas de 1950, 1960 y principios de la de 1970 olvidó por completo el papel de los recursos naturales en la economía; hoy continuamos encontrando reconocidos libros sobre teorías del crecimiento económico en los que los recursos naturales están ausentes.

A la caracterización tradicional de la función agregada de producción dependiente de tres factores (tierra —o recursos naturales no producidos—, capital y trabajo) le siguieron modelos que muchas veces se formulaban en términos de dos únicos factores agregados de producción: el capital total (básicamente las "máquinas") y el trabajo total. Incluso sin cambio técnico, sería posible un crecimiento exponencial sin límite que permitiese un consumo constante para una población creciente, con la única condición de que la acumulación de capital —la inversión neta— creciese al mismo ritmo que la población y la fuerza de trabajo, de modo que no decayese la relación capital/producto. Si, además, como sucedía en la práctica, existía "progreso técnico", entonces la perspectiva, aún más optimista, sería la del crecimiento del consumo per cápita. Las variables claves para asegurarlo serían el propio progreso técnico y un ritmo adecuado de acumulación.

Justo después de la primera crisis del petróleo, y frente a las sombrías proyecciones del informe Meadows de 1972,[10] se publicaron contribuciones procedentes de la economía neoclásica que extendían el modelo de crecimiento tradicional para integrar un *nuevo input agregado* (los recursos naturales, término con el que se quería indicar el total de recursos naturales no renovables que entran en la producción). En un número de la *Review of Economic Studies* de 1974 dedicado al tema, se publicaron algunos artículos destacados, entre ellos de Solow, Dasgupta y Heal y Stiglitz.[11]

Las preocupaciones principales de los autores que abordaron la cuestión desde el enfoque estándar de la teoría neoclásica fueron dos. La primera, la más importante y que pertenece a la "economía positiva", consistía en responder a la pregunta de si era posible o no un *consumo sostenible* de forma indefinida cuando se tiene en cuenta la existencia de recursos no renovables. La segunda cuestión era discutir cuál de las diversas trayectorias de uso de los recursos no renovables era *óptima* desde el punto de vista social.

Veamos la primera cuestión. El planteamiento común es el siguiente. La producción total Y podría formularse como

---

[10] D. Meadows *et al.*, *Los límites del crecimiento*, FCE, México, 1972.
[11] *Review of Economic Studies*, Symposium on the Economics of Exhaustible Resources, 1974.

función de tres variables: el trabajo L, el capital manufacturado (o fabricado) K, y la cantidad de recursos naturales no renovables R que intervienen en la producción:

$$Y = F(L, K, R).$$

Se podrían distinguir en principio dos casos. El primero es aquel en el que la relación Y/R (es decir, la cantidad de producto que se puede obtener con una unidad de recurso natural) tiene un límite superior, de modo que el agotamiento de los recursos naturales llevaría finalmente a la imposibilidad de producir. En el segundo caso, el agotamiento del recurso no renovable se compensaría con una acumulación suficiente de capital. El supuesto de este caso es, pues, que las dos formas de "capital" (el natural R y el manufacturado K) son lo suficientemente *sustituibles* entre sí como para que sea posible compensar la pérdida progresiva de R sin afectar a la producción, siempre que aumente suficientemente la dotación de capital K.

Es en este segundo caso donde se centra la atención de la mayoría de autores, lo que no es extraño dado que una de las características clave de la teoría neoclásica de la producción es su insistencia en las enormes posibilidades de "sustituibilidad" entre *inputs* (simétricamente al supuesto de la teoría de la utilidad de las enormes posibilidades de sustituibilidad entre diferentes bienes de consumo; véase el capítulo i). A su vez, se divide en dos subcasos: uno, en el que es posible producir incluso con una cantidad de recursos naturales nula $R = 0$ (siempre que K sea lo suficientemente grande) y otro, en el que R es un *input* imprescindible (aunque puede tender a cero, siempre que K tienda a infinito).

La mayor parte de los modelos adoptan el último supuesto, aunque la razón principal que suele alegarse no es que se rechace como absurda la idea de producir sin recursos naturales, sólo con máquinas y trabajo; al fin y al cabo se acepta que se puede producir con una cantidad infinitesimalmente pequeña de recursos naturales. La razón principal al parecer es que se considera el supuesto más interesante *analíticamente* y, además, se puede formular en términos de una función de producción particularmente sencilla y de larga tradición en la teoría económica, la llamada función de Cobb-Douglas:[12]

$$Y = K^a \, R^b \, L^c, \text{ donde } a, b, c > 0 \text{ y } a + b + c = 1.$$

Algunos modelos suponen, además, la existencia de cambio técnico que, normalmente, se formula como:

$$Y = e^{pt} \, K^a \, R^b \, L^c,$$

donde p expresaría la tasa de cambio técnico; un valor positivo de p indicaría que los mismos *inputs* permiten una producción exponencialmente creciente.

Se obtienen conclusiones del siguiente estilo.[13] Si la población no variase, puede mantenerse de forma indefinida un consumo constante per cápita (sostenible) incluso aunque no exista cambio técnico, siempre que se cumpla que la elasticidad de la producción respecto al capital sea superior a la de la producción respecto a la cantidad de recursos naturales, $a > b$, condición que se cumpliría en la realidad según la mayoría de los autores.[14] De darse un crecimiento exponencial de la población, y los mismos supuestos de sustituibilidad, el consumo sostenible también sería posible siempre que el ritmo de progreso técnico (en la formulación anterior el valor de la variable p) fuese suficientemente grande.

Resumiendo, el mensaje básico de la economía estándar es

[12] Si nos limitamos a funciones de elasticidad de sustitución técnica constante (CES), el primer caso (producción imposible sin una cantidad finita de R) corresponde a una elasticidad inferior a la unidad. El segundo caso se divide en dos: elasticidad superior a la unidad (es posible producir cuando $R = 0$) y elasticidad unitaria (que es el caso Cobb-Douglas: no es posible $R = 0$, pero sí que R tienda a 0).

[13] P. Dasgupta y G. Heal, *Economic Theory and Exhaustible Resources*, Cambridge University Press, 1979.

[14] Para la economía neoclásica, a, b y c representarían, en una economía competitiva, las proporciones de participación en la Renta Nacional de los propietarios de los tres factores de producción: el capital manufacturado, los recursos naturales y la fuerza de trabajo. El hecho de que los ingresos de los propietarios del capital sean muy superiores a los de los propietarios de recursos naturales sería un fuerte indicio a favor del supuesto de que $a > b$.

el siguiente: el agotamiento del capital natural no representa ningún problema para la posibilidad de un consumo sostenible, e incluso de un crecimiento exponencial del consumo (que se identifica con mayor utilidad o bienestar), siempre que supongamos un grado suficientemente elevado de sustituibilidad entre capital natural y capital manufacturado, y siempre que confiemos en que continuará habiendo progreso técnico. Supuesto y confianza compartidos por la mayoría de economistas.

Lo fundamental no sería conservar el capital natural sino mantener un *stock* de capital total que permitiera que no decayese el consumo. En los modelos más sencillos, para asegurarlo bastaría aplicar la *regla de Hartwick,* según la cual todos los ingresos derivados de la propiedad de los recursos naturales (que a lo largo del tiempo se revalorizarían según la "regla de Hotelling") deberían invertirse en acumular capital manufacturado (con ello se aseguraría un consumo sostenible pero, si la población creciese, llevaría a una disminución del consumo per cápita).[15]

¿Qué problemas básicos tiene este planteamiento? En primer lugar, sólo considera *una* de las funciones económicas de la naturaleza, la de proporcionar recursos para la producción. El mayor o menor grado de sustentabilidad de una economía no depende sólo de conservar esta función, sino también de mantener otros "servicios" que proporciona la naturaleza y para los que difícilmente tiene sentido la discusión sobre la "función de producción". No existe proceso productivo que permita reproducir espacios naturales de los que los individuos también obtienen "utilidad", y que quizá valoren más en el futuro. Tampoco existe, aún más importante, proceso productivo que sustituya a la naturaleza en su papel de regular el ciclo del carbono o de mantener la capa de ozono. Incluso una economía que mantuviese intactas sus posibilidades de "producción" sería insostenible si estuviese acumulando contaminación dañina para los ecosistemas, destruyendo la capa de ozono o reduciendo peligrosamente la biodiversidad.

En segundo lugar, el modelo planteado impide captar la

[15] J. Hartwick, "Intergenerational Equity and the Investing of Rents from Exhaustible Resources", *American Economic Review,* vol. 66 (1977), pp. 972-974; R. M. Solow, "On the Intergenerational Allocation of Natural Resources", *Scandinavian Journal of Economics,* vol. 88, núm. 1 (1986), pp. 141-149.

relación efectiva entre recursos naturales y actividad económica, en la medida en que no introduce la más mínima referencia al papel que los diversos tipos de recursos naturales juegan en las actividades económicas. Los modelos pueden ser muy abstractos —y esto no es en sí mismo una crítica—, pero tienen que darnos intuiciones adecuadas sobre los problemas que queremos discutir. La intuición que hay detrás de la formulación neoclásica es clara: con más "máquinas" uno puede producir lo mismo aunque utilice menos recursos naturales, de la misma manera que con más "máquinas" uno puede producir lo mismo con menos trabajadores, ya que existe una gama de técnicas, unas más intensivas en trabajo y otras menos.[16]

La crítica certera a esta visión tiene su base de nuevo en Georgescu-Roegen y tiene que ver con el papel diferente que los diversos *inputs* juegan en las actividades económicas.[17] El término "actividades económicas" engloba muchas cosas, pero la mayoría comporta (de manera principal o secundaria) transformar materiales para obtener un *output*. Una primera aproximación del proceso productivo consiste en verlo como un flujo de materiales que son transformados por agentes económicos o elementos "fondo" que proporcionan servicios productivos. Entre dichos agentes se incluirían los trabajadores y las máquinas, que se alimentarían de alguna fuente de energía, alimentos en el primer caso y alguna otra forma de energía en el segundo (electricidad, carbón, derivados del petróleo, agro-

---

[16] Una primera objeción, que no es la que más nos interesa aquí pero que afecta de forma demoledora a toda la estructura teórica de las funciones agregadas de producción, proviene de la corriente poskeynesiana (de autores como Joan Robinson, Piero Sraffa o Geoffrey Harcourt) y consiste en negar la posibilidad de definir una medida técnica de "cantidad de capital" fabricado (y *a fortiori*, diríamos, de la cantidad de capital natural): si diferentes técnicas se caracterizan por utilizar diferentes bienes de capital, uno no puede decir cuál es la relación entre las "cantidades de capital" que cada una utiliza sin referirse a variables de precios, influidas por factores tales como la distribución de la renta entre las clases sociales y el grado de competencia de los distintos mercados. Conceptos como "elasticidad del *output* respecto al capital", claves para discutir si la sustentabilidad es o no posible dentro del marco teórico neoclásico, se vuelven imprecisos.

[17] N. Georgescu-Roegen, "The Economics of Production", *American Economic Review* (mayo de 1970), pp. 1-9.

combustibles...). La maquinaria puede sustituir en gran parte al trabajo porque ambos cumplen una función hasta cierto punto similar (aunque la sustitución nunca será completa: el trabajo es un elemento esencial para planificar y controlar los procesos productivos). Pero la maquinaria (como también el trabajo) es básicamente complementaria, tanto de la energía como de los materiales.

Partiendo de esta primera imagen de la actividad económica, la idea de que se pueda producir sin recursos naturales a condición de que la inversión en maquinaria sea suficientemente grande, se revela como manifiestamente absurda, ya que la *maquinaria procesa materiales y necesita energía;* además, otra ley física dice que la maquinaria no es eterna y que se ha de ir remplazando con otra cuya fabricación también requiere materiales y energía. La nueva maquinaria sólo puede "sustituir" recursos naturales en el muy limitado sentido de que quizá permita utilizar más eficientemente la energía (y es obvio que en las economías industrializadas se han hecho avances muy importantes en este sentido en las últimas décadas) y de que quizá permita aprovechar mejor los materiales (con menos materiales de desecho o menos bienes defectuosos). Pero es evidente que esto tiene sus límites, y es absurdo pensar en la posibilidad de que la sustitución entre *inputs* o el avance técnico permita producir lo mismo que ahora, o incluso más, con una cantidad infinitesimalmente pequeña de *cualquier tipo* de recursos naturales.

Es más, la propia "solución": acumular más y más capital para compensar la pérdida de recursos naturales, tiende a crear más problemas, porque la producción de más y más capital (para sustituir y ampliar la dotación de "máquinas") demandará recursos naturales, ya que producir el capital requiere también utilizar energía y materiales que son, en último término, los únicos recursos primarios.

Si $Y = K^a \, R^b \, L^c$, donde $a, b, c > 0$ y $a + b + c = 1$,

también podemos suponer que

$K = K^d \, R^e \, L^f$, donde $d, e, f > 0$ y $d + e + f = 1$, de donde obtendremos, despejando K en la segunda ecuación y sustituyendo en la primera:[18]

$$Y = R^{\frac{ae}{1-d}} + b \quad L^{\frac{af}{1-d}} + c$$

El "capital", un recurso que ha de producirse, ha "desaparecido" y queda explícito que, dada una tecnología, la posibilidad de sustituir *ad infinitum* recursos naturales por capital no tiene, en último término, sentido, ya que los recursos últimos son los recursos naturales (incluyendo la fuerza de trabajo que, desde este punto de vista, puede considerarse una máquina que transforma energía; véase el capítulo I).

Otra cosa es que los recursos naturales pueden ser muy sustituibles entre sí.[19] Puede, desde luego, imaginarse una economía sin petróleo o sin hierro, pero no pensarse en absoluto en una economía que prescinda de cualquier tipo de fuente de energía o de materiales. Esta discusión, la de las posibilidades de sustitución entre recursos, sí es absolutamente pertinente, pero queda escondida con la insistencia neoclásica en otras exageradas y mal analizadas posibilidades de sustitución.

Si pensamos en fuentes de energía, la cuestión clave es la disponibilidad futura de fuentes de energía no agotables que permitan sustituir el actual consumo acelerado (al menos desde una perspectiva del conjunto de la historia de la humanidad) de combustibles fósiles. Si pensamos en recursos no energéticos, la cuestión clave para determinar el grado de sustentabilidad es el ritmo actual y futuro de demandas de recursos "vírgenes" respecto a las disponibilidades conocidas y previstas, en lo que la sustituibilidad entre recursos también puede desempeñar un papel esencial.

En un número especial de *Ecological Economics*, en homenaje a Georgescu-Roegen (fallecido en 1994), se revivió su polémica con Solow/Stiglitz a partir de contribuciones de Daly (en defensa de las posiciones de Georgescu-Roegen), de res-

---

[18] P. A. Victor, *op. cit.*, pp. 197-198.

[19] Y otra cosa también es la "sustitución indirecta" que se produce cuando cambia la composición de la producción orientándose a servicios o bienes poco intensivos en recursos naturales.

puestas de los propios Solow y Stiglitz y de los comentarios de otros autores. Las posiciones se mantienen básicamente iguales, aunque de las breves —e irritadas— réplicas de Solow y Stiglitz pueden destacarse dos elementos significativos.

El primero es que Solow insiste en que en su modelo la cuestión esencial no es tanto la sustituibilidad entre recursos naturales y capital, sino entre recursos naturales no renovables y renovables.[20] Este planteamiento es un avance muy importante, pero plantea nuevas interrogantes. Si se quiere modelar la sustitución entre diferentes tipos de recursos naturales, ¿por qué no se incluye explícitamente un cuarto *input:* los recursos renovables? Quizá se supone, implícitamente, que su gestión no representa problemas. Ello puede más o menos entenderse dada la preocupación de principios de la década de 1970 centrada en la escasez de recursos no renovables, pero queda claro que hoy la preocupación por el agotamiento de recursos incluye el uso demasiado intensivo, no sostenible, de recursos renovables.[21]

El segundo elemento es la sorprendente afirmación de Stiglitz de que sus modelos no se pueden entender en absoluto como modelos a muy largo plazo, pues sirven únicamente para

> ayudar a responder, *para un plazo intermedio, para los próximos 50 o 60 años,* cuestiones tales como si es *posible* que el crecimiento pueda sostenerse... Escribimos modelos *como si* se extendieran hasta el infinito, pero nadie toma estos límites seriamente: en primer lugar, por el hecho de que un aumento exponencial de la población comporta problemas casi inimaginables de congestión en nuestro limitado planeta.[22]

Es una tranquilidad saber que el horizonte temporal infinito no se toma en serio y que se considera que el crecimiento exponencial se ve finalmente limitado por la dotación de re-

[20] R. M. Solow, "Reply", *Ecological Economics,* vol. 22, núm. 3 (septiembre de 1997), pp. 267-268.

[21] C. W. Clark, "Renewable resources and economic growth", *Ecological Economics,* vol. 22, núm. 3 (septiembre de 1997), pp. 275-276.

[22] J. E. Stiglitz, "Reply", *Ecological Economics,* vol. 22, núm. 3 (septiembre de 1997), p. 269.

cursos naturales. Sin embargo, es necesario notar que las posibilidades económicas más allá de los próximos 50 años de-
penderán, justamente, de lo que pase en las próximas décadas
y, además, no es retórico preguntarse con Daly

> si el Banco Mundial, bajo su liderazgo (Stiglitz fue hasta fines de
> 1999 economista principal del Banco Mundial), investigará si los
> límites al crecimiento de cuerpos humanos podrían tener aná-
> logos límites al crecimiento de las poblaciones de automóviles,
> casas, neveras, ganado, etc. La población agregada de todas estas
> estructuras disipativas (cosas que requieren un flujo de recursos
> entrópico para su mantenimiento) es un concepto muy relevante
> para la economía ecológica, y merecedor de la investigación del
> Banco Mundial.[23]

Un intento de medida empírica de la "sustentabilidad débil"

Sería, desde luego, deseable poder disponer de un indicador
único que nos permitiese decir de forma clara si una economía
es más o menos sostenible. Veamos ahora un intento desde la
noción de sustentabilidad débil, la cual permite la sustitución
del capital natural por el "capital hecho por los humanos".
Lo que importa es que no disminuya el *stock* total de capital.
A primera vista la sustentabilidad débil es una proposición
atractiva.

Averiguar qué ocurre con los elementos de la naturaleza
que son críticos para la economía humana es un tema de la
ecología, pero contar el *stock* total de capital parece, a primera
vista, un tema de economía. Así, David Pearce y sus colaboradores presentaron, ya a principios de la década de 1990 resultados numéricos para comprobar si diversas economías son
sostenibles (en el sentido débil),[24] lo que conecta con algunas

---

[23] H. E. Daly, "Reply to Solow/Stiglitz", *Ecological Economics*, vol. 22, núm.
3 (septiembre de 1997), p. 271.

[24] D. W. Pearce y G. Atkinson, "Capital theory and the measurement of sustainable development, an indicator of 'weak' sustainability", *Ecological Economics*, vol. 8, núm. 2 (octubre de 1993), pp. 103-108. El Banco Mundial publica

propuestas de corrección de la Contabilidad Nacional (véase capítulo II). Eso sucedería si el ahorro en la economía (que es lo que permite la inversión) fuese mayor (o, en el límite, igual) que la suma de las depreciaciones de capital natural y de capital hecho por los humanos. Si al ser más rica una economía aumentase la parte del ahorro en el ingreso total, entonces la sustentabilidad débil sería más fácil de obtener en las economías ricas que en las pobres. Sin embargo, el uso de capital natural y de capital hecho por los humanos es también mayor en las economías más ricas. Por tanto, la depreciación del capital natural y la del capital hecho por los humanos será mayor en las economías ricas. No hay, pues, ninguna suposición de partida respecto a si las economías ricas o las economías pobres serán más sostenibles.

Los resultados pretendidamente empíricos indicaban que Japón, que importa mucho petróleo, madera y otros recursos naturales, era la economía con el índice más alto de sustentabilidad. Las economías sostenibles de su muestra incluían a Japón, Alemania y los Estados Unidos, mientras las economías insostenibles incluían a Burkina Fasso, Etiopía, Indonesia y Nigeria. En esas cuentas la depreciación del capital natural no sólo se valora en dinero de forma harto discutible, sino que se imputa a los países que exportan los productos de ese capital natural y no a los usuarios de los recursos naturales (como también se hacía en los ejercicios de corrección de la Contabilidad Nacional para tener en cuenta la pérdida de patrimonio natural; véase el capítulo II).

El Banco Mundial ha popularizado esta perspectiva y publica anualmente series por países y grupos de países y para el conjunto del mundo sobre el ahorro neto genuino o "ajustado".[25] En su concepto el Banco Mundial no sólo resta de la inversión neta convencional (inversión bruta menos depreciación del capital) una supuesta estimación monetaria de los valores del agotamiento de algunos recursos naturales y de daños

unos índices de Ahorro Genuino inspirados en esta perspectiva. Véase la crítica de Fander Falconí en *Ecología política*, núm. 18 (1999).

[25] http://web.worldbank.org/WBSITE/EXTERNAL/TOPICS/ENVIRONMENT/EXTEEI/0,,contentMDK:20502388~menuPK:1187778~pagePK:148956~piPK:216618~theSitePK:408050,00.html

de contaminación sino que añade el conjunto de gastos en educación como inversión en "capital humano" (apareciendo aquí todos los gastos en educación no sólo los que en la contabilidad ya aparecen como inversión, como es la construcción de escuelas, sino también los que aparecen como gasto corriente, como los salarios de los profesores); esta corrección —que supone que la educación puede sustituir la pérdida de "capital natural"— juega a favor de obtener resultados tranquilizadores. El increíble resultado es que el conjunto de la economía mundial entre 1970 y 2008 siempre fue "sostenible", es decir, la inversión en capital fabricado y en "capital humano" (¡qué concepto tan pobre y sesgado para reflejar la importancia de la educación!) siempre superaría la depreciación de las diferentes formas de capital, natural y fabricado. Así pues, una economía mundial basada en la energía del petróleo, del gas, del carbón y en la energía nuclear, se considera sostenible (en el sentido débil) porque la riqueza crematística proporciona ahorros y, por tanto, inversiones que se supone que compensan el deterioro del capital hecho por los humanos y del capital natural.

El año en que la relación entre el ahorro neto genuino y el Producto Bruto Mundial aparece más pequeña es en 2008 —¡la crisis económica!— pero aún así el valor es de más de 7% cuando los años anteriores (¡los de la burbuja financiera-inmobiliaria!) superó 10%. Entre otros datos sorprendentes podemos ver que en 2008 China e India eran países muy sostenibles con un ahorro genuino estimado de aproximadamente 35 y 25% de su Renta Nacional Bruta y que los países insostenibles eran una minoría de países muy pobres, muchos de ellos en el África Subsahariana (siendo Grecia una de las excepciones a la norma). Aunque el ahorro genuino de los Estados Unidos se hundió a 1% en 2008, en los años anteriores era mucho mayor. Para el conjunto de la OCDE desde el 2000 y hasta la crisis financiera se situaría siempre entre 8 y 10%. ¡Sorprende que estas estadísticas sobre la buena salud económica y ecológica de la economía mundial y de los países ricos en particular, especialmente antes de la debacle financiera, no causen escándalo y sigan colgadas de la página web de un organismo como el Banco Mundial!

La ideología de la sustentabilidad débil tiene dos elementos principales. Uno es la posibilidad de sustitución de los bienes ambientales por capital manufacturado, con la pretensión de ser capaces de medir en valor monetario esos bienes ambientales y su deterioro. Esto no es más que una aplicación de los modelos de crecimiento que hemos visto antes, que incorporan como *supuestos* una determinada sustituibilidad entre capital natural y fabricado. Pero la naturaleza juega un papel mucho más amplio que la mera aportación de *inputs* para producir bienes y servicios. Si tenemos en cuenta este papel más amplio, el supuesto neoclásico de sustituibilidad es particularmente inapropiado: aun si existiese un alto grado de sustituibilidad —más que complementariedad— entre el capital fabricado y una parte del capital natural, tendría que convenirse que existe un capital natural "crítico" que es insustituible, lo que, como mínimo, obligaría a complicar los modelos y pondría en cuestión sus conclusiones.[26]

El segundo elemento es más sutil. La ideología de la sustentabilidad débil apoya implícitamente la tesis de que la riqueza es buena para el ambiente, porque proporciona dinero para corregir el deterioro ambiental. El corolario de ese segundo elemento es que los pobres son demasiado pobres para ser "verdes" o, dicho de otro modo, que la pobreza es la mayor enemiga del ambiente, más que la riqueza. Esa ideología no tiene

[26] En su excelente artículo sobre el concepto de "sustentabilidad débil", Maite Cabeza analiza, entre otros aspectos, las consecuencias que tendría incorporar tres categorías de *inputs* (además del trabajo), es decir, capital fabricado, capital natural crítico y capital natural no crítico:

La teoría de la producción aporta importante clarificación sobre cuáles son las fuertes implicaciones de la agregación de diferentes categorías de *inputs*. En particular, sabemos que agrupando dos subcategorías de *inputs* e introduciéndolas en la función de producción como una sola categoría estamos implícitamente adoptando el supuesto de que la función de producción es *separable* respecto a dichos *inputs*. Ello significa: *i)* la relación marginal de sustitución entre capital natural crítico y no crítico es independiente de los cambios en el nivel de capital fabricado, y *ii)* la elasticidad de sustitución entre capital natural crítico y capital natural no crítico es mucho mayor que la que se da entre cualquiera de estos dos *inputs* y el capital fabricado. Éste es definitivamente un supuesto muy restrictivo que debe tenerse presente cuando se discute sobre la robustez del modelo.

M. Cabeza Gutés, "The concept of weak sustainability", *Ecological Economics*, vol. 17, núm. 3 (junio de 1996), p. 152.

mucho apoyo en los hechos, a pesar de los intentos numéricos de David Pearce y sus colegas y los del Banco Mundial.

Para medir la sustentabilidad no podemos apoyarnos en estimaciones caprichosas del desgaste del capital natural, sino que debemos recurrir a indicadores físicos, químicos y biológicos con la advertencia muy importante de que no existe un indicador biofísico de sustentabilidad que pueda englobarlos todos.

Sustentabilidad y optimalidad intertemporal, según la perspectiva neoclásica

Para completar la explicación sobre la perspectiva neoclásica, hace falta una breve referencia a la segunda de sus grandes preocupaciones: la de definir sendas *óptimas* de utilización de los recursos no renovables desde un punto de vista maximizador del bienestar intertemporal. Ello depende, por supuesto, de cómo se defina la función de bienestar social.

Una perspectiva, la de Solow en su artículo de 1974, es adoptar un criterio *plus Rawlesien que le Rawls:*[27] aplicar el principio maximin no de forma intrageneracional sino intergeneracional. Cualquier política que mejore a la generación que sale peor librada aumentará el bienestar social. El criterio lleva a la conclusión de que lo óptimo es asegurar, si es posible (como efectivamente lo es en la mayoría de modelos neoclásicos) un consumo sostenible, el máximo consumo *sostenible* a lo largo del tiempo.

Otra perspectiva, la utilitarista, consiste en admitir "compensaciones" entre generaciones. El objetivo es maximizar

$$\int_0^\infty U_t \cdot e^{-rt},$$

donde *r* es la tasa de descuento, y la utilidad de cada periodo *t* se considera función creciente del consumo, aunque se supone

[27] R. M. Solow, "Intergenerational Equity and Exhaustible Resources", *Review of Economic Studies,* Symposium on the Economics of Exhaustible Resources, 1974, p. 30.

que crece menos que proporcionalmente al consumo (la utilidad o "felicidad" marginal del consumo es positiva pero decreciente). Reducir el bienestar de una generación es justificado si con ello se aumenta suficientemente el bienestar de otra. Dado que generalmente se asume una tasa de descuento positiva, las utilidades de las diferentes generaciones cuentan de forma diferente. La lógica es la siguiente: una alteración en el consumo ha de dar lugar, mediante la inversión, a un aumento del consumo futuro lo suficientemente grande para que, a pesar de que el bienestar futuro importe menos, compense la limitación al consumo actual. Todo depende de las especificaciones concretas del modelo, pero un resultado típico es que, incluso si es posible el consumo sostenible, la sustentabilidad no es óptima, y lo *óptimo* sería que el consumo disminuya a partir de un determinado momento. Cuanto mayor es la tasa de descuento, más pronto (quizá desde un primer momento) ocurrirá que —según la trayectoria óptima— el consumo per cápita empiece a decrecer para, finalmente, tender a cero (!).[28] El sorprendente comentario de Dasgupta y Heal sobre este resultado, de consumo decreciente a partir de un determinado momento, es el siguiente: "la implicación de una tasa de impaciencia positiva es que, *visto desde el momento presente*, ¡esto no sólo no es desastroso sino deseable! Si la tasa refleja la posibilidad de la extinción futura, ¡la probabilidad de que generaciones situadas en el futuro muy distante existan también tenderá a cero!"[29]

---

[28] Tradicionalmente, en los optimistas modelos de crecimiento sin recursos naturales, la tasa de descuento positiva evitaba resultados que podían considerarse poco "justos" para las generaciones actuales ya que los modelos utilitaristas con el mismo peso a todas las generaciones podían llevar fácilmente a niveles de consumo actuales muy bajos con un gran esfuerzo de inversión para hacer aún más ricas a las generaciones futuras.

[29] P. Dasgupta y G. Heal, *op. cit.*, p. 299, nota 15. Sin embargo, el comentario de Arrow *et al.*, sobre el tema es el siguiente: "la probabilidad de la extinción humana parecería tan pequeña (en especial dentro de un periodo de 200 o 300 años) que la magnitud cuantitativa del descuento por este motivo sería probablemente demasiado *pequeña*" (K. J. Arrow *et al.*, "Intertemporal Equity and Discounting", en M. Munashinghe (ed.), *Global Climate Change: Economic and Policy Issues*, World Bank Environment Paper, núm. 12, Washington, 1995, p. 24).

En contraste con la posición anterior, vale la pena citar de nuevo a Nicholas Georgescu-Roegen, quien, en un coloquio científico en 1977, puso el siguiente ejemplo:

Pongamos un ejemplo elemental. Consideremos una población de tres individuos, en la que cada día morirá uno de ellos. Si entre los tres tienen seis raciones diarias de comida, ¿cómo tendrían que distribuirlas? La distribución tendría que hacerse descontando el futuro según la probabilidad de supervivencia, lo que da la distribución de 3, 2, 1, y no la distribución igualitaria 2, 2, 2. Vemos, pues, que la moralidad del *carpe diem* tiene mucho sentido, ya que los humanos somos mortales. Ahora bien, para las entidades casi inmortales, como son la nación y aún más claramente la humanidad, el descontar el futuro es erróneo desde cualquier punto de vista […] Naturalmente, si todas las utilidades futuras son tratadas de igual manera, entonces la elegante solución de Hotelling no sirve de nada. El foco del problema cambia por completo. La solución analítica es distribuir los recursos con igualdad a lo largo del tiempo, aunque en ese caso un horizonte temporal infinito lleva al resultado paradójico de que cada año se puede consumir una cantidad nula [o infinitesimal] de recursos... [Quizá] en lugar de basar nuestras recomendaciones en el principio archisabido de maximizar la "utilidad", tendríamos que minimizar el arrepentimiento futuro. Esta parece ser la única receta razonable, no creo que pueda llamársele racional, para afrontar la incertidumbre más incierta de todas, la incertidumbre histórica.[30]

LA RELACIÓN ENTRE NIVEL DE RENTA
Y PROBLEMAS AMBIENTALES

En el debate sobre el tema uno puede encontrar posiciones muy diversas. Por ejemplo, ha habido muchos intentos de probar que la riqueza no es en sí nociva para el ambiente, y que la pobreza sí lo es: el Informe Brundtland puso mucho énfasis en

---

[30] Nicholas Georgescu-Roegen, "Comments on the papers by Daly and Stiglitz", en V. Kerry Smith (ed.), *Scarcity and Growth Reconsidered*, Johns Hopkins Press, Londres, 1979, pp. 95-105.

esa imagen del pobre que cocina su última comida con el último árbol de la aldea.[31]

La cuestión puede, empíricamente, enfocarse desde dos
puntos de vista, muy interrelacionados entre sí pero no idénticos. El primero es el de la utilización de recursos, el segundo
el de la degradación ambiental.

Desde el punto de vista de la presión sobre los recursos
renovables y no renovables, la conclusión parece clara: es la
riqueza y no la pobreza la causa principal del agotamiento de
los recursos. El flujo de recursos naturales desde el Sur hacia
el Norte ha crecido históricamente. Las economías ricas no se
"desmaterializan" y, por ejemplo, el consumo energético per
cápita de los países ricos es muchísimo mayor al de los países
pobres (incluso si tenemos en cuenta que las estadísticas oficiales infravaloran, u olvidan, el uso de leña en los países pobres) (véase el capítulo I). Es cierto que la deforestación —en
parte como resultado de las necesidades de los pobres, pero
también de actividades orientadas a la exportación— se concentra *actualmente* en los países pobres y que ello se explica en
parte porque no pueden acceder a otros recursos energéticos
pero, desde una perspectiva global, la causa no es tanto la pobreza como la desigualdad mundial; desde el punto de vista de
las conclusiones políticas, si los países pobres se volviesen ricos
—y adoptasen tecnologías y modos de vida más próximos a los
de los países ricos actuales—, la disminución de la presión sobre los combustibles de biomasa sólo se reduciría si, o bien se
agravase otro problema (la presión sobre los recursos energéticos no renovables), o si hubiese un cambio global de modelo
energético. Además, la sobreexplotación o degradación de otros
recursos naturales, como bancos de pesca o suelos fértiles,
puede manifestarse muchas veces localmente en los países pobres, pero ser resultado no de la demanda de dichos países
sino de la procedente de los países ricos; la riqueza permite
escapar muchas veces a la degradación *exportándola* a otros
lados. Se dice a veces que las economías pobres dependen más
de los recursos naturales, pero en realidad no es que dependan

---

[31] G. H. Brundtland, *Our Common Future*, Oxford University Press, Oxford
(ed. en español: *Nuestro futuro común*, Alianza, Madrid, 1988).

más, puesto que los ricos utilizan más recursos, sino que dependen más de sus recursos locales porque no tienen el mismo poder de compra en los mercados internacionales.

Las afirmaciones anteriores no deben, sin embargo, identificarse con la ingenua posición según la cual todos los problemas ecológicos de los países pobres provienen de su inserción en la economía internacional y desaparecerían si se "desconectasen" para vivir autárquicamente. La relación entre recursos locales y necesidades locales puede ser muy problemática —y en principio lo será cada vez más cuanto más crezca la población—, incluso para una población pobre. El creciente consumo material es un problema, pero también lo es la creciente densidad de población (véase la sección siguiente).

Otra perspectiva, la más común, para enfocar el tema es la de seleccionar indicadores de "calidad ambiental" o de "presión ambiental" y relacionarlos con algún indicador de situación económica (como el ingreso o PIB per cápita).[32] En los últimos años ha tenido una gran repercusión una hipótesis muy específica sobre esta relación: la llamada "forma de U invertida" (gráfica VIII.1) según la cual, en un primer estadio, el crecimiento económico tiene efectos ambientales negativos pero, a partir de un nivel crítico de renta per cápita, la situación ambiental mejora a medida que se dan ulteriores aumentos de la renta per cápita. Aunque los resultados empíricos son parciales, diversos y muchas veces contradictorios, algunos economistas celebraron el supuesto hallazgo como demostración de que "hay una evidencia clara de que, a pesar de que el crecimiento económico habitualmente conduce a degradación ambiental en una etapa inicial del proceso, finalmente la mejor —y probablemente la única— vía de conseguir un medio ambiente decente en la mayoría de los países es que se hagan ricos".[33]

Parece ser que fue Panayotou[34] el primero en utilizar el

[32] Lo que sigue en este apartado es una adaptación de: J. Roca Jusmet y E. Padilla Rosa, "Emisiones atmosféricas y crecimiento económico en España: la curva de Kuznets ambiental y el Protocolo de Kyoto", *Economía Industrial*, núm. 351 (marzo de 2003), pp. 73-86.

[33] W. Beckerman, "Economic growth and the environment: whose growth? Whose environment?", *World Development*, vol. 20 (1992), p. 48.

[34] T. Panayotou, "Empirical Tests and Policy Analysis of Environmental De-

GRÁFICA VIII.1. *La hipótesis de la curva de Kuznets ambiental*

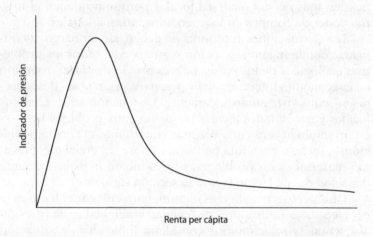

término ya habitual de curva de Kuznets ambiental (CKA) para referirse a esta hipótesis por su similitud con la relación que este autor sugirió —con muchas cautelas— que podía existir entre el nivel de desigualdad y la renta per cápita.[35] Buena prueba de cómo la hipótesis de la CKA ha centrado el debate sobre los efectos ambientales del crecimiento económico en los últimos años es que ya en la década de 1990 diversas revistas académicas dedicaron números especiales al tema, como es el caso de *Ecological Economics* (vol. 25, 1998) y *Environment and Development Economics* (vol. 2, 1997). Las razones de la gran difusión de la hipótesis seguramente tienen que ver, además de por la asociación con el nombre de un prestigioso economista, con el hecho de que da una perspectiva tranquilizadora, ya que parece que permite conciliar fácilmente las actuales preocupaciones por la "sostenibilidad" con la búsqueda del crecimiento económico como principal guía de la política económica. En este sentido es significativo que el primer estudio

gradation at Different Stages of Economic Development", *Working Paper WP 238*, Technology and Environment Programme, International Labour Office, Ginebra, 1993.

[35] S. Kuznets, "Economic growth and income inequality", *American Economic Review*, vol. 45 (1995), pp. 1-28.

empírico en el que se fundamenta la CKA,[36] basado en datos de concentraciones urbanas de diferentes contaminantes atmosféricos procedentes de diversos países, era parte de un trabajo que discutía las posibles implicaciones ambientales del Tratado de Libre Comercio de América del Norte, de forma que la conclusión —si el mayor comercio internacional producía mayor crecimiento económico para México, también supondría finalmente menor degradación ambiental— no podía ser más favorable al pensamiento económico dominante.

Si bien existe cierta evidencia empírica de que *algunos* problemas ambientales han disminuido en los países ricos, ninguno de los contaminantes que se han considerado en la literatura muestra seguir de forma inequívoca la hipótesis de la CKA[37] y también se ha cuestionado mucho si las técnicas econométricas utilizadas permiten derivar la relación de causalidad que supone esta hipótesis.[38] Muchos autores afirman que es factible que la hipótesis de la CKA únicamente se cumpla en el caso de contaminantes con efectos locales y a corto plazo, donde los impactos ambientales y sobre la salud son perceptibles para la población y los costes de actuación menores (caso del SO_2), mientras que en el caso de contaminantes con efectos más globales, a más largo plazo y cuya reducción es más complicada (caso del CO_2) la presión ambiental aumentaría con el nivel de renta; de hecho, la interesante conclusión de uno de los primeros estudios, el de Shafik y Bandyopadhyay (1992),[39] fue que la confrontación de diferentes indicadores de presión o degrada-

---

[36] G. M. Grossman y A. B. Krueger, "Environmental Impacts of a North American Free Trade Agreement", *NBER Working Paper 3914*, National Bureau of Economic Research (NBER), Cambridge, 1991.

[37] P. Ekins, "The Kuznets curve for the environment and economic growth: examining the evidence", *Environment and Planning A*, vol. 29 (1997), pp. 805-830; S. M. de Bruyn, y R. J. Heintz, "The environmental Kuznets curve hypothesis" en J. van den Bergh (ed.) *Handbook of Environmental and Resource Economics*, Edward Edgar, Cheltenham, pp. 656-677, 1999.

[38] D. I. Stern y M. S. Common (2001), "Is there an environmental Kuznets curve for sulfur?", *Journal of Environmental Economics and Management*, vol. 41 (2001), pp. 162-178.

[39] N. Shafik y S. Bandyopadhyay, "Economic Growth and Environmental Quality: Time Series and Cross-Country Evidence", *Background Paper for World Development Report 1992*, World Bank, Washington D. C., 1992.

ción ambiental con la renta per cápita llevaba, dependiendo de los casos, a curvas decrecientes, en forma de U invertida o crecientes (véase la gráfica VIII.2). La hipótesis no sería, por tanto, en absoluto generalizable a la relación global entre economía y medio ambiente. Algunos indicadores mejoran al crecer el ingreso: una parte mayor de la población dispone de agua potable y de sistemas higiénicos de evacuación de excrementos. Otros indicadores empeoran inicialmente al crecer el ingreso: hay en general más emisión de partículas en gases de los vehículos y mayor emisión de dióxido de azufre en economías de nivel medio, puesto que hay tecnologías que fácilmente corrigen esos efectos a las cuales sólo se dedican recursos cuando el ingreso aumenta (aunque muchas veces el "efecto escala" de, por ejemplo, más vehículos en circulación más que compensa las mejoras). Pero la producción de residuos domésticos (aunque los impactos también dependen de cómo se traten) y la emisión de dióxido de carbono aumentan con el ingreso. Y también lo hacen otros muchos indicadores, como residuos radiactivos, producción de dioxinas y furanos, de óxidos de nitrógeno, metales pesados, nitritos y fosfatos en el agua. También hay que tener en cuenta que las curvas de la figura son las que se ajustan lo mejor posible a los datos empíricos, que no coinciden exactamente con la curva, y que en ellas no se aprecia que, entre países con similar nivel de renta, la situación ambiental —o la contribución a problemas globales— puede ser muy diferente; por ejemplo, las emisiones de dióxido de carbono per cápita en Japón son inmensas desde el punto de vista de la media mundial, pero son mucho menores que las de los Estados Unidos, a pesar de que los niveles de renta son comparables.

Además, es importante destacar que la degradación ambiental no sólo se explica por los flujos actuales de emisiones o las concentraciones de contaminantes, sino que depende de la historia de las presiones ambientales que afectan a la situación de los ecosistemas y que a veces comportan cambios irreversibles.[40] Otro aspecto particularmente importante para la

---

[40] K. Arrow *et al.*, "Economic growth, carrying capacity and the environment", *Science*, vol. 268 (1995), pp. 520-521.

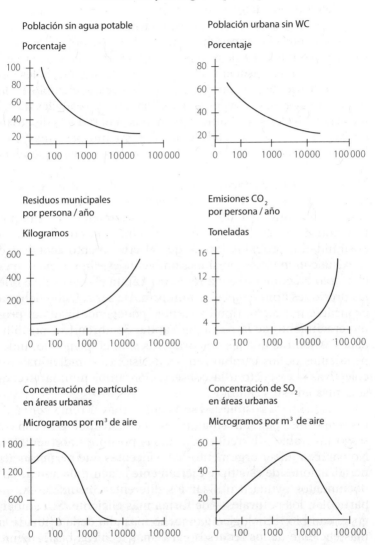

GRÁFICA VIII.2. *La relación entre algunos indicadores ambientales y el ingreso per cápita*

FUENTE: Shafik y Bandyopadhyay (para el Banco Mundial), tomado de *Nueva Sociedad*, núm. 122 (Caracas, noviembre-diciembre de 1992), p. 195. El eje horizontal mide el ingreso per cápita en dólares, en una escala logarítmica para datos de diferentes países.

valoración de los datos es que siempre se ha de ser consciente de que la mejora de un indicador podría no sólo coexistir sino explicarse por el comportamiento negativo de otro indicador. Un ejemplo relevante de esta posibilidad sería cuando se reducen las emisiones asociadas al uso de combustibles fósiles debido al creciente uso de energía nuclear. Otro ejemplo es la sustitución de automóviles de gasolina por automóviles diesel más eficientes energéticamente y menos generadores de dióxido de carbono por unidad de desplazamiento pero más problemáticos en determinados contaminantes locales que afectan a la salud de las personas.

Vale la pena destacar la dificultad para justificar de forma teórica que en la relación entre crecimiento económico y presiones ambientales predomine el comportamiento descrito por la hipótesis de la CKA que se suele definir no como la mera posibilidad o probabilidad de que el crecimiento económico coexista con menores presiones ambientales, sino como que es el propio crecimiento de la renta per cápita el que explica que las presiones ambientales disminuyan. De ser así, ello debería explicarse por algún tipo de cambio endógeno, ligado al propio crecimiento de la renta per cápita. Se abren tres posibilidades. Mientras que las dos primeras son, en principio, independientes de los cambios en las decisiones —individuales o colectivas— respecto a la conservación ambiental, la tercera se centra en estos cambios.

Una primera posibilidad sería que la mayor renta per cápita comportase por sí misma una evolución tecnológica con un sesgo favorable a la reducción de las presiones ambientales. No parecen haber argumentos convincentes que permitan generalizaciones de este tipo. Ciertamente la acumulación de conocimientos ayuda a utilizar los diferentes recursos —y, en particular, los naturales— de forma más eficiente. Sin embargo, el cambio tecnológico va mucho más allá de la utilización más eficiente de los recursos para unas técnicas básicamente inalteradas y comporta nuevos procesos y nuevos productos con presiones ambientales asociadas que no tienen porqué ser menos preocupantes que las presiones asociadas a las anteriores tecnologías; en realidad, los países más ricos no sólo son muchas veces pioneros en las innovaciones que permiten reducir las presiones ambientales, sino también en las que generan los mayores riesgos ambientales (piénsese en la introducción de multitud de nuevas sustancias químicas o en la historia de la energía nuclear). Además, cabe señalar que los efectos finales de los cambios tecnológicos no siempre son fácilmente previsibles. Así, como se ha discutido en economía de la energía, el propio aumento de la eficiencia en el uso de un recurso natural podría estimular su demanda, reduciendo —o incluso anulando en casos extremos— el efecto reductor del aumento de eficiencia como hemos destacado al hablar del "efecto rebote" (véase capítulo v).

La segunda explicación potencial sería que la propia evolución autónoma de la estructura de la demanda final comportase una menor presión ambiental a medida que crece la renta per cápita. La evidencia en que suele justificarse este argumento es el creciente peso de las demandas orientadas al sector servicios a expensas de las orientadas al sector industrial. Sin embargo, este argumento requeriría mucha más investigación empírica, puesto que algunas actividades englobadas en los servicios pueden generar tanta o más presión ambiental (directa y/o indirecta) que otras integradas en el sector industrial (piénsese, por ejemplo, en el turismo a larga distancia). En cualquier caso, lo máximo que podríamos explicar con este argumento es la reducción de las presiones ambientales *por unidad de renta* a medida que crece la renta, pero no explicaríamos una reducción de dichas presiones en términos absolutos, a menos que supongamos que los sectores ambientalmente más problemáticos son los que producen bienes inferiores, lo que no es en absoluto probable.[41] Es decir, el cambio en la estructura de la demanda justificaría quizás una "desvinculación relativa", pero no "absoluta", entre crecimiento económico y presiones ambientales.[42] En otra palabras, la elasticidad

---

[41] M. Torras y J. K. Boyce, "Income, inequality and pollution: a reassessment of the environmental Kuznets curve", *Ecological Economics*, vol. 25, núm. 2 (1998), pp. 147-160.

[42] Utilizando la relevante distinción S. M. de Bruyn y J. B. Opschoor, "Developments in the throughtput-income relationship: theoretical and empirical observations", *Ecological Economics*, vol. 20, núm. 3 (marzo de 1997), pp. 255-268; véase también J. Roca y V. Alcántara, "Economic growth, energy use, and

renta de las presiones ambientales podría resultar, según este argumento, inferior a la unidad pero no negativa.

El tercer argumento es que son las preferencias de los individuos las que explican que, una vez se alcanza un determinado nivel de renta, cambia la combinación escogida entre bienes y servicios "producibles" y calidad ambiental, de forma que se decide consumir más "calidad ambiental", aunque sea a costa de un consumo del resto de otros bienes y servicios menor que el potencial (o de una composición diferente a la que, prescindiendo del factor ambiental, sería la más deseable).[43] La conclusión es que una elevada "elasticidad-renta de la calidad ambiental" —es decir, que los individuos se preocupen más y más por la calidad ambiental cuanto más ricos sean— haría muy probable que con el aumento de renta disminuyese también la contaminación. Pero la argumentación tiene muchos puntos débiles.

La calidad ambiental es, casi siempre, un bien público cuyo nivel de provisión no se puede decidir a nivel individual sino que se resuelve principalmente en la arena política y la idea de que los individuos deciden "comprar" calidad ambiental es una metáfora que no puede llevarse demasiado lejos. Las decisiones sobre política ambiental (por ejemplo, imponiendo regulaciones o impuestos) se deciden en el ámbito político. Además, hay que tener en cuenta las importantes desigualdades, en preferencias, en renta y en participación en los beneficios y costes de la degradación ambiental y aparecen conflictos de percepciones y de intereses que pueden resolverse de diversas formas. La conclusión importante es que, incluso si nos referimos a una presión ambiental cuyos efectos recaen totalmente sobre la propia población actual del marco territorial en que se toman las decisiones de política ambiental, la misma evolución de la renta per cápita llevará a diferentes decisiones dependiendo de cómo se distribuyan los costes y beneficios de la degradación ambiental, de cómo se resuelvan los

---

CO_2 emissions" en J. R. Blackwood (ed.), *Energy Research at the Cutting Edge*, Novascience, Nueva York, 2002.

[43] Para una discusión crítica, véase J. Roca, "Do individual preferences explain the Environmental Kuznets curve?", *Ecological Economics*, vol. 45, núm. 1 (abril de 2003), pp. 3-10.

conflictos que ello genere y de las instituciones que canalicen estos conflictos. La propia definición de qué costes y qué beneficios deben considerarse y cuál es su valoración depende de cómo se definen los derechos, una cosa que tiende a olvidarse por el enfoque habitual de la eficiencia pero que es fundamental para la tradición de la economía institucionalista.

Además, las actividades de un país provocan frecuentemente presiones ambientales que recaen —al menos en parte— en otros países, con lo que el posible *desplazamiento de costes ambientales* entre grupos sociales adquiere otra dimensión. El desplazamiento *espacial* hacia otros territorios se da, a veces, de forma inevitable por la propia característica del problema ambiental, como la contaminación atmosférica que se desplaza cruzando fronteras o la contaminación de los ríos que, aguas abajo, atraviesan también fronteras; o como los problemas de carácter global —como el aumento del efecto invernadero— cuyos efectos recaen sobre todos, independientemente de donde se originen. Cuanto mayor sea la parte de los efectos ambientales que recaiga fuera de las fronteras de la entidad política que toma las decisiones, menos probable es que el crecimiento económico lleve a decisiones que reduzcan las presiones ambientales. En el caso de los problemas ambientales más locales aparece otra vía indirecta —y muy relevante— a través de la cual se puede producir un desplazamiento de costes ambientales —la del comercio exterior—[44] que con razón ha llevado a considerar que las posibles curvas de Kuznets ambientales podrían derivar no de una mejora ambiental genuina, sino de una exportación de problemas ambientales a otros territorios:[45] debería pensarse no sólo en la posible emigración de actividades industriales contaminantes sino, seguramente mucho más importante, en el conjunto de impactos asociados a las actividades primarias destinadas a abastecer las enormes necesidades de materiales y de energía de las sociedades ricas. El otro caso muy relevante de desplazamiento de costes es,

[44] R. Muradian y J. Martínez Alier, "Trade and environment: from a 'Southern' perspective", *Ecological Economics*, vol. 36, núm. 2 (2001), pp. 281-297.
[45] Arrow *et al., op cit.*, 1995; D. I. Stern, M. S. Common y E. B. Barbier "Economic growth and environment degradation: The environmental Kuznets curve and sustainable development", *World Development*, vol. 24 (1996), pp. 1151-1160.

por supuesto, el *intergeneracional;* cuando los problemas se trasladan al futuro lejano, las supuestas preferencias sobre consumo personal de más bienes y servicios o de más "calidad ambiental" son irrelevantes. En este caso, los incentivos para renunciar a un mayor consumo para preservar la situación ambiental pueden no existir o, en cualquier caso, derivan de actitudes que no tienen porqué estar correlacionadas positivamente con el nivel de renta per cápita; más bien parece, al contrario, que los valores que impulsan el deseo de consumo sin límite favorecen dejar de lado estas preocupaciones.

El hecho empírico de que sean las presiones ambientales que contribuyen a problemas globales y con efectos a largo plazo las que más claramente se correlacionan positivamente con el nivel de renta per cápita, incluso para niveles muy elevados de ésta, es previsible dadas las consideraciones anteriores.

CAPACIDAD DE CARGA Y DEMOGRAFÍA HUMANA

Cuando se habla de sustentabilidad se utilizan muchos indicadores, por ejemplo, las emisiones atmosféricas a las que antes nos referíamos. Podríamos añadir también la pérdida de tierra agrícola, por la desertización y la urbanización, y la disponibilidad de agua (comparando lluvia y extracción). Podríamos tratar de establecer como indicador el costo energético de la agricultura (calculando el creciente costo en kilocalorías para obtener kilocalorías de la alimentación). Podríamos construir indicadores de erosión genética o pérdida de biodiversidad (tanto en la agricultura como en la vida silvestre). O podríamos intentar elaborar índices globales del tamaño físico de la economía, como los que luego revisamos. ¿Podrían agregarse esos indicadores físicos, biológicos, químicos? Creemos que no. Además, no todos se mueven en la misma dirección.

Se podría preguntar: ¿por qué tantos índices? ¿No podría haber un índice físico único del impacto humano sobre el ambiente, utilizando el concepto de capacidad de carga, como se define en la ecología: la población máxima de una especie (por ejemplo, ranas en un lago) que puede mantenerse sosteniblemente en un territorio dado sin deteriorar su base de recursos?

La respuesta es que, aunque es evidente que la población humana no puede crecer sin límite, la definición de capacidad de carga es difícil de aplicar para los humanos por varias razones.

Primero, la aptitud humana de establecer grandes diferencias en el uso exosomático de energía y materiales significa formularse la pregunta: ¿máxima población con qué *consumo*? Es obvio que la cantidad de población mantenible con el estándar de vida de la población rica del mundo es mucho menor que la mantenible en un nivel próximo a la subsistencia.

Segundo, las *tecnologías* humanas cambian a un ritmo mayor entre otras especies. La capacidad de carga de humanos en las sociedades cazadoras-recolectoras era mucho más pequeña que la de las sociedades agrícolas, y los cambios en la agricultura también la ampliaron. Por eso, una objeción al uso del concepto de capacidad de carga es la tesis antimalthusiana de Boserup,[46] según la cual los cambios en los sistemas agrícolas, definidos como la disminución del periodo de rotación, se veían como una respuesta al aumento de población y permitían sustentar a una población creciente: una mayor presión demográfica creaba el incentivo necesario para el cambio tecnológico hacia una mayor producción agraria. Creemos que la tesis de Boserup era muy pertinente hasta que cambiaron las técnicas agrícolas, alrededor de 1840, cuando los insumos *externos* a la agricultura fueron el rasgo distintivo de la nueva tecnología basada en el nuevo conocimiento de la química agrícola.

Tercero, los *territorios* ocupados por los humanos no están dados, somos capaces de competir con otras especies a las que arrinconamos como lo muestra el índice de Vitousek *et al.*, de la apropiación humana de la producción primaria neta de la biomasa (véase p. 499). Asimismo, en la especie humana hay una determinación política respecto a cuáles territorios están cerrados y cuáles están abiertos a los migrantes y para qué tipo de ellos. Mientras algunos ecologistas darwinista-sociales, como Garrett Hardin, predicaron la llamada *life-boat ethics* (los ricos evitarían la entrada de los pobres en su bote salvavidas), Nicholas Georgescu-Roegen apoyó la libre migración como un

[46] E. Boserup, *Las condiciones del desarrollo en la agricultura*, Tecnos, Madrid, 1967.

derecho humano básico. La territorialidad humana está construida social y políticamente. Esto explica por qué la migración de Suecia a España o viceversa es hoy día libre en la Unión Europea, mientras que cada año muchas personas mueren tratando de cruzar ilegal, pero naturalmente, de Marruecos a España y de México a los Estados Unidos.

Todavía hay otra razón para que la noción de capacidad de carga no sea aplicable directamente a los humanos para un territorio específico: el *comercio internacional*. El comercio puede verse, de hecho, como una apropiación de la capacidad de carga de otros territorios, como veremos al discutir el intercambio ecológico desigual y la huella ecológica y el ecoespacio. No obstante, aún desde el punto de vista estrictamente biorregional podría argumentarse, como lo hizo Pfaundler en 1902, que si a un territorio le falta un elemento muy necesario que es muy abundante en otro lugar, entonces la ley de Liebig del mínimo recomendaría el intercambio y, por lo tanto, la capacidad de carga de todos los territorios sumados sería mayor que la suma de las capacidades de carga de todos los territorios autárquicos. Entre los dos extremos, la completa globalización del comercio o la autarquía regional, cabe una posición ecológica sensata que se vincula con propuestas recientes de comercio justo y ecológico provenientes de numerosas organizaciones no gubernamentales.

También algunos autores que tienen una formación biológica, como Paul Ehrlich y sus colaboradores, se han dado cuenta con los años de las insuficiencias de la noción de capacidad de carga·aplicada a los humanos. Por eso, proponen la fórmula $I = PAT$, donde I es el impacto humano sobre el medio ambiente, P es la población humana, A la "afluencia" o abundancia económica y T la tecnología. Es una expresión muy simple pero extremadamente útil para poner en pie de igualdad los tres factores centrales que están en el debate sobre los problemas ecológicos. La cuestión demográfica, el mayor o menor nivel de austeridad de los estilos de vida y las tecnologías. Cabe hacer, sin embargo, algunas matizaciones importante.[47]

---

[47] J. Roca, "The IPAT formula and its limitations", *Ecological Economics*, vol. 42, núm. 1 (agosto de 2002), pp. 1-2.

Se ha dicho que, en comparación con otros índices físicos, la expresión *IPAT* va más por el lado de una metáfora, recurso didáctico simbólico,[48] con algunas variables que parecen ser mensurables pero que no lo son. El propio término "Impacto" es poco claro: ¿en términos de qué se mide?, ¿de biodiversidad?, ¿de cambio climático?, ¿de acumulación de metales pesados?, ¿de contaminación de los mares?... Los impactos son multidimensionales y, además, cuando relacionamos actividad económica y medio ambiente es más oportuno hablar de presiones. De hecho en la práctica la fórmula de Ehrlich no se acostumbra a aplicar a algún índice global ambiental sino a algún factor específico de presión ambiental, como las emisiones de CO_2 o el uso de determinados pesticidas.[49]

La "afluencia" se suele calcular a partir del PIB per cápita pero *T*, que se supone representa el efecto de la tecnología sobre el medio ambiente, no se mide sino que se deduce a partir de las otras tres variables, se calcula como igual a la relación *I/PA* obteniendo, por ejemplo, las emisiones contaminantes por unidad de PIB lo que claramente depende (como pasaría en cualquier otra medida similar), no sólo de factores tecnológicos. Las emisiones contaminantes por unidad de PIB dependen —y mucho— de las tecnologías utilizadas pero también de qué actividades económicas tienen más o menos peso en una economía: no es lo mismo fabricar más automóviles o más cemento que ofrecer más servicios educativos o más servicios de atención personal a la gente mayor (de los que, por cierto, habrá una creciente necesidad en los países ricos dados los cambios en la estructura demográfica). Todas estas actividades generan valor añadido pero tienen efectos ambientales (y sociales) muy diferentes: cuestiones como los estilos de vida y el peso relativo del consumo privado y de los servicios públicos son claves y por ello no basta saber cuál es el nivel de gasto de una sociedad sino también qué hay detrás de este gasto.

[48] F. Duchin, "Ecological Economics: The Second Stage", en R. Costanza, O. Segura y J. Martínez Alier, *Getting down to Earth. Practical Applications of Ecological Economics*, ISEE, Island Press, Washington, 1996, p. 289.

[49] T. Dietz y E. A. Rosa, "Rethinking the Environmental Impacts of Population, Affluence and Technology", *Human Ecology Review*, vol. 1 (verano-otoño de 1994).

Estos comentarios no significan negar la importancia del crecimiento de la población humana. Desde que Paul Ehrlich publicó *The Population Bomb* en 1968, ha sido común en muchos países del Tercer Mundo, entre los viejos izquierdistas y también entre feministas, la referencia negativa al neomalthusianismo. Es cierto que el neomalthusianismo oficial de hoy se ha dirigido principalmente contra las mujeres pobres, desde el extranjero, o desde el Estado (como en China). Esto ha provocado terribles abusos, como el infanticidio femenino y las esterilizaciones forzadas. También existe a menudo una falta de respeto por las difíciles circunstancias demográficas de muchos grupos del mundo, sobrevivientes del expansionismo europeo. Los indígenas americanos con los que se ha tenido contacto en las últimas décadas todavía padecen, invariablemente, el colapso demográfico que sufrió la mayoría de la población de América y Oceanía hace siglos. Existen brotes de nuevas enfermedades (como el sida) o viejas enfermedades (como la malaria) favorecidas por el cambio climático,[50] y parecía posible que África, al sur del Sahara, entrara en un declive demográfico por esas terribles razones.

La expresión "neomalthusianismo" no es una novedad surgida durante los años 1960 y 1970. Hubo un movimiento neomalthusiano que vio el incremento de los pobres como una amenaza a la salud mental y física de la humanidad. "Naturalizaron" la inequidad social, atribuyendo la pobreza a genes defectuosos. Pero hubo otro movimiento neomalthusiano que luchó por el control de la natalidad en contra de la oposición de la Iglesia y del Estado, particularmente en el sur de Europa y América Latina. Aquellos que se llamaban a sí mismos neomalthusianos a fines del siglo xix y principios del xx fueron, con frecuencia, feministas anarquistas que defendían lo que hoy se conoce como "derechos reproductivos" —el derecho de las mujeres a decidir el número de hijos que desean tener— y que discutían los derechos reproductivos en un contexto ecológico. Activistas como Emma Goldmann tomaron parte en congresos neomalthusianos. Activistas como Luis

---

[50] R. Lewontin y R. Levins, "El regreso de viejas enfermedades y la aparición de otras nuevas", *Ecología política*, núm. 12 (1996), pp. 107-110.

Bulffi publicaron (precisamente en Barcelona) revistas como *Salud y Fuerza*. *Revista neomalthusiana* (y fueron encarcelados), mientras que María Lacerda de Moura, una feminista brasileña, publicó en Brasil (y se tradujo al español) títulos como *Amaos y no os multipliquéis*. Es decir, amaos más y no os multipliquéis tanto. La demografía humana es distinta que la de las ranas en un lago: es más reflexiva.

La población mundial en el siglo XXI

En el siglo pasado la población mundial aumentó de 1 500 millones a 6 000 millones, es decir, cuatro veces lo que nunca había ocurrido antes ni va a ocurrir otra vez. La población urbana es ya mayor que la población rural (véase recuadro VIII.1). Es probable que la población mundial alcance su máximo hacia el 2050, aunque eso depende del ritmo de decrecimiento de la fecundidad (el número de infantes por mujer), y también depende de cuanto se alargue en promedio la vida humana.

Por ejemplo, mientras en el sur de la India la tasa de fecundidad ya ha bajado a 2, en el norte de la India y en varios países africanos está todavía entre 3 y 4. Por ejemplo, en Colombia la tasa de fecundidad bajó de 2.7 en el 2000 a 2.2 en el 2010, y sigue en descenso.

Naciones Unidas presenta cuatro proyecciones según sea la evolución de la fecundidad. En una de ellas supone que la tasa de mortalidad baje y que la tasa de fecundidad se mantuviera igual que hoy, y entonces para el año 2100 la población humana llegaría a más de 25 000 millones. Sin embargo, eso no va a ocurrir. Es bien posible que la fecundidad en países ricos y también en China se mantenga apenas por encima de 1.5. Mientras que en otros países continúe el rápido descenso de la fecundidad. En este caso la población mundial alcanzaría su máximo hacia el 2050 o posiblemente antes, con poco más de 8 000 millones, y luego descendería hacia 6 000 millones en el 2100. Ésta es la proyección que Naciones Unidas llama "baja".

Esta proyección, muy plausible, tropieza con las aspiraciones de muchos Estados y con las perspectivas optimistas de crecimiento económico que requieren muchos más consumidores. Además esa proyección de estancamiento y leve descenso de la población mundial implica un envejecimiento notable de la población. Naciones Unidas presenta una proyección "media" donde supone que la fecundidad en países ricos y en China va a crecer un poco. Así, consigue mantener un aumento de la población más allá del 2050 e incluso hasta el año 2100 con 10000 millones de personas.

Ahora bien, esta proyección "media" que ha sido muy citada, no es seguramente la más probable. Es bien posible que la tasa de fecundidad en China y en países ricos se quede muy por debajo de 2 y que esos países o regiones ricas apenas mantengan sus niveles de población actuales recurriendo a la inmigración.

La perspectiva de llegar al máximo de población en unos 30 años más, produce alivio a quienes estamos preocupados por la pérdida de biodiversidad y por el cambio climático. Sabemos que un ciudadano pobre del mundo tiene una incidencia ambiental menor que un ciudadano rico, pero hay un deseo general en países pobres de lograr un crecimiento económico.

Así pues, mientras el siglo XXI va a ser muy distinto y mejor que el siglo XX en lo que respecta a las tendencias de la demografía humana, no podemos olvidar que estamos ya actualmente en un periodo de máxima presión de la población mundial sobre los ecosistemas.

Aunque en general el freno al aumento de la población es una buena noticia, hay cuestiones que habrá que analizar. Ya antes de llegar al máximo en muchas regiones del mundo (por lo general rurales pero a veces también urbanas) se presentan problemas de gestión ambiental ligados a la despoblación. Por ejemplo, en zonas rurales mediterráneas aumenta el bosque a costa de la agricultura lo que puede tener efectos negativos en la frecuencia e intensidad de los incendios. Por ejemplo, una muy baja densidad de población dificulta la existencia de transportes públicos. El estudio de la despoblación y sus efectos atraerá la atención de los economistas del siglo XXI. Una gran y bienvenida novedad.

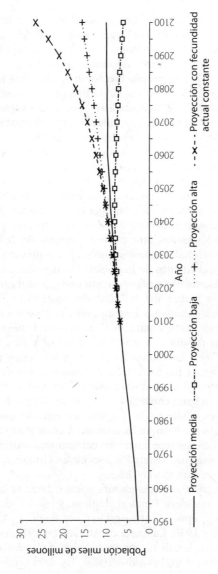

GRÁFICA VIII.3. *Población mundial, 1950-2100, según distintas proyecciones y supuestos sobre fecundidad (población en miles de millones)*

FUENTE: Population Division of the Department of Economic and Social Affairs of the United Nations Secretariat (2011), World Population Prospects: *The 2010 Revision*, Nueva York, Naciones Unidas.

La economía convencional sostiene que, al aumentar la productividad en la agricultura y ser la elasticidad-ingreso del consumo de alimentos, en conjunto, muy baja, la agricultura expulsa población activa. Eso está en la raíz de la urbanización que, en parte, aumenta también por el propio crecimiento demográfico. Así, si en China o en la India la población activa agraria descendiera a un porcentaje inferior a 20 o hasta a 10%, entonces veríamos, si se mantiene la actual jerarquía de ciudades, conurbaciones de 40 o 60 millones de habitantes, que no tienen precedentes. Nótese que hasta hoy en día las ciudades más grandes (Nueva York, Tokio, São Paulo, México) no han estado en los países de mayor población, pero eso es así porque los países más poblados (India, China) mantienen aún una población activa agraria muy alta, además de las restricciones internas a la emigración en China. Así pues, a menos que, al amparo de la crítica ecológica y gracias a movimientos agraristas, se logre rápidamente una revaloración de la producción agraria tradicional, el camino señala hacia una urbanización creciente y sin precedentes de la población mundial. ¿Cuáles son las líneas de pensamiento y planificación que guiarán ese proceso?

¿Cabe hablar realmente de "ciudades sostenibles"? ¿No son las ciudades ecológicamente insostenibles por definición? ¿Hay que ver las ciudades como "parásitos" que chupan energía y materiales y excretan residuos, o más bien, para usar otra metáfora, como "cerebros" que, con su metabolismo más intenso, consiguen convertir la energía y los materiales en informaciones útiles para el desarrollo sustentable de todo el sistema del cual forman parte? En la economía urbana convencional se hace mucho hincapié en las externalidades positivas de la aglomeración que pueden convertirse en negativas. Pero en la economía ecológica vamos más allá del estudio de esas repercusiones económicas indirectas, e intentamos decir algo más sistemático sobre las ciudades, viendo su economía dentro de un marco físico.

Durante mucho tiempo la planificación urbana se ha hecho a espaldas de las consideraciones ecológicas, y eso ha sido particularmente así en la época "corbuseriana", es decir, a partir de las décadas de 1920 y 1930. La Carta de Atenas, en 1933, consagró el principio de separación de las distintas zonas de la ciudad —como las zonas de dormitorio, las industriales, las de diversiones, o las de adquisición de mercancías (en los *malls* a los que se tiene acceso sólo en automóvil)—. Esa separación incrementa los viajes dentro de las conurbaciones, que en la era del automóvil privado iban a ser facilitados por las redes de autopistas urbanas. La ciudad crece en forma de *urban sprawl* o de "mancha de aceite" (un término introducido en 1955 por el sociólogo W. F. Whyte con referencia a Los Ángeles).

El modo de *transporte* tiene una influencia enorme en la calidad ambiental de las ciudades, por lo que el automóvil ha sido, en los países ricos, el gran agente del *urban sprawl*. Pero todavía son pocos los movimientos sociales urbanos de gente pobre contra el automóvil privado que les perjudica. Los ciclistas pobres de ciudades asiáticas, que van al trabajo en bicicleta para ahorrarse el precio del mal transporte público, son atropellados por autobuses o automóviles privados con cierta frecuencia con indemnizaciones muy baratas; además, el trato a los peatones no es mucho mejor. Las mujeres tienen, por lo general, menor acceso al automóvil privado.

Actualmente hay un amplio movimiento internacional en favor de la "sustentabilidad urbana", el cual se enfrenta al antiecologismo que caracteriza tanto la teoría urbanística de Le Corbusier como la práctica de muchas ciudades que han seguido el camino de Los Ángeles. Este nuevo movimiento nace al amparo de la Agenda 21, introducida en la conferencia de Río de Janeiro de 1992. Uno de los instrumentos preferidos de ese movimiento de "sustentabilidad urbana" es el cálculo de la "huella ecológica", tal como lo han desarrollado Rees y Wackernagel.[a]

El propio William Rees reconoce que sus ideas (aunque no sus cálculos detallados) estaban ya presentes en el movimiento de planificación urbana anterior al "corbuserianismo", representado por autores como Patrick Geddes y Ebenezer Howard (el creador de la "ciudad-jardín"), hace ahora 110 años. Se trata, pues, de volver a ese pasado, pero añadiendo nuevos instrumentos de evaluación y usando la tecnología moderna que puede llevar a una mayor sustentabilidad urbana.

Entre 1898 y 1902, Ebenezer Howard publicó las dos primeras ediciones de su libro *Garden Cities of Tomorrow*. En su utopía practicable, Howard proponía la teoría de la "ciudad-jardín", que no quiere decir el suburbio ajardinado contiguo a la metrópolis en la pauta estadunidense de *urban sprawl*, sino la creación de nue-

---

[a] Véase más adelante en este capítulo un resumen de sus ideas o también en "Indicadores territoriales de sustentabilidad", *Ecología Política*, núm. 12 (1996).

vas ciudades separadas de las conurbaciones por un amplio territorio donde la urbanización y la edificación estarían prohibidas. Howard propuso así la existencia de *greenbelts*, de cinturones verdes agrícolas y forestales, con unas fajas de decenas de kilómetros para evitar la extensión de las conurbaciones en mancha de aceite. Tales cinturones podrían servir como fuentes de alimento y sumideros de residuos. Para Howard, las nuevas ciudades-jardín, separadas de las metrópolis, mantendrían la titularidad pública del suelo, de manera que el incremento de rentas diferenciales por el uso urbano de suelo se revertiría en la administración de la propia ciudad y no en beneficio privado. Los habitantes de las nuevas ciudades serían usufructuarios de los solares, no propietarios.

Evitar la extensión ilimitada de la "conurbación", tal era el propósito de la teoría de la ciudad-jardín. La palabra "conurbación" había sido introducida por Patrick Geddes (el autor de *Ciudades en evolución*, 1915, heredero a su vez de John Ruskin y William Morris) para designar el fenómeno advertido en Inglaterra de ciudades que se expandían y capturaban los pueblos y ciudades cercanos, dejando en medio terrenos malogrados y mal definidos. Geddes y su discípulo Mumford pensaban que las tecnologías de la revolución industrial habían llevado a esos desastres, pero una nueva era tecnológica revertiría la tendencia. Sin embargo, sus esperanzas de una descentralización basada en las pequeñas centrales hidroeléctricas fueron negadas por la realidad.

Los principales obstáculos a la aplicación práctica de ese intento de urbanismo antiexpansivo de las ciudades-jardín han sido tres, a nuestro juicio. Por un lado, el aumento de la población inmigrante a las ciudades, particularmente en el sur del planeta, que rápidamente hace obsoletos los cinturones verdes que tratan de contener el crecimiento de la ciudad para acomodar esas mareas humanas. Tales invasiones son producto del crecimiento demográfico y de la diferencia de ingresos entre campo y ciudad, que es efecto de las políticas que se siguen, y de una visión sobre lo deseable de aumentar la productividad (falsamente medida) de la agricultura. Por otro lado, están los intereses privados de capturar las rentas que se conseguirán al urbanizar los terrenos contiguos a las conurbaciones ya existentes, aumentando la extensión de las ciudades, ya sea en terrenos para ricos o en suburbios empobrecidos. En Lima, por ejemplo, observamos no sólo la ocupación de tierras desérticas circundantes sino también la destrucción de las excelentes tierras de cultivo irrigadas, convertidas en nuevas urbanizaciones de clase alta en Monterrico, Barranco, Surco o, frecuentemente, en miserables "pueblos jóvenes". En tercer lugar, en el plano ideológico, las teorías urbanistas favorables a la expansión de las ciudades ayudan también a ese proceso de extensión ilimitada de las conurbaciones.

Un momento crucial en el debate sobre teorías urbanistas del siglo xx se dio en Moscú, en 1930, un par de años antes de la reunión que proclamó la Carta de Atenas y tuvo también por protagonista a Le Corbusier. Algunos arquitectos soviéticos habían propuesto la "desurbanización" de Moscú, en el contexto de las polémicas previas a la colectivización del campesinado y a las grandes campañas de industrialización. Se proponía un mayor apoyo a la agricultura campesina y una mayor vinculación entre la vida urbana y la vida rural, evitando el crecimiento de las grandes ciudades. El Partido Comunista de Stalin se mostró totalmente contrario a esas propuestas y contó con el apoyo de Le Corbusier, quien se burló, en una conocida carta a Moisés Ginzburg, de la tendencia "desurbanizadora".[b] Como puede comprenderse, la tenaza entre el urbanismo occidental expansivo corbuseriano y la crítica desde el estalinismo contra la desurbanización, aplastó políticamente durante 30 o 40 años cualquier intento de plantear un urbanismo alternativo, más ecológico. Pocas escuelas de arquitectura y urbanismo han dado voz a Geddes, Sitte, Howard, Mumford. La teoría de la ciudad-jardín no sólo no fue enseñada sino que fue expresamente tergiversada, como si fuera una "teoría" del suburbio ajardinado contiguo a la metrópolis.

Así pues, en las teorías urbanísticas del último siglo distinguimos tres etapas: *1)* la tendencia antindustrializadora, preocupada por la contaminación y la producción de residuos, preservadora de los centros históricos medievales en Europa, además de "romántica", pero, al mismo tiempo, científica por ser más ecológica; con nombres como Patrick Geddes y Ebenezer Howard en Gran Bretaña, Camillo Sitte en Europa Central, y Lewis Mumford (con su movimiento del *regional planning* de la década de 1920). Ellos tenían ya implícitamente una visión ecológica. Frente a la expansión de la conurbación industrial, Geddes y Sitte[c] propusieron el respeto a las formas urbanas medievales "orgánicas", con sus pla-

[b] P. Ceccarelli, *La construcción de la ciudad soviética*, Gustavo Gili, Barcelona, 1972.

[c] C. Sitte, *Der Staedtebau nach seinen Kuenstlerichen Grundsatzen*, Vieweg, Braunschweig/Weisbaden, 1983; 1ª ed. 1889; reimpr. de la 4ª ed. 1909.

zas y calles irregulares, su convivencia social en los espacios públicos, y su transporte a pie, mientras que Howard pugnaba por frenar la expansión urbana mediante "cinturones verdes" agrícolas y forestales, más allá de los cuales se crearían nuevas ciudades-jardín que no serían suburbios ajardinados sino todo lo contrario: entidades urbanas lo más autosuficientes posible, dentro de las cuales se realizarían casi todas las funciones urbanas y estarían conectadas con la ciudad central por transporte público. *2)* Más tarde, a partir de la década de 1920, el urbanismo expansivo, el elogio al transporte en automóvil, la división espacial de las funciones urbanas, el urbanismo mal llamado "racionalista" de Le Corbusier y sus seguidores *3)* La tercera etapa comienza a surgir de la confusión del posmodernismo entre 1980 y 1990. La planificación urbana corbusieriana está desacreditada y, durante los últimos 30 años, ha triunfado el "haz lo que quieras" posmodernista. De esa confusión surge ahora la tendencia del ecologismo urbano, apoyada en una sólida base de estudios de ecología urbana (como los que comenzó a auspiciar la Unesco con el programa MAB en las décadas de 1970 y 1980), y en nuevos indicadores e índices de (in) sustentabilidad urbana como la "huella ecológica".[d]

Es importante, cuando se discute la economía ecológica de las ciudades, especificar claramente cuál es la *escala* en la que se miden los impactos. En efecto, consideremos el caso de una ciudad que se expande. Tal vez su antiguo centro se deteriore social y ambientalmente, como ha ocurrido en ciudades estadunidenses y en algunas ciudades latinoamericanas (como Lima o, en cierta medida, la Ciudad de México). Puede ocurrir, por el contrario, como en muchas ciudades europeas, que al tiempo que la ciudad se expande mediante suburbios obreros de bloques de viviendas o suburbios ajardinados de clase media, el centro se mantiene en muy buen estado debido a la inversión pública y a sus valores culturales, turísticos y arquitectónicos. Desde el punto de vista ambiental, también es posible que el centro ofrezca mejor calidad del aire, con un descenso del dióxido de azufre y de partículas (como aún no se ha logrado en Santiago de Chile o en la Ciudad de México), amplia disponibilidad de agua de buena calidad, muchos espacios públicos verdes bien cuidados, circulación fluida con transporte público y en bicicleta o a pie (como en Ámsterdam o en

---

[d] Véase, por ejemplo, Virginio Bettini, *Elementos de ecología urbana*, ed. de Manuel Peinado, Trotta, Madrid, 1998.

Bolonia, por ejemplo). Posiblemente en el antiguo centro disminuya el hacinamiento anterior (como está ocurriendo en Barcelona, por ejemplo), y la salud pública y la calidad de vida mejoren. Pero si consideramos la conurbación en su conjunto, y acudimos a otros indicadores ambientales, observaremos un deterioro: gran pérdida de tierra agrícola y forestal, pérdida de humedales, aumento de la producción de dióxido de carbono y de compuestos orgánicos volátiles y del ozono superficial (*smog* de Los Ángeles) por la circulación de automóviles y camiones, sacrificio de manantiales locales de agua y, por tanto, traída de agua desde lugares cada vez más distantes, importación de energía nuclear... El estudio de esos indicadores desde una perspectiva multicriterial, en las escalas geográficas pertinentes, ayudará a las decisiones de un nuevo urbanismo vinculado a la economía ecológica.

Así, cuando observamos que la calidad ambiental del centro de una ciudad mejora (por ejemplo, la desaparición en Londres de su *smog*, la presencia de peces en el Támesis), debemos preguntarnos si estamos ante "curvas de Kuznets ambientales" genuinas, que ojalá existan, o si los problemas se están desplazando a otra escala más amplia en el espacio y en el tiempo.

(In)sostenibilidad urbana a diferentes escalas – modelo europeo

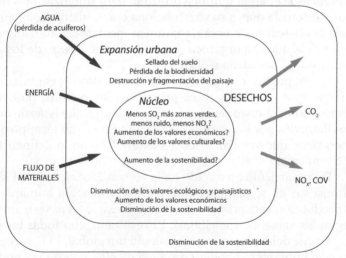

FUENTE: J. Martínez Alier, *El ecologismo de los pobres: conflictos ambientales y lenguajes de valoración*, 5ª ed., Icaria, Barcelona, 2011, p. 210.

ÍNDICES DE TAMAÑO FÍSICO DE LA ECONOMÍA

Diversos grupos de investigadores han propuesto medidas no monetarias para indicar hasta qué punto el estado del medio ambiente y sus funciones, así como los flujos de materiales, energía o actividades relacionadas, pueden acercarse a la sustentabilidad deseada.

La Apropiación Humana
de la Producción Primaria Neta

La Producción Primaria Neta forma parte de un proceso que empieza con la energía que llega desde el Sol. Esta luz se convierte en energía química (materia orgánica) por los productores primarios mediante la fotosíntesis. Parte de esta Producción Primaria Bruta (PPB) es la energía liberada en los procesos respiratorios productores de energía para el funcionamiento del metabolismo de los productores primarios. El resto de la energía es la energía química utilizada para sintetizar más biomasa autótrofa que, a su vez, funciona como sustrato biológico para la obtención de energía química mediante la fotosíntesis y que es la materia orgánica disponible para el resto de los organismos de la cadena trófica.

La PPN puede considerarse, por tanto, como la cantidad de energía que los productores primarios, las plantas, ponen a disposición del resto de las especies vivientes, los heterótrofos (los llamados por los ecólogos "consumidores", un término que poco tiene que ver con el de "consumo" como lo definen los economistas).

En un artículo aparecido en la revista *BioScience* en 1986, Vitousek *et al.* se plantean estimar la apropiación humana de la producción neta primaria total de la biosfera (el HANPP o AHPPN, según las siglas en castellano). El resultado, con todas las reservas que deban hacerse a un cálculo tan global, indica que la especie humana se apodera de cerca de 40% de esta PPN en los ecosistemas terrestres.

El artículo empieza con la siguiente frase: "El *Homo sapiens* es sólo una de los quizá cinco o 30 millones de especies animales sobre la Tierra y, sin embargo, controla una parte desproporcionada de sus recursos".[51] Como indicador físico de la presión humana sobre el medio ambiente, cuanto más elevado es el HANPP menor es la biomasa disponible para las especies "silvestres". Debido a que el proceso se basa en un flujo de energía, una vez que la PPN ha sido utilizada, no puede utilizarse de nuevo. La deforestación, la expansión de tierras de cultivo, la conversión de ecosistemas naturales en pastos permanentes intensivos, la urbanización y la desertización debida a prácticas agrícolas insostenibles, son ejemplos de cambios inducidos por la actividad humana en los usos del suelo. Cambios que tienen efectos importantes en la diversidad biológica porque no son causados por la dinámica natural de los sistemas ecológicos.

El indicador también puede verse como expresión de los límites al aumento de escala de la actividad económica. Si ya hace años la especie humana estaba utilizando cerca de 40% de la PPN terrestre con consecuencias peligrosas, por lo poco que quedaba a otras especies, es imposible que el mismo tipo de actividad se duplique ni mucho menos se triplique en el futuro. No habría biomasa suficiente para apropiarse (si la eficiencia de conversión de energía solar en nueva biomasa no variara muy significativamente).

En el artículo de referencia se hacen tres cálculos diferentes del HANPP:

1. La utilización directa por los humanos y animales domésticos de biomasa (alimentos, combustible, madera para construcción...).

2. Incluye toda la PPN cooptada por los humanos. Con este término los autores se refieren a la usada directamente (1) más la que es "usada, en ecosistemas dominados por los humanos, por comunidades de organismos diferentes de las que existirían en ecosistemas naturales",[52] como por ejemplo toda la PPN de las tierras de cultivo, se destine o no a la alimentación huma-

[51] P. M. Vitousek, P. R. Ehrlich, A. H. Ehrlich y P. A. Matson, "Human Appropriation of the Products of Photosynthesis", *BioScience*, vol. 36, núm. 6 (1986), p. 368.

[52] P. M. Vitousek *et al.*, *op. cit.*, p. 370.

na o del ganado, o el total de la obtenida en plantaciones forestales. Incluye también la materia orgánica destruida por los
humanos mediante quema o por cambios en el uso del suelo
(como urbanización).

3. En este tercer cálculo se incluye también la PPN potencial,
perdida como consecuencia de las actividades humanas. Si,
por ejemplo, se urbaniza un área natural, en un primer momento se pierde la materia orgánica acumulada, pero además
en el futuro se pierde PPN potencial que también es fundamental contabilizar (aunque su contabilización es particularmente
problemática). Además de la urbanización, se consideran también los procesos de desertización provocados por usos demasiado intensivos del suelo. También se estiman las pérdidas de
productividad derivadas de la conversión de ecosistemas naturales a tierras de pastos o a la agricultura (este último aspecto
es polémico, porque no todos los autores están de acuerdo en
que, en promedio, las tierras agrícolas generen menos PPN que
los ecosistemas naturales; algunos piensan lo contrario: que no
sólo generan más PPN útil para los humanos sino más cantidad
total). Otros aspectos, como los efectos (negativos o positivos)
de la contaminación atmosférica sobre la productividad de los
ecosistemas, en cambio, no se consideran.

Adviértase que el denominador adecuado para los dos primeros cálculos es la PPN total efectiva, mientras que para el
tercero —más relevante pero más difícil de estimar— es la PPN
potencial, la que se supone que existiría sin considerar los
efectos de las actividades humanas.

La proporción de PPN de la que se apropian los humanos es
cada vez mayor, debido al crecimiento de la población, y también por la creciente demanda de suelo para la urbanización,
los alimentos o forrajes y la producción de maderas. En el cuadro se presentan las estimaciones de los autores. Según el tercer
cálculo, la HANPP se aproximaba, a finales de la década de 1970,
a 40% para los ecosistemas terrestres. Las estimaciones para
los ecosistemas acuáticos —que no aparecen en el cuadro—
darían un porcentaje mucho más moderado: 2.2% del total se
lo habrían apropiado los humanos; aunque posteriormente
otros autores han opinado que en alta mar se situaría en torno
a 2%, pero en las áreas más fértiles, plataformas continentales

*Apropiación humana de la productividad primaria neta
en el conjunto de ecosistemas terrestres*

(Unidad: 10^{15} gramos de materia orgánica)		
a) PPN efectiva		132.1
b) PPN potencial		149.6
Apropiación humana		
1) Apropiación directa		5.2
2) Total PPN cooptada		40.6
3) Total PPN cooptada + potencial no producida		58.1
Indicadores:	(1)/(*a*)	3.9%
(%)	(2)/(*a*)	30.7%
	(3)/(*b*)	38.8%

FUENTE: estimaciones para finales de la década de 1970 de P. M. Vitousek, P. R. Ehrlich, A. H. Ehrlich y P. A. Matson, "Human Appropriation of the Products of Photosynthesis", *BioScience*, vol. 36, núm. 6 (1986).

y aguas dulces, la proporción sería de 25 a 34%, comparable con el promedio de los ecosistemas terrestres.[53]

Después del artículo referido —aún tan citado— ha habido muchos debates sobre la metodología exacta para calcular la HANPP. Investigadores del Instituto de Ecología Social de Viena[54] consideran sensatamente que incluso en sistemas muy alterados por los humanos (pastizales, bosques explotados e incluso en los campos de cultivo) parte de la PPN es utilizada por organismos vivos no controlados o utilizados por los humanos. La propuesta de estos autores equivaldría a la idea del cálculo (3) del cuadro pero con una PPN cooptada menor que la de Vitousek *et al.* para tener en cuenta que una parte de la PPN permanece en los ecosistemas y es utilizada por las cadenas alimenticias.

[53] Citado en L. Brown *et al.*, *La situación del mundo 1998*, Icaria, Barcelona, 1998, p. 125.
[54] H. Haberl, K.-H. Erb y F. Krausmann, "Human appropriation of net primary production (HANPP)", Internet Encyclopedia of Ecological Economics (marzo de 2007), (http://isecoeco.org/pdf/2007_march_hanpp.pdf).

Con la metodología anterior y una mejor base de datos, en un importante trabajo[55] se estimó que la HANPP a nivel global representaría para el año 2000 23.8%, un valor muy elevado aunque mucho menor al del trabajo de Vitousek lo que no se debe considerar como una disminución de la apropiación humana sino como resultado de la diferente definición adoptada en ambos trabajos. En este trabajo se obtuvieron también estimaciones para diferentes zonas del mundo que llegarían a 63% en Asia sudoriental mientras en Australia sería de sólo 11%. Hay que advertir que estos porcentajes regionales excluyen —a diferencia del cálculo global— la pérdida estimada de PPN por incendios inducidos por los humanos. Sería interesante estudiar el papel del comercio internacional ("transporte horizontal") de biomasa, sin duda muy relevante en muchos casos. Así, la presión sobre la PPN no sólo proviene de la densidad de población y de su consumo per cápita en la propia región, sino de la presión de las exportaciones.

A pesar de su interés, la HANPP es un indicador que tiene limitaciones. No se trata sólo del hecho de que el indicador puede disminuir agravando otros problemas (como cuando el uso de combustibles fósiles reduce la extracción de biomasa), sino también de que suma apropiaciones muy heterogéneas en sus características e impactos. No es lo mismo captar energía solar para la agricultura ecológica que para una agricultura intensiva en el uso de productos químicos.

La huella ecológica

Este indicador, pensado precisamente para el análisis regional, se plantea para dar contenido cuantitativo a la siguiente idea: muchas ciudades, países o regiones, viven de forma insostenible, pues para vivir precisan de un espacio mucho más grande del que ocupan; espacio del que proceden sus recursos naturales y al que expulsan sus residuos. Sus formas de vida no son

[55] H. Haberl et al., "Quantifying and mapping the human appropriation of net primary production in earth's terrestrial ecosystems", Proceedings of the National Academy of Sciences of the United States of America, vol. 104, núm. 31 (julio de 2007), pp. 12942-12947.

extrapolables a todo el mundo porque no existe suficiente espacio disponible.

Ya hemos visto que la capacidad de carga es la población máxima de una especie que puede sostenerse indefinidamente en un hábitat concreto, sin que disminuya continuamente la productividad de éste o también la máxima carga que puede imponerle la población al medio. Ya hemos visto las dificultades para aplicar el concepto a la especie humana.

El ecoespacio o espacio ambiental y la *huella ecológica* se refieren a la demanda de recursos naturales de una economía, expresada en términos de espacio.[56] Más que preguntar cuál es la población que puede sostener perdurablemente una determinada región o país —lo que depende no sólo de su geografía y recursos sino también de su nivel promedio de consumo exosomático y de materiales, de la intensidad energética y material de las tecnologías empleadas y también del comercio (la región puede ser víctima o beneficiaria del comercio ecológicamente desigual o a veces el comercio puede beneficiar a ambas regiones)—, la pregunta de la capacidad de carga se convierte en qué extensión debe tener un área para sostener indefinidamente una población dada, con los niveles de vida y las tecnologías actuales. En Alemania, en la discusión sobre el ecoespacio, se hace uso de la palabra *Umweltraum*, que a primera vista no difiere mucho de la palabra *Lebensraum*, proveniente de la ecología científica y usada por los nazis. *Umweltraum* se emplea hoy en sentido opuesto, no como un espacio sobre el cual un pueblo reclama un derecho "natural", sino como una medida de la capacidad de carga que ha sido apropiada o robada, pues en principio pertenece a otros.

Las principales categorías de uso del suelo para el cálculo de la *huella ecológica* serían como sigue:[57]

[56] Ya nos hemos referido antes a las discrepancias entre el tiempo económico y el tiempo ecológico. Los autores que han desarrollado las ideas en torno al espacio ambiental, el ecoespacio o la huella ecológica (Opschoor, Rees) estarían de acuerdo en la importancia crucial del tiempo. Sin embargo, para fines prácticos han optado por dar una representación espacial de la carga ambiental de la economía.

[57] Una exposición breve del concepto y método de cálculo se encuentra en W. E. Rees, "Indicadores territoriales de sustentabilidad", *Ecología política*, núm. 12 (1996), pp. 27-41.

- Tierras de cultivo y ganado para producir la dieta presente (también se suele incluir la correspondiente extensión de mar).
- Tierras de plantación de bosques para maderas y papel.
- Tierra ocupada o degradada o construida, como suelo urbano.
- Tierras destinadas a la absorción de emisiones de CO_2 a través de la fotosíntesis o, en su caso, la tierra necesaria para producir el agrocarburante equivalente al consumo actual de energía fósil.

Fijémonos que en el ejercicio de convertirlo todo en términos de espacio, en general se deja de lado la demanda de materiales no orgánicos o la demanda de agua, aunque sí se considera el uso de combustibles fósiles. Con todo y ya que carece de sentido considerar directamente las cantidades de carbón o petróleo a partir del espacio que ocupan, los que han trabajado el indicador han ideado dos métodos indirectos para traducirlas en espacio. El primero, que es el más utilizado y da un resultado inferior, es intentar estimar cuánta superficie forestal sería necesaria para absorber el dióxido de carbono generado (estimación que depende del tipo de bosque que se considere y de cuál sea su fase de crecimiento); el segundo, en términos de coste de oportunidad, sería el espacio necesario para cultivos destinados a la obtención de combustible. Nótese que sólo se considera el CO_2 y no otros desechos, no por una cuestión de principio sino para simplificar el cómputo.

En la ciudad de William Rees (Vancouver, Canadá) donde se hizo el primer estudio las cifras correspondientes a estos cuatro elementos por persona serían: 1, 0.6, 0.2 y 2.3 hectáreas (de un bosque templado de mediana edad), es decir, más de 4 hectáreas por persona.[58] Así, en Vancouver, Rees obtuvo como resultado de sus cálculos que, según las pautas de consumo del momento del estudio, la ciudad se apropiaba de una tierra productiva casi 180 veces mayor que su área geográfico-

---

[58] Otros ejemplos aparecen en M. Wackernagel y W. Rees, *Our ecological footprint: reducing human impact on the earth*, Gabriola Island, B. C., Canadá, y Filadelfia, PA, New Society Publishers, 1996.

política. A partir del estudio original, otros investigadores han obtenido resultados no sólo para otras ciudades o regiones metropolitanas (cuya "huella ecológica" puede ser cientos de veces mayor que sus propios territorios), sino para los diferentes países del mundo y para el conjunto del planeta enteros. La relación entre el espacio administrativo de un área y su huella ecológica es un indicador muy gráfico que puede visualizarse fácilmente en un mapa. Sin embargo, dicha relación tenderá a ser más grande en ciudades con estrechos límites administrativos y muy compactas (que no necesariamente son "peores" desde el punto de vista de la sustentabilidad, más bien puede ser el caso contrario). Más significativo es el cálculo de la *huella ecológica per cápita* que puede compararse con la parte equitativa de tierra o área ecológicamente productiva que toca por persona (productiva ya que quedan fuera desiertos, zonas polares,...) y que sería de menos de 2 hectáreas, para así obtener el déficit ecológico per cápita o diferencia entre la huella ecológica y el área geográfica disponible por persona, que sería una medida de la distancia a la sustentabilidad o de la disminución de consumo necesario o incremento en la eficiencia material y económica necesarios para eliminar el déficit ecológico.

Los resultados publicados por la famosa red internacional que se dedica a refinar las metodologías (por ejemplo, estandarizando las hectáreas de tierra para tener en cuenta su diferente productividad) y a difundir los resultados, muestran la gran desigualdad entre regiones; si lo vemos por países, en los Estados Unidos la huella per cápita la calculan en 7.2 hectáreas, mientras que en la China sería de 2.1, en la India de 0.9 y en países muy pobres no superaría la media hectárea.[59] La huella per cápita media a nivel mundial —de 2.7 hectáreas— supera desde 1975 al espacio productivo disponible ("biocapacidad") por persona y en 2008 ya superaba a dicho espacio disponible en más de 50%. Ello es resultado principalmente de un espacio productivo disponible per cápita que disminuye fuertemente debido principalmente al aumento demográfico; en cambio, la huella media per cápita se mantiene más o me-

---

[59] http://www.footprintnetwork.org/en/index.php/GFN/

nos estable en los últimos tiempos: al aumentar el peso relativo de la población más pobre.

La popularización del indicador de la "huella ecológica" ha sido formidable. Como metáfora de la insostenibilidad y de la dependencia de muchos países de los recursos de otros lugares y de sus efectos globales, es de celebrar. Ahora bien, como indicador científico sus debilidades son grandes y somos escépticos sobre su uso tan frecuente. Ya hemos señalado algunas de las debilidades y cabe aún destacar el hecho de que se sumen ocupaciones efectivas de espacio (¡y con efectos muy diversos: no es lo mismo la urbanización que la agricultura intensiva o que la agricultura ecológica!) con ocupaciones potenciales (absorción de carbono en superficie forestal que nunca se producirá); esta ocupación potencial asociada a los combustibles fósiles es, además, actualmente el componente más grande de la huella total. Si no fuese así no tendría obviamente sentido decir que estamos ocupando como especie un tamaño mayor al de la Tierra. También pueden haber resultados paradójicos como que un uso menos intensivo del suelo para las actividades agrícolas o ganaderas aumente la huella ecológica al requerir más espacio (aunque ello podría verse compensado o más que compensado si las técnicas más intensivas requieren más uso de combustibles fósiles).

Hay una demanda comprensible de indicadores simplificadores —y nada más gráfico que hablar de cuánto espacio ocupamos y de cuántos planetas necesitaríamos con nuestros niveles de vida— pero no deberíamos caer en el simplismo. Se pueden usar, desde luego, metáforas pero siendo conscientes de que son metáforas y no medidas robustas.

*Indicadores derivados de la contabilización de los flujos
de materiales y de energía*

En el primer capítulo presentamos algunos conceptos, datos y problemas metodológicos relacionados con el análisis de los flujos de energía y materiales en las economías humanas. Aquí no repetiremos lo ya dicho pero sí destacaremos que de este análisis se derivan los más sólidos indicadores de la evolución del tamaño físico de las economías: los flujos absolutos de energía y de materiales que una economía requiere para mantener su "metabolismo". Para el tema remitimos de nuevo al primer capítulo sólo recordando que tan importante como los valores agregados —que en principio sería bueno disminuir para reducir la presión de la economía sobre los ecosistemas y el agotamiento de recursos— es su composición.

¿Un único indicador global?

Pueden aparecer contradicciones entre las tendencias de los indicadores anteriores (o de cualquier otro que podamos definir): mientras unos mejoran otros empeoran. Estas contradicciones no deben esconderse sino que son agua para el molino de la economía ecológica, entendida como evaluación multicriterial (véase el capítulo IV). Resulta interesante reflexionar sobre la forma como debe juzgarse un desarrollo, cuando un indicador sintético, como el HANPP mejora al tiempo que otro, como el flujo total de energía, se deteriora... o a la inversa. Debería aplicarse entonces una evaluación macroeconómica "multicriterio". La conmensurabilidad podría lograrse reduciendo tales valores a un tercer valor más abarcador que de alguna forma agregue los anteriores, pero esto introduciría ponderaciones arbitrarias: no hace falta para lograr un juicio razonable. Podemos aprender a vivir felizmente con la inconmensurabilidad (con la comparabilidad en sentido débil, es decir, con la posibilidad de comparar sin necesidad de reducirlo todo a una misma unidad de medida) y recurrir a algo que se ha llamado "democracia discursiva"[60] o "democracia deliberativa".

LA ECOLOGÍA HUMANA: REGÍMENES SOCIOMETABÓLICOS

La ecología de los humanos no puede explicarse como la de las plantas y la de los otros animales. Hay que recurrir a las

---

[60] J. S. Dryzeck, "Ecology and discursive democracy: beyond liberal capitalism and administrative state", en M. O'Connor (ed.), *Is capitalism sustainable?*, Wiley, Nueva York, 1994 (ed. en español: *Ecología política*, núm. 16 (1998), pp. 95-109).

CUADRO VIII.1. *Perfiles metabólicos de distintas sociedades humanas*

	Unidad	Cazadores-recolectores	Agricultores*	Industriales**
Uso total de energía per cápita	GJ per cápita por año	10-20	40-70	150-400
Uso de materiales per cápita	Toneladas per cápita por año	1-2	3-6	15-25
Densidad de población	Personas por km²	Menos de 1	Menos de 50	300 o incluso más
Población agraria	Porcentaje	—	Más de 80%	Menos de 10%
Uso total de energía por área	GJ por hectárea por año	Menos de 0.2	Menos de 30	Hasta 600
Uso de materiales por área	Toneladas por hectárea por año	Menos 0.03	Menos de 2	Hasta 50
Biomasa (porcentaje del uso de energía)	Porcentaje (sin contar calor solar)	100%	Al menos 95%	Entre 10 y 30%

NOTA: * Valores característicos del régimen metabólico de una avanzada economía agraria europea (siglo XVIII). En las sociedades agrarias basadas en mano de obra intensiva y producción hortícola con poca importancia de la ganadería, la densidad de población podría ser significativamente mayor, mientras que el uso per cápita de los materiales y la energía sería menor.

** Valores característicos de las economías actuales plenamente industrializadas. En países con alta densidad de población, los valores per cápita de energía y uso de los materiales tienden a estar en el rango inferior, mientras que los valores son altos cuando se mide por unidad de área. Lo contrario es cierto para países con baja densidad de población; en estos casos los valores por unidad de área puede ser muy bajos.

FUENTE: Basado en H. Haberl, M. Fischer-Kowalski, F. Krausmann, J. Martinez Alier y V. Winiwarter, "A socio-metabolic transition towards sustainability? Challenges for another Great Transformation", *Sustainable Development* (2011), pp. 1-14.

ciencias naturales y a las ciencias sociales a la vez. La mezcla adecuada de ambos campos conduce a una educación ambiental transdisciplinaria.

Es fácil recordar cuál es diariamente nuestro consumo de energía para alimentación porque muchas personas conocen a alguien que necesita adelgazar (véase p. 32, recuadro i.1). En cambio, exosomáticamente los humanos no tenemos instrucciones biológicas determinadas que nos impidan aumentar el uso de energía hasta 30 GJ, 100 GJ o 500 GJ por año. Eso depende de nuestro nivel de ingreso económico y también de nuestras preferencias. Hemos desarrollado unos instrumentos exosomáticos (los automóviles y los aviones, las calefacciones y aparatos de refrigeración, el propio ordenador donde escribimos estas líneas) que nos permiten aumentar el uso de energía.

En la civilización moderna contemporánea esa energía proviene en gran parte no de la fotosíntesis actual (que continua siendo la fuente de la alimentación endosomática), sino de los depósitos de combustibles fósiles constituidos hace millones de años. Cuando quemamos esa energía, ya no podemos usarla otra vez. Hemos de ir a buscarla allá donde esté: en la Amazonia, en el Orinoco, en el Golfo de México, en la Patagonia o en el delta del Níger, en Iraq o en Libia como hacen Chevron, Shell, Repsol, Pemex, Petrobras y otras compañías privadas o estatales. La ecología humana está pues inmersa en conflictos por extracción de recursos naturales y por evacuación de residuos, como el dióxido de carbono que se produce en excesivas cantidades, más allá de la capacidad de absorción de los océanos y de la atmósfera, que están modificando su composición.

Veamos en el cuadro viii.1 una representación estilizada del metabolismo social a lo largo de la historia de la humanidad, con dos primeras etapas de uso de la fotosíntesis corriente (cazadores-recolectores y agricultores) y una tercera etapa, la actual para una gran parte del mundo, de uso del "bosque subterráneo", como lo llamó el historiador Rolf Peter Sieferle, es decir, el carbón, el petróleo y el gas. El paso de sociedades de cazadores-recolectores a sociedades agrarias viene marcado por el uso de animales domésticos para labranza y transporte, lo que explica el aumento de energía y materiales dentro de economías basadas en la energía solar actual (y no en la pasada, almacenada en los combustibles fósiles). Pero no todas las sociedades agrarias han usado grandes animales domésticos.

Los datos de densidades de población son aproximativos. Hay países ricos y poco densos (en América y Australia), y en cambio hay países agrícolas y hasta hace poco muy pobres (la India) que tienen densidad parecida a la de Europa occidental o Japón. Pero una economía agrícola tradicional, por muy intensiva que sea en uso de trabajo humano, no puede realmente mantener a más de cinco o seis personas por hectárea. La actual urbanización mundial es un fenómeno de la industrialización apoyada en combustibles fósiles. Eso es algo que separa la ecología humana de la de otros animales.

IX. CONFLICTOS ECOLÓGICOS DISTRIBUTIVOS

COMERCIO INTERNACIONAL Y MEDIO AMBIENTE.
LA "DEUDA ECOLÓGICA"

Las ventajas del comercio internacional. Viejas y nuevas críticas

En la teoría económica, la doctrina sobre las bondades de la libertad del comercio lleva el nombre de "teoría de las ventajas comparativas", desarrollada por David Ricardo. Supongamos dos países, Inglaterra y Portugal. Ambos producen textiles y vino, pero Portugal es capaz de producir los dos productos con un coste inferior. Sin embargo, se demuestra que si hay libre comercio, ambos países pueden ganar ya que cada producto se producirá en el país en el que su coste *relativo* es inferior. Con los mismos recursos que con anterioridad, en la situación de libre comercio, se puede producir globalmente más, gracias a la especialización, y además llegar a acuerdos sobre los precios de intercambio que favorezcan a ambos países. Este es el núcleo de la teoría económica del comercio internacional que ha permanecido invariable durante 200 años.

La réplica proteccionista no se hizo esperar. El argumento proteccionista más importante es el de la "industria niña". Los costos de producción varían con el tiempo. Si un país no protege su industria naciente, nunca llegará a conseguir los volúmenes de producción que abaraten costos mediante economías de escala. Si, además, añadimos el concepto de "economías externas positivas" (tan destacado por autores como Paul Krugman al explicar los patrones de comercio entre regiones), entenderemos que el desarrollo de determinados sectores tiene efectos benéficos sobre la economía, en términos, por ejemplo, de innovación tecnológica o desarrollo de mano de obra calificada. Especialización implica también dependencia de los mercados internacionales. Aunque a veces ésta bien puede ser compensada por las ventajas que se obtiene de ella, si un país se especializa en uno —o unos pocos— bienes, su situación es vulnerable cuando la demanda mundial se desplaza hacia un bien sustitutivo, o si, por cualquier otra razón, se hunden los precios de dicho bien. Como se señaló: "La libertad para comerciar o no comerciar, dependiendo de si las condiciones son o no satisfactorias, se reemplaza con facilidad por una obligación de comerciar, prácticamente sean cuales sean los términos del intercambio".[1] Además, otro argumento ha sido el de la crítica a uno de los supuestos clave del modelo ricardiano —la inmovilidad de los factores productivos—. Cuando los capitales fluyen casi sin restricciones en el ámbito internacional, el coste relativo deviene menos relevante mientras que el absoluto, más. Las actividades se desplazan de un lugar a otro implicando, más que cambios en la especialización, el empobrecimiento de unas áreas en favor de otras.

Así ha estado el debate sobre el comercio libre durante mucho tiempo. Desde el Sur se ha insistido en que el comercio libre oculta un *intercambio desigual*. Recordemos la teoría latinoamericana del empeoramiento de la relación de intercambio, desarrollada por el economista argentino Raúl Prebisch y la CEPAL a partir de 1949, es decir, el hecho de que cada vez hagan falta más sacos de café o de azúcar para comprar un mismo producto industrial importado. Esa teoría explicaba que los aumentos de productividad en el sector de exportación de materias primas (mayor producción por trabajador gracias al cambio técnico) se traducían en descenso de precios, ya que había muchos competidores internacionales que exportaban las mismas materias primas (a pesar de los intentos de formar carteles) y, por otro lado, como señalaron economistas marxistas, los trabajadores eran pobres y vendían su trabajo barato, mientras que las importaciones de productos manufacturados no bajaban de precio en proporción a los aumentos de productividad, ya que la estructura del mercado era más oligopolista y, además, los trabajadores, sindicalizados y sin apuros económicos, al estar bien pagados, conseguían aumentar sus

---

[1] P. Ekins, C. Folke y R. Costanza, "Trade, environment and development: the issues in perspective", *Ecological Economics*, vol. 9, núm. 1 (enero de 1994), p. 3.

salarios por lo menos en proporción al aumento de la productividad. Esa teoría está abierta a distintas objeciones. Por ejemplo, durante algunas épocas las economías crecen sobre la base de exportaciones de materias primas, y esas economías abiertas pueden crear bases urbanas e industriales importantes (como revela la historia de Buenos Aires hasta 1925). A eso se le ha llamado la *staple theory of growth*, teoría del crecimiento económico basado en la exportación de materias primas, como en Canadá, Nueva Zelanda, Australia y los países escandinavos. Otra objeción es que también los productos industriales y los servicios están sometidos a presiones comerciales que hacen bajar sus precios, como ha ocurrido con los automóviles y con la informática. Sin embargo, la teoría del empeoramiento de la relación de intercambio (que dio la base teórica para la política latinoamericana de "sustitución de importaciones") torna a ser relevante en la ola exportadora neoliberal de las últimas décadas.

Al debate se añaden ahora argumentos de la economía ecológica.[2] El pensamiento económico de la CEPAL de los años 1950-1973 no incorporó los aspectos ecológicos a la propia agenda latinoamericana.[3] En su época creativa, las cabezas pensantes de la CEPAL eran economistas heterodoxos, pero economistas al fin. Ahora, la nueva doctrina del intercambio ecológicamente desigual recogerá esas antiguas ideas heterodoxas latinoamericanas y las complementará con un análisis de economía ecológica, aunque esa discusión no estará amparada por instituciones como la CEPAL. El debate sobre el intercambio desigual reaparecerá de la mano de la discusión ecologista, en

---

[2] M. Cabeza Gutés y J. Martínez Alier, "L'échange écologiquement inégal", en M. Damian y J. C. Graz (eds.), *Commerce international et développement soutenable*, Economica, París, 2001.

[3] La primera contribución ecologista que se hizo notar desde la CEPAL fue la de los excelentes volúmenes compilados por Oswaldo Sunkel y Nicolo Gligo, *Estilos de desarrollo y medio ambiente en América Latina*, FCE, México, 1980. En las décadas de 1980 y 1990, Axel Dourojeanni y Nicolo Gligo trataron infructuosamente de llevar a la CEPAL hacia la economía ecológica, algo difícil en años de creciente dominio de la ortodoxia económica liberal. Esa ortodoxia no es un producto de importación únicamente, sino que tiene profundas raíces latinoamericanas, con memorias de las épocas de esplendor exportador en algunos países hasta la década de 1920.

ONG y también en revistas académicas y en universidades, tal vez en algunos grupos políticos y gobiernos, no sólo porque hay épocas en las que realmente se da un deterioro de la relación de precios de exportación frente a los de importación (como Prebisch y la CEPAL señalaron) y no sólo porque se exportan muchas horas de trabajos mal pagados a cambio de pocas bien pagadas (como los economistas marxistas habían advertido), sino también porque el intercambio es ecológicamente desigual. Se exportan productos sin incluir en los precios los daños ambientales producidos local o globalmente, y sin siquiera contarlos. En esos daños ambientales hay que incluir los de la salud humana. Además, a menudo se exportan productos que a la naturaleza le ha tomado mucho tiempo producir y que se intercambian por productos o servicios de rápida fabricación.

Cuando existen costes ecológicos no incluidos en los precios, cabe hablar de *dumping* ecológico y de que se vende por debajo de los costes totales de producción; también el transporte internacional de mercancías está subvencionado, en la medida en que los combustibles fósiles son demasiado baratos. Cabría plantearse qué pasaría con los niveles de comercio internacional si los precios del transporte se relacionasen con sus impactos ecológicos (que serán muy distintos si el transporte es en avión o por tráiler y en autopista, o en ferrocarril o por barca en canales o barco en alta mar).

Así pues, no cabe despreciar la crítica ecológica como si se tratara de una excusa para el proteccionismo nacionalista cerril, ni tampoco se trata de defender desde el ecologismo unidades "biorregionales" autárquicas cerradas a cal y canto contra los productos y ciudadanos extranjeros. Lo que sí se puede concluir es que se amplían mucho las situaciones en las cuales el comercio internacional perjudica a una nación.

Veamos un ejemplo importante: el acuerdo del Tratado de Libre Comercio (TLC) entre México y los Estados Unidos. Cabe hacer el análisis siguiente. En los Estados Unidos el precio del petróleo es relativamente barato, a pesar de que este país ha sido uno de los grandes países importadores de petróleo. Desde el punto de vista mexicano, la situación es paradójica. México exporta petróleo barato a los Estados Unidos. Es "barato" porque no tiene en cuenta los costos ecológicos en las zonas de extracción de Campeche y Tabasco, ni los costes de las emisiones de CO_2 (y otros impactos ambientales); además, el precio implícitamente infravalora la futura demanda de petróleo en México. Tal como están las cosas, México exporta petróleo barato a los Estados Unidos y, a cambio, importa productos (como maíz) producidos en parte mediante el petróleo mexicano barato. Ese maíz de los Estados Unidos es híbrido y transgénico, y requiere un flujo de recursos genéticos mexicanos hasta ahora gratuitos (ya que el sur de México es un centro original de biodiversidad del maíz). Las exportaciones de maíz de los Estados Unidos están y estarán subvencionadas por lo menos en la medida en que sus precios no incluyan ninguna partida a cuenta de los costos ecológicos. Estas exportaciones menoscabarán la producción campesina de maíz en el sur de México, que es más eficiente en términos de su escaso uso de energía de los combustibles fósiles, y es biológicamente más diversa e interesante.

Diversos grupos de activistas ecológicos en los Estados Unidos en 1992 pusieron su mira exclusivamente en los efectos potenciales del TLC para incrementar la producción de la industria maquiladora al otro lado de la frontera, y también otras actividades económicas como la producción de algunas frutas y verduras que tienen normas ambientales más laxas en México que en los Estados Unidos. Ciertamente es una cuestión importante, como también lo es la exportación de atún desde México (pescado con métodos que suponen la muerte de delfines) y la posible exportación de residuos domésticos e industriales desde aquel país a México. Pero los temas más importantes de la discusión económico-ecológica del TLC deberían ser, por su volumen, los costos ambientales de las exportaciones baratas de petróleo de México y la amenaza a su sistema agroecológico y a su seguridad alimentaria.

Se dice que la política de comercio libre redunda en beneficio de ambos países, ya que el maíz de los Estados Unidos se produce de manera más eficiente que el de México, pero de hecho, ¿cómo hablar de eficiencia sin un acuerdo previo acerca de la medida de la productividad agrícola al tomar en cuenta el uso de combustibles fósiles y la pérdida de biodiversidad de la agricultura moderna y la contabilización de los impactos ambientales? Tal vez el mejor sistema combinaría aspectos de los dos sistemas de agricultura. La crítica ecológica contra la economía agrícola convencional deja mucho espacio a distintos puntos de vista políticos, ya que la crítica ecológica muestra que los precios están mal puestos, pero es incapaz de decir cuáles son los precios ecológicamente correctos que internalizan las externalidades.

¿Qué es lo que ha dicho la teoría neoclásica sobre la relación entre medio ambiente y libre comercio internacional? Lo básico puede resumirse rápidamente. Según la teoría convencional (que por cierto muchas veces supone que los costes de transporte son nulos), la existencia de impactos ambientales que afectan *únicamente* a un país (lo que se ha denominado contaminación local) puede llevar a que el que se especializa en exportar bienes cuya producción es contaminante, se vea perjudicado por el comercio internacional. Sin embargo, ello no justificaría por sí mismo las trabas al comercio, *siempre que* existiese una política ambiental óptima; en otras palabras, si a uno le preocupan las emisiones contaminantes incrementadas por el comercio, entonces lo mejor es atacar directamente el problema, gravando —o incluso prohibiendo— dichas emisiones antes que atacarlas indirectamente poniendo limitaciones al comercio. Es difícil no estar de acuerdo, pero la cuestión práctica es: dada la situación real en la que existen costes ambientales no considerados en los precios, ¿cómo afectará una expansión del comercio teniendo en cuenta no sólo los aspectos económicos tradicionales sino también las "externalidades"? Para la teoría económica, la mejor solución es que cada país decida directamente una política ambiental en función de sus preferencias, pero en realidad la mayor o menor regulación ambiental beneficia a unos intereses y perjudica a otros. Los intereses que se tienen en cuenta dependen del poder político y económico de cada grupo.

Además, cuando los impactos traspasan las fronteras, afectan a algún otro país o incluso son globales afectando a toda la humanidad, la conclusión de la teoría económica es que lo que es óptimo desde el punto de vista de cada país, que es el ámbito principal de la política ambiental, no lo es necesariamente desde el punto de vista global: los países no tendrán incentivos para tener en cuenta los efectos que recaen fuera del país. El hecho es que, antes el GATT y ahora la OMC, han tendido en general a considerar injustificado establecer restricciones al comercio internacional, basadas en argumentos de protección ambiental: un país se puede preocupar si el consumo de un bien importado generará impactos ambientales en su economía, pero no si los productos que importa son obtenidos de forma sostenible o no.

Deuda ecológica y deuda externa[4]

Las crisis económicas y políticas vinculadas a deudas externas ya se dieron desde la misma independencia de América Latina. En algunos momentos esas crisis fueron tan graves que llevaron a la intervención militar extranjera. En cambio, la discusión sobre la cuantificación y reclamo de la deuda ecológica es muy reciente, empezó hace apenas 20 años. La deuda externa que se acumuló en las décadas de los años 1970 y 1980 continúa teniendo un peso determinante en la política económica de América Latina, a pesar de la aplicación de diversos esquemas para reducir su cuantía. Mientras la deuda externa es, pues, un problema conocido, la deuda ecológica es una idea nueva.

Hace unos años cualquier auditorio latinoamericano quedaba fácilmente impresionado ante la suma en dólares que al nacer ya debe un niño o una niña del continente, pero resultaba más difícil despertar algún entusiasmo acerca de la teórica posición acreedora que ese mismo infante tenía en la cuenta de la deuda ecológica. Cabe preguntarse por qué, a pesar del antiguo sentimiento en la cultura latinoamericana de la destrucción y el saqueo de riquezas naturales, un sentimiento que ha sido expresado por autores antiguos y actuales, desde José Bonifacio o Mariano de Rivero a Eduardo Galeano, la idea de la deuda ecológica es, sin embargo, nueva. La historia

---

[4] La discusión sobre la deuda ecológica fue iniciada por M. L. Robleto y W. Marcelo, *Deuda ecológica*, Instituto de Ecología Política, Santiago de Chile, 1992; y J. M. Borrero, *La deuda ecológica. Testimonio de una reflexión*, FIPMA, Cali, 1994. Es conocida la expresión *pasivos ambientales*, véase el capítulo v.

ecológica está empezando a apoyar con investigaciones detalladas ese sentimiento, pero no obstante, curiosamente, en la política se ha dado más importancia a los asuntos financieros que a la pérdida del patrimonio natural. La idea de una deuda ecológica ha tenido hasta ahora poco efecto político aunque creciente.

¿Cuáles son las relaciones entre deuda externa y deuda ecológica? Son relaciones que abarcan dos aspectos principales. Primero, el reclamo de la deuda ecológica, a cuenta de la exportación mal pagada (pues los precios no incluyen diversos costos sociales y ambientales, locales y globales) y de los servicios ambientales proporcionados gratis. Por ejemplo, el conocimiento exportado desde América Latina sobre los recursos genéticos silvestres o agrícolas (la *Cinchona officinalis*, la papa, la quinua, el maíz...) lo ha sido a un precio cero o muy barato, mientras que la absorción de dióxido de carbono por la nueva vegetación o por los océanos es gratis; es como si los ricos del mundo nos hubiéramos arrogado derechos de propiedad sobre todos los sumideros de CO_2: los océanos, la nueva vegetación y la atmósfera. Puede, pues, reclamarse una deuda ecológica que el Norte debe al Sur, y que existe aunque no sea fácil cuantificarla en términos crematísticos y que se contrapone a la deuda externa. Puede considerarse que ésta no debe pagarse, a menos que el Norte pague antes la deuda ecológica. En cualquier caso, introducir el reclamo de la deuda ecológica en el orden del día de la política internacional sería en sí misma la mayor contribución que podría hacerse desde el Sur para llevar a las economías del norte hacia la sustentabilidad ecológica.

El segundo aspecto de las relaciones entre ambas deudas ha sido ya más estudiado: de qué manera la obligación de pagar la deuda externa y sus intereses lleva a una depredación de la naturaleza (y, por tanto, aumenta la deuda ecológica). En efecto, para pagar la deuda externa y sus intereses hay que lograr un excedente (la producción ha de ser mayor que el consumo). Este excedente proviene en parte de un aumento genuino de la productividad (más producción por hora de trabajo), pero en parte sale del empobrecimiento de las personas de los países deudores y del abuso de la naturaleza. Mientras las deudas crecen, la naturaleza no puede crecer a un tipo de interés de 4 o 5% anual: los recursos agotables, como el petróleo, no se producen sino que ya se produjeron hace tiempo, ahora se extraen y se queman, provocando diversos efectos negativos; los recursos renovables tienen ritmos biológicos de crecimiento que son más lentos que los ritmos económicos impuestos desde fuera.

Si los tipos de interés son altos y el peso de la deuda externa es grande, se infravalora el futuro y las cuestiones ambientales se relegan en favor del presente. Si damos poco valor actual a los problemas futuros de escasez de recursos, de pérdida de biodiversidad y del aumento del efecto invernadero, entonces aumenta el grado actual de explotación de la naturaleza. Esas consideraciones son relevantes para la ecología de los países endeudados, tal como indicó hace casi 80 años el premio Nobel de química y economista ecológico Frederick Soddy: a diferencia de la riqueza real que está sujeta a las leyes de la termodinámica, la deuda en dinero (es decir, la riqueza financiera o, como lo expresó Soddy, la "riqueza virtual") no decae entrópicamente con el tiempo sino que, por el contrario, crece según la regla del interés compuesto.[5] Desde luego, la economía humana está afortunadamente abierta a la entrada de energía y materiales, y es "antientrópica" en el sentido de que logra grados crecientes de complejidad y organización, pero no puede confundirse la verdadera producción con lo que es destrucción o degradación. No cabe pagar una deuda que crece a interés compuesto con sacrificios humanos y con sacrificios de la Naturaleza que crezcan continuamente a interés compuesto. Estas cuestiones, relevantes teóricamente y muy relevantes para países pobres frecuentemente endeudados han adquirido —tras la crisis financiera de 2008— también problemas de primer orden para economías ricas —como la de Islandia, Irlanda, España o Grecia, que, tras una euforia de expansión del crédito ahora han de gestionar unas enormes deudas—.

---

[5] F. Soddy, *Cartesian Economics*, Henderson, Londres, 1922, folleto traducido en J. Martínez Alier, *Los principios de la economía ecológica*, Argentaria/Visor, Madrid, 1996.

Comercio ecológicamente desigual

Oro negro (que se exporta sin seguir la máxima enunciada en 1936 por Uslar Pietri, de "sembrarlo" de nuevo para que genere un ingreso económica y ecológicamente sostenible, y sin preocuparse de los impactos ambientales locales ni del aumento del efecto invernadero); oro verde que ha sido robado y que ahora constituye el objeto de los nuevos contratos de bioprospección que otros llaman biopiratería; oro blanco de las centrales hidroeléctricas que a veces (como Tucuruí en Brasil) inundan zonas de selva, destruyen biodiversidad, desplazan a poblaciones humanas y causan nuevas enfermedades, para producir kilovatios a fin de procesar bauxita y obtener aluminio para exportar (Brasil subsidia al Japón, al regalar el kwh a un centavo de dólar); oro amarillo, en fin, producto que requiere mover grandes cantidades de materiales para obtener pocos gramos, y cuya amalgama se hace aún a veces con mercurio (el mismo azogue de Huancavelica que envenenaba a los mineros de la mita de Potosí). Qué larga historia de depredación de la naturaleza, no precisamente a causa de la presión de la población humana sobre los recursos naturales, sino a causa de la presión de las exportaciones. Se exporta más y más para pagar la deuda externa, tan es así que, sin atender a la insustentabilidad ecológica de las exportaciones, se suele medir la importancia de la deuda externa por el cociente entre los pagos por su servicio y los ingresos por exportaciones, concluyendo que la deuda externa pierde importancia cuando disminuye ese cociente.

Se exporta más y más, al final esos países se quedan sin los recursos y además más endeudados que al principio, como le ocurrió a Perú en la era del guano de 1840 a 1880. ¿Cómo establecer una alternativa de desarrollo o una alternativa al desarrollo que no esté basada en un comercio abusivo e insostenible? Aunque un índice cuantitativo de exportaciones no revela efectos como la toxicidad de los materiales ni la desaparición de biodiversidad, en cierto modo sí indica el impacto que esas economías exportadoras tienen sobre la naturaleza.[6]

---

[6] Véase en el capítulo I los perfiles metabólicos y los balances físicos de importaciones y exportaciones de Argentina, Colombia, México y Perú (cuadro I.6).

El aumento de exportaciones en lugares como América Latina, es parte de una tendencia general al aumento cuantitativo del comercio mundial y tiende a negar la hipótesis de una "desmaterialización" de la economía mundial que algunos estudiosos del "metabolismo industrial" de las economías ricas han creído descubrir prematuramente. Además de las cantidades exportadas se han de considerar sus mochilas ecológicas (véase capítulo I). Por ejemplo, para exportar una tonelada de aluminio hace falta un mayor insumo de bauxita, y para sacar y transportar la bauxita hace falta mover mucho más material y destruir vegetación, y esos impactos son independientes del precio que alcance el aluminio en los mercados. Para exportar un diminuto gramo de oro se destruye muchísima vegetación, se mueve mucha tierra y se contamina mucha agua. El cultivo del café se ha hecho a veces a costa de la destrucción del bosque original y de la erosión del suelo, como ocurrió en Brasil. Para exportar cocaína se erosiona mucha tierra (al cultivarse la coca en pendientes y en condiciones precarias de tenencia) y los ríos son contaminados con los insumos para su fabricación. Es decir, incluso los productos de alto precio y poco volumen pueden indirectamente implicar grandes impactos ambientales. Por ejemplo, puede parecer una buena idea exportar papel o por lo menos pasta de papel, en vez de exportar madera en rollo, ya que esa exportación supone menor volumen a mayor precio, supone un mayor "valor añadido" en términos económicos, pero desde el punto de vista ambiental el impacto no es necesariamente menor porque sea relativamente menor el volumen de exportaciones, ya que posiblemente la destrucción de bosque nativo o el impacto de las plantaciones de eucaliptos o coníferas sea el mismo en uno u otro caso, habiendo además mayores externalidades del proceso industrial (compuestos organoclorados, mayor uso de energía en la fabricación, aunque menor uso en el transporte).

A veces hay exportaciones que parecen ecológicamente sostenibles, pero que tampoco lo son. El propio guano de Perú era un recurso renovable que se exportó a un ritmo mayor que el de su renovación. El guano es el mismo recurso (aunque en un estadio posterior en la cadena trófica) que la harina de anchoveta que también se exportó desde Perú de manera no sostenible en las décadas de 1960 y 1970. Por ejemplo, al exportar eucaliptos, el precio no incluye la pérdida de fertilidad del suelo ni los efectos sobre la disponibilidad de agua. Parecería que la exportación agrícola es una actividad sostenible lograda por la fotosíntesis de la energía solar, pero la exportación lleva incorporados nutrientes (por ejemplo, el potasio de los bananos) que no son pagados por los precios de las exportaciones. Así se da la paradoja de que Argentina ha aparecido durante mucho tiempo, junto con Haití, entre los países latinoamericanos que menos fertilizaban por hectárea al haber recurrido a la fertilidad natural —pero no eterna— de la Pampa. Además, los cultivos de exportación suelen causar una simplificación de la biodiversidad.

Las economías latinoamericanas se apoyan considerablemente en un aumento de exportaciones de petróleo, gas, minerales y metales (como hierro, cobre, aluminio, oro), maderas y piensos (como la soja y la harina de pescado), y por eso se está hablando de una "reprimarización" de esas economías, pero eso no es muy novedoso, es un *déjà vu* económico que tiene consecuencias ambientales más graves aún que las de anteriores oleadas exportadoras. Incluso las llamadas "exportaciones no tradicionales" resultan ser también exportaciones de materias primas con alguna transformación, como flores o camarones. Es cierto que algunas regiones de América Latina, como la zona urbana de São Paulo, escapan de la tendencia a la "reprimarización" (por el contrario, son zonas de importación de energía y materiales y de exportación de bienes industriales, como los automóviles, y de servicios). En contraste con São Paulo, otra zona del Brasil, el norte, se convierte ahora en una región de enormes proyectos nuevos de extracción de minerales con líneas de transporte ferroviario directamente a la costa, según la antigua pauta de "enclaves" extractivos con escasos lazos con la economía regional; y la región del Mato Grosso, al sudoeste de Brasil, junto con Paraguay y el oriente de Bolivia, se convierte en zona de gran exportación agrícola, tal vez por la hidrovía Paraguay-Paraná; un proyecto muy polémico ambientalmente. Otras zonas de América Latina son "falsamente" industrializadas, como la frontera mexicana con importaciones de insumos intermedios para la maquila. Incluso países ya bastante industrializados, como Argentina o Chile, se están "reprimarizando". Así, con razón, Rayen Quiroga y sus colaboradores del Instituto de Ecología Política de Santiago han descrito la economía de Chile como "El tigre sin selva", pues una parte del crecimiento económico chileno se basa en la exportación acelerada de minerales, de productos de la pesca y de madera del bosque nativo como los alerces, que han demorado centenares de años en crecer y se hacen astillas para exportarlos. De ahí el nacimiento de una corriente de pensamiento posestractivista en América Latina, con Alberto Acosta, Eduardo Gudynas, Maristella Svampa...[7]

Los intentos recientes de organizar redes de "comercio justo" mediante la cooperación desde el Norte con el Sur (consumidores que, por ejemplo, están dispuestos a pagar un precio mayor por café "orgánico" importado), nacen de la voluntad de incorporar en los precios ciertos costos sociales y ambientales. Esos intentos de "comercio justo" son una señal de la conciencia que empieza a nacer en algunos sectores minoritarios del Norte, de que los precios internacionales no cubren tales costos y que, para permitir que los productos exportados se produzcan con procesos de producción sostenibles ecológica y socialmente, hace falta pagar más.

El comercio ecológicamente desigual nace, pues, de dos causas. En primer lugar falta frecuentemente en el sur la fuerza necesaria para lograr incorporar las externalidades negativas locales en los precios de exportación. La pobreza lleva a vender barato el propio medio ambiente y la propia salud, aunque eso no signifique falta de percepción ambiental sino, simplemente, falta de poder económico y social para defender la salud y el medio ambiente. En segundo lugar, el tiempo natural necesario para producir los bienes exportados desde el sur es frecuentemente más largo que el tiempo necesario para producir los bienes y servicios importados. Al haberse aprovechado el Norte de un flujo de comercio ecológicamente des-

---

[7] R. Quiroga (ed.), *El tigre sin selva. Consecuencias ambientales de la transformación económica de Chile: 1974-1993*, Instituto de Ecología Política, Santiago de Chile, 1994.

igual, éste es uno de los elementos que deben ser contabiliza-
dos en la deuda ecológica.

Condicionalidad ecológica y "ajustes": cómo darle la vuelta a la cuestión

Desde el Sur se ha permitido que en el campo ambiental el
Norte ocupe eso que en inglés se llama "the moral high ground";
que desde países cuyo estilo de vida resulta ecológicamente no
generalizable al mundo entero, se den lecciones de cómo lograr
la sustentabilidad ecológica. Por ejemplo, que se reprenda a
los pescadores mexicanos, venezolanos o colombianos porque
matan delfines al pescar atún para la exportación. Hubo un
embargo atunero estadunidense que pesaba sobre México, Venezuela, Colombia y otros países latinoamericanos. El embargo se impuso porque los métodos de pesca de atún implicaban
la muerte de delfines. Para que se levante el embargo definitivamente, las flotas pesqueras de atunes deben abrirse a la inspección del National Marine Fisheries Service de los Estados
Unidos, obligación que sin duda suelta un cierto tufillo de
"ecocolonialismo". La industria pesquera de los países sometidos al embargo, apoyada por la opinión pública, sostenía que
el embargo había sido un disfraz de los intereses comerciales
proteccionistas de la industria pesquera de los Estados Unidos
y de sus socios asiáticos.[8] Pero la mortandad de delfines es y
ha sido cierta, cruel e innecesaria. No sólo las organizaciones
ecologistas del norte sino también las del sur han denunciado
la matanza de delfines. Lo que sorprende, más bien, es la ceguera que existe en los Estados Unidos (en la opinión pública
y en organizaciones ambientalistas) respecto de los impactos
ambientales locales de *otras* importaciones, como los productos de la minería y el petróleo barato importado y precisamente de países como Venezuela, México y también Colombia.

Cuando Austria intentó en 1992 imponer una etiqueta
obligatoria a las importaciones de madera tropical para garantizar su procedencia de bosques manejados sosteniblemente,

---

[8] *El Nacional*, Caracas (1° de agosto de 1997).

se enfrentó a las protestas ante el GATT de los gobiernos de Malasia e Indonesia sin encontrar fuertes aliados locales en esos países.[9] No obstante, ha habido casos en que se ha logrado ya una colaboración armoniosa y eficaz entre las ONG del norte y del sur para dificultar las exportaciones de productos del sur baratos y ambientalmente dañinos, como ocurrió en 1997, por ejemplo, con el triunfo (provisional) contra la maderera Trillium en el sur de Chile, cuyas concesiones para cortar lengas fueron anuladas judicialmente ante la satisfacción de los ecologistas chilenos y la irritación del gobierno de Eduardo Frei. La Trillium era ya bien conocida por sus depredaciones en el noroeste de los Estados Unidos.[10] Puede avanzarse por este camino de cooperación entre instituciones de la sociedad civil, por ejemplo, para lograr el boicot por los consumidores del norte a las importaciones de camarones que implican destrucción del manglar y de las formas sostenibles de vida humana y en otros casos para lograr un sobreprecio que compense los costos de manejo sostenible o que, por lo menos, permita pagar los costos de la mitigación de daños causados por los procesos de producción de las exportaciones. Así, en vez de protestar contra la limitación a las importaciones de atún, en vez de indignarse contra el supuesto "proteccionismo ambiental" del norte (que se añade al proteccionismo habitual contra las importaciones de azúcar o bananos del sur), más coherente sería insistir desde el Sur en los daños ecológicos (locales y globales) que está produciendo el aumento del comercio internacional de petróleo y gas, de minerales, de madera y de pasta de papel, e insistir también en los beneficios que los importadores han obtenido y siguen obteniendo al no pagar esos daños; beneficios que son parte de su creciente deuda ecológica.

[9] T. Lang y C. Hines, *El nuevo proteccionismo*, Ariel, Barcelona, 1996.

[10] J. Friedland, "Chile lidera la región con un nuevo movimiento ecológico", *The Wall Street Journal* (26 de marzo de 1997), reproducido en diversos diarios latinoamericanos. El artículo se hace eco de la alianza entre grupos ecologistas chilenos que representan el ecologismo popular (como Renace, la Red de Acción Ecológica) y Douglas Tompkins, un estadunidense fundador de la cadena de ropa Esprit de Corps y que ahora está afincado en Chile, donde practica sus creencias en la "ecología profunda", al haber comprado y protegido una enorme propiedad forestal en el sur. A esa alianza en Chile se añade el apoyo de grupos en los Estados Unidos.

El hecho es que la condicionalidad, ya sea en el ámbito financiero o en el ambiental, se impone siempre desde los Estados hegemónicos, mientras los Estados periféricos o del Sur nunca son sujetos que la impongan. Eso explica el habitual rechazo social de la condicionalidad en estos países. Pero a veces, por ejemplo cuando la cooperación internacional se condiciona al respeto a los derechos humanos, puede ocurrir que la sociedad civil de los países sometidos a condicionalidad, a pesar de ser consciente de la asimetría política e incluso de la doble moral que se aplica, sea pragmáticamente favorable a la condicionalidad para defenderse de sus propios gobiernos, aunque eso no debería hacer olvidar los abusos contra los derechos humanos dentro o fuera de sus fronteras por los propios Estados que imponen tal condicionalidad.[11] Consideraciones parecidas son aplicables al campo ambiental.

La "condicionalidad" es un concepto que se refiere, en general, no tanto al medio ambiente o a los derechos humanos como a las condiciones que se imponen desde el Banco Mundial y el Fondo Monetario Internacional antes de hacer préstamos o de renegociar la deuda externa. Es un concepto que se usó y se usa aún mucho más en el contexto de las políticas de "ajuste" financiero que en el ecológico o de derechos humanos. Cuando se imponen tales programas de estabilización no sólo se trata de frenar la inflación (en principio, una buena idea), a veces suprimiendo brutalmente subsidios y congelando ingresos, sino también de bajar el consumo interno de los países y aumentar la exportación para pagar una parte de la deuda externa y así conseguir nuevos créditos para refinanciar el resto. Tales programas de estabilización dan lugar a distintas consecuencias sociales y ambientales, todas ellas negativas y entrelazadas.

Puede haber reacción popular contra la congelación de los ingresos y el aumento del precio de bienes básicos, por lo que puede haber entonces represión, como la masacre en Venezuela en febrero de 1989. Mediante programas especiales puede

---

[11] H.-L. Moncayo, "El contexto de la condicionalidad", en *¿La condicionalidad en las relaciones internacionales sirve para la protección de los derechos humanos?*, Bogotá, Instituto Latinoamericano de Servicios Legales Alternativos, 1996, p. 25.

intentarse aliviar la situación de los más pobres. Otros programas especiales pueden atender a los daños ambientales, ya que el aumento de la pobreza agudiza algunos impactos ambientales (uso de leña para cocinar en zonas áridas o falta de agua para la limpieza). Pero, además, el plan de estabilización en sí mismo es causa de degradación ambiental porque la necesidad de producir un excedente para equilibrar el balance exterior de pagos, incluyendo pago de deuda e intereses, puede conseguirse bajando los salarios internos o a través de una improbable mejora de la relación de intercambio externa, o por un aumento de la eficiencia técnica que no haga aumentar el flujo de energía y materiales en la economía, o por último —y aquí es donde entra directamente la cuestión ambiental— mediante la explotación más intensa del medio ambiente. Es decir, externalizando costos e infravalorando el futuro. Esos factores se interrelacionan. Para escapar de la pobreza que el programa de "ajuste" impone al tiempo que se paga la deuda externa, una vía es aumentar la exportación de recursos naturales. Eso ayuda a explicar la gran expansión minera y maderera en América Latina que degrada el ambiente, y además empeora la relación de intercambio.

Aquí es donde, desde el Sur, aprovechando tal vez los resquicios de la reglamentación de la Organización Mundial del Comercio, debería argumentarse a favor de dos tipos de impuestos: el primero para que se reflejaran en los precios de exportación algunas externalidades, tanto locales como globales, y el segundo en la forma de una compensación por la pérdida o agotamiento del patrimonio natural.

La iniciativa Yasuní ITT

El 3 de agosto de 2010 se firmó en Quito el acuerdo del gobierno ecuatoriano con el PNUD para instituir un Fideicomiso donde hacer aportaciones para esta iniciativa, nacida de propuestas de la sociedad civil (y particularmente de Acción Ecológica) desde 1997 de imponer una moratoria a la extracción de petróleo en zonas social y ambientalmente frágiles. Esta propuesta fue elevada a política pública cuando el presidente Rafael Correa fue electo en 2006 y nombró como ministro de Energía y Minas a Alberto Acosta.

En el Parque Nacional Yasuní hay ya explotación de petróleo, a cargo de la Repsol (bloque 16) y otras compañías. Pero en una parte de él, en la frontera con Perú, se halla el bloque ITT (Ishpingo, Tambococha, Tiputini), con reservas de unos 850 millones de barriles de crudo pesado (con precio menor que el crudo ligero). El Yasuní se considera unas de las regiones de mayor diversidad biológica del planeta. Además, en 1999 la parte sur del Parque Yasuní, junto a la Reserva étnica Huaorani fueron declaradas como Zona Intangible de Conservación vedada a perpetuidad de todo tipo de actividad extractiva, al tratarse de un territorio habitado por grupos étnicos en aislamiento voluntario. O sea que la preservación del bloque ITT se añadiría a esas medidas de conservación.

La propuesta consiste en dejar esos 850 millones de barriles (que representan unos 10 días de consumo mundial) en tierra, para respetar los valores de la biodiversidad local, para no infringir los derechos de los indígenas locales y para impedir la emisión de unos 410 millones de toneladas de dióxido de carbono (similares a las emisiones españolas de gases de efecto invernadero de un año).

Ecuador sacrificaría unos ingresos que, dependiendo de los supuestos sobre los precios del petróleo a lo largo de 30 años de extracción y de la tasa de descuento que se aplique, fueron cifrados en unos 7000 millones de dólares. El gobierno propuso al mundo que Ecuador correría a cargo de la mitad de ese sacrificio si recibía aportaciones escalonadas por la otra mitad, unos 3500 millones de dólares que se aportarían al Fideicomiso y financiarían inversiones sociales y en energías renovables. En 2013 es posible que el presidente Correa renuncie a ese plan pero la propuesta es cada día más relevante. La concentración de CO_2 en la atmósfera ha alcanzado 400 ppm en 2013 y sigue aumentando.

La novedosa propuesta (que se está copiando en otros países, bajo el verbo "yasunizar") plantea, pues, mantener indefinidamente en el subsuelo el crudo del bloque petrolero ITT a cambio de una compensación internacional por valor de 50% del costo de oportunidad para Ecuador. Los fondos recibidos servirían para iniciar la transición a una sociedad no basada en los combustibles fósiles.

Esos pagos exteriores pueden verse como pagos por servicios ambientales internacionales (al mantener la cubierta forestal y la biodiversidad y al evitar emisiones de gases de efecto invernadero). Pueden verse como una respuesta a la petición desde Ecuador de que se ponga en práctica la retórica de la co-responsabilidad que se menciona en el Tratado de Cambio Climático de Río de Janeiro de 1992. O pueden verse, en fin, como un pago por deuda ecológica acumulada, una excelente oportunidad para que los países históricamente más responsables de la pérdida de biodiversidad, el cambio climático y el agotamiento de los combustibles fósiles empiecen a devolver su deuda ecológica a los del Sur.

La ecología política: el estudio de los conflictos ecológicos

El sistema económico no sólo se relaciona con su entorno natural, sino que es una parte de un sistema de relaciones sociales más amplio (véase la figura IX.1). Los derechos de propiedad y la distribución del ingreso y del poder condicionan fuertemente la propia relación entre el sistema económico y los ecosistemas. Qué tiene precio y qué no lo tiene para las empresas, qué es posible hacer o no, tiene que ver con la capacidad de los distintos grupos sociales para frenar determinadas acciones o mantener determinados derechos consuetudinarios o bien para recibir compensaciones por los efectos negativos que las decisiones empresariales les causan.

Las ideas ambientales globales se utilizan frecuentemente en las batallas locales y, a su vez, se apoyan en ellas. Relacionado con los debates sobre la deuda ecológica y el intercambio ecológico desigual ha surgido el término biopiratería, además de que ha habido protestas contra empresas extranjeras de "bioprospección" que compran muy barato recursos genéticos y conocimiento indígena. En la agricultura hay actualmente un movimiento mundial de agroecología campesina autoconsciente que no es una moda posmoderna, sino un camino hacia

FIGURA IX.1. *La economía imbricada en las instituciones sociales y en los ecosistemas*

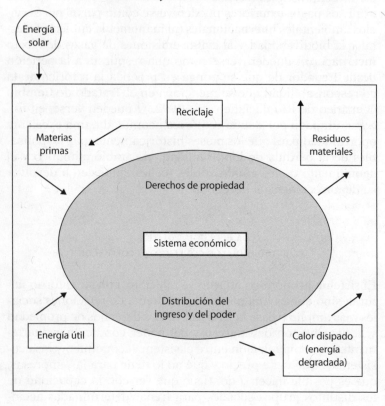

una modernidad alternativa basada en la defensa de la biodiversidad agrícola y en prácticas agronómicas sensatas. En India hubo fuertes movimientos de protesta como respuesta a los intentos en las negociaciones del GATT para hacer cumplir los derechos de propiedad intelectual sobre semillas "mejoradas", cuando no se ha pagado nada por las semillas tradicionales y el conocimiento tradicional (a pesar del teórico apoyo de la FAO a los llamados derechos de los agricultores).

El nombre de *imperialismo tóxico* ha sido usado para las luchas en contra de exportaciones de desechos tóxicos a países pobres. Hay otros casos en los que lo local se conecta con lo global en un movimiento generalizado de resistencia. Así, el Oil Watch une a los grupos ambientales locales en los países tropicales amenazados por la industria del petróleo, desde México, Ecuador y Perú hasta Nigeria, Indonesia y Timor.[12] El movimiento de Oil Watch insiste en los desastres ecológicos y sociales locales provocados por la extracción de petróleo en zonas tropicales y, al mismo tiempo, alerta contra el incremento del efecto invernadero. Una idea muy influyente propuesta por los ecologistas de la India, Anil Agarwal y Sunita Narain (a la que volveremos en el apartado sobre el aumento del efecto invernadero), ha sido la del acceso igualitario a los sumideros naturales de dióxido de carbono, idea explícitamente reconocida y adoptada por académicos de los Estados Unidos vinculados al movimiento de Justicia Ambiental, cuyo origen fue local y hasta ahora opera sólo en el ámbito nacional. Sunita Narain explica cómo "habiendo trabajado por la justicia ambiental en toda la nación, ese grupo se sintió atraído por los conceptos de nuestro libro en el que pedimos justicia en la gestión ambiental global".[13]

El cuadro IX.1 da una lista de nombres y definiciones de algunos conflictos ecológicos distributivos y los respectivos movimientos de resistencia, locales e internacionales que ha generado. Los ejemplos son mayormente de los inicios del movimiento global de justicia ambiental de las décadas de 1980 y 1990. La lista puede desarrollarse en dos direcciones. Primero, debe hacerse más investigación sobre los diferentes tipos de conflictos en sus manifestaciones locales y globales. Segundo, hay que entender que *el patrón de precios en la economía responde a los resultados de los conflictos de distribución ecológica*. De esta forma merecen especial atención los vínculos entre los conflictos de distribución ecológica (estudiados por la ecología política) y la sustentabilidad ecológica de la economía (estudiada por la economía ecológica). Dicho de otro modo, la

---

[12] *Cfr. Tegantai*, la publicación en inglés y español de esta red publicada por Acción Ecológica, Quito. Las muertes de Ken Saro-Wiwa y de otros ogoni en su lucha contra Shell y la dictadura en Nigeria, fueron muertes previamente anunciadas por *Tegantai*.

[13] *Notebook*, Boletín informativo del Centro de Ciencia y Medio Ambiente en Nueva Delhi, núm. 5 (abril-junio de 1996), p. 9.

CUADRO IX.1. *Conflictos de distribución ecológica*
y movimientos de resistencia relacionados

Concepto	Definición
Racismo ambiental (Estados Unidos)	Colocar desechos tóxicos en lugares habitados por afroamericanos, latinos o americanos nativos (Bullard, 1993).
Justicia ambiental	Movimiento en contra del racismo ambiental (Bullard, 1993).
Chantaje ambiental	O se acepta LULU *(locally unacceptable land use)* o se quedan sin trabajo (Bullard, 1993).
Imperialismo tóxico	Colocar desechos tóxicos en países más pobres (Greenpeace, 1989).
Intercambio ecológicamente desigual	Exportación de productos de regiones o países pobres a países ricos con precios que no consideran el agotamiento de los recursos o las externalidades locales.
Raubwirtschaft	Intercambio ecológicamente desigual, economía de saqueo (Raumoulin, 1984).
Dumping ecológico	Vender a precios que no consideran el agotamiento de los recursos o externalidades. Ocurre de norte a sur (agroexportaciones de Europa o los Estados Unidos), y de sur a norte.
Internacionalización de la internalización de externalidades	Demandas en contra de compañías transnacionales (Unión Carbide, Texaco, Dow Chemical...) en su país de origen, reclamando daños por externalidades provocadas en países pobres.
Deuda ecológica	Reclamo de daños a países ricos, a cuenta de *pasadas* emisiones tóxicas o dañinas excesivas (de CO_2, por ejemplo), o también por el saqueo de recursos naturales (Robleto y Marcelo, 1992; Azar, 1995; Borrero, 1994).

Concepto	Definición
Contaminación transfronteriza	Se aplica principalmente a emisiones de SO_2 que atraviesan fronteras en Europa y que producen lluvia ácida.
Derechos nacionales de pesca	Intentos para detener la depredación a causa del acceso abierto, mediante la imposición (desde la década de 1940 en Perú, Ecuador y Chile) de áreas exclusivas de pesca (200 millas y más, como en Canadá, para pesca transzonal).
Espacio ambiental	El espacio geográfico ocupado por una economía, tomando en cuenta las importaciones de recursos naturales y las emisiones tóxicas. Hay trabajo empírico sobre esto (Amigos de la Tierra, Holanda, 1993).
Transgresores ecológicos *vs.* pueblos de ecosistema	Se ha aplicado a la India, pero podría aplicarse al mundo. Muestra el contraste entre las personas que viven de sus propios recursos y las que viven de los recursos de otros territorios y personas (Gadgil y Guha, 1995).
Huella ecológica o capacidad de carga apropiada	El impacto ecológico de regiones o grandes ciudades sobre el espacio exterior. Se ha hecho trabajo empírico (W. Rees y M. Wakernagel, 1994).
Biopiratería	La apropiación de recursos genéticos (silvestres o agrícolas) sin el pago adecuado o el reconocimiento del conocimiento indígena o campesino y de la propiedad sobre ellos (incluye el caso extremo del proyecto del Genoma Humano) (Pat Mooney, RAFI, 1993).
Las plantaciones no son bosques	Acciones contra las plantaciones (de eucalipto por ejemplo) para exportar madera o pasta de papel (Carrere y Lohman, 1996).

CUADRO IX.1. *Conflictos de distribución ecológica*
y movimientos de resistencia relacionados (conclusión)

Concepto	Definición
Luchas obreras por la salud y la seguridad en el trabajo	Acciones (dentro o fuera de la negociación colectiva) para impedir daños a trabajadores en minas, plantaciones y fábricas ("rojos" por fuera y "verdes" por dentro).
Luchas urbanas por agua limpia, espacios verdes	Acciones (fuera del mercado) para mejorar las condiciones ambientales de la vida o para lograr acceso a servicios de recreación en el ámbito urbano (Castells, 1983).
Ambientalismo indígena	Uso de derechos territoriales y resistencia étnica contra el uso externo de recursos (p. ej. Crees contra Hydro Quebec; Ogoni contra Shell) (Gedicks, 1993).
Ecofeminismo social, feminismo ambiental	El activismo ambiental de las mujeres, motivado por su situación social. El lenguaje de estas luchas no necesariamente es feminista o ambientalista (Agarwal, 1992).
Ecologismo de los pobres	Conflictos sociales (actuales o históricos) con contenido ecológico de los pobres contra los (relativamente) ricos, sobre todo en ámbitos rurales (Guha, 1989).

FUENTE: Bina Agarwal, "The Gender and Environment debate: Lessons from India", *Feminist Studies*, vol. 18, núm. 1 (1992); Ch. Azar y J. Holmberg, "Defining the generational environmental debt", *Ecological Economics*, vol. 14, núm. 1 (1995), pp. 7-20; José M. Borrero, *La deuda ecológica*, FIPMA, Cali, 1994; Robert Bullard, *Confronting environmental racism. Voices from the grassroots*, South End Press, Boston, 1993; Manuel Castells, *The City and the Grass-Roots. A cross-cultural theory of urban social movements*, E. Arnold, Londres,1983; R. Carrere y L. Lohman, *Pulping the South*, Zed, Londres, 1996; M. Gadgil y R. Guha, *Ecology and equity. The use and abuse of nature in contemporary India*, Routledge, Londres/Nueva York, 1995; Al Gedicks, *The New Resource Wars. Native and Environmental Struggles against Multinational Corporations*, South End Press, Boston, 1993; Ramachandra Guha, *The Unquiet Woods*, Oxford University Press, Delhi, 1989; J. Raumoulin, "L'homme et la destruction des ressources natureles: la Raubwirtschaft au tournant du siècle", *Annales E. S. C.*, vol. 39, núm. 4 (1984); William Rees y Mathis Wackernagel, "Ecological footprints and appropriated carrying capacity" en A. M. Jansson *et al.* (eds.), *Investing in natural capital. The ecological economics approach to sustainability*, ISEE, Island Press, Covelo, Ca., 1994; M. L. Robleto y Wilfredo Marcelo, *Deuda ecológica*, Instituto de Ecología Política, Santiago de Chile, 1992.

Justicia Ambiental (local y global) podría convertirse en una fuerza importante para la sustentabilidad ecológica de la economía.

La internacionalización de la internalización de las externalidades

En la actualidad hay un buen número de casos pendientes de demandas contra compañías internacionales por daños a países pobres —a los que llamamos (en el cuadro IX.1) "la internacionalización de la internalización de externalidades"—. Estos casos muestran la influencia del marco institucional en la evaluación de las externalidades. Hay aquí mucho material para la investigación y el pensamiento. ¿Cómo se construyen socialmente esas externalidades? ¿Cómo contabilizar, por ejemplo, los daños a la salud y a la biodiversidad debidos a derrames de petróleo en el Amazonas? ¿Cómo evaluarlos? Si se rechaza la jurisdicción de las cortes estadunidenses (como en Bhopal), entonces las externalidades serán baratas. Si, en cambio, se acepta la jurisdicción, entonces el dinero ofrecido para compensar los daños *podría* ser abundante. Unos casos son los surgidos en Ecuador contra Texaco (en Nueva York) por el derrame de petróleo en la Amazonia, y contra Dow Chemical y otras empresas (en Texas y Misisipí) por externalidades provocadas por el nematicida DBCP en las plantaciones de banano.[14]

Debido a la explotación intensiva de petróleo y a la expansión de la minería en los trópicos, es de esperar que se incrementen los conflictos que involucran firmas con sede en los Estados Unidos, Japón o Europa —por ejemplo, no sorprenderían casos contra Shell (¿de Perú?, ¿de Nigeria?) o la compañía petrolera francesa ELF (¿de países africanos?).

En 1998 se produjo cerca del parque nacional de Doñana, en Andalucía, la rotura de una represa que contenía los desechos de una mina, un gran depósito de agua y lodos con metales pesados. La organización no gubernamental CEPA (la Confede-

---

[14] Otros conflictos similares aparecen en el *New York Times,* 12 de diciembre de 1995, y Balvin, 1995; *The Economist,* 20 de julio de 1996, p. 52; *Down to Earth,* 31 de julio de 1996.

ración Ecologista y Pacifista de Andalucía) ya había denunciado infructuosamente ante la opinión pública y en los juzgados locales el riesgo de rotura de la represa de la mina. Esa zona tiene larga tradición minera. En la misma provincia de Huelva, la empresa inglesa Río Tinto (antecesora de la actual RTZ) provocó, en el año 1888, una enorme contaminación con vapores de azufre que desembocó en una protesta protoecologista popular y en una masacre a cargo de las fuerzas de orden público. El año 1888 fue, desde entonces, "el año de los tiros". La historia del movimiento obrero está llena de reclamaciones por la pérdida de la salud en las minas, plantaciones o fábricas; protestas "rojas por fuera, verdes por dentro".

La actividad minera continúa siendo una causa principal de daños al ambiente y a la salud. Son conocidos los conflictos ecológicos entre la Cerro de Pasco Copper Corporation y las poblaciones indígenas que vivían cerca de la fundición de cobre en La Oroya, en la sierra central del Perú, en las décadas de 1920 y 1930; como también lo son los conflictos en Ilo, en el sur del Perú, contra la Southern Peru Copper Corporation, que agota los escasos recursos de agua y emitía más de medio millón de toneladas de dióxido de azufre al año. Los ecologistas locales (el ex alcalde Díaz Palacios, el grupo Labor) protestaron durante más de 15 años e intentaron promover un juicio por daños ante tribunales de los Estados Unidos contra esa empresa, la "Southern", que es la que más contribuye al total de exportaciones de Perú. El gobierno peruano no ha prestado ningún apoyo a tales reclamos.

Los economistas suelen llamar "externalidades" a los daños causados por una actividad cuyo valor no viene recogido en los costos y precios establecidos en los mercados. Por ejemplo, los daños en las cercanías de Doñana son una "externalidad" respecto a la contabilidad de la empresa minera sueco-canadiense Boliden (que, además, ni siquiera había asumido los habituales costes privados, puesto que se había beneficiado de importantes subvenciones de la Unión Europea y de la Junta de Andalucía), tal como la contaminación del suelo, del aire y del agua fueron una "externalidad" para esas empresas estadunidenses que operaron u operan en Perú. La "externalidad" afecta los costos económicos si la empresa paga primas a través de una empresa de seguros, o al pagar ella misma una compensación. Pero la indemnización que eventualmente pague la empresa de seguros o la propia empresa minera, ¿equivale realmente al daño? ¿Es la "internalización" de la externalidad en los precios una medida adecuada de los daños? Cuando existe una enorme distancia social y asimetría de poder entre las empresas trasnacionales y las personas que habitan en las zonas dañadas (la empresa minera Freeport McMoran en Irian Jaya, la Texaco en la selva del Ecuador, Unión Carbide en Bhopal en la India), entonces puede pensarse que las externalidades serán baratas. Es importante poder recurrir a tribunales de los países donde las trasnacionales tienen su residencia. Pero el gobierno de la India no quiso que el caso de Bhopal se juzgara en los Estados Unidos, al igual que el gobierno de Ecuador se opuso al principio al juicio de la Texaco en Nueva York. Para los perjudicados es mejor que el juicio se realice en los países de origen de las empresas. En el caso de Doñana, tal vez no habrá mucha diferencia entre las decisiones de un tribunal sueco y uno español. Sería buena idea, sin embargo, tratar de llevar un juicio en Suecia, donde presumiblemente se tomó la equivocada decisión de almacenar los residuos en ese dique de colas. Pensemos en otros casos, por ejemplo, en una reclamación de los ogoni o los ijaw (de Nigeria) contra la Shell. ¿Qué probabilidad de prosperar tendría esa reclamación en la propia Nigeria?

En algunas escasas ocasiones los tribunales de los países de residencia de las trasnacionales (en Europa, en los Estados Unidos o Canadá y en Japón) han aceptado los litigios. Así ocurrió, por ejemplo, en casos nacidos de los daños producidos por el DBCP, un nematicida empleado en la producción de bananas que ha producido millares de casos de esterilidad entre los obreros de esa industria. Las reclamaciones desde Costa Rica u otros países, en tribunales de Texas, contra las empresas responsables del uso de ese producto (un consorcio formado por Standard Fruit, Dow Chemical, Shell...) han tenido algunos resultados positivos. ¿Cuánto vale realmente un caso de esterilidad masculina? ¿Vale más o menos que los daños producidos por un implante de silicona? ¿Debería pagarse a precios estadunidenses o a precios ecuatorianos?

¿Cómo "internalizar", entonces, tales externalidades en el sistema de precios monetarios? ¿Cuál es el valor crematístico de la subsistencia humana? (véase el apartado "Pasivos Ambientales" en el capítulo v). "Todo necio, confunde valor y precio", escribió Antonio Machado y, mucho antes, Marx había descrito la característica perversión capitalista del "fetichismo de las mercancías". La moderna ciencia económica ahora pretende saber cómo "internalizar" las externalidades; está dispuesta, pues, a valorar en dinero los peces y aves muertos en Doñana, la pérdida de salud humana en Ilo, los posibles daños de los residuos nucleares (actualizados caprichosamente a un valor presente) en Francia o España, y hasta los daños globales del incremento del efecto invernadero y la pérdida de biodiversidad por la extracción de madera en el trópico. Esa moderna ciencia económica incurre en el "fetichismo de las mercancías ficticias". Como suele ocurrir en la vida real, en esos mercados ficticios de "externalidades", las vidas de los pobres son más baratas (lo que causó un gran debate en el Panel Internacional de Cambio Climático, hace unos pocos años), y las generaciones futuras valen poco o nada.

Hay hoy en día un *boom* de la exportación. Crece la minería y también crece la extracción de petróleo, desde lugares cada vez más inadecuados. Shell parecía haberse hecho atrás temporalmente en la explotación del gas de Camisea en plena selva amazónica peruana, pero el gran impacto de la industria petrolera ha dado lugar al nacimiento de la ya mencionada red de ONG, Oil Watch, que se ocupa sobre todo de los impactos en la zona tropical. Es una red formada por grupos del Sur. Es interesante ver cómo en pocos años, Oil Watch, nacida de la coordinación y difusión de una colección de protestas locales, ha pasado a enlazar lo local con lo global. Los ecologistas de Oil Watch-Venezuela (donde bajo la llamada "apertura minera y petrolera" se planteaba, antes de la elección de Hugo Chávez, aumentar la extracción de petróleo al doble, en nuevos territorios como el delta del Orinoco amenazando a los waraos y otros grupos indígenas) le escribían una carta abierta al presidente Clinton en octubre de 1997, explicándole que no debía apoyar a las empresas estadunidenses que impulsan la explotación de petróleo, porque esa política era incongruente con la preocupación del propio Clinton por el aumento del efecto invernadero, y le recomendaban releer el conocido libro sobre problemas ecológicos globales de su vicepresidente Gore.[15] Quienes localmente padecen u observan la destrucción de etnias y bosques tropicales por la explotación de petróleo están aprendiendo a usar las ideas del ecologismo global para sus propósitos locales. Y, viceversa, ese *ecologismo de los pobres* que surge de multitud de conflictos locales es el mayor apoyo para lograr que la economía global se acomode a los límites de los ecosistemas.

La economía se globaliza y, por tanto, aumentan los daños causados por las empresas internacionales a las personas y a la naturaleza. La globalización empezó ya en Potosí: la extracción de plata y su amalgama con el mercurio traído de Huancavelica causó muchas muertes de "azogados". El mercurio empleado en la producción de oro envenena los ríos de la Amazonia. Son costos no incluidos en los precios. ¿Dónde podían reclamar los mineros de la mita de Potosí? ¿Habrá prescrito el caso? Hoy el río Pilcomayo continua contaminando con metales pesados hasta la frontera argentina. ¿Cuánto se pagó por el Torrey Canyon o por el Exxon Valdez, cuánto por el derrame del Prestige y cuánto pagó Unión Carbide por los miles de muertos de Bhopal? Pasando de las empresas a los ciudadanos, ¿cómo es que algunos emitimos 10, hasta 20 toneladas de dióxido de carbono al año, totalmente gratis, cuando sabemos que el aumento del efecto invernadero es una gran "externalidad"?

UNA CLASIFICACIÓN DE LOS CONFLICTOS ECOLÓGICOS DISTRIBUTIVOS

Hay quien piensa que el ecologismo es un lujo de los ricos, que hay que preocuparse por la naturaleza solamente cuando ya tienes de todo en casa. Pero existe un ecologismo popular. De hecho, hay en el ecologismo diversas corrientes. Hay gente que se llama ecologista radical, en los Estados Unidos, y socialmente no es nada radical. Es una tendencia llamada "ecología profunda", que se preocupa sólo de la naturaleza. Por ejemplo,

[15] Véase *Ecología política*, núm. 14 (diciembre de 1997).

luchaban y luchan contra la construcción de represas en cañones hermosos que iban por tanto a ser inundados. Incluso alguno dijo que se dejaría morir allí. Es admirable. Luchaban solamente por la naturaleza, no por las personas. En Brasil hay en cambio el movimiento popular que se llama *atingidos por barragens,* es decir, los afectados por represas.

En la India, hay una lucha (ya casi perdida) contra una famosa represa en el río Narmada, y allí la gente protesta en defensa del río pero también en defensa de la gente. Lo mismo ocurre con los desplazados por las minas de bauxita, de carbón, de mineral de hierro o de uranio en Jharkhand, Odisha u otros estados de la India. Supongamos que una compañía minera contamina el agua en una aldea de la India. Las familias no tienen otro remedio que abastecerse del agua de los arroyos o de los pozos. El salario rural es un euro al día, un litro de agua en envase de plástico cuesta 15 céntimos de euro. Si los pobres han de comprar agua, todo su salario se iría simplemente en agua para beber para ellos y sus familias. Asimismo, si no hay leña o estiércol seco como combustibles, al comprar butano (LPG, Liquefied Petroleum Gas), como preferirían, gastarían el salario semanal de una persona para adquirir un cilindro de 14 kg. La contribución de la naturaleza a la subsistencia humana de los pobres no queda pues bien representada al decir que supone 5% del PIB en un país como la India. El asunto no es crematístico sino de subsistencia. Sin agua, leña y estiércol, y pastos para el ganado, la gente empobrecida simplemente se muere.

El Norte consume tanto, los ricos del mundo consumimos tanto, que las fronteras de extracción de las mercancías o materias primas están llegando a los últimos confines. Por ejemplo la frontera del petróleo ha llegado hasta Alaska y la Amazonia. En todos los lugares del mundo hay resistencias. Podemos llamarlas Ecologismo Popular o Ecologismo de los Pobres o Movimiento de Justicia Ambiental. Hay muchas experiencias de resistencia popular e indígena contra el avance de las actividades extractivas de las empresas multinacionales. Estas resistencias parecen ir contra el curso de la historia contemporánea, que es el constante triunfo del capitalismo, el crecimiento del metabolismo económico en términos de materiales, energía, agua que se introducen en el sistema para salir luego como residuos.

Las comunidades se defienden. Muchas veces las mujeres están delante en esas luchas. Por ejemplo, vemos muchos casos alrededor del mundo de defensa de los manglares contra la industria camaronera de exportación. Lo mismo ocurre en la minería. Las comunidades se defienden apelando a los derechos territoriales indígenas bajo el convenio 169 de la Organización Internacional del Trabajo como en junio de 2005 en Sipakapa en Guatemala, o tal vez organicen consultas populares o referéndums exitosos como en el Perú en Tambogrande o en Esquel en la Argentina contra la minería de oro. En otros países, como la India o Indonesia o Tailandia, las comunidades recurren a otras acciones y planteamientos legales en sus luchas contra la minería, contra las represas, contra la deforestación y las plantaciones de árboles para pasta de papel. Esas resistencias también se darán contra las plantaciones para biodiesel o para etanol de exportación que tanto harán aumentar la HANPP (o la AHPPN, la Apropiación Humana de la Producción Primaria Neta).

Hubo casos históricos de resistencia antes de que se usara la palabra ecologismo. Por ejemplo, en la minería de cobre en Ashio, en Japón, hace 110 años con el líder Tanaka Shozo o en Huelva contra la contaminación causada por la empresa Río Tinto también en la minería de cobre que culminó en la matanza a cargo del ejército el 4 de febrero del 1888. Ese podría ser el Día del Ecologismo Popular, el 4 de febrero. Concha Espina en *El Metal de los Muertos* da voz a un líder sindical que solicita "investigar los criminales acontecimientos de 1888 y tratar de conseguir que se imponga una sanción penal a los culpables y cómplices de aquella matanza; revisar los perjuicios ocasionados por 'los humos', y exigir las indemnizaciones legales". Crece la memoria de tales sucesos, que nunca se perdió.

Hoy en día se dan conflictos parecidos en las fronteras de extracción de cobre, pues la demanda de cobre continúa creciendo. También hay actualmente conflictos por la extracción de níquel en Nueva Caledonia, mientras que la isla de Nauru quedó destruida por la rapiña de los fosfatos. La economía

mundial no se "desmaterializa". Al contrario. Se saca siete veces más carbón en el mundo hoy que hace 100 años, aunque
en Europa haya bajado la extracción de carbón. A veces, se
trata de insumos esenciales para la economía. A veces se trata
de productos superfluos. Hay conflictos en la minería de carbón y en la extracción y transporte de petróleo, pero también
hay conflictos en la minería de oro y por la defensa de los
manglares contra la industria camaronera. Los consumidores
de oro o de camarones importados no saben ni quieren saber de
dónde viene lo que compran.

Vemos en muchos lugares del mundo surgir reclamos contra empresas bajo la ATCA (Alien Tort Claims Act) de los Estados
Unidos, en general sin éxito.

Hay otros conflictos por residuos producidos en los procesos de producción. Por ejemplo, los residuos nucleares, que
son un subproducto de la producción de electricidad. ¿Dónde
colocarlos? De ahí la disputa sobre el depósito de Yucca Moun-
tain en Nevada en los Estados Unidos. Más cerca, en Cataluña,
hay actualmente un conflicto latente en Flix, en el Ebro, y hasta
su desembocadura por el mercurio y los PCB y DDT que Erquimia
y sus antecesores arrojaron al río como si fuera suyo. ¿Quién
responde de esos pasivos ambientales? La contabilidad de las
empresas no suele incluir esas deudas ecológicas. ¿Cuánto
debe Repsol-YPF por su pasivo ambiental y social en Argentina
y cuánto debe Xstrata por los daños en la mina La Alumbrera
en Catamarca? ¿Cuánto debe Dow Chemical-Unión Carbide por
los daños en Bhopal en 1984?

A medida que la economía crece, usa más materiales y
más energía. La ciencia económica convencional no ve la economía en términos del metabolismo social. Ni la contabilidad
empresarial ni la contabilidad macroeconómica restan los "pasivos ambientales" que les son invisibles. En cambio, la economía ecológica critica a la economía convencional porque ésta
se olvida de la naturaleza en las cuentas económicas, sean de
las empresas o del gobierno. La economía ecológica propone
considerar los aspectos biológicos, físicos, químicos, y también
sociales. Es decir, si la economía creció 3%, de acuerdo, pero
que se explique cómo ha aumentado la contaminación, qué ha
pasado con los ríos, con los bosques, con la salud de los niños,

considerando todos los aspectos sociales y ecológicos. Hay protestas sociales debido a que la economía estropea la naturaleza. A veces los afectados son generaciones futuras que no pueden protestar porque aún no han nacido, o unas ballenas o tigres que tampoco van a protestar. Pero otras veces los desastres ecológicos afectan también a personas actuales, que protestan. Son luchas por la Justicia Ambiental.

Hay lugares donde se plantan miles de hectáreas de pino o eucalipto para capturar dióxido de carbono europeo. Las comunidades protestan, porque no pueden comer los árboles, no pueden sembrar ni poner ganado donde hay árboles y si hay un incendio el contrato les obliga a replantar. Hay también conflictos de pesca, porque la pesca industrial acaba con toda la pesca artesanal. Hay conflictos sobre transportes, por ejemplo, por el gasoducto de Unocal de Birmania a Tailandia o el oleoducto de Exxon del Chad a Camerún, o por las hidrovías, o por casos como el del Prestige, o la protesta en Val de Susa cerca de Torino contra una vía férrea que estropea un hermoso valle. Hay quien no entiende el carácter estructural de estas protestas. Creen que son protestas NIMBY ("no en mi patio") cuando son manifestaciones locales del movimiento internacional por la justicia ambiental.

Los conflictos de extracción de recursos, de transporte y de evacuación de residuos se pueden clasificar según su ámbito geográfico (cuadro IX.2).[16] Es importante darse cuenta de que muchos conflictos locales, los más conocidos, adquieren la característica de "glocalidad", un término introducido por Erik Swyngedouw. Es decir, son a la vez locales y globales porque intervienen en ellos actores internacionales. Nuevos conflictos, como los creados por experimentos de geoingeniería, pueden acomodarse en este cuadro. También hay que notar que muchos conflictos tienen un carácter recurrente y por tanto haría falta en el cuadro un eje cronológico. Por ejemplo, un conflicto como el de Esquel en Argentina contra la extracción de oro que se solucionó con un referéndum local en el año

---

[16] Una primera versión de este cuadro se publicó en J. Martínez Alier, "Social Metabolism and Environmental Conflicts", en *Socialist Register 2007: Coming to Terms with Nature*, Merlin Press, Londres, 2007, p. 287. Elaborado con Beatriz Rodríguez Labajos.

CUADRO IX.2. *Geografía de los conflictos ecológicos distributivos*

| | Ámbito geográfico | | |
Etapa	Local	Nacional y Regional	Global
Extracción	Conflictos de extracción en áreas tribales, como en Odisha (bauxita), en Amazonia (petróleo, gas, madera).	Destrucción de manglares por camaroneras. Plantaciones de árboles para pasta de papel. Sobrepesca costera.	Empresas trasnacionales en las fronteras de la extracción. Reglas sobre pasivos ambientales. Sobrepesca en alta mar.
Transporte y comercio	Quejas contra autopistas urbanas por contaminación y ruido.	Carreteras e hidrovías. Trasvases de agua entre cuencas. Oleoductos, gasoductos y mineroductos.	Derrames de petróleo en el mar (ej. Exxon Valdez, Prestige). Comercio ecológicamente desigual.
Evacuación de residuos y contaminación (posconsumo)	Conflictos por "tiraderos de basura" e incineradoras en áreas urbanas.	Lluvia ácida por dióxido de azufre. Depósitos de desechos nucleares. Desmantelamiento de barcos (ej. Alang, Gujarat).	Cambio climático y daños a la capa de ozono (por emisiones de CO_2, CFCs). Reclamo de deuda ecológica. Contaminantes orgánicos persistentes (POPs).

2003, podría posiblemente resurgir si llegara una nueva empresa minera. Eso es habitual en conflictos con industrias extractivas.

Valores inconmensurables

Debemos ver la economía como un sistema abierto a la entrada cada vez mayor de energía y materiales, y a la salida de los residuos como son el dióxido de carbono y otras formas de contaminación. Aumenta la dimensión física de la economía. No nos estamos desmaterializando. En la economía humana aumenta el consumo de biomasa, de combustibles fósiles, de minerales. Producimos residuos como el dióxido de carbono o como los residuos nucleares. También ocupamos más espacio, destruyendo ecosistemas y arrinconando otras especies. Por tanto aumentan los conflictos ecológico-distributivos. Es decir, no sólo estamos perjudicando a las generaciones futuras de humanos y eliminando otras especies que muchas veces ni tan siquiera conocemos, sino que hay también crecientes conflictos ambientales ya ahora mismo.

Comprobamos que hay un desplazamiento de los costos ambientales del Norte al Sur. Los Estados Unidos ha importado más de la mitad del petróleo que gasta. Japón y Europa dependen físicamente aun más de las importaciones. Eso lleva a la idea de que existe un comercio ecológicamente desigual. La misma desigualdad observamos en las emisiones de dióxido de carbono, causa principal del cambio climático. Un ciudadano de los Estados Unidos emite 15 veces más en promedio que uno de la India. Nos preguntamos: ¿quién tiene títulos sobre los sumideros de carbono que son los océanos, la nueva vegetación y los suelos?, ¿quién es dueño de la atmósfera para depositar el dióxido de carbono que sobra? De ahí los reclamos de la deuda ecológica que el Norte tiene con el Sur, por el comercio ecológicamente desigual, por el cambio climático, también por la biopiratería y por la exportación de residuos tóxicos. Por ejemplo, continuamente llegan barcos para ser desguazados por obreros mal pagados que viven en un ambiente pobrísimo en la costa de Alang en Gujarat en la India, esos barcos tienen su carga de amianto, de metales pesados. En pocos casos (como el portaaviones Clemenceau) se frenó a tiempo ese proceso de exportación de residuos tóxicos que en principio está prohibido por el Convenio de Basilea.

La deuda ecológica se puede expresar en dinero pero tiene también aspectos morales que no quedan recogidos en una valoración monetaria.

En todos esos conflictos ambientales por extracción o transporte de materias primas, por contaminación local o regional, observamos el uso de diversos lenguajes. Puede ser que los poderes públicos y las empresas quieran imponer el lenguaje económico, prometiendo un análisis costo-beneficio con todas las externalidades traducidas a dinero, y además harán una evaluación de impacto ambiental, y que así se va a decidir si se construye una represa conflictiva o se abre una mina. Pero puede ocurrir que los afectados, aunque entiendan ese lenguaje económico y aunque piensen que es mejor recibir alguna compensación económica que ninguna, sin embargo acudan a otros lenguajes disponibles en sus culturas. En un conflicto ambiental se despliegan valores muy distintos, ecológicos, culturales, valores que se basan en el derecho a la subsistencia de las poblaciones, y también valores económicos en el sentido crematístico. Son valores que se expresan en distintas escalas, no son conmensurables.

Así se junta la economía ecológica con la ecología política. La economía ecológica estudia el metabolismo social para explicar el conflicto entre economía y medio ambiente, y pone en duda que ese conflicto pueda solucionarse con jaculatorias al estilo del "desarrollo sostenible", la "eco-eficiencia" o la "modernización ecológica". La ecología política estudia los conflictos ambientales, y muestra que en esos conflictos, distintos actores que tienen distintos grados de poder, usan o pueden usar distintos *lenguajes de valoración*. Vemos en la práctica cómo existen valores inconmensurables, cómo el reduccionismo económico es meramente una forma de ejercicio del poder.

El poder se expresa en dos niveles. El primero es la capacidad de imponer la decisión, quítate tú de aquí porque aquí va la represa o la mina o la autopista. El segundo es la capacidad de imponer el método de decisión, de decir qué lenguajes son válidos o no son válidos. Por ejemplo, si en el lugar en cuestión hay un arrozal de agricultores pobres como en Nandigram o Singur en Bengala Occidental o en Kalinganar en Odisha (Orissa), por dar casos célebres de desplazamientos y matanzas, o si en el lugar hay un humedal protegido por Ramsar, o una ermita o cementerio, ¿dan esos diversos factores argumentos tolerados y suficientemente fuertes para parar el proyecto? ¿O se introducirá todo en la batidora del análisis costo-beneficio añadiendo si acaso una Evaluación de Impacto Ambiental para corregir los flecos? ¿Quién decide el procedimiento? ¿Cabe pedir una evaluación multicriterial con posibilidad de vetos?

¿Quién tiene el poder de imponer el método de resolución de los conflictos ambientales? ¿Valen las consultas populares, que apelan a la democracia local? ¿Vale el lenguaje de la sacralidad? ¿Valen los valores ecológicos solamente si se traducen a dinero, o valen por sí mismos, en sus propias unidades de biomasa y biodiversidad? ¿Vale argumentar en términos de la subsistencia, salud y bienestar humanos directamente, o hay que traducirlos a dinero? Son preguntas que nacen de la observación y participación en conflictos ambientales en diversos lugares del mundo. De ahí la pregunta ¿quién tiene el poder social y político para simplificar la complejidad imponiendo un determinado lenguaje de valoración?[17]

LA DISCUSIÓN ACTUAL SOBRE EL AUMENTO DEL EFECTO INVERNADERO

La presencia del CO_2 en la atmósfera provoca una retención de calor gracias a la cual la temperatura es lo suficientemente elevada como para mantener las diversas formas de vida actuales que han evolucionado en unas determinadas condiciones climáticas. Sin embargo, la expulsión antropogénica de CO_2 y otros gases está provocando un aumento de dicha concentración, que podría tener consecuencias muy negati-

---

[17] J. Martínez Alier, *El Ecologismo de los Pobres. Conflictos Ambientales y Lenguajes de Valoración*, 5ª ed., Icaria, Barcelona, 2011.

vas. La concentración de CO_2 en la atmósfera ha crecido desde 280 partes por millón en volumen de antes de la Revolución industrial hasta 400 partes por millón.

El principal gas de efecto invernadero, pero no el único, es el CO_2, cuya principal fuente de emisión es la quema de combustibles fósiles. Otro gas que también contribuye de forma importante es el metano (CH_4), cuyas fuentes de emisión son más variadas: determinados cultivos, el ganado, los vertederos de residuos... Una molécula de metano tiene un efecto invernadero mucho más grande que una molécula de CO_2, pero las emisiones son mucho más bajas y, por tanto, su contribución global al problema es inferior. Otros gases importantes son los CFC, de diversos usos industriales (como aerosoles y refrigeración), pero que hoy están prohibidos en los principales países industrializados, ya que sobre todo han preocupado internacionalmente por otro problema global (el adelgazamiento de la capa de ozono); algunos de sus sustitutos también provocan efecto invernadero.

Ya hace 120 años que se conoce el aumento del efecto invernadero a causa del aumento de emisiones de CO_2, pero ese conocimiento científico pasó socialmente inadvertido, seguramente porque la opinión científica más difundida sobre el aumento antropogénico del efecto invernadero fue durante mucho tiempo positiva, desde los propios escritos iniciales de Svante Arrhenius. Esa ignorancia socialmente construida acerca del impacto negativo no es una excusa válida para los países ricos que han echado tanto CO_2 de los combustibles fósiles a la atmósfera. Deben responsabilizarse.

Problemas globales, políticas nacionales

El cambio climático es un ejemplo de problema ecológico global; no sólo traspasa las fronteras nacionales sino que adquiere dimensión planetaria. Las enormes diferencias entre los países son uno de los principales obstáculos para un compromiso internacional sobre el tema. Hay la cuestión adicional de los efectos intergeneracionales. Los que aún no han nacido no pueden participar en el debate y las tasas de descuento implícitas pueden ser demasiado altas, no sólo a causa del egoísmo sino del exagerado optimismo de quienes confían en el progreso técnico y el crecimiento económico.

Sin embargo, es importante darse cuenta de que la propia dimensión *global* del problema crea dificultades *específicas* que no existen para problemas más locales. Dichas dificultades se darían incluso en el hipotético caso de que todos los países partiesen de una situación idéntica y diesen la suficiente importancia al futuro.

Imaginemos una situación irreal donde todos los países son iguales en cuanto a su contribución para el aumento del efecto invernadero, y en cuanto a su percepción de los costes necesarios para adaptarse a un determinado objetivo de reducción y de los daños previstos por el cambio climático. Para concretarlo en un ejemplo, imaginemos que existen 100 países que se están planteando si adoptar o no un determinado programa de actuación que a todos les supone un mismo coste individual estimado de 200. Los beneficios globales del programa son proporcionales al número de países que lo adoptan y se estima que totalizan 100000 cuando todos ellos participan, superando en mucho el coste global del programa, que sería de 20000.

Los problemas para establecer dichas cifras han sido uno de los ejes de este libro, pero aquí no nos estamos planteando cuál es el nivel óptimo de actuación. Simplemente queremos ejemplificar un caso en el cual hay consenso: los beneficios globales superan los sacrificios que el programa comporta. La cuestión es: ¿hay suficiente con este consenso para que se acuerde y cumpla el programa por parte de todos los países? El lenguaje de la *teoría de juegos* puede ayudarnos a entender por qué la respuesta es negativa.

El cuadro IX.3 representa lo que se conoce como matriz de pagos o resultados de las posibles estrategias de un país individual *X* cuando se consideran *dadas* las estrategias de los otros países. El primer valor representa la situación del país *X* y el segundo la del resto de países, siempre respecto al escenario alternativo de no hacer nada y dejar que prosiga la tendencia actual. Valores positivos representan mejoras respecto a este escenario, y negativos, empeoramiento respecto al mismo. El supuesto es que los beneficios del programa *para el conjunto*

CUADRO IX.3. *Resultados de las diferentes estrategias del país X*

País X	Comportamiento del resto de países	
	Aplican el programa	No aplican el programa
Aplica el programa	(+ 800, + 800)	(– 190, + 10)
No aplica el programa	(+ 990, + 790)	(0, 0)

de los países son siempre cinco veces mayores que los costes. La diferencia entre costes y beneficios es que los primeros recaen *sólo* sobre los países que *cooperan* con la política mientras que los beneficios son para todos.

En este "juego" existe lo que se denomina una estrategia *dominante;* es decir, una estrategia que para un país que actúa de forma totalmente egoísta y que considera dadas las estrategias de los otros, siempre es la que da mejores resultados. Si se considera que los otros no dejarán de aplicar el programa aunque uno deje de hacerlo, comportándose como *free-rider,* entonces el país mejorará porque se reducirán los beneficios del programa, pero el ahorro para el país (200) será mayor que la parte de pérdida de beneficios globales que *a él* le corresponde [1 000/100, es decir, 10]. Igualmente, si los otros no aplican el programa, aplicarlo individualmente podría considerarse estar "haciendo el primo": soportar todos los costes para beneficio del conjunto de todos los países sin beneficiarse de los sacrificios de los otros.

Las cosas no son, desde luego, tan extremas. Primero, porque pueden existir sanciones para los países que no cumplan con la política, aunque se necesita suficiente voluntad política para decidirlas y aplicarlas (por ejemplo, las sanciones comerciales por la falta de compromiso ante un problema ecológico global no encajan con la doctrina dominante de la Organización Mundial del Comercio). Segundo, porque no necesariamente tiene que imperar la actitud egoísta. Los gobiernos, presionados por poblaciones conscientes de la necesidad de contribuir a solucionar los problemas globales, pueden adoptar otro tipo de actitud. Por último, los países individuales no tienen por qué considerarlo dado el comportamiento de los otros; precisamente pueden ser conscientes de que sólo es posible que todos —o la mayoría— adopten compromisos si ellos también lo hacen. Así, el unilateralismo (por ejemplo, que la Unión Europea se adelante a los Estados Unidos en sus decisiones, como Ripa di Meana pretendía en la cumbre de Río) no es necesariamente sacrificarse en beneficio de los que no lo hacen, sino que también puede ser una forma efectiva de presión frente a los que no adoptan decisiones, quizá la única realista de avanzar decididamente.

En todo caso la teoría de juegos ilustra una de las *dificultades* para que los países individuales se adhieran a los compromisos y para asegurar que los cumplan en ausencia de instituciones que decidan sobre estos problemas a escala planetaria.

ALGUNAS PROPUESTAS INTERNACIONALES DE INSTRUMENTOS PARA LA REDUCCIÓN DE EMISIONES DE DIÓXIDO DE CARBONO

¿Un mercado que parta de derechos iguales para todos?

Tradicionalmente los gobiernos de los países ricos han visto la absorción de CO_2 proporcionada por los océanos, los suelos y la nueva vegetación, básicamente como un bien de acceso libre, disponible de manera ilimitada para el primero que la usara, según la simple regla de captura.

Como veremos, y a pesar de declaraciones y convenios, la situación no ha cambiado mucho ya que lo máximo que han aceptado (algunos) países ricos es establecer algunas tímidas limitaciones sobre su desproporcionada e injusta emisión de gases de efecto invernadero.

Frente a la indecisión de la convención sobre cambio climático de Río de Janeiro, algunas voces inteligentes y bien informadas del Sur (concretamente Anil Agarwal y Sunita Narain, del Centro de Ciencia y Medio Ambiente de Nueva Delhi) argumentaron a favor de instituir "derechos de propiedad" bien definidos, repartidos por igual entre toda la humanidad sobre la función de océanos, suelos y nueva vegetación como sumideros de gases con efecto invernadero. El famoso panfleto de

Agarwal y Narain, titulado *Global Warming: A Case of Environmental Colonialism* (1991), denunciaba la pretensión de exigir que los países pobres asuman un coste —que podía significar renunciar a emisiones de "supervivencia", por ejemplo emisiones de metano ligadas a los cultivos de arroz, y no emisiones de lujo como son la mayoría de las de los países ricos. Su escrito consideraba tal pretensión como un caso de "colonialismo ambiental". Sin embargo, estos autores reconocían la necesidad de que los países pobres también tuviesen incentivos para reducir sus emisiones. Según ellos, un sistema de permisos comercializables (un instrumento ya analizado en este libro) *justo* (¡en la distribución de los permisos está la clave!) podía resolver el dilema:

> En todas las economías de mercado del mundo, los economistas del control de la contaminación hablan ahora del concepto de cuotas de emisión comercializables las cuales permiten que aquellos que tienen un bajo nivel de contaminación vendan sus emisiones permitidas no utilizadas a los que tienen un elevado nivel de contaminación. En conjunto, este sistema lleva a una mejora económica ya que proporciona un incentivo económico a los que contaminan poco para mantener bajos sus niveles de emisión y un desincentivo económico para que los que tienen emisiones elevadas las reduzcan [...] Lo que el mundo necesita es un sistema que estimule a un país como la India a mantener sus emisiones tan bajas como sea posible y presione a un país como los Estados Unidos a reducir rápidamente sus emisiones. El CSE cree que debería introducirse un sistema global de permisos comercializables para controlar las emisiones globales de gases de efecto invernadero. A todos los países debería dárseles cuotas comercializables en proporción a su peso dentro de la población mundial.[18]

El *World Resources Institute* de Washington había propuesto antes de Río una política de reducciones proporcionales para todos los países. Agarwal y Narain argumentaron la injusticia

---

[18] A. Agarwal y S. Narain, *Global warming in an unequal world. A case of environmental colonialism,* Centre for Science and Environment, Nueva Delhi, India, 1991, pp. 19-20.

ix.1. *Emisiones de dióxido de carbono por países*

Los conflictos distributivos respecto del cambio climático tienen mucho que ver con la desigualdad histórica y actual de las emisiones. En los gráficos siguientes se indican las emisiones actuales (únicamente por la quema de combustibles fósiles y no por la deforestación que le añadiría otro 20%) y también las emisiones acumuladas por quema de combustibles fósiles. Aunque en 1751 no se conocía el efecto invernadero, éste empezó a aparecer en la literatura científica en 1896 con Svante Arrhenius. Por tanto éste podría ser un mejor año de partida que apenas cambiaría la distribución de emisiones acumuladas.

Emisiones actuales y acumuladas de dióxido de carbono causado por combustibles fósiles

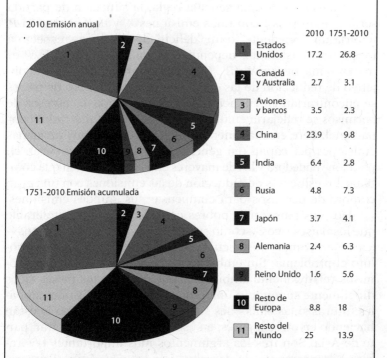

		2010	1751-2010
1	Estados Unidos	17.2	26.8
2	Canadá y Australia	2.7	3.1
3	Aviones y barcos	3.5	2.3
4	China	23.9	9.8
5	India	6.4	2.8
6	Rusia	4.8	7.3
7	Japón	3.7	4.1
8	Alemania	2.4	6.3
9	Reino Unido	1.6	5.6
10	Resto de Europa	8.8	18
11	Resto del Mundo	25	13.9

FUENTE: Adaptado de J. Elbers, "Desconocimiento y negación del cambio climático real", *Temas de análisis*, Centro Ecuatoriano de Derecho Ambiental CEDA, núm. 23 (2012), p. 2.

de este tipo de propuestas. ¿Cuál sería la situación de partida de los diferentes países si se aplicase la propuesta de derechos iguales para todos? Depende obviamente de cuál sea el número total de derechos distribuidos. Si en general se optase por una cantidad X_M de permisos mundiales totales, entonces cada país recibiría una cuota de X_M/P_M donde P_M es la población mundial: esta sería la regla "justa" más sencilla aunque, desde luego, puede argumentarse que las necesidades de emisiones per cápita podrían ser diferentes dependiendo de factores como el clima y podría también argumentarse que ello supone olvidarse —"perdonar la deuda ecológica"— de las muy desiguales emisiones históricas, concentradas en el mundo rico y que son las que generaron el problema.

Si partimos de esta sencilla regla, la situación de partida sería que un país i con unas emisiones X_i y una población P_i tendría un "excedente" o un "déficit" de emisiones respecto a los permisos asignados dependiendo únicamente de si X_i/P_i es menor o mayor que X_M/P_M. Cuanto más ambicioso fuese el objetivo de reducción de las emisiones, mayor número de países se encontrarían en situación de déficit y la mayor escasez de permisos se reflejaría en un mayor precio en el mercado internacional. Pero en cualquier caso los países con muy pequeñas emisiones per cápita (en general los más pobres) estarían en posición vendedora y los de mayores emisiones tendrían que combinar los esfuerzos de reducción de las emisiones con una gran compra de permisos para compensar sus grandes emisiones.

Hoy, los países más pobres consideran que es intolerable que los países ricos —como suelen hacer los Estados Unidos— les exijan compromisos cuando ellos no han creado en absoluto el problema. Sin embargo, es claro que incluso compromisos relativamente ambiciosos por parte de los países ricos difícilmente supondrán una reducción de las emisiones globales futuras si las emisiones siguen aumentando como lo están haciendo en otros lugares, en especial en China y en gran parte de Asia. Son tres los argumentos más importantes favorables a la propuesta de derechos iguales per cápita. Primero, existiría una limitación global de las emisiones que podría ser bastante efectiva siempre que existiesen fuertes sanciones para los incumplidores. Segundo, existiría un incentivo permanen-

te para que todos los países se preocupasen por políticas re-
ductoras de las emisiones de carbono, incluyendo los países
pobres. Tercero, la solución puede considerarse bastante equitativa porque da derechos iguales a todos de utilizar un bien
global común.

Las propuestas de Agarwal y Narain no han tenido de momento viabilidad política, aunque han sido citadas muchas veces, por ejemplo en un artículo colectivo publicado en el 2000
en la revista *Science:*[19] la repartición igualitaria de permisos de
emisión en función del peso demográfico (en algún año de referencia, quizás actualizable aunque no sería bueno "premiar"
el crecimiento de la población) posibilitando después la negociación con estos permisos. Una propuesta más modesta sería
avanzar progresivamente hacia dicha distribución per cápita
igualitaria ("contracción y convergencia") admitiendo transitoriamente desiguales cuotas per cápita pero que desde el
principio fuesen lo suficientemente próximas para crear excedentes para los países pobres y déficits para los ricos. La propuesta no sería fácil de implantar y gestionar pero el principal
obstáculo para la propuesta es distributivo: los ricos no están
dispuestos a pagar por lo que hoy utilizan gratis. Quieren continuar con el disfrute de "derechos de propiedad" de facto.

*El debate internacional sobre el impuesto
sobre el carbono*

Como ya hemos visto, otro instrumento económico muy potente —y con diversas ventajas— para actuar frente a la contaminación es el impuesto sobre las emisiones. La teoría económica argumenta que debe existir una coherencia entre el
ámbito de un problema y el ámbito de aplicación de los instrumentos de política. El cambio climático es un problema global
y, por tanto, idealmente se podría combatir con un impuesto
mundial sea sobre las emisiones o —más fácil de gestionar—
sobre el uso de productos muy relacionados con las emisiones

[19] P. Baer *et al.*, "Equity and Greenhouse Gas Responsibility", *Science*, vol.
289 (septiembre de 2000).

como los combustibles fósiles que generan emisiones de CO_2. Como el instrumento de los permisos de emisión a nivel mundial, este instrumento presentaría dificultades prácticas y plantea cuestiones distributivas importantes: ¿lo recaudarían los países individualmente de forma obligatoria y se quedarían los recursos en cada país?, ¿cómo se controlaría en dicho caso el cumplimiento efectivo?... o, de tratarse de un auténtico impuesto internacional: ¿cómo se repartirían los fondos obtenidos?, ¿en función de la población con lo que los efectos distributivos serían "progresivos", similares a los del mercado de permisos "igualitario"? ¿o se distribuirían en parte para gastos de adaptación al cambio climático para los países previsiblemente más afectados?

No hay perspectivas reales de implantación de un impuesto mundial.[20] Sin embargo, en los últimos años, incluso en el seno de la OPEP (organización tradicionalmente enfrentada por razones obvias a cualquier impuesto ecológico sobre las emisiones de CO_2), se han oído voces a favor de la fiscalidad ecológica. El economista ecológico Herman Daly, discutió por primera vez las oportunidades de la OPEP en el Desarrollo Sostenible en Viena el 29 de septiembre de 2001. En su discurso a la OPEP, Daly resumió las justificaciones éticas y económicas para que actúe como fiduciaria y administradora global de la escasez de los sumideros de carbono, —la atmósfera y los océanos—; aprovechando su posición oligopólica para establecer un ecoimpuesto destinado a la mitigación del cambio climático y a lograr un desarrollo más sustentable. Esta propuesta pasó casi desapercibida en círculos de gobierno hasta que el presidente Rafael Correa la retomó y la difundió mundialmente en la Tercera Cumbre de la OPEP en Riad del 18 de noviembre de 2007. Allí propuso un impuesto de 3% sobre los precios de exportación de la producción de la OPEP para utilizarse en la lucha contra el cambio climático y para compensar los crecientes costos de energía de los países en desarrollo. Sin embargo, incluso si se adoptase el impuesto Daly-Correa por parte

[20] Sí han existido propuestas que tuvieron más posibilidades a nivel de la Unión Europea y también hay algunas experiencias prácticas en algún país individual. Véase el apartado sobre los impuestos sobre el CO_2 y la energía en la Unión Europea del capítulo III.

de la OPEP, cabría considerar también la dificultad de extenderlo al carbón, una fuente aún más problemática desde el punto de vista del cambio climático.

De la convención de Río al protocolo de Kioto

La convención sobre el cambio climático fue firmada en 1992 en el marco de la Cumbre de la Tierra de Río de Janeiro señalando la importancia del problema del cambio climático y estableciendo el principio de las "responsabilidades comunes pero diferenciadas". Aún más concretamente se elaboró una lista de países —conocidos como los del Anexo I— que se consideraban que habían de ser los primeros en actuar decididamente dada su principal responsabilidad en el problema: la inmensa mayoría de los países de la OCDE y del antiguo bloque de la Unión Soviética y Europa Oriental. Casi todos los países del mundo forman parte de esta convención que periódicamente se reúne en las llamadas "conferencias de las partes" (COPS). Aunque lo firmado en Río fue importante no se concretó en compromisos cuantitativos de tipo obligatorio de reducción de emisiones. Es cierto que las emisiones globales del conjunto de países del llamado Anexo I disminuyeron, pero ello fue debido no a la política ambiental sino al hundimiento económico de la URSS y Europa Oriental.

El siguiente momento más importante de la política internacional sobre el cambio climático fue la firma del protocolo de Kioto a finales de 1997 que, por primera vez, estableció compromisos cuantitativos considerados obligatorios para los países que aparecen en el Anexo B del protocolo.[21] En concreto, estos países deberían en conjunto reducir el promedio de emisiones de gases de efecto invernadero del 2008-2012 en algo más de 5% respecto a sus niveles de 1990 con compromisos que oscilan entre la reducción de 8% de la Unión Europea y la estabilización (como en el caso destacable de Rusia) o in-

[21] Los países del Anexo B de Kioto son prácticamente los mismos que los del Anexo I de la convención de cambio climático: los únicos del Anexo I que no pertenecen al Anexo B son Turquía y Bielorusia. Es por ello que frecuentemente se confunden.

cluso se permite un cierto aumento en algunos de estos países. El compromiso no se refiere sólo al CO_2 sino a un conjunto de seis gases cuyas emisiones son agregadas en toneladas de CO_2 equivalente teniendo en cuenta su potencial contribución al efecto invernadero; además, se consideran no las emisiones brutas sino las "emisiones netas", es decir, se permite por ejemplo que, cuando aumenta la superficie forestal, cierta cantidad de carbono absorbida en su papel de sumidero sea descontada de las emisiones brutas (a pesar de que el balance de carbono de las superficies forestales en crecimiento y de los cambios en los usos del suelo es un tema de debate científico). Los gases considerados son dióxido de carbono (CO_2), metano (CH_4), óxido nitroso (N_2O), hidrofluorocarbonos (HFC), perfluorocarbonos (PFC) y hexafluoruro de azufre (SF_6). Para los tres últimos gases se permite considerar 1995 como año base. En cambio, no se incluyen los CFC por estar ya regulados por otro acuerdo internacional (el Protocolo de Montreal de 1987 sobre gases que afectan a la capa de ozono, un protocolo que tuvo mucho más éxito, lo que es fácil de entender: no es lo mismo dejar de utilizar algunas sustancias químicas muy particulares que cambiar el modelo energético y hacer frente a problemas como la deforestación).

La importancia del protocolo de Kioto es que se trata del primer acuerdo que incluye un compromiso cuantitativo. Pero tan destacable como este compromiso son sus limitaciones. Primero, el compromiso para los países ricos fue extremadamente tímido en relación con la drástica disminución de emisiones que recomiendan la inmensa mayoría de expertos del tema. Segundo, como ya hemos visto, los conflictos distributivos impidieron lograr acuerdos equitativos auténticamente globales.

En cualquier caso, que a partir de 1997 los países con mayores emisiones per cápita hubiesen empezado a reducir sus emisiones incluso si fuese tímidamente hubiese sido un buen precedente para ir a posteriores objetivos más ambiciosos. Pero después de la firma del protocolo de Kioto, el país que tenía mayores emisiones globales —los Estados Unidos— no lo ratificó desvinculándose del acuerdo, lo que incluso puso en peligro la entrada en vigor del protocolo ya que para ello se requería una ratificación por parte de un número suficiente de países que, como una de las condiciones, representasen como mínimo 55% de las emisiones de los países del Anexo I, cosa que no se produjo hasta la ratificación de Rusia. Finalmente el protocolo entró en vigor el 16 de febrero de 2005.

En el protocolo de Kioto se plantearon diversos "mecanismos de flexibilización".[22] El primero, a veces no incluido en este concepto, es la posibilidad de que diversos países cumplan su compromiso de forma colectiva (como una "burbuja" en la jerga de las negociaciones). La Unión Europea se acogió a esta posibilidad de forma que su compromiso global de disminución en 8% se concretó en diferentes obligaciones para cada país. Así, a España, con unas emisiones per cápita inferiores a la media de la Unión Europea, se le permite aumentarlas en 15% mientras que otros países tienen compromisos de reducción muy superiores a 8%, como son los casos de Alemania y Dinamarca que tendrían que reducir en 21% las emisiones.

Otros dos mecanismos de flexibilización también implican únicamente a los países del Anexo B. Se trata de la compraventa de "derechos de emisión" y de la financiación de proyectos (*joint implementation*, aplicación o ejecución conjunta), instrumentos mediante los cuales un país puede aumentar sus derechos —mientras otro los disminuye— mediante la compra directa de derechos o mediante la financiación de un proyecto que suponga reducción de emisiones en otro país. Estos dos mecanismos no afectan en principio a la cantidad total de emisiones sino únicamente a su distribución con la filosofía general de que permiten que las reducciones se concentren en el lugar en que sea menos costoso. Un argumento fundamentado aunque, desde el punto de vista dinámico, puede argumentarse también que si los países más ricos pueden reducir sus esfuerzos con compras de derechos o inversiones en el exterior, entonces el desarrollo de nuevas tecnologías —y de diferentes estilos de vida— puede retrasarse. Además, en el caso concreto del protocolo de Kioto se da la circunstancia de que algunos países —en especial Rusia— tienen un compromiso

[22] A. Michaelowa, "The Kioto Protocol and its mechanisms", en E. Neumayer (ed), *International Society for Ecological Economics Internet Encyclopaedia of Ecological Economics*, 2003. http://www.ecoeco.org/publica/encyc. htm

—estabilizar sus emisiones respecto a las de 1990— que, dada la gran reducción de las emisiones que siguió al hundimiento de su sistema económico, significa que tienen derechos excedentes sin haber realizado ningún esfuerzo específico: pueden así vender "humo" de forma que en la práctica el uso de estos mecanismos podría afectar a las emisiones totales y no sólo a su distribución. ¡Que las "economías en transición" asumiesen en 1997, cuando sus emisiones eran casi 40% inferiores a las de 1990, compromisos de estabilización o ligera reducción respecto a los de 1990 no fue una decisión inocente!

El último de los mecanismos, llamado de "desarrollo limpio" *(clean development mechanism)*, es aún mucho más problemático y objetable. Se trata de que países del Anexo B puedan obtener créditos de emisiones —es decir, puedan exceder sus derechos de emisión— mediante la inversión, pública o privada, en un país de fuera del Anexo B —es decir, en un país sin compromisos de emisiones máximas— siempre que se trate de una inversión en un proyecto que conlleve menos emisiones o absorción de carbono. Los certificados de reducción de emisiones que dan derecho a estos créditos se convierten en una mercancía que puede ser intercambiada y, por tanto, es indiferente en realidad quien lleva a cabo la inversión: lo importante es que un organismo de las Naciones Unidas certifique que una determinada actuación se puede acoger a los requisitos del mecanismo de desarrollo limpio. Aquí no se trata ni siquiera en teoría de una simple redistribución de un máximo conjunto de emisiones sino de que los países del Anexo B puedan relajar sus compromisos a cambio de inversiones que se supone que no se hubiesen realizado en ausencia del mecanismo. La cuestión es que el escenario base de referencia es necesariamente hipotético. Para que el proyecto sea "adicional" debería demostrarse que no se hubiese llevado a cabo, lo que en principio debería suponer que, en ausencia del Protocolo de Kioto, no sería suficientemente atractivo desde un punto de vista puramente económico. Por mucho que intervenga un organismo que evalúe la idoneidad o no de los proyectos, existe un problema de "información asimétrica" ya que los que mejor conocen el proyecto tienen interés en presentarlo como un proyecto que nunca se hubiese dado de no ser por la existencia del mecanismo de desarrollo limpio. El problema básico del mecanismo tiene que ver, pues, con asegurar la "calidad" de los proyectos. Otro aspecto, también de "calidad", tiene que ver con posibles efectos ambientales y sociales de los proyectos.[23] Por ejemplo, un proyecto de reforestación con especies de rápido crecimiento podría aumentar la absorción de CO_2 pero tener efectos ambientales negativos desde otros puntos de vista. Además, puede cuestionarse el hecho de que los países y empresas que invierten en países pobres no sean juzgados por el conjunto de sus proyectos, ni sean penalizados por los proyectos "sucios" y, en cambio, se puedan beneficiar de sus proyectos más "limpios".

¿Quién puede adquirir créditos de carbono a través del mecanismo de desarrollo limpio? En principio cualquier entidad pública o privada de cualquier país. Pero ¿quién tendrá interés en adquirirlos? Aparentemente sólo serían los gobiernos de los países del Anexo B con dificultades para lograr sus compromisos ya que son ellos los que los han asumido. También podrían ser entidades privadas por motivos de altruismo o de imagen pública... pero esto es, desde luego, muy limitado. Más importante es que, como apuntamos en el capítulo III, el mercado de permisos de emisión de CO_2 de la Unión Europea que está en funcionamiento permite cumplir con las obligaciones no sólo utilizando permisos propios o adquiridos en el mercado sino a través de adquirir "créditos" a través de inversiones acogidas a los mecanismos de Kioto: "aplicación conjunta" y sobre todo "mecanismo de desarrollo limpio" (en lugares como China, la India, África o América Latina). Esto explica que las empresas europeas hayan sido demandantes de dichos créditos.

En conjunto, el "mecanismo de desarrollo limpio" se puede considerar el principal "agujero" a través del cual los países ricos pueden legalmente escapar de sus compromisos vinculantes. Pero la cuestión es incluso peor ya que en algunos casos se pueden crear "incentivos perversos" en países de fue-

---

[23] A. Villacencio, "Mitos y Realidad del Mecanismo de Desarrollo Limpio", *Revista Iberoamericana de Economía Ecológica* (REVIBEC), vol. 1 (2004), pp. 56-65. http://www.redibec.org/ccount/click.php?id=6

ra del Anexo B. Esto tiene un doble aspecto. El primero es que las administraciones públicas de dichos países podrían renunciar a deseables políticas de reducción de emisiones (pensemos, por ejemplo, normativas para reducir las fugas de gases contaminantes de los vertederos controlados) puesto que una vez establecidas ya no podría lógicamente argumentarse que las inversiones requeridas serían susceptibles de atraer fondos externos según el mecanismo: ya no podrían considerarse adicionales. El segundo aspecto es que actividades ambientalmente problemáticas podrían en algunos casos promoverse con la única intención de vender créditos de emisiones. (Véase recuadro IX.2.)

Las negativas perspectivas pos-Kioto

Cuando se aproximaba el final del periodo regulado por el Protocolo de Kioto (fin del 2012), todas las miradas estaban puestas en las Conferencias de las Partes de donde se suponía que saldría un sucesor más ambicioso del citado protocolo. Pero las reuniones de Copenhague (2009), Cancún (2010) y Durban (2011) fueron un fracaso estrepitoso. La última de ellas concluyó con una breve declaración —que se conoce como la "hoja de ruta"—[24] en donde se alertaba de la urgencia de la acción para concluir que ¡se aplazaba cualquier acuerdo vinculante esperando que un futuro grupo de trabajo pudiese llegar a concretarlo para ser implementado a partir del año 2020!

Entre los países del Anexo B que ratificaron el protocolo de Kioto, uno de ellos —Canadá— anunció en Durban su desvinculación del protocolo para no asumir los costes que en inversión en mecanismos de flexibilización le implicaba su cumplimiento. Otros importantes emisores —Rusia y Japón— anunciaron también que en ausencia de un acuerdo global no se sumarían a una posible renovación del protocolo de Kioto. Es probable, como pretende la Unión Europea, que formalmente el vacío de ausencia de acuerdo internacional entre 2012 y 2020 se cubra con una renovación, ampliando el periodo y fi-

---

[24] http://unfccc.int/files/meetings/durban_nov_2011/decisions/application/pdf/cop17_durbanplatform.pdf

jando nuevos compromisos del protocolo de Kioto pero en cualquier caso será un acuerdo que afectará sólo a una pequeña —y decreciente— proporción de las emisiones mundiales. La situación actual es peor que la posterior al protocolo de Kioto.

Un elemento de fondo de todos estos fracasos que no se puede olvidar es que en los 20 años que han pasado desde la convención del 1992 ha cambiado algo muy importante. Los países ricos siguen siendo con diferencia los principales emisores de gases invernadero en términos per cápita y, por tanto, los que deberían actuar sin excusas. Sin embargo, la proporción que representan las emisiones de fuera del Anexo B ha crecido en conjunto espectacularmente (véase el recuadro IX.1 y la gráfica IX.1) y ya superan a las de los países del Anexo B; los Estados Unidos han dejado ya de ser el país con mayores emisiones para ceder este puesto a China,[25] con emisiones per cápita que son menos de una tercera parte pero con un peso demográfico mucho mayor (véase gráfica IX.1).

En las reuniones internacionales, y a pesar de las malas perspectivas sobre un acuerdo global se sigue debatiendo sobre mecanismos de flexibilización y en especial sobre el cuestionado mecanismo de desarrollo limpio planteando no sólo su mantenimiento sino su extensión a inversiones que hoy no pueden acogerse a este mecanismo como las que suponen no ya una absorción de carbono por aumento de la superficie forestal sino *evitar* previstos aumentos de emisiones gracias a la reducción de deforestación y degradación forestal (REDD+) o como las polémicas inversiones en captación y captura de CO_2.

Nefastos proyectos de reforestación: el proyecto FACE en Ecuador

Ya desde antes del protocolo de Kioto se llevaron a cabo iniciativas que tenían como ideología justificar elevadas emisio-

---

[25] No hay que olvidar, sin embargo, que, como ya hemos visto, una parte significativa de las emisiones de China y de otros países relativamente pobres son para abastecer la demanda de los países más ricos. La diferencia entre la responsabilidad desde el punto de vista del consumidor y del productor pone eso en evidencia como vimos en el capítulo I.

IX.2. *El mecanismo de desarrollo limpio:*
un caso de efectos ambientales perversos[a]

El HCFC-22 es un gas industrial de los que ha sustituido para diferentes usos a los CFC prohibidos por el protocolo de Montreal de 1987 por su efecto reductor de la capa de ozono. Se trata de un gas que también perjudica a la capa de ozono (aunque mucho menos que los CFC que sustituye) y que también contribuye al cambio climático. Los procesos de producción de dicho gas generan fugas de emisiones de otro gas HFC-23 que está regulado por el protocolo de Kioto y que tiene un formidable efecto invernadero: cada tonelada tiene 11 700 veces más efecto invernadero que el CO_2.

Con inversiones relativamente muy pequeñas se pueden evitar las fugas de HFC-23. Estas inversiones (sobre todo en China y la India pero también en otros países como en Argentina) han sido las que más créditos a nivel mundial han generado mediante el mecanismo de desarrollo limpio. Las empresas llevan a cabo las inversiones, las presentan bajo el MDL alegando que evitar emisiones y una vez aprobadas comercializan en el mercado los créditos que comprarán los países para cumplir con el protocolo de Kioto o las empresas para cumplir sus obligaciones en el sistema europeo de comercio de emisiones. Lo peculiar del asunto es que el dinero que una fábrica puede ganar vendiendo estos créditos es muchísimo mayor que los de comercializar el gas HCFC-22 producido de forma que resulta rentable producirlo aunque su valor comercial sea bajo o incluso nulo; según la Comisión: "ingresos de la venta de créditos de HFC-23 a los participantes en el mercado pueden representar hasta 78 veces la inversión inicial de capital y los costes operacionales del proyecto" (!!!).[b]

Las fábricas de HCFC-22 salen ganando, los gobiernos de países como China que cobran impuestos por estas transacciones también, los compradores de créditos también porque reducen los costes de cumplir con sus obligaciones... ¡y aumenta la producción de gases que no sólo contribuyen al cambio climático sino que también perjudican a la capa de ozono!

Ante la alarma causada por este caso específico (que aún es aceptado según las reglas del MDL), la Unión Europea ha decidido

---

[a] http://europa.eu/rapid/pressReleasesAction.do?reference=IP/11/56. Véase también *El País*, 23 de mayo de 2011.

[b] http://europa.eu/rapid/pressReleasesAction.do?reference=IP/11/56

recientemente prohibir a partir del 30 de abril del 2013 utilizar los créditos que genera dentro del sistema de comercio de emisiones de la Unión Europea.

Se trata de un caso particularmente claro de efecto perverso de la aplicación del MDL pero es la punta del iceberg de una problemática más amplia.

nes en los países del Norte con inversiones en el Sur que se suponía eran buenas contra el cambio climático. Una de sus formas consiste en subvencionar desde el Norte la reforestación en el Sur para absorber una pequeña parte del CO_2 emitido desde el primero. La idea plantea indirectamente la cuestión de los "derechos de propiedad" sobre la capacidad de absorción de CO_2 por la nueva vegetación o por los océanos. Pues si hay inversiones de este tipo, ¿cómo no reconocer entonces los "derechos de propiedad" sobre la absorción de CO_2 hasta ahora realizada?

En este contexto se han llevado a cabo proyectos en los trópicos como, por ejemplo, el que ya a principios de la década de 1990 se dio entre FACE (que significa absorción forestal de emisiones de dióxido de carbono, una fundación holandesa formada por empresas de electricidad) e INEFAN, la agencia para los parques nacionales y los bosques en Ecuador. Aquí tenemos el típico caso de la compra de un sumidero barato de CO_2 bajo la expectativa de que esto sea acreditado a la cuenta de emisiones de CO_2 holandesa. El proyecto consistía en reforestar 75 000 ha con eucaliptos y pinos en los Andes. Un informe FACE[26] establece que en los Andes, en el Ecuador, a una altitud entre 2 400 y 3 500 metros "la agricultura deja de ser posible y la crianza de ganado es menos rentable"; afirmación sorprendente, sin duda. Se ha sabido desde 1999 que al plantar pinos en los páramos, cuyos suelos tienen mucha materia orgánica, se desprende más carbono que el que ellos absorberán: una solución *lose-lose*.

La "implementación conjunta" o "mecanismos de desarrollo limpio" (MDL) son recomendados generalmente por su "cos-

[26] FACE, *Reporte anual*, Arnhem, 1995, p. 18.

GRÁFICA IX.1. *Emisiones CO₂ por persona
y población, 2008*

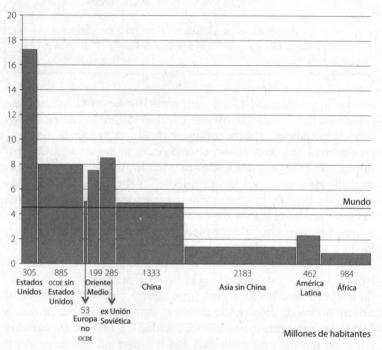

NOTA: sólo incluye emisiones derivadas de la quema de combustibles fósiles.
FUENTE: IEA (2008).

to-eficiencia". En este caso se supone que es más barato depositar dióxido de carbono en los países tropicales que reducir las emisiones de dióxido de carbono en los países ricos. De hecho, si no fuera por la absorción de dióxido de carbono (producido por el hombre) en depósitos "naturales" —principalmente nueva vegetación y océanos—, el efecto invernadero sería mucho mayor de lo que es. En efecto, aproximadamente la mitad de dióxido de carbono producido por los humanos al quemar las fuentes fósiles de energía no se acumula en la atmósfera sino que se deposita en los sumideros "naturales". Los ricos actúan, por lo tanto, como si fueran los dueños de una parte desproporcionada de la capacidad de absorción del dióxido de carbono en la nueva vegetación y los océanos. El dióxido de carbono restante lo tiran a la atmósfera como si también fueran sus dueños. En este sentido, la exportación de dióxido de carbono a depósitos exteriores, más allá del propio espacio ambiental ha venido ocurriendo por muchas décadas. Lo que ahora se propone es que, en casos específicos, una pequeña cantidad de las emisiones excesivas de dióxido de carbono se deposite o se conserve pagando en uno de los sumideros "naturales": la vegetación. De ahí que las propuestas explícitas de reforestación —o de pagos para evitar la deforestación— pongan en la mesa de negociaciones el tema de los derechos de propiedad sobre la capacidad de absorción del dióxido de carbono. También se pone a discusión el tema de la "deuda ecológica" del Norte con el Sur debido a los servicios ambientales de absorción del dióxido de carbono ofrecidos gratis hasta ahora.

La conservación de la biodiversidad "silvestre" y agrícola

Con el término "biodiversidad" se designa un triple objeto: la variedad de ecosistemas o hábitat, la variedad de especies y la riqueza genética de las mismas. Estamos aún muy distantes de inventariar las especies del planeta, que son tal vez 10 o 15 millones: la investigación de la composición genética apenas se inicia. Parece que, debido a la desaparición de las condiciones de diversos hábitat, el planeta está padeciendo un proceso de rapidísima extinción de especies, similar a otros episodios anteriores a la aparición y evolución de la especie humana, cuyas causas fueron naturales. Lo que caracteriza a la actual extinción masiva de especies es que su causa es la presión humana manifestada en el aumento de la HANPP (AHPPN).

Las advertencias de los biólogos poco a poco han calado en la conciencia social y política; de ahí que en la Conferencia de Río de Janeiro de junio de 1992 se firmara una Convención sobre Biodiversidad, cuyo camino hacia su vigencia general está siendo bastante difícil. Esta convención insiste mucho en el acceso mercantil a los recursos genéticos, como si regular el acceso fuera el camino mejor para la conservación.

La biodiversidad es un recurso muy valioso para la humanidad; basta pensar en los recursos genéticos agrícolas (las miles de variedades de plantas cultivadas, seleccionadas desde los diversos neolíticos), también en los recursos genéticos pecuarios, forestales y, más recientemente, piscícolas. Recordemos también las muchas plantas medicinales, usadas en la medicina tradicional o que han servido como base de productos comerciales. Las comunidades indígenas han tenido un papel muy relevante en la conservación y coevolución de tales recursos. Pero la mayor parte de la biodiversidad no tiene un valor utilitario actual, es de hecho desconocida. Su mayor valor es un valor de opción, de cara al uso futuro, y tal vez sobre todo un "valor de existencia", que nace de la falta de derecho de la humanidad a destruir esa biodiversidad. El valor de existencia surge de una disposición moral o ética humana, lejos de la valoración utilitaria. Este aspecto fue poco destacado en la Convención sobre Biodiversidad.

La Convención sobre Biodiversidad abolió la idea de que los recursos genéticos eran "patrimonio de la humanidad". Reconoce el derecho soberano de los Estados sobre los recursos en sus propios territorios, menciona favorablemente el papel de los pueblos indígenas en la conservación de la biodiversidad agrícola y silvestre, pero no les reconoce derechos de propiedad colectivos sobre "su" biodiversidad. La cuestión de la propiedad sobre tales recursos queda abierta, pero se recomienda que los Estados la regulen prontamente, ya que la Convención sobre la Biodiversidad quiere asegurar un acceso regulado a tales recursos. En eso se unen los intereses de las compañías farmacéuticas y de semillas (a las que se abre la perspectiva de la ingeniería genética de las nuevas biotecnologías, y que quieren, pues, garantizarse el acceso a la biodiversidad) con la irritación muy comprensible de los pueblos cuyos recursos biológicos han sido explotados gratuitamente por investigadores o empresas extranjeras.

En efecto, la biodiversidad ha sido exportada desde el Sur hacia el Norte, sin recibir apenas nada a cambio. Es más, los productos desarrollados a partir de esa biodiversidad han estado protegidos por patentes (si son productos farmacéuticos) o por sistemas *sui generis* (el sistema UPOV, que protege a los que obtienen nuevas variedades comerciales mejoradas, si son plantas cultivadas). La injusticia es obvia.

INBio-Merck

De ahí los muchos elogios hacia los intentos de meter la biodiversidad en el mercado, como en el acuerdo pionero entre INBio de Costa Rica, organización paraestatal, y Merck en 1991. El debate está planteado. Por un lado la decisión de conservación, obteniendo ingresos adicionales si se puede. Por el otro, la vía del acceso comercial a la biodiversidad como instrumento privilegiado para conseguir la conservación. Se plantea la siguiente pregunta: el acceso comercial a los recursos genéticos ¿será remunerado suficientemente como para que la conservación de la biodiversidad pueda competir con otros usos de la tierra? Concretamente la remuneración recibida en Costa Rica por el contrato de Merck y otros contratos similares (del orden de unos pocos dólares por hectárea protegida a cambio de permitir el acceso a muestras de material genético inventariado por el INBio), más los ingresos del ecoturismo, ¿realmente permiten competir contra la industria de extracción de madera? Que esos contratos fueron buenos para la "conservación" del INBio, ¿quién lo duda? Además ayudan, como una propina, a la conservación de la biodiversidad una vez tomada la decisión de proteger ciertas áreas y asumir unos costos directos y de oportunidad. Pero eso es muy distinto a sostener que la biodiversidad es un recurso de enorme valor crematístico actual que es fácil de adquirir, procesar y convertir en miles de millones de dólares, y que el acceso y valoración comercial es el mejor camino para conservar la biodiversidad. Eso no es así, seguramente ni siquiera para las variedades agrícolas, más conocidas, de la agroecología tradicional, sometidas a un rápido proceso de "erosión genética". Mucho menos lo es para la biodiversidad "silvestre", apenas conocida.

Veamos pues, con mayor detalle, el acuerdo INBio-Merck, como ejemplo de esa pretendida vía comercial para la conservación de la biodiversidad. El World Resources Institute elogió ese acuerdo "entre una compañía farmacéutica importante y Costa Rica (que) merece ser ampliamente copiado", pero el acuerdo causó inquietud en América Latina, entre otras razones porque Costa Rica comparte recursos genéticos con los países vecinos. El acuerdo implica, por supuesto, que se reconocen los derechos sobre los recursos genéticos ("silvestres", en este caso) que ya no son "patrimonio de la humanidad" sino del Estado costarricense (operando el INBio en un régimen informal similar a una concesión), pero por otro lado, el acuerdo no garantiza que la conservación de la biodiversidad sea capaz de competir contra otros usos de la tierra que den una rentabilidad mayor en el mercado. El acuerdo prevé el pago de un millón de dólares a cambio del acceso a una gran cantidad de muestras de recursos genéticos de una gran área protegida de Costa Rica y, además, que se pague un *royalty* sobre los productos comerciales que Merck eventualmente desarrolle a partir de esos materiales. Es un precio barato. A menos que haya otras costosas medidas de conservación, una reglamentación legal o una vigilancia policial, pagadas por las autoridades de Costa Rica, además del interés que una parte de la población local pueda tener en la conservación, el pequeño incentivo crematístico aportado por Merck sería insuficiente para impedir la deforestación y la erosión genética. Ahora bien, es normal que Costa Rica venda barato. Y Merck no comprará caro porque, mientras la conservación de la biodiversidad es una cuestión para miles y millones de años, Merck tiene un horizonte temporal que, como empresa farmacéutica, no va más allá de 40 o 50 años.

Colocar los recursos naturales en el mercado no ha sido ciertamente una vía para su conservación, sino todo lo contrario. En el caso de la biodiversidad se argumenta con razón que lo que se pone en el mercado no es el recurso en sí sino la información genética. Las plantas o insectos no se exportan, no se trata de un episodio como el de la cascarilla o árbol de la quina, o el guano y la anchoveta o el quebracho, o tantos otros en la historia de América Latina. La pregunta, pues, no es si el mercadeo de la biodiversidad llevará a su destrucción directamente, sino más bien si el incentivo crematístico de ese mercadeo (protegido por nuevos derechos de propiedad intelectual favorables a los países del sur) será suficiente para conservar las grandes áreas que deberían ser protegidas, en la Amazonia por ejemplo. Si la lógica de la conservación es ahora la lógica del mercado, y si resulta que la biodiversidad de momento da poco dinero ¿no llevará esa decepción a una destrucción aún más rápida? Y una pregunta parecida nos podemos hacer respecto a los pagos por los servicios ambientales de los ecosistemas (capítulo III y recuadro IV.5).

Derechos de los agricultores

En cuanto a la biodiversidad agrícola y los llamados "Derechos de los agricultores" reconocidos por la FAO, hay que recordar que los recursos genéticos para la agricultura se han desarrollado en muchos lugares del mundo (sobre todo en los centros originales de diversidad, identificados por Nicolai Vavilov) a lo largo de milenios a través de los métodos tradicionales de selección y mejora de plantas, fuera del mercado. Los derechos de propiedad sobre tales recursos genéticos, y su valoración, se han convertido en temas políticamente muy disputados. Nos preguntamos: ¿hay movimientos ecosociales contra la erosión genética en favor de la biodiversidad agrícola? Aparte del trabajo de los etnobotánicos y de las instituciones agronómicas (estén o no agrupadas en el CGIAR, es decir, el grupo de Institutos de Investigación Agronómica bajo los auspicios del Banco Mundial y la FAO), existe ahora un creciente movimiento agroecológico que incluye organizaciones campesinas en países pobres, y que predica la conservación y la continua coevolución de la biodiversidad agrícola *in situ*. Piden el pago de derechos de los agricultores (que no son patentes ni derechos de propiedad intelectual), como un incentivo y recompensa a la conservación de la biodiversidad agrícola. El pago de derechos de los agricultores compensaría a esos agricultores tradicionales por el sacrificio crematístico que hacen ahora o harán más tarde al negarse a introducir las variedades comerciales y las prácticas agrícolas modernas que frecuentemente son más remuneradoras. Se plantea la cuestión de cuál será el precio de esos derechos de los agricultores y quién percibirá esos ingresos.

La amenaza a la biodiversidad agrícola proviene, sobre

todo, de la extensión del mercado y del hecho de que las decisiones de producción estén cada vez más guiadas por las prioridades indicadas por los precios. Al triunfar la crematística sobre la *oikonomia*, el criterio de decisión es la ganancia en el mercado, y si ésta aumenta al introducir las técnicas modernas de la agricultura y las llamadas variedades de alto rendimiento (que habría que llamar más bien variedades de alta respuesta a *inputs* exteriores), entonces las variedades tradicionalmente mejoradas tendrán sus días contados. Se discute, pues, el valor que la biodiversidad agrícola tiene y tendrá en el futuro (como activos de "capital natural cultivado" que no puede ser sustituido por los productos de la moderna selección de plantas o de la ingeniería genética), si ese valor que el mercado no recoge debería tener una traducción crematística, y quién debería embolsarse esos ingresos monetarios.

Está también la cuestión de la complementariedad entre la biodiversidad agrícola y la biodiversidad silvestre. La vocación principal de organizaciones como el World Wildlife Fund va hacia la biodiversidad silvestre, que también goza de atención preferente, por encima de la biodiversidad agrícola y agroforestal, en las estrategias de conservación de la IUCN. Los recursos genéticos agrícolas son un "capital natural cultivado", y no son sustituibles por el equipo de capital (incluidas las semillas mejoradas) que se usa en la agricultura moderna; a su vez ese "capital natural cultivado" necesita el complemento del capital natural, es decir los "parientes silvestres" en las mismas especies de las plantas cultivadas. Como hemos visto, una cuestión que se planteaba hasta hace poco es si los recursos genéticos en general (los silvestres, los de las variedades tradicionales mejoradas, los de las variedades modernas y los de la ingeniería genética) deben ser comercializados o debían continuar siendo "patrimonio de la humanidad". Los recursos genéticos producidos por la selección y mejora tradicional de plantas y recolectados en los campos no han sido pagados hasta hoy; en cambio las empresas que venden semillas mejoradas modernas insisten en cobrar, y los productos de la ingeniería genética no sólo serán vendidos sino que estarán monopolizados a través de un sistema de patentes. Además, el Convenio sobre Biodiversidad firmado en Río reconoció, por un lado, que son los campesinos e indígenas quienes preservan y usan los recursos genéticos desde tiempo inmemorial, pero dejó fuera (inicialmente) una parte crítica de la biodiversidad del planeta: la depositada en los bancos genéticos nacionales e internacionales. La inclusión de esta parte del germoplasma en el ámbito del tratado sobre biodiversidad forzaría a los países industrializados que lo suscribieron a compartir los beneficios de las semillas desarrolladas a partir del germoplasma recolectado en esos bancos, atentando con ello a los intereses comerciales de las grandes compañías de semillas.

El reconocimiento por la FAO, hace ya 30 años, de los derechos de los agricultores no es equivalente a reconocer derechos de propiedad intelectual. Parecía que los derechos de los agricultores serían más bien como unos honorarios por servicios profesionales. Otra analogía: mientras las patentes o los derechos de autor, las marcas comerciales o, en general, los derechos de propiedad intelectual son monopolio de los inventores o creadores, como incentivo a la creatividad y una recompensa a la inversión de tiempo y dinero, hay otras formas de remunerar las invenciones, como primas, premios y honores. Los derechos de los agricultores pertenecerían, al parecer, a esas categorías. Desde el punto de vista de la economía, la cuestión es dar el incentivo necesario para asegurar la conservación y el desarrollo de la biodiversidad agrícola.

Un cambio masivo en las preferencias de los consumidores podría compensar la ventaja económica que ahora favorece la adopción de modernas tecnologías que causan "erosión genética". Esto puede darse lentamente a través de la conciencia ecológica y de la educación de los consumidores. De todos modos, como muchos de los daños causados por la moderna agricultura, sólo se notarán a largo plazo. Mucho depende del peso que la generación actual dé a las necesidades inciertas de las generaciones futuras. Así es como el conflicto entre la economía y la ecología se nos presenta, y se nos presentará mucho tiempo; por tanto, la cuestión de los derechos de los agricultores como pago por unos recursos ambientales específicos también estará en la agenda política durante mucho tiempo. En cualquier caso, ¿quién sería el receptor de los derechos de los agricultores?, ¿las organizaciones de agricultores?, ¿los

IX.3. *Biopiratería: "los sapos se llevaron a las ranas"*

Se ha patentado en los Estados Unidos un nuevo principio activo llamado Epibatidina. Se trata de un coctel químico secretado por la piel de una rana llamada *Epipedobates tricolor*, que habita en los bosques tropicales desde el sur occidente y las estribaciones occidentales de los Andes ecuatorianos hasta el norte de Perú.

Fue el científico del National Institute of Diabetes and Digestive and Kidney Diseases, John Daly, quien identificó la estructura química de la rana gracias a la información sobre los efectos fisiológicos de las secreciones de la misma. Para aislar el principio activo se obtuvo ilegalmente una muestra de 750 ranas. No existe evidencia de que el INEFAN (Instituto Ecuatoriano Nacional de Áreas Protegidas y Vida Silvestre) haya otorgado una licencia de manejo para que esta rana fuera explotada con fines comerciales; requisito que debió haberse cumplido al constar esta especie dentro de los apéndices de la Convención sobre el Comercio Internacional de Especies Amenazadas de Fauna y Flora Silvestre (CITES), de la cual el Ecuador es parte desde 1975.

Además el INEFAN, desde 1996, prohibió el uso de esta especie como fuente de recursos genéticos (lo cual incluye actividades de bioprospección), actividad que los Laboratorios Abbott del norte de Chicago han realizado sobre esta especie. El producto que se obtuvo es conocido como: ABT-594 (derivado de la epibatidine), analgésico 200 veces más poderoso que la morfina.

Las patentes, como sabemos, dan a su titular el uso monopólico de la misma. Por esta razón exigimos la revocatoria de la patente otorgada al principio activo que se extrajo de las ranas ecuatorianas *Epipedobates tricolor*, por ser un nuevo acto de biopiratería y una agresión contra la soberanía de nuestro país y su diversidad biológica; y que los Laboratorios Abbott reconozcan y compartan de manera justa y equitativa los beneficios derivados de este conocimiento y de la eventual comercialización de los productos farmacéuticos sintetizados a partir de la epibatidina, a tenor de lo estipulado en el Convenio sobre Diversidad Biológica, del cual el Ecuador es parte contratante desde 1993, y de la Decisión 391 de la JUNAC que está en vigencia desde 1996.

¿Estamos protegidos?

El interés de los países tecnológicamente dominantes ha propiciado un monopolio sobre el creciente intercambio comercial de recursos de la biodiversidad, a la vez que un intenso cabildeo para la valoración de bienes intangibles mediante sistemas de propiedad intelectual de carácter multilateral que tienden a robustecer los monopolios en esta materia, así como a asegurar que la mayoría de los recursos de la biodiversidad del sur fluya "libremente" hacia el norte.

Sin embargo, nosotros tenemos mecanismos jurídicos que protegen nuestra biodiversidad. La actual Constitución declara como interés público la conservación de la biodiversidad y del patrimonio genético del país; este nuevo acto de biopiratería constituye un robo de nuestra invalorable riqueza biológica.

De igual manera la Decisión Andina 391 sobre Acceso a Recursos Genéticos entre sus objetivos establece reconocer el aporte de las comunidades indígenas afroamericanas o locales sobre la biodiversidad y la participación justa y equitativa de los beneficios derivados del acceso al recurso genético.

De igual manera reconoce la soberanía de los países miembros sobre sus recursos genéticos y sus productos derivados (en este caso el producto derivado del principio activo epibatidina es ABT-594), así como las condiciones de acceso a los recursos genéticos, que en este caso han sido violadas. Dichos recursos son inalienables, imprescriptibles e inembargables. Otro de los aciertos de este marco jurídico es el de reconocer la facultad de decisión de las comunidades indígenas afroamericanas y locales sobre los conocimientos, innovaciones y prácticas tradicionales asociadas a los recursos genéticos y a sus productos derivados.

De igual forma el Convenio de Diversidad Biológica, entre sus logros más importantes, reconoce la soberanía de los países signatarios sobre sus recursos genéticos. El artículo (8j) establece la obligación de los países de respetar, mantener y preservar los conocimientos, las innovaciones y las prácticas de las comunidades indígenas y locales que entrañen estilos tradicionales de vida. Asimismo, el Convenio reconoce que las patentes y otros derechos de propiedad intelectual pueden influir en la aplicación de este convenio (y desde luego así sucede); por lo tanto, establece que de conformidad con la legislación nacional y el derecho internacional, los países deben *velar porque estos derechos apoyen y no se opongan* a los objetivos de este convenio.

Al respecto cabe recordar que el gobierno estadunidense no es parte signataria del Convenio de Biodiversidad, por lo tanto no está sujeto a las regulaciones sobre acceso a recursos genéticos, pues estos marcos, como hemos visto, reconocen la soberanía de los países sobre sus recursos genéticos; requisitos que perjudicaría la agresiva carrera norteamericana por la apropiación de los recursos genéticos del sur.

FUENTE: *Acción Ecológica*, de Ecuador. Alerta Verde, 58, 1998.

agricultores individualmente?, ¿los gobiernos? La discusión más actual sobre la implementación de los derechos de los agricultores no implica que se vaya a crear un gran fondo de ayuda a la agricultura tradicional en todo el mundo. Al contrario, parece que la discusión (aplicando equivocadamente la teoría financiera del portafolio óptimo de activos) va encaminada a crear una especie de museos *in situ* de agricultura tradicional en algunas pequeñas áreas seleccionadas del mundo.

Actualidad del "crimen" de biopiratería

Biopiratería es una palabra introducida por Pat Mooney en 1993 y divulgada por Vandana Shiva y otros autores. Ha sido un tema importante en la discusión en América Latina sobre la deuda ecológica desde hace 20 años. La palabra se refiere a la apropiación de conocimiento indígena o campesino sobre plantas medicinales o semillas agrícolas u otras útiles propiedades de la naturaleza, sin ningún pago ni tampoco reconocimiento alguno.

Una noticia[27] de Brasil de julio de 2012 indica que el gobierno se atreve tímidamente a multar a empresas transnacionales por esta práctica que tiene siglos de existencia. Una multa de 44 millones de dólares por biopiratería fue impuesta a 35 empresas por no compartir los beneficios de la exploración de

[27] R. de Oliveira Andrade, "Brasil multa 35 empresas en US$44 millones por biopiratería", *Science and Development Network* (SciDev.Net), 20/07/2012.

la biodiversidad del país. Casi todas estas empresas son multinacionales de la industria farmacéutica y cosmética. La denuncia proviene del Departamento de Patrimonio Genético del Ministerio del Medio Ambiente y la multa la impone el Instituto Brasileño de Medio Ambiente y Recursos Naturales Renovables (IBAMA) por incumplimiento de la ley brasileña sobre biodiversidad que estipula que la división de los beneficios de la exploración de la biodiversidad incluye los siguientes pagos: repartición de los beneficios, pago de regalías, transferencia de tecnología y capacitación a personas de las regiones desde las cuales se extrajeron recursos.

La operación para controlar las instituciones que están evadiendo la distribución de beneficios se inició en 2010 y diversos investigadores y universidades han sido notificados y multados desde entonces, pero ésta es la primera vez que IBAMA multa a tantas empresas a la vez. IBAMA asegura que de ninguna manera quiere impedir que las empresas de bioprospección trabajen en Brasil. Por eso, las empresas tienen la opción de deducir hasta 90% del valor de la multa si acuerdan regular de mejor manera sus políticas de distribución de beneficios. Además, IBAMA no garantiza que las poblaciones indígenas (de donde procede el conocimiento) se beneficien de esas multas.

Natalia Milanezi, funcionaria del IBAMA y responsable de la operación, señaló que las empresas que no cumplen con la ley están practicando la biopiratería, añadiendo que "desafortunadamente la biopiratería todavía no es un crimen, a pesar de varios proyectos de ley en el Congreso tratando de hacer de esta práctica una transgresión ambiental".

Entretanto, en Perú se estipula en teoría que cualquier persona, institución, empresa o país que quiera acceder a un recurso genético o conocimiento tradicional de pueblos indígenas debe pedir autorización y también considerar una compensación justa y equitativa de beneficios derivados.[28] Andrés Valladolid, secretario técnico de la Comisión Nacional contra la Biopiratería del INDECOPI, cree que eso ya está asegurado

[28] "INDECOPI dice que combate frontalmente la biopiratería", *La República* (Lima), 8 junio 2012.

desde la Convención de Biodiversidad de Río de Janeiro de 1992. Y se apronta a defender contra la biopiratería cualquier recurso genético y el conocimiento tradicional asociado. Un ejemplo concreto sería la maca *(Lepidium meyenii)*, a la vez el recurso genético y el conocimiento tradicional asociado de saber que incrementa la fertilidad. La idea es proteger ambos si alguien quiere patentarlos sin consentimiento (véase recuadro IX.3).

En conclusión, el debate de la Biopiratería está en América Latina más vivo que nunca.

X. LA ECONOMÍA Y LA ECOLOGÍA: VIEJOS DEBATES Y NUEVAS PERSPECTIVAS

La consolidación de la economía ecológica

En este libro hemos adoptado un enfoque propio de la *economía ecológica*. La economía ecológica no es (afortunadamente) una escuela de pensamiento unitaria sino pluralista: es más un campo de estudio *interdisciplinario* que un conjunto acabado de teorías y propuestas. Pero sí hay ciertas características compartidas por los que hoy se identifican con el término. Un término que de forma imparable ha ganado ascendencia en el debate científico a pesar del rechazo —o más frecuentemente ignorancia— del grueso de la economía académica.

La economía ecológica ve la economía como un subsistema dentro de un sistema global finito. Ve una interrelación fundamental entre el uso de recursos naturales (energía, materiales, agua, espacio) y los impactos ambientales. La economía es un *sistema abierto* a pesar de que la mayor parte de modelos económicos y las magnitudes macroeconómicas que hoy definen la política económica y miden el éxito económico son insensibles a la relación entre economía y naturaleza.

El campo de la economía ecológica se definió de forma tan amplia como la "ciencia y gestión de la sustentabilidad" en el libro aparecido después de la primera conferencia mundial de economía ecológica celebrada en Washington, D. C. en 1990.[1] Sin embargo, los principales ingredientes de la visión ecologista de la economía fueron planteados ya a finales del siglo XIX y principios del XX, mucho antes por tanto de la aparición del término "economía ecológica", aunque académicamente la recepción de dichas ideas se vio muy retra-

---

[1] R. Costanza (ed.), *Ecological Economics. The Science and Management of Sustainability*, Columbia University Press, 1991.

sada por las estrictas fronteras entre las ciencias naturales y sociales. [2]

Como precedentes más recientes, cuatro conocidos economistas, todos nacidos en la primera década del siglo xx, son retrospectivamente vistos como economistas ecológicos: Kenneth Boulding, K. W. Kapp, S. von Ciriacy-Wantrup y Nicholas Georgescu-Roegen.[3] También el ecólogo H. T. Odum estudió el uso de la energía por parte de la economía y algunos de sus antiguos estudiantes estuvieron entre los fundadores de la Sociedad Internacional de Economía Ecológica en 1987. El primer número de la influyente revista académica *Ecological Economics* apareció en 1989. Entre los autores que desde hace muchas décadas contribuyen a este campo de estudio en lengua española destacan José Manuel Naredo[4] y Manfred Max-Neef.

Los conceptos, metodologías y preocupaciones separan de forma *radical* a la economía ecológica de la economía convencional. A pesar de los crecientes debates sobre la problemática ambiental, hoy siguen siendo fundamentalmente válidas las palabras con las que Georgescu-Roegen, en un artículo publicado hacia 1975, se refería a la enseñanza convencional de la economía: "Se le dice al principiante en las sesiones de iniciación que el proceso económico es sólo un movimiento circular que se sustenta por sí mismo y que es autosuficiente entre los sectores de la producción y del consumo. Un carrusel o tiovivo que, como todas las cosas mecánicas, también puede ser visto

[2] J. Martínez Alier y K. Schlüpmann, *La ecología y la economía*, FCE, México, 1991.

[3] Boulding fue el autor del importante artículo de 1966 "The Economics of the Coming Spaceship Earth" (versión en español: *Revista de Economía Crítica*, núm. 14, pp. 327-338). Kapp fue el autor en 1950 de *The Social Costs of Private Enterprise*, ampliado en nueva edición en 1963 con el título *The Social Costs of Business Enterprise* (ed. en español: *Los costes sociales de la empresa privada*, Oikos-Tau, Barcelona), 1966. Otros textos de Kapp y de Ciriacy-Wantrup, pueden encontrarse en F. Aguilera (ed.), *Economía de los recursos naturales: un enfoque institucional*, Fundación Argentaria/Visor, 1996. El libro más celebre de Georgescu-Roegen, publicado en 1971, es *The entropy law and the economic process*, Harvard University Press, Cambridge, Massachusetts, 1971 (ed. en español: *La ley de la entropía y el proceso económico*, Fundación Argentaria/Visor, Madrid, 1996).

[4] J. M. Naredo es autor del libro *La economía en evolución*, Siglo XXI Editores, 1987 (3ª ed. corregida y ampliada 2003).

como un movimiento circular en dirección contraria, desde el consumo hasta la producción" y, con su habitual sarcasmo, añadía: "Éste es el concepto del proceso económico si miramos sólo lo que le ocurre al dinero, aunque incluso las muestras del poder adquisitivo —billetes y monedas— finalmente quedan inservibles y se deben reemplazar por otras nuevas. No se puede imaginar ni mayor ni más fatal fetichismo respecto al dinero".[5]

No existe una frontera *totalmente* definida entre la economía ecológica y los que, desde la economía convencional, han profundizado sobre los problemas específicos de la explotación de recursos naturales y de las "externalidades" en el campo de estudio conocido como economía de los recursos naturales y ambiental del cual existen muchísimos manuales. Basta, sin embargo, comparar dichos manuales con el enfoque de este libro para ver profundas diferencias que a lo largo del libro han sido explicitadas. Ello no es obstáculo para que la economía ecológica, tal como la entendemos, no deba adoptar posturas pragmáticas y coincidir con la economía ambiental cuando en muchos casos —como se ha defendido en este libro— sea conveniente aplicar instrumentos como, por ejemplo, los impuestos ambientales u otros incentivos económicos. También hay que celebrar que los economistas de formación neoclásica más seriamente preocupados por la relación entre economía y naturaleza, y menos doctrinarios, han aceptado a veces términos que son casi signo de identificación de la economía ecológica (tales como principio de precaución, estándares mínimos de seguridad, insustituibilidad entre "bienes ambientales" y "bienes fabricados", entre otros).

No sólo la economía forma parte de la naturaleza, sino que la economía está imbricada también en una estructura de derechos de propiedad y en una distribución social de renta y poder. Los problemas ecológicos —y las políticas para hacerles frente— no pueden analizarse al margen de los *conflictos sociales*. La economía ecológica no evade el análisis de los con-

---

[5] N. Georgescu-Roegen, "¿Qué puede enseñar a los economistas la termodinámica y la biología?", en F. Aguilera y V. Alcántara (eds.), *De la economía ambiental a la economía ecológica*, Fuhem/Icaria, Barcelona, 1994, pp. 307-308.

flictos, como sí suele hacer la economía neoclásica con sus asépticos análisis en términos de "eficiencia". Conflictos que son intra e intergeneracionales.

LOS DEBATES DE LA DÉCADA DE 1970 SOBRE EL ESTADO ESTACIONARIO

En la década de 1970 se dijo que la economía de los países ricos debería ir hacia un estado estacionario, en expresión de Herman Daly,[6] y de hecho el término "crecimiento cero" adquirió una cierta popularidad a raíz de la publicación del informe al Club de Roma de los Meadows del MIT[7] (aunque no entre los economistas que en general más bien se mofaron del informe). Esa economía sin crecimiento, ¿sería todavía una economía capitalista? ¿Qué pasa con las ganancias capitalistas y con la acumulación de capital si la economía no crece?

La cuestión no es nueva, fue abiertamente debatida en París el 13 de junio de 1972 por un presidente de la Comisión Europea, el social-demócrata holandés Sicco Mansholt, quien era contrario al crecimiento económico tras haber leído el informe de los Meadows y por su experiencia de varios años como rector de la política agraria europea. El debate, organizado por *Le Nouvel Observateur* (núm. 397, 1972), atrajo a 3 000 personas. Tuvo otro protagonista brillante, André Gorz (que usaba el sobrenombre Michel Bosquet), además de Herbert Marcuse, Edmond Maire (del sindicato CFDT), el filósofo Edgar Morin, el ecologista británico Edward Goldsmith que había publicado *Blueprint for Survival* en 1971 y el escritor Philippe Saint Marc. No se habló todavía de cambio climático pero sí de la escasez de recursos, y además se discutió sobre el aumento de la población, los absurdos de la contabilidad macroeconómica del PIB, la felicidad, el capitalismo, el socialismo, el militarismo, la tecnología y la complejidad.

[6] H. Daly (ed.), *Toward a Steady-State Economy*, W. H. Freeman, San Francisco, 1973.

[7] D. H. Meadows, D. L. Meadows, J. Randers y W. Behrens, *Los límites del crecimiento: informe al Club de Roma sobre el predicamento de la Humanidad*, FCE, México, 1972.

Sicco Mansholt había anunciado que prefería el BNB (*Bonheur National Brut,* la Felicidad Nacional Bruta) al Producto Nacional Bruto, lo que había sido criticado tanto por el presidente Pompidou como por Georges Marchais, el secretario general del Partido Comunista francés. El debate de 1972 señala un inicio del ecologismo político en Francia. En esos años se publicaban —como hemos visto— artículos y libros de Kenneth Boulding, Georgescu-Roegen y de Herman Daly al otro lado del Atlántico de los cuales nació la economía ecológica. Aparecía también en 1971 el libro de Barry Commoner, *El Círculo que se Cierra,* y el de H. T. Odum, *Energía, Poder y Sociedad.* Apareció también el libro de E. Schumacher, *Lo pequeño es hermoso.*

Conocemos ahora que el padre de la economía ecológica Georgescu-Roegen intercambió correspondencia con los Meadows dándoles apoyo tras la publicación de su informe, advirtiéndoles que los economistas estarían unánimemente en su contra (excepto él y unos pocos).[8] Los Meadows le agradecieron su buena disposición. Georgescu se hizo socio del Club de Roma pero el Club de Roma no estaba realmente ni por el estado estacionario ni menos por el decrecimiento —como escribió Alexander King en su autobiografía[9] donde recuerda que en abril de 1972 él mismo y Aurelio Peccei, como líderes del Club de Roma (asustados del informe de los Meadows) habían escrito a la Comisión Europea criticando las posiciones de su entonces presidente Mansholt y abjurando de la idea de "crecimiento cero". Georgescu por su lado se dio de baja o dejó de pagar la cuota del Club de Roma. En 1979 Georgescu publicó una selección de artículos traducidos al francés y agrupados con el título *Demain la Décroissance:* ya entonces se utilizó el término decrecimiento.

Sicco Mansholt, que tenía 63 años, había iniciado el debate europeo con una carta a Franco Malfatti, presidente de la Comisión Europea, en febrero de 1972, cuando él era todavía

[8] C. Levallois, "Can De-Growth be Considered a Policy Option? A Historical Note on Nicholas Georgescu-Roegen and the Club of Rome", *Ecological Economics,* vol. 69, núm. 11 (septiembre de 2010), pp. 2271-2278.

[9] A. King, *Let the Cat Turn Around: One Man's Traverse of the Twentieth Century,* CPTM, Londres, 2006.

comisario de Agricultura, habiendo leído una copia del informe de los Meadows (antes de ser entregado como informe al Club de Roma). La carta a Malfatti está escrita en un contexto de "estanflación" (estancamiento económico combinado con inflación) causado en buena parte por un descenso de ganancias empresariales por la fuerza de los sindicatos en una época de pleno empleo, año y medio antes de la gran subida del precio del petróleo en 1973 que fue otro factor para la "estanflación". Además, la carta fue escrita poco antes de la conferencia de Naciones Unidas en Estocolmo, la primera gran conferencia ambiental preocupada sobre todo por la contaminación química. La intención de Mansholt era promover políticas públicas europeas dirigidas hacia la conservación y el reciclaje y no hacia el crecimiento. La investigación científica debería apoyar esta nueva línea. Mansholt se pronunció muy claramente por un socialismo democrático planificado a escala europea. Tuvo propuestas directamente dirigidas contra las ganancias capitalistas, al suprimir la amortización acelerada de bienes de capital que se deduce de los impuestos (y que infla las ganancias) y al protestar contra la obsolescencia de los bienes de consumo duradero. Propuso introducir la certificación de productos reciclables que tendrían desgravaciones fiscales. Un arancel europeo a las importaciones protegería esos productos reciclables certificados pues en caso contrario la competencia internacional impediría esa producción menos dañina. Era partidario de prohibir la producción de muchos productos no esenciales. Masholt no creía que el "método de producción empresarial" fuera ya adecuado.

Otros temas como el carácter de clase del movimiento ecologista, la crítica contra la modernidad de la ciencia cartesiana, la complejidad que produce incertidumbres y que impide usar ingenuamente la noción de "equilibrio ecológico", fueron discutidos por André Gorz y Edgar Morin en el debate de *Le Nouvel Observateur* del 13 junio de 1972. Sicco Mansholt coincidía con varios de los protagonistas de ese debate de 1972 en que el ecologismo no era un lujo de los ricos sino una necesidad de todos, y que los más perjudicados por la contaminación y por el urbanismo inhumano de las *banlieues* eran los pobres.

Los problemas no eran solamente para los humanos, ya fueran ricos o pobres. Mansholt inició su intervención en el debate de *Le Nouvel Observateur*, no para hablar de los europeos ni de los humanos en general sino señalando, sin usar todavía la palabra "biodiversidad", que "estamos aquí para hablar del destino de la raza humana pero conviene no olvidar los animales ni los vegetales, elementos indispensable del complejo ecológico. La raza humana no debe solamente preocuparse egoístamente de su propia supervivencia".

La carta de Sicco Mansholt a Franco Malfatti de febrero 1972 es demasiado extensa para ser reproducida aquí.[10] Proponía cambios fiscales y otras políticas públicas, y concluía:

> Así pues, necesitaremos encontrar formas de producción muy diferenciadas, con una planificación central fuerte y un alto grado de descentralización [...] Está claro que esa sociedad no podría estar basada en el crecimiento, por lo menos no en el crecimiento del sector material. Para empezar, no debemos basar nuestro sistema económico en el logro del crecimiento máximo, o el mayor producto nacional bruto posible. Hay que sustituirlo por la utilidad nacional bruta. (Queda abierta la cuestión de si esta "utilidad" puede expresarse con cifras o como lo que Tinbergen llama Bonheur Nacional Bruto). Para ayudarnos a pensar y para ilustrar lo que las políticas reales implicarían, doy algunas ideas sobre políticas europeas:
>
> *1.* Una economía estrictamente planificada, dirigida a asegurar las necesidades físicas que se consideran necesarias para todos.
> *2.* Un sistema productivo sin contaminación y con el desarrollo de un proceso de reciclaje.
>
> Este segundo fin traerá consigo un bajón significativo en la riqueza física per cápita y limitará la libre disposición de los bienes [...]
> Me parece apropiado que la Comisión se proponga crear un

---

[10] Hay un largo resumen en castellano en la *Revista de Historia Actual*, núm. 9 (diciembre de 2011), pp. 151-154.

"Plan Europeo central" (o Plan Económico Europeo). Al hacer esto, nos alejaremos del objetivo de obtener el producto nacional bruto máximo [...].

¿FUNDAMENTALISMO DE MERCADO, KEYNESIANISMO VERDE O UNA NUEVA MACROECONOMÍA ECOLÓGICA?

La socialdemocracia europea dejó de lado a Sicco Mansholt. En la década de 1980, mientras nacían los Verdes en Alemania, las Naciones Unidas publicaron el Informe Brundtland (dirigente socialdemócrata noruega) quitando fuerza a la crítica ecológica de la economía, predicando la compatibilidad entre desarrollo económico y sustentabilidad ambiental. El término desarrollo sostenible —o sustentable— puede tener muy diferentes acepciones hasta el punto de que Daly lo definió como "desarrollo sin crecimiento" pero el hecho es que su éxito y su aceptación por el *establishment* se explica por la tradicional identificación entre desarrollo y crecimiento económico e incluso porque desarrollo sostenible suena muy parecido a lo que más bien sería su contrario: "crecimiento sostenido".[11]

Cuarenta años después de Sicco Mansholt, coincidiendo con la crisis económica de 2008-2009 en los países más ricos pero con raíces en décadas de trabajo en economía ecológica, se presentan las grandes líneas de una teoría macroeconómica-ecológica en los libros de Tim Jackson y de Peter Victor titulados respectivamente *Prosperity without Growth* y *Managing without Growth* renunciando a las jaculatorias y letanías del desarrollo sostenible, la eco-eficiencia, la modernización ecológica, la desmaterialización, la curva de Kuznets ambiental. Ambos libros abandonan la perspectiva de un crecimiento económico continuo que ha sido la base de la macroeconomía desde que la economía keynesiana (que quería poner remedio en el corto plazo a las crisis económicas) se convirtió en una

---

[11] Véase J. M. Naredo, "Sobre la sostenibilidad de los sistemas", en J. M. Naredo y A. Valero (coord.), *Desarrollo económico y deterioro ecológico*, Argentaria/Visor, Madrid, 1999. Véase de nuevo el recuadro I.3.

doctrina del crecimiento económico a largo plazo a partir de los modelos de Harrod y Domar en la década de 1950.

Por otro lado, desde la economía ecológica, se ha entablado un combate de largo alcance no tanto contra el keynesianismo como contra el fundamentalismo del mercado (cuyo origen está en la polémica de Otto Neurath contra Von Mises y Hayek en Viena en los años 1920 y 1930 sobre el cálculo económico en una economía socialista como vimos en el capítulo IV).[12] En la intensa pelea entre la economía ecológica y el fundamentalismo del mercado desde los años 1970 y 1980 (vean por ejemplo el intercambio de cartas de Nicholas Georgescu-Roegen y Milton Friedman de 1972 sobre el pico del petróleo de Hubbert),[13] creemos que los economistas ecológicos vamos ganando. El mercado no resuelve los problemas de la elección entre un mayor consumo actual y las pérdidas ambientales actuales y futuras como son el agotamiento de recursos, el cambio climático, la pérdida de ecosistemas y biodiversidad. El mercado es miope de cara al futuro y olvida también las necesidades de los pobres: los caprichos de los ricos son satisfechos mientras las necesidades básicas sólo son atendidas cuando representan demandas solventes. El mercado causa continuamente "externalidades" que hemos de entender no tanto como fallos del mercado sino como éxitos en transferir costos a los pobres (siguiendo la regla de Lawrence Summers), a las futuras generaciones y a las otras especies. La economía de mercado no asegura la reproducción social ni ecológica. El mercado no da precio a los trabajos cuidativos sin los cuales moriríamos pocas horas tras nacer. El mercado no consigue producir la energía y los materiales que usamos en las economías industriales sino meramente logra su extracción y su pérdida, como es la disipación de la energía de los combustibles fósiles.

Los keynesianos son muy distintos a los fundamentalistas del mercado. Keynes señaló que en caso de crisis económica (por falta de inversión privada), lo que *no* debía hacerse era dejar que el desempleo se solucionara con la baja de salarios

---

[12] Este tema fue inicialmente desarrollado en J. Martínez Alier y K. Schüpmann, *La ecología y la economía*, FCE, México, 1991.

[13] M. Bonaiuti (ed.), *From Bioeconomics to Degrowth. Georgescu-Roegen's "New Economics" in eight essays*, Routledge, Londres, 2011.

porque eso sólo podría provocar más falta de demanda agregada en la economía. El Estado debía gastar más, debía incurrir en deudas *(deficit spending)*, para hacer inversiones públicas y gastos sociales que compensaran la falta de inversión privada. En cambio, el fundamentalismo del mercado se atreve a argumentar que la actual crisis económica en los países ricos y allegados (como Grecia, Irlanda, Portugal o España), se debe a un exceso de regulación estatal particularmente en el sistema laboral. En la pelea entre keynesianos y fundamentalistas del mercado, los economistas ecológicos no nos identificamos con ninguno de los bandos, es decir, nos oponemos a ambos pero menos al keynesianismo especialmente cuando éste se viste de "verde" a corto plazo aunque sí seamos contrarios a la doctrina de los seguidores de Keynes que se plantean cómo asegurar el crecimiento a largo plazo.[14]

En las relaciones y debates entre la economía ecológica y el keynesianismo, hay que considerar las nuevas aportaciones de Tim Jackson y de Peter Victor, muy similares entre sí. El segundo propone un modelo de simulación para la economía canadiense donde se estabiliza el nivel de ingreso per cápita a un nivel parecido al actual o levemente inferior y al mismo tiempo se evita el crecimiento de la deuda pública, la autoridad monetaria evita la inflación, se logra disminuir la producción de gases con efecto invernadero y evitar el desempleo (al disminuir la jornada laboral y así repartir el trabajo). El modelo equilibra las magnitudes macroeconómicas (la oferta total potencial con la demanda efectiva agregada, y las cuentas del sector exterior). Podemos manejarnos sin crecimiento, concluye Victor. Nuestro nivel de vida medio es ya suficiente, lo que hace falta es cuidar de dos problemas principales: disminuir el riesgo mundial de cambio climático y, en Canadá, establecer instituciones que combatan la pobreza y eviten o mitiguen

---

[14] Keynes era un optimista que creía en la posibilidad del crecimiento a largo plazo según los principios del aumento exponencial. Sin embargo, es interesante saber que consideraba los esfuerzos orientados a producir más y más como una etapa de la historia que debería superarse una vez alcanzada la suficiente abundancia como para priorizar otros objetivos sociales. En 1930 preveía (¡cuánto se equivocó!) para "nuestros nietos" jornadas semanales de 15 horas. Véase capítulo II de este volumen.

el desempleo que actualmente surge cuando la economía no crece. A esos objetivos macroeconómicos corresponde una teoría macroeconómica-ecológica.[15]

Lo mismo ocurre con Tim Jackson cuyo libro "Prosperidad sin Crecimiento"[16] podría llamarse también "Un Buen Vivir sin Crecimiento Económico". No se limita a repetir las críticas del PIB desarrolladas por la economía feminista y la economía ecológica hace más de 30 años. No se trata tampoco, por supuesto, de revalorizar de nuevo el uso del PIB aunque sea en sentido contrario para defender que se estanque o disminuya: lo importante es romper la dependencia respecto al crecimiento del PIB, guiarse por otros indicadores. La economía keynesiana —en sus versiones más "verdes"— ve a los gastos ecológicos fundamentalmente como un motor para restaurar la dinámica del crecimiento. Desde luego, si se tratara de restaurar el crecimiento mucho mejor invertir en energía solar y en transporte público que en aeropuertos o en armas: pero para la economía ecológica no se trata de restaurar el crecimiento en los países ricos sino de aumentar el gasto en cosas social y ambientalmente adecuadas y al mismo tiempo reducir muchos consumos ecológicamente nefastos y socialmente poco necesarios; el resultado de unas formas de vida más austeras bien puede ser una disminución del valor añadido global, es decir, del PIB sin que debamos lamentarnos de ello. Aunque el nivel de PIB dependerá también de aspectos tales como el nivel de gastos públicos que puede lamentablemente decrecer por recortes en las prestaciones del "Estado del bienestar" o podría crecer si se abocase más dinero público a la sanidad o a los servicios de atención a las personas; dependerá también de si un mayor número de mujeres están en el mercado laboral o en cambio se quedan en casa asumiendo los trabajos domésticos. La métrica del PIB no nos informa en absoluto de si la economía es o no auténticamente próspera: no nos importa qué pase con el PIB.

Tanto Jackson como Victor son integrantes de la escuela de economía ecológica, habiendo publicado notables artículos

---

[15] P. A. Victor, *Managing without growth. Slower by design, not disaster,* Edward Elgar, Cheltenham, 2008.

[16] T. Jackson, *Prosperidad sin crecimiento,* Icaria, Barcelona, 2011.

en la revista del mismo nombre. Victor se preguntó cómo sería posible medir en dinero el "capital natural" cuando el valor del propio capital manufacturado dependía de la tasa de ganancia, y esa dependía, entre otros factores, de la capacidad (o incapacidad) de los asalariados de arrebatar una parte de la ganancia a los capitalistas, como había mostrado Sraffa. El valor del mal llamado capital natural iba a depender de quien pudiera imponer rentas sobre su uso y del nivel de esas rentas.[17] Jackson hizo notar su presencia con estudios empíricos sobre la intensidad material del consumo, es decir, se preguntó si los crecientes consumos de bienes y servicios que no eran ya de subsistencia (en Gran Bretaña, a partir del fin del periodo del racionamiento en 1950) eran consumos que requerían muchos materiales o eran por el contrario más "desmaterializados".[18] En línea similar a Max-Neef que distinguió entre "necesidades" y "satisfactores" en "el desarrollo a escala humana",[19] Jackson avanzó hace años en el estudio de los determinantes psicológico-sociales del consumo aportando nuevas ideas que complementan las del consumo conspicuo de Veblen y los bienes posicionales de Fred Hirsch.[20]

En su nuevo libro, Jackson muestra cómo el gasto de los consumidores financiado con deuda (y no con aumentos de salarios en la pauta "fordista" que ya no es válida) aumentó mucho en los años anteriores a la crisis de 2008 en los países que pertenecen al capitalismo anglosajón (y también en Irlanda y en España). Tras el 2008, no ya la deuda de los consumidores sino la deuda pública ha crecido, por el rescate de bancos y por el gasto público al aumentar la prestación por desempleo y en algunos casos al tratar de aumentar la demanda total mediante inversiones públicas.[21] Lejos de hacerse ilusiones sobre

---

[17] Véase el capítulo VIII de este volumen.

[18] Véase el capítulo I de este volumen.

[19] *Idem.*

[20] F. Hirsch, *The Social Limits to Growth*, Routledge & Kegan Paul, Londres, 1977.

[21] Sin embargo, en la Unión Europea lo que rápidamente dominó es la política de austeridad que, desde luego, no es una austeridad de orientación igualitaria y ecologista, sino una austeridad sobre todo para los pobres y que se fundamenta también en una ideología del crecimiento: se dice (con mucha ideología y poco fundamento económico) que la "consolidación fiscal" basada

si esas inversiones o subsidios públicos (que a veces financian la renovación del parque de automóviles[22] o la energía eólica) señalan el camino a una "economía verde" que permita continuar el crecimiento, Jackson insiste en que ni las deudas privadas ni las públicas pueden ser combustibles del crecimiento.

La macroeconomía ecológica no cree en el crecimiento económico, menos aún cuando éste se alimenta de deudas, ya sea deudas de los consumidores o deudas públicas. Pues el verdadero alimento de la economía industrial, desde el punto de vista metabólico, no son las deudas. Son los combustibles fósiles. Cuando las deudas aumentan, ¿cómo pueden ser pagadas? Una manera (que rara vez se predica públicamente) es la inflación, es decir la pérdida de valor del dinero al aumentar los precios. Otra manera es empobrecer a los deudores, que en el caso de las deudas públicas consiste en reducir salarios de los funcionarios, aumentar impuestos, bajar las pensiones, aunque eso tropieza con límites sociales y políticos, y causa además un agravamiento de la crisis por falta de demanda. Y una tercera manera de pagar las deudas (la que economistas keynesianos como Krugman y Stiglitz predican día tras día) consiste en el crecimiento económico ya que si el PIB crece puede ser compatible un aumento de la deuda monetaria con un peso relativo decreciente de dicha deuda respecto al PIB.

Ahora bien, el crecimiento económico no está bien medido, históricamente ha sido antiecológico y no lleva necesariamente a mejorar el bienestar a partir de cierto umbral de ingresos. Como vimos en el capítulo II, no solamente el PIB deja de sumar los trabajos cuidativos y voluntarios no remunerados, no sólo deja de restar los daños ambientales (mientras incongruentemente sí suma los gastos compensatorios), sino que, además, como muestra Jackson, no existe correspondencia uni-

en los recortes de gastos públicos y las reformas del mercado laboral favorables al capital restaurarán la confianza de los inversores y pondrán las bases de una nueva etapa de crecimiento económico.

[22] Que, aunque se presenta como una medida ecológica, es principalmente un apoyo al sector automovilístico ya que a las mejoras de eficiencia energética de los nuevos automóviles se le debería restar el gasto energético y de materiales que comporta retirar automóviles que aún funcionan por otros que deben producirse. Véase el capítulo V de este volumen.

forme entre aumentos del PIB y aumento de satisfacción vital y felicidad. Desde los estudios de Easterlin, esas investigaciones han crecido mucho. Más allá de unos 15 000 dólares de ingreso anual per cápita no hay relación firme entre crecimiento económico y esas medidas de bienestar basadas en encuestas ni tampoco con datos como la esperanza media de vida.

METABOLISMO SOCIAL Y DEUDAS FINANCIERAS IMPAGABLES

El tema de la deuda es uno de los que más diferencian a los economistas ecológicos de los keynesianos. Los economistas ecológicos nos preocupamos mucho por el endeudamiento pero por razones muy distintas a la derecha antiestatista. Vemos la economía como si estuviera compuesta de tres niveles.

Arriba está el ático y sobre-ático, un lujoso penthouse bien amueblado y con abrigadas alfombras, con salones de ruleta y baccarat, donde se anotan y negocian las deudas que durante un tiempo pueden crecer exponencialmente. Los habitantes de este piso quieren mandar en todo el edificio, imponiendo la "Deudocracia".[23] El ronroneo de la sala de computadoras señala cómo las deudas van multiplicándose a interés compuesto. Pero no todos los deudores resultan ser solventes, algunos envían mensajes desde el piso inferior declarándose en quiebra. Entonces, de la azotea llena de antenas y con un helipuerto, de vez en cuando salta un suicida banquero acreedor.

En medio, está un enorme piso con mucha gente atareada, que parece ser el principal ya que contiene la llamada economía productiva o economía real donde se producen y consumen bienes y servicios, una mezcla de gran fábrica de automóviles y de enseres domésticos, de solar en construcción y de ruidosos grandes almacenes en época de rebajas.

Por abajo está la *economía "real-real"*, el sótano con la sala de máquinas, la entrada y el depósito del carbón y otros materiales, y la sucia habitación de las basuras. Ese sótano proporciona energía y materiales al edificio y también sirve de sumi-

---

[23] *Debtocracy - Χρεοκρατία - Deudocracia* es un documental realizado por los periodistas griegos Katerina Kitidi y Ari Hatzistefanou, 2011.

dero, la porquería se filtra al acuífero. No importa, dicen, eso se soluciona añadiendo otro departamento a la economía productiva del primer piso: el de depuración y venta de agua. O si se escapa demasiado dióxido de carbono, tampoco importa, le añadiremos al segundo piso un sector de "secuestro de carbono", nuevos negocios de geoingeniería.

Antes de la crisis de 2008-2009 no sólo las finanzas se habían desbocado tirando de la economía productiva en direcciones equivocadas, inútiles, imposibles (en España, más de 2 000 000 de nuevas viviendas endeudadas y sin comprador, e infraestructuras excesivas), sino que los sectores productivos se olvidaron de las máquinas del sótano hasta que el aumento brutal de precios de materias primas y del petróleo en la primera mitad de 2008 les despertó de su sueño metafísico (aunque la crisis no estalló por este factor ya que se produjo el *crack* financiero). Pero es que además incluso esos altos precios del petróleo no señalan lo bastante su escasez y costos de largo plazo. El cuarto de las basuras se va llenando también. Pero la contaminación continúa siendo gratuita. No hay límites efectivos a la producción de gases con efecto invernadero y no se paga nada por la destrucción de biodiversidad.

Frederick Soddy tenía el premio Nobel de Química del año 1921 y era catedrático en Oxford. Le dio por escribir de economía, distinguiendo entre la riqueza "virtual" de las deudas y la riqueza real pero efímera proporcionada por la energía de los combustibles fósiles.[24] Herman Daly coincide con él frecuentemente, por ejemplo, al proponer que el sistema bancario sea un mero intermediario financiero que no cree dinero sino que se limite a prestar dinero que algunos no utilizarán temporalmente a otros que están dispuestos a pagar para disponer de él. Resulta fácil, escribió Soddy, que el sistema financiero haga crecer las deudas (tanto del sector privado como del sector público), y es fácil sostener que esa expansión del crédito, esa riqueza virtual, equivale a la creación de riqueza verdadera. Sin embargo, en el sistema económico industrial, el crecimiento de la producción y del consumo implica a la vez el crecimiento de la extracción y destrucción final de los *stocks* de combusti-

---

[24] Véase el capítulo IX de este volumen.

bles fósiles. Esa energía se disipa, no puede ser reciclada. En cambio la energía del sol (que también se disipa, pero cuyo flujo durará muchísimo tiempo) sería riqueza permanente para la humanidad. La contabilidad económica es por tanto falsa porque confunde el agotamiento de recursos y el aumento de entropía con la creación de riqueza.

La obligación de pagar deudas a interés compuesto se podía cumplir apretando a los deudores durante un tiempo, o mediante la inflación que disminuye el valor del dinero. Una tercera vía era el crecimiento económico que, no obstante, está falsamente medido porque se basa en recursos agotables infravalorados y en una contaminación sin costo económico. Ésa era la doctrina de Soddy, ciertamente aplicable a la situación actual.

Al alcanzar nuevas fronteras en los territorios de extracción, la bajada de la curva de Hubbert será terrible política y ambientalmente. Ante la escasez de energía barata para impulsar el crecimiento, ante el aumento del costo energético de conseguir energía (o descenso del EROI), hay quien quiere recurrir masivamente a otras fuentes de energía como la nuclear, los agrocombustibles, el gas de esquisto, pero eso aumenta los problemas ambientales, sociales y políticos. El accidente de Fukushima de 2011 (que tras Three Mile Island en 1979 y Chernobyl en 1986 ha elevado de dos a cinco los casos de pérdida de refrigeración del reactor que daña su núcleo), ha quitado partidarios a la energía nuclear, y además subsisten los problemas de la proliferación militar y del control de los residuos. Por suerte, las energías eólica y fotovoltaica están aumentando, y muchísimo más deberían aumentar simplemente para compensar el descenso de la oferta de petróleo en las próximas décadas. El gas natural también crece y llegará a su pico de extracción en un tiempo que no sabemos cuál es aún, tal vez 40 años. Los depósitos de carbón mineral son muy grandes (la extracción de carbón creció siete veces en el siglo XX y en el siglo XXI ha sido de momento la fuente energética que más ha crecido en términos absolutos) pero el carbón produce localmente daños ambientales y sociales, y también es especialmente dañino globalmente por las emisiones de dióxido de carbono. Hay problemas en la sala de máquinas y en el depósito de las basuras.

Los economistas ecológicos (aunque menos distantes de los keynesianos que de los fundamentalistas del mercado) estamos contra el crecimiento de las deudas porque somos escépticos respecto del crecimiento económico. Jackson reitera los llamados a la "prudencia financiera" no solamente por los riesgos de impago (*default*, conocidos en la historia económica y política de Alemania y otros países europeos desde la España de Felipe II y también en América Latina desde la Independencia hasta hace pocos años) sino porque las deudas fuerzan al crecimiento económico y ello es negativo hoy en día por razones ecológicas e incluso por razones sociales en los países ricos.

Las razones ecológicas para cuestionarse el objetivo del crecimiento son diversas. Por un lado, el crecimiento va generalmente asociado al aumento de la HANPP (apropiación humana de la producción primaria neta de biomasa) a causa del aumento de alimentos para el ganado, agrocombustibles, monocultivos de árboles para madera y pasta de papel, deforestación. Un aumento de la HANPP va normalmente en detrimento de la biodiversidad, al dejar menos biomasa a disposición de otras especies. Perjudica también a los propios humanos: la deforestación hace perder servicios ambientales de retención y evaporación de agua, captura de carbono y otros, que son gratuitos pero muy útiles a la humanidad.

En segundo lugar, hay un aumento de las emisiones de gases con efecto invernadero que en su mayor parte provienen de la quema de combustibles fósiles. El nivel actual de emisiones es ya excesivo, más del doble del que sería preciso para estabilizar la concentración de CO_2 en la atmósfera en 450 ppm (que supone ya un gran aumento respecto del nivel de 1900, de 300 ppm). Al hacer los cálculos, escribe Jackson, comprobamos que si las tendencias de aumento de la población y de la economía hasta el 2007 continuaran, entonces para lograr que la concentración de CO_2 en la atmósfera no exceda de 450 ppm en 2050, la "intensidad de carbono" (el cociente entre emisiones de dióxido de carbono y PIB) debería disminuir en las economías ricas más de 100 veces. Eso parece imposible. Además hay que tener en cuenta el efecto Jevons o efecto rebote (como vimos en el capítulo V): los aumentos de eficiencia en el uso de energía y de materiales, al abaratar sus costes, pueden provocar más gastos de energía y materiales en una economía que permita y estimule el crecimiento.

Hay que revertir pues la tendencia del crecimiento económico en los países ricos. Eso ya está ocurriendo desde hace 20 años en Japón y ahora, por la crisis de 2008, en los Estados Unidos y en Europa, pero no por una decisión colectiva democráticamente deliberada. Y hay que esperar que la población mundial alcance su pico en unos 8 500 millones de personas hacia el 2050. El estancamiento actual de las economías ricas ha frenado algunas presiones ambientales (por ejemplo, el uso de materiales y las emisiones españoles de gases invernadero disminuyeron mucho en los primeros años de la crisis) pero el estancamiento y la recesión no aseguran ni mucho menos un camino hacia una mayor sostenibilidad ambiental. Una economía estancada o en decrecimiento puede ir también al desastre ambiental y social; la reestructuración ecológica de la economía requiere también inversiones que pueden verse en época de crisis como un "lujo" no asumible (véase, por ejemplo, cómo en España se ha decidido políticamente frenar el programa de incentivos económicos a la electricidad de origen solar).

Una de las aportaciones importantes del libro de Jackson es su reivindicación de distinguir entre diferentes tipos de inversión. Para la macroeconomía convencional la inversión es un agregado que sirve para mantener y aumentar el capital y —cuando incorpora cambio técnico— para aumentar la productividad; la inversión en bienes de capital es —junto a la inversión en lo que a la economía convencional le gusta llamar "capital humano"— el motor del crecimiento. Para Jackson hay que estimular inversiones "ecológicas" al menos en tres terrenos, el de la mejora en la eficiencia en el uso de la energía y otros recursos; el de la transición hacia otras tecnologías (en particular, tecnologías bajas en carbono); y el de la recuperación y mejora de los ecosistemas (y también del medio urbano). Aunque quizás sí las primeras, las segundas no tienen porqué aumentar la productividad del trabajo tal como la medimos sino que su objetivo es reducir los impactos ambientales y transitar a tecnologías duraderas aunque el precio probablemente sea disminuir la productividad del conjunto de la economía tal como la medimos (así las energías más renovables pueden ser más intensivas en trabajo o una agricultura más ecológica puede comportar más requerimientos de trabajo); la inventiva tecnológica no tiene porqué estar al servicio de una mayor productividad del trabajo. El tercer tipo de inversiones puede mejorar la calidad de vida presente y futura pero contablemente puede aparecer como "improductiva".

EL PROBLEMA DEL DESEMPLEO

Los argumentos ecológicos en contra de la economía orientada al crecimiento en los países ricos son poderosos. También tiene fuerza, en el texto de Tim Jackson, la discusión sobre el bienestar, la felicidad, la prosperidad y las capacidades para el florecimiento de las personas (*flourishing*, una palabra de significado no muy preciso que puede traducirse por desarrollo del potencial individual y social, la autorealización, el *épanouissement*). Este "florecimiento" no se consigue mediante el consumo compulsivo de bienes posicionales, que son aquellos bienes (en la definición de Fred Hirsch) cuyo consumo, al convertirse en algo masivo, reportan satisfacción decreciente o incluso nula.

Frenar el crecimiento económico en los países ricos no solamente es sensato ecológicamente sino que es necesario para la reevaluación social de los bienes comunes, por encima de las adquisiciones individuales. Jackson insiste que la evolución biológica incluyendo la de los humanos ha ganado más de la cooperación (como Kropotkin ya argumentaba) que de la competencia.

A los argumentos de la psicología social podrían añadirse los de la antropología económica, como es la crítica (de Karl Polanyi) de la invasión del sistema de mercado generalizado. Hay que recordar las contribuciones de Arturo Escobar, Gustavo Esteva, Wolfgang Sachs, Shiv Visvanathan, Stephen Marglin, Ashish Nandy contra el desarrollo uniformizador[25] que tanto apoyo han dado a "decrecentistas" europeos como Serge

---

[25] Varias de ellas recogidas en W. Sachs (ed.), *Diccionario del desarrollo. Una guía del conocimiento como poder*, PRATEC, Lima, 1996 (primera edición en inglés de 1992), con aportaciones también de Ivan Illich, Majid Rahnema, Serge Latouche y Vandana Shiva.

x.1. *Límites planetarios*

La presión antropogénica sobre el sistema de la Tierra es el tema del muy citado estudio de Johan Rockström *et al.* (2009) "A safe operating space for humanity", *Nature,* 461, pp. 472-475, que identifica nueve límites planetarios y propone cuantificaciones para siete: cambio climático, acidificación de los océanos, ozono estratosférico, ciclos biogeoquímicos de nitrógeno y fósforo, uso global de agua dulce, cambio del uso de la tierra y tasa de pérdida de biodiversidad. Los otros dos límites, todavía sin cuantificar, son la contaminación química y la carga atmosférica de aerosoles. Hay un riesgo de traspasar umbrales que puedan desencadenar cambios ambientales no lineales y abruptos. Rockström *et al.* (2009) estiman que la humanidad ya transgredió tres límites planetarios: el del cambio climático, la tasa de pérdida de biodiversidad y los cambios del ciclo del nitrógeno.

Estimación de la evolución cuantitativa de las variables de control para siete límites planetarios de los niveles preindustriales hasta el presente

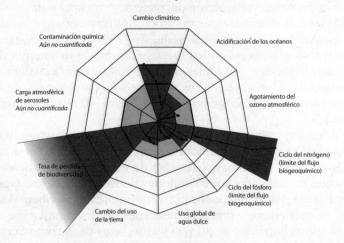

FUENTE: Adaptado de J. Elbers, "¿Crecimiento o cáncer? La economía en tiempos del cambio climático", *Revista Letras Verdes,* núm. 9 (mayo-septiembre de 2011), p. 3.

El círculo interior representa el espacio de funcionamiento seguro, con los propuestos niveles límites representados por su contorno exterior. El alcance de las cuñas de cada zona muestra la estimación de la posición actual de la variable de control. Los puntos ilustran la trayectoria estimada de tiempo reciente (1950 hasta el presente) de cada variable de control. Para la pérdida de biodiversidad, el nivel estimado del límite actual de >100 extinciones por cada millón de especies/año supera el espacio disponible en el gráfico.

Latouche y que algo han influido a la postre para que las nuevas Constituciones de Ecuador y de Bolivia sustituyan el desarrollo uniformizador por el *sumak kawsay*, el Buen Vivir, como objetivo a alcanzar.

Jackson no se dirige a los indígenas, a las ecofeministas, al movimiento global de justicia ambiental, sino a los estudiantes de economía (para que aprendan teoría macroeconómica-ecológica) y a quienes formulan en Europa, en Japón, en los Estados Unidos las políticas públicas. Esa apariencia de consejero práctico de los *policy makers* oculta propuestas muy radicales y eso recuerda a Sicco Mansholt en 1972. A saber, la economía puede ser dirigida en un sendero de estabilidad que no busque el crecimiento al tiempo que evita el colapso de la inversión, que deja de acumular deudas y que evita también el aumento del desempleo.

Si bien la macroeconomía ecológica no busca el crecimiento, en una economía sin crecimiento puede haber una tendencia al aumento del desempleo, y eso exigirá nuevas instituciones económicas y sociales. La tendencia al aumento de la productividad laboral suele implicar más energía y materiales y más producción de residuos. Pero éste no es el único problema. Lo peor es que el aumento de la productividad laboral causa desempleo. Si no hay crecimiento, el desempleo aumentará por la tendencia al aumento de la productividad laboral debido a los cambios tecnológicos y a la apetencia por las ganancias de los capitalistas que emplean a asalariados, además de las fuerzas de la competencia que llegan del comercio internacional. Al menos así ha sido hasta ahora. ¿Cómo hacer pues?

En primer lugar, aunque el aumento de la productividad laboral es un evangelio de las economías capitalistas y parece algo intrínsicamente bueno para la ideología dominante, los cambios tecnológicos y estructurales necesarios para una sociedad más ecológica pueden cambiar las tendencias y estancar o disminuir la productividad tal como la (mal) medimos. En segundo lugar, Jackson piensa que hay que dar apoyo en la política económica a un gran sector graciosamente llamado "de la Cenicienta", quien hacía útiles trabajos poco remunerados, y que podríamos llamar recordando a William Morris el sector de "Noticias de ninguna parte" de artesanos y horticultores felices y autorealizados. La propuesta parece ingenua pero está bien argumentada. Hace falta un sector donde la productividad del trabajo, medida en términos económicos, sea baja y además no crezca, para evitar que aumente el desempleo. Podemos pensar, por ejemplo, en un sector cooperativo que concentre inversiones de restauración ecológica y rehabilitación de viviendas pero también producción de otros bienes y de servicios. En términos latinoamericanos, podríamos pensar en que gran parte de lo que hoy ofrece el sector informal que produce útiles bienes y servicios se reconvierta en un sector respetado, legalizado, formalizado y apoyado por las políticas públicas, con algunas tecnologías nuevas. Podemos pensar también en servicios financiados públicamente, como el cuidado de personas o las enseñanzas de diferentes tipos, en que la calidad del trabajo depende precisamente de dedicar el tiempo suficiente a las personas. Hay trabajos en que la baja productividad laboral (que, visto a la inversa, es su capacidad de dar empleo masivo) es condición para la calidad de los resultados. En una economía no orientada al crecimiento y en la que decrezca el uso de energía y materiales, la agricultura orgánica, la arquitectura bioclimática, la restauración de objetos domésticos, el sector educativo, los transportes públicos, la energía fotovoltaica, deben crecer.

La relación entre el PIB y las horas totales de trabajo —la productividad o valor añadido por hora de trabajo— puede evolucionar de muchas formas ya que el PIB es un agregado que concentra muchas actividades diferentes y las tecnologías de éstas también varían; parece arriesgado generalizar al futuro lo característico de una etapa histórica irrepetible por lo que se refiere a uso creciente de materiales y energía baratos.

En segundo lugar, se ha de destacar que lo determinante para la relación entre PIB y empleo, no es la productividad *por hora de trabajo* sino la productividad *por persona* empleada.[26] No se puede ser ingenuo y pensar en un fácil y no conflictivo "reparto del trabajo" ya que cualquier cambio en las relaciones distributivas es muy complicado; sin embargo, es bueno recordar que en principio cualquier nivel de PIB es compatible con la plena ocupación dependiendo de cuál sea la jornada laboral.[27] De hecho la experiencia histórica en los países ricos es que gran parte de los aumentos de productividad se tradujeron no sólo en mayor disponibilidad de ingresos per cápita sino en una menor jornada laboral anual (con menos horas diarias de trabajo y mayores descansos semanales y anuales), lo que en algunos países, como los Estados Unidos, ya no se dio en las últimas décadas dado que aumentó para muchos trabajadores la jornada laboral anual (y muchas veces sin comportar mayores salarios sino mayores ingresos para capitalistas y financieros).

Tanto Victor como Jackson, preocupados por los efectos sociales y psicológicos del "estigma del desempleo", piensan que la variable principal de ajuste para evitar el problema ha de ser la jornada laboral como es patente en las simulaciones de Victor. Jackson discute con atención las propuestas de reparto de trabajo y reducción de horarios, manifestándose a favor de ellas pero con cierto escepticismo respecto a su potencial para absorber el desempleo causado por la falta de crecimiento económico.[28] Su apuesta principal es el sector Cenicienta y el au-

[26] Formalmente podemos expresarlo como $N = (\text{PIB}) / (p{*}J)$ en donde N es el número de personas empleadas, p es la productividad (valor añadido) media por hora de trabajo y J la jornada laboral anual. Si la productividad por hora de trabajo doblase y la jornada laboral pasase a ser la mitad, el mismo PIB generaría el mismo número de puestos de trabajo.

[27] "Plena ocupación" no quiere decir que el desempleo involuntario sea de 0% ya que siempre existirá lo que los economistas han llamado "desempleo friccional" derivado de desajustes entre las cualificaciones de los que buscan trabajo y de los requerimientos de las demandas de trabajo, de personas que deciden cambiar de trabajo y aún están buscando otro diferente...

[28] Jackson menciona únicamente de pasada otra propuesta: la de asegurar

mento de inversiones ecológicas (energías renovables, restauración ecológica, rehabilitación de viviendas) financiadas por el Estado ya que esas inversiones casi nunca van a dar un rendimiento financiero que las haga atractivas para el sector capitalista. El porcentaje de ahorro en la economía deberá pues aumentar, al tiempo que aumentan los impuestos y el papel del sector público. ¿Significa esto una desaparición del "capitalismo"? Jackson aconseja no excitarse con las palabras. Digan como el señor Spock (en Star Trek): "Tal vez será todavía un sistema capitalista pero no como lo hemos conocido".

Los exitosos libros de Victor y Jackson de 2008 y 2009 descansan, como los autores reconocen, en los escritos de Herman Daly de la década de 1970 sobre el "estado estacionario". Daly ha insistido que lo importante es analizar la escala o dimensión de la economía, en relación con la capacidad de carga y la resiliencia de los ecosistemas. Ha usado también la aportación de Soddy quien criticó la expansión de la deuda. Nos resulta pues difícil entender el malhumorado ataque a la economía ecológica de Alejandro Nadal[29] quien ignora la macroeconomía ecológica de Victor y Jackson. ¿En qué otra macroeconomía se renuncia al crecimiento económico en los países ricos? Es verdad que en un contexto latinoamericano les faltarían a Victor y a Jackson elaboraciones de la etnoecología (la defensa económico-ecológica de la agricultura campesina por Víctor Toledo, por ejemplo), también les falta lo que hemos venido llamando "el Prebisch ecológico" con recomendaciones de una fiscalidad ecológica a las exportaciones primarias y de apoyo a los movimientos socio-ambientales del ecologismo popular que abundan en la región, para enlazar con el posextractivismo ecologista de Alberto Acosta y Eduardo Gudynas, con el posdesarrollismo del *sumak kawsay* o Buen Vivir y la introducción

unos ingresos monetarios mínimos desvinculados del trabajo remunerado. Esta propuesta se conoce como "renta básica de ciudadanía", una propuesta ya antigua que ha sido promovida por el movimiento del decrecimiento en Europa.

[29] Revista electrónica *Sin Permiso* (20/02/2011) bajo el título "El dinero es importante señor Daly: sobre la debilidad teórica de la economía ecológica". Reproducido con la réplica de Jordi Roca y las sucesivas contrarréplicas en *Sin Permiso*, núm. 10 (2011).

de los Derechos de la Naturaleza (art. 71 de la Constitución de Ecuador de 2008).

En la década de 1970 hubo un fuerte debate entre Herman Daly y Nicholas Georgescu-Roegen sobre la propuesta del estado estacionario del primero. Sin embargo, se trataba de un seudodebate en la medida en que ambos autores estaban en realidad muy próximos en sus posiciones fundamentales.[30] El debate actual dentro de la economía ecológica en los últimos años respecto a la palabra "decrecimiento" resucita en cierta forma este tipo de seudodebate: tanto el movimiento decrecentista como algunos de sus críticos coinciden en lo esencial. Hemos de centrarnos en los debates sustantivos y no en crear divisiones. Nadie propone un decrecimiento indiscriminado, unas actividades y tecnologías deben crecer y otras decrecer o abolirse y de hecho nadie entre los críticos radicales del PIB como medida de éxito económico y social está particularmente interesado por lo que pase con esta variable: más que preocuparse por hacerla decrecer debería preocuparnos abolirla como indicador que guíe la política económica. Lo que se propone es una contracción y convergencia en el uso per cápita de energía y materiales y en la generación de residuos. Así, en cuanto a emisiones de gases de efecto invernadero, se podría acordar un decrecimiento de 80% en las economías ricas en un horizonte de 20 años. Para la HANPP, se podría acordar un descenso mundial de 50%, pero con distintos objetivos nacionales y regionales. El decrecimiento en la escala *física* debe ser visto como un paso inicial en los países ricos para disminuir el gasto de energía y materiales hacia lo que sea viable en una economía en estado estacionario como la definiera (de forma no monetaria) Herman Daly, donde la producción de residuos no exceda la capacidad de asimilación del ambiente, donde los recursos naturales no se exploten más allá de su capacidad de regeneración o de sustitución por renovables, donde se respete la biodiversidad existente, donde la población humana apenas aumente o disminuya y donde la gente alcance una buena calidad de vida. Estos objetivos de una macroeco-

---

[30] Véase C. Kerschner, "Economic de-growth vs. steady-state economy", *Journal of Cleaner Production*, vol. 18, núm. 6 (2010), pp. 544-551.

nomía ecológica son totalmente distintos de la obsesión por el crecimiento de textos como los de Mankiw[31] con los cuales se indoctrina a los estudiantes de macroeconomía para que se olviden de la ecología.

EL ECOLOGISMO DE LOS POBRES, ALIADO DE LA ECONOMÍA NO ORIENTADA AL CRECIMIENTO MONETARIO

Supongamos que una compañía minera, como Vedanta, Tata o Birla, contamina el agua en una aldea de la India por la minería de bauxita, de hierro o de carbón. Las familias no tienen otro remedio que abastecerse del agua de los arroyos o de los pozos. El salario rural es algo más de un euro al día. Si los pobres han de comprar agua, todo su salario se iría simplemente en agua para beber para ellos y sus familias. La contribución de la naturaleza a la subsistencia humana de los pobres no queda pues bien representada en términos monetarios. El asunto no es crematístico sino de subsistencia. Sin agua, leña y estiércol, y pastos para el ganado, la gente empobrecida simplemente se muere. Las mujeres son las primeras que protestan. Precisamente la problemática ecológica no se manifiesta en los precios, pues los precios no incorporan costos ecológicos ni tampoco los trabajos cuidativos ni los productos y servicios naturales necesarios para la reproducción social.

Como vimos en el capítulo II, en la contabilidad se puede intentar introducir la valoración de las pérdidas de servicios de los ecosistemas y de biodiversidad ya sea en cuentas satélites (en especie o en dinero) ya sea modificando el PIB para llegar a un PIB "verde". Pero en cualquier caso, la valoración económica de las pérdidas tal vez sea baja en comparación con los beneficios económicos de un proyecto que destruya un ecosistema local o que destruya la biodiversidad.

La Corte Suprema de la India ha ordenado incluir en los costos de los proyectos el Valor Neto Actualizado de los bosques destruidos (según sus productos maderables y no maderables, tanto los que van al mercado como los que no, y según los servi-

---

[31] G. Mankiw, *Macroeconomía*, 6ª ed., Antoni Bosch, Barcelona, 2007.

cios ambientales afectados, todo ello actualizado a una arbitraria tasa de descuento). En general, eso no va a impedir que se realice un proyecto minero o una hidroeléctrica. En cambio, eso sí puede ocurrir cuando se esgrimen valores como los derechos territoriales indígenas o la sacralidad de una arboleda o un cerro.

De ahí la idea del "PIB de los pobres",[32] sobre todo de las mujeres pobres. En otras palabras, si el agua de un arroyo o del acuífero local es contaminada por la minería, los pobres no pueden comprar agua en botella de plástico, por tanto, cuando la gente pobre del campo ve que su propia subsistencia está amenazada por un proyecto minero o una represa o una plantación forestal o una gran área industrial, a menudo protestan no porque sean ecologistas sino porque necesitan inmediatamente los servicios de la naturaleza para su propia vida.

Ése es el "ecologismo de los pobres" presente en tantos movimientos de resistencia en las fronteras de la extracción y de la contaminación. Lo vemos en 2012 en México en la resistencia a la presa de La Parota o la de El Zapotillo en Jalisco o Las Cruces en el río San Pedro en Nayarit (de parte de indígenas Cora aguas arriba y también de quienes pescan o recogen ostiones en el estuario), la resistencia contra los talamontes por los "campesinos ecologistas" de Guerrero o la comunidad de Cherán en Michoacán, la resistencia a la minería a cielo abierto en tantos lugares, como Real de Catorce en San Luis Potosí donde los Huichol explican que hay cerros sagrados que no tienen precio.

Esos miles de conflictos por la justicia ambiental y social hoy en día se deben al aumento del metabolismo social. Se forman redes en defensa de las comunidades contra la minería, en defensa de los bosques y de los ríos, se forman asambleas de afectados.

EN CONCLUSIÓN: UNA ALIANZA

Cuando en *Le Nouvel Observateur* (núm. 396, junio de 1972) le preguntaron a Sicco Mansholt, presidente de la Comisión Eu-

---

[32] Introducida en el primer informe del proyecto TEEB *(The Economics of Ecosystems and Biodiversity)* en 2008.

ropea, si estaba por el "crecimiento cero", él respondió que ya no se trataba de "crecimiento cero" sino de "crecimiento por debajo de cero". Dijo:

> el esfuerzo que yo preconizo no es posible en el cuadro de la sociedad actual basada en el capitalismo y la búsqueda de la ganancia. Una preocupación ecológica supone una reflexión sobre la sociedad que nos permitirá lograr nuestros objetivos —una sociedad en la cual nos sintamos felices de vivir—.

En el siguiente número de *Le Nouvel Observateur* (núm. 397, 1972), André Gorz señaló que el objetivo del cual hablaba Mansholt tras leer el informe de los Meadows, requería que la producción material no creciera, requería incluso su decrecimiento —*décroissance*— y él se preguntaba si eso era compatible con el capitalismo. Tal vez era compatible con el capitalismo "pero no como lo conocemos" (casualmente, palabras idénticas a las de Tim Jackson en 2009). Sería en todo caso otro tipo de capitalismo donde nuevos sectores mantendrían tal vez la ganancia del capital y en donde la planificación sin duda tendría un papel mucho mayor poniendo restricciones a las actividades empresariales. Es bueno que surjan negocios en, por ejemplo, tecnologías de bajo impacto ambiental y servicios de descontaminación y reciclaje aunque hay que estar muy alerta frente a los peligros de lo que está ocurriendo 40 años después del debate al que aludimos con la insistencia en meter los servicios ambientales en el mercado.

No se llegó sin embargo en 1972 en París a discutir a fondo el significado histórico del ecologismo. Nadie dijo todavía que las protagonistas principales fueran por ejemplo mujeres indígenas, nadie mencionó todavía las luchas por la justicia ambiental ni tampoco que fuera a constituirse la Vía Campesina en 1993, una red de movimientos campesinos que tiene por principal objetivo la soberanía alimentaria, la defensa de la agrobiodiversidad y que asegura que la agricultura campesina (con su mayor EROI) contribuye a "enfriar la Tierra" mientras que el sistema industrial alimentario mundial usa muchos combustibles fósiles y produce muchos gases con efecto invernadero. La historia está yendo en el sentido de Sicco Mansholt pero con protagonistas imprevistos. En general no son las políticas públicas ni los acuerdos entre Estados los que se enfrentan realmente a los desafíos ecológicos sino grupos de la sociedad civil y sus redes, las OJA (organizaciones de justicia ambiental).[33]

¿Llegó tal vez el momento de decir basta al objetivo del crecimiento en los países enriquecidos en alianza con los movimientos del Sur que protestan contra el cambio climático, que reclaman la deuda ecológica acumulada y no quieren que ésta aumente más todavía, que no desean continuar exportando materias primas baratas que implican costos socio-ecológicos que no están calculados, que prefieren el Buen Vivir al desarrollo uniformizador, que no confunden la verdadera oikonomia con la crematística?

El objetivo del Buen Vivir se puede expresar como un principio aristotélico (aunque tal vez *sumak kawsay* tenga una vida filológica anterior al griego). Y coincide con principios de otras culturas. Así la economía gandhiana (desarrollada por J. C. Kumarappa) recoge reglas políticas como la *ahimsa* (la no-violencia incluso contra animales, con raíces religiosas jain), la *satyagraha* (tener la valentía de defender las propias razones, la palabra es de Gandhi), y reglas económicas como la *aparigraha* (la renuncia a acumular bienes, la simplicidad voluntaria que muchas religiones elogian), y el respeto y la práctica de los *trabajos cuidativos*, sin privilegios de casta o de género.

En 1992 en Río de Janeiro las Naciones Unidas propugnaban el desarrollo sustentable, en 2012 defendieron la economía verde, y tal vez en 2032 el desarrollo verde y en 2052 la economía sustentable. Palabras usadas de forma ambigua cuando no vacía. La burocracia de NNUU supone que es fácil crecer de manera desmaterializada, olvida los objetivos concretos respecto al cambio climático y la pérdida de biodiversidad, quiere meter de forma generalizada los servicios ambientales en el mercado como nuevo sector de negocios e impulsa la inversión pública ambiental en una perspectiva de crecimiento económico verde similar al fracasado desarrollo sostenible de 1992. Hay una diferencia con 1992, la "economía verde", en un con-

---

[33] www.ejolt.org

texto de crisis en las economías ricas, se vincula expresamente no a la macroeconomía ecológica sin crecimiento de Jackson y Victor sino al keynesianismo de Krugman y Stiglitz. Según esta visión, hay que aumentar los gastos ambientales como un instrumento para que las economías "se recuperen", vuelvan a una senda de crecimiento.

Las críticas al PIB ya estaban en su lugar en 1970. El PIB no resta lo que debería restar ni tampoco suma lo que debería sumar. Se comprueba que la satisfacción vital o la felicidad ya no crecen al crecer el ingreso más allá de cierto umbral. Los "bienes relacionales" adquieren más importancia que los bienes materiales. En palabras de Castoriadis: "vale más un nuevo amigo o una nueva amiga que un nuevo Mercedes Benz". Una economía sin crecimiento requiere también nuevas instituciones.

¿Puede la macroeconomía ecológica sin crecimiento de Jackson y de Victor entrar en alianza con los movimientos del ecologismo popular (y las organizaciones y redes de justicia ambiental y justicia climática que ellos forman)? Desde el Sur algunos piden una economía encaminada a un Buen Vivir y protestan contra el comercio ecológicamente desigual y contra las deudas ecológicas o pasivos ambientales del Norte, temas que hay que incluir en la macroeconomía ecológica. Desde el Sur llegan protestas sociales por el cambio climático. Además, el rechazo del Sur a continuar proporcionando materias primas baratas para las economías industriales debería traducirse en impuestos sobre el agotamiento del "capital natural" o "retenciones ambientales" y límites a la exportación. Debería traducirse también en más propuestas como la del Yasuní ITT y en exigencias del pago de los pasivos ambientales de las empresas trasnacionales.[34] Eso ayudaría al Norte (incluyendo partes de China) en el camino hacia una economía más sostenible que use menos materiales y energía.

A primera vista parece que el Sur se perjudica si el Norte no crece porque hay menor oportunidad de exportaciones y también porque el Norte no querrá dar créditos y donaciones. Pero precisamente los movimientos de justicia ambiental y cli-

---

[34] Véanse los capítulos v y IX de este volumen.

mática, el ecologismo de los pobres tan vigoroso en el Sur, son los mejores aliados del movimiento por una economía sin crecimiento en el Norte.

Hemos dado aquí cuenta de la elaboración de una nueva macroeconomía ecológica que renuncia al crecimiento económico en países ricos y que se contrapone tanto al keynesianismo como al fundamentalismo del mercado. Al mismo tiempo, hay fuertes protestas de los movimientos ambientalistas, agraristas e indígenas del Sur contra el comercio ecológicamente desigual y por la defensa de los territorios, y también hay intensos reclamos de justicia climática. Confiamos en la posible confluencia entre la nueva macroeconomía ecológica y esas perspectivas del Sur que no quieren un desarrollo uniformizador sino más bien un Buen Vivir y un mayor respeto a la naturaleza.

ÍNDICE DE FIGURAS

ÍNDICE DE GRÁFICAS

ÍNDICE DE CUADROS

ÍNDICE DE RECUADROS

ÍNDICE ONOMÁSTICO

ÍNDICE GENERAL

Economía ecológica y política ambiental,
de Joan Martínez Alier y Jordi Roca Jusmet, se terminó de imprimir
y encuadernar en octubre de 2013, en Impresora y Encuadernadora
Progreso, S. A. de C. V. (IEPSA), Calz. San Lorenzo, 244; 09830 México, D. F.
La edición, al cuidado de *Nancy Rebeca Márquez Arzate,*
consta de 1 000 ejemplares.